Johannes Scherr

Germania

Zwei Jahrtausende deutschen Lebens

Johannes Scherr

Germania

Zwei Jahrtausende deutschen Lebens

ISBN/EAN: 9783743621060

Hergestellt in Europa, USA, Kanada, Australien, Japan

Cover: Foto ©ninafisch / pixelio.de

Manufactured and distributed by brebook publishing software (www.brebook.com)

Johannes Scherr

Germania

Germania

Zwei Jahrtausende deutschen Lebens

Kulturgeschichtlich geschildert

von

Johannes Scherr

fünfte, neu durchgesehene Auflage

Chicago
C. P. Peach & Co.
1891

Inhalt.

Erstes Hauptstück.
Das germanische Alterthum.

Seite
1. Ur- und Vorzeit 1
2. Heidnisch-germanisches Land und Volk . 8

Zweites Hauptstück.
Das Mittelalter.

1. Völkerwanderungszeit 37
2. Der karlingische Zeitraum 53
3. Unter den Ottonen 70
4. Unter den Heinrichen 86
5. Unter den Friedrichen 104
6. Die Ritterburg 113
7. Dorf und Stadt 144
8. Kirche und Staat 160

Drittes Hauptstück.
Die Reformationszeit.

1. Vorwehen und Vorläufer 171
2. Von Wittenberg bis Münster und Osnabrück . 181
3. Das eherne Zeitalter der Orthodoxie . . 205
4. Landsknechtschaft und Kriegsfurie . . 230
5. Von Künstlern und Dichtern, von Musikanten und Komödianten, von Zeitungsfertigern und Buchhändlern 239
6. Hütte und Haus, Schloß und Palast . . 256

Viertes Hauptstück.
Die Neuzeit.

1. Geist der Neuzeit 277
2. Zopf und Puder 283
3. Aufklärung und Kraftgenialität . . . 307
4. Klassik und Romantik 326
5. Idealismus und Materialismus 353
6. Das neue Reich 364

Vollbilder.

	Seite
H Baisch, Deutscher Urwald	11
O. Knille, Germanen auf der Wanderung	37
F Keller, Brunhild	51
Friedr. Kaulbach, Krönung Karls des Großen	57
D. Knille, Gregor VII.	93
A. von Heyden, Heinrich IV. in Kanossa	95
A. von Heyden, Konradin von Hohenstaufen	113
C. Schraudolph, Der Sieger im Turnier	129
C. Schraudolph, Höfisches Brautmahl	133
A Müller, Der Sängerkrieg auf der Wartburg	135
C. Klimsch, Der Spielmann unter der Dorflinde	137
P. und L. Ritter, Stadtbild aus dem 16. Jahrhundert	149
D. Knille, Einmauerung einer Nonne	161
E. Grützner, Beim Klosterwein (15. Jahrhundert)	163

	Seite
W. Diez, Räuberischer Ueberfall	167
G. Spangenberg, Luther im Kreise seiner Familie	187
G. Schönleber, Im Hafen einer Hansestadt	197
C. Hoff, Eine Trauerbotschaft zur Zeit der dreißigjährigen Kriegstrübsal	239
F. Knab, Patrizierhaus in Nürnberg	241
A. Menzel, „Der alte Fritz"	277
A. Menzel, Tafelrunde Friedrichs des Großen	301
F. Klimsch, Pestalozzi unter den Waisenkindern von Stidwalden (1798)	311
D. Wiesniesti, Die Königin Luise und Napoleon in Tilsit	325
F. Defregger, Andreas Hofer auf dem Iselberge	345
E. Hunten, Blücher im Eilmarsch auf Waterloo	347

Die auf dem Titel abgebildete „Germania", wie sie von Professor Johannes Schilling für das Denkmal auf dem Niederwald geschaffen, ist für unser Werk nach einer Photographie von F. & O. Brockmann's Nachfolger in Dresden gezeichnet worden.

Text-Illustrationen.

	Seite
Pfahlbaudorf, von H. Baisch	1
Initial W, von F. Keller-Leuzinger	1
Kimbrische Priesterinnen, von W. Lindenschmit	4
Das Hermannsdenkmal, von H. Baisch	7
Altgermanischer Edelhof, von H. Baisch	8
Initial A, von F. Keller-Leuzinger	8
Veleda, die Prophetin der Brukterer, von W. Lindenschmit	13
Altgermanische Hochzeitsfeierlichkeit, von K. Weigandt	15
Armin entführt Thusnelda, von W. Lindenschmit	16
Heimfahrt von der Hochzeit, von K. Weigandt	17
Häusliche Scene, von K. Weigandt	18
Auf der Bärenjagd, von W. Lindenschmit	19
Waffen und Geräthe aus der Steinzeit, von F. Wanderer	21
Altgermanisches Gastmahl, von W. Lindenschmit	24
Im häuslichen Kreise, von K. Weigandt	25
Uebung in den Waffen, von K. Weigandt	26
Kampf gegen die Römer, von K. Weigandt	28
Kriemhild verlangt die Bahrprobe, von W. Lindenschmit	30
Der Herthasee, von H. Baisch	32

	Seite
Deutsche Dichter-Sänger, von W. Lindenschmit	34
Schlußvignette, von W. Lindenschmit	36
Auf der Wanderung, von W. Lindenschmit	37
Initial D, von A. Gnauth	37
Ulfila übersetzt die Bibel, von W. Lindenschmit	40
Die Gothen überschreiten die Alpen, von W. Lindenschmit	41
Narses, von O. Knille	44
Pipin wird zum König gekürt, von W. Lindenschmit	46
Bonifaz fällt die Donareiche, von W. Lindenschmit	47
Theudelinda wählt ihren Gatten, von W. Lindenschmit	49
Schlußvignette, von F. Keller-Leuzinger	52
Am Hofe Karls des Großen, von E. Klimsch	53
Initial W, von A. Gnauth	55
Karl der Große, von F. Wanderer	55
Restaurirte Ansicht des Cistercienser-Klosters Maulbronn, als Muster einer mittelalterlichen Klosteranlage, von C. Rieß	61
Herrenhof, von B. Bauernfeind	63
Karl der Große läßt sich den Plan zur Aachener Palastkapelle vorlegen, von O. Knille	65
Kirchengeräthe, von F. Keller-Leuzinger	66

	Seite
Austritt zur Jagd, von W. Lindenschmit	67
Schlußvignette: Krönungsinsignien Karls des Großen, von F. Keller-Leuzinger	69
Einfall der Magyaren, von G. Franz	70
Initial D, aus dem Codex Bossianus in Oxford	70
Kampfspiel, von A. Baur	72
Konrad, der Frankenherzog, wird zum deutschen König erwählt, von W. Lindenschmit	74
Ein Reisiger, von A. von Heyden	77
Heinrich und Mathildis, von A. von Heyden	78
Randleiste mit romanischen Stilmotiven, von G. Bauernfeind	81
Ekkehard und die Mönche von Reichenau, von Ferd. Keller	82
Ekkehard und Hadwig, von F. Wanderer	83
Roswitha liest ihre Legenden vor, von P. Thumann	84
Schlußvignette, von F. Wanderer	85
Konrad der Zweite, von F. Wanderer	86
Initial D	86
Synode von Sutri, von W. Lindenschmit	90
Die Kreuzfahrer, von W. Diez	96
Hezilo's Kirchenhändel, von W. Diez	97
Grabdenkmal Rudolphs von Schwaben im Dom zu Merseburg, von F. Wanderer	99
Freibauer und Höriger, von A. von Heyden	102
Spießbürger und Gleevener, von A. von Heyden	103
Silberbreker, von F. Wanderer	104
Schlußvignette, von F. Keller-Leuzinger	105
Der Hohenstaufen, von H. Baisch	106
Initial D	106
Kaiser Rothbart, von A. von Heyden	109
Austritt Konrads von Zollern, von F. Rothbart	111
Friedrich II., von A. von Heyden	112
Schlußvignette, von G Franz	115
Initial D, von F. A. Kaulbach	116
Eine Wasserburg, von G. Bauernfeind	117
Ehrenhof einer Hofburg, von F. Knab	118
Kriemhild im Kreise ihrer Mägde, von E. Klimsch	120
Taufe, von E. Klimsch	122
Ritterliche „Zucht", von A. von Heyden	124
Dienst als Edelknabe, von A. von Heyden	124
Höfische Unterweisung, von A. von Heyden	125
Waffenwacht, von A. von Heyden	125
Ulrich von Lichtensteins großes Abenteuer, von A. von Heyden	127
Schnabelschuhe und Schellentracht, von A. von Heyden	128
Buhurd und Tjost, von A. von Heyden	129
Empfang eines Gastes, von L. Herterich	131
Reiherbeize, von L. Herterich	132
Walther von der Vogelweide, von F. Rothbart	136
„Reiten und Rauben ist keine Schande, das thun die Besten im Lande", von G. Franz	139
Schlußvignette, von W. Diez	140
Stadtmauer, von F. Knab	141
Initial W	141
Bauernhochzeit, von R. Leinweber	144
Stadtgasse mit Feuersbrunst, von F. Knab	146
Außenbild einer Stadt im 15. Jahrhundert, von G. Bauernfeind	147
Frauenkirche in Nürnberg, von Paul und Lorenz Ritter	148
Gothisches Gemach in einem Stadtjunkergesäß, von F. Knab	149
Hans Sachs, von Ferd. Barth	152
Initial A, von F. Wanderer	153
Johannes Gutenberg, von G. Franz	154
Bauhütte, von F. Knab	155

	Seite
Jahrmarktstreiben, von R. Weigandt	156
Städtisches Schießen, von W. Friedrich	157
Schlußvignette: Frauentracht des 15. Jahrhunderts, von L. Herterich	159
Klosterhof, von F. Knab	160
Cistercienser als Landbauer, von W. Riefstahl	161
Eine Netzerin, von Ferd. Keller	162
Randleiste mit dem „Schönen Brunnen" in Nürnberg, nach alten Motiven, von G. Bauernfeind	164
Fehmgericht, von W. Riefstahl	165
Landsknechte, von C. Mayr	167
Schlußvignette, von C. Mayr	169
Ablaßhandel, Facsimile nach Holbein	171
Hus auf dem Scheiterhaufen, von G Spangenberg	171
Erasmus von Rotterdam, nach Albrecht Dürer	174
Wilibald Pirkheimer, nach Albrecht Dürer	175
Ulrich von Hutten, nach einem Holzschnittporträt aus einer seiner Flugschriften	176
Ulrich Zwingli, von W. Volz	177
Luther schlägt seine Thesen an, von G. Spangenberg	179
Schlußvignette, von G. Franz	180
Luthers Volkspredigt zu Mora, von Eilif Peterssen	181
Initial D, von F. Wanderer	181
Kaiser Max, nach Albrecht Dürer	182
Martin Luther, von G. Spangenberg	185
Luther als Junker Georg auf der Wartburg, von G. Spangenberg	187
Kaiser Karl V., von Sebald Behaim	189
Franz von Sickingen, nach einem Kupferstich aus seiner Zeit	190
Der sterbende Hutten, von G. Spangenberg	191
Bäuerliches Elend, von G. Spangenberg	192
Die Wiedertaufe, von G. Spangenberg	194
Ein Mattau zu Münster im Jahre 1535, von W. Diez	195
Der Rathhaussaal in Bremen zur Zeit Willenwebers, von Paul und Lorenz Ritter	197
Die Türken vor Wien, von G. Urlaub	199
Die Franzosen in der Pfalz, von W. Diez	202
In den Laufgraben von Magdeburg, von J. Schgoer	203
Schlußvignette, von W. Diez	204
Initial A, von F. Barth	205
Bilderstürmer, von F. Barth	206
Ein Astrolog, von F. Barth	208
Ein Bursch (Student), von F. Barth	210
Philipp Melanchthon, nach Albrecht Dürer	213
Spener, nach einem alten Kupferstich	214
Leibnitz, nach einem alten Kupferstich	215
Kepler, von F. Barth	216
Paracelsus, von F. Barth	217
Eine Folterkammer, von Lorenz Ritter	218
Richtung und Rettung einer Kindsmörderin (1567), von E. Klimsch	220
Doktor Faust, von F. Barth	222
Hexenritt, von G. Spangenberg	225
Die Hexenprobe, von G. Franz	227
Hexenverbrennung, von G. Franz	228
Schlußvignette, von F. Barth	229
Ein Fähnrich der Landsknechte, von W. Diez	230
Reiterei aus dem Anfang des 16. Jahrhunderts, von W. Diez	231
Eine Belagerungsscene, von W. Diez	234
Dragoner, von W. Diez	235

	Seite
Musketier aus der 2. Hälfte des 17. Jahrhunderts, von W. Diez	236
Arkebusier aus der 1. Hälfte des 17. Jahrhunderts, von W. Diez	237
Schlußvignette: Sterbende Landsknechte, von W. Diez	238
Initial J, von E. von Liphart	239
Der Hof des Schlosses zu Heidelberg, von L. Ritter	241
Das Sebaldsgrab in Nürnberg, von L. Ritter	242
Das Wappen des Todes, nach Holbein	243
Der Tod und das Kind, nach Holbein	243
Der Tod und der Geizhals, nach Holbein	243
Der Tod und die Nonne, nach Holbein	243
Albrecht Dürer, Selbstporträt	244
Johann Fischart, von F. Barth	245
Das glückhafte Schiff landet in Straßburg, von W. Friedrich	246
Komödianten, von F. Barth	248
Das Ordenszeichen der fruchtbringenden Gesellschaft, von G. Franz	250
Ein Postreiter, von L. Herterich	253
Deutscher Buchhandel im 16. Jahrhundert, von A. von Heyden	254
Schlußvignette, von Ferd. Barth	255
Initial A, von K. Weigandt	256
Hirschjagd, von A. von Heyden	258
Das Gasthaus zur goldenen Gans in Nürnberg, von L. Ritter	261
Die Uhr im straßburger Münster, von L. Ritter	263
Ein nürnberger Wohnzimmer, von L. Ritter	264
Ein augsburger Garten, von Ferd. Knab	265
Frauentracht des 16. Jahrhunderts, von Fr. Aug. Kaulbach	266
Schlittenfahrt, von G. Franz	268
Die Reittreppe im Schlosse zu Stuttgart, von G. Franz	270
Philippine Welser, von L. Herterich	272
Hoftracht in der 2. Hälfte des 17. Jahrhunderts, von H. Lossow	274
Schlußvignette, von F. Barth	276
Initial W, von F. Barth	277
Schlußvignette, von G. Franz	282
Kopf und Puder, von H. Lossow	283
Initial J, von F. Keller-Leuzinger	283
Jud Süß, von G. Franz	285
Schubart auf dem Asperg, von G. Spangenberg	286
Oestreichische Truppen, von G. Franz	289
Joseph der Zweite, nach einem Kupferstich aus seiner Zeit	291
Eine „englische" Gartenanlage, von H. Baisch	293
Bürgerliches Paar in Rokokotracht, von H. Lossow	294
Schäferspiel, von H. Lossow	295
Maria Theresia, nach einem Kupferstich aus ihrer Zeit	297
Bach, von E. Hartmann	301
Händel, von E. Hartmann	302
Gellert, von E. Hartmann	303
Klopstock, von E. Hartmann	304

	Seite
Klopstocks Züricherseefahrt, von E. Klimsch	305
Kopfleiste, von Ferd. Barth	307
Initial W, von F. Barth	307
C. M. Wieland, nach einem alten Kupferstich	309
Pestalozzi, von E. Klimsch	311
G. E. Lessing, nach einem alten Kupferstich	312
Immanuel Kant, nach einem alten Kupferstich	314
Geisterbeschwörung zu Dresden (1773), von W. Friedrich	316
Herder, von E. Hartmann	317
Voß, nach einem alten Kupferstich	318
Die Gründung des Hainbundes, von W. Friedrich	319
G. A. Bürger, nach einem alten Kupferstich	321
Göthe, von E. Hartmann	322
Schillers Geburtshaus, von G. Franz	323
Göthe's Geburtshaus, von G. Franz	323
Lotte von Lengefeld, von G. Franz	324
Lotte von Kalb, von G. Franz	324
Lotte von Stein, von G. Franz	324
Königin Luise, von G. Franz	325
Göthe's Mutter und Schillers Mutter, von E. Klimsch	326
Initial J, von E. Klimsch	326
Göthe, von E. Hartmann	330
Schiller, von E. Hartmann	331
Göthe und Schiller-Denkmal in Weimar, von G. Franz	333
Denkmal Friedrichs des Zweiten von Rauch, von G. Franz	334
Haydn, von E. Hartmann	335
Mozart, von E. Hartmann	335
Beethoven, von E. Hartmann	335
Gluck, von E. Hartmann	335
Barthold Georg Niebuhr, nach einem alten Kupferstich	337
Fichte, von E. Hartmann	341
Heinrich von Kleist, von E. Hartmann	343
Erschießung Palms, von W. Friedrich	344
Freiherr von Stein, von E. Hartmann	345
Blücher, nach einem Kupferstich	346
Rückert, von E. Hartmann	347
Grillparzer, von E. Hartmann	348
Ludwig Uhland, von E. Hartmann	349
Karl Maria von Weber, von E. Hartmann	350
Cornelius, von E. Hartmann	351
Schlußvignette, von Ferd. Barth	352
Das Burschenschafterfest auf der Wartburg, von W. Friedrich	353
Initia. I, von J. Keller-Leuzinger	353
Schopenhauer, von E. Hartmann	357
Leopold Ranke, von E. Hartmann	358
Gervinus, von E. Hartmann	358
Heinrich Heine, von E. Hartmann	360
Bismarck, von Fr. Starbina	364
Initial A, von Fr. Thiersch	364
Moltke, von A. von Werner	365
Kaiser Wilhelm, nach Photogr. von Loescher & Petsch	366
Kronprinz Friedrich Wilhelm, nach H. v. Angeli	369
Schlußvignette, von Fr. Aug. Kaulbach	372

Pfahlsendorf.

I.

Ur- und Vorzeit.

ann der Mensch seine Fußtapfen zuerst dem deutschen Boden eingedrückt habe, das ist eine Frage, welche beantworten zu wollen selbst die Phantasie nicht Kühnheit genug besitzt, geschweige die Wissenschaft. Dagegen vermag diese doch mit einiger Sicherheit zu sagen, daß schon in jener nebelgrauen Vergangenheit, als da, wo jetzt der Bodensee flutet, ein Eiszeitgletscher starrte, das schwäbische Land von Menschen bewohnt oder wenigstens durchschweift worden sein müsse. Um ein Beträchtliches jünger sodann sind die Spuren, welche Muscheln essende Bewohner nordgermanischer Küsten von ihrem Dasein in vorgeschichtlicher Zeit hinterlassen haben. Der geschichtlichen Zeit aber und damit auch der Vorstellbarkeit bedeutend näher gerückt ist, was uns die Pfahlbauten aus der „Steinzeit" offenbarten, deren Ueberreste in den Seen und Torfmooren der Schweiz aufgefunden wurden.

Die Hinterlassenschaft der Pfahlbauten, deren jüngste den Uebergang vom Steinalter zur „Bronzezeit" aufzeigen, während die ältesten den Pyramiden von Gizeh an Alter gleichkommen oder gar vorgehen mögen, sie erbringt den deutlichen Beweis, daß der menschliche Gedanke und die menschliche Arbeit mitsammen dazumal bereits zu großen Ergebnissen gelangt sein mußten. Denn die Bewohner der Pfahlbaudörfer lebten ja seßhaft und gesellig, hielten Hausthiere, Rindvieh, Schafe, Ziegen, dörrten für diese zum Winterfutter das Wiesengras, wie für sich selber die Frucht des wilden Apfelbaums, trieben Ackerbau und buten Brot. In ihren „Bäumen", wie ihre aus Baumstämmen zugehauenen und gehöhlten Kähne hießen, fuhren sie zum Fischfang und sicherlich auch auf Raub aus. Schon wärmte sich an ihrem Herdfeuer die gezähmte Kaze und war der Wächter ihrer Inselhütten und ihr Führer auf der Fährte vom Ur und Elenn.

Von welcher Herkunft und Rasse die uranfänglichen menschlichen Betreter deutscher Erde gewesen sein mögen, ist selbst der Vermuthung entrückt. In den Pfahlbauern dagegen Menschen kaukasischer Rasse und Sprößlinge der großen arischen oder indogermanischen (indoeuropäischen) Familie zu erkennen, wird durch keinen triftigen Grund verwehrt. Auch nicht, sie dem arisch-keltischen Zweige dieser großen Familie zuzutheilen. Denn es darf ja für eine sichere Thatsache gelten, daß bei der Einwanderung der Indogermanen aus Asien in das nördliche und mittlere Europa die Kelten den Germanen und Slaven vorangezogen waren.

Die Einbildungskraft mag mit den Jahrtausenden spielen, welche verflossen sind, seit unsere Urahnen mit denen ihrer Stammesbrüder, der Inder, Iranier, Hellenen, Italiker, Kelten und Slaven, in der arischen Urheimat, im Alpenlande des Hindukusch, in den Quellengebieten des Indus und des Oxus, zusammengesessen und gemeinsam zu den Urgöttern aller „Arja", zu den Lichtgeistern — denn auf die Wurzel div (leuchten) ist ja der arische Gottesbegriff dêva und das gesammte indogermanische Gottesbewußtsein zurückzuführen — gebetet haben. Die Wissenschaft aber besitzt kein Mittel, diese Zeitfernen zu messen. Sie weiß auch die Ursachen, wodurch die arische Völkerlawine ins Rollen gekommen und warum oder wie sie nach verschiedenen Richtungen, in die Gangeshalbinsel, ins Hochland von Baktrien und Iran, gegen den Ural, den Kaspiasee, den Pontuzug hin, auseinandergeborsten, nicht einmal ahnungsweise zu errathen. Ebenso wenig, wie aus dem ursprünglich gemeinsamen Urierthum der andern ebenfalls nach Europa wandernden Indogermanen, also der Hellenen und Italiker, die Kelten und Slaven, die germanische Eigenart scharf und immer schärfer sich herausgebildet habe. Endlich ist es kein sicheres Wissen, sondern nur eine durch die vergleichende Sprachenkunde an die Hand gegebene Aufstellung, daß die Trennung der Germanen von der arischen Familie vor sich gegangen sein müsse, bevor die Arja von der niedrigeren Kulturstufe des Hirtendaseins zu der höheren des Ackerbaulebens völlig sich erhoben hatten, also jedenfalls vor dem 12. Jahrhundert vorchristlicher Zeitrechnung.

Der Volksname „Germanen" ist, wie gerade hier gesagt sein mag, ebensowenig ein ursprünglicher wie die Namen der übrigen Aeste des arischen Stammes. Jedoch sind unsere Allvorderen unter diesem Namen in die Geschichte eingetreten. Er soll, wie behauptet und geglaubt worden, Speermänner bedeuten, als vom alten Worte Ger, d. i. Speer stammend, also Kriegsleute, und dieser Sinn des Namens bliebe, auch wenn die Herleitung desselben aus dem Keltischen („gairm" oder „garm") die richtigere sein sollte, weil er auf den von feindlichen Kelten gekennzeichneten germanischen Brauch, mit Ruf und Sang in die Schlacht zu gehen, hinwiese. Möglich auch, daß der Name Germanen, welchen Gallier zuerst dem Stamme der Tungern gegeben und den von diesen allmälig ihre sämmtlichen Volksgenossen entlehnt haben sollen, ursprünglich ein keltischer Schimpf- und Spotname gewesen — („Gairmanen", Lärmer, Schreier, Proler) — aber aus einem solchen, weil von den Verspotteten trotzig festgehalten und mit Stolz getragen, nach und nach zu einem Ehrennamen geworden. Ist es doch in späteren Zeiten mit berühmten Parteischimpfnamen gerade so gegangen („Geusen", „Hugenotten", „Chouans", „Whigs", „Tories"). Die Vermuthung, daß unser Volk anfänglich Teutomannen oder Teutonen geheißen haben könnte, und zwar zu Ehren seiner mythischen Stammväter Teut (Thuisto, Thuisto) und Mannus, ist eine immerhin statthafte, weil sich bei einem römischen Autor, dem älteren Plinius, die aus dem Reiseberichte des Griechen Pytheas und demnach aus dem vierten vorchristlichen Jahrhundert stammende Angabe findet, daß ein den Guttonen, welche an der Ostsee hausten, benachbarter Stamm den Namen der Teutonen geführt habe. Als aber dieser Name verhältnißmäßig sehr spät, im 10. Jahrhundert, unter der Kaiserschaft Otto's des Großen wieder auftauchte und zwar zunächst in lateinischer Form („Theutones", „Theutonici"), als dann mälig die Bezeichnung „Deutschland" für unsere Gesammtheimat und der Name „Deutsche" für sämmtliche Stämme bräuchlich wurden, da konnte von dem Wiederaufleben einer Erinnerung an so urzeitlich Mythisches, wie die Vorstellung vom göttlichen oder halbgöttlichen Stammvater Teut gewesen, freilich keine Rede sein. Das Dasein der „deutschen" Sprache, als einer der lateinischen und den romanischen Mischidiomen gegenüberstehenden Nationalsprache, ist frühestens im Jahre 813 urkundlich bezeugt und diese unsere Sprache selbst nun leitet uns an, den Ursprung unseres Volksnamens „Deutsche" auf das gothische Wort „Thiuda" (althochdeutsch „Diota", Volk, das Volk, nämlich das eigene Volk im Gegensatze zu sämmtlichen fremden) zurückzuführen und in unserem heutigen „Deutsch" die späte Enkelin der Urahne „Thiudisla" zu erkennen.

Vom Sonnenaufgang her waren also unsere Altvorderen gen Sonnenuntergang gezogen und in Europa eingewandert. Warum, wann, wie, auf welchen Wegen, — das alles war schon in das Schweigen der Vergessenheit versenkt, als die Germanen zuerst in den Umkreis geschichtlicher Helle traten. Eine leise Erinnerung an die arische Urheimat und die indogermanische Urgemeinschaft scheint das deutsche Gemüth allerdings bewahrt zu haben in einzelnen Anklängen der germanischen Götter- und Heldensage an die altindische und altiranische. Allein dieser unbewußte Nachhall längst verstummter Laute hinderte unsere Ahnen nicht, sich für ein „Urvolk" zu halten, welches vom Urbeginn an mit seinem, dem deutschen Heimatlande verwachsen gewesen sei. Dem war aber schon darum nicht so, weil die Germanen ihren Wanderzug vom Ural her nicht geradenwegs nach Deutschland, sondern allem nach zuvörderst nach Skandinavien gerichtet hatten. Dort in der halbinsularen Entlegenheit der skandinavischen Länder hat sich denn auch das germanisch-heidnische Wesen lauterer und länger erhalten als anderswo, und als ihm auch dort Verunreinigung und Vergewaltigung durch das eindringende Christenthum drohte, fand es auf der fernen Eis- und Feuerinsel Island eine letzte Zuflucht, welche ihm gestattete, vor seinem Untergange noch seine heiligen Ueberlieferungen, seinen Götterglauben und seine Heldensänge schriftlich aufzuzeichnen und also eine germanische Bibel, genannt die „Edda" (Urahne), den nachgeborenen Geschlechtern als ein unschätzbares Vermächtniß zu hinterlassen.

Der Mehrzahl der Germanen hatte es aber auf dem kargen Boden Skandinaviens nicht lange gefallen können. Während der kleinere Theil des Volkes dort zurückblieb, war der größere wieder auf die Wanderschaft gegangen und hatte sich über Deutschland ergossen, ein gewaltsamer Strom, welcher die daselbst vorgefundenen Kelten vernichtend überflutete oder aber aus dem Lande schob, südwärts und westwärts. Dann war der germanische Wanderstrom vorerst zum Stauen und Stehen gekommen und hatten unsere Altvorderen angefangen, in den weiten Landen zwischen der Nord- und Ostsee, der Donau und den Alpen, zwischen Oder, Elbe und Rhein häuslich sich einzurichten. Daß dieses in der Form ackerbaulicher Seßhaftigkeit geschehen sei, muß im Allgemeinen angenommen werden, obwar es fraglich, daß schon sämmtliche germanische Stämme zur Ackerbaustufe der Civilisation vorgeschritten sein mochten. Unzweifelhaft aber waren sie es zur Zeit, in der sie zuerst in die Geschicke der griechisch-römischen Welt einzugreifen begannen und damit ihr geschichtliches Dasein anfingen.

Das geschah im Jahre 113 vor Christus, als die Wanderheere der Kimbrer und Teutonen, welche, sagten sie, durch eindringende Meeresfluten aus ihren Wohnsitzen an den Nord- und Ostseegestaden vertrieben worden, in der Steiermark und in Kärnten an die Gebirgspäßepforten der römischen Reichsgränze klopften und Einlaß begehrten. Schon dazumal regte sich in den deutschen Seelen die noch heute wache Sehnsucht nach dem blauen Himmel und der Fülle des Daseins jenseits der Alpen. Allein dieses Vorspiel der Völkerwanderung, welches den Schatten von Zukünftigem mehrere Jahrhunderte weit vorauswarf und

Cimbrische Priesterinnen.

den „cimbrisch-teutonischen Schrecken" in der Welthauptstadt Rom sprichwörtlich machte, schloß tragisch mit der Vernichtung der beiden germanischen Wanderstämme, deren ungestüme Tapferkeit bei Aix und Vercellä (102 und 101 v. Chr.) der römischen Staats- und Kriegskunst erlag. Was uns die Sieger von den Besiegten gemeldet haben, ist namentlich für das Wesen germanischer Weiblichkeit kennzeichnend. Diese erscheint nicht anmuthig, aber großartig in den Gestalten jener cimbrischen Priesterinnen, welche im Lager den grausen Brauch des Menschenopfers vollzogen. Barhäutig und barfüßig, das weiße Linnengewand mit ehernem Gürtel unter der Brust befestigt, blanke Schwerter in den Händen haltend, so umschritten sie feierlich einen auf hohem Gerüste stehenden Kessel aus Erz. Gefangene Römer wurden herbeigeführt, die Priesterinnen nahmen sie in Empfang und bekränzten sie wie Opferthiere. Die Oberpriesterin stieg zu dem Kessel empor, einer der Gefangenen nach dem andern wurde zu ihr hinaufgehoben, über den Kesselrand gebeugt und einem nach dem andern durchschnitt sie die Kehle. Aus dem Blute, welches in den

Kessel geflossen, weissagte sie. Schon hier also, beim ersten geschichtlich beglaubigten Auftreten der Germanen, erscheint bedeutsam das frauliche Priester- und Prophetenthum derselben, während die Erinnerung an den urgermanischen Opferkessel bis zur Stunde noch unter uns fortlebt in der Vorstellung vom Hexenkessel. Germanische Keuschheit sodann offenbarte sich in waldursprünglicher Herbigkeit, wenn die Frauen der besiegten Kimbrer und Teutonen sich, wie sie thaten, den Tod gaben, um nicht dem Muthwillen der Sieger preisgegeben zu sein. Was die Männer angeht, so ist für sie vor allem der Zug charakteristisch, daß sie mittels einer ihnen eigenen naiven Ritterlichkeit den Gegensatz ihrer Nationalität und Bildungsstufe zu der kuhlrechnenden römischen markirten. So, wenn Bojorix, der Herzog der Kimbrer, vor der Entscheidungsschlacht an den römischen Lagerwall herantritt und den Marius aufforderte, ihm Ort und Tag zu bestimmen, wo und wann sich die Römer den Germanen zum Kampfe stellen wollten, und der römische General seinerseits erklärte, seine Landsleute wären nicht gewohnt, über das Wo und Wann einer Schlacht zuvor mit den Feinden zu rathschlagen. Er bestimmte aber doch die Ebene von Vercellä zur Walstatt, weil er dort die ganze Ueberlegenheit seiner Reiterei ausnützen konnte, und Bojorix nahm den Vorschlag an, weil er einmal seinen Gegner aufgefordert hatte, einen zu machen.

Der Art begann der weltgeschichtliche Gegensatz von germanischem und romanischem Wesen. Seit nahezu zweitausend Jahren ist er da, hat im Laufe dieser Zeit verschiedene Formen angenommen, ist aber im Wesen derselbe geblieben und noch heute der Pol, um welchen die Entwickelung Europa's sich dreht.

Die römische Politik war zunächst das Schicksal für Germanien. Genau in demselben Maße, in welchem Rom der großen Krisis des Uebergangs von der Republik zur Monarchie zueilte, steigerte sich die römische Ausdehnungskraft und die römische Eroberungsgier. Unfreie Völker sind ja vom Beglückungsteufel allzeit besessen. Schon Julius Cäsar trug sich während seiner Statthalterschaft in Gallien mit Eroberungsentwürfen gegen Germanien, hatte sich aber zuvörderst in seiner Provinz selber der germanischen Waffen zu erwehren. Der König der Sueben, Ariovist, war, als von den gallischen Sequanern gegen ihre Landsleute, die Aeduer, zur Hülfe gerufen, über den Rhein gezogen und hatte sich, da ihm das Land wohlgefiel, drüben festgesetzt. Cäsar, welchem dieser germanische Einbruch sehr unlieb sein mußte, versuchte zuerst mittels diplomatischer Kunst die Eingebrochenen zur Rückkehr über den Rhein zu bewegen. Um so mehr, als der „kimbrisch-teutonische Schrecken" den Römern noch immer in den Gliedern lag und durch das, was die Gallier von ihren gefürchteten Nachbarn zu erzählen wußten, noch verstärkt wurde. Denn, so lauteten gallische Aussagen, wie Cäsar selbst sie uns überliefert hat, — die Germanen wären mächtig groß und stark und besäßen eine unglaubliche Tapferkeit, eine wundersame Fertigkeit in der Waffenführung; oft hätten sie, die Gallo-Kelten, es mit den Germanen aufzunehmen versucht, aber nicht einmal den Feuerblick der germanischen Augen zu ertragen vermocht. Der römische Heerführer hatte große Mühe, die nach seiner eigenen Schilderung bis zum Kindischen gehende Angst seiner Officiere und Soldaten zu verscheuchen. Nachdem ihm dies aber gelungen, konnte es seiner strategischen Genialität, unterstützt von der taktischen Ueberlegenheit des römischen Heerwesens über das germanische, nicht allzu schwer werden, im Jahre 52 v. Chr. unweit von Mümpelgard den Ariovist zu schlagen, zu vernichten. So misslang den Sueben, was ein Halbjahrtausend später einem anderen germanischen Volksstamm, den Franken, gelang: germanische Festsetzung und Herrschaft in Gallien. Cäsar selbst hat seine mittels zweimaligen Rheinübergangs ins Werk gesetzten Eroberungspläne gegen Germanien bald wieder aufgegeben. Dagegen ist es ihm gelungen, das leidige deutsche Söldnerwesen in Gang zu bringen. Er war es, welcher, die uralte germanische Abenteuer-, Rauf- und Beutelust schlau benützend und nährend, germanische Häuptlinge und Dienstmannen unter die römischen Feldzeichen lockte. Damit hob die deutsche Landsknechtschaft an, welche so oder so durch die Jahrhunderte herab bis heute gewährt und nur allzu häufig dem eigenen Lande zu großem Schaden gereicht hat.

Jedennoch darf nicht übersehen werden, daß in dem Solddienste der Germanen bei Fremden, zunächst bei den Römern, auch ein höchst wirksames civilisatorisches Element sich regte und bethätigte. Die nationale Empfindsamkeit mag es beklagen, daß dem deutschen Volke nicht gegönnt gewesen, seine Eigenart in völlig selbstständiger, von fremdem, also hier von romanischem Wesen unberührter Weise zu entwickeln. Allein die Kulturgeschichte arbeitet ja nicht mit schönen Gefühlen, sondern vielmehr mit harten Thatsachen und sie bestätigt daher allenthalben die Thatsache, daß, wo eine niedrigere Kultur mit einer höheren in Berührung kommt, jene von dieser beherrscht oder wenigstens stark beeinflußt wird. Es kann auch gar nicht anders sein. Ganz naturgemäß also nahm der Einfluß Roms auf Germanien seit den Tagen Cäsars beständig zu, an Umfang und an Kraft, und die thätigste Vermittlerin dieses Einflusses war eben die germanische Söldnerei, welche vom Anfang der römischen Kaiserzeit bis zum Ende derselben in die Geschicke Roms häufig genug eingegriffen hat. Die germanischen Leibgarden spielten in den römischen Palastrevolutionen vortretende Rollen, germanische Fürsten und Krieger stiegen im römischen Dienste zu den höchsten Hof- und Staatswürden empor und lenkten als Minister und Generale die Geschäfte des römischen Reiches. Allerdings haben diese Beziehungen — mächtig unterstützt durch die römische und römisch-gallische Handelsthätigkeit — ihre volle Wirkung erst später gethan, erst dann, als der römische Kriegs- und Civildienst zugleich eines der bedeutendsten Mittel der anhebenden Verchristlichung der Germanen geworden war. Indessen hatten die Wechselberührungen von Rom und Germanien doch schon viel früher, schon beim Beginne der christlichen Zeitrechnung, eine beträchtliche Ausdehnung gewonnen.

Die zwingende Nothwendigkeit der monarchischen Politik hatte den Oktavianus Augustus vermocht, die Entwürfe seines Großoheims in umfassenderem Maße wieder aufzunehmen und auszuführen. Demzufolge hatten in Süd- und Westgermanien, in den Donau-, Rhein- und Moselgegenden, nicht allein Roms Standarten, sondern hatte auch der ganze Apparat römischer Civilisation festeren Fuß gefaßt. Zur Zeit, wo, wie die christliche Mythologie später dichtete, der „Heiland der Welt" arm und bloß in der Krippe zu Bethlehem lag, hatte es ganz den Anschein, als würde in dem römischen Staatshandbuch bald von einer „Provinz Germanien" die Rede sein, wie sie von einer „Provinz Gallien" war. An Verrätherei und Verwelschungseifer hat es damals unter den deutschen Großen so wenig gefehlt als zu Anfang des 19. Jahrhunderts und der alte Cherusker-Häuptling Segest konnte wohl einem modernen Rheinbundsfürsten zum Vorbilde dienen. Es ist auch wahr, daß die Rettung der Reinheit und Selbstständigkeit deutscher Nationalität, wie sie durch Segests Tochtermann und Gegner Armin bewerkstelligt worden, keineswegs ein reiner Triumph germanischer Mannhaftigkeit gewesen ist. An der Ermöglichung der von Armin an der Spitze der verbündeten Germanen im Jahre 9 n. Chr. über die vom Prokonsul Varus befehligten römischen Legionen im teutoburger Waldgebirge gewonnenen Entscheidungsschlacht hat ja auch die Politik der Schlauheit und Verstellung, wie der germanische Edeling sie im römischen Dienste den Römern abgelernt hatte, einen nicht zu unterschätzenden Antheil gehabt. Immerhin jedoch muß Armin als der Bewahrer unserer Deutschheit vor Romanisirung angesehen und darf als ein Nationalheld im Hochsinne des Wortes gefeiert werden. Schon darum, weil der hochbegabte und warmfühlende Mann, nicht zufrieden, mittels der teutoburger Waldschlacht und mittels seines späteren höchst geschickt geführten Heerbefehls gegen die Römer die Eroberung und Besochung seines Landes verhindert zu haben, den deutschen Grundschaden, die politische Zersplitterung, deutlich erkannte, als Heilmittel den großen Gedanken der nationalen Einheit aufstellte und, der Eifersucht und Selbstsucht seiner Mitfürsten zum Opfer gefallen, der erste Blutzeuge dieses Gedankens geworden ist.

Ohne ihn hätte der römische Historiker Tacitus, als er auf der Gränzmarke des ersten und zweiten Jahrhunderts unserer Zeitrechnung sein berühmtes Büchlein „Germania" schrieb, um seine Landsleute über

deutsches Land und Volk aufzuklären, nicht sagen können, die Deutschen seien ein „eigenartiger, reiner, nur sich selbst ähnlicher Menschenstamm".

Diesen wollen wir uns jetzo näher ansehen. Tacitus selber soll uns in erster Linie die Mittel zu dieser Rückschau auf das Sichhaben und Gebaren unserer Altvorderen liefern. Andere viele müssen wir von anderwärtsher holen, aus den Berichten griechischer und römischer Schriftsteller, aus einheimischen Ueberlieferungen und aus den alten, in lateinischer Sprache verfaßten Gesetzbüchern der deutschen Volksstämme. Denn die Absicht geht dahin, alle Charaktermerkmale des germanischen Daseins während der sogenannten heidnischen Zeit in den Kreis dieser Schilderung zu ziehen und demnach von unseren Vorfahren zu reden, wie sie leibten und lebten bis zur Zeit, wo mit dem durch Karl den Großen angebahnten Sieg der christlich-romanischen Weltanschauung über das germanische Heidenthum das deutsche Mittelalter anhob.

Altgermanischer Thalhof.

2.

Heidnisch-germanisches Land und Volk.

us der Wurzel kaukasischer Menschenrasse wuchs der Riesenstamm der arischen Nationenfamilie empor. Dieser Stamm trieb den gewaltigen germanischen Ast, welcher seinerseits in zwei ungleich mächtige Zweige sich spaltete: Nordgermanen (Skandinaven) und Südgermanen (Deutsche). Diese, unser Volk, lassen schon in ältester Zeit, wie noch heute, deutlich wahrnehmen, daß die Gegensätze und Widersprüche der Menschennatur auch in den Völkernaturen wiederkehren. Denn, wenn es keinem Zweifel untersteht, daß in unseren Vorfahren ein tiefes Gefühl nationaler Zusammengehörigkeit lebte, so wurde dadurch die Thatsache nicht aufgehoben oder auch nur gemindert, daß die Deutschen, soweit geschichtliche Kunde zurückreicht, niemals eine Gesammtmasse gebildet, niemals den Einheitsstaat gekannt haben. Die Grundursache hiervon mag in dem starken Persönlichkeitstrieb der Germanen gesucht werden, in jenem stolzen Aufsichgestelltseinwollen, welches allerdings alle Tugenden der Mannhaftigkeit zeitigen kann, aber auch die Fehler des Eigendünkels und der Rechthaberei. So wie jedoch der deutsche Individualismus einmal war, mußte diesem Volkscharakterzug die politische Form des Föderalismus am besten entsprechen. Die nationale Persönlichkeit hatte sich, so zu sagen, schon von uralters her in Stämmepersönlichkeiten zerlegt und diese traten, wann die Noth es erforderte, als Gleiche mit Gleichen zu gemeinsamen Zwecken in Bündnisse, deren Zeitdauer die Umstände bestimmten. Nationale Bindemittel waren nur das Bewußtsein gemeinsamer Herstammung, dann die obzwar schon frühzeitig mundartlich auseinandergefallene Muttersprache und endlich die gemeinsame religiöse Grundanschauung.

Aus dieser stammte auch die älteste, entschieden mythisch gefärbte Eintheilung des deutschen Volkes, von der wir wissen. Durch den Römer Tacitus nämlich, bei welchem zu lesen steht: „In alten Liedern, ihren einzigen Urkunden und Jahrbüchern, verherrlichen die Germanen den Gott Thuisto, der Erde Sprößling, und seinen Sohn Mannus als ihres Volkes Stammväter und Stifter. Dem Mannus aber theilen sie drei Söhne zu, nach welchen die zunächst dem Meere wohnenden Germanen den Namen Ingävonen, die in der Mitte den Namen Herminonen und die übrigen den Namen Istävonen empfangen haben sollen." Diese Dreitheilung muß sich jedoch rasch vervielfältigt haben. Tacitus selbst macht noch weitere Stämme namhaft und schon früher, zu Cäsars Zeiten, traten andere hervor, die später wieder von anderen abgelöst wurden. Von alten Volksbünden, zu welchen sich verschiedene Stämme vereinigten, kennen wir den in Cäsars Tagen mächtigen Suebenbund, sowie den etwas später durch Armin gestifteten niederdeutschen Cheruskerbund und den diesem durch Marbod entgegengestellten oberdeutschen Markomannenbund. Oberdeutsch und Niederdeutsch — dieser Unterschied trat schon frühzeitig und gegensätzlich genug hervor und er besteht ja noch jetzt als der Gegensatz von Süd- und Norddeutschland. Das Alter der Sueben als des oberdeutschen und das der Sachsen als des niederdeutschen Hauptstammes reicht weit hinauf. Gegen die Zeit der Völkerwanderung hin und rascher und bunter noch während des Gewoges derselben verschoben sich die Verhältnisse der germanischen Stämme gar mannigfaltig. Alte Namen verschwanden, neue kamen auf. Im Verlaufe der ungeheuren Umwälzung, welche das weströmische Reich in Trümmer warf und das stolze Wort: „Die Welt gehört den Germanen!" für eine Weile zur Wahrheit machte, sind namentlich die Stämme der Gothen, der Heruler, der Vandalen, der Langobarden, der Burgunder, der Alemannen und der Franken in den geschichtlichen Vordergrund getreten.

Unser Vaterland ist weit davon entfernt, eine geologische Einheit darzustellen. In der außerordentlich großen Mannigfaltigkeit seiner Bodengestaltung waren die vielfältigen Unterschiede vorgebildet, welche die deutschen Bevölkerungen in physischer und moralischer Beziehung schon in alter Zeit aufwiesen, wie das noch heute geschieht. Allerdings bewegten und bewegen sich diese Verschiedenheiten innerhalb des Rahmens der Nationalität, aber innerhalb dieses Rahmens sind sie auffallend genug. Man denke sich, wie sich heute der Friese zum Tiroler, der Baier zum Pommer, der Rheinländer zum Steirer, der Märker zum Schwaben, der Thüringer zum Holsten stellt, und man wird sich vom Verhalten der alten Sachsenstämme Niederdeutschlands zu den altalemannischen Oberdeutschlands eine ungefähre Vorstellung bilden können. Oder man halte den landschaftlichen Charakter Süddeutschlands, Mitteldeutschlands und Norddeutschlands zusammen und man wird unschwer verstehen, daß sich den territorialen und klimatischen Abweichungen dieser Gebiete von einander gemäß auch die Fassung und Führung des Daseins, Empfindungsweise, Sitte und Recht verschiedenartig gestalten mußten. Ein Blick auf die geologische Karte von Deutschland genügt, um zu begreifen, daß unsere Vorfahren sich nicht zu einer staatlichen Einheit entwickeln konnten, sondern in eine Vielheit von Staaten und Stämmen auseinanderfallen mußten. Die Nationaleinheit der Deutschen ist nicht das Werk der Natur, sondern das der Kultur. Die deutsche Bildung hat den Gedanken dieser Einheit geschöpft und die deutsche Bildung war und ist es auch, welche diesen Gedanken verwirklicht oder wenigstens zu verwirklichen entschieden angefangen hat. Das bezeugt unwiderschreitlich welche hohe sittliche Kraft und Macht diesem Gedanken innewohnen muß.

Die Römer, mit ihren von dem lachenden Anblick der italischen und römisch-gallischen Landschaften, dieser von einer gütigen Natur so reich gesegneten Fluren, dieser mit allen Schätzen der Civilisation prangenden Städte verwöhnten Augen, blickten nur mit einer Art von Schauder auf Germanien als auf ein Land, dessen Erde und Himmel gegen die Bewohner gleich erbarmungslos sich erwiesen. Der Verfasser der „Germania" meinte sogar, die Germanen müßten wohl Erdentsprossene (Autochthonen) sein, denn wie hätte es Menschen einfallen können, aus einem andern Lande in dieses „von Wäldern und Sümpfen starrende" einzuwandern? Nur einem Römer, dem älteren Plinius, hat eine flüchtige Ahnung von dem poetischen Zauber germanischer Urwaldsherrlichkeit angewandelt, während früher schon Julius Cäsar das, was über die Menge und die Gewaltigkeit deutscher Waldthiere zu seinen Ohren gedrungen war, in seinen Schilderungen vom germanischen Elenn und Renn so ins Märchenhafte steigerte, daß man ihm zufolge glauben müßte, mammuthartiges, elephantengestaltiges Wild sei in den altdeutschen Forsten von unseren Ahnen gejagt worden. So karg, wild und unwirthlich, wie die Römer wähnten, sah es aber denn doch in Germanien nicht aus. Allerdings im Vergleiche mit Italien und einem großen Theil von Gallien mußte es als eine Wildniß erscheinen. Denn der weitaus größte Theil der Bodenfläche war mit Wäldern und Sümpfen bedeckt und auf dieser düsteren Eintönigkeit der Landschaft lastete den größten Theil des Jahres hindurch ein nebelgrauer, regen- oder schneeschwerer Frosthimmel. Wenn man nun aber erwägt, welche Masse von streitbaren Männern und Jünglingen Germanien zur Zeit der Völkerwanderung ausschüttete, so muß man schließen, daß die Bewohnerzahl des Landes schon zur Zeit des Tacitus eine beträchtliche gewesen sei. Eine so zahlreiche Bevölkerung vermochte von dem Reichthum an Wildbrät und Geflügel, wie die Wälder und Sümpfe, und an Fischen, wie die Seeküsten und Ströme sie boten, nicht zu leben, sondern mußte in schon bedeutendem Maße Ackerbau und Viehzucht zur Hülfe nehmen. Das war dann auch geschehen und wir wissen, daß unter den aderbauenden Händen unserer Urväler besonders Gerste und Hafer geriethen, daß sie in milderen Gegenden, namentlich am Rhein, Kirschen- und Apfelbäume pflanzten, daß sie dem Wieswachse Sorge zuwandten und daß auf ihren Weiden zahlreiche Heerden von Rindern, Kühen und Schafen graseten. Neben diesen Nutzthieren werden auch Schweine, Ziegen und Gänse erwähnt. Winterfütterung mit Heu war bräuchlich. Als Zugthiere spannte man vor die zwei- und vierräderigen Karren Ochsen oder Stuten, während die Hengste als Reitthiere dienten. Hund und Katze waren althertömmliche Hausgenossen. Butterung und Käserei wurden fleißig geübt. Der Flachsbau ward der Kleiderbereitung wegen mit Sorgfalt betrieben. Harken, Spaten, rohgefügte Pflüge und Eggen machten das Feldgeräthe aus. Ob schon Dünger in Anwendung gekommen, ist zweifelhaft, und entschieden wird bestritten, daß die Germanen bereits die sogenannte Dreifelderwirthschaft gekannt hätten. Wohl mit Fug, denn allen auf uns gekommenen Zeugnissen zufolge überwog in der Landwirthschaft unserer germanischen Vorfahren die Fleischproduktion die Getreidebeschaffung weit, was sich ja mit dem vorzugsweise auf letztere abzielenden Dreifeldersystem nicht vertragen hätte.

Wie die Erscheinung der germanischen „Barbaren", der Anblick dieser waldfrischen, von Gesundheit und Kraft strotzenden Gestalten auf die Römer wirkte, ist schon berührt worden. Schrecken erregend, Neid und wohl auch böse Zukunftsahnung. Da Tacitus die „Unvermischtheit" der Germanen ausdrücklich betont, so mag es auch glaubhaft erscheinen, wenn er von der germanischen Körperbeschaffenheit als von einer typischen spricht. Als Charaktermerkmale derselben kommen bei ihm und anderen Römern vor: hoher und schlanke Wuchs mit knappem Unterleib, das trotzige Blau- oder Grauauge, das röthlichblonde — nicht brand- oder fuchsrothe — Haupt- und Barthaar, die helle Hautfarbe und das Wangenroth. Frost und Hunger lehrten dieses Volk sein Land und Klima ertragen. Sonnenhitze dagegen und Durst auszuhalten war es wenig geeignet. Der deutsche Durst scheint so recht ein germanischer Urdurst zu sein, denn unbändige Trunksucht und eine damit häufig verbundene zügellose Spielwuth werden frühzeitig als National-

Deutsche Urwald.

Laster tadelnd erwähnt. Nichts kam der germanischen Waghalsigkeit gleich, vor nichts schrak die germanische Kühnheit zurück und keiner Probe versagte sich der germanische Muth. Dem Ungestüm des germanischen Angriffs war schwer zu widerstehen und jener vom römischen Dichter Lukanus gekennzeichnete deutsche Kampfzorn („teutonicus furor"), welcher bei den Skandinaven zur „Berserkerwuth" verwilderte, machte selbst tapfere Gegner zittern. Ein lug- und trugloses Volk nennt Tacitus unsere Ahnen. Mit einem starken Selbstgefühl verbanden sie ein tiefreligiöses Bewußtsein der menschlichen Unzulänglichkeit und Bedürftigkeit. Offen, wahrhaft, wortreu und gastfrei, ließen sie in ihrer Fröhlichkeit das sehen, was die nur den Deutschen eigenen Worte „Gemüth" und „Gemüthlichkeit" ausdrücken. Dem Muthe der Männer entsprach die Keuschheit der Frauen, der Unverdorbenheit der Jünglinge die jungfräuliche Zucht der Mädchen. Unzucht und Ehebruch zählten zu den schwersten Verbrechen. Dieses von staunenden und wohl auch etwas schönfärbenden Fremden entworfene Lichtgemälde der walduhsprünglichen Tugenden unseres Volkes hat aber schon zur Völkerwanderungszeit bedenkliche Trübungen erlitten. Die Wirkungen der Bekanntschaft mit den Anschauungen und Genüssen römischer Verbildung und Verderbtheit waren eingetreten: die barbarische Gesundheit der Germanen hatte den Giften einer raffinirten Kultur nicht völlig standzuhalten vermocht. Die teutonische Rohheit war geblieben, aber sie hatte sich die römische Lasterschminke aufgelegt und die Gier nach Genuß stand der Kraft zum Genießen nicht nach.

In Altdeutschland ist von einer Freiheit im neuzeitlichen Wortsinne gar keine Rede gewesen. Unser heutiger Freiheitsbegriff ist ja überhaupt eine Errungenschaft der modernen Kultur. Er ist auf die Vorstellung von Menschenrechten basirt. Solche aber kannten die Germanen nicht, sondern nur Ständerechte. Das ganze Volk schied sich streng in zwei große Stände oder Kasten: Freie und Unfreie, Herren und Knechte. Diese Scheidung war uralt und wahrscheinlich aus der arischen Urheimat mit nach Europa gebracht. Daraufhin weist die Thatsache, daß wie nach indischer so auch nach germanischer Anschauung — diese ist im „Rigsmál" der Edda mythologisch gestaltet — die schroffe Scheidung in erbliche Große und Geringe, in Gebietende und Gehorchende ein unmittelbarer Ausfluß des göttlichen Willens war. Aber der Unterschied ist, daß in Indien die ständische Einrichtung zum bleibenden Kastenwesen versteinerte, während sie in Deutschland schon zur Zeit der Völkerwanderung in ruhelosen Fluß kam, in eine Regung und Bewegung, welche die kastenartige Erstarrung verhinderte und die zwischen Freien und Unfreien gesetzten Gränzmarken vielfach verrückte. Der ursprüngliche Stand der Freien oder Berechtigten hatte sich in zwei Unterarten gegliedert: die adeligen Freien und die gemeinen Freien. Die Adalinge (Edelinge, Urfreien, Semperfreien, nobiles) sind ursprünglich wohl nichts anderes gewesen als große Grundbesitzer, welche vermöge ihres Reichthums an Land und Vieh im Stande waren, eine zahlreiche Dienstmannschaft zu ernähren, und ihr „Allod" (Freigut) nach dem Rechte der Erstgeburt vererbten. Die Bedeutung des Wortes „Adel" selbst ist strittig. Den einen zufolge bedeutet es Geschlecht, nämlich edles, d. i. reiches und demnach einflußreiches, vornehmes Geschlecht, eine Familie, in welcher sich der Besitz von Land und Leuten von langeher vererbt hat; den andern zufolge wäre das Wort Adal gleichbedeutend mit Odal und dieses zurückzuführen auf Od, d. i. Gut, so daß ein Odaling, ein Edelmann schlichtweg einen Gutsbesitzer bedeutete. Die Gemeinfreien (liberi oder ingenui) scheinen sich durch Begabung, Verdienst oder Glück allmälig aus der Unfreiheit und Rechtlosigkeit zur Freiheit und Berechtigung emporgearbeitet zu haben, wozu der Waffendienst in den Gefolgschaften der großen Adalinge die besten Gelegenheiten bieten mochte. Beide Stände, die Ur- und die Gemeinfreien, haben sicherlich mannigfaltige, geschichtlich gar nicht genau nachzuweisende Wandelungen und Schicksalsläufe durchgemacht, bis später aus jenen der sogenannte hohe und aus diesen der sogenannte niedere Adel hervorging. Was den Stand der Unfreien angeht, aus welchem im Vorschritt des Mittelalters die Masse des freien Städtebürgerthums und weit später erst die

Masse der freien Bauerschaft sich entwickelte, so zerfiel derselbe zur heidnischen Zeit ebenfalls in zwei Unterarten: Liten (liti, Hörige) und Schalke (servi, Sklaven). Die Hörigen saßen auf Grundstücken, welche ihnen ihre Herren zur Bebauung und Nutznießung überließen gegen bestimmte Dienstleistung und Abgaben. Ein solches von Hörigen bebaute Gut hieß Feod (feudum) und das urzeitliche Verhältniß zwischen Grundbesitzern und Hörigen wurde die Basis, auf welcher sich die Socialpolitik des Mittelalters, das Feudalwesen, aufbaute. Die Hörigen hatten es, so hart ihr Loos war, doch entschieden besser als die eigentlichen Sklaven und zwar darum, weil sie nur zugleich mit dem Acker, auf welchem sie angesiedelt waren, verkauft werden durften und weil ihnen die Möglichkeit, etwas zu erwerben und damit aus der Knechtschaft sich loszukaufen, nicht verschlossen war. Die Schalke dagegen, ursprünglich wohl lauter Kriegsgefangene, waren Sklaven im härtesten Sinne des Wortes, durchaus rechtlos, ein Tauschmittel, eine Waare, straflofer Mißhandlung und Tödtung durch ihre Besitzer preisgegeben. Rechtsfähig und im Besitze des öffentlichen Rechtsschutzes waren überhaupt nur Freie, in deren Kreis ein freigewordener Lite erst im dritten Geschlechte wirklich eintrat. Nur Freie konnten Richter, Kläger oder Zeugen sein. Nur Freie konnten priesterliche Handlungen verrichten. Nur ihnen stand selbstverständlich das Recht der Waffenführung zu. Nur sie hatten in der Landsgemeinde Wort und Stimme. Ein „Volk" im politischen Sinne gab es demnach in Altgermanien nicht, sondern nur eine mühsälig frohnende Masse, auf deren breiter Grundlage das bevorrechtete Dasein einer Minderzahl von größeren und kleineren Herren sich erhob, welche Krieg, Jagd und etwa das Mitrathen und Mitthaten in öffentlichen Sachen für die einzigen eines freien Deutschen würdigen Beschäftigungen ansahen.

Hart und herb, wie das Verhältniß von Herr und Knecht, war auch das Verhältniß von Mann und Weib, wenigstens was die rechtliche Seite betraf. Denn von rechtswegen war dieses Verhältniß auf die einfache Formel gebracht: Herr und Magd. Die sehr verschiedene Werthung der beiden Geschlechter erhellt schon daraus, daß ein neugeborenes weibliches Kind auszusetzen und verkommen zu lassen so ziemlich für nichts geachtet wurde. Noch zur fränkisch-merowingischen Zeit stritten sich auf einer Kirchenversammlung die Priester über die Frage herum, ob die Weiber auch Menschen wären. Durchgehends war im germanischen Alterthum dem Manne vor dem Weibe, dem Sohne vor der Mutter, dem Bruder vor der Schwester Vorzug und Vortheil eingeräumt. Kein Weib besaß rechtlich die „Selbmundia", d. i. die freie Verfügung über die eigene Person oder über einen Besitz. Weder Mädchen noch Frau vermochte einen rechtsgiltigen Akt zu vollziehen, vor Gericht eine Klage zu erheben, noch gegen eine solche sich zu vertheidigen. Denn überall bedurfte das Weib eines Beiretters, Fürsprechers, Vormundes, Vogtes. Die Gattin war vom Gatten, die Wittwe vom Sohne, die vaterlose Tochter vom Bruder bevormundet und bevogtet. Auch das Erbrecht der Frauen war da, wo überhaupt vorhanden, ein sehr beschränktes: regelrecht fiel beim Tode des Hausvaters das ganze Erbe den Söhnen zu und gingen die Wittwe und die Töchter leer aus.

Trotz alledem muß in das Verhältniß von Mann und Weib in Germanien schon frühzeitig ein idealischer Zug eingegangen sein. Das Zeugniß des Tacitus, welcher von der germanischen Ehe mit hoher Achtung spricht, tritt hierfür ein, obzwar das Gewicht dieses Zeugnisses auch an dieser Stelle abgeschwächt wird durch die offenbare Absicht des Römers, mittels Schönmalerei germanischer Sittenreinheit seinen verdorbenen Landsleuten eine Strafpredigt zu halten. Die Sitte hat wohl den starren Rechtsbann kräftig durchbrochen und dem Weibe eine bessere Stellung verschafft, als das Gesetz demselben einräumen wollte. Die Sitte aber, beziehungsweise auch die Unsitte, wird ja allzeit und überall zumeist durch die Frauen gemacht, und was schöne und kluge Weiber im Guten und im Bösen vermögen, steht auf gar vielen Blättern des Weltgeschichtebuches zu lesen. Wie sich, was das Verhältniß von Mann und Weib angeht,

Valeda, die Prophetin der Brukterer.

in Germanien die Sitte schon frühzeitig zum Edleren gewendet habe, wird bezeugt durch die Thatsache, daß bei der großen Mehrzahl der deutschen Stämme Einweibschaft die Regel, Mehrweiberei die Ausnahme war. Daß aber nur die Einweibschaft eine rechte Ehe und daß nur eine solche wiederum eine gesunde Familienhaftigkeit begründet, ist allbekannt. Nicht minder, daß die Familie die Grundlage jeder rechtlichen Gemeinschaft unter den Menschen war und ist und demnach auf ihr, nicht auf einem Märchending von sogenanntem „Urvertrag", alle Staatsbildungen ruhen.

Weiterhin spricht dafür, daß die sittliche Werthung des Weibes schon frühzeitig eine höhere gewesen sei als die rechtliche, jene unnachsichtliche Strenge, womit die Strafgesetze der germanischen Stämme jede Schädigung oder gar die Vergewaltigung weiblicher Scham und Zucht ahndeten. Endlich müssen wir annehmen, daß unsere Urältermütter über alle die ihnen gesetzten rechtlichen Schranken hinweg eine einflußreiche Stellung in der Familie gewonnen und von dieser aus auch auf die öffentlichen Angelegenheiten einzuwirken gewußt haben. Denn eine solche Einwirkung fand thatsächlich statt. Zunächst in der Form weiblichen Priesterthums, auf welches der berühmte Satz des Tacitus: „Die germanischen Völkerschaften glauben, daß den Frauen etwas Heiliges und Vorschauendes innewohne; darum achten sie des Rathes und beherzigen sie die Aussprüche derselben" — vornehmlich zu beziehen ist. Die zwischen der Rechtlosigkeit der germanischen Frau und dieser altgermanischen Frauenverehrung klaffende Kluft bleibt freilich unüberbrückt und wir müssen eben auch diesen Widerspruch hinnehmen wie so viele andere, von welchen die Geschichte des Menschen und der Gesellschaft voll ist. Schon bei den Kimbrern sind wir germanischen Priesterinnen begegnet. Cäsar sodann weiß uns bei Gelegenheit seines Zusammenstoßes mit Ariovist von weissagenden Frauen der Deutschen zu erzählen. Weiterhin wird in der „Germania" eine Aurinia (Alruna?) als eine von ihren Landsleuten hochverehrte Schicksalsverkünderin genannt. Zu noch höherem Ruf und Ansehen gelangte zur Zeit der Kämpfe des Civilis gegen die Römer am Niederrhein eine Jungfrau-Prophetin vom Stamme der Brukterer, Veleda geheißen. Weltumher ertheilte sie Winke, Weissagungen und Befehle und fand Gehorsam. Wie eine Schicksalslenkerin erschien sie. Siegesbeute legte man ihr zu Füßen; Waffen, Adler, gefangene römische Officiere, sogar ein eroberter römischer Kriegskahn, die prätorische Trireme, wurden ihr als Geschenke zugesandt. „Doch von Angesicht die Veleda zu sehen" — erzählt Tacitus in seinen Historien — „war nicht gestattet. Man verwehrte es, damit die Ehrfurcht um so größer wäre. Die Prophetin stand auf einem hohen Thurme und ein Auserwählter ihrer Sippe vermittelte Fragen und Antworten wie ein Götterbote. . . ."

Zweifelsohne sind im alten Deutschland sämmtliche Freie zugleich Grundbesitzer gewesen. Auf Bauernhöfen lebten sie mit Weib und Kind und Gesinde. Diese Höfe, je nach der größeren oder geringeren Hablichkeit der Besitzer an Umfang verschieden, bestanden entweder als „Einzechten" oder aber waren gruppenweise zu Weilern oder Dörfern vereinigt. Städte gab es in Germanien nur da, wo römische Standlager und Handelsfaktoreien allmälig zu solchen sich entwickelt hatten. Die Germanen ihrerseits hielten es für unmannhaft und verweichlichend, innerhalb von Städtemauern zu leben. Einzechten hatten ihren Grund und Boden als geschlossenes „Heimwesen" — welches Wort in der deutschen Schweiz noch heute bräuchlich — rings um das Haus her liegen. Eine Anzahl von solchen Heimwesen bildete eine Gemeinde, welcher zu gemeinsamem Nießbrauch auch Weiden und Wälder eigen waren („Allmeind"). Bestand eine Gemeinde nicht aus Einzelhöfen, sondern in geschlossener Dorfgestalt, so theilte sie ihr Flurgelände der verschiedenen Bodenbeschaffenheit wegen in verschiedene Gebreite, so daß der Grundbesitz eines Dörflers nicht geschlossen, sondern zerstreut lag. Gemeinsame Wälder und Weiden besaß die Dorfgemeinde natürlich ebenfalls. Diese Daseinsweise deutscher Bauerschaft, der freien nämlich, ist aus der heidnischen Zeit in die christliche herübergekommen und hat sich in ihren Grundzügen bis auf den heutigen Tag erhalten. Welche Wechsel und Wandel dagegen müssen mit dem germanischen Großbauer vor sich gegangen sein, bis er zum mittelalterlichen Lehnsherrn und aus diesem zum modernen „Souverän" geworden.

Die Ansicht, welche ein altdeutsches Haus und Heim darbot, müssen wir uns jedenfalls nach den verschiedenen Gegenden verschieden denken. Die Unterschiede, welche z. B. noch heute stattfinden zwischen Bauernhöfen in Westphalen und in der Steiermark, zwischen märkischen und bernischen Gehöften, zwischen schwäbischen und mecklenburgischen Dörfern, haben sich sicherlich schon in den Tagen unserer Vorfahren bemerkbar gemacht. Indessen gewisse nationale Merkmale müssen die altdeutschen Heimwesen doch wohl mit einander gemeingehabt haben, und wenn wir die leider nur sehr dürftigen Angaben, welche auf uns gekommen sind, zusammenhalten, so ergeben sie diese Summe. Das germanische Wohnhaus war halb in, halb über die Erde gebaut. Der unterirdische Raum mochte zum Winteraufenthalte dienen, wurde aber auch sommerlang als Webkammer von den Frauen benützt. Die Wände des Hauses bestanden aus Fachwerk oder waren auch wohl aus Baumstämmen aufgeblockt. Die Dachbedeckung bestand aus Schilf oder Stroh und wurde zur Winterszeit mittels einer Lage von Dünger verdichtet. Das Uebertünchen

Altgermanische Hochzeitsfeierlichkeit.

der Hauswände mit einer hellfarbigen und glänzenden Lehmart war schon frühzeitig üblich. Von Fenstern oder Schornsteinen keine Spur. Außer dem Wohnhause, dessen Inneres wir uns als in verschiedene Gelasse getheilt denken dürfen, war ein Vorrathsspeicher und der Viehstall vorhanden. Diese beiden Räumlichkeiten waren entweder dem Wohnhause angebaut oder standen demselben abgesondert gegenüber. Keinem größeren Gehöfte fehlte wohl das „Ausgedinghäuschen" („Altentheil", „Aehnistübli"), in welchen Raum der alt und bresthaft gewordene Bauer nach Uebergabe des Hofes an seinen Erstgeborenen sich zurückzog. Auch ein Schoppen oder Gaden zur Aufbewahrung des Adergeräthes, des Pferdegeschirres und der Karren, sowie ein Verschlag zum Brauen des Bieres gingen einem richtig ausgestatteten Heim nicht ab. Den ganzen Raum, auf welchem diese sämmtlichen Gebäulichkeiten standen, umgab eine Einzäunung, welche je nach der Bedeutung des Hauses mit sichernden Vorrichtungen verstärkt war, so daß sie den Wohnsitzen großer Adalinge schon ein gewisses burgartiges Aussehen verlieh. An die stattlichen Burgpfalzen mittelalterlicher Dynasten darf dabei freilich nicht gedacht werden.

In sein also beschaffenes Heimwesen führte der freie Mann — und nur dieser konnte eine rechte Ehe schließen — seine nach den Geboten der Standesgleichheit in der Familie eines Gleichfreien gekürte und — gekaufte Gattin. Denn das germanische Freien war ein Kaufen in der ganzen Prosa des Wortes. Schon sprachlich wurde die Frau als Waare, als Sache gestempelt durch den sächlichen Artikel (das Weib, nicht die Weib). Der Mann mußte sie kaufen und konnte sie darum auch verkaufen, eine Barbarei, welche keineswegs nur eine Redensart, sondern ein Brauch war, der sich am längsten bei den Angelsachsen in England erhalten hat. Noch im Jahre 1844 hat zu Nottingham auf dem Marktplatz ein Eheherr von Engländer seine Frau um einen Schilling losgeschlagen. Verbindungen zwischen Freien und Unfreien,

Arnin entführt Thusnelda.

de und dort sogar zwischen adeligen und gemeinen Freien, galten für sträfliche Mißheiraten. Nahm ein Freier eine Hörige oder eine Freie einen Knecht, so sanken sie mitsammt ihren Kindern selber in den Stand der Knechtschaft hinab. Bei den Sachsen stand sogar auf jeder nicht standesgleichen Ehe der Tod. Mit Eingehung des Ehebundes eilten unsere Vorfahren nicht allzu sehr. Für das richtige Ehealter sahen sie beim Manne die Zeit vom zwanzigsten bis zum fünfzigsten, beim Weibe vom achtzehnten bis zum vierzigsten Jahre an. Der Hochzeit ging die Verlobung voran oder auch nicht. Hatte der Heiratslustige oder ein Beauftragter desselben eine passende „Partie" gefunden, so that er dem Vater oder dem Vormund des Mädchens zu wissen, welchen Kaufpreis er zu zahlen gewillt wäre. Wurde man des Handels einig, so entrichtete der Käufer entweder den festgesetzten Preis sofort und erhielt die Gekaufte als rechtmäßig mit ihm Vermählte ausgehändigt oder aber wurden das Kaufgeschäft und die Kaufsumme nur vorläufig vereinbart und das war eine bloße Verlobung des Paares, während die Vollziehung der Ehe, d. h. die Entrichtung des festgesetzten Kaufpreises, erst später stattfand. Rinder, Pferde, Waffen waren die Münze, womit unsere Ahnen ihre Frauen den Familien derselben abkauften. Zur Zeit der Völkerwanderung sodann gab es auch Geldansätze, welche zeigen, daß die Weiberwaare doch hoch im Preise stand, namentlich wenn man berücksichtigt, wie außerordentlich viel höher denn heute der Geldwerth damals war. Bei den Alemannen galt ein heiratsfähiges Mädchen bis auf vierhundert Schillinge, also mehr als tausend Mark. Das Heiraten war mithin in Germanien keine Romantik, sondern ein Geschäft und nur mittels Kaufes geschlossene Ehen waren gesetzliche. Allein wie mächtig Sitte, Gesetz und Gewohnheit sein mögen, es gibt und gab allzeit noch ein Mächtigeres: das Menschenherz mit seinen Gefühlen und Leidenschaften. Darum ist uns denn schon aus ältester deutscher Geschichte ein richtiger Liebesroman wohlbezeugt, welcher darthut, daß doch nicht immer die Frauen gekauft und Ehebündnisse nur als Kaufgeschäfte behandelt wurden. Der Held dieses Romans ist kein geringerer Mann als der „Befreier" Armin, welcher seine edle Gattin Thusnelda, während sie bereits einem Andern verlobt war, ihrem Vater Segest nicht abgekauft, sondern entführt hat. Uebel freilich ist dieser Ehebund später ausgeschlagen. Armin, Thusnelda und ihr Sohn Thumelikus, alle drei sind sie einem tragischen Geschicke verfallen und so haben Gesetz und Sitte schließlich doch rechtbehalten.

Die germanische Hochzeit ging nicht ohne Feierlichkeit vor sich. Nachdem in Gegenwart von Zeugen aus der beiderseitigen Sippe der Kaufpreis erlegt war, wurde dem Bräutigam die Braut gegenübergestellt. Das Haar, welches sie bislang freiwallend getragen, war ihr aufgebunden und unter eine Haube gesteckt (woher unser „Unter die Haube kommen" statt heiraten) zum Zeichen, daß es mit ihrer Mädchenfreiheit nunmehr zu Ende. Ihren Gürtel zierte ein Schlüsselbund, denn sie sollte verwalten, was ihr Gatte Verschließbares besaß. Ein Jüngling, dessen Rolle in der des Brautführers bei schwäbischen Bauernhochzeiten jetzt noch fortlebt, stand ihr zur Seite, ein blankes Schwert haltend, welches sodann der Vater oder Vormund dem Bräutigam darreichte, weil dieser von Stund an ebenso der Beschützer wie der Herr von des Weibes Leben sein sollte. Hierauf steckte der Bräutigam einen Ring an die linke Hand der Braut und zog ihr Schuhe an, jenes zum Zeichen, daß sie stets eingedenk sein sollte, wie sie gekauft worden sei — Metallringe waren ja das älteste Tauschmittel, die älteste Münze der Germanen — dieses, daß fortan all' ihr Wandel in den Willen ihres Mannes gebunden und geschnürt sei. Wenn ein Rückschluß von den nordgermanischen Hochzeitbräuchen auf die deutschen gestattet ist — und er ist ja wohl gestattet — so fehlte der Vermählung auch die religiöse Weihe nicht. Denn zum Schlusse der feierlichen Handlung wurde der Braut ein Hammer in den Schoß gelegt. Den Hammer aber führte als Waffe der Blitz- und Donnergott Donar und also sollte der Braut bedeutet werden, daß der rächende Blitz des Gottes auf die Brecherin der ehelichen Treue fallen möchte. In reicheren Häusern währte der darauf folgende Hochzeitschmaus tagelang. Dann wurde die Braut mit allem, was Eltern, Geschwister und Sippen ihr an Hausrath, Kleidern und Schmucksachen zur Ausstattung mitgaben, auf einen Wagen gesetzt und in fröhlichem Zuge zur Behausung des Bräutigams gebracht.

Das Weib war das gekaufte Eigenthum des Mannes, seine Sache. Er konnte sie hudeln wie eine Sklavin, schlagen, verkaufen, auch ungestraft tödten, wenn er sie für treulos erachtete. Die überwiesene Ehebrecherin verfiel barbarisch-harten Strafen. Da wurde sie splitternackt durch die ganze Gemeinde gepeitscht, dort im Sumpf erstickt, anderwärts gehangen, niedergehauen oder verbrannt. Auf der Hausfrau lastete großentheils die Sorge für den Haushalt, wozu namentlich auch die Beschaffung der Kleider für den ganzen Hausstand gehörte. Schafwolle, Flachs und Thierfelle lieferten die Stoffe der Gewandung.

Heimfahrt von der Hochzeit.

Ein wollener Leibrock und darüber ein je nach der Jahreszeit leichter oder schwerer Pelzmantel, das waren langehin die einzigen männlichen Kleidungsstücke; denn Wamms und Beinkleider sind erst später aufgekommen. Den Kopf trugen die Männer gewöhnlich unbedeckt, im Kriege aber setzten sie Helme auf, welche entweder aus den Schädeln germanischer Waldthiere gefertigt oder in der Form solchen Schädeln nachgeahmt waren. Körperpflege und Schmuckliebe waren nicht unbekannt, auch den Männern nicht. Der Hausherr liebte weit in den Tag hinein zu schlafen. Aufgestanden, wusch er sich, nahm ein Bad und widmete der Ordnung von Haar und Bart, als den Zeichen seiner Freimannheit, große Sorgfalt. Auch Haarverschönerungsmittel kannten unsere Herren Altvorderen bereits, besonders eine Art Seife, womit der Natur nachgeholfen wurde, wenn diese das dem Edeling und Freiling wohlanständige Goldblond nicht in der richtigen Färbung hervorgebracht hatte. War der Anzug des Hausherrn mittels Anlegung seines Schmuckes, d. h. seiner Halskette, seiner Arm- und Fingerringe vollendet, so wurde für des Leibes ander-

Auf der Bärenjagd.

weitige Nothdurft mittels Einnahme eines reichlichen Frühmahls bedächtig gesorgt. Dies gethan, nahm der Mann seine Waffen zur Hand und ging an seine Geschäfte, selbstverständlich an die eines Freien. War also kein Krieg, germanischer Männer Hauptgeschäft, so ging's zur Jagd in den Wald oder auch wohl zur Beaufsichtigung der frohnenden Hörigen und Knechte auf's Feld. Die Hausfrau gebot derweil daheim den in Haus, Speicher und Stall schaffenden Mägden, überall selber mit Hand anlegend, die Spindel drehend, das Weberschifflein fliegen lassend, mit Scheere und Nadel handirend. Daß auch die Frauen nicht weniger auf Reinlichkeit und Pflege des Körpers hielten als die Männer, ist selbstverständlich. Ihre Tracht war einfach und sittsam, doch verstanden auch sie schon den Gebrauch von Putz und Schmuck, liebten Ringe, Ketten und Spangen und mußten ihre Kleidersäume mit rothen Borten oder auch mit Pelzwerk zu verzieren. Das linnene Hemd, welches sie trugen, fiel bis auf die Knöchel herab, ließ aber Arme, Nacken und den oberen Theil der Brust frei. Dies war innerhalb des Hauses das einzige Gewand der Germanin. Außerhalb trug sie über dem Hemde einen mantelartigen Ueberwurf, welcher von hinten angethan wurde und dessen Zipfelenden vor der Brust mittels einer Spange befestigt waren. Nicht lange jedoch stand es an, bis sich zwischen Hemd und Mantel noch ein drittes, weibliches Kleidungsstück einfügte, eine beärmelte Tunika, welche bis zu den Knien herabreichte und über den Hüften enggegürtet war, so daß sie die Körperformen hervorhob.

Einer Hauptsorge der heutigen Hausfrauen scheinen unsere Ueltermütter ganz ledig gewesen zu sein, denn für Küche und Keller, Speise und Trank mußten sie nicht aufkommen. Wenigstens in keinem Haushalte, wo es nicht ganz an dienendem Gesinde fehlte. In jedem einigermaßen wohleingerichteten Hause lag weder der Frau noch den Mägden, sondern Knechten die Besorgung des Küchenwesens ob. Wir brauchen uns auch die Beköstigung keineswegs als allzu hinterwälderisch zu denken. Unsere Vorfahren wußten in ihrer Art schon ganz gut, was gut, besser und am besten zu essen und zu trinken sei, obzwar Speise und Trank noch den Charakter der Einfachheit trugen. Sie waren ja im Besitze verschiedener Getreidearten, sie bereiteten Brot aus Hafer- und Gerstenmehlteig, hatten Wildbrät und Fische, zogen aber allem übrigen Fleische das der Schweine und der Pferde vor, aßen Eier, hatten Rüben, Rettige, Sauerampfer und andere Gemüsekräuter, auch Milch, Butter, Käse, Honig und tranken reichlich, überreichlich Bier, Meth und an den Gränzen der römischen Ansiedelungen auch den auf dem Wege des Tauschhandels gewonnenen Wein. Das Hauptgewürze der altdeutschen Küche war natürlich das Salz, welches man zuwegebrachte, indem man die Soole über glühende Eichenholzkohlen goß und also entwässerte.

Der germanische Haushalt mußte so ziemlich alle Lebensbedürfnisse selber aufbringen, deren Befriedigung später das Handwerk und der Handel übernahmen. Aermere Hausväter ließen sich noch herbei, den Schmied, den Zimmermann, den Maurer zu machen, reichere hatten unter ihren Leibeigenen und Sklaven solche, welche die Arbeit des Zimmermanns, Maurers, Schmiedes, Bäckers, Schusters und Töpfers verrichteten. Jeder rechte Haushalt hatte auch seine eigene Müllerin, d. h. eine besondere Magd, welche die Handmühle trieb. Es konnte aber nicht ausbleiben, daß aus solcher häuslichen Gewerblichkeit allmälig eine öffentliche hervorging und bald sich neben dem Landbau das Handwerk mehr und mehr eine eigene Lebensstellung errang. Das geehrteste, auch eines Freien für würdig erachtete Gewerke war das eines Fertigers von Waffen und Schmuck. Ein tüchtiger Waffen- oder Goldschmied stand bei seinen Volksgenossen in hoher Achtung und Gunst und in der Sagenwelt genoß so ein Künstler, Wieland der Schmied, halbgöttlichen Ansehens. In den Gesetzbüchern der Germanen aus und unmittelbar nach der Völkerwanderungszeit ist schon von hörigen Handwerkern die Rede, welche zum Nutzen ihrer Herren für Andere arbeiteten. Hiermit hob das deutsche Handwerk als Beruf und Stand an.

Auch ohne Handel und Verkehr läßt sich eine Gemeinschaft von Menschen, welche einmal aus der Wildheit in die Civilisation herübergetreten ist, nicht denken. Schon frühzeitig mußte in Germanien ein primitiver Binnenhandel existiren, denn es gab ja allerlei zu tauschen, zu kaufen und zu verkaufen, Aecker, Weiden, Wälder, Vieh, Waffen, Schmuck, Sklaven, Weiber („ein Weib kaufen" für heiraten zu sagen, war noch im späteren Mittelalter gebräuchlich). Uralte Rechtsbräuche, die jetzt noch nachklingen, haben solchen Waarenumsatz begleitet. So wurde die Uebertragung eines Grundstückes von dem Verkäufer an den Käufer durch die Ueberreichung eines Rasenstückes oder einer Erdscholle symbolisirt. Die Kaufpreise wurden freilich nicht in Geld entrichtet, weil die Germanen keins besaßen. Tauschmittel an der Stelle des Geldes waren demnach Waffen, Schmucksachen und am häufigsten Vieh. In diesem, in Rindern, Kühen, Pferden, wurden auch anfänglich die gerichtlichen Strafansätze entrichtet, bevor als Zahlungsmittel das Geld aufkam. Den Uebergang zu diesem bildeten die Hals- und Armringe aus Edelmetall, welche eine so beliebte Schmucksache waren, zum Lieblingsgeschenk dienten und bald auch an Zahlungsstatt gingen, ganz oder auch in Stücke zerhauen, so daß solche Ringstücke zur Scheidemünze gedient haben mögen. Das Ringgold dürften unsere Ahnen zunächst aus den goldführenden Strömen ihres Landes gewonnen haben, insbesondere aus dem Rhein. Allerdings wird des Rheingoldes erst vom 5. Jahrhundert an gedacht, aber auf ein viel höheres Alter desselben weist bedeutsam der Mythus vom Nibelungenhort hin.

Wo einmal Kulturbedürfnisse sich regen, ist der Handel schnell bei der Hand, denselben genugzuthun und sie zugleich zu mehren und zu steigern. Römische und gallische Händler zögerten also nicht, von den Gränzen Germaniens im Süden und Westen her die begehrten Stoffe und Fabrikate einzuführen und

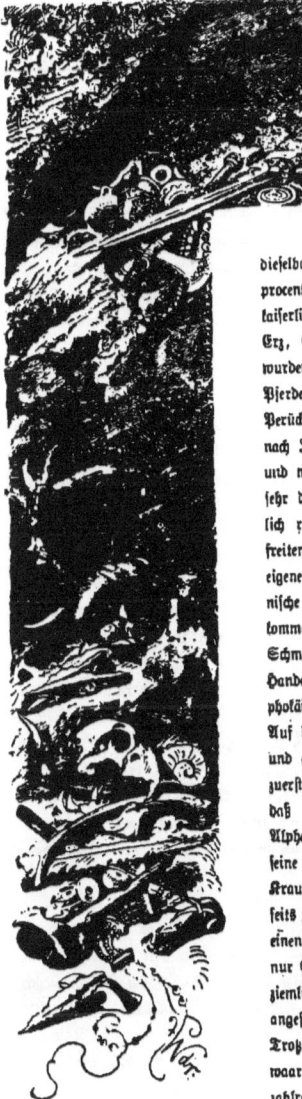

dieselben gegen Landesprodukte umzutauschen. Was für Gewinnprocente dabei abfielen, kann man sich leicht vorstellen. In der kaiserlichen Zeit Roms wurde dieser Handelsverkehr immer lebhafter. Erz, Eisen, Silber, Gold, Wein, Kleiderstoffe und Schmucksachen wurden eingeführt, Zuckerrüben, Gänsefedern, Laugenseife, Pelze, Felle, Pferde, Sklaven und germanisches Haar — rothblonde Zöpfe und Perücken waren ja den römischen Modedamen unentbehrlich — gingen nach Italien und Gallien. Römisches Geld wurde hierbei das mehr und mehr gangbare Tauschmittel. Die Deutschen gewöhnten sich so sehr daran, daß sie die Geldprägung noch lange für ein ausschließlich römisch-kaiserliches Recht ansahen. Erst die Frankenkönige befreiten sich völlig von dieser Vorstellung und münzten Geld auf eigene Hand und mit ihrem eigenen Bilde. Der wichtigste germanische Ausfuhrartikel war schon frühzeitig der von den Ostseeküsten kommende Bernstein, welcher in Rom massenhaft zum Putz und Schmuck verbraucht wurde. Auch mit Griechenland brachte dieser Handelsartikel die Germanen in Berührung, wobei die griechisch-phokäische Pflanzstadt Massilia (Marseille) die Vermittlerin machte. Auf diesem Wege, d. h. auf dem Wege des Verkehrs germanischer und griechischer Händler soll auch, wie nicht unwahrscheinlich ist, zuerst der Gebrauch der Schrift nach Deutschland gekommen sein, so daß der germanischen Runenschrift das griechische (dorisch-äolische) Alphabet zu Grunde läge. Und noch anderweitig erwies der Handel seine civilisatorische Kraft, indem er die Starrheit des germanischen Kastenunterthums brechen half. Da nämlich der Handelsbetrieb einerseits zum voraus eine gewisse Wohlhabenheit erforderte und anderseits einen kühn wagenden Muth und eine wehrfähige Hand, so konnte er nur Sache der Freien sein und erschien selbst für Adalinge nicht unziemlich. Mußten doch Kauffahrten geradezu für Kriegsfahrten gelten angesichts von allen den Gefahren und Bedrohungen, welchen zum Trotze die Ausfuhrwaaren in die Fremde zu bringen und die Einfuhrwaaren aus dieser zu holen waren. Die Handelschaft mußte aber in zahlreiche Wechselbezüge zu den aufkommenden Gewerken treten, wie auf der andern Seite mit der grundbesitzenden Aristokratie in Geschäftsverbindung bleiben und aus alledem ergab sich, daß der Handel ein wirksamer Sänftiger der schroffen Ständeunterschiede wurde. Endlich ist auch noch ein Wort darüber zu sagen, daß unsere Ahnen nicht allein Landhandel, sondern auch schon Seehandel getrieben haben. Selbstverständlich war dieser Sache der Anwohner der Nord- und Ostsee, welche an die Stelle des urzeitlichen Baumschiffes oder Schiffbaums im Verlaufe der sechs ersten Jahrhunderte christlicher Zeitrechnung nach und nach das galeerenartige Ruderschiff zu setzen und dasselbe auch mit Segelwerk auszustatten gelernt hatten. Man suchte die Schiffsgestalt dieser oder jener Thiergestalt anzuähneln, bezeichnete Schiffstheile als Haupt, Hals und Schnabel, verzierte den Bug mit Pferde- oder sogenannten Drachenköpfen und nannte das Schiff selber Drache oder Roß. Die „Meerdrachen" der skandinavischen „Wikinger" waren in Sage und Geschichte eine gefürchtete Erscheinung. Ueberhaupt verschwand in alter Zeit die Gränzlinie zwischen Seehandel und Seeraub häufig genug, allzu häufig. Doch für die alte Seetüchtigkeit der Germanen zeugt, daß sie ohne Kompaß in fremde Meere sich hinauswagten, daß sie Island, Grönland und — fünfhundert Jahre vor Kolon — Amerika („Binland") auffanden . . . . .

Nun aber ist es an der Zeit, daß wir uns wiederum zum Familienleben unserer Vorfahren zurückwenden.

Wir sahen, wie der germanische Hausherr seine Gattin als ein gekauftes Eigenthum in sein Heimwesen führte. An ihr wird es gelegen sein, sich aus der „Sache" des Mannes zu seiner Lebensgefährtin zu machen und den unumschränkten Gebieter zu einem vertrauenden und liebevollen Gatten herab- oder vielmehr hinaufzuzähmen. Kinder sind sicherlich wie überall und allzeit auch in Altdeutschland ein festes Band zwischen den Eltern gewesen. Germanische Ehefrauen mögen aber ihrer ersten Entbindung nicht ohne Bangen entgegengesehen haben, denn es hing durchaus von dem Manne ab, das Kind anzuerkennen und leben zu lassen oder nicht. War ein Kind zur Welt geboren, so brachte es die Wehmutter dem Vater und legte es ihm unter der neben dem Herde aufragenden „Firstful" seines Hauses zu Füßen. Anerkannte er es als Bein von seinem Beine und als Fleisch von seinem Fleische, so hob er es mit eigener Hand vom Boden auf oder ließ es durch die Wehmutter aufheben — (woher diese „Hevanna", Hebamme hieß). Weigerte er sich der Aufhebung, so war damit die Verstoßung des Kindes erklärt und ward es ausgesetzt. Einmal aufgehoben, war das Kind seines Lebens sicher. Auch mußte der Vater das Neugeborene aufheben oder aufheben lassen, so demselben schon irgendetwas Nährendes zutheil geworden, und wäre es nur ein Tropfen Milch oder Honig gewesen. Freilich das Recht, sein eigen Kind später zu verkaufen, war mit alledem dem Vater nicht bestritten. Dem Anerkennungsakte folgte eine Art von Taufe, indem das Neugeborene in frisches Wasser getaucht und durch einen zu diesem Zwecke bestellten Verwandten benamset wurde. Dieser Namengeber war auch gehalten, dem Täufling ein Geschenk zu geben, und ein Festschmaus beschloß die ganze Feierlichkeit.

Die Namengebung haben unsere Ahnen für eine wichtige, gleichsam den Lebensgang des Benannten vorbedeutende Sache angesehen und sie sind demnach hierbei nicht so ganz sinn- und geschmacklos verfahren, wie ihre Nachfahren zu thun pflegen. Wie die altdeutschen Ortsnamen, so waren auch die Personennamen sinnvoll und kennzeichnend. Zuvörderst solche, welche auf den urzeitlich naturwüchsigen Verkehr zwischen Mensch und Thier hinweisen und wobei noch in Betracht kam, daß in germanischen Augen manches Thier etwas Heiliges hatte, weil religiöse Mythen von der Erscheinung der Götter in dieser oder jener Thiergestalt zu erzählen wußten. Von solchen Thieren, als da waren Aar, Bär, Eber, Rabe, Schlange („lint",) Schwan und Wolf, kamen die männlichen Namen Arno, Arnulf, Berno, Beringard, Berinhard, Berwald, Ebur, Eberhard, Eburwin, Eburgund, Eburtrud, Eburhilt, Raginald, Ragenhart, Regino, Wolfgar, Wolfgang, Wulfila, und die weiblichen Aranthilt, Aralind, Berilind, Eburhilt, Eburgund, Ragauberga, Ragamberta, Godalind, Theudelind, Swanaburg, Swanahild, Wolfburga, Wolfgunt, Wolfrun, Wulfhilt. Das religiöse Gefühl der Germanen liebte es, eine ganze Reihe von männlichen und weiblichen Namen an das uralte, nur dem Germanenthum eigene Wort „Gott" zu knüpfen. So Godo, Godebald, Godafrid, Gotahard, Godomar, Guba, Gotberga, Gotatrud. Oder in Anknüpfung an die Bezeichnung der Götter als „Ansen" (nord. Asen, sächsisch Os) lauteten männliche und weibliche Namen Anso, Ansbald, Osmund, Oswald, Ansa, Ansberta, Osmundis. Die Vorstellung von den Elben (Zwergen) und Thursen (Hünen, Riesen) klingt an in den Namen Albo, Alshard, Albuin, Albagund, Albigard, Hunibald, Hunimund, Hunila, Hundaba, Thurismund, Thusnelda. Eine Menge von Männer- und Frauennamen bezeugen laut die Kriegslust und Kampffreude unserer Vorfahren und erscheinen daher die alten Worte „Bad", „Gund", „Hild", „Habu", „Wig", „Isan" (Eisen), „Ger", „Brünne" — lauter Ausdrücke für Krieg, Schlacht und Waffen — in mancherlei Zusammensetzungen: Babdo, Batuhelm, Babila, Babuhilt, Gundobad, Gundebaud, Albagund, Chunigund, Habubrand, Habufrid, Habamund, Hababerga, Hathumot, Hildibrand, Hildulf, Hildiburg, Hildigard, Hildigund, Wigo, Wigand, Wighelm, Wigharia, Wigilinda, Isangrim, Isanhard, Isanbirga, Isanhilt, Bruno, Brunihild, Sigibert, Sigifrid, Sigiteud, Sigilind. In den Zusammensetzungen mit „Adal", „Thiuda" und „Liut" (Adel und Volk) prägt sich der Stolz auf Abstammung und Volksgenossenschaft aus: Adalbert, Adalheid, Theodo, Theudofrid, Theodhelm, Theuda, Theutberta, Theutila, Liudo, Liudiger, Liudulf, Liuba, Liudiska, Liutberga. Zu den ältesten deutschen Frauennamen werden mit Grund gezählt solche, welche wie Bertha (die Glänzende), Heidr (die Fröhliche), Liba (die Lebendige), Swinda (die Geschwinde) und Skonea (die Schöne) leibliche und seelische Eigenschaften bezeichnen.

Mit einem Schmause, sahen wir, wurde die germanische Taufhandlung beschlossen und im Schmausen waren überhaupt unsere Vorfahren stark. Jedes fröhliche, aber auch jedes traurige Vorkommniß gab ihnen zum Zechen Veranlassung: die Geburt eines Kindes, die Wehrhaftmachung eines Sohnes, die Verheiratung der Tochter, der Tod eines Familiengliedes. Denn auch die Sitte oder Unsitte des „Leichentrunkes" darf sich eines hohen Alters rühmen. Sodann war ja auch die Gastfreiheit mit dazu da, Gelegenheit zu Zechgelagen zu schaffen. Diese währten häufig bis die eigenen Vorräthe aufgezehrt waren, in welchem Falle Wirth und Gast mitsammen zu einem Nachbar gingen, um bei und mit diesem weiterzuschmausen. Solche Zecherei hatte nicht selten den völligen Ruin einer glücklichen Familie zur Folge. Denn im Rausche das Würfelspiel bis zur Wuth zu treiben, nach einander Fahrhabe und Vieh, Haus und Heim, Weib und Kind und endlich die eigene Person zum Einsatze zu machen und nach dem letzten Unglückswurf in die Knechtschaft zu wandern, war gar nicht ungewöhnlich. In reichen Häusern, in den Gasthallen der Adalinge machten sich die Festmahle stattlich genug. Aber nur die Männer bankettirten, je zwei und zwei an einem Tische sitzend, während die Hausfrau — selbst Königinnen durften sich dessen nicht entschlagen — mit ihren Töchtern die Gäste bediente, das Auftragen der Speisen ordnete und die silberbeschlagenen Hörner der Urochsen, welche als Pokale dienten, eigenhändig füllte und von Tisch zu Tisch umherbot. Wenn nicht der Spielteufel in der Halle umging, hatten die Festgenossen ein edleres Ergötzen. Harfner und Sänger waren da, rührten das „Lustholz" (die Harfe) und sagten und sangen von Göttern und Helden, von der Weltschöpfung, vom Wodan und Donar, vom Thuisko und Mannus und vom Befreier Armin. So meldet uns Tacitus und im ältesten germanischen Heldengedicht, im „Beowulf" heißt es: „In der Halle war da Harfenklang, des Sängers lautes Singen; es sagte der Wissende der Menschen Ursprung in alten Zeiten" — und an einer andern Stelle: „Da war Sang und Klang im Saale vereinigt; das Lustholz ward gerührt, das Lied gesungen." Zum Klang und Sang gesellte sich in der Festhalle auch das älteste deutsche Turnspiel, der Schwerttanz, vom Verfasser der Germania als das einzige bei den Germanen heimische

Altgermanisches Gastmahl.

Schauspiel genannt. „Nackte Jünglinge — so erzählt er — welchen das eine Lustbarkeit ist, tummeln sich zwischen drohend aufgerichteten Speerspitzen und Schwertklingen tanzend umher. Uebung rief Fertigkeit, Fertigkeit Anmuth hervor, doch nicht zum Erwerb oder um Lohn; denn des kecken Scherzes einzige Belohnung ist die Kurzweil der Zuschauer."

Die Kinderzucht war selbstverständlich vorwiegend Sache der Mütter, unter deren Leitung die Töchter bis zu ihrer Verheirathung der Haushaltsgeschäfte sich annahmen. Wir dürfen auch glauben, daß alles, was etwa für die Gemüthsbildung der Jugend geschah, von mütterlicher Seite kam. Wie noch heute die deutsche Mutter die ersten Keime religiöser und sittlicher Vorstellungen in ihren Kindern pflanzt und pflegt, so hat gewiß auch die germanische den ihrigen die uralten Weisen von den Volksgöttern und Volkshelden vorgesungen und ihre Knaben Mannhaftigkeit und ihre Mädchen Sittsamkeit gelehrt. Der heranwachsende Sohn wurde sodann vom Vater in den Rechten und Pflichten seines Standes, in der Waffenführung, im Rennen und Reiten, im Jagen und Schlagen unterwiesen. So vorbereitet, wurde der Jüngling in versammelter Landsgemeinde entweder durch den Häuptling oder durch den Vater oder durch den Vormund mittels feierlicher Ueberreichung von Schild und Speer für wehrhaft erklärt. Bislang war er nur ein Glied des Hauses gewesen, mit seiner Wehrhaftmachung wurde er ein Glied des Gemeinwesens. Er konnte jetzt mitrathen und mitthaten, namentlich im Kriege, in den Besitz des Vollbürgerthums brachte ihn jedoch erst eigener Grundbesitz. Freie Geburt, Wehrfähigkeit und Grundbesitz verliehen mitsammen politische Rechte.

Aber wie war es mit der „Landsgemeinde", wie überhaupt mit dem altdeutschen Staat? . . . Soweit unser Wissen zurückreicht, finden wir bei unseren Vorfahren zweierlei Staatsformen vor: die

Germanische Müttertichkeit.

Monarchie und die aristokratische Republik. Beim ersten geschichtlichen Auftreten der Germanen werden die Heerführer der Teutonen und Kimbrer von den Römern als Könige bezeichnet und es untersteht keinem Zweifel, daß der Ursprung des germanischen Königthums in die mythische Urzeit hinaufreicht. In der historischen Zeit, insbesondere zur Zeit des Tacitus, war aber diese Staatsform vor der sogenannten freigemeindlichen, in Wahrheit aristokratisch-republikanischen mehr zurückgetreten, um dann zur Zeit der Völker-

Erſetzung der Sachſen.

wanderung zu neuer und überwiegender Geltung zu gelangen. Der ariſtokratiſch-republikaniſchen Gemeinweſen waren in Germanien ſehr viele und, was Umfang und Macht angeht, ſehr vielerlei. Das Werden und Wachſen derſelben war ein organiſches. Die Familie wuchs zur Marktgenoſſenſchaft, dieſe zur Hundertſchaft, dieſe zur Gaugenoſſenſchaft und dieſe zur Stammgemeinſchaft. Solcher Gliederung entſprach dann der Organismus politiſcher Schaltung und Waltung: — Dorfgemeinde, Kreisgemeinde, Gaugemeinde, Landsgemeinde. Bei dieſen Verſammlungen war, nach ihrer Machtvollkommenheit abgeſtuft, die Regierung der Mark, der Hundertſchaft, des Gau's und des Landes, die Entſcheidung über Frieden und Krieg, die Wahl des Heerführers, die Wahrung des Rechtsfriedens und die Sühnung des gebrochenen, alſo Verwaltung des Privat- und des Strafrechtes, die Beſtellung der Richterbank, die Erwählung der Gemeindevorſteher, der Gaugrafen, der Landesfürſten. Die verſchiedenen Gemeinden traten zu regelmäßig wiederkehrenden oder auch außerordentlichen Verſammlungen im Freien auf der bei einem heiligen Baum oder bei einer heiligen Quelle gelegenen „Malſtatt" zuſammen, wobei den Prieſtern die Eröffnung der Verhandlungen und die Handhabung der Ordnung oblag. Eine Rede des Vorſtehers — bei Landsgemeinden alſo des Fürſten — leitete die Abwickelung der auf der Tagesordnung ſtehenden Verwaltungs-, Kriegs- und Rechtsgeſchäfte ein. Die Berathung war frei, jeder wehr- und rechtsfähige Gemeinde- oder Landsaſſe, d. h. jeder Freie, konnte ſeine Meinung geltend machen. Mißfallen wurde durch Gemurre, Beifall durch das Zuſammenſchlagen von Schild und Speer kundgegeben. Von ſolchen Verſammlungen, in welchen die Souveränität des Gemeinwillens allerdings formal zum Ausdruck kam, darf man ſich aber kein allzu idealiſches Bild machen. Sachlich waren sie zumeist nur eine Formalität. — ganz so, wie das noch heute die uraltönlichen Landsgemeinden der Schweiz sind, bei welchen das „souveräne" Volk zumeist nur beschließt und abmacht, was die Magnaten vorher unter sich beredet und ausgemacht haben. Selbstverständlich sind hier nur die allgemeinen Grundzüge einer Gemeinde- und Staatsverfassung gegeben, welche bei den einzelnen Stämmen im Einzelnen sehr abweichend gemodelt war. Zur Völkerwanderungszeit drängte, wie schon erwähnt worden, das Königthum die Adelsrepublik in den Hintergrund. Wann die großen Stämme der Gothen, der Vandalen, der Burgunden, der Langobarden, der Franken in die Geschichte eintraten, geschah das unter der Führung von Königen. Aber das waren, wohlverstanden, Wahlkönige, in der Volksgemeinde gekürt und auf den Schild erhoben, in Zeiten und unter Umständen, wo einem Stamme die straffeinheitliche Lenkung, insbesondere auf der Heerfahrt noththat. Es mag sich daher dieses Königthum zu einem guten Theil aus der altherkömmlichen Einrichtung der kriegerischen Gefolgschaften herausgebildet haben, welche ihre gewählten Herzoge, falls diese Verdienst und Erfolg hatten, mit höheren Ehren schmückten. Doch ist noch beizufügen, daß das germanische Wahlkönigthum sich frühzeitig in ein Erbkönigthum zu wandeln wußte, schon darum, weil man die Krone mit Vorliebe solchen Familien zuwandte, die im Rufe göttlicher Herkunft standen und demnach für die Blüthe des Adels galten.

Kriegerischen Ursprungs also war das deutsche Königthum, wie ja überhaupt der germanische Staat auf Wehr und Waffen gestellt gewesen ist. Die Bewaffnung selbst ist erst während der Völkerwanderung vom walduhrsprünglich Einfachen zum Reicheren und Vielgestaltigeren vorgeschritten. Damzumal gesellten sich zu der Schutzwaffe des Schildes noch die zwei weiteren Helm und Harnisch, und zu der älteren Angriffswaffe, dem Speer („Framea", Pfriem?), die neueren, Schwert, Dolch und Streitaxt. Der „Ger" scheint eine von der Framea verschiedene schwere Wurfwaffe gewesen zu sein. Der Gebrauch von Bogen und Pfeil ist nicht deutlich nachzuweisen und bestimmt wissen wir, daß Vandalen und Gothen diese Waffen nicht kannten. Von germanischer Kriegskunst ist nicht zu reden, denn sie bestand nur in ungestümem Ansturm und todverachtendem Ausharren. Dem Heerführer die Treue zu halten bis in den Tod, war germanische Sitte. In Harste von je hundert Mann waren die Heere getheilt. In Keilrotten geordnet, unter Anstimmung des „Barditus" (wörtlich Schildlied, weil die Krieger es, um den Schall zu verstärken, in die Höhlung des Schildes hineinschrieen) gingen sie in die Schlacht. Die Hauptstärke der Germanen war der Fußkampf, doch haben sie auch den Gebrauch der Reiterei gekannt und geübt, obzwar mit Verachtung des Sattels. Frühzeitig wurden Reitergeschwadern auch Fußstreiter beigegeben, welche beim Vorstürmen der Reiter sich an den Mähnen der Pferde festhielten, um mit diesen gleichen Schritt halten zu können. Feigheit, Fahnenflucht, Einbuße des Schildes galten für Kapitalverbrechen.

Was Verfehlungen und Verbrechen überhaupt betrifft, so haben unsere Vorfahren von Uralters her unterschieden zwischen solchen, welche dem Gemeinwesen, und solchen, welche dem Einzelnen Schaden brachten. Jene, also Landesverrath und Fahnenflucht, konnten nur durch den Tod des Schuldigen gesühnt werden, diese dagegen mittels Gutmachung, d. h. der Schädiger war gehalten, den Einem oder Einer an Ehre, Gut, Leib und Leben zugefügten Schaden dem oder der Beschädigten, beziehungsweise ihren Rechtsnachfolgern zu vergüten mittels des sogenannten „Wergeldes", dessen Ansätze je nach der Schwere des Schadens höher oder niedriger waren und das in Ermangelung baren Geldes auch in Vieh oder Fahrhabe entrichtet werden konnte. Diese Rechtssatzung, die Sühnung der Schuld mittels Geldes, ist ein nach unserem Gefühle freilich roher erster Versuch gewesen, den Verheerungen, welche der urzeitliche Brauch der Blutrache in dem Gemeindewesen anrichtete, Einhalt zu thun. Aus diesem Brauche war das urgermanische Faust- und Fehderecht entsprungen. Der unbedachtsame Mörder, der vorsätzliche Todschlager brach mittels seiner That den Frieden mit der Sippschaft des Getödteten. Dieser lag die Pflicht ob, den ihr gegenüber „friedlos" gewordenen Thäter zur Rechenschaft zu ziehen. Zu diesem Ende griff sie, falls der Schädiger nicht bei Zeiten zur Entrichtung der gesetzlichen Wergeldbuße sich bereit erklärte, zum Faust- und Fehderecht, d. h. sie erhob unter Beihülfe ihrer Freunde Fehde gegen den Uebelthäter, um mit seinem Blut den Rechts- friedensbruch zu sühnen . . . Das Rechtsbewußtsein unserer Vorfahren ging in seinen Erscheinungsformen, wie auch in denen der Rechtschöpfung und Rechtsprechung, unter den einzelnen Stämmen mehr oder weniger weit auseinander, wie denn auch je nach der politischen Verfassung hier die Landsgemeinde, dort der König

Kampf gegen die Römer.

für die Quelle des Rechtsfriedens und des Rechtsschutzes galt. Doch bei aller Verschiedenheit im Einzelnen waren auch auf diesem Gebiete wieder gewisse nationale Vorstellungen und Formen im Ganzen durch- greifend und obherrschend. Zunächst dem Landesverrath und der Fahnenflucht war Mord das schwerste Ver- brechen. Dann folgten die „durch Fang, Schwang, Griff und Hand" verübten Gewaltthätigkeiten, unter welchen Frauenraub und Nothzucht obenan standen. Es ist ein schöner Zug in diesem alten Rechte gewesen, daß es sogar leichte Verunglimpfungen weiblicher Ehre und Scham mittels Worten oder Handlungen schwer ahndete. Unter den Verbrechen gegen das Eigenthum war der Feld- und Viehdiebstahl das verrufenste, wobei sehr fein zwischen Tagdieb und Nachtdieb zu Ungunsten des letzteren unterschieden wurde. Etwas gewinnend Humanes lag in den Bestimmungen, daß Wanderer ungestraft von den Feldfrüchten an ihrem Wege nehmen durften, um Hunger und Durst zu stillen, und daß schwangere Frauen, wenn sie ein besonderes Gelüste nach einem fremden Gegenstand empfanden, denselben ebenfalls ungestraft sich aneignen mochten ... Rechtheischung und Rechtsprechung waren mit religiösen Bräuchen umgeben und wurzelten beide in religiösen Anschauungen. Das Verfahren war öffentlich und mündlich. Die Gerichtsstätten waren wohl dieselben Malen oder Mallen, wo auch die Gemeinde- und Landesversammlungen stattfanden. Rings um die „Malstadt" ging der „Ring", an dessen Schranken das Volk stand. „Ding" hieß der Rechtshandel. Daher die alte Redensart: „Zu Ding und Ring gehen". Aus dem rechtsfähigen Theile des Volkes, also aus den Freien und durch diese wurden die Rechtsfinder („Rachinburgen", „Sachibarone", später „Schöffen") gewählt, welche unter dem Vorsitze des „Gerefa" (Grafen, früher „Tunginus") den Wahrspruch fanden und fällten. Die Procedur war der Anklageproceß, denn „wo kein Ankläger, da kein Richter". Aber weit verbreiteter Grundsatz war, der Ankläger habe nicht die Schuld des Angeklagten, sondern dieser vielmehr seine Unschuld zu beweisen. Hauptbeweismittel war der Eid. Der Bezichtigte mußte sich mittels des Eides reinigen; allein sein Wort war nicht genügend, er mußte sich umsehen nach „Eideshelfern", d. h. nach Freunden, welche mit ihrem Worte bezeugten, daß sie der Versicherung seiner Schuldlosigkeit glaubten. Sie halfen ihm also bei seinem Eide, indem sie seine Glaubwürdigkeit bekräftigten. Falls dann aber der Ankläger weder dem Eide des Angeklagten, noch dem Worte der Eidhelfer desselben traute, so konnte er, um die Anklage aufrechtzuerhalten, ein Gottesurtheil (althochdeutsch „Urteili", angelsächsisch „Ordal", wovon das lateinische ordalium) anrufen, womit die Wahrspruch über Schuld oder Unschuld der Gottheit selbst anheimgegeben werden sollte. Die Form der Gottesurtheilschöpfung war entweder der Zweikampf zwischen Ankläger und Angeklagten oder die Feuer- oder Wasserprobe. Die älteste Erwähnung der „Kesselprobe", wobei der Angeklagte, sich zu reinigen, einen Ring aus siedendem Wasser herauslangen mußte, ohne sich die Hand zu verbrühen, steht im salfränkischen Gesetzbuch. Zweifelsohne reicht aber der Gottesurtheilsbrauch in die arische Urzeit hinauf, denn wir finden ihn ja auch im alten Indien. Im Mittelalter hat dann dieser Rechtsbrauch eine vielfältige Ausgestaltung erfahren. Mit zu den Gottesurtheilen gehörte sicherlich auch in uralter Zeit schon das „Bahrrecht", welchem gemäß bei einer Mordklage der Angeklagte unter Betheurung seiner Unschuld zu dem Gemordeten herantreten und dessen Wundmale berühren mußte. Fingen diese hierbei wieder zu fließen an, so war der Beweis der Schuld, wenn nicht, der Beweis der Unschuld des Bezichtigten geleistet. An einer berühmten Stelle des Nibelungenliedes, welch' trotz ihrer christlichen Uebermalung gewiß weit in das germanische Heidenthum hinaufgreift, heißt es: „Schmiede hieß man beschaffen eilends einen Sarg, einen Sarg von Silber und Gold, beschlagen mit Spangen von gutem Stahl, und da die Nacht vergangen, ließ die edle Frau Kriemhild ihren vielieben Mann Sigfrid zum Münster tragen und weinend gingen alle ihre Freunde mit ihr. Da sie zum Münster gelangten, läuteten die Glocken und laut wurde der Gesang der Pfaffen. Da kam auch der König Gunther herbei mit seinen Mannen und es kam auch der grimme Hagen, der besser ferngeblieben. Sprach Gunther: „Liebe Schwester, weh deines Leides! Ledig sollten wir sein so großen Schadens! Fürwahr, wir müssen allzeit Sigfrids Tod beklagen." Gab da zur Antwort das jammerhafte Weib: „Mit nichten nützt ihr das! Wär' euch leid die Sache, würde sie nicht geschehen sein." Sie legten sich auf's leugnen. Da wiederum die Witib: „Wer unschuldig, kann es kundthun. Er mag nur alsbald hier vor all' den Leuten zu der Bahre gehen. So mag die Wahrheit offenbar werden." Das ist ein groß Wunder, welches oft sich wirkt: wenn der Mörder hertritt zu dem Gemordeten, so bluten diesem die Wunden. Solches geschah auch jetzo. Denn da Hagen zu dem Todten herging, fingen dessen Wunden stark zu fließen an. Da hub sich noch stärkerer Wehruf denn zuvor."

Wie in allem und jedem, anerkannten' also unsere Ahnen auch in Sachen des Rechtes als oberste Instanz die Gottheit. Sie waren ein frommes Volk, insofern das Gefühl der Abhängigkeit des Menschen von

Kriemhild verlangt die Bahrprobe.

den Naturgewalten sie schon in der Kindheit ihres Volksdaseins mit Ehrfurcht vor dem Weltgeheimniß erfüllt hatte und zu erfüllen fortfuhr. Ihre Denker und Dichter — beider Thätigkeit war im urzeitlichen Priesterthum vereinigt — hatten eine Lösung dieses Geheimnisses in der Form religiösen Vorstellens, Fühlens und Glaubens versucht, wie denn ja alle die alten Naturreligionen solche Lösungsversuche gewesen sind, und es darf mit Bestimmtheit angenommen werden, daß zur Zeit, als das germanische Heidenthum in Deutschland durch das Christenthum überwältigt wurde, die Religion unserer Vorfahren in Dogma und Kult zu einem nicht geringen Grade von Entwickelung gelangt war. Uns Deutschen ist aber nicht jene Schicksalsgunst zu Theil geworden, welche den Nordgermanen das Kleinod ihrer „Edda" gegeben und in dieser ihnen die Religion ihrer und unserer gemeinsamen Altvordern als systematisirtes Ganzes überliefert hat. Auf uns Deutsche sind von dem religiösen Fühlen, Vorstellen und Thun der Südgermanen nur Bruchstücke gekommen, welche mühsäligst zusammenzusuchen es des riesigen Forscherfleißes eines Jakob Grimm bedurfte („Deutsche Mythologie"). Dabei galt es namentlich auch, diese Ueberlieferungen von der schiefen Gestaltung und falschen Färbung zu reinigen, welche sie überall angenommen hatten, wo sie durch griechischrömische Berichte vermittelt worden waren.

Von der indogermanischen Weltanschauung, d. h. von den Gegensätzen Licht und Finsterniß, Tag und Nacht, Feuerwärme und Eiskälte, ging die germanische Religion aus und zwar mit Hinzunahme des weiteren Gegensatzes: Himmel und Erde. Dieser Dualismus freundlicher und feindlicher Lebensmächte, der Dualismus einer zeugenden und schaffenden, einer empfangenden und gebärenden Wesenheit andererseits hat auch bei den Germanen, wie anderen alten Völkern die vielgötterliche Auseinanderfaltung des Gottesbewußtseins bedingt und bestimmt, sobald dieses von der Stufe dunkeln Ahnens zu der hellen

Vorstellens vorgeschritten war. Allerdings begegnet uns schon in den ältesten deutschen Mundarten, von denen wir wissen, das Wort „Gott" (gothisch Guth, althochd. Kot, altj. God, mittelhochd. Got), allein das Vorhandensein desselben beweist nicht etwa einen ursprünglichen Eingottglauben (Monotheismus) unserer Vorfahren, sondern nur allenfalls, daß diese das Wort „Gott" gerade so gemeint und gebraucht haben, wie wir das Abstraktum „Gottheit" meinen und brauchen. Die Germanen waren Polytheisten und im Verlaufe der Zeit gelangte ihre Vielgötterei zu einer Zwölfzahl von großen Göttern, welche sich wohl in Skandinavien, nicht aber in Deutschland vollständig nachweisen läßt. In der von Tacitus in der „Germania" namhaft gemachten Göttertrias Merkur, Herkules und Mars dürfen wir wohl unsern Wodan, Donar und Zio erkennen. Wodan (Wuotan, Wuodan, Guodan, Woden, Wode, zurückzuführen auf die sanskritische Wurzel badh oder vudh, d. i. wachsein, bewußtsein, erkennen, wissen) wurde als der höchste Gott verehrt, als der germanische Zeus oder Jupiter. In ihm ist die alldurchdringende und allbelebende Weltkraft verpersönlicht. Er ist der Himmel, welcher sich schützend über der Erde wölbt, er ist die Sonne, welche jene erhellt, erwärmt und befruchtet, er ist der reinigende Sturm, er ist der gestaltende Allgeist. An ihn, als den Erreger der den Winter verjagenden, das neue Wachsthum des Feldsegens ankündigenden Frühlingsstürme, knüpft sich noch jetzt im Volke die Vorstellung vom wüthenden Heer oder von der wilden Jagd. Um wie viel lebhafter aber muß diese Vorstellung in unseren heidnischen Ahnen gewesen sein! In dem Getose der nächtlichen Orkane, welche die Frühlingstagundnachtgleiche zu bringen pflegt, hörten sie das Getümmel und Gehetze von Wodans Jagdzug, das Schnauben und Wiehern der Rosse, das Hundegebell, das Peitschengeknall und das Jägerschreie Halloh, Huhu, Hoto! Zunächst der wilden Meute reitet Gott Wodan, der Einäugige, denn die Sonne war ja sein Auge, auf seinem weißen Pferde. Er hat seinen breitkrämpigen Schlapphut auf, schwingt seinen Speer Gungnir und auf jeder seiner Schultern sitzt einer der beiden Raben, die ihm — Symbole seiner Allwissenheit — alles zuflüstern, was in der Welt vorgeht. Ein langes Gefolge von Göttern und Göttinnen, von Walhallagenossen und Walküren reitet hinterdrein, buntgestaltig, phantastisch und wirrsälig wie ein Walpurgisnachtstraum, und im Zuge darf auch der große Widersacher der Götter und doch ihr steter Gesell und Begleiter nicht fehlen, der schlimme Lohho oder Lolo, die Verpersönlichung des Dunklen und Bösen, der Widergott, Aftergott, von dessen Namen sich freilich in Deutschland nur dürftige Spuren auffinden lassen, der aber in den zahllosen Teufelssagen Zeugnisse hinterließ, wie angelegentlich sich bereits unsere heidnischen Ahnen mit ihm beschäftigt haben müssen. So fährt die wilde Jagd Wodans in den Lüften über die Lande, gespenstig, schreckhaft, aber auch belebend und segenspendend wie ein Frühlingssturm. „Der Wode jagt," sagen die Bauern noch heute in Pommern und Mecklenburg. „Wuotan jagit," mochten unsere Ahnen flüstern, wann nächtlicher Weise des Gottes Sturmhorn erscholl, und mit ihrer Furcht und Scheu mischte sich das Hoffen, daß die traurige Zeit eines nordischen Winters endlich zu Ende ginge.

Mit der großen Göttin Erde (Nerthus, Nirdu) zeugt Wodan ein zahlreiches Geschlecht von göttlichen Söhnen und Töchtern: den Donnergott Donar, den Kriegsgott Zio, den Friedensgott Fro, den Rechtsgott Paltar, den Jagdgott Vol, den Meergott Uli, die Liebesgöttin Frouwa — von welcher unser Wort Frau kommt — die Ehegöttin Holda, die Arbeitsgöttin Peratha, die Herdgöttin Hluodana, die Frühlingsgöttin Ostara, die Erntegöttin Bulla. Die genannten Götter geben sich schon beim ersten Anblick als Ausflüsse der kosmischen und sittlichen Substanz Wodans, gerade wie in den Göttinnen die Wesenheit der großen Lebensmutter Erde sich auseinanderlegt. Als unterirdische Kehrseite dieser Lebensmutter mochte ursprünglich die Vorstellung von der schaurigen Unterweltsgöttin Hellia gefaßt sein, deren persönlicher Begriff in der christlichen Zeit in den örtlichen der Hölle sich wandelte. Zu ihr hinunter, zur Hellia, glaubten unsere Vorfahren, führen die am Siechthum oder Alter Gestorbenen, während die im Kampfe Gefallenen von Wodans

Todtenwählerinnen, den Walküren, zur Walhalla, zum Festsal der Helden, emporgeleitet wurden. Fraglos ist demnach, daß die heidnischen Germanen den größten Trost des Menschengeschlechtes, die Vorstellung von einem „Jenseits" und von der Fortdauer der Seele nach dem Tode des Leibes, kannten und glaubten. Daß ihnen auch der Schicksalsgedanke, die Idee einer hoch über allem thronenden und waltenden physischen und moralischen Nothwendigkeit nicht fremde gewesen, wird dadurch wahrscheinlich, daß im germanisch-skandinavischen Glaubenssystem die Schicksalsidee in den Gestalten der Nornen mythologisirt war. Endlich ist noch anzumerken, daß, wie durch alle Naturreligionen, so auch durch die germanische ein stark

Der Herthasee.

pantheistischer Hauch ging. Aus diesem Gefühl einer Durchgöttlichung, eines Durchgeistigtseins der Natur heraus hat dann die Volksphantasie ihre noch heute im deutschen Märchen fortlebenden Vorstellungen von Riesen (Dursen, Hünen) und Zwergen (Elbe, Wichte), von allerhand freundlich gewillten oder neckisch gesinnten Haus-, Wald- und Wassergeistern geschöpft. Auch der Begriff des Glückes gestaltete sich unseren Ahnen zu einem persönlichen und noch im späteren Mittelalter wurde „Frau Sälde" häufig genannt und angerufen.

Die Stätten des Gottesdienstes waren Haine oder Tempel, diese jedenfalls von sehr einfacher Holzbauart. Auch auf Berghöhen, bei reichen Quellen, an rauschenden Wasserfällen, am Gestade einsamer Seen, unter durch Mächtigkeit und Schönheit vorragenden Bäumen — man denke nur an die „Donarseiche" bei Geismar — wurde den Göttern mit Gebeten und Opfern gedient. Es gab auch Götterbilder, Idole, früher aus Holz geschnitzte, später aus Metall gegossene. Das berühmteste Idol in Germanien war die bei Heresburg in Westphalen aufgerichtete Irminsäule, welche der Gewaltbekehrer Karl zertrümmern ließ. Anfänglich mochte jeder Hausvater der Priester seiner Familie gewesen sein. Später, bei vielseitigerer Gestaltung des Kultus, gab es einen Priester- und Priesterinnen-Stand, aber niemals gab es eine erbliche Priesterkaste. Haupthandlungen des Gottesdienstes waren das Gebet, das Opfer und die Orakeleinholung. Beim Beten wandten unsere Vorfahren das Antlitz gen Norden, um dem Blicke der Götter zu begegnen, welche man sich vom Norden nach Süden schauend dachte. Unser neuhochdeutsches Wort opfern ist bekanntlich lateinischen Ursprungs (offerre), in Altdeutschland sagte man dafür „blotan" und so war schon mit dem Worte der Begriff einer Blutdarbringung gegeben. Man opferte den Göttern zum Dank oder auch zur Sühne Rinder, Widder, Eber, Ferkel, Böcke und Pferde. Die Schädel der letzteren wurden an die Baumstämme der heiligen Haine genagelt. Aber die Altäre der germanischen Götter wurden auch, kein Zweifel ist gestattet, mit Menschenblut genäßt. Die Menschenopferung bei den Semnonen, Cherusken, den Hermunduren bezeugt Tacitus mit Bestimmtheit. Nicht weniger glaubwürdig sind anderweitige alte Zeugnisse, welche solchen schrecklichen Glaubenseifer bei den Gothen, Sachsen, Franken, Thüringern und Friesen feststellen. Doch hat das Menschenopfer bei den skandinavischen Germanen länger gewährt als bei den deutschen. Das Jahresfest der großen Erdgöttin, der Nerthus (Hertha), welches Tacitus beschrieben hat, schloß mit Opferung der sämmtlichen Sklaven, welche bei dem als Geheimkult behandelten heiligen Dienste mit Hand angelegt hatten. Reichliches Opferblut floß bei den großen Festen unserer Ahnen, namentlich zur Zeit der Wintersonnenwende und der Sommersonnenwende. Die erste, das in allen germanischen Landen mit großem Jubel begangene Julfest, feierte die Wiedergeburt des Sonnengottes. Die christlichen Priester haben dann daraus die Weihnacht gemacht, wie sie aus dem heidnischen, der germanischen Göttin Ostara zu Ehren gefeierten Frühlingsfest das christliche Osterfest machten. Mit der Darbringung von Gebeten und Opfern verband sich bei den religiösen, von dem tiefen Naturgefühl der germanischen Rasse zeugenden Festen unserer Vorfahren das Anzünden von gewaltigen Feuern auf Bergspitzen und am Saume der Götterhaine. Diese „Funken" symbolisirten die in der Sonne und in der Feuerflamme waltende Gottheit. Auch galt ihr Lohen und Wabern für schutzkräftig gegenüber den bösen Zaubergewalten. Auf die heiligen Höhen, durch die heiligen Haine, um die heiligen Feuer her wallten die Festprocessionen, bei welchen allerhand Mummenschanz üblich war, beispielsweise beim Frühlingsfest das dramatisch dargestellte Einsargen und Begraben des Winters, wie es in süddeutschen Dörfern zur Fastnachtzeit noch jetzt vorkommt. Eine ausgiebige Schmauserei beschloß die Götterfeste und diesen festlichen Gelagen war der hübsche Brauch des „Minnetrinkens" eigen. Den Göttern wurde feierlich zugetrunken, Minne getrunken und daran hielten unsere Ahnen so fest, daß sie, zum Christenthum bekehrt, dem „Herrn Christus" oder der „Jungfrau Maria" Minne zutranken, wie früher dem Donar oder der Freia. Orakel ertheilten den Rathfragenden die Priester und Priesterinnen, indem sie den Flug und Schrei gewisser Vögel ausdeuteten oder auch das Wiehern der weißen, in den Tempelhainen eigens zum Zwecke der Orakelgebung gepflegten Rosse. Eine dritte Art der Schicksalsbefragung war diese. Auf die abgebrochenen Zweige einer Buche wurden Zeichen geritzt und diese Buchenstäbe auf die Erde geworfen, wie der Zufall es wollte; dann wurden sie wieder aufgelesen und in eine gewisse Ordnung gebracht, worauf der Zeichendeuter bekanntgab, was die geritzten „Runen" raunten. Von diesem religiösen Brauche stammt unsere Bezeichnung der Schriftzeichen (Buchstaben). Neben den Künsten der Orakelei haben germanische Priester und Priesterinnen auch die Künste der Besprechung und Beschwörung geübt, wie ja zwei auf uns gekommene heidnische Exorcismusformeln (die sogenannten merseburger Zaubersprüche) darthun.

Deutsche Dichter-Sänger.

Die altdeutschen Götterlieder sind verschollen. Aber wie fest das heidnische Gottesbewußtsein der Altvorderen im Volksgemüthe haftete, bezeugen, von so vielem anderem in Sitte und Brauch abgesehen, noch heute die Benennungen der Mehrzahl unserer Wochentage. Sonn-Tag und Mond-Tag erinnern an den uralt-arischen Gestirn- und Feuerdienst, in der deutschen Schweiz ist der Dienstag noch jetzt ganz deutlich („Ziestig") nach dem Gotte Zio benannt, der angelsächsisch-englische Wednesday (Mittwoch) ist Wodanstag, unser Donnerstag ist Donars, unser Freitag Freia's Tag. Kein Zweifel, daß an den Tagen und Festen der Götter die ältesten deutschen Dichter-Sänger („Skeopas", „Skope", „Skofe", vom Thätigkeitswort skapan, schaffen) die Göttermythen vor den Fürsten und dem Volke „sangen und sagten", d. h. unter Begleitung der Harfe und der Zither recitativisch vortrugen. Und neben dem Götterlied entfloß dem Munde dieser alten, gerngehörten und vielgeehrten Pfleger deutscher Liederkunst auch der Heldensang. Vom Teut und Mannus und vom Befreier Armin sangen und sagten sie. Das wissen wir und darum dürfen wir auch redlich vermuthen, daß die Grundtöne unserer später, im Mittelalter, dichterisch entwickelten Heldensage schon in Germanien und die ganze Völkerwanderungszeit hindurch erklungen seien: also die Lieder vom Helden Sigfrid und von der Walküre Brunhild, vom gewonnenen und verlorenen Nibelungenhort und von Kriemhilds Rache, vom alten Hildebrand und vom jungen Hadebrand, vom aquitanischen Walther und von der schönen Hildgund; nicht weniger auch vom Wolf Isengrimm und vom Fuchs Reinhart, denn gerade aus unserer Thiersage weht der uralte Waldgeruch ursprünglicher Poesie, welche sich bei uns in Germanien, wie droben in Skandinavien, der eigenartig-germanischen Form des Liedstabes oder Stabreimes bediente. Ob irgendwas von dieser ältesten deutschen Dichtung schon in vorchristlicher Zeit schriftlich aufgezeichnet worden sei, ist sehr zweifelhaft; daß aber davon — den angelsächsischen Beowulf beiseite gelassen — nur Nachklänge auf uns gekommen, ist leider gewiß. Solche Nachklänge machen sich mittelbar vernehmbar in der lateinisch geschriebenen Gothenchronik des Jordanis aus dem sechsten und in der Langobardenchronik des

Warnfrid aus dem achten Jahrhundert, in den ältesten Bearbeitungen der Thiersage und im latinisirten Waltharilied aus dem zehnten Jahrhundert, unmittelbar dagegen in einem althochdeutschen Bruchstück des Hildebrandsliedes. Den ungetrübtesten und deutlichsten Einblick in germanisch-heidnisches Heldenleben und Dichterschaffen gewährt aber das Lied vom Beowulf, welches die Angelsachsen aus ihren Sitzen an der Niederelbe wohl schon fertig mit nach Britannien genommen haben. Hier athmet die wilde Großheit einer Zeit, wo die Germanen aus der mythischen Dämmerung geschichteloses Daseins auf die Gränzmarke historischen Lebens herüberzutreten begannen. Die gesammte dichterische Hinterlassenschaft unserer heidnischen Vorfahren hat dann neue Lebensformen gewonnen in den deutsch-nationalen Sagenkreisen des Mittelalters . . .

Wir sind jetzt auf unserer Wanderung durch das Dasein der Vorfahren in heidnischer Zeit da angelangt, wo alles menschliche Sein und Wandern endet: — am Grabe. Von der Schlußscene des germanischen Lebensdrama's ist also noch zu reden, von der Bestattung. Den Gräberfunden, sowie den Ueberlieferungen in Lied, Sage und Geschichte zufolge muß dieselbe vonseiten unserer Ahnen als eine nicht unwichtige Verrichtung angesehen und behandelt worden sein, wie ja die Sorge für die Todten jedem einmal in den Kreis der Kultur eingetretenen Volke zusteht. Bei den meisten germanischen Stämmen ist der Brauch der Feuerbestattung entweder nachgewiesen oder wenigstens mit Sicherheit zu vermuthen. Wenn dem Tacitus zu glauben, so haben unsere Altvorderen ihre Todten durchweg verbrannt und mit diesen ihre Waffen und Rosse. Die Asche und die Gebeine, soweit das Feuer diese nicht verzehrt hatte, wurden begraben und über den Grabstätten Rasenhügel erhöht. Auch gibt der römische Historiker noch einen Umstand an, welcher zeigt, wie streng der Ständeunterschied noch im Tode festgehalten worden ist. Denn zum Verbrennen der Adeligen und Freien waren gewisse Holzarten vorbehalten und es mag also angenommen werden, daß diese auf von Eichen- und Buchenholz, die Unfreien auf von Fichten- und Föhrenholz geschichteten Scheiterhaufen verbrannt wurden. Aber nicht nur seine Rosse folgten dem germanischen Todten ins Feuer, sondern so that in ältester Zeit auch sein Weib. Wie bis in unsere Tage herab die indische Wittwe dem Gatten nachstarb, so vordem auch die germanische, und hat sich dieser Brauch in Skandinavien viel länger erhalten als in Deutschland. Die Göttermythe und Heldensage wissen davon zu melden. Jener zufolge wird die Göttin Nanna mit ihrem getödteten Gatten, dem Gotte Baldur, verbrannt. In den Sigurdsliedern der Edda, welche die älteste auf uns gekommene Fassung der Nibelungensage enthalten, ist gesungen, wie die Walküre Brunhild sich tödtet, um ihrem Verlobten Sigurd nachzusterben, und wie sie sterbend die Schichtung und Ausschmückung des gemeinsamen Scheiterhaufens anordnet, wobei nicht zu vergessen, daß acht Knechte und fünf Mägde ihr in den Tod folgen sollten. Diese Art von Todtenopfer konnte nur den Sinn haben, daß Held und Heldin im Jenseits nicht ohne dienendes Gefolge wären. Im Beowulfsliede wird die Anordnung zur Feuerbestattung des alten Königs also beschrieben:

> „Da errichteten rasch die Recken Geatlands
> Ihm zur Feuerburg einen festen Bau,
> Mit Helmen umhangen und Heerschilden,
> Mit blanken Brünnen, wie er geboten hatte;
> In die Mitte legten den erlauchten König
> Die harmvollen Helden, den lieben Herrn" —

und im Gegensatze zu solcher königlich-prächtigen Feuerbestattung aus dem Sagenbereiche ist die Kunde von einer königlich-eigenartigen Erdbestattung aus dem Bereiche der Geschichte auf uns gekommen. Jordanis nämlich erzählt in seiner Gothenchronik, daß die Krieger Alarichs nach in Kalabrien erfolgtem Tode des gewaltigen Heerkönigs den Busentostrom beiseite leiteten, in dem Strombett ein tiefes Grab höhlten, darin den Todten mit Roß und Waffen und Kleinodien beisetzten, die Grabstätte zudeckten und dann den Fluß wieder darüber leiteten. Noch eine sehr eigenthümliche und hochpoetische Art von Todtenbestattung ist bei den Germanen, welche ihre Sitze an der See hatten, bräuchlich gewesen, wie ebenfalls im Beowulfsliede zu lesen und wie auch die Edda in der Schilderung von Baldurs Leichenbegängniß kundmacht. Der Todte ward in vollen Waffenschmuck an Bord eines „Meerdrachen" gebracht und in sitzender Stellung mit dem Rücken an den Mast gelehnt. Rings um ihn häufte man, was von Besitz ihm der liebste im Leben gewesen. Dann zog man das Segel auf, setzte das Schiff in Brand und ließ es in die Wogen hinaustreiben. . So ritt der Recke auf feuerschnaubendem Rosse zur Walhalle Wodans.

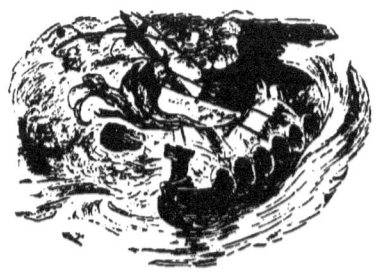

Germanen auf der Wanderung.

Auf der Wanderung

I.
Völkerwanderungszeit.

ie Geschichte ist eine Reihenfolge von Revolutionen und Reaktionen, ein ewiges Vor- und Rückströmen der rastlosen Entwickelungswoge des Menschengeistes. Dem sturm- und drangvollen Vorwärts stellt sich die Kraft der Trägheit als eine Dämpferin und Züglerin entgegen. An diesem Damme bricht sich die Springflut, die sonst ins Unendliche stürmen und unter ihrem Gischt alles Leben ersticken würde. Die Woge rollt zurück, aber sie hat doch Raum geschaffen für neue Kultursaaten, neue Gedankenreiche, neue Staatenbildungen, neue Gesellschaftsgliederungen. Daß die Vor- und Rückwälzungen so gewaltsam, daß sie nur unter Krämpfen vor sich gehen, welche der Menschheit Ströme von Thränen und Blut entpressen, mag zu beklagen sein, ist aber hinzunehmen als ein ehernes und unwandelbares Naturgesetz. Denn nicht als ein heiteres Idyll spielt die Weltgeschichte sich ab, sondern als eine hochernste Tragödie, in welche freilich, um sie weniger schreckhaft zu machen, gar häufig jene komischen Zwischenakte eingewoben sind, welche dem Helden den Hanswurst zum Mitspieler geben und die Lachmuskeln der Zuschauer in Bewegung setzen, um ihren Thränendrüsen Zeit zur Erholung zu verschaffen.

Eine Revolutionswoge von einer Größe, Kraft und Dauer, wie die Welt sie bislang noch nicht gesehen hatte, erschütterte vom 4. Jahrhundert christlicher Zeitrechnung an Europa in seinen Grundvesten. Sie fegte das weströmische Reich hinweg, bedeckte mit dessen Trümmern weithin den Erdtheil und pflanzte über den Ruinen die germanische Weltordnung auf und das Kreuz.

Man nennt diese ungeheure Umwälzung die Völkerwanderung. Zwei Jahrhunderte lang wallte und wogte sie, ja so recht zum Stauen und Stehen ist die zerstörende und schaffende Flut erst am und im Staatsbau Karls des Großen gekommen. Mit diesem hob der Zeitraum an, welchen wir das Mittelalter zu heißen pflegen. Was zwischen dem Beginne der Völkerwanderung und dem Aufbau der karlingischen Monarchie liegt, ist ein chaotisches Wirrsal: die antike Welt war nicht mehr, die christlich-germanische war noch nicht. Daß jene bei dem Ansturm der „Barbaren", wie die entnervten Römer und die entnervteren Griechen unsere Vorfahren schalten, so armsälig zerbrach, kann niemand wundernehmen, wer da weiß, wie diese Welt von innen heraus verfault war. Das neue Ferment des Christenthums hatte den grauenhaften Zersetzungsproceß nicht aufhalten können, sondern vielmehr nur noch beschleunigen müssen: — den todtkranken Schlemmer rettet auch die strengste Fastenkur nicht mehr. Dem Zusammensturz des Olymps folgte logisch der Fall des Kapitols. Der neue Glaube verlangte neue Menschen. Das christliche Ideal suchte sich im Germanenthum den Leib zu schaffen, worin es zu welthistorischer Erscheinung kommen könnte. Aber die antike Gesellschaft starb nicht plötzlich. Sie siechte und serbelte langsam hin. Das gab ihr Zeit, mit ihrer Kultur auch ihre Laster der aufgezwungenen Erbin Germania einzuimpfen. Vermittler hierbei war der durch die griechisch-römische Verdorbenheit gegangene und schon pfäffisch verunstaltete Christenglaube, welcher so, wie er war, in den blondhaarigen „Barbaren" allerhand Wunder wirkte, aber wenig erbauliche. Man sehe sich nur unsere Altvorderen an, wie sie während und unmittelbar nach der Völkerwanderung waren. Muth und Schlagfertigkeit ausgenommen, wird man da von den Tugenden, welche ihnen vordem Tacitus zuerkannt hatte, wenig mehr wahrnehmen. Dagegen der walburgsprünglich rohen Kraft nur allzu häufig römische Schwelgewuth und byzantinische Tücke bis zum höchsten Grade der Widerlichkeit gesellt . . .

Die Völkerlawine, welche über Westrom herstürzte, ist keineswegs mit einem Ruck und Druck ins Rollen gerathen. Sehr mangelhaft über die Vorgänge in Germanien während des 2. und 3. Jahrhunderts unterrichtet, wie wir sind, müssen wir doch annehmen, daß dannzumal das Dasein der deutschen Stämme voll Unrast und Wechsel gewesen sei. Augenscheinlich herrschte auch das Streben vor, die zersplitterten Volkskräfte zu größeren Bünden verwandter Elemente zusammenzufassen, obzwar der Gedanke einer Gesammtnation, falls derselbe jemals klar erfaßt worden, jetzt gänzlich verloren schien. Wir hören von germanischen Stämmen und Eidgenossenschaften, aber nicht von einem germanischen Volke. Auch das politische und sociale Gefüge des vorzeitlich-germanischen Staates ist lose geworden oder umgestaltet oder ganz auseinandergefallen. Die alte Gemeindeverfassung hatte sich für das kriegerische Ausweitungsbedürfniß zu enge erwiesen. Die alten Adelsrepubliken waren demnach zu Heerkönigthümern geworden und schon kam auch das den Germanen von Rom und von Byzanz gebrachte Christenthum dem monarchischen Princip entschieden zu gut. Vom heidnisch-germanischen Wahlherzog bis zum christlich-germanischen Erbkönig war ein weiter Weg, aber die kirchliche Politik wußte denselben beträchtlich zu kürzen. Die Uebergänge werden angezeigt durch das Ueberhandnehmen der römischen Herrscher- und Herrentitel (rex, dux, comes) unter den Germanen während der Völkerwanderung. Indessen war es doch erst dem großen Frankenkönige Karl möglich, den germanischen Staat vollständig zu monarchisiren, d. h. die Souveränität, die höchste Gewalt, von der im Landesthing versammelten Gemeinschaft der Freien auf die Person des Fürsten zu übertragen.

Im 3. Jahrhundert schon und mehr noch im folgenden vermochte sich Rom gegen das Vorschreiten der Germanen nur mühsälig zu behaupten. Auch war ja schon jetzt häufig genug das Wesen der Macht bei den germanischen Häuptlingen in römischen Diensten, während den herabgekommenen Nachfolgern der Cäsaren nur der Schein geblieben. Die immer drohender werdende Ansammlung und Organisation der germanischen Wanderheere an den Reichsgrenzen von West- und Ostrom war nicht zu hindern. Um den Oberrhein her, zwischen den Vogesen, den Alpen und dem Lech hatte die große Eidgenossenschaft der

Alemannen sich gesetzt, Italien und Gallien zumal bedrohend. Im norddeutschen Marschlande, zwischen der Elbe und dem Niederrhein, dem Harz und der Nordsee saßen die Sachsen, Königthum und Christenthum gleichermaßen verabscheuend und wie den Glauben an die alten Götter so auch die Geltung der alten Gemeinde- und Gauverfassung festhaltend. Zwischen dem Harz und der Donau, dem Böhmerwalde und der Saale hauseten die Thüringer. Das Land am Mittelrhein um Worms her hatten die Burgunder oder Burgundionen inne. Weiter abwärts, am Niederrhein, an der Maas und Waal, lagen die Sitze der Franken, welche aus Chatten, Brukterern, Sigambern und Batavern zu einem Volke mit scharfem Charaktergepräge sich zusammengeschweißt hatten. Auf den Küstensäumen des deutschen Meeres und auf den davor gelegenen Eilanden siedelte der Stamm der Friesen. Aber den Vorrang unter allen größeren und kleineren Bünden und Stämmen hatten die Gothen. Ihren beim Jordanis verzeichneten Ueberlieferungen gemäß waren sie ursprünglich in Skandinavien („Skanz") daheim gewesen, dann über die Ostsee in das Land um die Weichselmündungen her gekommen und von da hatten sie sich südwärts über das große sarmatische Wälder- und Steppenland vorgeschoben bis zur Donau, bis zur Theiß, bis zum Borysthenes (Dnepr), bis zum schwarzen Meere. Der Schrecken gothischer Waffen reichte fühlbar bis zum Bosporus, bis nach Kleinasien und Griechenland. Das Volk zerfiel in die Ost- und Westgothen. Bei diesen hatte das Haus der Amaler (Amalungen) die Königschaft, bei jenen das Haus der Balthen, welche Häuser beide im Glauben der Volksgenossen göttlichen Ursprunges waren. Verwandte Stämme hielten sich zu den Gothen, diesen mehr oder weniger unterworfen. So die Heruler, Rugier, Gepiden und Wandalen. Ostwärts von den gothischen Sitzen bis zum Kaukasus hinüber nomadisirten die Alanen, Mischlinge vom Germanen- und Slaventhum

Nicht allein die Wehrhaftigkeit der Gothen war vorragend, sondern auch ihre Bildsamkeit. Frisch und freudig ging unter ihnen das Singen und Sagen um, wie die Nachklänge gothischer Heldenlieder beim Jordanis deutlich bezeugen. Der Gothenstamm ist auch, zwar nicht der erste, aber doch lange der stärkste Träger christlich-germanischer Kultur gewesen. Den Rhein entlang und an der oberen und mittleren Donau war den germanischen Völkerschaften schon früher, schon vom 2. Jahrhundert an die christliche Lehre kundgeworden und die Legende macht Schüler der sogenannten Apostel Christi zu Verkündern dieser Lehre in dortigen Gegenden. Aber nirgends hat die Bekehrung unserer Ahnen zu dem neuen Glauben eine so alterwürdige und eine so glorreiche Spur hinterlassen wie bei den Gothen. Denn da hat er ein Denkmal geschaffen, dauernder als Erz- und Stein: — die Uebertragung der Bibel ins Gothische durch den Bekehrer und Bischof Ulfila (Wulfila, Wölfle). Kappadokischen Ursprungs, hat er unter den Westgothen in Dakien an der untern Donau gelebt und unter diesen arianischen Christen seit dem Jahre 348 als Bischof gewirkt, dann große Widerwärtigkeiten und Drangsale erfahren und ist zu Konstantinopel im Jahre 388 gestorben. Ein von seinem Volke so verehrter Mann wie vormals Mose von den Kindern Israels und auch heute noch allen, welche zur deutschen Zunge gehören, höchst preiswürdig als der Schöpfer der germanischen Schriftsprache. In Anlehnung an griechische Formen, aber auch mit Berücksichtigung germanischer Runenzüge hat Ulfila ein gothisches Alphabet geschaffen und mittels dieses Werkzeuges das erste germanische Buch, seine gothische Bibel, von welcher uns namentlich der prächtige „Silberne Kodex" zu Upsala unschätzbar kostbare Bruchstücke überlieferte. Erst mit dem Gebrauche der Schriftsprache hebt bei einem Volke die höhere Civilisation an und darum markirt Ulfila's Gothenbibel diese Epoche der germanischen Kultur. Es ist eine zukunftsvolle, eine wahrhaft geweihte Stunde gewesen, als der Mose der Gothen in seiner Zelle, die vielleicht im Schatten einer dem Wodan oder Donar geheiligten Eiche stand, sich hinsetzte, und das Gebet dessen, der da gesprochen: „Kommt her zu mir alle, die ihr mühselig und beladen seid; ich will euch erquiden" — aus dem griechischen Urtext also ins Gothische zu übertragen:

„Atta unsar thu in himinam. veihnai namo thein. qimai thiudinassus theins. vairthai vilja theins sve in himina jah ana airthai. hlaif unsarana thanan sinteinan gif uns himma daga. jah aflet uns thatei skulans sijaima svasve jah veis afletam thaim skulam unsaraim. ja ni briggais uns in fraistubnjai ak lausei uns af thamma ubilin. unte theina ist thiudangardi jah mahts jah vulthus in aivins. amen."... Was für Wandelungen hat doch unsere edle Sprache befahren müssen seit dem Tage, wo eine gothische Mutter zum erstenmal dieses Vaterunser ihren Kleinen vorbetete! Die gothische Mundart, wie sie durch Ulfila zur Schriftsprache erhoben worden in seiner Bibel,

Ulfila übersetzt die Bibel.

dem ältesten der germanischen Sprachdenkmäler, hatte zur Tochter die althochdeutsche, welche vom 7. bis zum 11. Jahrhundert in Deutschland die herrschende war, zur Enkelin die mittelhochdeutsche, zur Urenkelin die neuhochdeutsche, von welchen Abkömmlinginnen der ehrwürdigen Stammmutter wiederum jede in zahlreiche Untermundarten sich auszweigte · · ·

Es war den Gothen nicht gegönnt, in ihren Sitzen an der Donau und am Borysthenes zu höheren Kulturstufen vorzuschreiten. Auf sie ja fiel im letzten Viertel des 4. Jahrhunderts die Wucht des Einbruchs der Hunnen in Europa, nachdem der erste Stoß die Alanen getroffen hatte. Der grause Hunnensturm, aus Hochasien hervorgebrochen, wandelte unseren Erdtheil in ein wild durcheinander wogendes Völkermeer. Der Weltuntergang schien bevorzustehen, die „Götterdämmerung", wie sie in der Edda besungen ist, schien hereinzubrechen. Kleinere Völker wurden hin- und hergewirbelt wie welkes Laub im Herbste,

Die Gothen überschreiten die Alpen.

größere hierhin und dorthin, aus dem Norden gen Süden, aus dem Osten gen Westen geworfen. Slavische Stämme schoben sich in Deutschland bis zur Elbe vor, germanische abenteuerten bis zu griechischen Inselküsten und bis zu den Gestaden Afrika's. Sueben, die östlich von der Elbe gesessen hatten, sahen sich nach dem nordwestlichen Spanien, Alanen vom Don nach Portugal, Vandalen vom Dnepr nach Andalusien und von da nach der Heimat Hannibals verschlagen. In wilder Großheit überflutete der gothische Wanderstrom die Provinzen von Ost- und Westrom. Beim dritten Ansturm nahmen die Westgothen unter Alarich

Italien und Rom (i. J. 410). Es kennzeichnet das Wesen dieser germanischen Heerkönige der Völkerwanderungszeit, wenn Alarich auf die bange Frage der mit ihm unterhandelnden Nachkommen der Scipionen, Gracchen und Cäsaren: „Was, o König, willst du uns denn lassen?" die lakonische Antwort gab: „Das Leben". Welche Fülle von Vergangenheit und Zukunft drängte sich in die Stunde zusammen, wo der gothische Held, welcher nachmals sein Grab im Busentobette gefunden, seinem auf den Hügeln der Kampagna gelagerten Heere die „ewige Stadt", die gealterte Weltherrscherin, die greise Sünderin, als eine sichere Siegesbeute zeigte und dann den wehmüthig vor ihm stehenden und flehenden Gesandten des römischen Senats nichts gewährte und zusagte als „das Leben"!

Die westgothische Wanderung endigte mit der Gründung des Westgothenreiches, welches von der Loire in Gallien bis zur Südküste Spaniens reichte. Zur selben Zeit oder wenige Jahre später (von 449 an, in welchem Jahre Hengist und Horsa in Kent landeten) rissen die Angelsachsen eine andere wichtige Provinz, Britannien, vom weströmischen Reichskörper und gründeten nach Niederkämpfung der Kelten und Römer im Angelnland oder England sieben germanische Königreiche, welche sich nordwärts bis zum Frith v. Forth und darüber hinaus, westwärts bis zu den Bergen von Wales erstreckten. Derweil erfolgte der zweite Stoß des mongolischen Europabebens: Attila-Etzel, die „Gottesgeißel", brach mit einem zahllosen Heergefolge — worunter auch viele botmäßige Germanenstämme, namentlich die Ostgothen — aus Ungarn hervor, Verderben und Tod nach Deutschland, Gallien und Italien zu tragen. Die Riesenschlacht auf der Ebene bei Chalons (451) wandte die Glücksbahn des hunnischen Weltgebieters abwärts. Germanen fochten auf dieser blutströmenden Walstatt gegen Germanen, so Ostgothen gegen Westgothen. Der „letzte Römer" Aëtius hatte die ganze Kraft der christlich-römisch-germanisch-keltischen Welt mit genialer Hand noch einmal und zum letztenmal gegen den Anprall der heidnisch-hunnisch-germanisch-slavischen zu ausgiebigem Widerstande zusammengefasst. Zwei Jahre darauf starb Etzel-Godegisel und mit ihm das Hunnenreich. Dreiundzwanzig Jahre später (476) bereitete der Germane Odovaker, der Herzog der Heruler und Rugier, dem kläglichen Spuk des weströmischen Kaiserthums das Ende, indem er sich auch dem Namen nach zu dem machte, was er dem Wesen nach im Dienste des letzten Kaiserschattens Romulus Augustulus schon zuvor gewesen, zum König von Italien.

Dieses Land ist noch lange, ja eigentlich und leider das ganze Mittelalter hindurch, das Lieblingsziel germanischen Wanderdranges und germanischer Staatenbildungsversuche geblieben. Nach dreizehnjähriger Herrschaft ging der Stern des Herulers Odovaker unter und der des Ostgothen Theodorich — Dietrich von Bern (Verona) in der deutschen Heldensage geheißen — glanzvoll über der appenninischen Halbinsel auf. Der Einfall der Ostgothen in Italien i. J. 489 war allerdings durch die schlaue Diplomatie von Byzanz angeregt, welches die unbequemen Germanen aus den unteren Donauländern weghaben wollte; allein so man in Konstantinopel gewähnt hatte, Theodorich würde Italien für Ostrom erobern und mit der Rolle eines kaiserlichen Statthalters sich begnügen, so war das eben nur ein Wahn. Nachdem er den zäh sich wehrenden Odovaker wiederholt geschlagen und nach mehrjähriger Belagerung Ravenna — die festeste Festung damaliger Zeit — bezwungen hatte (493), herrschte Theodorich-Dietrich, dem seine Zeitgenossen den Beinamen „der Große" nicht weigerten, bis zu seinem Tode (526) über Italien und zwar mit einem Glanze, welcher über die gesammte germanische Welt sich verbreitete. Er konnte, während er die antike Kultur seinen Gothen anzueignen sich bemühte, darauf sinnen, die sämmtlichen germanischen Stämme in einen weitgebietenden Staatenbund zusammenzufassen; aber die leidige germanische Centrifugalkraft stand ja schon dem bloßen Gedanken, geschweige der That, allzu feindlich entgegen. Dietrich von Verona — so hieß er, weil er bei dieser Stadt den Odovaker entscheidend geschlagen — mußte sich also begnügen, Italien so zu regieren, daß selbst die unterworfenen Italiker sein Regiment als ein segensreiches anerkannten. Es war in diesem gelehrtesten der germanischen Heerkönige der lebhafteste Bildungstrieb, obzwar seine schwertführende Hand das Schreibrohr nicht zu führen verstand und er seine Unterschrift mittels einer Schablone malen mußte. Aber, die Ueberlegenheit römischer Bildung wohl erkennend, bemühte er sich, Römer- und Germanenthum zu verschmelzen, in Gesetzgebung, Verwaltung, Anschauungsweise und Lebensführung. Er liebte es, gelehrte Männer an seinen Hof zu ziehen, wo sich überall antike und germanische Sitte begegneten. Sein Minister Kassiodorus, einer der letzten Träger und Förderer der antiken Kultur, ist für das ganze Mittelalter ein Tonangeber und Wegzeiger geworden, maßen derselbe das höhere Unterrichtswesen organisirte. Der Lehrgang sollte dieser sein, daß in drei unteren Schulklassen das sogenannte Trivium (Grammatik, Rhetorik, Dialektik) und in vier oberen das sogenannte Quadrivium (Arithmetik, Musik, Geometrie, Astronomie) absolvirt würde. Diese Lehrfächer machten zusammen die sieben freien Künste aus und als solche wurden und blieben sie das Mittelalter hindurch die Basis alles Lehrens und Lernens.

Derweil der große Dietrich vom Palatium in Ravenna aus einsichtsvoll, aber vergeblich sich abmühte, Germanen und Italiker, Eroberer und Eroberte mit einander zu versöhnen und zu verschmelzen, machte drüben in Rom bei der alten Basilika vom St. Peter eine bieg- und schmiegsame, aber unbeirrbar auf ein großes Ziel hinschauende und hinstrebende Politik den römischen Bischof mälig zum Papst emporwachsen. Es ist höchst lehrreich, zu betrachten, wie schlangenklug die römische Kirche durch alle die Wirren und Gefahren jener Zeit sich zu drehen und zu winden wußte, wie sie aus jeder ihrer Niederlagen nur die Kraft zu neuen Anstrengungen und Erfolgen zog, einen ihrer Gegner durch einen andern, diesen durch den dritten, diesen durch den vierten in Schach zu halten verstand und wie sie schließlich alle unterkriegte. Ganz unbefangen angesehen, ist die Geschichte des aufstrebenden Papstthums entschieden die der Macht des Geistes über die Materie, der Klugheit über die brutale Gewalt. Diese Geschichte zeigt uns unwidersprechlich, daß eine große Idee, wenn sie mit vollendeter Feinheit, rastloser Energie und vollkommener Skrupellosigkeit nach Verwirklichung ringt, auf ihrem Wege wohl Hemmnissen, aber keiner Unmöglichkeit begegnet. Die Art und Weise, wie die Kirche während der jahrhundertelangen Völkerwanderungsstürme die germanischen Zertrümmerer der römischen Weltmacht aufs neue unter das zum Kreuze umgeformte römische Joch zu beugen wußte, ist als eins der erstaunlichsten Geschehnisse auf Erden zu betrachten. Im Ganzen und Großen angesehen, muß man es bewundern. Freilich, so man die große Erscheinung in ihren Einzelnheiten prüft, weicht die Bewunderung häufig genug dem Widerwillen. Denn es läßt sich ja nicht bestreiten, daß, wie es bei allen großen Umwälzungen der Fall, auch bei der Verchristlichung der Germanen die edelsten Instinkte oft nur mit Hilfe der gemeinsten zum Ziele zu gelangen vermochten und daß der christliche Gedanke zu Erscheinungsformen griff, unter deren Groteskheit und Wüstheit sein ursprüngliches Wesen gar nicht mehr zu erkennen war....

Die ostgothische Herrschaft und Herrlichkeit in Italien stand nur auf zwei Augen. Nachdem diese, die Augen Theodorichs, sich geschlossen hatten, ging es rasch abwärts mit ihr. Dietrichs hochgebildete Tochter Amalaswintha, welche mit Griechen und Römern in deren eigenen Sprachen verkehrte, vermochte das nahende Verderben nicht aufzuhalten, ja, nicht einmal das eigene Leben vor Mörderhänden zu wahren. Umsonst hoben die Gothen drei Helden, Witichis, Totila, Teja, nach einander auf den Königsschild. Der eigenen Uneinigkeit, der byzantinischen Ränkekunst und dem militärischen Genie des Belisar und Narses erlagen sie. Im Jahre 553 schlugen sie am Vesuv ihre Untergangsschlacht. Damit war die ostgothische Episode der Geschichte Italiens zu Ende, während das westgothische Reich in Spanien erst i. J. 711 auf der Walstatt von Xeres de la Frontera unter dem Krummsäbel des Islam verblutete. Die Ostgothen aber wurden auf italischem Boden an Byzantinern und Italikern gerächt durch ihre germanischen Stammesbrüder, die Langobarden, welche i. J. 568 unter der Führung ihres Heldenkönigs Albuin die Alpen überstiegen und die ganze Halbinsel bis nach Kalabrien hinunter, etliche Seeplätze ausgenommen, unterwarfen. In der Stadt Pavia schlug Albuin seinen Herrschersitz auf. Die „Nachfolger Petri" in Rom

welches. sie bereits als ihren rechtmäßigen Besitz anzusehen gewohnt waren, suchten und wußten jedoch auch den neuen Eroberern gegenüber ihre Unabhängigkeit mit mehr oder weniger Glück aufrecht zu halten.

Später freilich sahen sie sich doch genöthigt, gegen die sie bedrängenden Langobarden die Franken zur Hülfe zu rufen. Diese, die salischen und die ripuarischen Franken, hatten derweil jenseits der Alpen unter ihrem Könige Chlodwig (Chlodovech, seit 481) ihre Sitze am Niederrhein zu einem Reiche erweitert, welches nach Niederwerfung der Alemannen und Burgunder das ganze Südwestgermanien und den größten Theil von Gallien umfaßte. Die Franken hatten jetzt unzweifelhaft die Führerschaft unter den Germanen. Sie erwiesen, daß sie die Kunst der Staatenbildung viel besser verstanden, als irgend ein anderer germanischer Stamm. Ihr König Chlodwig, welcher sich durch seine Gemahlin, die Burgunderin Chlotilde, zum Christenthum bekehren ließ und dann auch seine Franken zu Christen — aber, ach, zu was für welchen! —

machte, ist trotz seines „Christenthums" einer der gräulichsten Bösewichte gewesen, welche die Welt gesehen, aber ohne Frage auch der größte Staatsmann seiner Zeit. Ein Scheusal vom Schlage Iwans des Schrecklichen von Rußland, aber ein Gründer und Organisator jeder Zoll. Als er zur Weihnacht 496 in der Kathedrale von Reims die katholische Taufe nahm, signalisirte das den Sieg des Katholicismus über den Arianismus. Mit der feinen Witterung, welche die Kirche allezeit in ihrer Nase hatte, erkannte das der römische Papst und er wußte gar wohl, warum er den Täufling als den „allerchristlichsten" König begrüßte. Seine Dynastie, die merowig'sche, vermochte Chlodwig nicht vor einer Verkümmerung, ja Versimpelung zu bewahren, welche seine Nachkommen unter der Bezeichnung „faule" oder „nichtsthuende" Könige verächtlich gemacht hat; allein die von ihm gesetzten Grundsäulen der fränkischen Monarchie hielten aus. Auch dann, als die ungeheure Gefahr des moslimischen Einbruchs in Gallien gegen sie anstürmte und der fränkische Streithammer bei Poitiers (732) die Hoffnung des Asiatenthums, die germanische Welt und damit Europa zu überwältigen, zu Boden schlug. Es erschien als etwas Selbstverständliches, daß der Sohn des Karl Martell, des Siegers von Poitiers, Pippin, genannt der Kurze, im Jahre 752 dem merowig'schen Faulkönigthum ein Ende und sich selber zum König machte. Das Ceremoniell bei diesem Staatsakte ließ ein wunderlich Gemisch von germanisch-heidnischen und jüdisch-christlichen Anschauungen und Bräuchen sehen. Die Häuptlinge der Franken kürten auf einer Reichsversammlung zu Soissons den Pippin zum König und hoben den Gekürten nach Ahnensitte vor allem Volke auf den Königsschild. Aber schon standen auch, vom Papste Zacharias bevollmächtigt und beauftragt, die fränkischen Bischöfe bereit, den neuen König zu salben, wie dereinst Samuel den David gesalbt. Damit sollte das neue christlich-kirchliche Dogma von der göttlichen Einsetzung des Königthums, von der Gottesgnadenschaft der Könige, feierlich verkündigt und geltend gemacht werden. Die Kirche hatte dem Königthum einen göttlichen Ursprung angedichtet unter der Bedingung natürlich und Voraussetzung, daß sie, als Inhaberin und Spenderin aller Gottesgnaden, die Herrin der Könige wäre und bliebe. Kraft „göttlichen Rechtes" — so wurde verkündigt — sollten die Könige über den Völkern thronen; aber — so wurde einstweilen nur gedacht, noch nicht gesagt — hoch über allen Königsthronen sollte der „Stuhl Petri" stehen. Alles deutet darauf hin, daß die römische Kurie schon dazumal den Gedanken der Weltherrschaft gefaßt hatte. Im Germanenthum erblickte sie das geeignete Werkzeug zur Verwirklichung dieses Gedankens, im Germanenthum, wie es sich in den Franken Chlodwig und Pippin darstellte. Was später geschah, die Erneuerung des römischen Imperium in der Person von Pippins Sohn Karl, ist gewiß in Rom lange vorbedacht und vorbereitet worden. Es mußte ja räthlich und bequem erscheinen, die Macht der Christenheit in einer Kaiserschaft zusammengefaßt zu wissen, deren sich die Mutter Kirche als ihres selbstverständlich unbedingt gehorsamen „weltlichen Armes" nach Bedarf und Gutdünken bedienen könnte.

Solchergestalt nun faßte die Stellung der Germanen im allgemeinen und der Frankenkönige im besonderen zum römischen Stuhl auch der „Apostel der Deutschen", der angelsächsische Mönch Winfrid, geboren 680 zu Kirton in England, auf seiner letzten Bekehrungsfahrt von den Friesen 755 erschlagen und von der Kirche dankbar zum heiligen Bonifacius ernannt. Zwar schon im vierten Jahrhundert war, soweit unter den Deutschen der Einfluß römischer Herrschaft und Kultur reichte, das Christenthum auf deutschem Boden heimisch gemacht. Den Rhein und die Donau entlang waren Kirchen, Klöster, Bisthümer gegründet, in die Wälder Alemanniens und Bajuvariens, in die Hochgebirge Helvetiens, ja ostwärts und nordwärts bis zur Saale und Elbe war von einzelnen kühnen Missionären die christliche Lehre getragen worden. Aber erst mit dem Auftreten Winfrids, welcher sich in Rom selbst die Vollmacht und Weihe seiner Mission geholt hatte, hob in Deutschland das Bekehrungsgeschäft im großen Stil an. Sittenstreng, hart und herb gegen sich und andere, unduldsam und herrisch, von der römischen Idee ganz und gar erfüllt, ohne eine Spur von Nationalsinn, ein Hierarch vom Scheitel bis zur Sohle, so war Bonifaz ohne Zweifel einer

Pippin
wird zum König gekürt.

der bedeutendsten Menschen seiner Zeit. Er hat den Gedanken der Universalität des Katholicismus begriffen, hat sich zum fanatisch begeisterten Diener desselben gemacht, hat dafür gelebt und ist dafür gestorben. Er gründete und organisirte die römische Kirche in Deutschland, stiftete Klöster und Bisthümer, ordnete das ganze Kirchenwesen im Sinne päpstlicher Politik und wurde, er, der erste Erzbischof von Mainz, der Vater des deutschen Ultramontanismus. Als er, umstanden von seinen psalmirenden Mönchen, angesichts der verblüfften Nachkommen der alten Chatten die uraltheilige Donars-Eiche bei Geismar in Hessen eigenhändig fällte, da war jeder seiner Beilschläge ein Siegesruf für Rom und eine Herausforderung an das heidnisch-nationale Germanenthum, welches unter den gemeinsamen Schlägen romanisch-hierarchischer Diplomatie und fränkisch-monarchischer Staatskunst rasch und immer rascher erlag.

Das Bündniß der romanischen Hierarchie mit der neuen, während der Völkerwanderung aufgekommenen oder wenigstens erstarkten Fürstenmacht unter den germanischen Völkern prägte sich auch aus in der zu jenen Zeiten erfolgten Aufzeichnung der bislang mündlich von Geschlecht zu Geschlecht überlieferten Rechtssatzungen und Rechtsbräuche der verschiedenen Stämme. Denn nicht deutsch, sondern lateinisch wurden diese Gesetze („leges") aufgezeichnet, in der Sprache der Kirche wurden sie schriftlich fixirt. Allerdings mochte hierzu

Bonifaz fällt die Donars-Eiche.

mitwirken, daß die Sprache der Kirche zugleich die allgemeine der Bildung war — wie es denn überhaupt eine andere Bildung als die kirchliche gar nicht gab — und daß die deutschen Mundarten, mit Ausnahme der durch Ulfila erzogenen westgothischen, zu schriftlichem Gebrauche noch wenig oder gar nicht geeignet waren. Aber das Hauptmotiv, dem heimischen Volksrechte, welches aller Stammesbesonderheiten und örtlicher Eigenheiten ungeachtet durch seine Grundbestimmungen die nationale Zusammengehörigkeit der Germanen klärlich darthat, das Gewand einer fremden Sprache anzuthun, wurzelte sicherlich in dem von der Kirche zu ihren eigenen Zwecken begünstigten Streben der Könige, das Volk (d. h. die Gemeinfreien) der Betheiligung am öffentlichen Leben mehr und mehr zu entfremden mittels der Schaffung von Gesetzbüchern, deren Sprache es ja nicht verstand.

Wie sein Gott, so wurde nun dem deutschen Volke fürder auch sein Recht in einer fremden Sprache, in der römischen Sprache, also in der Sprache seines Erzfeindes vermittelt. Damit war die Möglichkeit einer selbstständigen, aus dem ureigenen Geiste der Nation sich entfaltenden Kultur vernichtet. Der Gang der deutschen Geschichte ist demzufolge viele Jahrhunderte lang durch die Schicksale der römischen Kirche bedingt und bestimmt worden.

Diese hochbedeutsame Wendung der deutschen Geschichte ist augenscheinlich eine Wirkung der Völkerwanderung und des Aufkommens vom Christenthum unter den Germanen gewesen. Beide Ursachen haben mitsammen eine ganze Reihenfolge von religiösen, politischen und socialen Veränderungen, von Vernichtungen und Neuschöpfungen hervorgerufen. Der Anblick dieser ungeheuren Gährung, dieses Ringens sich anziehender oder sich abstoßender Kräfte ist aber nicht erquicklich, wie denn auch das sittengeschichtliche Ergebniß der Völkerwanderungszeit, nicht sehr zahlreiche Lichtpunkte abgerechnet, ein keinesweges erhebendes genannt werden kann. Es war ein hartes, eisernes Geschlecht oder vielmehr eine lange Folge von harten, eisernen

Geschlechtern, so sich in jenem Zeitalter in der Welt tummelten, strotzend von Sinnlichkeit, von waldfrischer Genußkraft, bei Befriedigung wilder Leidenschaften göttlichen und menschlichen Geboten wenig oder nichts nachfragend. Die Mischung von Germanischem und Romanischem, von Heidnischem und Christlichem führte auf allen Lebensgebieten zu wunderlichen Bildungen. Ueberall Anläufe, Anfänge, Unfertiges, nirgends Maß, Schönheit, Harmonie. Die Ueberlieferungen der antiken Kultur vermochten höchstens auf einzelne Männer und Frauen veredelnd zu wirken, die im Christenthum enthaltenen humanen Motive ebenso. Das häusliche und gesellige Dasein der germanischen Eroberer wie der romanischen Eroberten war ein Wirrsal von schreienden Kontrasten: Prunk und Blöße, Verschwendung und Noth, Völlerei und Hunger dicht neben einander. In den Palästen germanischer Fürsten, woraus römische Senatoren und Ritter ausgetrieben worden, sah hinter den aufgehäuften Beuteschätzen von Schmuck und Kunstwerken doch allenthalben die hinterwäldlerische Unkultur und Geschmacklosigkeit hervor. Auf Küche, Keller und Tafelbeschickung gewann die romanische Sitte mehr und mehr Einfluß; denn das hatten unsere Altvorderen doch sehr bald herausgefunden, daß man in Italien und Gallien besser zu kochen und zu keltern, zu essen und zu trinken verstände als in Germanien. Die Tracht kennzeichnete eine von Männern und Frauen gleichermaßen gepflegte Vorliebe für Farbenbuntheit und Schmuckfülle. Leibrock, Gurt und Mantel machten noch immer die Hauptstücke des männlichen wie des weiblichen Anzugs aus, aber in jenen kam durch Einführung der Beinkleider eine bedeutsame Neuerung. Wie zu vermuthen steht, gehört den Langobarden das Verdienst, der Hosenlosigkeit unter den Germanen ein Ende gemacht zu haben. Die mancherlei Putzkünste hatten unsere Aeltermütter den Romaninnen auch bald abgesehen, doch blieb der Grundcharakter altgermanischer Frauentracht noch bestehen. Eine vornehme Germanin der Völkerwanderungszeit trat dergestalt einher: — Auf dem Scheitel trug sie einen Schleier, welchen ein mit Steinschmuck verzierter Goldreif festhielt. Dieser Schleier ließ das Gesicht frei und wallte den Rücken hinab. Die Haare waren über der Stirne gescheitelt und an den Schläfen in zwei Zöpfe geflochten, welche über die Brust herabfielen. Das linnene Unterkleid, festanliegend und mit engen Aermeln versehen, hob die Formen des Oberkörpers hervor, wurde über den Hüften durch einen breiten, ebenfalls mit Goldzierat ausgestatteten Gürtel zusammengehalten und reichte faltenreich bis auf die Schuhe herab, die aus buntem Leder gefertigt und mit Metallstickerei verziert waren. Hals und Brust deckte reicher Gold- und Gesteinschmuck, Spangen schmückten den Unterarm, Ringe die Finger. Das mantelartige Oberkleid bestand aus schwerer Seide, hatte sehr weite Aermel und wurde von schönen und gewandten Damen so getragen, daß es die Körperformen mehr zeigte als verhüllte.

Zu allen Zeiten ist, was von den Frauen gesungen und gesagt wird, kennzeichnend für die Zustände einer jeweiligen Gesellschaft. Dies auf die Völkerwanderungszeit anwendend, können wir die germanische Frauenschaft von damals nicht eben groß rühmen. Freilich ist dabei zu bedenken, daß gerade von solchen Weibern, die sich durch wilde Leidenschaftlichkeit oder tiefe Verdorbenheit hervorgethan haben, die deutlichsten Zeugnisse auf uns gekommen sind. Aber es läßt sich nicht leugnen, daß die Verwilderung der ehelichen Verhältnisse groß war zur Völkerwanderungszeit und lange noch so blieb. Der Hauptschaden war das schlimme Beispiel, welches die Großen mit ihrer „Frillen"- oder Kebsenwirthschaft gaben und welches auch von den Geringen nach Vermögen nachgeahmt wurde. Die Kirche suchte allerdings dieser Pest der Vielweiberei entgegen zu wirken, vermochte aber wenig auszurichten und mußte es sogar geschehen lassen, daß die Behausungen ihrer eigenen Diener, der Priester selbst, nur allzu häufig mit „Frillen" so reichlich ausgestattet waren, daß sie moslimischen Haremen glichen. Auch der Umstand, daß die Töchter der Fürsten mehr und mehr zu Werkzeugen diplomatischer Spekulation, zu Hilfs- und Hebemitteln der Politik gemacht wurden, wie das zuerst namentlich der König Theodorich bei der Verheiratung seiner Töchter und Nichten so hielt, konnte zur Sittigung und Adelung der Frauen kaum beitragen. Sie lernten, aus passiven

Opfern der Politik aktive Dilettantinnen in derselben werden, und das geschah zumeist auf Kosten edlerer Weiblichkeit und zum Unheil der Völker. Selbst des großen Theodorichs hochgebildete Tochter Amalaswintha, wohl die bedeutendste Frau ihrer Zeit, hat als Vormünderin ihres Sohnes Athalarich und nach dessen Tod als Regentin nur zum Schaden ihres Volkes die Staatsleitung gehabt. Den schrecklichen Nußgang freilich, welchen ihr Vetter Theodahad, von ihr zum Mitregenten angenommen, der unglücklichen Frau bereitete, hatte sie nicht verdient. Er ließ sie auf einer im bolsener See gelegenen Insel im Bad ertränken (i. J. 534), eine Missethat, welche allein schon den weiter oben gebrauchten Ausdruck rechtfertigt, daß während der Völkerwanderung unter den Germanen mit der waldursprünglichen Wildheit byzantinische Tücke häufig genug sich verbunden habe. Sogar tiefste Schmach haben dazumal germanische Frauen nicht

Theudelinda wählt ihren Gatten.

gescheut, nicht die Preisgebung von Leib und Seele, wenn es galt, unbändige Leidenschaften zu befriedigen. Ein grauenhaftes Zeugniß dessen ist, was der Diakonus Paul, des Warnefrid Sohn, im 28. Kapitel vom 2. Buch seiner Langobardenchronik von der Königin Rosemunda meldet: — wie diese, um die Blutrache für ihren erschlagenen Vater Kunimund zu vollziehen, aus dessen zum Becher geformtem Schädel ihr Gemahl Albuin zu trinken sie gezwungen, in zuchtloser Weise Mörder wirbt und den wehrlos gemachten Gatten im Schlafe dem mörderischen Eisen überliefert (i. J. 572). Eine andere Langobardenkönigin, die um ihres Eifers für die Ausbreitung des Christenthums willen berühmte Theudelinda, des Baierkönigs Garibald Tochter, wird, obzwar nur sagenhaft, von dem Verdachte gestreift, die Vergiftung ihres Gemahls Authari angestiftet oder wenigstens darum gewußt zu haben. Die Wiederverheiratung Theudelinda's bietet ein anziehendes Beispiel von der freien Gattenwahl, wie solche mitunter germanischen Prinzessinnen gestattet war, gerade wie altindischen. Der langobardische Diakon und Chronist erzählt: „Der Königin Theudelinda erlaubten die Langobarden, maßen sie ihnen wohlgefiel, die königliche Würde zu behalten, riethen ihr auch, sich aus dem ganzen Volke einen Mann zu wählen, welchen sie wollte, doch aber einen solchen, welcher kraftvoll zu herrschen wüßte. Sie ging demnach mit verständigen Männern zu Rath und wählte den Agilulf, Herzog von Turin, für sich zum Gatten und für die Langobarden zum König. Die Königin entbot ihn zu sich, und als er gekommen, ließ sie Wein bringen, trank ihm zu und reichte ihm den Becher. Wie er nun den Becher nahm und ihr ehrfurchtsvoll die Hand küßte, sprach Theudelinda mit Erröthen und Lächeln, der dürfte ihr nicht die Hand küssen, der ihren Mund küssen sollte. Dann hieß sie ihn vor ihr Knieenden aufstehen und sie küssen und redete ihm von Hochzeit und Königthum. Was weiter? Unter lautem Jubel wurde die Vermählung gefeiert" (i. J. 590).

Die Frauen haben unter den Germanen für das Christenthum außerordentlich viel gethan. Es war in dieser Religion des Schmerzes und der Entsagung etwas die weibliche Phantasie und das frauliche Mitleid Ansprechendes; — der leidende Gott that es den Frauen an. Der Gekreuzigte erregte ihre Theilnahme und so vermittelte ihnen ein reinmenschliches Gefühl den Glauben an den Gottessohn, der sich auch für sie geopfert hatte. Zudem ist ja die Stellung des Weibes bei den germanischen Völkern, wenigstens rechtlich, ganz dazu angethan gewesen, die Frauen den christlichen Vertröstungen auf ein glücklicheres Dasein in einem geglaubten Jenseits sehr zugänglich zu machen. Das germanische Heidenthum hatte die Wonnen Walhalls ausschließlich den Männern vorbehalten, das Christenthum, wie die Kirche es predigte, schloß auch den Frauen die Himmelsthüren auf. Keine Frage, durch die lebhafte Betheiligung des weiblichen Geschlechtes an der Verchristlichung unserer heidnischen Altvorderen ist in dieselbe mehr Innerlichkeit und Innigkeit gekommen. Aber freilich ist dieser Zug keineswegs plötzlich, sondern nur sehr allmälig zur Geltung gelangt und vorerst weit mehr nur in einzelnen Fällen als im allgemeinen. Später hat dann für die Sänftigung und Sittigung unserer zum Christenthum bekehrten Ahnen der zum Mittelpunkt des Katholicismus gewordene Maria-Dienst unzweifelhaft sehr viel gethan. Die Krone der Himmelskönigin warf ihren Abglanz auf die christlich-germanische Frauenwelt. Mit der Verehrung der „Mutter Gottes" verband sich die Erinnerung an die vorzeitlich-priesterliche Geltung der Frauen. Die Phantastik der Ritterdichtung that dann das Uebrige und so werden wir während der Blüthezeit des Mittelalters, wenigstens in der Theorie, das Weib als Krone und Mittelpunkt der Gesellschaft finden, wie Maria inmitten des christlichen Olympos thronte.

Die Verbreitung des neuen Glaubens unter den Germanen und durch die Germanen war eine weltgeschichtliche Nothwendigkeit, welche sich wie alle weltgeschichtlichen Nothwendigkeiten sehr rauh und unschön vollzog. In dergleichen Uebergangszeiten hat bekanntlich die Bestie im Menschen freies Spiel und ihre gräulichsten Sprünge machte sie zur Zeit, von der wir handen, im Frankenreiche unter den Merowingern. Es wäre nicht nur ungerecht, sondern geradezu thöricht, alles das Entsetzliche, was am Hofe und im Lande der „allerchristlichsten" Könige verübt wurde, dem neuen Glauben schuldgeben zu wollen; allein nicht minder falsch und thöricht wär' es, leugnen zu wollen, daß die ethische Wirkung des Christenthums unter den Franken gleich Null war. Die Frevelwuth, Wildheit und Wüstheit hat sich sogar nach der Annahme des Christenthums unter diesem Volke noch gesteigert. Sehr natürlich, denn dieses fränkische Christenthum war ja ein noch viel roherer und groteskerer Aberglaube, als der alte Naturdienst gewesen. Wie hätte er also die Bestie im Menschen zu bändigen vermocht? Sogar die Besseren im Frankenvolke hatten das Gefühl des Unterschiedes von gut und böse, recht und unrecht ganz verloren. Zeuge hierfür der berühmte fränkische Chronist Gregor von Tours (gest. i. J. 595), welcher in seiner lateinisch geschriebenen „Geschichte der Franken" das Laster- und Frevelleben seiner Landsleute geschildert hat, unnachsichtlich und unverhüllt, aber doch so, als berichtete er Selbstverständliches. Welche namenlose Rohheit muß eine Zeit erfüllt haben, wo der gebildetste Mann seines Volkes — denn das war wohl Gregor — und noch dazu ein so „frommer" Christ und rechtgläubiger Bischof, wie er gewesen, gar nicht merkte, was für eine Ungeheuerlichkeit er beging, als er, nachdem er alle die von Chlodwig verübten Gräuel- und Schauder-

Brunhilde.

thaten ausführlich erzählt hatte, zum Lob und Preis dieses „allerchristlichsten" Königs ausrief: „Von Tag zu Tag warf Gott Chlodwigs Feinde vor ihm zu Boden und vergrößerte sein Reich, darum, weil er rechten Herzens vor ihm wandelte und that, was in seinen Augen wohlgefällig war." Das Scheusal Chlodwig wird uns also von dem frommen Bischof geradezu als ein Musterchrist vorgestellt. Man muß auch Gregors Schilderungen des damaligen Klosterlebens kennen, um sich von den Wirkungen des Christenthums unter den Franken eine Vorstellung machen zu können. Diese Mönche und diese Nonnen! Gar häufig wilde Thiere in Kutte und Schleier. Und dennoch waren die Klöster noch die einzigen Zufluchtsstätten, wohin die besseren Männer und Frauen vor der sie ringsher anstarrenden Bestialität sich retten konnten. Selbst königliche Frauen, edle, aber seltene Zierden ihres Geschlechts, bargen sich hinter Klostermauern, weil nur diese zwischen ihnen und der allgemeinen Verderbniß eine schützende Schranke zu gewähren schienen. So die Radegunda, Chlotars von Soissons Gemahlin, und Balthilde, Chlodwigs des Zweiten Frau. Das merowig'sche Laster- und Gräuelspiel erreichte seinen Gipfelpunkt in dem weltberüchtigten, von Ruchlosigkeiten und Missethaten strotzenden Weiberzank zwischen der Brunhilde, König Sigiberts Gemahlin, und Fredegunde, König Chilperichs Kebse. Was die verwildertste Einbildungskraft aussinnen mag, haben diese beiden Furien sich und den Ihrigen anzuthun gesucht. Die Rache aber, welche Fredegunde's Sohn Chlotar an der schließlich in seine Hände gefallenen Todfeindin seiner Mutter, an der greisen Mörderin Brunhilde i. J. 614 zu Chalons vollzog, gehört zum Entsetzlichsten, was jemals die Sonne gesehen. Nachdem der König der Freblerin ihr ganzes Sündenregister ins Gesicht geschleudert hatte, ließ er sie drei Tage lang foltern, dann die Elende auf ein Kameel setzen und durch die Zeltgassen seines Lagers führen, der Rohheit zur Augenweide, und sie endlich mit einem Arm und einem Fuß an den Schweif eines wilden Hengstes binden zu gräßlichem Todesritt. Also, ein Grauen der Menschen, endete des westgothischen Königs Athanagild Tochter, sie, welche ihr Zeitgenoß Benantius Fortunatus vordem, wann sie als König Sigiberts Braut an den fränkischen Hof gekommen, mit lateinischen Versen huldigend begrüßt hatte, worin sie genannt war

„Schön, anmuthig, gescheid, bescheiden, holdselig und gütig,
Adlig durch Schönheit und Geist wie durch erlauchtes Geblüt."

Inmitten demnach des wilden Getümmels jener Zeiten thaten Männer wie Gregorius und Benantius, welcher letztere um das Jahr 600 sein jubelndes Weihnachtslied („Agnoscat omne saeculum — venisse vitae praemium") anstimmte, stillen Musendienst. Christliche Kleriker wahrten die Traditionen der antiken Bildung vor der Wegschwemmung durch die Sintflut der Völkerwanderung, in den Büchereien der Klöster fanden die klassischen Autoren ein Asyl, mönchische Chronisten versuchten in der Sprache des Livius die Geschichte ihrer Zeit zu schreiben und christliche Psalmisten in den Formen des Vergil, Horaz und Tibull das Mysterium der Menschwerdung Gottes zu deuten und die jungfräuliche Mutterschaft der Himmelskönigin zu verherrlichen. Was damals und später christliche Priester gethan, um die Kulturleuchte, welche am Fuße der Akropolis und des Kapitols geflammt hatte, vor gänzlichem Erlöschen in einem weltgeschichtlichen Orkan von unsäglicher Wuth zu behüten, ist für allezeit des Dankes der Denkenden werth und sicher. Ob die Kirche gern oder ungern die Erbin der heidnisch-griechischrömischen Civilisation war, gleichviel, sie war nun einmal diese Erbin und willig oder unwillig, einerlei, sie mußte diese Erbschaft verwalten. Allerdings wurde die Verwaltung mitunter äußerst saumselig, aber die Leuchte glimmte doch fort, glimmte das ganze Mittelalter hindurch und glühte am Ende desselben so energisch und schön wieder auf, daß ein neuer Tag des Geistes für Europa anbrach.

Die Kirche ist in den chaotischen Zeiten, welche dem Falle Westroms folgten, die einzige stätige und zugleich vorschreitende Macht gewesen. Sie war nicht nur die Inhaberin dessen, was sie den göttlichen

Gnadenschatz nannte, sondern auch die Schatzmeisterin des gesammten Kulturkapitals. Daß sie bei der Ausmünzung desselben zu Groß- und Kleingeld den kirchlichen Stempel anwandte, war natürlich. Ebenso daß sie ihre universale Allgemeinheit überall an die Stelle der nationalen Besonderheiten zu setzen suchte und wußte. Von einem Widerstande des zersplitterten, aus Rand und Band gegangenen, auf jahrhundertelanger Wanderung befindlichen Germanenthums gegen den festgeschlossenen, zielbewußten kirchlichen Romanismus konnte im ganzen und großen gar keine Rede sein. Was dem cäsarischen Rom mißlungen war, dem päpstlichen gelang es: — die Unterwerfung der Germanen. Mit der Annahme des fremden Gottes und seines Dienstes ließen sich unsere Altvorderen auch die Civilisation gefallen, welche die Priester dieses Gottes lehrten und pflanzten. So hob in deutschen Landen die christlich-romanische Kulturarbeit an. Allein der Romanismus vermochte doch das Germanenthum nicht so gründlich zu zersetzen, daß nicht ein starker Keim von Nationalismus, von Deutschthum zurückgeblieben wäre. Aus diesem Keim ist später, im Mittelalter, die eichenzähe deutsche Opposition gegen Rom erwachsen. Ja, wenn wir genau zusehen, finden wir, daß diese Opposition, dieser instinktiv-rassenhafte Widerwille gegen das gesammte romanische Wesen, gegen das Welschthum schon zur Völkerwanderungszeit sich regte und bethätigte, und zwar in der hochehrwürdigen Weise, wie unsere nationale Heldensage sich entwickelte und gestaltete. Unsere Altvorderen gaben ihre heimischen Helden doch nicht so ganz für die ihnen aufgeschwatzten oder aufgezwungenen fremden Heiligen dahin. Gerade zur Zeit der großen Belehrungen zum Christenthum müssen durch die liebevolle Pflege vonseiten fahrender Singer und Sager und durch die entsprechende Volksbeliebtheit unsere nationalen Sagenkreise ihre feste Gestaltung gewonnen haben. Denn die Gestalten dieser alten und ältesten Sagenkreise — (burgundisch-niederrheinischer, hunnischer, ostgothischer, frisisch-dänisch-normannischer, skandinavischer, langobardischer) — sie athmen, und zwar Männer wie Frauen, die strotzende Kraftfülle und unbändige Leidenschaft der Völkerwanderungszeit und aus allen heraus hallt das Waffengetose jener riesigen Kämpfe, welche eine greise Welt vernichteten, um für eine junge Raum zu schaffen. Treu bewahrte das Volksgedächtniß viele Geschlechter hindurch die Erinnerung an seine altnationalen Helden und Heldinnen und überlieferte sie der epischen Kunst der staufischen Zeit. Da wurden dann die eisernen Gestalten christlich-romanisch übermalt und in Rittertracht gekleidet. Aber die heidnisch-germanische Natur schlug immer wieder kraftvoll durch den romanischen Aufputz, und wer diese alten Heldenlieder zu lesen versteht, wird den deutschen Urwald rauschen hören, wird in Vorzeitdämmerung Menschensöhne um Walküren werben und im sturmkündenden Morgenroth des anbrechenden Mittelalters waffenklirrende Germanenströme von Alpenhöhen ins hesperische Land hinabstürzen sehen, den über Rom ergangenen Schicksalsspruch zum Vollzug zu bringen.

Am Hof Carls des Großen.

2.

Der karlingische Zeitraum.

ann die Gedanken, welche ein neues Weltalter tragen, zur Verwirklichung mälig herangereist sind, wann die Befriedigung der Bedürfnisse einer Zeit zur unausweichlichen Nothwendigkeit geworden ist, dann pflegt ein gewaltiger Mensch unter seinen Zeitgenossen aufzustehen, der ihre Wollungen und Strebungen, ihre guten und bösen Triebe, ihre Gier und ihre Kraft in sich zusammenfaßt, ein Gewaltiger mit dem Herrscherkopf und der Schöpferhand, welcher klar erkennt, was alle die anderen nur dunkel ahnen, welcher entschlossen anpackt, um was die anderen scheu herumgehen, welcher mit Eisen und Feuer hantirt, wo die andern Latwergen und Salben verordnen, so Einer, welcher die Vergangenheit abschließt und die Zukunft eröffnet, in der einen Hand das Schwert der Eroberung, in der andern die Pflugschar der Gesittung haltend, ein Quäler und zugleich ein Wohlthäter der Menschen, ein Kulturdespot, welcher rüstig das Feld seiner Zeit umackert und redlich die Saat einer neuen Civilisation in die Furchen streut, aber auch nicht ansteht, mit hunderttausenden von Menschenleichen den Boden zu düngen. Hauptmerkmale solcher Schicksalsmenschen sind ihr Größtes wie Kleinstes gleich scharf erfassender Blick, ihre Fähigkeit, mit derselben Theilnahme zum Höchsten hinauf und zum Niedrigsten hinab zu steigen, die ruhelose Sorge für alles und jedes, die umsichtige Erwägung und das blitzartige Zufahren, die moralische oder

vielmehr unmoralische Gleichgiltigkeit in der Wahl der Mittel, wo es einen großen Zweck gilt, der strenge Realismus in der Auffassung, in der Werthung und im Ge- und Verbrauchen von Menschen und Dingen und doch auch wieder ein kräftiger Anhauch von jenem Glauben an das Ideal, ohne welchen nichts Großes zu vollbringen ist, — endlich jenes Geheimnißvolle, Unerklärliche, Dämonische, welches auserwählten Persönlichkeiten innewohnt und schafft, daß die Leute willig oder unwillig vor ihnen sich beugen.

Ein Solcher war der dem Hause der Pippiniden entsprossene Franke Karl, den die Sage zu einem ihrer Lieblinge gemacht und den die Geschichte mit dem häufig übel, hier aber gut angewandten Beinamen „der Große" geschmückt hat.

Sein Vater Pippin hatte ihm freilich tüchtig vorgearbeitet, namentlich mittels fester Begründung und umfassender Organisation einer neuen Aristokratie, welche man im Gegensatze zu dem mehr und mehr zurückgedrängten alten Grundbesitzadel wohl eine bureaukratische zu nennen befugt ist. Allein erst vom Jahre 771, allwo Karl nach seines Bruders Karlmann Hingang die Alleinherrschaft über das Frankenreich antrat, datirt eine neue Epoche, die Zeit, welche man nach dem großen Herrscher, der ihr das Gepräge seiner Persönlichkeit aufdrückte, füglich die karlingische nennt. Von der Persönlichkeit des gewaltigen Mannes ist uns ein zuverlässiges Bild überliefert worden. Zwar kein gemaltes, aber doch ein geschriebenes, geschrieben von der kundigen Hand Einharts, Karls Minister der öffentlichen Arbeiten, wie wir sagen würden. Einhart, dem sein berühmter Freund Hraban Maurus nachrühmte, daß er „der Rede wohlkundig und ebenso klugen als rechtschaffenen Wandels gewesen," hat bekanntlich eine lateinische Lebensgeschichte seines Herrn verfaßt und im 22. Kapitel derselben dieses Eildniß gezeichnet: — „Karl war von kräftigem und gedrungenem Körperbau, hervorragender Größe, die jedoch das richtige Maß nicht überschritt — denn seine Länge betrug sieben seiner Füße. Sein Oberkopf war rund, seine Augen waren sehr groß und feurig, die Nase ging etwas über das Mittelmaß hinaus, er hatte schöne blonde Haare und ein freundliches, heiteres Gesicht. Seine Gestalt bot, mochte er sitzen oder stehen, eine höchst würdige und stattliche Erscheinung. Er hatte einen festen Gang, eine durchaus männliche Haltung des Körpers und eine helle Stimme. Er kleidete sich nach vaterländischer Weise. Auf dem Leibe trug er ein leinenes Hemd und leinene Unterhosen, darüber ein Wamms, das mit seidenen Streifen verbrämt war, und Hosen. Sodann bedeckte er die Beine mit Binden und die Füße mit Schuhen und schützte mit einem aus Seehund- oder Zobelpelz verfertigten Rock im Winter Schultern und Brust; endlich trug er einen meergrünen Mantel und beständig das Schwert an der Seite, dessen Griff und Gehänk von Gold oder Silber waren. Bei festlichen Gelegenheiten schritt er in einem mit Gold durchwirkten Kleide und mit Edelsteinen besetzten Schuhen einher, den Mantel durch einen goldenen Haken zusammengehalten, auf dem Haupt ein aus Gold und Edelsteinen verfertigtes Diadem."

Mit den Schlachten und Eroberungen Karls haben wir uns nicht zu befassen. Es genügt für unsern Zweck, wenn wir daran erinnern, daß lange Jahre und schwere Kämpfe nöthig waren, um den Bau aufzurichten, welchen man überschwänglich als die karlingische „Weltmonarchie" zu bezeichnen pflegt. Sie reichte von der Eider und dem deutschen Meer im Norden bis zum Garigliano und Ebro im Süden und von der Elbe und Theiß im Osten bis zum atlantischen Ocean im Westen. Dieses Frankenreich umfaßte alle germanischen Volksstämme, nur die Angelsachsen in England und die Nordmannen in Standinavien ausgenommen. Am meisten Mühe und Blut hat es gekostet, den großen Sachsenstamm in den Rahmen dieses Reiches hinein und zur Taufe zu zwingen, und hochbedeutsam für die Folgezeit war das Vorrücken der Gränzen des Germanenthums gen Osten zu durch Karl. An der Saale, an der Elbe, an der Havel und an der Raab setzte er mittels Anlage von Befestigungen und Anlegung von germanischen Siedelungen dem Slaventhum feste Marken und zwei dieser Gränzmarkenländer sind für die Geschichte

CAROLVS MAGNVS

Karl der Große.

Deutschlands später bedingend und bestimmend geworden: die Nordostmark, woraus sich der brandenburgische Staat entwickelte, und die Südostmark, welche sich zum Ostreich, Oesterreich auswuchs.

Der Fundamentalgedanke, auf welchem Karl seinen Reichsbau errichtete, war die religiöse und politische Einheit des Germanenthums oder, noch kürzer gesagt, das Christenthum und die Monarchie. Beide mußten durchgesetzt werden und wurden es und zwar mittels einer durchgreifenden und folgerichtigen Organisation von Kirche und Staat, deren gegenseitiges Verhältniß jedoch Karl, aller seiner „Frömmigkeit" ungeachtet, keineswegs als das der Gleichordnung faßte und handhabte. Denn der Staatsgedanke stand ihm entschieden höher als die kirchliche Idee und er hat sich, so Großes er für die Kirche gewollt und gethan, dennoch auch ihr gegenüber allzeit als Herrscher gefühlt und benommen. Mittels der staatlich und kirchlich geeinten Macht des Germanenthums sollte aber dann noch Größeres unternommen und erreicht werden: — die politische und religiöse Einheit der abendländischen Christenheit. Karl war in der Blüthe seiner Kraft und Macht von der Erreichung dieses Zieles thatsächlich nicht weit entfernt und daher wohlberechtigt, seiner Stellung als Gebieter des Abendlandes einen entsprechend formalen Ausdruck zu geben. Dieser ward in der Wiederherstellung der römischen Kaiserschaft gefunden. Das „Imperium" sollte erneuert, auf die Germanen übertragen und der große Frankenherrscher feierlich als Imperator gekrönt und ausgerufen werden. Dem Papste Leo dem Dritten, welcher Karl gegenüber durchaus als hilfebedürftiger und gehorsamer Diener erscheint, war dabei so zu sagen die Rolle des Oberceremonienmeisters zugetheilt. Denn das alte Märchen, der Papst hätte mit der improvisirten Aufsetzung der Kaiserkrone den König überrascht, ist erwiesenermaßen nur ein altes Märchen. Dieser Staatsakt der Kaiserkrönung, welcher allerdings für den Gang der deutschen Geschicke von ungeheuer großer Bedeutung war, ist vielmehr sehr sorgsam und nach allen Regeln der Diplomatie von damals vorbereitet und in Scene gesetzt worden. Zur Zeit der Jahreswende von 799 und 800 mit großem Gefolge in Rom weilend, wollte Karl vom römischen Senat, Klerus und Volk zum Imperator gewählt sein, wie nicht weniger vom „Senat der Franken", d. h. von den fränkischen Großen. Man wußte schon zu jener Zeit die Wahlmaschine zu handhaben. Eine große Versammlung — fränkische und römische „Senatoren", Bischöfe, Aebte und das „übrige christliche Volk", wie sich der alte Chronist ausdrückt — erkor den Frankenkönig zum Kaiser des wieder hergestellten römischen Reiches. Dann erhielt der Papst das Stichwort zum Beginn seiner Glanzrolle, aus welcher freilich seine Nachfolger ungeheuerliche Ansprüche abzuleiten verstanden. Wie allzeit, hat man schon dazumal in Rom die kirchlich-theatralischen Spiele vortrefflich herzurichten und aufzuführen gewußt. Für eine zahlreiche Zuschauerschaft in der Basilika zum St. Peter war am Weihnachtstage gesorgt worden. Karl lag beim angeblichen Grabe des Apostels auf den Knieen. In feierlicher Procession kam Leo der Dritte geschritten und setzte dem Frankenkönig, der mit gutgespielter Ueberraschung sich erheben wollte, eine kaiserliche Krone auf das Haupt. Große und Volk, Geistliche und Laien erhoben sich stürmisch, reckten die Hände und brachen in den Zuruf aus: „Dem frömmsten Augustus Karl, dem von Gott gekrönten großen und friedereichen Kaiser der Römer Leben und Sieg!" Hierauf salbte der Papst den neuen Imperator, legte ihm den kaiserlichen Purpurmantel um die Schultern und küßte ihn auf den Mund.

Diese Haupt- und Staatsaktion war die Krönung von Karls Reichsgebäude. Sie war die logische Folge seines ganzen Wesens und Waltens. Er war jetzt feierlich als der Gebieter des Abendlandes ausgerufen, das wieder erneuerte Imperium war bei den Germanen. Viel Ehre, aber wenig Vortheil; viel Geschrei, aber wenig Wolle. So lange der große Karl das Scepter trug, war diese Kaiserschaft eine Wahrheit, mit seinem Tode wurde sie zur Lüge, zu einer für unser Volk sehr gefährlichen Illusion, welche den Schwerpunkt der Geschicke unseres Landes außerhalb desselben suchte, viele Jahrhunderte hindurch die beste Kraft der Deutschen an das Wahngebilde der römisch-germanischen Kaiserei vergeuden machte und den inneren Ausbau des deutschen Staates dem immer wieder traumhaft flüchtig sich erweisenden Glanz einer abendländischen Oberherrlichkeit opferte. Wirklichen und bleibenden Gewinn von der Abkartung zwischen Karl und Leo hatte nur der römische Stuhl. Schon das war sehr wichtig und werthvoll für ihn, daß durch die Wiedererneuerung des occidentalen Kaiserthums die Tradition von der Oberhoheit von Byzanz über Rom und Italien zerbrochen wurde. Sodann aber wußten die „Nachfolger Petri" und „Statthalter Christi" die im Grunde rein ceremonielle Rolle, welche das Papstthum bei der Verkaiserung Karls gespielt hatte, so zu wenden und zu deuten, daß daraus zuvörderst die Lehre gezogen wurde, das wieder erneuerte römische Reich beruhte auf der Gleichordnung von Papst und Kaiser („concordia sacerdotii et imperii"), während später aus jener Rolle eine völlige Umkehrung des früheren Verhältnisses von Staat und Kirche

Die Kaiserkrönung Karls des Großen im St. Peter.

gefolgert war. Denn aus einer Unterordnung von dieser unter jenen wurde mit der Zeit eine Ueberordnung. Der Papst, so wurde behauptet, hat aus freien Stücken dem Franken Karl die römische Kaiserkrone geschenkt, folglich konnte er sie verschenken, und da man nur verschenken kann, was einem gehört und worüber man frei zu verfügen berechtigt ist, so beweis't diese Schenkung, daß das Papstthum die Voraussetzung des Kaiserthums. Ohne Papst kein Kaiser. Der Papst macht den Kaiser, folglich steht jener ebenso hoch über diesem wie der Schöpfer über dem Geschöpfe. Die großen Päpste des Mittelalters haben diese Lehre thatkräftig und erfolgreich geltendgemacht. . . . . .

Der großartigen Machtentfaltung Karls nach außen entsprach seine Thätigkeit als Staatskünstler und Kulturpfleger im Innern seines Reiches. Nicht als ob sein Schalten und Walten nach beiden Seiten hin dem Tadel keinen Raum böte. Im Gegentheil! Aber wenn man die Größe seiner Aufgabe, die riesige Arbeit, welche dieser Mann zu thun hatte, berücksichtigt, so wird und muß, was er vollbrachte, im ganzen und großen uns mit Staunen und Bewunderung erfüllen. Er war doch einer der genialsten, beharrlichsten und willensstärksten Baumeister am Bau der Menschheit, gekennzeichnet als echter Meister auch dadurch, daß er sein Lebenlang zugleich ein Lehrling geblieben, d. h. zum Lernen nie zu träg oder zu stolz gewesen ist.

Als die Werkzeuge, deren er sich vorzugsweise bedienen mußte, fand Karl einerseits die christliche Klerisei, andererseits eine Aristokratie vor, welche bestand aus dem während der Völkerwanderung aufgekommenen Waffenadel („Gasindi", Gesinde; „Leudes", Leute; „Vassi", Vasallen) und aus dem zugleich mit dem germanischen Königthum großgewachsenem Hofadel („Ministerialen", Dienstleute). Der alte, auf seinen Allobgütern sitzende Adel, die Semperfreien, er war zwar noch nicht ganz verschwunden, aber doch sehr vermindert und kam für Karl weit weniger in Betracht als der neue Dienstadel, welcher sich williger zur Hof- und Staatsdienerschaft herbeiließ als jener, in welchem der widerkönigliche, der heidnisch-germanische Trutz noch lange fortlebte. Der König brauchte sich darum keine Sorge zu machen, denn die Handhabung des Beneficien- und Lehenswesens warb massenhafte Anhänger für die Monarchie. Das Gottesgnadenthum, d. h. die Vorstellung, daß die königliche Macht ein unmittelbarer Ausfluß der göttlichen sei, gab Erfindung an die Hand, daß der König von Gottes Gnaden auch der oberste Eigenthümer von allem Grund und Boden wäre. So konnte er mit häufig sehr harter Benachtheiligung der alten Allodherren ein ganzes Heer ergebener Feudalherren schaffen, indem er dem neuen Adel Grundstücke („feuda") verlieh, wofür die Belehnten, die Lehensleute, bestimmte Hof-, Kriegs- und Staatsdienste leisten mußten. Die Verpflichtung zum königlichen Heerbann, von Karl den Allodherren wie den Feudalherren mit eiserner Hand auferlegt und von allen freien Grundbesitzern unerbittlich gefordert, konnte, da sich ja jeder ins Feld Gerufene selber ausrüsten und selber erhalten mußte, nur verderblich auf den altfreien Bauernstand wirken, soweit derselbe noch vorhanden war. Angesichts der Unmöglichkeit, die ihnen als Freien auferlegten Pflichten fürder zu erfüllen, gab eine Menge von kleinen Grundbesitzern ihr Eigen einem weltlichen oder geistlichen großen Herrn hin und empfing es von demselben als Lehen wieder. Damit hob die bäuerische Hörigkeit an, wie sie das ganze Mittelalter hindurch die Regel war, während freie Bauerschaften die Ausnahme bildeten.

Die germanische Gemeindefreiheit und die aus derselben hervorgegangenen föderalistischen Einrichtungen verschwanden und machten einer centralistisch-bureaukratischen Staatsordnung Platz. Das ganze Reich war in Gaue eingetheilt, deren jedem ein Gaugraf vorstand, welcher im Frieden verwaltete und richtete, im Kriege die Gaumannschaft befehligte. Allmonatlich hegte er, unterstützt von seinen Schöffen, Gericht. Die Rechtspflege wurde zwar noch in den alten Formen geübt, jedoch schon mit Beschränkung der Oeffentlichkeit, indem man die Gerichtsstätten aus dem Freien in vier Wände verlegte. Mehr und mehr traten auch die alten Bußungs- und Sühnungsarten zurück und kam ein verwickeltes System der Bestrafung an

Leib, Leben und Ehre auf. Was für den Gau der Gaugraf, war für die Hundertschaft oder Gemeinde der Centgraf. Den Gränzlandschaften, den Marken, waren Markgrafen vorgesetzt. Durch Sendgrafen („missi"), welche vierteljährlich die Gaue bereis'ten, übte der König eine Kontrole über die Verwaltung und die Rechtspflege. Kammerboten hießen die Verwalter der königlichen Hausgüter, aus deren Ertrag die Kosten von Karls Haus- und Hofhaltung vorzugsweise bestritten wurden. Doch gab es auch noch andere Einnahmequellen, die Naturallieferungen der Lehensleute, Erträgnisse der Zölle, gerichtliche Bußen. Reisende Beamte, ja marschirende königliche Heere mußten von den betroffenen Gegenden unentgeldlich verpflegt werden. Endlich ist Karl zweifelsohne auch der Begründer einer Art von Steuersystem gewesen und zwar dadurch, daß er aus dem freiwilligen Geschenk von Vieh und Feldfrüchten, welches früher die Germanen zeitweise ihren Häuptlingen darzubringen pflegten, eine feststehende jährliche Schuldigkeit zu machen wußte. Das, was man heutzutage „Ministerium" oder „Kabinett" zu nennen pflegt, existirte zwar im karlingischen Staatsbau dem Namen nach nicht, wohl aber der Sache nach. Allerdings waren Inhaber oberster Hofämter wie der Marschall, der Oberthürhüter, der Quartiermeister, der Jägermeister und der Falkenmeister nur höfische Beamte im strikten Wortsinne, aber der Erzkaplan konnte recht wohl einen Kultminister, der Erzkanzler einen Minister der auswärtigen und inneren Angelegenheiten, der Oberschatzmeister einen Minister der Finanzen, der Oberhofrichter einen Justizminister und der Oberbibliothekar einen Unterrichts- oder auch Bauten-Minister vorstellen. Karl, ein Meister in der Kunst, die Menschen zu kennen und zu lenken, hat auch schon vom Scheinkonstitutionalismus als Regierungsmittel zweckdienlichen Gebrauch zu machen verstanden. Er wußte, was alles der Schein thut, und wie derselbe in den Augen der meisten Leute das Sein vollkommen ersetzt. So ließ er denn ein Scheinbild der alten Volkssouveränität, d. h. der souveränen Machtvollkommenheit der Freien, bestehen. Alljährlich nämlich trat im Frühling und im Herbste die Landsgemeinde der Allod- und der Feudalherren zusammen, um über die Annahme oder Verwerfung von Gesetzen zu entscheiden. Die Frühlingsversammlung, das „Maifeld", war besonders feierlich; aber es war doch nur eine Ceremonie, denn die Verhandlungen und Beschlüsse gingen am bureaukratischen Schnürchen. Die Landsgemeinde durfte votiren, was dem Könige genehm. Scheinbar war die ganze Gesetzgebung das Resultat der Maifelder, in Wahrheit ist sie, wie sie in der berühmten Sammlung der lateinisch verfaßten „Kapitularien" auf uns gekommen, von Karl unter dem Beirath seiner Minister im Verordnungswege erlassen. Sein Staatsprincip zugegeben, ist Karl als Gesetzgeber bewundernswerth. Er kann für das frühe Vorbild eines „aufgeklärten Despoten" gelten. Er regierte in alles hinein, wollte alles und jedes in Ordnung bringen. Hart neben einer wichtigsten Vorschrift in Finanzsachen steht z. B. eine Verordnung, welche den Nonnen verbietet, „Liebeslieder abzuschreiben und einander mitzutheilen". Karl überwachte und ordnete das Leben seiner Unterthanen von der Geburt bis zum Tode. Mittels des Kapitulars von 789 verbot er auch das Verbrennen der Leichen, welche heidnische Bestattungsweise so zäh von den Germanen festgehalten worden war, daß Karl die Todesstrafe darauf setzte, um der christlichen Kirche, welche ja die Auferstehung des Leibes lehrte und der demzufolge die Feuerbestattung ein Gräuel sein mußte, einen Gefallen zu thun.

Darin war der große König und Kaiser überhaupt stark und mußte es wohl sein, dieweil die Kirche nicht weniger brauchte, als sie ihn. Staats- und Kirchenregiment waren ein richtiges Gegenseitigkeitsgeschäft. Die Kirche gab dem Königthum, d. h. der Autokratie, die Weihe einer göttlichen Institution, der Staat, d. h. das Eroberschwert Karls, half der Kirche die Verchristlichung der germanischen Völkerschaften vollbringen. Außerdem stattete er sie mit Grund und Boden, mit Land und Leuten reichlich aus, gab den Kirchengütern die Steuerfreiheit („Immunität") und sicherte ihr den aus dem Alten Testament herübergenommenen Zehnten mittels Staatsgesetzes. Bei so bewandten Umständen und sintemalen die Kirche bekanntlich allzeit eines Magens sich zu erfreuen hatte, der von Verdauungsbeschwerden nichts wußte, gedieh das Christenthum, d. h. Klerisei und Hierarchie, in germanischen Landen wunderbar. Erzbisthümer, Bisthümer, Abteien, Kirchen, Kapellen schienen nur so aus dem Boden zu wachsen und die tausend und wieder tausend Maschen des romanischen Netzes legten sich über die germanischen Völkerschaften. Erzbischöfe, Bischöfe und Aebte standen bald in der Vorderreihe der Kronvasallen und Reichsbarone, wie ja auch diese Prälaten meist schon durch die Geburt der Aristokratie angehörten, welche den Vortheil, ihre jüngeren Söhne unter die Inful zu bringen, rasch erkannte und ausgiebig benützte. Die Kirche richtete sich nach dem römischen Rechte, mußte aber doch vorderhand den einheimischen Rechtsanschauungen noch verschiedene Einräumungen machen. Für den hohen Klerus war das königliche Hofgericht die zuständige Gerichtstätte, jedoch Prälaten gaben als Schöffen den Wahrspruch. Den niederen Klerus, welcher durchweg der gehorsame Knecht des höheren, richtete der Bischof der Diöcese in geistlichen und weltlichen Dingen. Im allgemeinen war dazumal der hohe wie der niedere Klerus um seiner wüsten Sitten willen verrufen. Hohe und niedere Geistliche gefielen sich in Völlerei und Unzucht. Auch die Ehe der Kleriker zeigte die bereits erwähnte Verwilderung der Laienehe. Aber dem Ansehen der Kirche that das keinen Eintrag. Ihre schlaue, schmiegsame und doch principfeste Politik, ihre stramme Disciplin, ihr reicher Besitz, ihre Beherrschung der Gemüther mittels des Aberglaubens machten das romanische Institut zu einer Macht, zu einer Großmacht in Germanien.

Aber das romanische Christenthum war auch eine civilisirende Macht und es war eine solche namentlich mittels der Möncherei, welche durch Sendboten wie Kolumban, Emmeran, Gall, Fridolin, Pirmin und andere auf deutschem Boden wahrhaft Erstaunliches zuwegegebracht hat. Eine Frucht orientalischer Phantastik, ist, wie jedermann weiß, das christliche Mönchthum zuerst in Aegypten in großem Stile zur Erscheinung gekommen. Auf das Abendland übertragen, mußte es sich mannigfachen Wandelungen unterziehen. In Europa und vollends im Norden kann man nicht in beschaulicher Faulheit und in Halb- oder Ganznacktheit hinvegetiren wie indische Fakire und ägyptische Anachoreten. Da muß der Mensch Dach und Fach haben, will bekleidet sein, will reichlich essen und trinken. Die morgenländisch-träge Weltverneinung der christlichen Möncherei wandelte sich daher in abendländisch-rüstige Weltbestreitung und in den ersten Jahrhunderten der Verchristlichung unseres Volkes sind die Mönche in deutschen Landen Arbeiter im besten Sinne gewesen, wahrhafte Pioniere der Kultur. Benedikt von Nursia, der ekstatische Einsiedler von Subiako, der praktische Gründer des berühmten Klosters von Monte Kassino (i. J. 529), hat dem abendländisch-romanischen Mönchswesen feste Form und Norm gegeben. Nach dieser „benediktinischen" Regel lebten und wirkten auch die ältesten Klostergemeinden in Germanien. Ihre Anfänge waren oft ärmlich genug, wie uns beispielsweise die Stiftungsgeschichte eines der ältesten und berühmtesten deutschen Klöster, die von St. Gallen, zeigen kann.

Sein Gründer, der Ire Gall, war mit dem nachmals gleich ihm selbst von der Kirche heilig gesprochenen Kolumban zu Anfang des 7. Jahrhunderts als Missionär nach Alemannien gekommen. Nachdem er viele Jahre in den Bodenseegegenden als Heidenbelehrer thätig gewesen war und dabei allerhand Unbill ausgestanden hatte, wünschte er sich auf seine alten Tage in die Waldeinsamkeit zurückzuziehen und darin eine Siedelei zu stiften für sich und gleichgesinnte Gottesmänner. Unter der Pflege seines Freundes, des Priesters Willmar, zu Arbon von einer schweren Erkrankung genesen, wurde er durch Willmars Diakon Hillebold auf das von der wilden Steinach durchrauschte Hochthal, hinter welchem der Säntis emporsteigt, hingewiesen als auf einen geeigneten Ort für waldeinsame Siedelei. Von dem landkundigen Diakon begleitet, machte sich der alte Heidenbelehrer in die Bergwildniß auf, hielt Rast an einer Stelle, wo die Steinach wild über Felsblöcke herabstürzte, und da er sich beim Durchwandern des Waldthals einen Dorn in den Fuß getreten hatte, sah er das für einen Himmelswink an, daß er hier siedeln solle. Als-

Bald fertigte er aus den Stämmen einer Haselstaude ein Kreuz, pflanzte dasselbe neben dem Wasserfall auf, hing die Reliquienkapsel, welche er stets bei sich trug, daran auf und weihte dadurch und mit Händefalten und Gebet die Stelle. Das war die Stunde der Stiftung von St. Gallen. Der thatsächlichen Gründung mußte aber im Geiste der Legende von damals noch ein Mirakel vorhergehen. Denn Gallus traf in Arbon, wohin er zurückgegangen, um von Willimar Abschied zu nehmen, Boten des alemannischen Herzogs Gunzo, welche ihn nach Ueberlingen riefen. Alldorten lag nämlich des Herzogs Tochter Friedeburga krank und begehrte nach dem heiligen Manne, damit er sie ihres Schadens durch sein Gebet ledigte. Gall folgte dem Rufe, verrichtete das begehrte Wunder und erhielt zum Danke durch Friedeburga's Vermittelung das Bergwaldthal, wo er sich ansiedeln wollte, von dem fränkischen Könige Sigebert geschenkt nebst zwei Pfunden Goldes und zwei Talenten Silbers. Auch zu den „Gründungen" des 7. Jahrhunderts bedurfte es des Geldes. Nachdem Gall die Berufung auf den bischöflichen Stuhl von Konstanz ausgeschlagen, begann er unter Beistandleistung vonseiten des Herzogs Gunzo seine Gründung im Steinachthale. Der Wald wurde rings um die geweihte Stelle her gerodet und auf der Lichtung erstand ein bescheidenes Klösterlein, aus Holz erbaut und bestehend aus einem Kirchlein („oratorium") und einem Wohn- und Arbeitshaus („officina") für die Mönche („fratres"), deren anfangs nur wenige waren. Der Stifter selber starb i. J. 640 zu Arbon an einem Fieber, hochbetagt und hochverehrt. Aber auch im Tode noch gereichte er seiner jungen Stiftung zum Segen. Denn sein Leichnam wurde in das nach ihm benannte Klösterlein hinaufgebracht und dort neben dem Altar bestattet. Selbstverständlich kam der „heilige Leib" sehr bald in den starken Geruch des Wunderwirkens und da konnte es nicht ausbleiben, daß von nah und fern das christliche Volk Alemanniens zur Zelle von Sankt Gallen wallfuhr. Die Pilger kamen auch nicht mit leeren Händen und mit dem Ansehen des Klosters mehrte sich demzufolge dessen Besitz. Derweil hatte es aber auch mancherlei Prüfungen durchzumachen, entging mehrmals mit knapper Noth dem Verderben und begann erst unter dem vierzigjährigen Regiment des heiligen Otmar (720—60), welcher für den ersten wirklichen Abt von St. Gallen anzusehen ist, recht aufzublühen. Das Kloster wurde bedeutend erweitert und verschönert, der Landbesitz desselben beträchtlich ausgedehnt. In den alten Urkunden ist bereits von einer eigenen Abtsresidenz („palatium"), von Wohnungen der Handwerksleute („operarii"), sowie von einer Schule die Rede, in welcher externe Zöglinge, d. h. nicht zum Klosterleben bestimmte Knaben und Jünglinge unterrichtet wurden. Auch die bescheidene alte Holzkapelle war durch einen steinernen Kirchenbau ersetzt, in dessen Chor zwischen dem Hauptaltar und der Apsis der Gründer und Namengeber St. Gallens in einem Steinsarge beigesetzt war. Wiederum trat dann eine Zeit der Trübung und Verdunkelung ein, besonders durch den Neid der Bischöfe von Konstanz, welche den Mönchen unter anderen auch die freie Wahl ihrer Aebte bestritten, obzwar erfolglos. Mit der Erwählung des großen Abtes Gozbert i. J. 816 begann der Stiftung Galls eine glänzende Zeit aufzugehen. Der kluge und energische Mann war so recht das Muster eines mittelalterlichen Hierarchen im guten Sinne. Er wollte sein Kloster zu einer Musteranstalt machen, er machte es dazu. Die Klosterräume selbst wurden erweitert und verschönert, an der Stelle der abgebrochenen Kirche eine neue prächtig erbaut. Das von Gärten umgebene Kloster sollte eine Welt für sich darstellen und allen religiösen, wissenschaftlichen, gewerblichen und künstlerischen Aufgaben, Bedürfnissen und Zwecken damaliger Zeit genügen. Es sollte zugleich eine Heilanstalt für Seele und Leib, ein Hospital, eine Fremdenherberge, eine Schule, eine Bücherei und eine Werkstatt sein. Und St. Gallen wurde wirklich das alles. Abt Gozbert ist auch als der Gründer jener Stiftsbibliothek zu betrachten, welche noch heute um ihrer seltenen alten Schätze willen mit Recht eines Weltrufes genießt. Unter diesen Schätzen findet sich jene berühmte Pergamentrolle, auf deren Fläche der Bauplan eines Musterklosters, wie man in der ersten Hälfte des 9. Jahrhunderts ein solches sich dachte, entworfen ist und zwar von einer so kundigen Hand, daß man

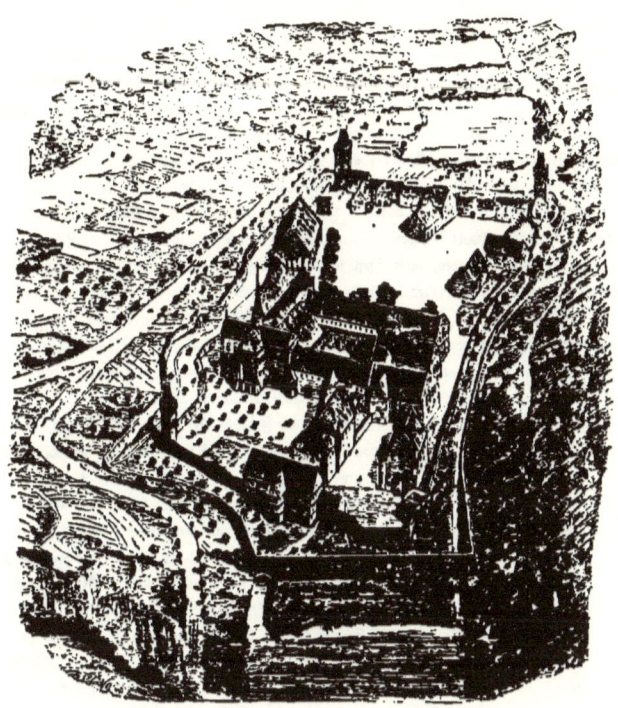

Restaurirte Ansicht des Cistercienser-Klosters Maulbronn, als Muster eines mittelalterlichen Klosteranlage.

in derselben die von Kaiser Karls Bautenminister Einhart vermuthet hat. Abt Gozbert hat indessen sein Kloster nicht nach diesem Plane gebaut, welcher vielmehr nur als ein so zu sagen idealer Klosterbauriß entworfen sein mochte.

Die Gründung des heiligen Gallus an der Steinach veranschaulicht uns in ihrem Werden und Wachsen die Ursprünge und den Vorschritt des deutschen Klosterwesens. Daß selbiges zu seiner Zeit ein Segen gewesen, untersteht gar keinem Zweifel. Ja, die alten Klöster unseres Landes waren ebenso viele Burgen der Kultur. Die Mönche rodeten Wälder, rangen den wilden Bestien das Land ab, dämmten Flüsse, wandelten wüstes Feld in Aderland, pflegten Wieswachs und Viehzucht, legten Gärten an, befleißigten sich des Gemüsebau's, pflanzten Obstbäume und verwandelten jede sonnige Halde in ein Reben- gelände. Sie lehrten und übten auch die mannigfachen Geschicklichkeiten und Künste der Handwerke und eröffneten vor den Pforten ihrer Niederlassungen, denen religiöse Scheu den Frieden sicherte, die ersten Märkte. So haben sie der landwirthschaftlichen, der gewerblichen und verkehrlichen Entwickelung redlich gedient. Sie sind aber auch die ältesten Schulmeister unseres Volkes gewesen. Jedes einigermaßen bedeutende Kloster hielt eine Schule, worin nach den Regeln des „Trivium" und „Quadrivium" sowohl die eigenen Novizen als auswärtige Schüler in den Kreis des damaligen Wissens eingeführt wurden. Die Muster-Klosterschule war die, welche einer der gelehrtesten Männer seiner Zeit, Hraban Maurus, i. J. 804 zu Fulda gründete und leitete. Ihr folgten die von St. Gallen, Reichenau, Hirschau, Weißenburg, Korvey und andere. Die lateinische Sprache war, wie sie überhaupt die Sprache aller höheren Bildung, in diesen Schulen der bevorzugte Unterrichtsgegenstand und dem mönchischen Eifer für das Latein haben wir wesentlich die Erhaltung, Vervielfältigung (durch Abschreiben) und Verbreitung der antiken Literaturschätze zu verdanken. Indessen mußte die mönchische Gelahrtheit und Schulmeisterei auch der einheimischen, der deutschen Sprache sich annehmen. Konnte sie doch nur in dieser mit dem Volke verkehren, und wie zu diesem Zwecke, d. h. zum Zwecke der Predigt, Unterweisung und der Kulthandlungen, deutsche Tauf-, Beicht- und Gebetformeln verfaßt wurden, so mußten zu Unterrichtszwecken deutsch-lateinische und lateinisch-deutsche Wörterbücher zusammengestellt werden. Solche Glossarien und Formeln — sie stammen theilweise noch aus dem 8. Jahrhundert — gehören mit zu den ältesten Schriftdenkmälern unserer Sprache. Von der dieser innewohnenden Kraft zeugt es, daß sie der erdrückenden Macht, welche das Latein als Kirchen-, Staats-, Rechts- und Schulsprache besaß, doch nicht erlag, sondern vielmehr, wie wir sehen werden, vom 9. Jahrhundert an auch zu literarischer Aeußerung mehr und mehr sich erhob.

Zugleich mit den Männerklöstern kamen auch die Frauenklöster in Deutschland auf, nachdem schon der Bekehrer Bonifaz die Wichtigkeit weiblicher Mitwirkung bei seiner Verkirchlichung der Deutschen erkannt hatte. Die drei Nonnen Walpurgis, Thekla und Lioba haben als seine Mitarbeiterinnen berühmte Namen hinterlassen. Die erstgenannte stand dem Nonnenkloster Heidenheim vor, die zweite war Aebtissin des Klosters Kitzingen, die dritte Aebtissin des Klosters Bischofsheim an der Tauber, welches für längere Zeit eine Lieblingsstätte weiblicher Bildung wurde. Vom 8. Jahrhundert an hat sich die fromme Mode der Nonnerei rasch über Deutschland verbreitet. Ueberall gab es wie Klausner so auch Klausnerinnen und die Klausen der Ab- oder Eingeschlossenen („reclusae") wuchsen häufig zu Nonnenklöstern aus, wie solche auch von Prinzessinnen und Edeldamen in Menge gestiftet wurden. Regelrichtig sollte vor zurückgelegtem 25. Jahre kein Mädchen den Nonnenschleier nehmen: unsere Ahnen scheinen also der Meinung gewesen zu sein, daß es erst an der Schwelle des Altjungferthums ziemlich wäre, eine „Braut Christi" zu werden. Für verdienstlich galt es auch, außerhalb der klösterlichen Klausur die Nonnenkutte zu tragen und in der eigenen Familie zeitweilig oder für immer ehelos zu leben als eine „Gottesmagd" oder „Verschleierte". Bis ins 11. Jahrhundert hat man es mit dem förmlichen Nonnengelübde nicht sehr genau genommen. Es war zwar auf den Bruch desselben, d. h. auf die Heirat einer Nonne, die kirchliche Exkommunikation gesetzt, allein man machte sich in den ersten Jahrhunderten des Mittelalters nicht viel daraus. Offenbar hat man sich in der Nonnenwelt der karlingischen Zeit auch aus Besserem nicht viel gemacht. Hatte doch der große Kaiser, wie seine Kapitularien bezeugen, mit der Zuchtlosigkeit gar vieler Nonnen seine unliebe Noth und wir erfahren aus seinen Vorschriften und Verboten, daß es „Gottesmägde" genug gegeben, welche statt ihrem himmlischen Bräutigam der heidnischen Göttin Venus dienten, sogar um Geld, und die Folgen solchen Dienstes mittels Verbrechen beseitigten.

Gut, daß nach anderen Richtungen hin die Mühwaltungen des sorglichen Gesetzgebers, Ordners und Verwalters Karl mehr anschlugen. So namentlich auf dem Gebiete der Landwirthschaft, die er theoretisch und praktisch emsig zu fördern suchte und zu fördern wußte. Theoretisch durch seine Verordnungen, praktisch durch Einrichtung von Musterwirthschaften auf seinen Hausgütern. Der Getreidebau, die Wiesen- und Waldpflege werden in einer Weise erwähnt, welche schon beträchtliche Fortschritte aus dem vorzeitlich Rohen heraus aufzeigt. Ebenso die Gemüse- und Blumengärtnerei, die Obstkultur und der Weinbau. Und zugleich mit den Feldern verbesserten sich auch die Wohnungen unserer Altvordern. Die Hütte wurde zum

Herrenhof.

Hause, die Heimstätte der Menschen schied sich von der des Viehes. Selbst das bäuerische Heim, wir meinen das des hörigen Bauers, theilte sich in Wohnhaus, Viehstall und Scheune (Gaden, Stadel). Ein Herrenhof bedeckte einen großen eingefenzten oder auch pallisadirten Raum, auf welchem diese Gebäulichkeiten standen: 1) das Herrenhaus („sala"), 2) das Frauenhaus („Genezunk", von dem aus dem griechischen γυναικειον verdorbenen genecium), in welchem die Hausfrau mit ihren Töchtern und den Mägden dem Spinnen, Weben und Kleiderfertigen oblag, 3) das Badhaus („stuba"), 4) das Kellerhaus („cellaria"), 5) der Kornboden („grania"), 6) der Speicher („spicarium"), 7) die gesonderten Pferde-, Rindvieh-, Schafe- und Schweineställe („scuria", „ovile", „porcaritium"). In den Genezunken war schon manche feine weibliche Handarbeit heimisch, da die mit der Zeit immer verwickelter werdende Aufgabe, für die Bekleidung der Familie zu sorgen, den Erfindungsgeist wachrief. Die Frauen vervollkommten sich in der edlen Schneiderkunst sehr bedeutend, wußten kunstvoll zu sticken und verstanden es, „mittels des Weberschiffes Figuren ins Gewebe zu zeichnen", wie sich ein Kapitulare Karls ausdrückt. Daneben waren freilich die Genezunke auch die Stätten von weniger Löblichem, ja von so viel Ungebürlichem, daß im späteren Mittelalter das „Frauenhaus" eine Bedeutung hatte, welche von seiner ursprünglichen sehr ins Unreine gefallen war. Uebrigens muß man sich die Gebäulichkeiten der karlingischen Zeit noch immer als sehr einfache vorstellen. Holz war noch immer das vorherrschende Baumaterial. Doch fing man an, Häuser aus Steinen und Ziegeln zu bauen und die Wohnhäuser in verschiedene Gelasse und Stockwerke zu theilen, sowie auch sie innen mit Treppen und außen mit Söllern zu versehen. Ganz steinern und von italischen Künstlern mit Wandgemälden geschmückt waren Kaiser Karls berühmte Pfalzen (vom lat. palatium, Palast) zu Ingelheim, Aachen und Neumagen. Aus dem Jahre 895 wissen wir, daß die Kosten der Erbauung und Einrichtung eines Herrenhauses auf 12 Silbersolidi (Schildlinge, Schillinge, Gulden) geschätzt wurden, woraus entnommen werden kann, wie ungeheuer seitdem der Geldwerth gesunken. Karl hat auch das Münzwesen einer eingreifenden Reform unterzogen, indem er die seit der römischen Kaiserzeit im Abendlande gültig gewesene Goldwährung durch die Silberwährung ersetzte und bestimmte, daß das Pfund Silber zu 20 Schillingen ausgeprägt werden sollte. Für die Förderung der Gewerbe- und Handelsthätigkeit sorgte der große Kaiser als Gesetzgeber und Regent mit allem Fleiße. Namentlich auch durch Einrichtung eines Sicherheitsdienstes, welcher auf Vagabunden und Strolche ein scharfes Augenmerk richtete. Dann durch strenge Ueberwachung von Maß, Gewicht und Münze, durch Einrichtung von Wochen- und Jahrmärkten in allen größeren Ortschaften, durch Erstellung von Straßen, Dämmen und Brücken. Sein Plan, Rhein und Donau mittels eines Kanals zu verbinden, ist nur an der mangelhaften Technik jener Zeit gescheitert. Auch von einer Post, welche er eingerichtet habe, wird uns gemeldet, jedoch nichts Sicheres und Genaues.

Nicht weniger Sorge und Pflege, als er der materiellen Seite des Lebens und der Gesellschaft widmete, wandte Karl der geistigen zu. Zur Hebung der intellektuellen Kultur mußte er sich, wie die Sachen lagen, zumeist fremder Gelehrten und Künstler bedienen. Er verschrieb aus Italien Architekten, Maler und Musiker, er umgab sich mit gelehrten Klerikern und Laien wie Petrus von Pisa, Alkuin, Theodulf, Abelhart, Paul Diakonus, Einhart und Angilbert. Er richtete eine Normalschule an seinem Hofe ein und begünstigte lebhaft das Klosterschulwesen, wie ein Hraban in Fulda, ein Hartmod in St. Gallen, ein Walafrid in Reichenau es gründeten und weiterführten. Er selber verstand griechisch, sprach lateinisch, nahm Unterricht in der Grammatik, Rhetorik und Astronomie und benützte selbst die Essenszeit, um sich zu belehren, indem er bei Tafel „die Geschichten und Thaten der Alten vorlesen ließ", wie uns Einhart berichtet. Nothwendiger Weise konnte aus schon früher angegebenen Gründen dieses ganze Kulturstreben nicht auf national-germanischer Basis, sondern mußte auf christlich-romanischer ruhen. So hat denn auch, was zur karlingischen Zeit von künstlerischer Thätigkeit vorkam, in Deutschland den romanischen Kunststil vorbereitet. Aber keineswegs hat sich Karl selber, seiner kirchlichen Voreingenommenheit gegen das germanische Heidenthum ungeachtet, als ein verwelschter Mann dargestellt. Im Gegentheil, er fühlte sich als ein echter und rechter Germane. Darum sorgte er für die Ausbildung der Volkssprache, namentlich durch seine Verordnung, daß deutsch gepredigt werden müsse. Darum machte er selber sich daran, eine deutsche Grammatik zu verfassen. Darum gab er den zwölf Winden und den zwölf Monaten deutsche Namen — welche letzteren, beiläufig bemerkt, löblicher Weise in der deutschen Schweiz in Ehren geblieben sind — und darum auch ließ er, die Worte seines Ministers, Freundes und Lebensbeschreibers Einhart zu gebrauchen, „die uralten einheimischen Lieder, worin der alten Könige Kriege und Thaten besungen wurden, aufschreiben, damit sie unvergessen blieben". Leider ist uns diese Sammlung ältester Heldensänge unseres Volkes verloren gegangen. Sie soll noch im 12. Jahrhundert in England handschriftlich vorhanden gewesen sein, ist aber dann spurlos verschwunden.

Karls Hof, an welchem sich die grellsten Gegensätze der Zeit begegneten, Germanenthum und Romanismus, Heidenthum, Christenthum und Islam, Legaten des Papstes, Gesandte des Kaisers von Byzanz, Botschafter des Chalifen aus Bagdad, katholische Bischöfe und Odhin-Anbeter aus Skandinavien, fränkische und alemannische Grafen, sächsische und friesische Adalinge, slavische und avarische Häuptlinge, römische Senatoren und arabische Scheichs vom Ebro — dieser Hof muß ein sehr buntes und belebtes Bild dargeboten haben. Auch ein sehr wechselndes, denn der Hof war ja kein stehender, sondern ein wandernder, obzwar die Pfalz von Aachen Karls Lieblingsresidenz gewesen ist. Was an den großen Hoftagen und Festen da für ein Mischmasch von Trachten und für ein Gewirre von Sprachen und für eine Dissonanz von Pracht und Barbarei gewesen sein muß! Der Hofhalt des Kaisers war übrigens nicht gerade eine Stätte edler Sitte, auch wenn man die sehr laxen sittlichen Begriffe von damals gelten läßt. Der wüsten

Karl der Große läßt sich den Plan zur Aachener Palastkapelle vorlegen.

Völlerei freilich, welche zu jenen Zeiten gäng und gäbe, machte sich Karl nicht schuldig: er war sehr mäßig im Genusse der Tafelfreuden. Dagegen ist er den Weibern übermäßig ergeben gewesen. Er hatte vier Ehefrauen: die Langobardin Berterad (?), die Schwäbin Hildegard, die Fränkin Fastrada und die Alemannin Liudgard; von seinen Kebsen werden die Adaltrud, die Regina und die Adalinde genannt. Seiner ehelichen und unehelichen Söhne und Töchter waren vierzehn. Ihre Erziehung ließ er sich angelegen sein und er regelte, dem Einhart zufolge, dieselbe so, daß „Söhne wie Töchter zuerst in den Wissenschaften unterrichtet wurden. Dann mußten die Söhne, sobald es nur das Alter erlaube, nach der Sitte der Franken reiten, sich in den Waffen und auf der Jagd üben, die Töchter aber sich mit Wollenarbeit abgeben und mit Spinnrocken und Spindel beschäftigen, damit sie sich nicht an den Müßiggang gewöhnten, und er ließ sie anleiten zu jeder guten Zucht." Mit dieser „Zucht" jedoch war es ein eigen Ding, ein

so eigenes, daß man eigentlich berechtigt wäre, von Unzucht zu sprechen. In Wahrheit, das Verhältniß der beiden Geschlechter war an Karls Hof ein so leichtfertiges, daß der Kaiser nicht nur ein, sondern beide Augen zudrückte, als seine Tochter Hruotrud ein uneheliches Kind von einem Grafen Rorich und seine Tochter Bertha zwei uneheliche Kinder von dem Hofpräceptor Angilbert hatte. Die romantische Sage von einer dritten Tochter Karls, Emma, und ihrem Silbgänger Einhart ist freilich schon darum nur eine Sage, weil der Kaiser gar keine Tochter dieses Namens hatte, allein sie kennzeichnet doch den Ton und die „gute Zucht" am karlingischen Hofe. Später, nach dem Tode ihres Vaters, scheinen die Prinzessinnen gar alle Schranken des Anstandes übersprungen zu haben; denn ihr Bruder, der Kaiser Ludwig, sah sich genöthigt, die Buhler seiner Schwestern gewaltsam vom Hofe zu entfernen. Gegen den übertriebenen Kleiderluxus einzuschreiten, sah sich Karl selber i. J. 808 veranlaßt und sein bezügliches Edikt mag, obzwar zunächst nur gegen die Pelzverschwendung gerichtet, als die älteste jener „Kleiderordnungen" betrachtet werden, welche in immer steigender Ausdehnung das ganze Mittelalter hindurch von geistlichen und weltlichen Fürsten und Städteobrigkeiten erlassen wurden — selbstverständlich vergeblich. Denn keine Macht auf Erden kommt der Mode gleich, welche als die älteste Tochter der Dummheit allzeit und überall Göttern und Menschen ein Schnippchen schlug, schlägt und schlagen wird.

Der genannte Angilbert, einer der Hofgelehrten Karls und nebenbei sein Schwiegersohn, hat in gespreizten lateinischen Sechsfüßlern eine biographische Lob- und Preisrede auf den großen Kaiser geschrieben. Dieses Erzeugniß höfischer Musenkunst ist nur bruchstückweise auf uns gekommen, was zu beklagen, weil es als Ganzes eine anschauliche Vorstellung vom karlingischen Hofleben gegeben hätte. Eine der erhaltenen Stellen schildert, offenbar der Wirklichkeit nachgezeichnet, wie die Kaiserin Liudgard mit ihren zwei Stiefsöhnen Karl und Pippin und mehreren ihrer Stieftöchter zur Jagd ausreitet, und eine Verdeutlichung dürfte geeignet sein, uns die Erscheinung vornehmen Daseins am Ende des 8. Jahrhunderts nahezubringen.

„Inmitten ihres zahlreichen Gefolges schreitet des erhabenen Karls reizvolle Gemahlin Liudgard aus dem hohen Gemach in den Hofraum. Ihr Nacken streitet in Farbe und Glanz mit den Rosen und ihr aufgebundenes Haar mit dem Schimmer des Purpurs. Goldborten halten ihren Mantel fest, Purpurbinden umwinden die schneeweißen Schläfen, doppelt in Purpur gefärbt glänzt das leinene Unterkleid, der Hals funkelt von Steinschmuck und vom Haupte strahlt die Goldkrone. Wie sie also einhertritt im Kreise der Damen, weicht das Hofgesinde rechts und links von ihrem Wege. Sie besteigt das vorgeführte Roß und leuchtet in königlicher Hoheit vor der Schar der Adalinge, welche im Prangen der Jugendschöne und im Stolze männlicher Stattlichkeit die beiden Königssöhne Karl und

Pippin umgeben. Jener, der des Vaters Namen erhalten, gleicht ihm auch an Gestalt, Antlitz und Geist; dieser erscheint im vollen Waffenschmuck als der gewaltige Krieger, als welcher er sich ja bewährt hat. Im Anschluß an die Königin und die Prinzen strömt das Jagdgefolge in wirrem Getose zu den geöffneten Thoren hinaus unter Hundegebell und Hörnerklang. Dann kommen die Prinzessinnen mit ihrem zahlreichen Herren- und Damengeleite. An der Spitze reitet Hruotrud ruhig und stolz. Ihr Blondhaar wird durch ein Purpurband zusammengehalten und auf ihrem Scheitel schimmert ein Goldkrönlein. Nun glänzt Bertha aus der Damenreihe hervor, wie an Geist, so an Antlitz, Stimme, Aug' und Sinnesart ein Abbild des Vaters. Ihr blondes Haar ist mit Goldschnüren durchflochten und von einem Diadem umwunden. Ein Marderpelz umschmiegt den Schnee des Halses und die Nähte ihres Leibrockes sind mit blitzenden Edelsteinen besetzt. Hierauf kommt Gisela geritten, die blendend weiße Schöne. Purpurfäden durchziehen das zarte Gewebe ihres Schleiers, der auf den rosig angehauchten Hals und Nacken niederfällt. Silbern schimmert ihre Hand, galbig ihre Stirne, ihre Augen sprühen Sonnenfeuer und mit anmuthiger Sicherheit zügelt sie das rasche Roß. Hinter dem rennenden Schwarm, der die Schwester umgibt, lenkt Ruodhaid in flüchtigem Ritte den Zelter. Haar und Nacken und Fuß erstralen ihr von farbigem Steinschmuck und der Seidenmantel, vor der Brust durch eine Goldspange zusammengehalten, umfliegt ihre Schultern. Dann folgt Theoderada mit blühendem Antlitz und goldrothem Haar. Sie trägt ein Halsband von Smaragden und einen mit dunkelm Rauchwerk besetzten Mantel. Auf feurigem Schimmel sprengt die fromme und prangende Jungfrau dahin. Endlich schließt Hiltrud die Reihe der Schwestern und herrlich glänzt sie aus dem sie umgebenden Getümmel reisiger Recken hervor, ihr Roß in der Richtung lenkend, wo der Forst den prächtigen Jagdzug in seine Schattenhallen aufnimmt."

Falls der große Kaiser, wie es ja wohl denkbar, vom Söller seiner Pfalz den Aufbruch dieses farbenhellen Zuges mitansah, welcher alles in sich darstellte, was sein Haus und seine Zeit an Vornehmheit, Schönheit und Pracht, an Glück, Glanz und Fröhlichkeit aufzubieten hatten, wenn er diese lange Reihe von stattlichen Söhnen und schönen Töchtern im hellen Morgenschein zum muntern Waidwerk reiten sah, da hat ihm gewiß nicht geschwant, daß die ganze karlingische Herrlichkeit, daß sein Stamm, geschweige sein

Auszug zur Jagd.

Reich, keine zwei Jahrhunderte dauern würde, ja, daß unmittelbar nach seinem Tode (i. J. 814) mit der Kaiserschaft seines Sohnes Ludwig das traurige Siechthum der karlingischen „Weltmacht" anheben und daß die ganze Zukunft seines Hauses nur ein ruhmloses Hinsterben sein sollte. Ja, es ist dafür gesorgt, daß der Größenwahn der Menschen, der Dynastieen, der Nationen und der Rassen immer wieder in seiner ganzen Flüchtigkeit und Nichtigkeit aufgezeigt werde.

Mochte aber Karls stolzer Reichsbau zerfallen, durch die schärfere Scheidung der Nationalitäten, aus welchen er bestand, von innen heraus zerklüftet, der civilisatorische Grundgedanke des Bauwerkes blieb bestehen und wirkte weiter. Für Staat und Kirche behielten die Ideen des karlingischen Zeitalters bestimmende Kraft. Kaiserthum und Papstthum, deren Einklang die Theorie der mittelalterlichen Politik voraussetzte, wurden die Pole, um welche die sociale Entwickelung von Jahrhunderten sich drehte. Gesetzgebung, Verwaltung und Rechtspflege hielten im allgemeinen die Bahnen ein, welche Karl ihnen gewiesen hatte, obzwar im besonderen die Zeit naturgemäß vielerlei Abweichungen brachte. Für alle Aeußerungen der Geisteskultur gab die Kirche den Grundton an. Dieser beherrschte jahrhundertelang die nationalen Gefühle und Stimmungen, obzwar er eines mehr oder weniger starken Beiklanges von dieser Seite her sich nicht immer zu erwehren vermochte.

Auch in der christlich-geistlichen Dichtung des 9. Jahrhunderts nicht, mit welcher, da wir der heldnisch-germanischen Götter- und Heldenlieder unserer Ahnen verlustig gegangen, die dichterische Literatur der Deutschen anhebt.

Zwei Hervorbringungen dieser Dichtung überragen hoch die spärlichen übrigen, zwei Werke, welche denselben Stoff behandeln, aber in der Form grundverschieden sind: — der altsächsische „Heliand" (Heiland) und der althochdeutsche „Krist". Beide sind sogenannte „Evangelienharmoniken", d. h. sie haben zu ihrem Gegenstande die Legende Jesu, wie die sogenannten Evangelien dieselbe erzählen. Aber wie welchen sie in der Ausführung ihres Thema's von einander ab! So sehr, daß man wohl sagen darf: sie verhalten sich zu einander, wie die Zunge zur Feder, wie die Harfe zum Buch, wie das Germanenthum zum Romanismus sich verhält. Den sächsischen Dichter, welcher auf Veranlassung des überaus frommen Kaisers Ludwig in der ersten Hälfte des 9. Jahrhunderts den Heliand schuf, müssen wir uns vorstellen, wie er ganz in der Weise der alteinheimischen Singer und Sager sein Gedicht den Volksgenossen, etwa bei diesem oder jenem hohen Kirchenfeste, mündlich vorträgt; der Verfasser des Krist dagegen, wie er vor dem profanen Weltgeräusche — („sonus inutilium rerum" nennt er es in seiner lateinischen Vorrede) — ängstlich in seine Mönchszelle sich verschließt, um sich abwechselnd über die auf seinem Tische ausgebreiteten Evangelienrollen hinzubeugen und dann wieder mit sorgsam geführter Kranichfeder seine Verse auf die vor ihm liegende „charta Pergamena" zu schreiben oder eigentlich zu malen. Der altsächsische Sänger hat sein Werk durchweg im heimischen Volkston gehalten und als ein naiver Epiker seinem fremden Stoffe die nationale Durchfärbung gegeben: Jesus erscheint bei ihm unter seinen Jüngern wie ein germanischer Stammherzog unter seinem Heergefolge und von Maria, „der Weiber schönsten", der „minnigen Magd", welche der „Degen" Joseph erkoren, spricht er ganz im Tone der deutschen Frauenverehrung, wie sie vor Zeiten einer Veleda zutheil geworden. Wir erhalten von dieser wunderbar naturwahren, vom alteinheimischen Stabreim gehaltenen und getragenen Dichtung den Eindruck, als hätte die Geschichte Jesu eigentlich in Germanien gespielt. Der Dichter des Heliand hat also ein hochbedeutsames, höchst erquickliches Werk geschaffen, aus welchem Geist und Ton echtnationaler Volkspoesie noch einmal deutlich aus der Vorzeit zu uns herüberklingen. Der Benediktinermönch Otfrid dagegen, welcher zwischen 863 und 872 im Kloster Weißenburg im Elsaß seinen Krist dichtete, hat im bewußten und gewollten Gegensatze zum heimischen Volksgesang, welchen er verachtungsvoll einen „wüsten" nannte („cantus laicorum obscoenus"), die

Kunstpoesie in Deutschland eingeführt. Zwar hat auch er in seiner Versificirung der evangelischen Geschichten der germanisch-nationalen Farbentöne keineswegs durchweg sich enthalten können, aber überall zielt der gelehrte Mönch darauf ab, seine Leser nicht so fast dichterisch zu ergötzen, als vielmehr zu erbauen. Nicht die Erzählung ist ihm die Hauptsache, sondern das Moralisiren und die erweckliche Nutzanwendung. Der Heliand ist gedichtet, der Krist ist gepredigt; jener ist in Gehalt und Form germanisch, dieser romanisch. Und eben darum begann auch die otfrid'sche Kunstdichtung mit einer hochwichtigen formalen Neuerung im romanischen Sinne. Nämlich mit dieser, daß Otfrid an die Stelle des germanischen Stabreims den romanischen Endreim setzte, das Silbenecho, welches im barbarisirten Latein des Mittelalters bräuchlich geworden war. Es ist das scheinbar nur eine Formsache gewesen und dennoch ein Merkmal, welches an Wichtigkeit der Einführung einer fremden Sprache in die deutsche Gesetzgebung und in den deutschen Gottesdienst nicht nachstand. Die Poesie eines Volkes ist ja bekanntlich die höchste Blüthe seiner Kultur, die innigste Offenbarung seines Sinnens und Trachtens. Indem nun aber unsere Altvorderen den Stabreim aufgaben und den Endreim sich aneigneten, bekundeten sie, daß sie den Glauben an die Möglichkeit einer eigenen Vorschrittsbahn aufgegeben hätten und daß sie den Entwicklungsgesetzen der christlich-romanischen Civilisation, wie Karl der Große sie geschaffen, sich fügen wollten. Das Nationale trat also vorderhand scheu und zaghaft in die Tiefen des Volksgemüthes zurück, das Kirchlich-Römische beherrschte anmaßlich und unduldsam die ganze Oberfläche des Daseins.

Einfall der Magyaren.

3.

Unter den Ottonen.

 em von einem starken und skrupellosen Willen getragenen Genie mag es gelingen, den Lebenslauf der Völker zeitweilig aus den naturgemäßen Geleisen zu drängen und widerstrebende Elemente zu Staatengebilden zusammenzuzwingen, wie die kaiserliche Monarchie Karls des Großen eins gewesen ist. Aber sowie die zwingende Faust durch einen Schicksalsschlag gelähmt wird oder im Tode erstarrt, fällt das Zwangsgebilde auseinander. Alle sogenannten „Welteroberer" und „Weltherren" und „Weltreiche" vom Sesostris bis zum Napoleon bezeugen das. Den karlingischen Staatsbau hatten die zwei größten Mächte der Zeit mitsammen aufgerichtet, das germanische Schwert und der römische Krummstab. Trotzdem hielt er nicht vor,

weil erstens das gemeinsame Interesse dieser beiden Mächte nur ein vorübergehend erkünsteltes war und weil zweitens neben ihnen eine dritte Macht langsam, aber unaufhaltsam aufwuchs, das Nationalbewußtsein.

Der asiatische Mythus von der Völkerscheidung beim Thurmbau von Babel wurde im karlingischen Weltreiche zur europäischen Wirklichkeit. Die in diesem stolzen Machtbau zusammengezwungenen Völker verstanden einander nicht mehr: sie strebten daher auseinander, sie wollten und mußten sich trennen, wollten zu Nationen auswachsen, wollten eine jede ihre eigene Sprache und Sitte, ihr eigenes Recht und ihren eigenen Staat haben. Die Verwelschungsprocedur, welche die seit der Völkerwanderung in den ehemals weströmischen Provinzen, in Italien, in Frankreich, in Spanien angesiedelten Germanen zu Romanen gemacht hat, war ja mehr oder weniger vollendet. Die germanischen Eroberer hatten in den genannten Ländern ihr Blut, ihre Sprache, ihr Recht und ihre Sitte mit denen der unterworfenen Eingeborenen vermischt und aus dieser Mischung, bei welcher es die höhere Kultur der Unterworfenen über die niedrigere der Unterwerfer in allem und jedem davongetragen, war das Romanenthum hervorgegangen mit seiner anfänglich noch gemeinsamen Sprache, dem Romanzo. Dieses zweigte sich dann in dem Maße, in welchem die verschiedenen romanischen Volksarten schärfer sich bestimmten, in die verschiedenen französischen, italischen und spanischen Mundarten aus und trat, als Ganzes genommen, als ein neuer Sprachstamm dem germanischen zur Seite oder vielmehr gegenüber, sehr gegenüber. Denn das einander Gegenübergestelltsein von Germanenthum und Romanenthum wurde ja alsbald zu einem wirksamsten geschichtlichen Motiv. Zu einem um so wirksameren, als die zu Romanen verwelschten Germanen einen wilden Haß gegen ihre Stammmutter Germania hegten, jenen wilden Haß, welcher den Apostaten der Nationalität allzeit und überall — die Elsässer und andere Abtrünnlinge vom Deutschthum können es bezeugen — gegen ihre Volksgenossen eigen war und ist, weil das böse Gewissen den Stachel schärft.

Der Gegensatz von Germanisch und Romanisch ist zum erstenmal sprachlich und politisch kundgeworden bei jener berühmten Zusammenkunft und Vereinbarung zu Straßburg im Februar von 842, allwo des unglücklichen Pfäfflings Ludwig Söhne Ludwig und Karl gegen ihren Bruder Lothar sich verbündeten. Um für ihr beiderseitiges Heergefolge verständlich zu sein, leisteten die beiden gegen den dritten verbündeten Brüder den Bundeseid so, daß der Ostfranke Ludwig, gewöhnlich zubenannt der Deutsche, im Romanzo von damals schwur („Pro De amur et pro christian poplo et nostro commun salvament" —) und der Westfranke Karl seinerseits im Althochdeutsch jener Tage „then eid geleistit, then er sineno bruodher Ludhuwige gesuor" — wie uns ein Vetter der schwörenden Prinzen, ebenfalls ein Enkel Karls des Großen, Graf Nithard, ein Sohn des gelehrten Angilbert und der schönen Bertha, in seinen „Vier Büchern Geschichten" überliefert hat.

Bei diesem hochgeborenen, obwohl von der Bank gefallenen Zeitbuchschreiber findet sich, unmittelbar seiner Darstellung der straßburger Zusammenkunft angefügt (B. 3, K. 6), eine Stelle, wo er einer kriegerischen Kurzweil gedenkt, in welcher ein ältestes, geschichtlich beglaubigtes Vorbild der späteren Ritterturniere zu erblicken sein dürfte. Nithard nämlich erzählt, seine beiden Vettern hätten sich, Ludwig über Spiron (Speier), Karl am Wasagus (Vogesen) hin über Wizzunburg (Weißenburg) nach Wormatia (Worms) begeben und zwischen dieser Stadt und Magontiakum (Mainz) mit ihren Gefolgschaften ein gemeinsames Lager bezogen. Die zwei mächtigen Herren, „beide von mittlerer Größe, schön und ebenmäßig gestaltet und zu jeder Uebung geschickt", stellten in diesem Lager oft Kampfspiele an, der Leibesübung wegen, und unser Gewährsmann beschreibt als Augenzeuge diese Spiele so: — „auf einem eigens hierzu erlesenen und hergerichteten Platze kamen sie zusammen, und während rings das Volk sich scharte, stürzten sich zuerst von beiden Seiten gleich starke Scharen von Sachsen, Wasken, Austrasiern und Britonen wie zum Kampfe in schnellem Laufe auseinander. Darauf wendeten die einen ihre Rosse und suchten, mit den

Kampfspiel.

Schilden sich deckend, vor dem Angriff der Gegner durch die Flucht sich zu retten, während diese die Fliehenden verfolgten. Zuletzt stürmen beide Könige, umgeben von der ganzen jungen Mannschaft, in gestrecktem Lauf die Lanzen schwingend gegen einander und bald von dieser bald von jener Seite zur Flucht sich wendend ahmt man den wechselnden Gang der Schlacht nach. Und es war ein Schauspiel, bewunderungswerth wegen des Glanzes und der Ordnung, so dabei herrschten. Denn auch nicht einer von dieser so großen Menge und von diesen verschiedenen Völkern wagte einem andern eine Wunde zu schlagen oder einen Schimpf anzuthun." . . . . .

Der Straßburger Vertrag von 842 war nur das Vorspiel zu dem noch weit wichtigeren, welcher im folgenden Jahre zu Verdun zwischen den drei Karlingern Lothar, Karl und Ludwig zustande kam und kraft dessen die Enkel des großen Karls das von der gewaltigen Hand ihres Ahns zusammengezwungene Reich in seine natürlichen Theile auflösten und unter einander theilten. So zwar, daß dem Lothar Italien und Burgundien mit der Kaiserkrone, dem Karl Westfrancien (Frankreich) und dem Ludwig Ostfrancien (Deutschland) zufiel. Diese Theilung war nur die staatsrechtliche Bestätigung einer geschichtlichen Thatsache. Nämlich dieser, daß Germanen und Romanen und die letzteren wieder untereinander sich schieden. Der Traum von einer politischen Einheit der abendländischen Christenheit war aus. Ein überlegener Geist hatte im Sinne seiner Zeit und mit den Mitteln derselben den alten und immer wieder neu aufgeschwindelten Wahn von einer Menschenbruderschaft, von einer Völkerverbrüderung zu verwirklichen gesucht; aber das menschliche Ich und Selbst lebt und webt nicht im Allgemeinen, sondern im Besondern, und die Völkerpersönlichkeiten lassen sich nicht einen Menschheitsbrei zusammenrühren. Die Menschen sind von Haus aus keine Brüder, sondern Feinde, und gerade so verhält es sich mit den Rassen und Nationen. Es muß so sein, denn nur die beständige feindliche Reibung zwischen Menschen, Nationen und Rassen ermöglicht die Entwickelung der Menschheit, welche nichts ist als ein ewiger Kampf. Die Schwarmgeistvorstellung von einer Menschenbruderschaft und Völkerverbrüderung, welche den ewigen Frieden und dergleichen Unmöglichkeiten mehr herbeiführen sollen, hat sich sogar in ihrer mächtigsten Erscheinungsform, d. h. in der religiösen, überall und allezeit als Schwindel erwiesen. Haben sich die sogenannten Christen weniger unter einander gehaßt, gequält und gemordet als die sogenannten Heiden? Im Gegentheil! Gerade unter dem Banner der „Religion der Bruderliebe" haben die Menschen und die Völker einander das Gräulichste angethan.

Vom Jahre 843 also datirt die nationale Besonderheit, die politische Selbständigkeit Deutschlands. Die Staatsform blieb zunächst noch die karlingisch-monarchische, aber die Schwachmüthigkeit der unfähigen Nachfolger Ludwigs des Deutschen ließ eine Schwächung der Monarchie nach der andern zu. Die verhängnißvollste war die Wiederherstellung der alten Herzogswürde, welche der große Karl um der Rechtseinheit willen beseitigt hatte. Freilich waren die neuen Herzoge eigentlich nur königliche Beamte, allein das vergaß sich bald, weil den Herzogen wie den Markgrafen die Vererbung ihrer Würde und Gewalt eingeräumt wurde. So konnte es gar nicht fehlen, daß sie aus Beamten zu Erbfürsten wurden, welche der königlichen Autorität mehr und mehr sich entzogen. Große Grundherren vom alten oder neuern Adel ahmten dieses Gebahren nach, und da keine gewaltige Königsfaust da war, um die wiedergeborene deutsche Adelsrepublik niederzudrücken, so schoß der unselige deutsche Centrifugalgeist, der leidige Partikularismus in üppiges Wachsthum. Im Jahre 887 war die deutsche Aristokratie schon stark genug, den König und Kaiser Karl den Dicken des Thrones förmlich zu entsetzen und den Entsetzten Neffen, den Herzog Arnulf von Kärnten, zu krönen. Der arme dicke Karl war natürlich auch nicht der Mann gewesen, den immer ausgreifender und fester auftretenden Anmaßungen der päpstlichen Kurie, welche die nach des großen Karls Hingang eingetretenen Wirrsale schlangenklug auszunützen verstand, mit irgendwelchem Erfolg entgegenzutreten. Der „Statthalter Christi" nahm neben der ihm, wie er behauptete, selbstverständlich zustehenden geistlichen Obergewalt über die Christenheit schon jetzt immer deutlicher auch die weltliche in Anspruch. Insbesondere dadurch, daß er die Verleihung der Kaiserkrone für ein ihm zukommendes Recht ausgab. Bekanntlich hat Rom alle diese ungeheuerlichen Ansprüche wesentlich auf eine offenkundige Fälschung gestützt, auf die nach einem gewissen Isidor benannten falschen „Dekretalen", einer nach und nach von Hierarchen für hierarchische Zwecke zusammengelogenen Sammlung von angeblichen Aussprüchen und Beschlüssen angeblicher alter Kirchenversammlungen. Der Betrug war sehr plump und wurde folgerichtig desto eifriger geglaubt. Darum haben denn das ganze Mittelalter hindurch diese sogenannten Isidorischen Dekretalen den Grund und Eckstein der hierarchischen Lehre von des römischen Bischofs göttlichem Statthalteramt abgegeben. Doch erfordert es die geschichtliche Wahrheit, nicht zu verschweigen, daß es die Prälatenschaft gewesen, welche gegenüber den nach gänzlicher Unabhängigkeit strebenden Herzogen der Sachsen, der Franken, der Alemannen oder Schwaben, der Baiern, der Lothringer in deutschen Landen das einheitliche, allerdings ihren eigenen Interessen vorderhand am besten dienende Königthum aufrecht zu halten suchten. Es schien jedoch um dasselbe geschehen zu sein, als mit König Arnulfs kinderlosem Sohne, Ludwig dem Kind, der karlingische Stamm in Deutschland erlosch (i. J. 911). Den Großen wollte es nicht eingehen, sich einen neuen König aus dem französisch-karlingischen Zweige zu küren, welcher noch bis zum Jahre 987 fortvegetirte, allwo er mit Ludwig dem Faulenzer („fainéant") abstarb. Aber die Reichsidee, der Einheitsgedanke, wie ihn der große Karl gedacht und verwirklicht hatte, war doch nicht wegzuwischen aus dem Gedächtniß der deutschen Stämme. Zumal das Elend, welches die Raubzüge der Normannen und der Magyaren über die deutschen Marken im Norden und Osten brachten, die Erinnerung an die Sicherheit schärfte, deren das Reich zur Zeit seines schwertgewaltigen Stifters genossen hatte.

Die alljährlich wiederkehrende Magyarenpest insbesondere, d. h. die entsetzlich verheerenden Einfälle des in Ungarn nomadisirenden finnisch-tschudischen Reiter- und Räubervolkes der Magyaren, machte eine Zusammenfassung der deutschen Abwehrkräfte zu einer unumgänglichen Nothwendigkeit. Es fehlte auch nicht an einem Fürsten, welcher einsichtig und großdenkend genug war, dem allgemeinen Besten die partikularistischen Sonderinteressen unterzuordnen. Das ist der Herzog von Sachsen, Otto der Erlauchte, gewesen, welchem die Königskrone zugefallen wäre, so sie der Greis nicht lieber auf dem Haupte eines jugendkräftigen Mannes hätte sehen wollen. Auf sein Betreiben ist am 8. November von 911 zu Forchheim an der Regnitz eine hochbedeutsame Staatshandlung in Scene gegangen: die erste Königswahl der Deutschen.

Konrad, der Frankenherzog, wird zum deutschen König erwählt.

Am genannten Tage nämlich erkoren unter Otto's Vorsitz die zu Forchheim aus Sachsen, Franken, Schwaben, Baiern und Lothringen herbeigekommenen Grafen und Herren den anwesenden Frankenherzog Konrad, einen kraftvollen und kriegskundigen Mann — („vir strenuus bellorumque exercitio doctus" heißt er bei seinem jüngeren Zeitgenossen, dem Langobarden Luidprand) — zum deutschen König, als welcher er von dem vor der Wahlpfalz versammelten Volke mit Jubel begrüßt wurde. Und also ist von jenem Novembertag an unser Land ein Wahlreich gewesen und ist es neunhundert Jahre lang geblieben. Die Versammlung von Forchheim hat die Zerbröckelung der Nationaleinheit verhütet, aber sie hat auch eine Staatsform geschaffen oder wenigstens erneuert, welche für die Einheit der Nation eine fortwährende Bedrohung und Gefahr werden und die stätige Entwicklung des nationalen Staates verhindern mußte.

Nach für die Behauptung der Reichseinheit und des königlichen Ansehens wacker bestandenen Kämpfen empfahl König Konrad sterbend seinen Gegner, den Sachsenherzog Heinrich, zu seinem Nachfolger, also den Edelmuth, welchen Heinrichs Vater Otto dereinst ihm selber erwiesen, nachahmend und vergeltend. Demzufolge ist der Sachse Heinrich, genannt der Finkler, im April oder Mai von 919 zu Fritzlar an der Eder zum König der Deutschen gekürt worden und hat sofort das Reichsregiment klug, thatkräftig und erfolgreich zu handhaben angefangen. Zwei Vollbringungen seiner Königschaft überragen die andern: nach außen die Abwehr der Magyarenpest, nach innen die Förderung des jungen Städtewesens. Ueberhaupt ist er einer der tüchtigsten Männer gewesen, welche jemals Kronen getragen haben. Seiner Kraft und Geltung schien es auch gelingen zu wollen, das deutsche Wahlreich in ein Erbreich zu verwandeln. Kurz vor seinem Tode ließ sich auf seinen Wunsch die deutsche Aristokratie herbei, auf einer zu Erfurt gehaltenen Versammlung Heinrichs Sohn Otto zum künftigen König zu bestellen. Im August von 936 hat sodann in der alten Kaiserpfalz zu Aachen die förmliche Wahl Otto's durch die deutschen Herzoge und die anderen großen Reichsbarone stattgefunden. Den gekürten König salbte und krönte der Erzbischof von Mainz und bei dieser Krönungsfeier sah man auch zum erstenmal die sogenannten „Erzämter" des deutschen Reiches in Uebung. Nämlich es amtete der Herzog Giselbert von Lothringen als Erzkämmerer, der Herzog Arnulf von Baiern als Erzmarschall, der Herzog Eberhard von Franken als Erztruchseß und der Herzog Hermann von Schwaben als Erzmundschenk. Otto's Sinn und Streben ging auf das Große, aber mehr noch auf das Glänzende. Darum hat er, statt im Geiste seines wahrhaft großen Vaters ein deutsches Königreich auszubauen, nach der Wiedererneuerung der römisch-abendländischen Kaiserschaft Karls des Großen gestrebt und hat sich das glitzernde Scheinding von Kaiserkrone i. J. 962 in Rom durch seinen Schützling, Papst Johann den Zwölften, aufsetzen lassen. Mit dieser Uebertragung des „Imperium auf die Deutschen", wie man das unselige Phantasma großwortig nannte, hob so recht der mittelalterliche Kaiserschwindel an, der für unser Volk, wie für das italische, unberechenbares Unheil erzeugte und den zweiten mittelalterlichen Hauptschwindel, den Papstschwindel, erst recht herausforderte. Jeder der sogenannten „Römerzüge", welche von den Königen der Deutschen in Gestalt von Heerfahrten unternommen wurden, um sich zu Rom die Kaiserkrone zu holen, hat im Grunde ihre Macht nur gemindert und dagegen die päpstliche gemehrt. Nicht als römischer Kaiser, sondern als deutscher König hat Otto der Erste das vollbracht, was seinen Beinamen „der Große" allenfalls rechtfertigen mag. Das war der herrliche Sieg, welchen unter seinem Heerbefehle die deutschen Harste am 10. August von 955. auf dem Lechfelde bei Augsburg über die Ungarn gewannen und welcher der Magyarennoth für immer ein Ende machte. Das Princip der Erblichkeit des deutschen Königthums schien übrigens jetzt fest begründet. Die Königs- und Kaiserkrone ging von Otto dem Ersten auf Otto den Zweiten und von diesem auf Otto den Dritten über. Aber mit diesem, welcher bei seinem i. J. 1002 in Rom erfolgten Tode noch nicht ganz zweiundzwanzig Jahre alt war, erlosch schon der Glanz der ottonischen Reichsherrschaft, nachdem derselbe bereits die bedenklichsten Trübungen erfahren hatte. Mit Kaiser Heinrich dem Zweiten sodann, einem Urenkel König Heinrichs, welcher im Gegensatz zu den drei Ottonen den Schwerpunkt der kaiserlichen Macht nicht in Italien, sondern in Deutschland suchte, aber für diesen Schwerpunkt allzu einseitig die Geistlichkeit ansah, ist die sächsische Kaiserdynastie i. J. 1024 zu Grabe gegangen. Neben ihren Mißgriffen und Verfehlungen bleiben unzweifelhaft auch große Verdienste bestehen. Es war ein civilisatorischer Trieb in ihr. Auch sind König Heinrich der Erste und Kaiser Otto der Erste wirklich „Mehrer" des deutschen Reiches gewesen mittels der Kraft und Beharrlichkeit, womit sie dessen Ostmarken weiter und weiter in die slavische Welt erobernd und kolonisirend hinausrückten.

Das 10. Jahrhundert hat unter der Reichsherrschaft der sächsischen Dynastie in unserem Lande tiefgreifende sociale Veränderungen angebahnt oder weitergeführt. Eine hochwichtige kulturgeschichtliche Erscheinung war vor allen diese, daß in demselben Maße, in welchem der deutsche Landbau als solcher sich hob, die politische Stellung der deutschen Bauerschaft im ganzen und großen sant. Der Aufschwung von jenem hing mit dem Aufkommen des Städtewesens zusammen, das Sinken von dieser mit der durch die Einfälle der Magyaren gebotenen Wandelung des Kriegswesens. König Heinrich sollte von rechtswegen vom deutschen Bürgerthum wie ein Heiliger verehrt werden. Nicht zwar hat er, wie mitunter nachgesagt wird, die deutschen Städte gegründet — es gab ja deren schon vor ihm eine große Anzahl und darunter nicht wenige noch von der Römerzeit her — aber er ist es gewesen, welcher den Städtebewohnerschaften die Bahn öffnete, auf welcher sie zu Städteburgerschaften werden konnten. Viel wird späterhin des Näheren anzugeben sein. Hier vorerst nur das Nöthigste. Der große König, welcher die Bedeutung eines Mittelstandes viel deutlicher ahnte als eine ganze Reihe seiner Nachfolger, sorgte einestheils für die städtische Nährfähigkeit, indem er die Verlegung aller großen Staatshandlungen und Feierlichkeiten in die Ringmauern der Städte anordnete und diesen das Marktrecht und das Münzrecht verlieh, anderntheils für die sittliche und politische Hebung der Städter dadurch, daß er ihnen, deren Mehrzahl ja aus dem Stande der Unfreien hervorgegangen war, die Rechtsfähigkeit wenigstens bis zu einem gewissen Grade verlieh. In Folge der heinrich'schen Verleihungen wuchs der Gewerbebetrieb und die Handelsthätigkeit in den Städten zusehends und mit der Zunahme des Wohlstandes wuchs zugleich auch das Gefühl der Sicherheit. Denn die Burger — so nannten sich die Städter als Bewohner der sie bergenden Stadt, ihrer Burg (vom gothischen Baurgs, womit schon Ulfila das griechische Wort πολις wiedergegeben hatte), im Gegensatze zu den Dörflern, den Bauern — die Burger hielten von früh an viel auf ihre Wehrfähigkeit und Wehrhaftigkeit. Der städtische Grundbesitz, von dessen Bebauung die Mehrzahl der Städter noch lange lebte, war demnach besser beschützt als der dörfliche und folglich auch besser bearbeitet. Die Ausgiebigkeit der Stadtfluren diente aber doch auch den Bauern draußen auf dem Lande zu anregendem Beispiel und nicht weniger anregend wirkte auf die Dörfler die Erkenntniß, daß sie für die Produkte einer gesteigerten Feldwirthschaft in den Städten lohnende Märkte finden könnten. Hinwiederum mußte der städtische Gewerbebetrieb an Umfang und Vielseitigkeit zunehmen, weil eine wachsende Anzahl von Leuten neue Bedürfnisse befriedigen wollte und konnte. Die gewerbliche Geschicklichkeit in der Behandlung von Holz, Stein, Leder, Färbestoffen und Metallen wuchs durch den Wetteifer, welcher das Zusammensitzen der Handwerker in den Städten hervorrief. Die Entdeckung oder beziehungsweise der bessere Betrieb der Erzgruben im Harz und im Fichtelgebirge brachte in die Metallarbeit einen sichtbaren Aufschwung. Die städtische Industrie verlangte aber nach immer sich erweiterndem Absatz ihrer Machwaaren, wie nicht weniger nach massenhafterer Zufuhr von Rohstoffen. Beides eiferte den burgerlichen Handelsbetrieb zu mehr und mehr ausgreifenden Unternehmungen an und demzufolge vermehrte sich der Verkehr auf den alterthümlichen Handelsstraßen und wurden neue aufgethan. Das alles mußte auch auf die Bauerschaft wohlthätig zurückwirken. Der Werth von Grund und Boden stieg und die Frucht- und Viehpreise gingen in die Höhe. In derselben Zeit jedoch, wo also das materielle Behagen der deutschen Bauerschaft zunahm, wurde ihr ein unberechenbarer moralischer und politischer Schaden zugefügt dadurch, daß sie in der Regel aufhören mußte, wehrfähig zu sein. Nur in solchen Landschaften, wo der Bauer das Recht und die Kraft der Waffenführung behielt, hat sich der Sinn und Geist der altgermanischen Freilinge erhalten. Aber diese Landschaften bildeten nur die Ausnahmen. Im allgemeinen vermochten die Bauern den Anforderungen des königlichen Heerbannes nicht mehr zu genügen, insbesondere von da an, wo die Einfälle der magyarischen Pußtenreiter die Nothwendigkeit schufen, diesen Einfällen ebenfalls Reitermassen zur Abwehr entgegenzustellen. Aus diesem Reiterdienst zur Ottonenzeit ist das deutsche Ritterthum hervorgegangen. Denn ein Ritter war ursprünglich nichts als ein Reiter, welcher auf eigenem Roß und auf eigenen Kosten mit Halsbergen, Ringpanzer und Schild bewehrt und mit Lanze und Schwert bewaffnet, zum Heerbanne stieß. Solchen Reiterdienst zu thun, das vermochten die Bauern nicht zu erschwingen. Sie überließen also die Waffenführung mehr und mehr dem Adel und, wehrlos geworden, wurden sie bald auch ehrlos, d. h. sie gaben sich und ihre Grundstücke weltlichen und geistlichen Herren, welche für sie der Wehrpflicht mittels Ausrüstung von reisigen Dienstmannen genügten, in Bann und Dienst und sanken in Menge zu hörigen Knechten und von

Ein Reisiger

solchen vielerorten zu leibeigenen Sklaven herab. Es gab zunächst nur zwei Zufluchtsstätten, wohin der Bauer oder seine Kinder aus dem Elend eines solchen Daseins sich retten konnten: das Kloster und die Stadt — welches letztere Wort, beiläufig bemerkt, am Ende des 10. Jahrhunderts zum erstenmal im Sprachgebrauche sich findet und zwar bei einem St. Galler Mönche, bei Notker dem Stammler. Die Priesterweihe machte ja auch den hörig oder leibeigen Geborenen zum Mitglied einer Genossenschaft, innerhalb welcher dem Talent und der Willenskraft eine glänzende Laufbahn sich aufthat, und im Schutz einer städtischen Umpfählung konnte der dahin geflüchtete Hörige hoffen, sich zu einem Bürger emporzuarbeiten oder wenigstens seinen

Heinrich und Mathildis.

Kindern den Eintritt in diesen Stand zu sichern. Der auf der Bauerschaft liegende Druck ist demnach einestheils der Kirche, anderntheils den Städten zu gut gekommen; jene wie diese haben aus dem gedrückten Volk eine Fülle von frischen Kräften an sich gezogen.

Die Lebensführung unserer Altvorderen zu dieser Zeit ist in allen Klassen eine zwar nach Stand und Vermögen vielfach abgestufte, aber im ganzen doch noch sehr einfache und sogar rohe gewesen. Die althergebrachte, noch sehr merkbar mit Urwaldsgeruch behaftete heimische Sitte rang in den vornehmen Ständen heftig mit dem Hofton der Ottonen, welche die romanische Kultur durchweg begünstigten. Die Lockerheit im Verhalten der beiden Geschlechter zu einander, wie wir sie zur karlingischen Zeit bemerkt haben, währte fort. Auch die Ehe wurde von den Mächtigen sehr willkürlich behandelt, zumal noch gar keine Rede davon war, daß die kirchliche Trauung zu einer rechtsgiltigen Eheschließung erforderlich wäre. Diese erfolgte noch ganz dem urväterlich-germanischen Brauche gemäß und selbst bei Schließung fürstlicher Ehen hören wir nichts von einer Mitwirkung der Geistlichkeit. Heinrich der Finkler entführte seine erste Frau, die hübsche Nonne Hadburg, aus dem Kloster und erst ein Jahr später, als er ihrer satt war, fiel ihm ein, daß man eigentlich keine Nonne heiraten dürfte, und so schickte er sie in die Klausur zurück. Ein anmuthenderes Bild bietet des großen Königs Werbung um seine zweite Frau, die schöne Mathildis, Tochter des Grafen Dietrich von Ringelsheim, welche durch ihre Großmutter im Kloster Herford erzogen ward. Nur mit wenigen Begleitern und als wären sie geringe Leute — so erzählt der zeitgenössische Biograph der Königin — betrat Heinrich die Klosterkirche, in welcher das schöne und sittsame junge Mädchen im Kreise der Nonnen und zur Seite ihrer Großmutter betete. Nachdem er sie lange betrachtet hatte, verließ er die Stadt, that königliche Gewänder an, kehrte mit großem Gefolge zurück, suchte die

Aebtissin-Großmutter auf und drang in sie, daß die Jungfrau, um welcher willen er gekommen, ihm vorgestellt würde. Da trat Mathildis hervor, flammende Röthe auf den schneeigen Wangen, als wären schimmernden Lilien rothe Rosen zugesellt. Als Heinrich sie erblickte, hafteten seine Augen fest an der Jungfrau und also von Liebe zu ihr ward er entzündet, daß das Verlöbniß keinen Verzug duldete. Mit Einwilligung der Großmutter zwar, aber ohne Vorwissen der Eltern, wurde die Braut am folgenden Tage mit allen Ehren nach der Heimat des Bräutigams geleitet und ward alsbann die Hochzeit zu Wallhausen gefeiert. Hier pflegten sie rechtmäßiger Liebe und schenkte Heinrich seiner jungen Frau die genannte Stadt mit allem Zubehör als Morgengabe. Mathildis wurde die Mutter Otto's des Großen, hat auch die berühmte Abtei Quedlinburg gestiftet und ist eine der einsichtigsten und züchtigsten Frauen ihrer Zeit gewesen. Auf ihren Gemahl übte sie einen bedeutenden Einfluß und es beginnt mit ihr die Reihe deutscher Königinnen und Kaiserinnen, welche mit mehr oder weniger hübschen und heilsamen Händen auch Staatssachen anzufassen suchten und wußten. Wie sehr sie das verstände, hat Otto's des Ersten zweite Frau Adalheid, Tochter des Grafen Rudolf von Burgund, nach dem Tode ihres Gemahls zum Heile des Reiches erwiesen. Ihr Zeitgenosse und Lebensbeschreiber, der Abt Odilo von Klunn, hat, von ebenso tiefer als gerechtfertigter Verehrung durchdrungen, dieser erlauchten Fürstin nachgerühmt: würdevolle Freundlichkeit im Gebaren, nie ermattende Milde und Barmherzigkeit, Demuth im Glück, Geduld im Unglück, persönliche Einfachheit und Bedürfnißlosigkeit, und hat dann sein Lob zusammengefaßt in das Wort, ihr Lebenlang sei die hohe Frau begleitet gewesen von der Mutter aller Tugenden, von der Mäßigung. Hier also schon finden wir als höchste der fraulichen Tugenden „die maze" (das Maß, die Mäßigung) gerühmt, wie sie später zwei größte mittelalterlich-deutsche Dichter, Walther von der Vogelweide und Gottfried von Straßburg, als solche ebenfalls gepriesen haben — ein Beweis, daß unsere Ahnen das wahre Wesen edler Weiblichkeit wohl kannten und zu werthen wußten. Otto's des Zweiten Frau, die Byzantinerin Theophano, hat sich geschmeidig in die deutschen Verhältnisse zu finden und zu fügen gewußt, obzwar sie ihren Spott über diese „Barbarei" nicht immer zu unterdrücken vermochte. Sie förderte mit vielem Eifer und feinem Verständniß das Studium der klassischen Sprachen und Autoren unter den nordischen „Barbaren", aber auch die raffinirten Putkünste und üppigen Kleidermoden unter den deutschen „Barbarinnen", welche dieser Art von Kultur nur allzu eifrig sich unterzogen. Der gute Bischof Thietmar von Merseburg weiß in seinem Zeitbuche diese und andere Ueppigkeiten seiner Zeitgenossinnen nur mit Seufzen zu melden. Er mag als der fromme Mann, so er war, bei dieser Gelegenheit die Farben in seinem Zeitgemälde etwas dunkel aufgesetzt haben, aber immerhin hat er gewiß ausreichende Gründe gehabt, der „Menge gefallener Mädchen" zu gedenken und von den „vielen ehebrecherischen Frauen" zu reden, unter denen es gar „manche" gab, „welche ihre Buhler zur Ermordung ihrer Gatten aufreizten". Als eine Sünderin, deren Missethaten ins Ungeheuerliche sich steigerten, machte sich dazumal die Gräfin Adela von Hamaland verrufen. Dieses Weib, einem in Sachsen und Lothringen begüterten Grafenhaus entsprossen, ist von den Dämonen der Habsucht, Wollust und Mordlust so recht besessen gewesen. Dreifache Mörderin (ihrer Schwester Lindgard, ihres eigenen Sohnes Dietrich und ihres Vetters Wichmann), hat sie ihre Verbrechen nur mit dem Verlust ihrer Habe gebüßt und ist in ihren alten Tagen bettelnd im Land umhergefahren. Kennzeichnend für die Sitten jener Zeit ist auch, daß Otto's des Großen erste Frau, die Angelsächsin Editha, und Heinrichs des Zweiten Gemahlin Kunigunde der ehelichen Untreue, allerdings fälschlich, bezüchtigt wurden und behufs ihrer Reinigung von dem schnöden Verdachte sich Gottesurtheilen unterzogen haben.

Anderweitig muß vielen deutschen Frauen des 10. Jahrhunderts bezeugt werden, daß sie an den höchsten geistigen Strebungen von damals eifrig sich betheiligten. Die kaiserlichen und bischöflichen Pfalzen, sowie Mönche- und Nonnenklöster waren die Stätten dieser Strömungen, d. h. namentlich der Pflege und Nachahmung lateinischer Literatur. Fremde und heimische Gelehrte waren einer günstigen Aufnahme am ottonischen Hofe sicher, wie das ja unter anderen die zwei berühmten Bischöfe Rather von Verona und Liudprand von Kremona erfuhren. Und es kamen dahin auch nicht nur Solche, deren Wissen und Thätigkeit auf das philologisch-archäologische Gebiet sich beschränkte. Da war namentlich der aus der Auvergne gekommene Lehrer Otto's des Dritten, Gerbert, später durch seinen Schüler zum Papst gemacht, ein Mann, welcher in mathematischen und technischen Kenntnissen seiner Zeit so weit voranschritt, daß ihm seine Zeitgenossen um seiner Fertigung eines Fernrohrs, einer Art von Rechenmaschine, der Herstellung einer Wasserorgel und verschiedener hydraulischer Maschinen willen für einen Hexenmeister hielten. Solche Leistungen Gerberts in der Technik sind für einheimische künstlerische Talente, wie die Bischöfe Bernward von Hildesheim und Meinwerk von Paderborn sie besaßen, von befruchtender Anregung gewesen. Der fromme Eifer von Geistlichen und Laien, dem Gottesdienste würdige Stätten zu bereiten, kam der erwachenden Kunstthätigkeit in Deutschland mächtig zur Hilfe. Selbstverständlich konnte diese Thätigkeit vorerst und noch lange nur eine nachahmende sein. Alle Muster kamen von jenseits der Alpen oder auch machten byzantinische Einflüsse sich bemerkbar. Der sogenannte altchristliche Baustil, nach dessen Regeln Karl der Große durch den Abt Ansigis das Münster zu Aachen, den ersten großartigen Kirchenbau auf deutschem Boden, hatte aufführen lassen, hatte sich durch Aufnahme byzantinischer und arabischer Elemente zur romanischen Architektur erweitert, welche, zur Zeit ihrer Blüthe, also vor dem Herrschendwerden des germanischen Stils, auf deutschem Boden Bauwerke schuf wie die Münster (vom griechisch-lateinischen monasterium, eigentlich gleichbedeutend mit claustrum, Kloster) zu Quedlinburg, Konstanz, Schaffhausen, Zürich und die Dome (vom lat. domus, nämlich domini, Gotteshaus) zu Hildesheim, Speier, Worms und Mainz. Schon im 10. und 11. Jahrhundert ist es der deutschen Skulptur und Malerei möglich gewesen, diese großartigen Schöpfungen der Architektur im Innern angemessen auszuschmücken. Die Skulptur versuchte sich zuvörderst im Gießen, Schneiden und Glätten vom Metall. Sie schulte sich im Graviren von Siegeln, im Schmieden und Eiseliren von Reliquienschreinen, Kelchen und Monstranzen, an welchen das Gold und Silber häufig nur vorhanden zu sein schien, um kostbaren Edelsteinen zum Halte zu dienen. Sie lernte Gold- und Silberbleche in Reliefs von getriebener Arbeit zu wandeln, welche besonders als Schmuck des Hauptaltars in den Kirchen beliebt waren. Der Bronceguß machte solche Fortschritte, daß die Broncethüren des Doms zu Hildesheim schon i. J. 1015 mit bildnerischen Darstellungen aus der Bibel geschmückt werden konnten. Auch die Holz- und Elfenbeinschneidekunst kam voran. Dagegen blieb die Bildhauerei in Stein noch zurück, so daß sie erst mit dem 12. Jahrhundert zu größerer Fertigkeit gelangte, und zwar zunächst nur zu jener ornamentalen, die sie noch durchweg als demüthige Dienerin der Baukunst erscheinen ließ. Auch die Malerei begann in Gestalt von Handschriftenverzierung, Wand- und Tafelmalerei sich in Deutschland zu regen. Noch ungefüge genug und selbstverständlich vorzugsweise im Dienste der Kirche, welche namentlich darauf hielt, daß ihre Ritualbücher zierlich und prächtig ausgemalt würden. An die Ueberbleibsel der Wand-, Tafel- und Mosaikmalerei der ottonischen Zeit darf natürlich nur der bescheidenste Maßstab gelegt werden. Das Erfreulichste war die Miniaturmalerei der Handschriften, welche sich jedoch erst im 11. Jahrhundert über die byzantinische Schablone allmälig zu erheben vermochte. Die Kunst des Stickens hatte Veranlassung genug, immer reicher und vielseitiger sich weiterzubilden, insbesondere in der Herstellung priesterlicher Prachtgewänder. Eine ganz neue Gattung der bildenden Kunst, die Glasmalerei, dürfen unsere Altvordern vielleicht als ihre Erfindung ansprechen. Sie ist gegen das Ende des 10. Jahrhunderts in unserem Lande aufgekommen, Deutsche haben sie zu den Nachbarvölkern gebracht und als Kirchenschmuck, in Form von gemalten Fenstern, scheint sie zuerst in dem baierischen Kloster Tegernsee zur

Verwendung gekommen zu sein. Endlich ist in der ottonischen Zeit auch für die Verbesserung der Kirchenmusik und des Kirchengesanges manches geschehen, obzwar der byzantinischen Prinzessin Theophano, als sie zum erstenmal deutsche Priester die Messe singen hörte, dieser Gesang kaum viel harmonischer geklungen haben mag als jenes „Rabengekrächze", welches der Kaiser Julian sechs Jahrhunderte früher zu hören glaubte, wann er deutsche Volkslieder vernahm.

Ein Hauptträger von alle dieser Kulturarbeit zur Ottonenzeit war Otto's des Großen jüngster Bruder Bruno, seit 953 Erzbischof zu Köln, wohl der vielseitigst gebildete Mann seiner Zeit, so wir den Gerbert ausnehmen. Es war weder dem Prinzen noch dem Prälaten zu viel, selber den Schulmeister zu machen, und er hat überall mit Rath und That eingegriffen, wo es galt, Bildungsinteressen zu fördern. Durchweg jedoch im Sinne der romanischen, den Deutschen aufgepfropften Bildung. Denn im Geistesleben des 10. Jahrhunderts schlug kein nationaler Puls. Der Dichter des Heliand, ja nicht einmal der des Krist, sie hatten keine Nachfolger gefunden. Von deutscher Literatur schweigt die Geschichte dieser Zeit. Die Lateinsucht beherrschte alles, den Hof, die Kanzlei, die Kirche, die Schule. Wer schrieb, schrieb lateinisch; wer las, las Latein; wer zu dichten versuchte, that es in lateinischer Sprache. Selbst unsere uralte Thiersage und das alte Heldenlied vom aquitanischen Walther mußten sich das Zwangshemd lateinischer Verse anthun lassen. Daß die Zeitbücherschreiber nur lateinisch schrieben, erklärt sich schon daraus, daß es ja eine deutsche Schriftprosa noch gar nicht gab. Vorragend unter den Chronisten von damals waren Witukind, der Mönch von Korvey (gest. 1004), durch seine

„Sachsenchronik" und Thietmar, Bischof von Merseburg (gest. 1019), durch seine „Merseburger Chronik", welche eine Geschichte des ottonischen Hauses enthält und höchst schätzbare kulturgeschichtliche Nachweise gibt. Hierin wird Thietmars Zeitbuch aber noch weit übertroffen durch die Fortsetzung der Klosterchronik von St. Gallen, welche der um das Jahr 1036 als Scholastikus (Schulvorstand) zu Mainz gestorbene frühere St. Galler Mönch Ekkehard, des Namens der vierte, verfaßt hat. Diese „Geschehnisse von St. Gallen" (Casus Sancti Galli) sind unbedingt die lebensvollste aller Klosterchroniken und zugleich ein Ehrendenkmal des älteren Klosterlebens. Wir sehen dasselbe in Ekkehards Darstellung bis in jede Einzelheit hinein vor uns aufgethan und namentlich muthet es uns wohlthuend an, zu erfahren, daß in stattlichen und in guter Zucht

Ekkehard und die Äbtissin von Reichenau.

gehaltenen Möchereien, wie St. Gallen im 10. Jahrhundert eine war, die Schule den eigentlichen Mittelpunkt klösterlichen Daseins ausmachte. Wie anschaulich schildert er uns die Bedrängnisse der Klostergemeinde während der Magyarennoth, wie ergötzlich den Mönchekrieg zwischen St. Gallen und Reichenau! Bekannt vor allen ist das 10. Kapitel dieser Klosterchronik geworden, allwo erzählt ist, was einem älteren Ekkehard, dem zweiten dieses Namens, später genannt „der Hofmann" (palatinus), mit der Herzogin Hadwig von Schwaben geschah. Diese Nichte Otto's des Großen hatte den Kaiser von Byzanz heiraten sollen, aber nicht gewollt. Später wurde sie dem Herzog Burkard von Schwaben angetraut und dieser hinterließ sie nach etwa achtzehnjähriger Ehe als Titularherzogin und, wie die Sage ging, als Witfrau und Mädchen zugleich. Sie war schön, aber stolz, barsch und harsch, als Herrin Land und Leuten geradezu „schrecklich" (terribilis). Eine Schöne vom Virago-Schlage demnach, wie in späterer Zeit die Königin Elisabeth von England, aber jungfräulicher als diese. Hadwigs Verhältniß zum Ekkehard ist keineswegs ein verliebtes gewesen. Sie hatte sich den jungen Benediktiner, welcher ein großer Gelehrter und nebenbei allerdings auch ein sehr schöner Mann war, hochgestaltig, von ebenmäßigem Gliederbau, edlem Gesichtsschnitt und blitzenden Augen, von dem St. Galler Abt als Präceptor ausgebeten und so kam Ekkehard häufig von dem Kloster im Steinachthal den Bodensee und den Untersee entlang nach der Burg Hohentwiel im Hegau gewandert, wo die gestrenge Herzogin ihren Hof hielt. Da weihte er sie in die Geheimnisse der Grammatik ein und las mit ihr die römischen Dichter, besonders den Vergilius und Ovidius. Die Mönche von der Reichenau beneideten den St. Galler um seine vornehme Schülerin, welche sich ihrem Lehrer dankbar erwies, das Stift des heiligen Gallus mit kostbaren Geschenken begabend. Einmal auf seinem Wege nach Hohentwiel kehrte

Ekkehard und Hadewig.

Ekkehard in der Reichenau ein und wurde von dem dortigen Abte Ruodmann gastlich gehalten, welcher sonst den „lieben Brüdern in Christo" von St. Gallen sehr aufsätzig war. Beim Abschiede wisperte der Schalk von Abt dem Präceptor Hadewigs in's Ohr: „Glücklicher Kerl du, der du eine so schöne Schülerin in der Grammatik unterweisen darfst!" Worauf Ekkehard, nicht faul, zurückflüsterte: „Hast nicht auch du, o Heiliger des Herrn, deine liebe Schülerin, die schöne Nonne Gotelind, in der Dialektik unterwiesen, he?" und spornstreichs davonritt. Man sieht, diese Mönche des 9. Jahrhunderts wußten zu leben und verstanden Spaß. - Die gestrenge Herzogin, welche nichts weniger als empfindsam, sondern gleich bei der Hand war, ihren Leuten bei jeder Verfehlung „Haar und Haut abschlagen" zu lassen, hat später ihren Präceptor mit warmen Empfehlungen an den Kaiserhof entsendet, wo sich der „Hofmann" einen großen Stand machte und der Erzieher Otto's des Zweiten wurde. Die „schredliche" Herrin selber ist im hohen Alter i. J. 994 gestorben und in der Klosterkirche auf der Reichenau begraben worden.

Rosmitha lieft ihre Legenden vor.

Hadawigs Schwester Gerberga stand dem berühmten, von Otto's des Erlauchten Schwester Hadumod gegründeten Nonnenkloster Gandersheim im Harze als Aebtissin vor. Unter ihren Nonnen befand sich auch jene Roswitha oder, wie der Name eigentlich lautete, Hrotsuith, deren Existenz und Autorschaft die moderne Kritik freilich stark angezweifelt hat, die jedoch bis auf weiteres für eine geschichtliche Persönlichkeit gelten muß und zwar für eine kulturgeschichtliche Charakterfigur. Denn diese gandersheimer Klosterschwester war ja die erste deutsche Schriftstellerin. Auf der Höhe der Bildung von damals stehend, hat sie das Latein und den Vers sehr gewandt gehandhabt und ihre fruchtbare Feder Zwecken der Erbauung, der Belehrung und der Ergötzung geliehen. Es war augenscheinlich viel Talent in ihr, aber schon ein Zug von neuzeitlich-altjungferlicher Blaustrümpfelei. Sie schrieb versificirte Heiligenlegenden, schilderte in Versen die Gründung ihrer Klosterheimat und verfertigte, einer Aufforderung der Aebtissin Gerberga gehorsam, ein mehr historisches als heroisches Gedicht zum Preise der Thaten Otto's des Großen, welches i. J. 968 vollendet wurde und den Rang einer geschichtlichen Quelle ansprechen darf. Doch hat sie sich ein noch bleibenderes Andenken gestiftet mittels ihrer sechs Komödien, wenn man diese ersten auf deutschem Boden angestellten Versuche in dramatischer Dichtkunst so nennen darf. Roswitha's Stücke sind dialogisirte Legenden, welche immer auf einen erbaulichen Schluß angelegt waren, den unersättlichen Wunderglauben der Menschen von damals widerspiegeln und mit Bewußtsein und eingestandener Absicht verfaßt wurden, den „leichtfertigen" römischen Komödien Terenz, welcher selbst unter guten Christen nur allzu beliebt wäre, zu verdrängen und zu ersetzen. Uebrigens hat unsere fromme Nonne mit dem guten Terentius in der Wahl hakeliger und heikler Stoffe muthig gewetteifert, nur hat sie dieselben asketisch zu wenden gesucht, dabei jedoch kein Feigenblatt vor den Mund genommen. Schade, daß wir nicht wissen, ob diese Nonnendramen zur scenischen Darstellung gelangten. Unmöglich wäre das nicht. Warum sollte man sich in der Nonnerei von Gandersheim nicht daran gemacht haben, diese erwecklichen Stücke aufzuführen, deren Latein ja den Klosterschwestern geläufig war? Jedenfalls ist ledlich anzunehmen, daß Roswitha ihre „Komödien" nicht geschrieben habe, um sie im Pulte verschlossen zu halten, sondern vielmehr, um sie dem Konvent bekanntzugeben, und manchen langen Winterabend mag sich die gandersheimer Schwesterschaft damit gekürzt haben, daß sie sich von der Dichterin die Komödie vom „Dulcitius" oder die vom „Paphnutius" oder die von der „Sapientia" im Refektorium vorlesen ließ.

4.

Unter den Heinrichen.

er erste Versuch, das deutsche Wahlreich in ein Erbreich umzuwandeln, war in Folge des Absterbens der sächsischen Dynastie gescheitert. Die beständige Wiederkehr dieses Versuches erbringt jedoch den deutlichen Beweis, daß der richtige Instinkt auch der Deutschen, wie der ihrer Nachbarvölker, auf die Gründung und Festigung der Erbmonarchie abzielte, welche Staatsform ja zu jener Zeit, d. h. im früheren Mittelalter, die einzige war, welche die Möglichkeit geordneter Zustände und, demzufolge die einer vorschreitenden Civilisation verbürgte. Die Natur selber scheint freilich, indem sie unseren großen alten Königsgeschlechtern die Dauer versagte, der Herstellung einer deutschen Erbmonarchie und damit auch der Herstellung des geschlossenen Nationalstaates entgegen gewesen zu sein. Allein es dürfte sich unschwer nachweisen lassen, daß das moralische Haupthinderniß des Auf- und Ausbau's eines deutschnationalen Staates, also die verhängnißvolle Illusion des römisch-deutschen „Imperium", auch physisch aufreibend auf unsere dem unseligen Phantom rastlos nachjagenden alten Könige gewirkt habe.

Derweil war die Nation, will sagen der hohe Klerus, Erzbischöfe, Bischöfe, Aebte, und der hohe und niedere Adel, Herzoge, Grafen, Freiherren (Gemeinfreie), nach dem Tode Kaiser Heinrichs des Zweiten zur Wiederhandhabung ihres Wahlrechtes verschritten, um den ledigen Königsstuhl abermalen zu besetzen. Im Frühherbste von 1024 hat am schönen Rhein, der Hauptpulsader des staatlichen, kirchlichen und gewerblichen Lebens unserer Altvorderen, die Wahl eines neuen Königs stattgefunden. In dem Thalgebreite des Stromes zwischen Worms und Mainz lagerten die weltlichen und geistlichen Fürsten mit ihren Gefolgschaften, am linken Ufer die aus Rheinfranken und Lothringen, am rechten die aus Ostfranken, Schwaben, Baiern und Sachsen. Lange währte das Wahlgeschäft, bis sich die Stimmung vorerst zwei Konraden zuwandte, zwei Vettern, Brudersöhnen aus dem fränkischen Hause der Konrabiner, der sächsischen

Dynastie blutsverwandt. Die beiden Konrade verständigten sich untereinander, der jüngere trat zu Gunsten des älteren zurück und so wurde dieser von den Wählern zum König erkoren, im Triumphe nach Mainz geleitet und dort im Dome vor dem Hauptaltar durch den Erzbischof Aribo gesalbt und gekrönt.

König Konrad der Zweite, ein Mann von imponierender Stattlichkeit, ist ein so feuriger, rasch entschlossener und leidenschaftlicher Rheinländer gewesen, wie es nur jemals einen gegeben hat. Ihm stand, sein Wesen ergänzend, die schöne und kluge Königin Gisela zur Seite, Witwe des Herzogs Ernst von Schwaben und durch diesen Mutter eines gleichnamigen Sohnes, an Bildung der Hadawig vom Hohentwiel gleichkommend und wie diese mit den gelehrten Mönchen von St. Gallen befreundet. Sie wurde von Wissenden unter ihren Zeitgenossen geradezu als die bedeutendste Frau ihrer Zeit gepriesen. Aber ihre zwiespältige Stellung als Gemahlin König Konrads und als Mutter vom Herzog Ernst brachte ihr bitteres Leid; denn der König stieß bei seinem ihm als Träger der Reichsgewalt wohl anstehenden Bestreben, diese Gewalt nach Möglichkeit zu kräftigen, gar bald mit den Sonderinteressen der deutschen Fürsten zusammen. Diese haben ja zu jeder Zeit den Geist der Nationaleinheit leider nur dann angerufen, wann ihnen das Feuer der Noth auf den Nägeln brannte, und haben sich nie besonnen, dem Vortheil ihrer „Häuser" die Sicherheit und das Gedeihen des Vaterlandes zu opfern. Dabei haben sie allezeit, gerade wann sie an Deutschland Verrath begingen, das heilige Wort Freiheit eitel im Munde geführt und so ist von den Tagen des Segest bis zu denen der Rheinbundsfürsten herab auf den Lippen von jenen der Ausdruck „deutsche Freiheit" immer nur die Beschönigungsformel für „Vaterlandsverrath" gewesen. Die historische Gerechtigkeit muß ihnen jedoch einen starken Milderungsgrund zugestehen, nämlich diesen, daß die deutschen Könige den Fürsten mit bösem Beispiele vorangingen. Auch die ersteren hatten ja ein, wie sie wähnten, höheres Interesse als das nationale: stand ihnen doch der Schein der römischen Kaiserei in erster, das Sein Deutschlands in zweiter Linie. Selbst ein sonst so ganz auf das Wirkliche gestellter, ein so realistisch denkender Mann wie der zweite Konrad wußte sich nicht zu bescheiden, ein rechter deutscher König zu sein: auch er that seine „Romfahrt", unterwarf mehr oder weniger Italien wieder einmal dem „Reiche" und ließ sich am Ostertage von 1027 zu Rom in glänzender Festversammlung, welcher auch die Könige Rudolf von Burgund und Knud von Dänemark anwohnten, vom Papste Johann dem Neunzehnten die Kaiserkrone aufsetzen.

Heimgekehrt, hatte der Kaiser sofort wieder alle Hände voll zu thun, in Deutschland Ordnung zu schaffen, und nun kam auch der Handel mit seinem Stiefsohn Ernst von Schwaben zu tragischem Austrag. Es war in diesem Handel ein Zug von Treue, welcher im Volksgemüthe kräftigen und dauernden Widerhall finden mußte. Daraus erklärt es sich, daß die Romantik des späteren Mittelalters den unglücklichen Schwabenherzog zu einem Lieblingshelden ihrer bunten Fabelei machte. Die Geschichte weiß von ihm dieses zu melden. König Konrad wünschte auf den Fall von des kinderlosen Rudolfs von Burgund Ableben hin dieses Land für das deutsche Reich zu erwerben. Sein Stiefsohn Ernst jedoch nahm aus Verwandtschaftsgründen das burgundische Erbe für sich in Anspruch, trat, diesen Anspruch durchzusetzen mit verschiedenen deutschen Fürsten, aber auch mit dem Könige Robert von Frankreich in Verbindung und versuchte wiederholt die Aufruhrfahne gegen das Reichsoberhaupt zu erheben. Beim zweiten Versuche hatte er seine Vasallen nach Ulm berufen, aber sie verließen ihn allesammt, weil ihre Pflicht gegen Kaiser und Reich ihrer Lehenspflicht vorginge. Nur einer hält bei seinem Herzog aus, der Graf Werner (oder Wecilo, das Wernerlein) von Kyburg. Bei so bestellten Sachen mußte sich Ernst dem kaiserlichen Stiefvater unterwerfen und dieser that den Rebellen auf dem Gibichenstein an der Saale hinter Schloß und Riegel. Das Wernerlein vertheidigte die Kyburg bei Winterthur drei Monate lang gegen das Kriegsvolk Konrads und irrte dann, mit Noth entkommen, als „Aechter" umher. Seiner Mutter Gisela Fürbitten verschafften dem gefangenen Ernst die Freiheit wieder. Zu Ostern 1030 entbot ihn der Kaiser zu sich in die Pfalz nach Ingelheim und eröffnete dem Stiefsohne, daß er denselben wieder in das Herzogthum Schwaben einsetzen wollte, unter der Bedingung, daß Ernst vom Werner lassen und den Geächteten als einen Reichsfeind mit aller Macht verfolgen sollte. Doch Ernst: „Verleugnen soll' ich den, der einzig fest an mir gehalten? Vom Werner laß' ich nicht!" Und damit ging er trotzig vom Hofe weg. Die Folge war, daß der Kaiser den Stiefsohn für immer des Herzogthums Schwaben für verlustig erklärte, daß er über ihn als einen Reichsfeind die Reichsacht verhängte und durch die am Hofe anwesenden Bischöfe den Kirchenbann auf ihn legen ließ. Also, ein zwiefach Geächteter, vogelfrei, freudlos und friedlos, hatte Ernst nur noch einen Stab, nur noch eine Stütze, den treuen Werner, mit welchem zusammen er sich zum Grafen Odo von der Champagne flüchtete. In der Hoffnung, von diesem Unterstützung zu erlangen, getäuscht, wandten sich die beiden „friedlosen" Freunde über den Rhein zurück und bargen sich im Schwarzwald. Hier sammelte sich eine Schar verzweifelter Gesellen um sie, auch konnten sie sich des Falkensteins, einer unweit von Wolfach gelegenen Felsburg bemächtigen und so vermochten sie etliche Monate auf Raubwegen ihr Leben kümmerlich hinzufristen, bis die Vollstrecker der kaiserlichen Acht unter der Führung des Grafen Mangold von Veringen gegen den Falkenstein heranzogen, die Burg einzuschließen. Um nicht ausgehungert zu werden, verlassen die Freunde den Falkenstein und werfen sich mit ihrem Haufen aus dem Schwarzwald in die Ebene der Baar. Hier aber stoßen sie alsbald auf Mangolds Schar und mit altteutonischem Kampfgrimm prallen die beiden Haufe auf einander. Seite an Seite geben im wüthenden Handgemenge Ernst und Werner den Tod, Seite an Seite empfangen ihn die Freunde, ihre Treue bis zum letzten Hauche wahrend. Auch der Achtvollstrecker Mangold liegt entseelt auf der blutigen Walstatt . . . . Lange gingen in unserem Volke Lieder um, welche sangen und sagten, wie der Werner für den Ernst und der Ernst für den Werner starb, und achthundert Jahre nach dem Mordkampf in der Baar hat einer der besten Männer seiner Zeit, Ludwig Uhland, die alte Kunde von Freundestreue bis in den Tod zu einem edlen Trauerspiele geformt. Mit der dem Dichter gestatteten Freiheit läßt Uhland, einen versöhnenden Abschluß zu gewinnen, nach erfüllten Geschicken den Kaiser und die Kaiserin auf der Walstatt erscheinen und die jammervolle Mutter an jenen die Worte richten:

> „O Kaiser, staunen wird die Folgezeit,
> Wenn sie vernimmt vom Aufschwung deiner Macht,
> Von deines Herrscherarmes Festigkeit;
> Doch rühren wird es spät noch manches Herz,
> Wenn man die Kunde singet oder sagt
> Vom Herzog Ernst und Werner, seinem Freund."

Konrads „Herrscherarm" war allerdings „fest" und dieser salzfränkische Mann muß zu den besten Machtübern gezählt werden, welche unser Land hervorgebracht hat. Wie er nach außen die germanische Ueberlegenheit dem Slaventhum in Böhmen und Polen zu fühlen gab, so nach innen das Recht des Staates der Kirche. Diese hielt er schon dadurch fest unter seiner Hand, daß er nach seinem Gefallen Bischöfe und Aebte ein- und absetzte. Der kaiserliche Realist bestand den hierarchischen Erdichtungen und Anmaßungen gegenüber unentwegbar auf dem Grundsatz, daß die weltlichen Geschäfte nach den Anforderungen der Wirklichkeit gethan werden müßten. Nach dem Tode Rudolfs von Burgund ließ sich der Kaiser kraft eines Vertrags, welchen er mit jenem geschlossen hatte, zu Peterlingen als König von Burgund krönen (1033) und brachte so dieses Land an das Reich. Allein diese Mehrung desselben ist nur insofern gesund und klug gewesen, als dadurch die deutsch-alemannische Schweiz, welche von naturwegen zu Deutschland gehörte, nun auch staatsrechtlich mit diesem verbunden war, während das übrige Burgund als ein romanisches Land dem Reichsverbande von naturwegen widerstrebte und fremd bleiben mußte. An der Erblichmachung der Königs- und Kaisergewalt in seinem Geschlechte hat Konrad mit zäher Folgerichtigkeit gearbeitet. In diesem Sinne begünstigte er auf Kosten des hohen Adels den niederen, dem er es nach Thunlichkeit ermöglichte, seine „Beneficien", seine Lehensgüter erblich zu machen. Seinen und Gisela's Sohn Heinrich, wußte er noch bei seinen Lebzeiten durch die deutschen Großen zu seinem Nachfolger wählen und bestellen zu lassen. Zu Ostern von 1028 wurde der elfjährige Prinz im Münster zu Aachen durch den Erzbischof von Köln zum „Deutschen König" — welchen Titel von jetzt an die gekürten und gesalbten Thronfolger der römisch-deutschen Kaiser führten — gesalbt und gekrönt.

Elf Jahre später hat Heinrich der Dritte nach des Vaters Hingang das Reichsregiment angetreten und hat es, vom Vater kriegerisch und staatsmännisch, von der Mutter wissenschaftlich tüchtig geschult und vorgebildet, nach allen Seiten hin ruhmvoll geführt. Er war der Gebieter seiner Zeit. Er unterwarf das rebellische Böhmen wieder dem Reiche, er machte vorübergehend auch Ungarn zu einem deutschen Vasallenlande. Dort unten an der Donau rückte er die deutsche Gränze bis zur Leitha vor und bestellte Luitpold den Babenberger zum Markgrafen von Oestreich, welches später, zur Zeit Friedrichs des Rothbarts, durch den Babenberger Heinrich Jasomirgott aus einer Markgrafschaft in ein Erbherzogthum verwandelt wurde. Als der geniale Mensch, der er war, hat der dritte Heinrich gar wohl gefühlt, daß die geistige Macht, die Idee, doch immer wieder mächtiger sei als die materielle Gewalt, und daß mit dieser allein nicht auszukommen wäre. Daher der offene Sinn, ja die bis zur Leidenschaftlichkeit gehende Begeisterung, womit der Kaiser einer Regung und Bewegung entgegenkam, welche in seinen Tagen von dem berühmten Kloster Kluny in Burgund ausging, verkündend, daß vor den schrecklichen Uebeln der Zeit, Gewaltsamkeit, Hungersnoth und Pestilenz, eine Rettung zu suchen und zu finden sei nur in der strengen Uebung christlicher Askese. Der asketische Reformgedanke von Kluny strebte übrigens auch nach werkthätigen Erscheinungsformen, wie insbesondere der von dort empfohlene, allerdings an eine uralt-heidnisch-germanische Vorstellung gemahnende sogenannte „Gottesfriede" (die „treuga dei") eine solche gewesen ist. Das war ein sehr löblicher Versuch, den rohen Leidenschaften des elften Jahrhunderts einen religiösen Zügel anzulegen und der wilden Raub- und Rauflust, welche ihre Wüstheit mittels Berufung auf das altgermanische Fehderecht zu beschönigen suchte, wenigstens vier Tage der Woche zu entziehen. Am Mittwochsabend sollte nämlich der Gottesfriede eingeläutet und von da an bis zum Montagsmorgen keine Fehde angesagt und geführt werden. Gerade der Eifer, womit Heinrich der Dritte auf diese und andere Reformgedanken, wie sie damals von der Kirche oder wenigstens von einzelnen Organen derselben ausgingen, achtete, bestärkte den Kaiser in seinem Bewußtsein, der höchste Herr und Hort der Christenheit zu sein. Als solcher hat er sich auch dem Papstthum gegenüber gefühlt und bethätigt. Bei Gelegenheit seiner Romfahrt im Jahre 1046 hat er, damals dreißigjährig, sein höchstes Schiedsrichteramt mittels Absetzung von den drei gleichzeitigen, schandbar unter einander habernden Päpsten — Silvester der Dritte, Benedikt der Neunte und Gregor der Sechste — gerecht und strenge geübt. Es geschah am 20. December des genannten Jahres zu Sutri. Da hatte sich auf Heinrichs Befehl eine große Synode von deutschen und italischen Bischöfen versammelt. Der König — Heinrich nahm erst fünf Tage später, am Weihnachtsfest, im Sankt Peter zu Rom die Kaiserkrone — wohnte den Verhandlungen an. Von den zur Verantwortung und Beurtheilung vorgeladenen, mittels Kaufes („Simonie") auf den Stuhl Petri gelangten drei Päpsten waren Silvester und Gregor erschienen. Dieser saß sogar der Versammlung vor. Nachdem Silvesters Absetzung und Einklosterung beantragt und beschlossen war — die Absetzung Benedikts wurde etliche Tage darauf in Rom nachgeholt — erhob sich Gregor und richtete an die Versammlung diese Ansprache: „Ich, der Bischof Gregor, der Knecht der Knechte Gottes, bekenne, daß ich von wegen sündlichen Kaufes und simonistischer

Keßerei, als wodurch ich zum Papste geworden, des römischen Bisthums entsetzt werden muß. Ist das auch eure Meinung?" „Sie ist es!" gaben die Versammelten zur Antwort und der Entpapste stieg von seinem Thronstuhle herab und zerriß zum Zeichen der Unterwerfung sein Prachtgewand. Heinrich schickte ihn nach Deutschland in die Verbannung und machte an seiner statt einen Deutschen, den trefflichen Bischof

Synode von Sutri.

Suidger von Bamberg, unter dem Namen Klemens des Zweiten zum „Statthalter Christi". In jenen Decembertagen von 1046 zu Sutri und Rom ist wohl das römisch-deutsche Kaiserthum auf der Glanz= höhe seiner Macht und Pracht gestanden. Drei Päpste zumal sanken vor ihm in den Staub. Das Gegenbild sollte nicht lange auf sich warten lassen. Auf Heinrich den Dritten, folgte Heinrich der Vierte, nach Gregor dem Sechsten kam Gregor der Siebente, an die Stelle von Sutri trat Kanossa. Ihr ewiger Wandel und Wechsel ist wie das Traurige so auch das Tröstliche in den menschheitlichen Geschicken, weil ja nur die Unbeständigkeit des Glückes die Gesellschaft vor den Rasereien, wenigstens vor den lange währenden Rasereien des Hoch- und Uebermuthes der Menschen und der Völker zu behüten vermag.

Den abgesetzten Gregor begleitete sein Kapellan nach Deutschland, ein kleiner, unansehnlicher Mann mit häßlichen Gesichtszügen und mit einer dünnen Stimme. In dem gebrechlichen Körper wohnte aber eine Eisenseele, einer jener auserwählten Geister, welche mit dem Gedanken, der sie treibt, ihre Zeit beherrschen und stämpeln. Dieser Mönch, welcher von langobardisch-germanischer Ablunst war und den urdeutschen Namen Hildebrand trug, ist der gewaltigste Feind gewesen, welchen unser Volk jemals gehabt. Noch bis zu dieser Stunde wuchert die Saat des Hasses, welche er gestreut hat, in unserem Lande. Aber er glaubte aufrichtig an sein Ideal, an die Möglichkeit einer Universal-Theokratie, und er hat an der Verwirklichung dieses Ideals einer sogenannten Gottesherrschaft auf Erden, deren autokratischer Verwalter der Papst sein sollte, eiservoll gearbeitet bis zu seinem letzten Athemzug. Der Mann darf also nicht mit gewöhnlichen Pfaffen zusammengeworfen werden: seine Herrschsucht wurde durch sein Genie hoch über die Fläche des gemeinen Egoismus erhoben. Als der Sohn seiner Zeit vermochte er nicht zu erkennen, daß sein Ideal nur eine vom menschlichen Größenwahn mit der Unwissenheit des 11. Jahrhunderts gezeugte Illusion war. Bei der Entwerfung seines kolossalen Plans, die Kirche über den Staat zu stellen und das Oberhaupt der Kirche folgerichtig zum Oberherrn aller weltlichen Machthaber, vom kleinsten bis zum größten, zu machen, mußte ihm vielmehr alles, was er rings um sich sah, als Zustimmung und Aufmunterung erscheinen. Er konnte sich selber als ein Rächer der von der Feudaltyrannei gequälten Menschheit vorkommen, wie sich denn auch ein leiser demokratischer Zug in dem ganzen Gebaren des langobardischen Bauernsohns von Roavalum nicht verkennen läßt. Wissen wir doch von ihm, daß er vor allen übrigen Staaten die junge Republik Venedig bewunderte und liebte, soweit er überhaupt neben seiner Illusion etwas bewundern und lieben konnte. Als Begleiter Gregors hat er in den kaiserlichen Pfalzen zu Speier, Worms, Köln und Aachen die deutschen Verhältnisse kennen gelernt und er muß hier namentlich Anschauungen vom Charakter der deutschen Großen gewonnen haben, die er später geschickt zu verwerthen wußte. Mit Heinrich dem Dritten stimmte er in der Ueberzeugung überein, daß die von Kluny ausgegangene Klosterreform für das ganze sittliche Verhalten der Christenheit maßgebend werden könnte, müßte. Ja, er war ein überzeugter Asket, aber mit dem Mönche hat sich in ihm der Politiker so wunderbar verbunden, daß er als das nie wieder erreichte Muster eines Theokraten dasteht. Der Dämon des Priesterthums hat in ihm seine glänzendste Erscheinung vollzogen. Kardinal-Subdiakon unter Leo dem Neunten, hat er schon während dieses Pontifikats wie während des folgenden, Viktors des Zweiten, die Politik der römischen Kurie geleitet. Der vorzeitige Tod des großen Kaisers im Jahre 1056 signalisirte den Aufgang von Hildebrands Stern. Nur er, so fühlte er, konnte die Lücke ausfüllen, welche der Hingang des gewaltigen Imperators zurückgelassen in der Welt. Und die Gelegenheit, die Verwirklichung seines Ideals vorzubereiten, war so günstig: — eine wüste Rechts- und Ordnungslosigkeit war ja mit dem Verschwinden des starken Bändigers von der Bühne über Deutschland und Italien hereingebrochen und auf dem Königsthrone der Deutschen saß ein Knabe, schlechterzogen und übelberathen zwischen den habernden Parteien im Reiche hin- und hergezerrt. Noch fand Hildebrand für gut, die großen Haupt- und Staatsaktionen der Welttragikomödie von hinter den Kulissen her zu leiten, und so machte er zu Anfang des Jahres 1059 in der Person von Nikolaus dem Zweiten einen Papst zurecht, welcher durchaus in seinem Sinne zu agiren fähig und willig war. Hierbei führte er die bedeutsame Aenderung ein, daß er die Papstwahl vom römischen Klerus, Adel und Volk, welchen Gruppen sie bislang zugestanden war, auf das Kollegium der Kardinäle übertrug. Das Bestätigungsrecht des Kaisers war theoretisch noch vorbehalten, galt aber praktisch schon für beseitigt, wie die ohne alle Rücksicht auf den kaiserlichen Hof nach dem Ableben des zweiten Nikolaus durch Hildebrand gemachte Wahl Alexanders des Zweiten klärlich darthat. Unter den genannten beiden Päpsten bereitete sich ihr regierender Minister auch noch ein kräftiges Rüstzeug für den von ihm erwarteten und gewollten großen Kampf des Sacerdotium mit dem Imperium, nämlich dieses, daß er, der Abtrünnige vom Germanenthum, das Nationalgefühl der Italiener gegen die deutsche Kaiserschaft aufstacheln ließ. Die Politik der Kirche hat es ja zu allen Zeiten vortrefflich verstanden, ihrem Streben nach der Universaldespotie gelegentlich auch ein patriotisches Mäntelchen umzuhängen. Nach Alexanders des Zweiten Hingang fand es Hildebrand an der Zeit, hinter den Kulissen hervorzutreten und auch dem Titel nach zu sein, was er thatsächlich schon lange gewesen. Am 29. Juni von 1073 ist er unter dem Namen Gregors des Siebenten in der Peterskirche als Papst geweiht und aufgethront worden.

Für Menschen, welche die menschlichen Dinge zu schätzen, d. h. geringzuschätzen wissen, ist es nun eine wahre Freude, die geniale Ueberlegenheit zu betrachten, womit der siebente Gregor seinen großen Streit mit dem knabenhaft fahrigen und jach leidenschaftlichen, erst durch das Unglück gereisten, gestählten und vergrößerten König der Deutschen, Heinrich dem Vierten, ausfocht und wie er die auf der Basis kluniacensischer Reformen straff einheitlich organisirte Kirche gegen den ungefügen, centrifugalen, brödeligen deutschen Lehensstaat meisterlich ins Feld führte. Obzwar wissend, daß man der gläubigen Dummheit der Massen und dem rohen Afterglauben der herrschenden Stände das Ungeheuerlichste zumuthen dürfe, und demnach von der Wirksamkeit seiner geistlichen Kraftmittel, Bann und Interdikt, vollkommen überzeugt, war der Papst dennoch vorsorglich bemüht, den Rückhalt weltlicher Streitkräfte sich zu verschaffen. Daher seine Verbindungen mit der großen Markgräfin Mathildis von Tuscien, mit dem Normannenkönig Robert Guiskard in Unteritalien, mit den lombardischen Städten, deren republikanisch-bürgerliche Entwickelung gegenüber der Prälatur und der Feudalaristokratie er begünstigte, sowie endlich mit den deutschen Fürsten und Prälaten. Bei diesen kam ihm zu statten, daß der vierte Heinrich mittels allerhand Mißgriffen einzelnen Großen und ganzen Volksstämmen im Reiche nicht allein zu vorgeblichen, sondern auch zu wirklichen Beschwerden Veranlassung genug gegeben hatte. Dazu ist noch gekommen, daß während des Königs Minderjährigkeit die altgewohnte deutsche Adelsanarchie wieder einmal zu vollen Kräften gelangt war und demnach gar viele der deutschen Magnaten, vom Herzog bis zum Krautjunker hinab, um so williger in die von Rom her geflüsterte Losung: „Deutsche Freiheit!" einstimmten, d. h. gegen das rechtmäßige Reichsoberhaupt rebellirten. Dagegen stand die große Mehrheit der deutschen Städte fest zum König und Reich. Auch die deutschen Bischöfe waren keineswegs sammt und sonders so willenlose Papstknechte, wie sie achthundert Jahre später geworden sind: im elften Jahrhundert haben manche derselben allem Gerassel der päpstlichen Fluchmaschine zum Trotz treu an ihrem König und Land gehalten. Ja, sogar die Mehrzahl der deutschen Prälaten dachte vaterländisch genug, auch an ihrem vom Papste gebannten Könige noch festzuhalten, bis sie der von schlechtgewählten Günstlingen mißleitete Mann durch sein thörichtes Dreinfahren vor den Kopf stieß.

Die drei großen Maßregeln, womit Gregor den Kampf, welcher den vollständigen Triumph der Kirche über den Staat herbeiführen sollte, einleitete, kennt jedermann. Sie bestanden in der Durchsetzung des Verbotes der Simonie und des Verbotes der Priesterehe, sowie in dem Verbote der Laieninvestitur, d. h. der Belehnung von Prälaten vonseiten der Landesfürsten mit Ring und Stab oder, mit anderen Worten, der Besetzung von Kirchenämtern durch die Staatsgewalt. Es liegt auf der Hand, was der Papst damit wollte: den Priester von der Familie und demnach von der Gesellschaft loslösen, die Kirche völlig vom Staate trennen, d. h. sie demselben überordnen. Am einschneidendsten hat der Cölibatszwang, die den Geistlichen gewaltsam aufgenöthigte Ehelosigkeit sittlich und politisch gewirkt. Durch die Unmöglichkeit, eine rechtmäßige Ehe einzugehen — die sogenannte „wilde" sah man ihm gerne nach, wenn er es nur

Gregor VII.

nicht gar zu wild trieb — wurde der Priester ein der Familie, der Gemeinde, dem Staate, der Heimat und dem Vaterlande entfremdetes Ding, so recht ein Ding, eine Sache, d. h. ein willenloses Werkzeug Roms. Die Volksdummheit, von fanatischen Mönchen bearbeitet und gehandhabt, hat vielerorten in Deutschland den Cölibat gewaltthätig durchsetzen helfen. Später dann, als kein Weib und kein Mädchen vor pfäffischen Gelüsten mehr sicher war, hatten Bauer und Bürger ausgiebige Veranlassung, über die Hochwürdigkeit und Verdienstlichkeit des Cölibats nachzudenken. Es gereicht der deutschen Kleristei zu nicht geringem Ruhme, daß ihrer Mehrzahl die ruchlose Naturwidrigkeit mit Gewalt aufgezwungen werden mußte. Alles, was gut und ehrenfest in unserem Volke, empörte sich gegen die päpstliche Machenschaft. In der Diöcese Passau ließ ein Priester eine beredsame Streitschrift gegen diese Machenschaft ausgehen und bezeichnete sie ganz richtig als „Wahnsinn". Der Bischof Otto von Konstanz hielt gegen diesen Wahnsinn öffentliche Predigten. Umsonst. Aber die Opposition gegen den Cölibat hat doch da und dort noch lange fortgedauert. Im 12. Jahrhundert waren in Norddeutschland noch die meisten Pfarrer rechtmäßig verheiratet und noch im 13. gab es im deutschen Reiche, z. B. in Schlesien, rechtmäßig verheiratete Priester, sogar verheiratete Bischöfe. Gregor handelte übrigens bei der Durchsetzung des Cölibatzwanges rein aus politischen Gründen. Das dogmatische Motiv, welches man später vorschob, ist ihm kaum eingefallen, das Motiv, der Priester, welcher in der Messe täglich den Herrgott schaffe mittels der Konsekration der Hostie, dürfe sich durch die Ehe nicht verunreinigen. Was kann und soll denn noch für rein gelten auf Erden, so das heiligste Band, welches Menschen bindet und die Gesellschaft zusammenhält, als eine Verunreinigung gelästert wird? Der Cölibat der Priester hat unberechenbares Unheil über die Menschheit gebracht, hat zahllose Unglückliche gemacht. Wenn diese Abscheulichkeit so geduldig ertragen wurde und wird, so ist das wiederum eine Neubekräftigung der alten Wahrheit, daß die Dummheit allzeit das Mächtigste auf Erden.

Im Jahre 1076 stand der Streit zwischen Papst und König schon auf seiner Zornhöhe. Gregor ließ durch einen Legaten das Reichsoberhaupt nach Rom laden, um sich über die vielen ihm gegen das Recht und die Ordnung der Kirche schuldgegebenen Verbrechen vor dem Statthalter Christi zu verantworten. Die Antwort des Königs auf diese unerhörte Anmaßung war, daß er durch eine im Januar nach Worms berufene Versammlung der deutschen Bischöfe „den falschen und meineidigen Mönch Hildebrand" des päpstlichen Thrones entsetzen ließ. Der Papst hinwiederum ließ durch eine zu Rom in der Salvatorkirche des Lateran versammelte Synode römischer und mittelitalischer Prälaten im Februar ihn König des Reiches verlustig erklären, that ihn nebst allen seinen Anhängern in den Kirchenbann und verfluchte ihn feierlich. Die verwittwete Kaiserin Agnes, Heinrichs Mutter, welche dazumal in Rom weilte, war Ohrenzeugin von ihres Sohnes Verfluchung, welche Kunst die „Statthalter" dessen, der da gesprochen: „Liebet die euch hassen, segnet die euch verfolgen!" bis zur höchsten Virtuosität ausgebildet haben. Freilich, mit dem Christenthum Christi kommt man in der Welt nicht soweit wie mit dem Christenthum Gregors. Namentlich kommt man mit jenem nicht soweit, dem Könige der mächtigsten Nation seiner Zeit den Fuß triumphirend auf den Nacken setzen zu können. Dazu hat es bekanntlich der siebente Gregor gebracht. Der von ihm geschleuderte Bannstral war heiß genug, die lockere Löthung des deutschen Lehensstaates zu schmelzen. Das rebellische Junkerthum gab sich zum Werkzeuge des Todfeindes unseres Vaterlandes her. Durch klerikale Ränkespinner, wie der Bischof Bukko von Halberstadt einer war, wurde dieses Werkzeug zur richtigen Handhabung im päpstlichen Sinne hergerichtet. Eine große Verschwörung, deren vorragende fürstliche Mitglieder die Herzoge Rudolf von Schwaben, Welf von Baiern, Berthold von Kärnten, der Sachse Otto von Nordheim und deren geistliche Hauptmacher der Erzbischof Gerhard von Salzburg und der Bischof Altmann von Passau waren, bildete sich und trat in Handlung gegen den König. Zu Tribur am Rhein faßten im Oktober von 1076 die Verschworenen und ihr Anhang den Beschluß, der gebannte Heinrich müßte sich als Gebannter der Ausübung seiner Königschaft vorerst enthalten, und so es ihm nicht gelänge, binnen Jahresfrist durch den Papst des Bannes geledigt zu werden, sollte er der Reichskrone gänzlich verlustig gehen. In ihrer Unterwürfigkeit unter den „heiligen Vater" gingen die Verräther soweit, denselben zu bitten, er möge nach Deutschland kommen, um den König zu richten. Das vor allem wollte Heinrich abwenden, und da er wahrnahm, daß die Strömung wider ihn, den mit dem Anathem Belürdeten, zu stark wäre, so beschloß er, dem Papste zuvorzukommen, über die Alpen zu gehen und um jeden Preis seine Ledigung von der Bürde des Bannes zu erlangen.

Dieser Entschluß hat zu der einzig in der Welthistorie dastehenden Schmachscene von Kanossa geführt, welche in der Geschichte unseres Volkes als ein Mahn- und Warnzeichen von furchtbarem Ernste dasteht. Es ist die tiefste Demüthigung gewesen, welche das Deutschthum vom Romanismus, der Staat von der Kirche jemals zu erdulden gehabt hat, diese Unterwerfung des größten Königs der Christenheit unter den Papst-Mönch Gregor, dies zögernde, stolze und bedingungsweise Wiederzugnadenaufnehmen von Heinrichs des Dritten Sohn durch den Sohn des Bauers von Roavakum. Aber, reinmenschlich angesehen, trägt das, was vom 25. bis zum 27. Januar 1077 vor und in der südlich von Reggio uneinnehmbar aufragenden Felsburg der Gräfin Mathildis — von welcher geschrieben steht, sie hätte ihren Gast, den Papst, „bewirthet wie Martha und seinen Worten gelauscht wie Maria" — geschehen ist, etwas in sich, was selbst den patriotischen Zorn eines Deutschen zu geschweigen vermag. Denn es hat ja bannzumal zu Kanossa der Geist (im Gewande des 11. Jahrhunderts) über die Materie, der Gedanke über die physische Gewalt, die Idee über das Schwert einen beispiellosen Triumph gefeiert. Und die Tage von Kanossa markirten ja auch einen Umschwung der Geschicke. Von jetzt an ging Gregors Gestirn abwärts, langsam zwar, aber doch stetig abwärts bis zu jenem 25. Maitag von 1085, wo er als Flüchtling zu Salerno starb, ungebeugt und von seinem guten Recht überzeugt bis zuletzt, so sehr, daß seine letzten Worte gewesen sein sollen: „Ich habe die Gerechtigkeit geliebt und die Ungerechtigkeit gehaßt, darum sterbe ich im Elend." Heinrich, der Büßer von Kanossa, ist zwar der Rächer des in seiner Person mißhandelten Staates geworden, indem er im März von 1084 als Sieger in Rom einzog, Gregor den Siebenten absetzte, Klemens den Dritten ernennen und sich von diesem die Kaiserkrone reichen ließ; aber er blieb ein tiefunglücklicher Mann sein Lebenlang. Er hat sich des ihm von den Rebellen gesetzten Gegenkönigs Rudolf erwehrt und die Rebellion selbst gebändigt, aber er mußte das Bitterste erleben, den Verrath und die Empörung seiner eigenen Söhne Konrad und Heinrich. Weltekelvoll ist er im August von 1106 gestorben und die Priesterschaft der „Religion der Liebe" hat mit ihrem wilden Haß noch den Todten ins Grab hinein verfolgt.

Sein unkindlicher Sohn folgte ihm als Heinrich der Fünfte auf dem deutschen Königsstuhl und ist dann i. J. 1111 zu Rom in Sankt Peter durch Papst Paschalis den Zweiten als Kaiser gekrönt worden. Ein schlauer, zäher, durchaus skrupelloser Mensch, dieser fünfte Heinrich, welcher schon durch die Art und Weise, wie er den zweiten Paschalis maßregelte, deutlich kundmachte, daß er aus dem Holze, woraus thatkräftige Despoten geschnitzt werden. Die Fortführung des Kampfes der Kaiserkrone gegen die Papsttiara hatte er als Erbschaft von seinem Vater übernommen; ebenso den guten Streit der Staatsordnung gegen die deutsche Adelsanarchie. Beide Fehden hat er wacker geführt, ungeschreckt durch dreimalige Bannung und Verfluchung vonseiten Roms. Aber zuletzt mußte er sich doch zu dem Konkordat von Worms (1122) herbeilassen, welches den Investiturstreit beendigte, dem Wesen nach auf Kosten des Staates. Der Kaiser starb kinderlos i. J. 1125, und wenn er aufrichtig sein wollte, mußte er auf seinem Sterbebette sich sagen, daß der Geist, welcher seinen Vater besiegt hatte, der fortwirkende Geist

Heinrich IV. in Canossa.

Gregors des Siebenten, auch über ihn den Sieg davongetragen habe. Die schroffe Lostrennung der Kleriker von den Laien, die Verlastung der Priesterschaft, war und blieb eine feststehende Thatsache. Die deutsche Kirche, ein Staat im oder vielmehr über dem Staate, stellte sich, weil die Verfügung über die Bisthümer thatsächlich dem Papste zustand und die Masse der deutschen Erzbischöfe, Bischöfe, Aebte, Mönche, Pfarrer und Kapellane, kurz das ganze ungeheuer zahlreiche und wohlorganisirte Heer, welches unter der Tonsur marschirte, als seinen obersten Herrn und Gebieter den Papst anerkannte, nur noch als eine römische Filiale dar. Nach Rom hin trat sie unterthänig, aber gegen das eigene Land herrisch auf und sie konnte in Ruhe diese gebieterische Stellung um so mehr behaupten, als sie allzeit sicher war, in den deutschen Fürsten bereitwillige Bundesgenossen gegen den König-Kaiser zu finden, welchem außer seiner Hausmacht nur die ungefüge, in der entscheidenden Stunde gewöhnlich den Dienst versagenden Maschinerie des jetzt vollständig ausgebildeten Lehenstaates zu Gebote stand. Im Grunde beruhte die ganze Reichsgewalt nur noch auf dem guten Willen der großen Reichsbarone, der Herzoge und Bischöfe, der Grafen und Aebte. Allerdings haben thatkräftige Reichshäupter diesen guten Willen mitunter oder sogar häufig zu erzwingen gewußt, aber so ein Zwang war doch immer ein trauriger Nothbehelf und hielt nie lange vor. Der Feudalstaat ist, genau angesehen, überall nur die organisirte Anarchie gewesen. Im deutschen Reiche jedoch wirkte die Lehenstaatsform oder vielmehr Unform um so unheilvoller, als die großen weltlichen Lehen, die Herzogthümer und Graffschaften, zu Ende des 11. Jahrhunderts schon durchgängig erblich geworden waren und die großen geistlichen, die Bisthümer und Abteien, thatsächlich durch die römische Kurie verliehen wurden. Nun gewann die Macht der Kirche gerade zur selben Zeit noch einen ungeheuren Zuwachs durch das Ausbrechen eines der riesigsten Schwindel, welche jemals die arme Menschheit erfaßt haben, durch die Kreuzzüge, diese umgekehrte Völkerwanderung, welche von der Kirchenversammlung zu Klermont unter dem Vorsitze von Papst Urban dem Zweiten i. J. 1095 förmlich beschlossen wurde. Die Deutschen schwindelten vorerst nicht mit. Als i. J. 1096 die zahllose Gesindelschaft, welche Peter der Eremit aus Frankreich nach dem „heiligen Lande" führen wollte, durch Süddeutschland zigeunerte, ihren Weg mit Ausschweifungen aller Art, mit Diebstahl und Raub markirend, auch aus christlicher Liebe zahlreiche Juden verbrennend, da schüttelten unsere Altvorderen sogar bedenklich die Köpfe zu dieser neuen Frömmigkeitsmode. Allein schon der Führer des ersten geordneten Kreuzzuges, der Lothringer Gottfried von Bouillon, der Eroberer von Jerusalem (1099), war ein deutscher Reichsfürst. Bald wetteiferten die Deutschen mit den übrigen christlich-abendländischen Völkern im „Kreuzfahren" und die kriegerische Pilgerschaft, die „liebe Reise" ins heilige Land wurde auch unter unsern Ahnen zu einer ritterlichen Mode, welche selbst dann noch anhielt, als es mit der Eroberung Palästina's ein für allemal aus war und die „liebe Reise" statt nach Jerusalem nach Preußen und Lithauen ging, um dort slavischen und finnischen Heiden das Christenthum zu predigen — nicht eben sanft, aber doch civilisatorisch. Also haben übrigens bekanntlich im ganzen und großen auch die Kreuzzüge nach dem „gelobten" Lande gewirkt. Der Zusammenprall der zwei Glaubenskolosse, des christlich-occidentalen, und des islamisch-orientalen, sprühte eine Masse von Bildungsfunken über die kreuzfahrenden Völker aus. Der natürliche und der geistige Gesichtskreis derselben erweiterte sich beträchtlich. Der durch gesteigerten Verbrauch aufgemunterte Handel suchte und fand neue Wege. Ein kräftiger Stral morgenländischer Phantasiehelle fiel in die Dumpfheit und Düsterniß abendländischer Möncherei. Die Bewohner von West-, Süd- und Mitteleuropa traten mittels gemeinsamer Betheiligung an einem großen Unternehmen wieder in lebhaftere Beziehungen zu einander. Die Schroffheit nationaler Besonderheit wurde gemildert durch das Gefühl, der christlichen Gemeinschaft anzugehören. Man lernte sich besser kennen und mehr achten. Man tauschte seine Anschauungen und Ueberlieferungen, seine Sagen und Geschichten, seine Sitten und Bräuche unter einander. Die Christenheit fühlte sich wie neu beseelt durch das Bewußtsein, eine einheitliche Welt zu sein gegenüber der Welt des Islam. Das gegen den Mohammedanismus gerichtete Streitprincip zog sich fortan jahrhundertelang durch die Geschichte Europa's, so recht als eine rothe Schlagader. Die Kreuzzüge, im weitesten Sinne als Kampf zwischen Orient und Occident, zwischen der christlichen und der moslimischen Menschheit gefaßt, haben dennoch vielseitig die europäische Kulturarbeit befruchtet. Sie waren auch die Schule der Romantik, deren geistige Zeugung die romantische Poesie und Kunst, deren sociale Schöpfung das Ritterthum gewesen ist.

Und, fürwahr, es bedurfte frischer civilisatorischer Anregungen dazumal! Denn eine wilde, wüste Zeit war es, dieses elfte Jahrhundert. In Deutschland — so hat sich ein mönchischer Zeitbuchschreiber von damals ausgedrückt — „wurden Kirche und Staat verheert und zerstört durch den Ehrgeiz und die Habsucht der Fürsten und durch die maßlose Begier der Bischöfe und Aebte". Die letztere Sorte von

Die Kreuzfahrer.

Reichsbaronen stand an roher Händelsucht den weltlichen keineswegs nach. Als Zeugniß stehe hier der ärgerliche Handel, welcher zwischen dem Bischof Hezilo von Hildesheim und dem Abte Widerad von Fulda ausgefochten wurde i. J. 1063. An der letzten Weihnacht waren die beiden hochwürdigen und liebseligen Herren am königlichen Hoflager hart an einander gerathen, maßen Seine äbtische Hochwürden von Fulda verlangt hatte, ihr Stuhl müßte in der Kirche neben der des Erzbischofs von Mainz gestellt werden, und Seine bischöflichen Gnaden von Hildesheim das nicht hatte zulassen wollen. In Sachen des Ceremoniells und der Etikette sind ja die deutschen Großen von jeher außerordentlich kitzlich, gewissenhaft und charakterfest gewesen. Bischof Hezilo also war Willens, dem ehrsüchtigen Abte von Fulda den Stand- oder vielmehr Sitzpunkt klarzumachen, und als der junge, damals noch nicht dreizehnjährige König Heinrich der Vierte im erwähnten Jahre in der Stadt Goslar das Pfingstfest feierte, verschritt er zur thatsächlichen Leistung des Beweises, daß innerhalb seines Sprengels kein Kleriker den Vorrang, Vortritt oder Vorsitz vor ihm beanspruchen dürfte, den Erzbischof von Mainz ausgenommen. Dieser war auch da, ebenso der Erzbischof Hanno von Köln und eine ganze Menge weltlicher und geistlicher Magnaten, wie denn zur Zeit der hohen

Kirchenfeste die königlichen und kaiserlichen Hoflager immer von Gästen voll zu sein pflegten. Hezilo hatte seine Anstalten getroffen, daß dem halblahmen, hinkenden Widerad die Lust vergehen sollte, den Platz neben Siegfried von Mainz einzunehmen. Sein Werkzeug war der Graf Egbert von Braunschweig, welcher sich, natürlich nicht umsonst, mit etlichen seiner „Ritter" hinter dem Hochaltar des Münsters versteckte und sodann, als am Pfingstsamstag-Abend, bevor es zur Vesper läutete, die Dienstleute die Stühle für ihre Herrschaften im Chore stellten, plötzlich hervorbrach auf die Dienerschaft des Abtes von Fulda und dieselbe mit Faustschlägen und Stoßhieben zur Kirche hinaustrieb. Das Erscheinen des Hofes stillte den Tumult, aber nicht für lange. Der junge König, die Fürsten und Prälaten nahmen ihre Plätze ein. Der arme Widerad aber, dessen Stuhl neben dem des

Das goßlarer Pfingstwochengewitz

Erzbischofs von Mainz fehlte, mag rathlos umhergehinkt sein. Der Altardienst begann, allein der kaum angestimmte Vespergesang wird jach unterbrochen durch Kampfgeschrei und Waffenklirren, denn die „Ritter" des Abtes, von den mißhandelten Dienern desselben aus ihren Herbergen in der Stadt herbeigerufen, stürmen mit entblößten Schwertern herein und werfen sich auf die Leute des Bischofs und des braunschweiger Grafen. Diese ziehen ebenfalls blank und setzen sich zur Wehre. Ein wildes Handgemenge beginnt, das Münster widerhallt vom Geschrei der Kämpfenden, der Fußboden bedeckt sich mit Verwundeten und Todten und röthet sich mit Blut. Der streitbare Hezilo schwingt sich auf die Kanzel und eifert von dort herab „wie ein Kriegstrompeter" die Seinen zu tapferem Streiten an. Was Heiligkeit des Ortes? „Kümmert euch nicht darum!" trompetet der Bischof — „ich nehme alles auf mich." Vergebens erhebt sich der junge König, Frieden zu stiften. Die Wüthenden achten des königlichen Knaben ebenso wenig als der Weihe des Ortes. Die Fürsten und Prälaten machen gar keinen Versuch, den Kampf zu schlichten, sondern schaffen nur, daß Heinrich durch die königlichen Dienstmannen schützend umgeben und heil zum Münster hinaus in seine Pfalz gebracht wird. Drinnen behaupten die Hildesheimer und Braunschweiger siegreich den Platz, schlagen die Fuldenser nieder, drängen den Rest zu den Thüren hinaus und verbarrikadiren dieselben. Der Anbruch der Nacht macht dem blutigen Aergerniß ein Ende. Die Klagen und Anklagen des geschlagenen Abtes aber verhallen ungehört. Ja man gibt ihm — sein Gegner Hezilo war sehr einflußreich bei Hofe — das ganze Blutbad schuld. Die Fuldischen wären die Angreifer gewesen, hieß es. Hezilo sprach den Kirchenbann über die Dienstmannen Widerads aus, sowohl über die erschlagenen, als über die davongekommenen. Das Hofgericht legte dem Abt eine schwere Geldbuße auf, d. h. die gerade am Hofe herrschenden Herren, geistliche und weltliche, plünderten schamlos die reiche Abtei Fulda. Ein Theil des erpreßten Geldes floß noch dazu in den Säckel des Bischofs von Hildesheim, also des Ursächers vom goslarer Pfingstenärgerniß.

Das ist nun so ein richtiges Sittenbild aus dem 11. Jahrhundert. Wenn es schon in der nächsten Umgebung des Hofes, ja in Anwesenheit der königlichen Majestät so zu- und herging, so zu- und hergehen konnte, was alles mußte erst anderwärts geschehen können? Wir finden auch nicht, daß die Frauen wahrnehmbar sänftigend und läuternd in die Wildheit und Wüstheit der Zeit eingegriffen hätten. Die ehelichen Verhältnisse wurden insbesondere in den oberen Ständen noch immer häufig genug in dem leichtfertigen Stile der karlingischen Zeit behandelt. Wir wissen beispielsweise, daß Heinrichs des Vierten Gegenkönig Rudolf von Schwaben zur gleichen Zeit mit drei Frauen „rechtmäßig" verheiratet war. An vorragenden Erscheinungen edler Weiblichkeit hat es jedoch keineswegs gefehlt und ein wahrhaft leuchtendes Vorbild von Hochherzigkeit, Treue und Duldmuth war vor allen Heinrichs Gemahlin Bertha, deren einzige Tochter Agnes, einem der getreuesten Mannen des unglücklichen Kaisers, dem Ritter Friedrich von Staufen vermählt, die Ahne eines neuen kaiserlichen Geschlechts geworden ist. Sehr wohlthuend muthet uns auch die Grabschrift an, welche ein gelehrter Mönch von Reichenau, ein Sohn des oberschwäbischen Grafen Wolfrad, Hermann der Krüppel, i. J. 1052 pietätvoll seiner Mutter Hiltrud gesetzt und worin er die Hingegangene genannt hat „die Hilfe und Hoffnung der Ihrigen, die Mutter der Armen und die Zuflucht der Trostbedürftigen." So habe sie, „sanftmüthig, duldsam und friedfertig, nach dem bescheidenen Theile der Martha gestrebt", sei aber doch „das Wohlgefallen von aller Welt" gewesen.

In der Wohnart und Tracht behielt das 11. Jahrhundert die vom 10. überkommenen Grundformen bei. Der Holzbau jedoch wich, was die Behausungen von Fürsten, Rittern und Prälaten anging, immer mehr dem Steinbau, welcher größere Dauer und Sicherheit gewährte. Die Rücksicht auf diese mußte auch die Errichtung von Burgen immer dringender rathsam und nothwendig machen. Denn wer, der es vermochte, hätte sich dannzumal nicht eine Zufluchtsstätte bereiten mögen, worin er vor seinen Feinden sich bergen und denselben Trotz bieten konnte? Wir werden uns seines Ortes die mittelalterliche Burg von außen und von innen ansehen. Hier vorerst nur soviel, daß schon im 11. Jahrhundert die Unterschiede zwischen Höhenburgen und Wasserburgen einerseits und zwischen Fürstenburgen und Ritterburgen deutlich hervortraten. Die Männer- wie die Frauentracht zeigte geringe Vorschritte vom Grellbunten zum Harmonischeren. Die Frauenkleidung verblieb bei der Unter- und Obertunika und dem darüber gehäugten Mantel, alles faltenlos, steif, anmuthslos gestreckt. Der Männeranzug war ähnlich, mit Hinzunahme der Beinkleider. Die Tunika und der Mantel der Herren reichten beide gleich lang bis über die Knie hinab. Byzantinische Leinwand und orientalische Seide waren sammt feinem Pelzwerk die zur Bekleidung der Vornehmen erforderlichen Hauptstoffe. Sammet- und Seidenstoffe wurden mittels Gold- und Silberstickerei noch schwerer und kostbarer gemacht. Herren und Damen liebten es, von Metall- und Steinschmuck zu schimmern und zu klingen. Mit der Fußbekleidung wurde schon großer Luxus getrieben: man trug engaliegende, spitz auslaufende Schuhe von gelber, rother, grüner, blauer Seide, mit Riemen von sarazenischem Korduanleder umwunden, auf der Fußbeuge mit Stickerei oder Steinschmelz verziert. Von modischen Geistlichen wird sogar gemeldet daß sie oben auf ihren Schuhen kleine Spiegel trugen, um bei jedem Schritt die eigene liebwerthe und hochwürdige Person

Grabdenkmal Rudolfs von Schwaben im Dom zu Merseburg.

lichkeit immer vor Augen zu haben. So recht zur Barbarei schlug die Mode des Jahrhunderts aus, wenn sie die sogenannte „getheilte" Kleidung aufbrachte, welche den Menschen, insbesondere den männlichen, von oben bis unten in zwei verschieden gefärbten Hälften theilte. Auf die Pflege von Haut und Haar wurde große Sorgfalt gewandt. Feine Damen hielten viel auf elfenbeinerne Kämme, führten stets kleine Handspiegel bei sich und thaten auch Handschuhe an, nicht von wegen der Kälte, sondern von wegen der „Zierheit". Von der Erscheinung eines großen Herrn bei großen Gelegenheiten in der zweiten Hälfte des 11. Jahrhunderts gibt der um 1080—90 aus Bronce gefertigte Grabdeckel des Gegenkönigs Rudolf von Schwaben im Dom von Merseburg

eine Vorstellung. Ungefähr aus der gleichen Zeit ist uns die Abbildung einer Frau erhalten, welche im Prunkanzuge von dazumal auf einem Thronstuhl sitzt, die Wachstafeln, worauf geschrieben wurde, in der Linken, den Griffel in der Rechten.

Dieser Thronstuhl weist mit seinen steifen, eckigen Formen darauf hin, wie ungefüge und unbequem der ganze Hausrath, selbst der Reichen und Großen, in dem Deutschland des 11. Jahrhunderts noch gewesen sein muß. In Wahrheit, es ist nicht zu viel gesagt: zu jener Zeit wohnten, schliefen, aßen, tranken und kleideten sich die Familien der hohen Aristokratie bei weitem nicht so gut, gesund und bequem wie heutzutage anständige Arbeiterfamilien, die etwas auf sich halten. Der meiste Komfort mag sich in Bischofspfalzen und reichen Abteien vorgefunden haben. Die geistlichen Herren hatten ja von jeher den feinsten Spürsinn für alle die guten Sachen, welche im „irdischen Jammerthale" wachsen. Sie wußten ihre „Klausen" gar behaglich einzurichten und hatten so viel Muße auf die wissenschaftliche Ausbildung ihrer Schleckgaumen und ihrer Weinzungen zu verwenden. Ja, bei Bischöfen und Aebten aß und trank man schon unter den Heinrichen ganz vortrefflich. Wir wissen das zuverlässig aus dem „Buch der Segenssprüche" (liber benedictionum), welches, im 11. Jahrhundert von einem Mönche zu St. Gallen verfaßt, noch jetzt in der dortigen Stiftsbibliothek steht. Demnach zeugte der St. Galler Klostertisch von einer ebenso reichlichen als vielseitigen Küche, welcher der Keller nicht nachstand. Auf dem mit verschiedenen Braten und Kuchen, mit Salz, Gewürzen und Brühen ausgestatteten Tisch erschienen als erster Gang die Fische, zu welchen auch die Biber (!) gerechnet wurden. Als zweiter kamen die Vögel, von denen 15 Arten namhaft gemacht sind. Als dritter folgte das Schlachtviehfleisch, von welchem unser in Sachen wohlbewanderter Speisezettelverfasser 17 Bereitungsweisen anzugeben versteht. Den vierten Gang bildete Wildbrät verschiedener Art, darunter der Steinbock, der Auerochs und das Wisent. Vor dem Fleische von Pfauen, Schwanen und Enten wird als vor unverdaulichem gewarnt, auch die Haselnuß als magenschädlich beiseite geworfen, dagegen der Knoblauch lebhaft empfohlen. Als Nachtisch wurden verschiedene Gemüse aufgestellt, sowie Obstsorten, nämlich einheimische Birnen und Aepfel und eingeführte Südfrüchte. An Fülle und Verschiedenheit der Getränke war auch kein Mangel. Es gab da Bier und Meth für das gröbere, sowie einfachen Wein, gewürzten Wein und mit Honig gekochten Wein für das feinere Bedürfniß.

Bei solcher Kost konnte man wohl die Hände fromm über dem nichts weniger als asketischen Bauche falten und aufrichtig den Geber alles Gutes preisen. Aber von einer Kulturarbeit, wie sie früher in den Klöstern gethan wurde, war jetzt wenig oder gar keine Rede mehr. Zwar die lateinische Zeitbücherschreibung, wie die ottonische Zeit sie angegeben, wurde da und dort fortgesetzt: so durch den schon erwähnten Mönch Herimann auf der Reichenau und durch den Mönch Lambert zu Hersfeld; allein diese Chronikschreiberei mußte, wie namentlich Lamberts Zeitbuch augenscheinlich zeigt, einseitig hierarchischen Zwecken dienen und überhaupt war das ganze Wollen und Streben der deutschen Klerisei — wenige rühmliche Ausnahmen abgerechnet — nur noch auf die Mehrung von Geld, Gut und Geltung gerichtet. In der Prälatur hat es allerdings nie ganz an unterrichteten, sittenstrengen und vaterländisch gesinnten Klerikern gefehlt; aber die Menge der hohen und der niederen Geistlichen wußte nichts von edleren Dingen. Diese „hochwürdigen" Herren verbrachten die ganze Zeit, welche ihnen politische Ränke und auf die Ausbeutung der gläubigen Dummheit berechnete fromme Schwänke übrig ließen, auf der Jagd oder am Zechtisch oder beim Würfelbrett oder im Frauenhaus. Die schmerzlichen Klagen, welche die besseren der geistlichen Zeitgenossen über die Zuchtlosigkeit und Verderbtheit ihrer Mitkonfurirten angestimmt haben, gestatten hierüber keinen Zweifel.

Neben der Geistlichkeit, deren Gliederung vom Dorfpfarrer bis zum Fürsten-Erzbischof, vom Klosterbruder bis zum reichsfürstlichen Abt sich aufstufte, und neben dem „hohen" Adel, den Grafen, Markgrafen und Herzogen, bildete zur Zeit der Heinriche die eigentliche Masse der Bevölkerung unseres Landes die Bauerschaft und die Ritterschaft (der „niedere" Adel). Die Städteburgerschaft konnte an Zahl nicht mit dieser, geschweige mit jener wetteifern. Die Ritterschaft ist auch noch zu dieser Zeit, unter den Heinrichen, nur erst als Reiterschaft zu nehmen, wie unter den Ottonen. Ritter waren entweder die Abkömmlinge der alten Gemeinfreien oder aber die an die Stelle derselben getretenen Ministerialen, welche ihrer Heerbannspflicht als reisige Reiter genügten. Die Bauerschaft bestand aus einer Minderzahl von Freibauern und einer Mehrzahl von Knechtebauern. Der freie Bauer war besitz- und rechtsfähig: er besaß wirkliches Eigenthum, d. h. solches, für welches er niemand zum Dienst verpflichtet war, welches er verkaufen und vererben konnte; er konnte ferner als Schöffe auf der Gerichtsbank sitzen und durfte Waffen tragen. Ihm stand es zum Zeichen seiner Freiheit zu, das Haar lang wachsen zu lassen, wie der Edelmann that. In Friesland, in Sachsen und Westphalen, in Alemannien, inbegriffen die Schweiz, auch längs des baierischen und östreichischen Laufes der Donau saßen solche Freibauerschaften, welche an Standesstolz dem Adel nichts nachgaben, einzig und allein dem Kaiser und Reiche sich unterthan fühlten. „Mißheiraten" mit Unfreien ängstlich mieden und bei Gelegenheit sogar dem allmächtigen Pfaffenthum durch die That bewiesen, daß in ihnen noch ein Fünke vom altgermanisch-heidnischen Trotzfeuer glostete. Die unfreien Bauern — warum deren Anzahl die massenhafte war, ist früher gezeigt worden — mußten ihr Haar kurzgeschoren tragen, konnten weder Schöffen noch Zeugen sein, durften sich nicht beweiben, ohne daß es ihnen ihr Herr erlaubte, durften Waffen nur führen, wann sie der Herr mit ins Feld nahm, konnten wirkliches Eigenthum nicht besitzen und durften sich von dem Grundstücke, welches ihnen zur Bebauung angewiesen war, nur entfernen, wenn der Herr es befahl oder gestattete. Der hörige Bauer — das Wort „leibeigen" wurde erst später, vom 15. Jahrhundert an, bräuchlich — war also keine Persönlichkeit, sondern eine Sache. Und nicht etwa nur Adelige, sondern auch Freibauern hatten Hörige. Für die geringsten von diesen wiederum waren die hörigen Knechte angesehen, welche nicht eine Hufe Landes als Meier bebauten, sondern im unmittelbaren Dienste der Herrschaft Haus und Hof, Feld und Forst besorgten; und doch wurde diese tiefste Stufe der Unfreiheit gar häufig die Staffel zur Freiheit; denn so ein Haus- und Hofknecht gelangte, besonders in fürstlichen Häusern, mittels treuer Dienste nicht allzu schwer dazu, durch seinen Herrn zum Range eines Ritters erhoben zu werden. Später ist das viel schwieriger, ja wenigstens in der Theorie unmöglich geworden, weil die Ritterwürde die Ritterbürtigkeit, d. h. die Herkunft von einem Ritter zur Voraussetzung hatte.

Der Klerisei, dem Hoch- und Niederadel, der Ritterschaft und der Bauerschaft stand das Städteburgerthum gegenüber, obzwar dasselbe ursprünglich aus adeligen und bäuerlichen, aus freien und unfreien Bestandtheilen zusammengesetzt war. Der Baurgja — dies ist die älteste, d. h. gothische Lautung des Wortes — der Burger nannte sich von der Burg, welche ihm Bergung bot. Die deutschen Städte — von denen aus römischer Zeit stammenden abgesehen — sind demnach in ihrer ältesten Anlage Burgen gewesen, königliche oder bischöfliche oder fürstliche Burgen. Solche machten, auch noch mit Hinzunahme von einflußreichen Klöstern, überall den Kern städtischer Gemeinwesen aus. Königliche, bischöfliche, herzogliche Ministerialen waren es, aus welchen die ersten Gemeinschaften der Burger bestanden. Dazu traten noch standesgleiche Gemeinfreie, welche vom Lande in die werdende Stadt hereinsiedelten. Alle diese ersten städtischen Ansiedler bildeten mitsammen den Stand der Altburger, der Burgenses, den Stadtadel, dessen Mitglieder später die „Geschlechter" hießen oder auch die „Clevener", weil sie als Hauptwaffe die lange Ritterlanze (die „Cleve") führten. Lange Zeit hindurch waren nur diese Altburger im Besitze politischer Rechte. Die hörigen Bauern und Handwerker, welche sich im Schutze der Stadtburg ansiedelten, hießen „Schutzburger" oder von ihrer Waffe, dem kurzen Spieße, „Spießburger" oder auch „Pfahlburger", weil sie anfänglich ihre Behausungen außerhalb der Umpfählung der eigentlichen Stadt errichten mußten. Auch unter der Burgerschaft traten demnach die Standesunterschiede frei und unfrei nicht weniger scharf hervor als unter der Bauerschaft und die Ausgleichung dieser Gegensätze hat bekanntlich im späteren Mittelalter innerhalb der Städte die heftigsten Partei- und Klassenkämpfe hervorgerufen, deren Resultat gewesen ist, daß sich die aristokratischen Städterepubliken, mit wenigen Ausnahmen, in demokratische umwandelten. Wir werden weiterhin davon hören. Vom Anfang des deutschen Städtewesens an unterschied man im übrigen Reichsstädte und Landstädte. Die ersteren unterstanden der Hoheit und Gerichtsbarkeit des König-Kaisers, die letzteren der eines geistlichen oder weltlichen Landesfürsten. Die kaiserlichen oder bischöflichen oder fürstlichen Beamten, welche in den Städten das Hoheitsrecht vertraten und den Gerichten vorsaßen, hießen da Burggrafen, dort Vögte, anderswo Schultheißen. Die Reichsstädte tagten auf den Reichstagen mit, die Landstädte auf den Landtagen; denn zu solchen parlamentarisch-repräsentativen Einrichtungen schrumpften ja allgemach die vorzeitlichen Versammlungen sämmtlicher Freien zusammen. Mit der Volkszahl und dem steigenden Wohlstand in den nahrhaften Städten regte sich auch mächtig der Unabhängigkeitstrieb. Demzufolge wußten die städtischen Gemeinden auf dem Wege von Kauf, Vertrag und Schenkung gewisse Hoheitsrechte, wie die Gerichtsbarkeit und das Münzrecht, von ihren Oberherren, den Kaisern, Fürsten, Bischöfen, Aebten zu erwerben und gelangten auf dieser Bahn nach und nach zur Selbstverwaltung, so daß nicht mehr kaiserliche oder fürstliche Beamte in den Städten das Regiment führten, sondern Schöffenräthe, aus den „Geschlechtern" gewählt und mit einem „Rathsmeister" oder „Burgermeister" an der Spitze.

Stelzbauer und Jäger.

Inbetreff des Münzrechtes sei angemerkt, daß unter den Heinrichen im deutschen Reiche nur eine Münze geprägt wurde, eine Silbermünze, der Denar, von welchem 12 auf 1 Solidus gingen. Der letztere, ungefähr dem späteren Gulden entsprechend, wurde nicht geprägt, sondern war nur eine Rechnungsmünze. Kupfermünzen gab es nicht und wurden solche bei uns erst spät geprägt, erst im 16. Jahrhundert. Die cirkulirenden Goldmünzen stammten entweder aus merowig'scher Zeit oder häufiger waren es byzantinische. Der gäng und gäbe Name für Goldstücke war darum „Byzantiner".

In den aufblühenden Städten fanden neben der Gewerbigkeit und dem Handelsbetrieb auch die aus den verwildernden Klöstern mehr und mehr entweichenden Wissenschaften und Künste Zufluchts- und Pflegestätten. An die Stellen der Klosterschulen, welche ja ein Kardinal des 11. Jahrhunderts, Damiani, aufgehoben wissen wollte, mußen sie „für die Andacht der Mönche ein Störniß wären" — traten die städtischen Domschulen, wie solche namentlich in Lüttich, Straßburg, Mainz, Würzburg, Hildesheim, Osnabrück und Regensburg unter der Leitung von Geistlichen, Magistern und Scholastikern blühten. Selbstverständlich waren auch die Dom- oder Kathedralschulen, gerade wie die Klosterschulen, wenn nicht ausschließlich, so doch vorzugsweise für Knaben und Jünglinge bestimmt, welche Priester werden wollten. Ließen doch selbst die mechanischen Vorbedingungen aller höheren Geisteskultur, die Fertigkeiten des Lesens und Schreibens, „geistliche Künste" (artes clericales), als müßten sie der Priesterschaft vorbehalten bleiben

Speerkämpfer und Clavarre.

und wären den Laien nicht vonnöthen. Zu Regensburg hatte jener gelehrte Wilhelm, der als Abt von Hirschau i. J. 1091 gestorben ist, die Schule bei St. Emmeran durchgemacht, zweifelsohne den vielseitigsten Wissenden seiner Zeit beizuzählen. Er hat zur Unterweisung seiner Zeitgenossen eine Art von philosophischer Encyklopädie geschrieben, woraus wir unter anderem erfahren, wie die gewiegtesten Pädagogen der letzten Hälfte des 11. Jahrhunderts das Studium angefaßt wissen wollten. „Die Ordnung im Lernen will — sagt Wilhelm — daß man, maßen alles Wissen auf der Redekunst beruht, mit dieser beginne. Sie zerfällt aber in drei Theile: richtig schreiben und lesen lehrt die Grammatik, beweisen lehrt die Dialektik, das Bewiesene in gewählter Rede vortragen lehrt die Rhetorik. Also bewehrt und bewaffnet verschreiten wir zum Studium der Philosophie, wobei die Methode diese ist, daß man zuerst im Quadrivium unterrichtet wird und zwar 1) in der Arithmetik, 2) in der Musik, 3) in der Geometrie, 4) in der Astronomie." Dieser Lehrgang ist das ganze Mittelalter hindurch der herrschende geblieben. Die Philosophie kennzeichnet unser hirschauer Abt als „die bestimmte Erkenntniß der sichtbaren und der unsichtbaren Welt". Zur letzteren zählt er „den Schöpfer, die Weltseele, die Engel, die Dämonen und die Menschenseele". Bemerkenswerther ist, wenn er von der Erde sagt: „Sie ist der Mittelpunkt der Welt und demnach ist sie das unterste Element, weil ja in allen sphärischen Körpern die Mitte das untere ist. Die Welt sieht einem Ei gleich. Die Erde in der Mitte stellt den Dotter vor. Ringsher legt sich das Wasser, wie das Eiweiß den Dotter umgibt. Um das Wasser her geht die Luft, wie die Haut um das Eiweiß und zu äußerst endlich kommt die Feuersphäre, welche die Eischale vorstellt." Der gute Abt weiß übrigens schon und sagt es ausdrücklich, daß Erde, Wasser, Luft und Feuer keine „Elemente" seien, sondern vielmehr aus Elementen bestünden.

Die bei Wilhelm erst nur angedeutete physische und moralische Weltanschauung des Mittelalters hat dann im 12. und 13. Jahrhundert durch die „Scholastik" ihre Feststellung und Ausbildung gefunden. Diese mittelalterliche Philosophie, für deren Großmeister Thomas von Aquino gilt und welche das Fundament für die „Göttliche Komödie" des Dante hergab, machte bekanntlich den Versuch, das Glauben mit dem Wissen zu vermitteln, d. h. das gesammte Denken über den christlichen Dogmenleist zu spannen oder, mit anderen Worten, das Kameel Dogma durch das Nadelöhr Ver-  nunft zu treiben. Diese sogenannte Philosophie war demnach nichts anderes als dialektisch aufgeputzte Theologie. Die von ihr aufgestellte, entwickelte und vertheidigte Weltansicht ist auch in unserem Lande jahrhundertelang herrschend gewesen und daher ist es nur billig, daß wir uns dieselbe also vergegenwärtigen: — In des Weltalls Mitte schwebt in Kugelgestalt die Erde. Um dieses Erdcentrum drehen sich in sieben über einander aufsteigenden Himmeln die Sonne, der Mond und die fünf Planeten mit verschiedener Geschwindigkeit. Die übrigen Gestirne sind Körperwelt und hängen frei im achten Himmelsraume, über welchem sich eine neunte Sphäre wölbt, der kristallene Himmel. Ein zehnter endlich ist das Empyreum, die Feuersphäre, welche unbeweglich ist und „der eigentliche „Himmel" heißen muß. Denn allhier thront Gott der Herr mit dem Sohne und mit dem Geiste. Rings um ihn die Allerseligsten, die Auserwählten, während die Masse der Seligen je nach den verschiedenen Graden ihrer Würdigkeit in die übrigen neun Himmelssphären vertheilt ist. Gott der Herr, von der äußersten Weltgränze her alles regierend, hat zu seinen Boten und Dienern die guten Geister, die Engel, deren Anzahl der genannte Thomas von Aquino auf tausend Milliarden berechnet. Die Erde trägt in ihrem Mittelpunkte die Hölle, allwo der Widergott, der Aftergott, der Teufel, Satan, Lucifer, mit seinen Dämonen haust und die Verdammten in ewiger Qual wohnen. Der Teufel und seine bösen Geister sind gefallene Engel, welche ihre anerschaffenen übernatürlichen Kräfte bewahrt haben, aber dieselben nur noch zur Schädigung des Reiches Gottes und zum Verderben der Menschen bethätigen. Der Mensch ist wie die Krone der Schöpfung, so auch ihr höchster Zweck. Seiner wegen ist die Welt da, und wie sich Sonne, Mond und Sterne um die Erde drehen, so dreht sich um den Menschen die gesammte Geisterwelt. Aber an und für sich ist der Mensch nichts, d. h. er ist von den geisterhaften Mächten außer ihm abhängig. Die Dämonen suchen ihn unablässig zum Bösen zu verführen, die Engel ebenso unablässig im Guten zu bewahren. Der große Riß, welcher durch die Welt geht, der Dualismus von Geist und Natur, von Kraft und Stoff, von Gut und Bös, von Gott und Teufel, geht auch durch den Menschen. Er schwankt unaufhörlich zwischen Christus und Belial. Der Himmel und die Hölle streiten sich um seine Seele. Das ganze Erdendasein des Menschen ist übrigens nur das Mittel zur Erreichung eines höheren Zweckes, d. h. des Himmels, welcher ja seine eigentliche Heimat. Ein Dulder und Büßer auf Erden, soll er sich den Himmel verdienen. Um ihm aber das überhaupt möglich zu machen, hat Gott seinen eingeborenen Sohn auf die Erde herabgeschickt, damit derselbe durch seinen Opfertod die Hölle besiege und den Menschen von der Sünde erlöse und zur Seligkeit befähige.

Die Summe dieser Weltanschauung konnte nur der einseitigste Spiritualismus sein und aus diesem mußte sich logisch-nothwendig die schroffste Unduldsamkeit entwickeln. Die Voraussetzung des scholastischen Syllogismus hieß Gott und die Schlußfolgerung war die Inquisition.

Der Hohenstaufen.

5.

Unter den Friedrichen.

ie Hohenstaufen! Es schwillt ein Klang von Größe aus dem Namen, welcher Erinnerungen weckt, die zu den stolzesten unseres Volkes gehören. Aber der Triumphton geht in Klagelaute über und diese endigen mit einem jähen Schmerzensschrei. Denn die Geschichte der Staufer füllt einen hochtragischen Akt der Welttragikomödie, — einen hochtragischen um so mehr, als den Geschicken des großen Geschlechtes auch das tragische Moment der Schuld nicht fehlte und zur schließlichen Sühne dafür gerade jenes schuldloseste Stauferhaupt fiel, welches am 29. Oktober von 1268 zu Neapel auf das Schaffot rollte.

Die staufischen Anfänge sind dunkel. Das Geschlecht saß bei seinem ersten Auftauchen auf einem bescheidenen Herrenhofe nahe dem schwäbischen Dorfe Wäschenbeuren. Darnach nannten sich auch die Hofbesitzer Die von Beuren oder Büren. Zu den Adalingen des Landes haben sie zweifelsohne von altersher gehört, die ihnen später angedichtete Verwandtschaft mit den Merowigern und Karlingern aber ist nur eine Schmeichlerfabel. Das Wachsen des Hauses an Besitz und Ansehen bezeichnet die Veränderung seines Wohnsitzes. Friedrich von Büren, welcher einen Taufnamen trug, den seine zwei größten Nachkommen berühmt machen sollten, zog um die Mitte des 11. Jahrhunderts mit seiner Frau Hildegard aus dem „Wäscherschlößle" bei Wäschenbeuren auf den Staufen oder Hohenstaufen, welcher Berg zwischen den Thalgeländen der Fils und der Rems in vornehmer Vereinzelung emporragt, der äußerste Ausläufer vom Aalbuch-Gebirge, dem Hohenrechberg und dem Hohenstuifen gegenübergestellt, gegen Südwesten auf den Bergkranz der Schwäbischen Alp ausschauend, gegen Nordosten auf jene Hügellehne im Remsthal niederblickend, an welcher das Kloster Lorch gelegen ist, allwo sich die alten Staufer ihre Grabstätten bestellten. Denn Staufer oder Die vom Staufen oder Hohenstaufen nannten sich fortan Die von Büren, nachdem Friedrich auf dem bezeichneten Berge die Stauferburg erbaut hatte. Sein Sohn, ebenfalls ein Friedrich, war der erste geschichtliche Mann des Geschlechtes. Dem in aller Noth und Gefährde Getreuen gab Kaiser Heinrich der Vierte seine einzige Tochter Agnes zum Weibe und das Herzogthum Schwaben. Als er im Jahr 1105 gestorben, erbte sein älterer Sohn Friedrich dieses Herzogthum, während dem jüngeren, Konrad, sein kaiserlicher Ohm Heinrich der Fünfte das Herzogthum Franken verlieh. Also in den Kreis der hohen Reichsaristokratie eingetreten, hatten die Staufer als Blutsverwandte der Salier die nächste Anwartschaft auf die deutsche Königskrone. Allein die deutschen Fürsten, stets darauf bedacht, die erbmonarchische Festigung der königlichen Macht zu hintertreiben, verwarfen das Erbrecht der Staufer und kiesten zum König den Sachsen Lothar von Süpplingenburg. Der Hauptmacher dieser Wahl war der Erzbischof Adalbert von Mainz, ein eifriger Römling und den Staufern schon als Enkeln des Bützers und Rächers von Kanossa spinnefeind. Der schlaue Prälat wußte bei dieser Königswahl auch zum erstenmal ein Wahlsystem in Anwendung zu bringen, welches nachmals zum Kurfürstensystem entwickelt oder, besser gesagt, herabgemindert worden ist. Denn Adalbert setzte es durch, daß ein jeder der vier deutschen Hauptstämme, der schwäbische, fränkische, baierische und sächsische, zehn Wahlmänner bestellen solle, welche ihrerseits den König zu küren hätten. Es ist das eine bedeutsame Neuerung gewesen, ein weiter Schritt zur Oligarchie. Denn bislang hatte, wenigstens in der Theorie, das bei der Versammlung der Freien stehende Königswahlrecht des Volkes gegolten. Von jetzt an dagegen war es eine vollendete Thatsache, daß die Wahlberechtigung bei einem kleinen Kreise weltlicher und geistlicher Magnaten stand, welcher Kreis im Abschlusse des mittelalterlichen Reichsrechtes bis auf die Siebenzahl von drei geistlichen und vier weltlichen Kur- oder Wahlfürsten (Mainz, Trier, Köln, Pfalz, Sachsen, Böhmen, Brandenburg) sich verengte.

Nach Lothars Ableben begann der staufische Stern mit Glanz emporzusteigen. Auf dem Reichstage zu Koblenz ist 1138 der Herzog Konrad als der erste Staufer zum Könige der Deutschen gekürt worden. Alsbald wurde die Nebenbuhlerschaft des großen Hauses Welf, bei welchem die Herzogthümer Baiern und Sachsen waren, für langehin ein Hauptmotiv der deutschen Geschicke und verpflanzten sich die Parteilosungen: „Hie Waibling!" „Hie Welf!" auch über die Alpen nach Italien hinüber („Ghibellinen" und „Guelfen"). Der Streit war anfänglich allerdings nur ein dynastischer, d. h. ein Kampf zwischen den zwei mächtigsten Magnatenfamilien um die Vormacht in Deutschland. Allein sehr bald erweiterte sich der Sinn der beiden Kampfrufe. „Hie Waibling!" hieß dann eigentlich: Staatsmacht und Reichseinheit, „Hie Welf": Kirchengewalt und Partikularismus. Welcher Ruf der deutschere war, liegt auf der Hand. Die welfische Partei in Deutschland befand sich ja, schon als Bundesgenossin des römischen Erzfeindes, in fortwährender Verrätherei an ihrem Vaterlande und war nie laß und träge, auf päpstlichen Wink hin die Bürgerkriegswaffen gegen das Reich zu erheben. Zum Unglück unseres Landes gab die Hauptschwäche der staufischen Politik immer wieder der Welferei freien Spielraum. Diese Hauptschwäche war, daß auch die Staufer den thörichten Heiligen-Römischen-Reichstraum weiterträumten, statt den deutschen National-staat auf- und auszubauen, und daß sie sogar, nachdem des Rothbarts Sohn Heinrich die Normannin Konstanza gefreit und durch diese Heirat das Normannenreich Neapel und Sicilien an sein Haus gebracht hatte, den Schwerpunkt ihrer Macht nach Italien verlegten. Der rastlose Kampf der Kirche wider den Staat, der päpstlichen Kurie wider die kaiserliche Krone vermochte aus diesem Getheiltsein des Staufer-thums zwischen Deutschland und Italien immer neue Streitmittel zu ziehen. Auch wußte die Kurie den zweiten Grundfehler der staufischen Politik, die entschiedene Adelstendenz, welche für eine so großartige, zugleich nationale und civilisatorische Erscheinung, wie die ober- und mittelitalischen Städterepubliken eine waren, kein Verständniß hatte, ebenfalls höchst geschickt auszunützen. Die geschichtliche Betrachtung der menschlichen Dinge soll jedoch stets im Auge halten, daß historische Charaktere nach Maßgabe der Lebens-bedingungen ihrer Zeiten angeschaut und beurtheilt werden müssen, weil eben nur ganz wenige aus-erwählte Geister aus der Gegenwart in die Zukunft vorauszufliegen vermögen, während selbst Männer, die zu den bedeutendsten ihrer Zeitgenossen gehören, nur in der sie umgebenden Gedankensphäre athmen. Kaiser Friedrich der Erste konnte ohne Gewissensskrupel den Arnaldo da Brescia an den päpstlichen Scheiter-haufen ausliefern; denn der Arnold war ein Prophet und der Barbarossa war nur ein Kaiser. Friedrich der Zweite ist gewiß einer der geisteshellsten Menschen des Mittelalters gewesen und doch hat er blut-triefende Edikte zur Verschärfung der Inquisition erlassen, weil ihm die Zeit- und Zweckmäßigkeit dieser „heiligen" Einrichtung gar nicht in Frage kam. Die Hohenstaufen hatten die unglückselige fixe Idee der Uebertragung des römischen Imperium auf die Könige der Deutschen von den ihnen vorhergegangenen Kaiserhäusern als eine Erbschaft überkommen, welche sie nur ausschlagen konnten, so sie sich über ihre Zeit zu erheben vermochten. Das aber vermochten sie nicht. Ebenso wenig vermochten sie dem eisernen Gefüge des jetzt vollständig entwickelten Lehenstaates sich zu entziehen und daher ihre allerdings für sie selber zum Unheil ausgeschlagene Adelstendenz, welche sie dem Gedanken unzugänglich machte, mittels der Kraft der aufblühenden Städte der ewigen Junker-Anarchie ein für allemal das Ende zu bereiten. Die in den härtesten Proben bewährte Reichstreue der Städte hätte die Staufer freilich belehren können, wo ihre zuverlässigsten Stützen zu suchen wären. Aber die Menschen wollen und wollen ja bekanntlich nie-mals belehrt, sondern nur belogen sein, und zwar je plumper, desto lieber.

So eine plumpste Lüge, die von dem angeblichen Grabe Jesu auf einem der Felsenhügel von Jerusalem, hatte ja auch die Kreuzzüge in Bewegung gesetzt, auf deren kulturgeschichtliche Bedeutung weiter oben schon hingewiesen worden ist. Auch der erste deutsche König aus dem Hause Hohenstaufen, Konrad der Dritte, mußte, obzwar widerwillig genug, der Zeitströmung nachgeben und nach dem „heiligen Lande" als Heeresfürst wallfahren (i. J. 1147), während er als der Realpolitiker, der er war, gar wohl wußte, daß es für ihn daheim Gescheideres zu thun gäbe. Bernhard von Clairvaux, der Dichter des edlen Weltverachtungsliedes von der „Vanitas mundi", soll mittels seiner flammenden Beredsamkeit den wider-strebenden Staufer zum Kreuzfahrer gemacht haben. Wahrscheinlich ist, daß Konrad der Uebermächtigkeit des Kreuzzugswahnsinns gegenüber dachte: Der Gescheidere gibt nach. Mitten in dem Getöse des übrigens durchaus zeitgemäßen, weil in dem Fühlen und Glauben der Menschen begründeten Kreuzzugsschwindels geschah im deutschen Reiche etwas, das dazumal gewiß nur wenige Menschen für wichtig ansahen und das doch für Deutschland von unberechenbarer Wichtigkeit geworden ist: die Gründung der Mark Brandenburg. König Konrad trennte dieselbe, nachdem er den Welfen den Meister gezeigt, die „Nord-mark" von dem Herzogthum Sachsen und verlieh sie als „Markgrafschaft Brandenburg" an Albrecht den Bären, mit welchem die Sage die Gründung von Berlin in Zusammenhang bringt. Aus dem armen Sandboden des der slavischen Barbarei mühsälig abgerungenen Havel- und Spreelandes sollte, so

Kaiser Rothbart.

wollten es die deutschen Geschicke, eine Zukunftssaat aufsprossen, welche erst in späten Jahrhunderten zur Aehrenreife gelangen konnte.

Konrads Neffe und Nachfolger Friedrich der Erste, der Rothbart, der Barbarossa, wie ihn um seines rothblonden Vollbartes willen die Welschen nannten, stellte das mittelalterliche deutsche Imperium noch einmal auf seine volle Glanzhöhe. Wie diese Helden- und Herrschergestalt der staunenden und ehrfurchtsvollen Erinnerung unseres Volkes unverwischbar sich eingeprägt hat, beweis't rührend die Sage von der Entrückung des großen Kaisers in den Kyffhäuserberg und seiner dereinstigen Auferstehung und Wiederkunft, um des Reiches Herrlichkeit zu erneuen. Aber ein dauerndes Werk hat der Rothbart nicht geschaffen. Zwar hat er den verrätherischen Welfen Heinrich von Sachsen, den sogenannten Löwen, gebändigt, gerichtet und gestraft und ist in das zertrümmerte Mailand als Triumphator eingezogen; aber der deutschen Adelsanarchie und des italischen Städterepublikanismus ist er darum doch nicht Herr geworden. Ebenso wenig der päpstlichen Kurie, welche auch dem gewaltigen Schwaben gegenüber mit Erfolg an der Ungeheuerlichkeit festhält, die Kaiserschaft sei nur ein Beneficium, welches der Papst zu verleihen oder auch zu verweigern habe, — ein Beneficium, was man ebenso mit „Gnadengeschenk" als mit „Lehen" verdeutschen konnte.

Neben dem vielen Großen, Glänzenden und Geräuschvollen während der Reichsherrschaft des Rothbartes geschah etwas Kleines, Unscheinbares und Stilles, worauf außer den Nächstbetheiligten kein Mensch geachtet hat und das dennoch für unseres Landes Zukunft von größter Bedeutung werden sollte. Mitteninne zwischen den Quellengebieten des Neckars und der Donau springt am Südabhange der Schwäbischen Alp ein Felshügel auf, eine kleine Wegstunde von dem Städtchen Hechingen entfernt. Dieser Hügel trug auf seiner Spitze schon im 11. Jahrhundert die Burg Zollern oder Hohenzollern und trägt sie noch. Die Besitzer, als deren ältester Burkard von Zollern i. J. 1061 urkundlich erwähnt wird, gehörten zu den Magnatenfamilien Schwabens. Ein jüngerer Sohn des Hauses nun, Konrad von Zollern, hat so um 1160 herum eines Morgens im Hofe der väterlichen Burg sein Pferd gesattelt, den gewiß nicht sehr schweren Mantelsack festgeschnallt und ist, vielleicht von seiner weinenden Mutter den Hügel hinab begleitet, in die Fremde geritten, um das Glück zu suchen, wie das jüngeren Söhnen zukam. Der junge Glücksucher muß allem nach ein tüchtiger Gesell gewesen sein, denn er kam als Dienstmann Kaiser Friedrichs, an dessen Hof er gezogen, rasch empor, hat auch im Heiraten Glück gehabt, indem er eine reiche Erbin heimführte, eine Wohburg, und ist um das Jahr 1170 vom Barbarossa zum Burggrafen von Nürnberg gemacht worden. Die ganze Geschichte dieses Gründers ist freilich etwas nebelhaft und die Dämmerung, welche auf den Anfängen der Hohenzollern liegt, weicht erst mit dem Burggrafen Friedrich dem Dritten von Zollern, in welchem die beiden Linien des Hauses, die ältere und die jüngere, ihren gemeinsamen Ahnherrn verehren. Die ältere blieb auf den Erbgütern in Schwaben sitzen und brachte es im Laufe der Jahrhunderte zu den Fürstenhütlein von Sigmaringen und von Hechingen. Die jüngere fränkische wußte sich schon frühzeitig eine glänzendere Bahn zu öffnen. Schon Konrads Urenkel, Burggraf Friedrich der Dritte, stellte sein Geschlecht in den Kreis der deutschen Fürstlichkeit, indem er 1273 das Burggrafenamt zu einem erblichen Burggrafenthum machte. Bald fielen dem Hause höhere Ehren zu, denn diese Hohenzollern waren ganz die Leute, in Zeiten, wie das 14. und 15. Jahrhundert gewesen sind, die Glücksgöttin oder, deutsch-mittelalterlich zu sprechen, die „Frau Sälde" beim Vorüberfliegen resolut bei der Stirnlocke zu fassen. Sie hatten auch, sparsame und geschäftskundige Herren, die sie waren, immer Geld, was ja zu allen Zeiten die größte Tugend unter Menschen gewesen ist. Der Scharfblick, die Anschlägigkeit, der praktische Schick und die klingenden Mittel, über was alles die Hohenzollern verfügten, haben unter des Kaisers Sigismund lotterigem Reichsregiment den Burggrafen Friedrich den Sechsten am 30. April von 1415 zum Markgrafen und Kurfürsten von Brandenburg und zu des Heiligen Römischen Reiches Erzkämmerer gemacht. Zweihundert und sechsundachtzig Jahre später, am 18. Januar von 1701, setzte sich Kurfürst Friedrich der Dritte zu Königsberg die Königskrone von Preußen auf und wiederum hundert und siebzig Jahre später, am 18. Januar von 1871, wurde König Wilhelm der Erste im Schlosse von Versailles zum Kaiser der Deutschen ausgerufen. Welch ein Aufschritt von dem Austritt des jungen Glückschmiedes Konrad an bis zum Kaiserthron! . . . . .

Noch jung an Jahren gelangte des Rothbartes Sohn, Kaiser Heinrich der Sechste, zur Reichsregierung. Wenn das ihm zugeschriebene Minnelied: „Ich grüße mit Gesang die Süße, die ich meiden nicht will noch mag" — wirklich von ihm herrührt, so muß er als Jüngling eine Gemüthsweichheit

besessen haben, welche aus dem Manne spurlos verschwunden war. Denn in diesem Staufer war das ganze Zeug zu einem rechten Despoten, d. h. zu einem solchen, wie ihn gerade dazumal unser Land brauchte. Er wäre ganz der Mann dazu gewesen, an der Stelle der unheilvollen Wahlmonarchie das Erbkaiserthum im Reiche auf dauerhafter Grundlage aufzurichten, und er würde diese seine feste Absicht gewiß auch hinausgeführt haben, so ihn nicht, den erst Zweiunddreißigjährigen, ein jäher Tod zu Messina i. J. 1197 hinweggerafft hätte. Sein trefflicher Bruder und Nachfolger, König Philipp, verbrauchte seine nicht gemeinen Kräfte gegen rebellische Pfaffen und Welfen und wurde i. J. 1208 zu Bamberg von dem fürstlichen Meuchler Otto von Wittelsbach ermordet. Des Erschlagenen Neffe, Heinrichs des Sechsten Sohn Friedrich, empfing i. J. 1215 zu Aachen die deutsche Krone. In diesem glänzenden Menschen, welcher, in Süditalien erzogen, mehr Südländer als Nordländer, mehr Romane als Germane war, trat die deutschitalische Zwiespältigkeit der Stauferei am schärfsten zu Tage. Die ganze Genialität Kaiser Friedrichs des Zweiten vermochte dagegen nicht aufzukommen. Er ist daran zu Grunde gegangen. Weder in Deutschland noch in Italien hat er die Macht seines Hauses neu zu begründen vermocht. Weder das Papstthum, noch den deutschen Partikularismus wußte er bleibend zu meistern. Dieser schlug noch bei des Kaisers Lebzeiten wieder einmal zur vollen Anarchie aus, jenes, durch so energische Priester getragen, wie der dritte Innocenz, der neunte Gregor und der vierte Innocenz waren; hielt seinen hierarchischen Anspruch auf Universalherrschaft mit Glück aufrecht. Die Tiara duldete die Kaiserkrone nur noch neben sich, aber nicht mehr als gleichberechtigt, sondern als ganz entschieden untergeordnet. Eitel war alles Ankämpfen Friedrichs gegen diese Thatsache gewesen. Als sich der müde Kaiser, von welchem der Geschichtschreiber der Stadt Rom, Gregorovius, treffend gesagt hat, er sei „mit allen seinen Fehlern und Tugenden der vollständigste und genialste Mensch des Jahrhunderts und der Repräsentant von dessen Kultur gewesen", mit dem geistvollen Beisatz, daß Friedrich der Zweite von Preußen, Philosoph, Poet, Freund der Wissenschaften, Freigeist, höchst verschlagener Staatsmann und ein Monarch im wahren Sinne des Wortes, „Züge darbiete, welche seinem großen Namensvetter porträtähnlich seien" — als sich der müde Kaiser am 13. December von 1250 zu Ferentinum bei Lucerla aufs Sterbebett legte, da mußte er sich sagen, daß der „Titanenkampf des Mittelalters",

Friedrich II.

der Streit zwischen dem geistlichen und weltlichen Schwerte, zwischen Papst und Kaiser, zwischen Kirche und Staat zu Gunsten des geistlichen Schwertes, des Papstes und der Kirche entschieden wäre. Diese Entscheidung war zugleich auch die der Geschicke des Geschlechtes der Hohenstaufen. Kein Haß in der Welt wird jemals an Giftigkeit und Unerbittlichkeit dem Hasse der Priester der „Religion der Liebe" gleichkommen. Er ruhte nicht, bis das verhaßte Haus, welches den Kampf gegen die Priesterdespotie so heldisch gekämpft hatte, mit Stumpf und Stiel ausgerottet war. Friedrichs des Zweiten rechtmäßiger Sohn und Nachfolger im

deutschen Reiche, König Konrad der Vierte, mußte der Anarchie und dem Verrathe weichen und starb im Jahr 1254. Mit ihm hob schon in Deutschland das „Zwischenreich" (Interregnum) an, die „kaiserlose, die schreckliche Zeit". Friedrichs genialer Lieblingssohn, König Manfred, verlor i. J. 1266 gegen den vom Papste herbeigerufenen und ausgerüsteten Thronräuber Karl von Anjou bei Benevent Schlacht und Leben. Friedrichs des Zweiten Enkel, Konrads des Vierten Sohn, König Konrad der Junge, von den Italienern Konradino genannt, sang, dichterisch begabt wie sein Urgroßvater und sein Großvater, daheim in Schwaben das herzige Minnelied: „Ich freue mich der Blumen roth, die uns der Maie bringt," — riß sich dann aus den Armen seiner Mutter los und zog mit seinem Freunde, dem Babenberger Friedrich von Oestrich, und mit kleiner Heeresmacht über die Alpen in das alte lockende Zauberland, allwo „ein sanfter Wind vom blauen Himmel weht, die Myrthe grün und hoch der Lorbeer

Konradin von Hohenstaufen.

steht", um das Erbe seiner Ahnen den Räubern desselben abzustreiten. Anfangs siegreich, ist er im Thale von Tagliacozzo der schlauen Taktik des Usurpators erlegen, durch den schnöden Verrath eines Frangipani, dessen Haus die Hohenstaufen mit Wohlthaten überhäuft hatten, dem Anjou überliefert und von diesem am 29. Oktober von 1268 zu Neapel auf dem Schaffot gemordet worden. „O Mutter, welchen Schmerz bereit' ich dir!" hat der unglückliche Jüngling ausgerufen, bevor er den Todesstreich empfing. Friedrichs des Zweiten Tochter Margaretha starb 1270, den mörderischen Absichten ihres wüsten Mannes, des Markgrafen Albert von Meißen, mit Noth entflohen, in der Zufluchtsstätte, welche die Bürger von Frankfurt treugesinnt ihr aufgethan hatten, und zwei Jahre nach ihrem Tode erlosch in der Kerkergruft zu Bologna das Leben ihres Bruders, des Königs Enzius, des letzten Hohenstaufen. So endete das lange, wechselvolle Trauerspiel des staufischen Hauses, welches noch keinen seiner würdigen Dichter gefunden hat und auch wohl keines Dichters bedarf, weil es in seiner geschichtlichen Thatsächlichkeit schon die tragische Weihe trägt . . . . .

Der hellste Glanz- und Glückstag im Dasein des staufischen Hauses war zweifelsohne jener Pfingsttag von 1184, welchen Friedrich der Rothbart zu Mainz feierte. Die nächste Veranlassung zu diesem großartigsten Feste der deutschen Ritterzeit gab die „Schwertleite" (swertleite), d. h. die Wehrhaftmachung der beiden ältesten Söhne Friedrichs, welche von ihres Vaters eigener Hand den Ritterschlag erhielten. Da thronte der Imperator des Abendlandes in seiner ganzen Macht und Herrlichkeit inmitten der höchsten geistlichen und weltlichen Reichsfürsten, welche ihrerseits Gefolgschaften von nicht weniger als 70,000 Rittern mitgebracht haben sollen. Der Rothbart, noch immer ein stattlicher Mann von majestätischer Haltung, betheiligte sich an den Ritterspielen in den Turnierschranken und die Kaiserin Beatrix, Friedrichs zweite Gemahlin, war wohlberechtigt, als „Königin der Schönheit" dem Feste vorzusitzen. Allen auf uns gekommenen Nachrichten zufolge muß dieser mainzer Pfingsttag von imponirender Großheit gewesen sein und solche Erscheinung der Majestät deutscher Kaiserschaft entsprach auch der Machtfülle des Reiches zu jener Zeit. Allerdings war die Zeit nicht mehr fern, wo in dem schrecklichen Wirrsal des Interregnum die deutsche Monarchie zu Grunde ging und das Reich erst zu einem lockeren Bundesstaat und von diesem zum anarchischen Staatenbund absank; aber in den früheren Stadien dieses Absinkens war Deutschlands Machtstellung nach außen noch unerschüttert und dehnte die wachsende Kultur unseres Volkes namentlich gen Norden und Osten sich aus. Schleswig, Mecklenburg, Pommern und Brandenburg germanisirten sich mehr und mehr. Der deutsche Ritterorden vertauschte seine unfruchtbaren Anstrengungen im sogenannten heiligen Lande mit der fruchtbaren Besiedelungsthätigkeit in Preußen und gewann Livland, Kurland und Esthland dem deutschen Kulturgebiet. Die Küsten der Ostsee wurden ebenfalls für dieses erworben mittels deutscher Städtegründungen. In Kärnten, in der Steiermark, in der Lausitz, in Schlesien und in Mähren gewann das Germanenthum der Slaverei mehr und mehr Boden ab. Böhmen war ein deutsches Reichsland und Friedrich der Rothbart hatte auch Polen zur Anerkennung der deutschen Oberherrlichkeit gezwungen.

Und wie des Reiches Machtfülle, so ließ jene Pfingstfeier des großen Staufers auch die deutsche Ritterromantik in ihrem Vollglanze sehen und erwies nach allen Seiten hin die mannigfachen Ergebnisse der emsigen Kulturarbeit, welche von unseren Altvordern im Verlaufe des 12. Jahrhunderts gethan worden. Die Bevölkerung Deutschlands war zu dieser Zeit in steigender Zunahme begriffen und aus selbiger Mehrung der Leute ergab sich mit Nothwendigkeit eine umfassendere und fleißigere Bebauung des Landes, welche ihrerseits wiederum die altberühmte Fruchtbarkeit der deutschen Frauen als einen volkswirthschaftlichen Segen erscheinen ließ. In den Städten erblühte die handwerkliche Thätigkeit immer vielgestaltiger und verband sich immer häufiger mit der künstlerischen. Der Handel vermittelte den erworbenen Wohlstand mit der Befriedigung der Bedürfnisse einer steigenden Civilisation. Die Römerzüge und die Kreuzzüge machten ihre Wirkungen unwiderstehlich geltend. Die aus ihnen entsprungenen Anschauungen beseelten und gestalteten das deutsche Ritterthum, sowie die demselben entsprechende Poesie und Kunst der deutsch-mittelalterlichen Romantik.

Die Romantik, die romantische Weltanschauung, ist aus der Berührung von Morgenland und Abendland hervorgegangen. Zuerst in den Thalen der Provence unter den deutlich nachweisbaren Einflüssen des hochgebildeten, dem christlichen Europa weit vorangeeilten Mohammedanerthums in Spanien dichterisch — als Liederkunst der Troubadours („art de trobar") — und social — als um Gottes- und Frauenminne werbendes Ritterthum („l'ordre de chevalerie") — zur bestimmten Gestaltung und Entwicklung gelangt, hat die Romantik der geschichtlichen Wirklichkeit des Mittelalters eine „wundervolle Märchenwelt" zur Seite gestellt und der Tageshelle die „mondbeglänzte Zaubernacht" vorgezogen. Das ganze irdische Dasein sollte — so wollte es die romantische Doktrin — in Himmelssehnsucht aufgehen. Natürlich konnte dieser strenge Idealismus, in welchem die christliche Askese in ihrer ursprünglichen Schärfe sich wieder bethätigte, in der Wirklichkeit nicht durchgeführt werden; immerhin jedoch war das Princip mächtig genug, alle höhere Kultur zu durchtränken und die Vorstellung von einem christlichen Ritterthum als von einem idealen Orden für einen nicht kleinen Zeitraum zu einem weltgeschichtlichen Motiv zu machen. Was in Deutschland während des 10. und 11. Jahrhunderts ein „Ritter" hieß und bedeutete, ist früher angegeben worden. Jetzt, vom 12. Jahrhundert an, verband sich mit dieser Benennung die Vorstellung einer christlich-idealischen Ritterschaft, welche die deutschen Kreuzfahrer aus ihrem Zusammensein mit spanischen, französischen und italienischen Rittern in Palästina mitheimgebracht hatten. Mit der Sache waren auch die Formen, die Regeln und Bräuche ritterlicher Lebensführung, aus der Fremde gekommen und wie anderwärts säumte auch in Deutschland die Kirche nicht, der neuen socialen Erscheinung sich zu bemächtigen und zu bedienen. Als einem Produkte der Kreuzzüge, d. h. des Kampfes zwischen Christenthum und Islam, mußte dem Ritterthum schon ursprünglich ein religiöses Element innewohnen. Die Kirche suchte dasselbe zu kräftigen, indem sie sich ihre Mitwirkung bei der Aufnahme in den Ritterorden zu sichern wußte. Das Ritterthum ist demnach nicht aus deutschem Boden erwachsen, sondern als ein aus der Fremde gebrachter Baum in denselben verpflanzt worden. Er hat Wurzel geschlagen, Aeste getrieben, Blüthen getragen und Früchte gereift, aber alledem merkte man doch die Ausländerei an. Den Blüthen und Früchten des Baumes fehlte die vollsmäßige Gesundheit und Marktigkeit. Es ist ganz wahr, germanische Gemüthstiefe hat manche leere Form des Ritterthums mit edlerem Gehalte zu füllen verstanden, wie es ja auch dem deutschen Genius gegeben gewesen, das romantische Schönheitsideal dichterisch zur seelvollsten Erscheinung zu bringen; aber in das deutsche Volksbewußtsein ist das Ritterthum nicht eingegangen. Es war von Anfang an etwas Gekünsteltes und Ausschließliches und blieb es, obzwar, wie wir sehen werden, da und dort sogar Bauern es juckte, die Ritter zu spielen und die Formen des ritterlichen Minnedienstes nachzuäffen, welcher Minnedienst zwar in Deutschland nicht selten mit herzergreifender Innigkeit gepflegt wurde, aber häufig genug auch, gerade wie anderwärts, zu offenkundiger Zuchtlosigkeit ausschlug. Idealisch gefaßt, war das Ritterthum ein sittlich-sociales Institut. Denn es begriff ja in sich das Verhältniß des Ritters zur Kirche, zum Staate (Lehensherrn), zu den Standesgenossen und zu den Frauen. Realistisch angesehen, war es eine Adelsanstalt, denn vom 12. Jahrhundert an war die Ritterbürtigkeit, d. h. die unmittelbare Abstammung von einem Ritter, die Vorbedingung der Ritterschaft, welche jedoch allerdings ausnahmsweise auch Nichtadeligen ertheilt werden konnte und wirklich ertheilt wurde. Staatsbürgerliche Rechte, wie der Allod- und der Feod-Adel sie gab, verlieh das Ritterthum als solches nicht, sondern nur gewisse Ehrenrechte. Weil man sich aber unter der „Ritterehre" etwas ganz Besonderes, so zu sagen, die sublimirte Ehre, die Ehrenessenz vorstellte, so suchten die „Junkherren", und zwar städtische wie ländliche, fürstliche wie dorfmagnatische, eifrigst mittels des Ritterschlages dieser Standesehre theilhaft zu werden. Die ritterliche Standesehre schuf sich ein eigenes Gesetzbuch, d. h. eine Zusammenstellung der Lehren und Vorschriften, allwie mit Rittern und Damen ritterlich zu verkehren sei. Dieses Regelbuch der „Courtoisie" ist vorzugsweise französischen Ursprungs, und wie Frankreich überhaupt schon im Mittelalter seine Moden in die Nachbarländer ausführte, so versorgte es mit seiner ritterlichen Sitten- und Anstandslehre auch die Deutschen, welche dieselbe nach ihrem Geschmacke zuschnitten und „Höflichkeit" nannten. Sachlich ganz passend, denn die Höfe der Kaiser, Könige, Herzoge, Fürsten, Grafen und Bischöfe waren ja die Lieblingsstätten ritterlichen Treibens. Das Wort „höfisch" war übrigens dazumal noch nicht mit der widrigen Nebenbedeutung von heute behaftet. Denn ein höfischer Mann und eine höfische Frau waren genau das, was wir jetzt unter einem Herrn und unter einer Dame von Bildung und gutem Ton verstehen. Die Ritterschaft, vom armen Burgstallbesitzer bis hinauf zum großmächtigen Kaiser, machte in Verbindung mit der höheren Geistlichkeit im Mittelalter das aus, was wir heutzutage die „Gesellschaft" oder gar die „Welt" zu nennen pflegen. In den Kreisen dieser Gesellschaft, und zwar vorzugsweise in den vornehmeren und vornehmsten, bewegen sich die Sittenschildereien, welche so reich und farbenhell in den höfischen und volksmäßigen Heldengeschichten unserer „mittelhochdeutschen" oder staufisch-schwäbischen Literaturperiode prangen. Wir dürfen denselben hinsichtlich der Blüthezeit des deutschen Mittelalters keinen geringeren sittengeschichtlichen Werth beilegen, als den homerischen Gesängen hinsichtlich der Heroenzeit von Hellas zukommt, und darum muß im folgenden Abschnitt häufig darauf Bezug genommen werden.

6.

Die Ritterburg.

„Geſchlechter" (Stadtjunker) in den deutſchen Städten haben erſt im 13. Jahrhundert angefangen, mittels Erſetzung der Holz- und Lehmbauten durch den Steinbau ihren „Höfen" oder „Geſäßen" ein ſtattlicheres Anſehen zu geben. Der Adel auf dem Lande dagegen hatte je nach den Bedürfniſſen und Zulaſſungen ſeiner Rangſtellung und Vermögenslage ſchon früher auf die Herſtellung möglichſt feſter Wohnſitze Bedacht nehmen müſſen. Den Hauptunterſchied in der Anlage von Burgen beſtimmte natürlich die Bodenbeſchaffenheit. In dem berge- und hügelreichen Mittel- und Süddeutſchland wurden demnach „Höhenburgen" erbaut, in den Ebenen und Marſchen von Norddeutſchland vorwiegend „Waſſerburgen". Bei jenen beſtand die Bergefähigkeit in der Benützung von Steilhöhe und Fels, bei dieſen in der Verwerthung von Strom, See oder Moor zu Befeſtigungszwecken. Zu dieſer örtlichen Verſchiedenheit der ritterlichen Behauſungen geſellte ſich eine nicht weniger beträchtliche ſociale. Den Kern jeder Burg bildete nämlich ein möglichſt maſſiver Wartthurm, der Bergfried (Berchfrit, Berfredus), ſo genannt, weil er bei Erſtürmungsgefahren den Bewohnern eine letzte Zufluchtsſtätte bot. Aber während bei vornehmeren Ritterſitzen der Bergfried nur ein Theil der Burg war, beſtand gar manche einfache Ritterburg bloß aus dieſem Thurm und einer Ringmauer. Das Leben in ſolchen „Burgſtällen" iſt, vollends in abgelegeneren Gegenden, gewiß das ganze Mittelalter hindurch ärmlich und öde genug geweſen, nur wenig verſchieden von dem Daſein der dem Rittergute zins- und dienſtpflichtigen Bauern. Im

Eine Wasserburg.

gewöhnlichen Verlaufe der Dinge fiel niemals ein Stral vom Glanze der Romantik in diese engen finstern, nur nothdürftig ausgestatteten Burgräume, wo die Frauen ein eintönig mühsames Dasein hin schleppten, mit der Sorge für den Haushalt und für die Erziehung der Kinder beladen, während den Burgherren Jagd und Fehde, sowie der Zechverkehr mit den Nachbarn und die Einkehr in gastfreien Klöstern immerhin einige Abwechselung und Zerstreuung boten.

Ganz anders erschien das Ritterthum in den „Hofburgen" oder Pfalzen der großen Barone, der

Ehrenhof einer Hofburg.

Fürsten, der Fürstbischöfe und Fürstäbte. Selbstverständlich bedingten örtliche Umstände die Grundanlage auch solcher Burgen, wie die Vermögens- und Machtverhältnisse ihrer Besitzer die größere oder geringere Ausdehnung des Bauwerkes, die Kostspieligkeit des Materials und die Abstufungen in der Pracht der inneren Einrichtung. Indessen hatte sich doch ein bestimmter Burgbaustil gebildet, dessen Grundformen immer wiederkehrten. Demzufolge war eine richtige Ritterburg der stattlichen Art so gebaut: — Um das ganze Bauwerk her lief eine Ringmauer, benannt die „Zingeln". In diese war das Außenthor eingelassen, gewöhnlich von zwei Thürmen flankirt und geschützt. Hatte man das Außenthor durchschritten, so stand man auf dem „Zwinger" oder „Zwingelhof", der auch „Viehhof" hieß, denn hier befanden sich die Stallungen, die Futtergaden und Getreidespeicher. Hinter dem Zwinger zog sich ein tiefer Graben rings um die eigentliche Burg, zu welcher man mittels einer Zugbrücke — bei Wasserburgen mittels einer Fähre — gelangte. Jenseits der Brücke war eine Einlaßpforte angebracht, welche mittels Herablassen des Fallgatters gesperrt werden konnte. Die Mauerbekrönung über diesem Thor hieß die „Windberge", weil daselbst das zum Aufziehen und Niederlassen der Zugbrücke und des Fallgatters dienende Windwerk geborgen war. Die bedachte Windberge verlängerte sich rechts und links zu einem Söller, welcher rings um die Burg lief und die „Wehr" oder die „Letze" genannt war. Hinter dem Zugbrückethor öffnete sich ein freier Platz, der eigentliche Burghof, auch „Ehrenhof" geheißen, mit einem Rasenplatz, mit Blumenbeeten, mit einem Brunnen und mit einer Linde geschmückt, dem Lieblingsbaum unserer Altvordern, denn die höfische Kunstdichtung wie das Volkslied bezeichnen ihn gleichermaßen als solchen. Diesen Hof umschlossen die verschiedenen Burgbautheile. Da waren die Kapelle, die Küche, der Keller, da der Bergfried und das „Palas" (von palatium). Dieses Palas oder „Herrenhaus" ist die Wohnung der Herrschaft und zugleich der Festraum gewesen. Es enthielt eine große Halle, den Empfangsal in unserem Sinne, und verschiedene Zimmer, „Kemenaten". Bei Hochzeiten, d. h. bei Festen — denn jedes Fest hieß unseren Ahnen eine hohe Zeit, eine „Hochzeit", während wir darunter nur noch ein Vermählungsfest verstehen — waren die Wände der Halle mit gewobenen Tapeten („Rückelachen") beschlagen, der Fußboden mit Teppichen belegt und mit Blumen bestreut, auf den längs der Wände stehenden Bänken aber lagen Polster („Kulter") und Federkissen („Pflumiten"). Das Hausgeräthe nahm selbstverständlich mit dem Fortschritt der Civilisation an Mannigfaltigkeit und Zierlichkeit zu. Durchschnittlich ist jedoch auch noch im späteren Mittelalter der Hausrath selbst in reichen Häusern mehr dauerhaft als zierlich aus Hartholz gefertigt gewesen. Als Prachtstücke fanden sich Lehnsessel, aus Maserholz schmuck geschnitten und gedrechselt und weich gepolstert. Auch Tische, Stühle, Bänke und Truhen mit reicher Schnitzarbeit. Das Bett — eine der besten Errungenschaften menschlicher Kultur — ist im 12. Jahrhundert noch sehr einfach gewesen, wie aus den Bildern des „Hortus deliciarum" der berühmten Aebtissin von Hohenburg im Elsaß, Herrad von Landsberg (st. 1195), deutlich zu ersehen. Das auf vier plumpen Füßen ruhende Bettgestell hat zumeist nur ein Kopfbrett, kein Fußbrett. Das Bett selber besteht aus einer Matratze, welche mit einem weißen oder auch mit einem farbigen Laken umwickelt ist, und aus einem kleinen viereckigen Kopfkissen. Beim Zubettegehen behielt man das Unterkleid an und deckte sich mit dem Mantel zu. In seinem „Parzival" hat Wolfram von Eschenbach ein Prachtbett des 13. Jahrhunderts beschrieben. Es bestand aus einer großen, mit Sammet überzogenen und mit zwei schneeweißen Leilachen bedeckten Matratze und aus einer kleineren, an das Kopfbrett des Bettgestells gelehnten und mit goldgestickten Seidenzeug überzogenen. Auf der letzteren ruhte das mit Linnen bedeckte „Ohrkissen" und als Decke diente ein mit Hermelin verbrämter Mantel. Genau in demselben Maße, in welchem das Bett bequemer und wärmer wurde, vereinfachte sich der Schlafanzug und vom 13. bis ins 15. Jahrhundert gingen Herren und Damen völlig „kleiderblöz" zu Bette. Abgesehen von der großen Gast- und Festhalle waren die Gelasse in den „Herrenhäusern" der Burgen zumeist klein, niedrig, mit kalkgetünchten oder mit holzgetäfelten Wänden. Das „Frauenhaus" oder „Frauenzimmer" befand sich entweder im Palas selbst oder war an dasselbe angebaut. Der ganze Raum hieß die Kemenate oder auch mittelhochdeutsch „der frouwen heimliche" und war in mindestens drei Gemächer getheilt: die eigentliche Familienstube, zugleich das Schlafgemach der Hausfrau, die Mägdeschlafkammer und endlich die Werkstatt, allwo die Herrin mit dem weiblichen Gesinde den vielerlei Arbeiten oblag, welche ihre Pflicht, für die Bekleidung der sämmtlichen Hausbewohner zu sorgen, mit sich brachte. Denn noch im 12. und 13. Jahrhundert unterzogen selbst fürstliche Frauen sich dieser Pflicht in ihrem vollen Umfange, wie dem zur Bezeugung im 6. Abenteuer vom Nibelungenlied also gesagt ist: „Da ließ der König Gunther seiner Schwester melden, daß er und Sigfrid ihr aufwarten wollten. Die Magd empfing die Herren mit Züchten und frug nach ihrem Begehr. Sprach da Gunther: Wir wollen fahren in fremdes Land und bedürfen dazu schmucker Gewänder. Da nahm das edle Königskind die beiden Recken bei den Händen und führte sie zu einem reichen Polstersitz, und als sie da mit ihr saßen, sagte der König: Vielliebe Schwester, du sollst uns helfen. Wir wollen auf Abenteuer fahren nach Brunhilds Land, da müssen wir uns vor der Fraue stattlich sehen lassen. Darum beschaffst uns, mir und Sigfrid, Dankwart und Hagen, der Anzüge dreierlei, damit wir an Brunhilds Hofe nicht zu schanden werden. Worauf Kriemhild: Ich will für euch thun, was ich kann. Daraufhin nahmen die Herren Urlaub, die schöne Königin aber

Kriemhild im Kreise ihrer Mägde.

berief in ihre Kemenate dreißig ihrer Mägde, so zu solchem Werke die tauglichsten waren. In schneeweiße Seide aus Arabien und in kleegrüne aus Zazamant stickten sie edles Gestein. Mit eigner Hand schnitt die hehre Kriemhild die Gewänder zu, bei deren Fertigung weder Gold noch Hermelin gespart wurde. Binnen sieben Wochen wirkten die weiblichen Jungfrauen das mühsame Werk . . ." Die Kleiderstoffe erfuhren vom 12. Jahrhundert an eine außerordentliche Vermehrung und Verfeinerung, maßen die Einfuhr derselben aus Italien und Spanien, aus Byzanz und Asien auch die einheimische Gewerbethätigkeit zu erfindendem und besserndem Wetteifer spornte. Beide Geschlechter kleideten sich in Leinwand, Wolle und Seide. Das geschätzteste Linnen war der auf byzantinischen Webstühlen gefertigte Saben. Seidenstoffe von mancherlei Gewebe und Farbe trugen die Namen Pfellel, Baldekin, Siglat, Palmat, Purpur, Zindal. Wollenzeuge waren der Barragan, Brunat, Buckeram, Diasper, Fritschal, Kamelot, Scharlach, Sei. Für den sehr starken Verbrauch von Pelzwerk trat der Wildstand unserer Wälder ein, welcher neben dem Fuchs, Wolf und dem Bären auch der Zobel und Edelmarder durchstreifte, während an den Waldströmen der Biber seine Dörfer baute ... Uns noch einmal flüchtig zum Burgbau zurückwendend, finden wir, daß derselbe erst in der zweiten Hälfte des 14. und im 15. Jahrhundert seine architektonische Vollendung erreichte. In deutschen Landen gab es viele Hofburgen von großartiger Anlage, künstlerischer Ausführung und reicher Ausstattung. Der bedeutendsten eine war die zwischen 1471 und 1483 erbaute Albrechtsburg zu Meißen. Aber ein verwirklichtes Burgideal und zweifelsohne eine der großartigsten und vollendetsten Bauschöpfungen des Mittelalters überhaupt war das der Hauptsache nach) um 1385 ausgebaute Deutschordensschloß Marienburg in Westpreußen, in welchem der Hochmeister seinen fürstlichen Hof hielt, ein eigenartig Gemisch von Ritterthum und Mönicherei. Erst zu Ende des 15. Jahrhunderts fing jedoch die Wohnlichkeit und Behaglichkeit im Innern der Herrenburgen der Festigkeit und Stattlichkeit des Aeußeren zu entsprechen an. War es doch bis dahin selbst für wohlhabende und sogar reiche Leute ein unerschwinglicher Luxus gewesen, Glasfenster anzuschaffen, und civilisirten sich erst jetzt die ungefügen und unzulänglichen Heizapparate zu Oefen, welche sich sehen lassen durften und die Wohnräume behaglich zu durchwärmen vermochten. Ohne gutschließende Glasfenster und ohne gute Oefen ist aber bekanntlich in unserem leidigen, sogenannten gemäßigten Klima ein menschenwürdiges Dasein undenkbar.

Was jedoch immer vonseiten der heutigen Lebensgewohnheiten gegen die Behausungen der ritterlich-romantischen Welt eingewendet werden mag, diese Welt wußte sich darin zu behelfen und sie hat des Lebens Leid nicht schwerer empfunden, wohl aber des Lebens Lust unbefangener und frohmüthiger genossen als wir. Was sie zusammen und allen Ausschreitungen zum Trotz gesund erhielt; war der unaustilgbare germanische Familiensinn, welcher unserem Volke an den gefährlichsten Wendepunkten seiner Geschichte immer wieder aufgeholfen hat. Eine deutsche Frau können wir uns nur als eine gute Mutter denken. Daher rechneten es sich im Mittelalter die deutschen Mütter, auch die vornehmsten, zur Freude und zur Ehre, ihre Kinder selbst zu stillen. Der große Wolfram hat mit der ihm eigenen naiven Anmuth beschrieben, wie die Königin Herzeleide, gedenkend, wie Maria, „die höchste Königin, Jesu ihre Brüste bot," ihren neugeborenen Sohn Parzival tränkte: —

>„Die Königin ohne lange Wahl
>Nahm das rothbraune Mal,
>Ihres Brüstleins Zutscherchen
>Und schob es in sein Lutscherchen,
>Selber wollt' ihm Amme sein,
>Die ihn trug im keuschen Schrein,
>Sie erzog ihn an der Brust,
>Der alles Falsch war unbewußt."

Durch Wolframs Zeitgenossen, Gottfried von Straßburg, erfahren wir, daß die Kinder sechs Wochen nach ihrer Geburt getauft zu werden pflegten und daß die Mütter selbst die Täuflinge zur Kirche trugen: — „Nun, daß die Fraue gut und rein der Noth genesen sollte sein und sollte nach sechs Wochen, wie den Frauen ist gesprochen, mit ihrem Sohn zur Kirche geh'n, nahm sie ihn auf die Arme hin und trug ihn selbst mit holdem Sinn zum Gotteshaus, wie ziemlich war, und als sie christlich zum Altar den Kirchgang angetreten mit Opfern und Gebeten, auch schönem Ingesinde, da war dem kleinen Kinde die heilige Taufhandlung bereit, daß es das Zeichen der Christenheit in Gottes Namen empfinge. Als nun, was Brauch und Sitte ist beim Taufen, alles bereitet war, da trat der Pfaff, der Täufer, dar und fragte nach dem Kindelein, wie denn sein Name sollte sein." War der Täufling ein Mägdlein, so ward ihm in der Regel ein nationaldeutscher Name beigelegt, wie Adalheid, Bertha, Diemuth, Edellind,

Gula, Gertrud, Hazicha, Hedwig, Hemma, Heilwig, Huldegard, Hildegund, Kunigund, Mathild, Mechthild, Richinza, Rilind. Daneben kamen allerdings schon seit dem 8. Jahrhundert die fremden, dem christlichen Heiligenregister entlehnten Namen vor und mehr und mehr in Aufnahme. Noch im 12. Jahrhundert überwogen die nationalen Namen, vom 13. an die fremden. Aus bäuerischen Kreisen sind uns in Minneliedern des 13. Jahrhunderts sehr charakteristische Frauen- und Mädchennamen überliefert, und zwar in Glimpf und Schimpf. Der ersten Gattung gehören an Engel, Freude, Liebe, Minne, Rose, Wonne; der zweiten Geiß, Igel, Jupe, Hehe, Mahe, Mehe. Die erste Erziehung der Mädchen war in der höfischen Gesellschaft selbstverständlich den Müttern anheimgegeben. Die weitere Ausbildung hatte statt entweder im elterlichen Hause oder in Nonnenklöstern oder an befreundeten Fürstenhöfen. In gut regierten Klöstern stand eine Schulmeisterin ("diu schuole meisterin") dem Unterricht der Zöglinginnen vor. An fürstlichen Höfen war zu demselben Zwecke ebenfalls eine "Meisterin" thätig. Noch im 12. Jahrhundert scheint sich die Erziehung der Mädchen auf die Beibringung von Handfertigkeiten und Haushaltskünsten beschränkt zu haben. Später, als die hausmütterlichen Scheeren und Nadeln mit dem steigenden Kleiderluxus und dem raschen Modenwechsel nicht mehr zurechtkommen konnten und gewerbsmäßige Schneider und Schneiderinnen die Bekleidungssorgen übernommen

Tanz.

hatten, gewannen Frauen und Mädchen "von Welt" mehr Zeit, auch ihres Geistes zu pflegen. Sie wurden demnach in den "geistlichen Künsten", d. h. im Lesen und Schreiben unterrichtet und thaten es darin ihren männlichen Standesgenossen zuvor, unter welchen diese Künste so selten waren, daß selbst ein so großer Dichter wie Wolfram von Eschenbach und ein so mundfertiger Reimer wie Ulrich von Lichtenstein weder lesen noch schreiben konnten. Der letztgenannte, welchen ich in meiner "Deutschen Kultur- und Sittengeschichte" als den deutschen Don Quijote gekennzeichnet und nachgewiesen habe, schildert uns in seinen Denkwürdigkeiten in Reimen ("Der vrouwen dienest"), welche

aber zumeist sehr ungereimt sind, seine komische Noth, daß er ein "Büchlein", d. h. einen gereimten Minnebrief, so er von seiner "Herrin" empfangen, zehn Tage lang ungelesen lassen mußte, weil ihm sein Schreiber und Leser gerade abhanden war. Wie die ritterlich-höfische Welt das Weib als ihren Mittelpunkt betrachtete und dasselbe, wenigstens in der Theorie, so zu sagen als ihre Centralsonne verehrte, so war die Frau auch der Pol, um welchen die höfische Poesie sich bewegte. Daher ist es denn nur billig gewesen, daß die Frauen als Gönnerinnen und Schützerinnen der Literatur sich hervorthaten. Auf den Tischen ihrer Kemenaten müssen wir uns die zierlich geschriebenen und bemalten Liederbüchlein der Minnesänger wie die schwerfälligen Pergamentbände versammelt denken, auf deren Blätter die Lieder von der Nibelungen Noth, Hartmanns "Iwein", Wolframs "Parzival" und Gottfrieds "Tristan" aufgezeichnet waren. Wohlerzogene Frauen und Mädchen verstanden sich auf das Singen und Sagen, d. h. auf das mit der Zither oder Harfe begleitete Vorsingen der lyrischen und auf das richtig betonte Vorlesen der epischen Dichtungen. Von einer gebildeten jungen Dame verlangte man Geschicklichkeit in zierlichen Handarbeiten, Fertigkeit im Lesen und Schreiben, im Singen und Musiziren, sowie wohl auch noch Kenntniß der einen oder andern fremden Sprache. Bedeutender angelegte weibliche Naturen gaben sich damit nicht zufrieden, sondern gelangten zu einer gewissen Universalität des Wissens, soweit diese im Mittelalter möglich. Vorragendste Frauen dieser Art mußte man in den Klöstern suchen. Von ihrer Klosterzelle auf dem Rupertsberge bei Bingen aus übte die geniale, nachmals heilig gesprochene Aebtissin Hildegard (st. 1179) einen weitgreifenden Einfluß auf ihre Zeit, in welcher sie stand wie weiland Veleda in der ihrigen. Es lebte und webte ein Hauch pantheistischer Weltseeligkeit in dieser Seherin, welche mit Päpsten und Königen briefwechselte und von Friedrich dem Rothbart in seiner Pfalz zu Ingelheim wie ein Wesen höherer Art empfangen und angehört wurde, als sie ihn ermahnte, Gerechtigkeit zu üben und seine Schuldigkeit als höchster Herrscher der Christenheit zu thun. Sechzehn Jahre nach Hildegard starb die Aebtissin von Hohenburg, Herrad von Landsberg, Schülerin und Nachfolgerin der gelehrten Relindis. Herrad war eine vortreffliche Klosteroberin und wohl fraglos die vielseitigst gebildete Frau ihrer Zeit. Zeugniß dafür legt ihr lateinisch verfaßter „Lustgarten" (hortus deliciarum) ab, dessen kostbare Handschrift die Beschießung Straßburgs i. J. 1870 leider im Feuer aufgehen machte. Das Buch ist eine Art von Konversationslexikon für Nonnen, denen es beizubringen unternimmt, was dazumal im Bereiche der Astronomie, Geographie, Philosophie, Theologie, der Kirchen- und Weltgeschichte, sowie der Künste, für wissenswerth galt. Herrad war nicht nur eine Gelehrtin, sondern auch eine Dichterin und unter den lateinischen Hymnen, welche sie für ihre hohenburger Nönnlein („virgunculae") verfertigte, finden sich etliche gar nicht unebene. Endlich ist die gute Aebtissin auch eine Malerin gewesen, welche ihr Buch eigenhändig illustrirte, und zwar so reich, daß es eine Hauptquelle für die deutsche Sittengeschichte des 12. Jahrhunderts geworden.

Die höfischen Dichtungen überfließen von Schilderungen weiblicher Schönheit und gehen in der Beschreibung und Lobpreisung einzelner Reize oft so weit, als überhaupt möglich. Die Sinnlichkeit spielte bei unsern alten Romantikern eine so große Rolle, daß von dem vielgerühmten mittelalterlich-christlichen Spiritualismus sehr wenig zu spüren ist. Auch mit den weiblichen Kleidermoden machen uns die Poeten von damals genau bekannt und so wissen wir, daß der weibliche Anzug aus vier Hauptstücken bestand: „Pfeit" (Hemd), „Rock" (d. h. Unterrock), „Kürsen" (auch Kursat oder Kursit oder Sulenie, d. h. Robe) und Mantel. Im 13. Jahrhundert eiferten der berühmte Bruder Berchtold und andere Prediger schon heftig gegen den Luxus und die Ungezügeltheit der Frauenmoden. Die Modedamen verstanden aus dem Grunde das Schminken, Malen, Färben, Ausstopfen und andere Putzkünste gerade wie heute und sie trugen falsche Haare, falsche Busen und falsche Hüften ganz wie in unseren Tagen. Wir wollen nun aber den Meister Gottfried von Straßburg, als den kundigsten der kundigen, angehen, daß er uns seine blonde Isolde in Gala vorführe, als das verwirklichte Ideal einer höfischen Dame in Erscheinung und Gebaren. Er thut das in jener Scene seines großen Gedichtes, wo die Königin Isot und ihre Tochter, die „leuchtende Magd Isold", dem Tristan vorgestellt werden, wobei der Dichter die Verschiedenheit in dem Auftreten von Mutter und Tochter, im Benehmen der höfischen Frau und der höfischen Jungfrau sehr fein kennzeichnet. Leicht und sicher schwebt Isolde neben der Mutter einher, schön gestaltet um und an, schlank und schwank, „als hätte die Minne sie gedreht für sich selber zu einem Federspiel, dem Wunsche zu einem Endziel". Rock und Mantel trug sie von braunem Sammet und war der Rock an den beiden Seiten bis zu den Hüften „gefranzet und geenget" und mittels des Gürtels, der genau lag, „wo er liegen soll", an den Leib „gedränget". Der Rock „schmiegte sich also an die Glieder glatt von oben bis unten überall". Um die Beine her erweiterte er sich zu reichem Faltenwurf. Der Mantel war

„ganz durchhin", von außen und innen, mit Hermelinstreifen durchzogen und hatte einen schwarzgrau gesprenkelten Zobelpelzbesatz. Mittels einer Perlenschleife war der Mantel vor der Brust an die Tassel (Agraffe) befestigt und hier hatte die junge Dame den Daumen der linken Hand eingeschlagen. Mit dem Daumen und dem Zeigefinger der rechten Hand dagegen hielt sie weiter unten den Mantel zusammen, so daß er reiche Falten um die Füße her bildete und sein seidenes Unterfutter und seine reiche Pelzverbrämung zeigte. Auf ihrem Haupte hatte die Prinzessin einen schmalen, mit Smaragden und Rubinen besetzten Goldreif sitzen, welchen aber nur das Gefunkel der Edelsteine verrieth, denn sonst wäre das Metall von der Goldblondfülle des Haares nicht zu unterscheiden gewesen. Froh und sorgenbar schritt Isolde neben der Mutter einher. Gemessen war ihr Gang und Schwang, ihr Schritt weder zu kurz noch zu lang. Aufrecht und freisam kam sie gegangen, sperbergleich, glattgestrichen wie ein Papagei. Wie ein Falk auf seinem Ast ließ sie die Augen ruhig und stät umhergehen, und da war Keiner, dem die zwei Spiegel

Ritterliche „Jagd".

Tristan als Edelknabe.

nicht als süße Wunder erschienen wären. Ihrer Schönheit Schein goß sich als ein Wonne spendender Sonnenstral durch den Saal. Verschiedenartig aber boten Mutter und Tochter, als sie mitsammen die Halle entlang wandelten, den Anwesenden ihren Gruß: die Königin grüßte mit Worten, die Prinzessin mit stummem Neigen; die Mutter sprach, die Tochter schwieg. — Hier hätten wir also — hinzugerechnet, daß die blonde Isolde außer ihrer Muttersprache auch französisch und lateinisch verstand, lesen und schreiben, vielerlei Weisen singen, Zither und Harfe spielen, Lieder dichten, Sagen und Märlein erzählen konnte — eine junge Musterdame vor uns, bei welcher die höfische „Moralitas", d. h. „die Kunst, die lehret schöne Sitten", vollkommen angeschlagen hatte. Vervollständigt und sittlich vertieft wird diese Moralitas, wenn in dem bekannten vortrefflichen Lehrgedicht des 13. Jahrhunderts „Der Winsbecke und die Winsbeckin" die Mutter ihre Tochter also unterweist: „Trautes Kind, hochgesinnt sollst du sein und züchtig sollst du leben. Dann wird dein Ruf ein feiner sein und dein Mädchenkranz dir schön stehen. Wem Ehre gebühret, dem sollst du ehrbaren und sanften Gruß bieten und sollst deine Augen nicht wilde und unehrbare Blicke schießen lassen. Schamhaftigkeit und Maß sind die zwei Tugenden, mittels welchen wir Frauen hohen Preis erlangen." Das inhaltsvolle Wort „Maß" lehrt bei unseren größeren mittelalterlichen Denkern und Dichtern immer wieder. Walter von der Vogelweide sagt: „Der Urquell alles Guten, alles Schönen ist das Trachten nach dem rechten Maß" — und er bittet die „Frau Maß", ihm ihren Rath zutheil werden zu lassen. Gottfried von Straßburg seinerseits preist „die maze" als die vollendete Weiblichkeit·

„Von allen Dingen auf dieser Welt,
Die je der Sonne Licht erhellt,
Ist keins so selig wie das Weib,
Das stets sein Leben und seinen Leib
Und seine Sitten dem Maß ergibt."

Die Erziehung der Kinder männlichen Geschlechtes zielte von Anfang an auf die Aneignung ritterlicher Fertigkeiten und höfischer Sitten ab, während die „geistlichen Künste", d. h. alle höhere Geisteskultur, nur sehr nebenbei beachtet und der persönlichen Strebsamkeit überlassen wurden, sofern die Söhne adeliger Häuser, namentlich jüngere, nicht von jugendauf zu Klerikern bestimmt waren, in welchem sehr häufigen Falle selbstverständlich der kirchliche Unterricht frühzeitig

Häusliche Unterweisung.

Waffenrecht.

eintrat. Mit dem siebenten Lebensjahre wurde der Knabe aus der Frauenkemenate in den männlichen Lebenskreis hinübergestellt. Wo der Vater nicht selber die Erziehung des Sohnes übernahm, erhielt dieser einen „Zuchtmeister" oder er wurde bei einem befreundeten Ritter „in die Zucht" gegeben oder endlich mit anderen seiner Alters- und Standesgenossen an einem Fürstenhof erzogen. Die Leibesübungen, Einweisung in die Künste der Jagd, des Turniers und des Krieges waren natürlich für die jungen „Edelknechte", für die „Junkherren" die Hauptsache. Doch wurden sie auch im „Christenglauben", in der höfischen Anstandslehre, im Singen, im Spielen auf der Harfe, der Zither und der Fidel (Geige) unterwiesen. Auch zum

Erlernen fremder Sprachen suchte man ihnen Gelegenheit zu geben, wie ja auch das Reisen in fremde Länder schon für ein Bildungsmittel galt. Eine edle Seite dieser ritterlichen Erziehung war, daß man den Jünglingen, ja schon den Knaben, das Verhältniß des Mannes zum Weibe in wahrhaft idealischem Lichte zu zeigen sich bemühte und den „Frauendienst" (im besten Sinne des Wortes) als eine unerläßliche Pflicht des höfischen Mannes und rechten Ritters darstellte. Ulrich von Lichtenstein, welcher i. J. 1222 durch den Herzog Leopold den Glorreichen zum Ritter geschlagen wurde und nachmals die ritterliche Romantik bis zur grotesken Narrheit überspannte, berichtet: „Als ich noch ein kleiner Junge war, hört' ich gar oft lesen und sagen, daß niemand rechte Würde und Ehr zu erwerben vermöchte, wer nicht guten Frauen sonder Wank dienstbereit wäre" — und der „Winsbecke" läßt einen Vater seinem Sohne rathen:

> „Sohn, willst du zieren deinen Leib,
> So daß er sei dem Unfug gram,
> So ehr' und liebe gute Weib'!
> Alle Sorgen scheuchen sie tugendsam.
> Sie sind der wonnigliche Stamm,
> Von dem wir alle sind geboren.
> Der hat nicht Zucht noch rechte Scham,
> Der solches nicht an ihnen preis't;
> Er ist zu rechnen zu den Thoren,
> Und hätt' er Salomonis Geist."

Mit dem vierzehnten Jahre galt die Erziehung des „Junkherrlein" in der „Höflichkeit", welche ja keineswegs nur eine Lehre des äußeren Anstandes, sondern auch eine ernste Pflichtenlehre war, für vollendet. Der Jüngling war jetzt wehrfähig und machte als „Knappe" im Dienste eines Ritters einen praktischen Lehrkursus durch. Seine Knappenzeit verschaffte ihm kriegerische Erfahrungen, lehrte ihn, da sie ihn ja wohl auch mit seinem kreuzfahrenden Herrn ins „heilige" Land oder ins „heidnische Preußenland" oder mit einem kaiserlichen „Römerzug" ins sonnige Welschland führte, Welt und Menschen kennen, bot ihm Gelegenheit, die Tüchtigkeit von Kopf und Hand zu bewähren, weihte ihn nicht selten in die Geschäfte des Staates und in die Geheimnisse der Höfe ein. Nach also bestandener Probezeit that sich ihm bei einer passenden Gelegenheit der Kreis der Ritterschaft auf, indem er den Ritterschlag erhielt, was in einfacher Form vor einer anhebenden Schlacht oder nach errungenem Sieg auf der Walstatt, in feierlicher bei großen Hof- und Kirchenfesten vor sich ging. Im letzteren Falle lag es dem Knappen ob, mittels andächtiger nächtlicher „Waffenwacht" in einer Kirche oder Kapelle, wie mittels Beichte und Abendmahl, gehörig sich vorzubereiten. War dies gethan, so reichte ein Priester dem vor dem Altar knieenden und mit einem weißen Gewande angethanen Kandidaten das Ritterschwert. Hierauf hatte er in einer Versammlung von Rittern und Damen die Rittergelübde zu leisten, welche darauf gingen, die Kirche zu schützen, dem Lehensherren treu, hold und gewärtig zu sein, keine ungerechte Fehde zu beginnen, Witwen und Waisen zu schirmen, die Frauen zu ehren. Nach geleistetem Gelöbniß that man ihm Panzer, Halsberge, Arm- und Beinschienen an, schnallte die goldenen Sporen an seine Fersen, legte das Wehrgehenk um seine Hüfte und also angethan empfing er knieend von der Hand eines Ritters den Ritterschlag, d. h. drei mit der flachen Klinge auf die Schulter gegebene Schläge. Dem Neugeritterten reichte man schließlich Helm, Schild und Lanze dar und führte ihm sein Roß vor, auf das er sich in voller Wehr und ohne den Steigbügel zu berühren schwingen mußte, um es reiterkunstgemäß im Kreise zu tummeln. Den sittlichen Sinn des Ritterschlages hat Gottfried angegeben da, wo er in seiner schönen Schilderung von Tristans „Schwertleite" den alten Marke zu seinem Neffen sagen läßt: „Nun dir das Schwert gesegnet ist und nun du Ritter worden bist, so erwäge den Ritterpreis zumeist und auch dich selber, wer du sei'st, deine Geburt und Edelkeit habe vor Augen allezeit. Sei demüthig und ohne Trug, sei wahrhaft, halte Zucht und Fug, sei immer gegen Arme gut und gegen Reiche hochgemuth, ziere und werthe deinen Leib, ehre und schirme jedes Weib, der Welt sei mild und sei getreu, deine Milde und Treue sei immer neu!"

Der junge Ritter hatte nun nichts Angelegentlicheres zu thun, als sich eine „Herrin", Mädchen oder Frau, zu erwählen, welcher er nach allen Regeln der Höflichkeit seinen Minnedienst weihte. Hierbei ist anzumerken, daß dieser Frauendienst keineswegs immer oder auch nur zumeist in den Schranken einer platonischen Anbetung sich hielt, sondern auf die Erlangung von sehr realem „Minnesold" abzielte. Zahllose Beispiele aus unserer mittelhochdeutschen Literatur bestätigen das. Selbst bei dem ernsten und keuschen Wolfram erscheint im „Parzival" das Verhältniß der beiden Geschlechter häufig genug als ein leichtfertiges. Hinwiederum hat aber derselbe Wolfram in den auf uns gekommenen Bruchstücken seines „Titurel" der lauteren Minne ein wunderbar schönes Denkmal gestiftet. Dasselbe besteht aus den herrlichen

Ulrichs von Lichtenstein großes Abenteuer.

Strophen, in welchen das Erwachen der Liebe in den Herzen des jungen Schionatulander und der jungen Sigune und die Sehnsucht, welche sie zu einander zieht, geschildert ist. Nur ganz weniges beim Homer, beim Shakespeare und beim Göthe kommt an Innigkeit, Zartheit und Naturwahrheit dieser Offenbarung echtester Poesie gleich. Die ganze Frivolität des ritterlichen Minnedienstes dagegen legt sich mit breitspuriger Selbstgefälligkeit dar in den Denkwürdigkeiten Ulrichs von Lichtenstein, des mehrerwähnten deutschen Don Quijote, welcher ja ein verheirateter Mann war, aber trotzdem, einer anderen Frau, seiner „Herrin" zu dienen, die verrücktesten Abenteuer aufsuchte und zu seiner rechtmäßigen Ehefrau nur heimkehrte, wann er, verwundet oder wenigstens tüchtig durchgebläut, ihrer Pflege bedurfte. Ulrichs „Frauendienst" beweis't, daß die Ritterromantik mitunter zur blanken Narrheit ausgeschlagen ist. Auch zeigt das Buch, wie unbarmherzig gescheide „Herrinnen" oft mit ihren närrischen Minnedienstmannen umsprangen." Der gefährliche Spaß, welchen sich Ulrichs Herrin mit dem armen „Minnerlein" machte, als dieser endlich die Stunde der Auszahlung des Minnesoldes gekommen glaubte, gehört zu den tollsten Schwänken des Mittelalters.

Ein richtiger „Minner" mußte schon in der Farbenwahl zu seinem Anzug den Leuten kundzugeben, wie es zwischen ihm und seiner Herrin bestellt wäre. Denn die verschiedenen Farben symbolisirten die verschiedenen Stadien des Minnedrama's. Wir haben ein mittelhochdeutsches Gedicht „Von den Farben", worin sich eine Geminnte bitterlich beklagt, daß ihr Ritter sich gelb kleidete. Denn gelb war so zu sagen

Schnabelschuhe und Schellentracht.

die Quittung für das vollwichtig empfangene Gold des Minnesoldes. Uebrigens wechselten auch in der männlichen Tracht wie in der weiblichen die Moden rasch. Stehend blieben bis zum Aufkommen der sogenannten spanischen Tracht im 15. und 16. Jahrhundert nur die drei Hauptstücke der Männerkleidung: Beinkleid, Leibrod und Mantel. Die „gezattelten" und die „geschlitzten" Kleider waren Barockheiten, welche zu den noch größeren der Pluderhosen und Pluderärmel hinüberleiteten. Am Ende des 12. Jahrhunderts begegnet uns die ritterliche Mode, das Wappenthier des Geschlechtes auf einem oder mehreren Theilen des Anzugs gestickt zu tragen. Vom 13. Jahrhundert an wurde mit Bareten, Hüten und Schuhzeug ein großer Luxus getrieben, wie selbstverständlich auch mit reichverzierten Waffen. Modische Verrücktheiten erster Sorte waren die „Schnabelschuhe", welche schon im 11. Jahrhundert auf- und noch im 15. vorkamen, und die „Schellentracht", die zur letztgenannten Zeit in Gestalt von mit

Der Sieger im Turnier.

Glöcklein und Rollschellen besetzten Gürteln, Knie- und Armbändern in der ritterlich-romantischen Welt herumschellte. Die höfische Sitte verlangte, daß die Herrin, die Geliebte, ihrem Minnedienstmann ein Minnepfand gab, einen Gürtel oder Schleier, einen Aermel oder Handschuh, und dieses Pfand befestigte er an seinem Helm oder Schild, wann er zu Felde oder zum Turniere ritt. Auch wissen wir von liebenden Paaren, daß sie ihre Hemden als Liebespfänder tauschten. Groß war dann die Freude und der Stolz der Geminnten, so der Minner das Pfand recht zerhauen und zerstochen aus dem Kampfe heimbrachte. Aber die höchste Befriedigung weiblicher Eitelkeit mag es doch gewesen sein, falls eine Dame bei einem Festturnier zur „Königin der Schönheit" erlesen wurde, um den Siegern, worunter ja auch der eigene Geliebte sein mochte, die Turnierpreise auszuhändigen.

Das Turnier (vom französischen tourner) ist das allbekannte

Turnspiel der Ritterzeit und der Mittelpunkt und Hauptakt aller ritterlichen Festlichkeiten gewesen. Regelrecht ausgebildet wurde das deutsche Turnierwesen vom 12. Jahrhundert an und es hat bis ins 16., ja sogar bis ins 17. Jahrhundert bestanden, obzwar die ernste Seite der Sache vom 15. Jahrhundert an mehr und mehr sich minderte. Die Turnierkämpfe wurden ausgefochten entweder zu Pferde mit Lanze und Schwert oder zu Fuße mit Streitaxt, Streitkolben, Speer und Schwert. Stritten die Parteien in ganzen Schaaren gegen einander, so war das ein „Buhurd". Gewöhnlicher jedoch war der Einzelkampf von Mann gegen Mann und für die ritterlichste Kampfweise galt das Lanzenrennen zu Pferde, der „Tjost". Man „buhurdirte" demnach oder man „tjostete". Der Lanzenkampf aber war entweder ein „Schimpfrennen" mit stumpfen Lanzen oder ein „Scharfrennen", welches letztere häufig genug den Boden innerhalb der Turnierschranken mit Todten und Verwundeten bedeckte. Der „Turnierdank", welcher anfangs aus einfachen Gaben, goldenen Ketten, zierlichen Stickereien, Waffen, einem schönen Roß u. dgl. m. bestanden hatte, ist nachmals zum Gegenstande verschwenderischer Erfindungen und bizarrer Einfälle gemacht worden. Bei einem Turnier, welches die Stadtjunker von Magdeburg zu Pfingsten von 1229 veranstalteten, war gar ein schönes junges Mädchen der Turnierdank.

Wie bei ihren Turnierfahrten, so mußten die reisenden Ritter und Damen überhaupt die Gastfreundschaft im weitesten Umfang in Anspruch nehmen. Man reis'te ja nur zu Pferde und nur mit eigenen Pferden auf Straßen, welche eigentlich Nichtstraßen waren, man konnte folglich nur kleine Tagemärsche machen, und da sich erträgliche öffentliche Herbergen nur in den Städten befanden, so mußte man Sorge tragen, Abends bei Zeiten eine Burg zu erreichen, wo man eines gastfreien Willkomms sicher sein konnte. Die Gäste wurden dann auch nach allen Vorschriften der Höflichkeit empfangen. Die Hausfrau bot, umgeben von ihren Töchtern, in der Ehrenhalle dem Gastfreund mit Hand und Mund den Willkomm, entledigte ihn der Rüstung, versah ihn mit einer bequemen Hauskleidung, credenzte ihm einen Becher Wein und schaffte, daß ihm ein Bad bereitet wurde. Nachher ward ihm bei der Abendmahlzeit der Ehrenplatz angewiesen, die Burgfrau oder das Burgfräulein legte ihm die Speisen vor, und wann er sich dann zur Ruhe begab, geleitete ihn die Wirthin oder eine Tochter bis zu seiner Kemenate. Bei großen Gastgeboten, wozu die zahlreichen Kirchenfeste, Vermählungen, Taufen, Reichstage häufige Veranlassungen gaben, ging es hoch her. Reiche Magnaten zeigten da ihren auf „Tressuren" prunkend zur Schau gestellten Vorrath von kostbaren Kannen, Bechern und Schüsseln, wie die gediegene Ausstattung ihrer Gemächer mit Hausrath, mit Tapeten und Teppichen. Dann auch ließen sich, während zu gewöhnlichen Zeiten der Tisch auch der Vornehmen sehr einfach mit geräuchertem und gesalzenem Fleische, mit Kohl und Hülsenfrüchten, mit Bier und Meth besetzt war, Küche und Keller festlich sehen. Für unseren Geschmack dürfte freilich die ritterlich romantische Kochkunst mit Würzwerk aller Art viel zu verschwenderisch umgegangen sein. Auch hinsichtlich der Weine, die man — welsche und griechische hatten den Vorzug — selten lauter trank, obzwar gerade die stark mit allerhand Gewürzen gemischten und gekochten wunderlich genug „Lautertrank" hießen. In den Hofburgen und deren Nebengebäuden herbergten an Hochzeit-, d= h. Festtagen, oft hunderte, ja tausende von Gästen und Gästinnen. Das festliche Tagwerk hob mit einem Hochamt an, damit die religiöse Weihe ihm nicht fehle. Nach ihrer Rückkehr aus der Kirche setzte sich die Gesellschaft zum „Imbiß", d. h. zum Frühmahl, welches schon aus sehr substanziellen Speisen und Getränken bestand. Den Vormittag füllte entweder ein Turnier oder eine Jagd aus, welche letztere die Damen als kühne Reiterinnen mitmachten, so daß wir uns ein richtiges Edelfräulein gerne vorstellen, wie es mit dem Falken auf der Faust der rechten Hand zur Reiherbeize reitet. Erst gegen Abend zu riefen Hörner und Zinken zur Hauptmahlzeit. Dabei war es Brauch, die Tafel mit Blumen zu bestreuen und Blumenkränze darüber aufzuhängen; auch die Schmausenden selbst trugen oft solche. In der besten Zeit

der Ritterromantik war es deutsche Sitte, daß Herren und Damen in besonderen Räumen speis'ten. Beim Verlöbniß des jungen Giselher mit der Tochter des Markgrafen Rüdeger, welches uns im Nibelungenlied so hübsch geschildert ist, schieden sich „nach gewohnheite" die beiden Geschlechter, als im großen Sale die Tafel beschickt wurde. Die Frau Markgräfin allein blieb bei den speisenden Herren, um bei Tische nach dem Rechten zu sehen. Die Prinzessin dagegen saß der Damentafel

Empfang eines Gastes.

in einem anderen Gemache vor. Später jedoch griff auch in Deutschland die französische Speiseart platz, der zufolge Herren und Damen paarweise bei Tische saßen. Das Tischgespräch war frisch und froh, aber die Schwänke, die erzählt, die Scherze, welche losgelassen wurden, gingen häufig genug so ins Derbe,

Draſtiſche, ja geradezu Zotige, daß den Nachfahrinnen unſerer Vorfahrinnen darob die Haut ſchaudern müßte. Denn unſere Altvorderen waren allen Subtilitäten des „Minnedienſtes" zum Trotz ein ſehr derbes Geſchlecht, ſchraken vor nichts Natürlichem zurück, legten ihre Worte keineswegs auf die Goldwage und nannten die Dinge friſchweg mit ihren Namen. Es iſt uns aus dem 12., 13. und 14. Jahrhundert eine ſehr reiche Erb= ſchaft höfiſcher Schwankdichtungen (in Verſen) zugefallen, welche, theilweiſe von nicht gemeinem dichteriſchem Werthe, ſehr frank und frei zeigt, daß die Lieblingsunterhaltung unſerer Alt=

Walpurgishain.

vorderen ſich vorzugsweiſe auf einem in der jetzigen guten Geſellſchaft verpönten Gebiete bewegte, d. h. auf dem der Unzweideutigkeiten. Man muß auch, was das Verhältniß und den Verkehr der beiden Geſchlechter angeht, ſtets im Auge halten, daß die ritterlich=romantiſchen „Herrinnen" in der Wirklichkeit das ganze Mittelalter hindurch rechtlich die gehorſamen Dienerinnen ihrer Väter und

Höfisches Brautmahl.

Ehemänner waren und daß die letzteren oft in sehr brutaler Weise die Herren spielten. Ist doch von dem Spiegel aller Heldenschaft, vom Sigfrid gesungen, daß er keinen Anstand nahm, seine „hehre" Frau Kriemhild mit Schlägen zu züchtigen, weil sie eine gar böse Klatscherei angerichtet hatte. „Was ich der Brunhild zu Leide gethan — sagt die Königstochter zum grimmen Hagen — hat mich schwer schon gereut. Auch hat mein Herr von wegen meines Klatsches mit unsanft genug den Leib zerbläut. . . ." Während des Mahles wurden Spielleute vorgelassen, um ihre mancherlei Künste zu zeigen. Was alles man aber unter „Spielleuten" verstand, erklärt uns das berühmte mittelalterliche Rechtsbuch, der „Sachsenspiegel", nämlich „pfifer, puker, videler, singer, springer, toukeler (Gaukler), leser, scherer, beder und alle gerende lute und herolde und schreyer." Bei einbrechender Dämmerung gingen die Damen, in der Schloßkapelle die Vesper singen zu hören. Hierauf vereinigte sich die Gesellschaft wieder in der großen Halle zu mancherlei „Spiel", denn das mittelhochdeutsche Wort „spil" bedeutete Zeitvertreib oder Kurzweil überhaupt. Die älteren Herren vertrieben sich die Zeit mit dem Wurfzabel- und dem Schachzabelspiel (Würfel- und Schachspiel) und ließen es sich dabei angelegen sein, den Weinfässern ihres Wirthes auf den Grund zu kommen. Die älteren Damen machten, in den in die klafterdicken Mauern eingelassenen „Lauben" beisammen sitzend, mehr oder weniger romantischen Klatsch. Das junge Volk erlustigte sich mit „Gesellschaftsspielen" — deren es gerade wie „Kinderspiele" schon eine Menge gab, so daß die meisten der jetzt noch bräuchlichen von unseren Vorfahren aufgebracht worden sind — oder auch mit Musik und Gesang, indem Laute und Lied unter ihnen umging, oder am vergnüglichsten Vergnügen der Jugend, am Tanze. Die Höfischkeit kannte zwei Hauptarten von Tänzen, den eigentlichen „Tanz" und den „Reihen". Jener war eine schreitende oder schleifende Bewegung, dieser eine springende. Beim „Tanze" faßte der Ritter eine oder zwei Damen bei den Händen und umschritt schleifenden Schrittes mit ihnen den Sal, zu welchem Schreiten Saiteninstrumente und „Tanzlieder", welche von dem Vortänzer und der Vortänzerin angestimmt wurden, den Takt angaben. Diese gemessene, wohlanständige Tanzweise nahm ihre feierlichste Gestalt an in den „Fackeltänzen", wie solche bei fürstlichen Vermählungen üblich waren. Die „Reihen" wurden im Freien getanzt oder vielmehr gehüpft und gesprungen. Maßen sich hierbei nicht nur Tänzer, sondern auch Tänzerinnen durch hohe und „klafterweite" Sprünge auszuzeichnen suchten und die Tanzenden „wie Kraniche, Bären und Böcke" sprangen und tollten, so konnten die „Reihen" nichts weniger als schön sein und es mußten sich aus ihnen unschwer unschickliche und zuchtlose Tänze entwickeln, welche, wie wir sehen werden, zur Reformationszeit üblich waren. Bevor die Gesellschaft, freudensatt, sich trennte, um die Schlafgemächer aufzusuchen, wurde ihr noch der „Schlaftrunk" geboten, Wein, wozu man frisches oder eingemachtes Obst genoß.

Höfische Hochzeiten im modernen Wortsinne gehörten natürlich mit zu den glänzendsten Lebensäußerungen der ritterlich-romantischen Welt. Dabei fällt zweierlei auf: erstens, daß die Ehefähigkeit der Mädchen als schon mit dem 13. und 14. Jahre eingetreten angenommen wurde und aus aus fürstlichen Kreisen von der vollzogenen Vermählung sogar zwölfjähriger Bräute gemeldet wird; und zweitens, daß die kirchliche Trauung nur so nebenbei geschah. Eine ausführliche Beschreibung einer höfischen Heirat aus dem 13. Jahrhundert finden wir beim Heinrich von Freiberg, dem Fortsetzer von Gottfrieds „Tristan", da, wo er erzählt, wie Tristan mit der jungen Herzogin von Arundel, Jsolde Weißhand, Hochzeit macht. In dem Palas der Herzogsburg ist die Bankettafel gerüstet, und nachdem zuerst der Braut, dann den Gästen je nach ihrem Range das Handwasser gereicht worden, beginnt die Festmahlzeit, wobei aus auserlesenem Geschirre gegessen und der Wein aus Goldbechern getrunken wird. Nach beendigtem Mahl verwandelt sich der Speisesaal in den Tanzsal, denn die Tische werden beiseite gerückt und die Spielleute beginnen ihre Fideln zu streichen. Tristan faßt Jsolde bei der Hand, um sie zum Tanze zu führen;

und Herren und Damen thun es dem Brautpaare nach. Sie schreiten und schleifen sacht und sanft, denn die langen Schleppen („swänze", „swänzelein") der Damen verwehren eine raschere Bewegung. Wie sie nun „frohsam tanzen und in Freude herumschwanzen", tritt ein „Bischof" in den Sal, mit seinem Ornat angethan. Der Tanz wird ausgesetzt, die Gäste bilden einen Ring und mitten in denselben hinein wird die Braut gestellt, und zwar von ihrem Vater an der einen, von ihrem Bruder an der andern Hand geführt. Der Bräutigam stellt sich ihr zur Seite, das Paar spricht das Gelübde der Treue, tauscht die Ringe und der Bischof „gap Isoten die maget im ze rehter ê und gap in ir." Darnach werden die Kerzen angezündet und beginnen die Weinbecher zu kreisen. Bald aber wird dem Bräutigam gesagt, daß es an der Zeit wäre, sich in die Brautkammer zu verfügen, und nachdem er sich dorten zu Bette gelegt, wird ihm die Braut durch ihre Mutter zugeführt, im Geleite einer ganzen Damenschar. Die Herzogin legt ihre Tochter dem Bräutigam in die Arme, spricht Segenswünsche, in welche die Frauen einstimmen, und die Ehe gilt für vollzogen, „sowie eine Dede das Paar beschlägt".

Die edelste Kurzweil im höfischen Burgleben bot ohne Frage die Theilnahme, welcher die außerordentlich reiche Entwickelung unserer dichterischen Literatur unter den staufischen Friedrichen in den ritterlich-romantischen Kreisen, ja allenthalben begegnete, wo überhaupt Sinn für Edleres vorhanden war. Am Throne der Hohenstaufen ist das fremde Reis der Romantik fröhlich aufgesproßt und zu einem Baume aufgewachsen, der sich mit prächtigen Blüthen bedeckte. Die heimatliche Mundart der schwäbischen Kaiser, das vokalreiche, wohllautende Mittelhochdeutsch, wurde für drei Jahrhunderte die Schriftsprache Deutschlands. An den Höfen der Landgrafen von Thüringen, der Markgrafen von Brandenburg und der babenbergischen Herzöge von Oestreich hatte die höfische Liederkunst ihre Lieblingsstätten. Die schöne, reichgesegnete, fröhliche deutsche Ostmark an der Donau war aber die vor allen übrigen bevorzugte. Die Minne — vom althochdeutschen meinan, gedenken, meinen, lieben — in ihrer zweiseitigen Offenbarung als Gottesminne und als Frauenminne war die Seele der romantischen Dichtung unseres Mittelalters. Als die Gränzsteine ihrer Blüthezeit lassen sich etwa die Jahre 1150 und 1350 setzen. Sie offenbarte sich schöpferisch in den Formen der Lyrik, der Didaktik und der Epik. Die letztere holte ihre Stoffe aus der Fremde, indem sie die welsch-britischen Sagenkreise vom König Artus, vom heiligen Gral, vom König Marke und ähnliche behandelte, nahm sie aber auch aus der Heimat, indem sie die altnationale Heldensage wieder aufgriff. Die durch Byzanz und Rom vermittelte Kenntniß der antiken Mythenwelt machte sie sich ebenfalls dichterisch zunütze. Alle diese von Natur so verschiedenartigen Stoffe mußten sich aber nicht allein die ritterliche Gewandung, sondern auch die romantische Beseelung gefallen lassen. Griechische und römische Heroen und Heroinen, germanisch-heidnische Könige und Recken, keltische Prinzen und Prinzessinnen, Dietrich von Bern, Attila und Karl der Große, Aeneas und Lavinia, Sigfrid und Kriemhild, sie alle treten wie höfische Ritter und Damen der Stauferzeit auf. Und alles dreht sich um die Minne, so daß von dieser ganzen Literatur der Ausruf Wolframs von Eschenbach gelten kann: „Der Minne Macht bewältigt die Nähe wie die Ferne; Minne herbergt auf der Erden und in den Himmel geleitet sie gerne; allerwärts ist Minne, nur nicht in der Hölle drinne." Die Anzahl der ritterlich-romantischen Lyriker, Didaktiker und Epiker war sehr groß, aber leider ist die Ueberlieferung, was die Persönlichkeiten der Dichter angeht, nur eine ganz karge. Selbst von den bedeutenderen und bedeutendsten wissen wir sehr wenig und noch dazu beruht dies wenige mehr nur auf Vermuthungen als auf unbestreitbaren Thatsachen. Unsere Altvorderen haben es offenbar nicht der Mühe werth gehalten, sich um die Lebensverhältnisse der Poeten zu kümmern, welche ja doch am Ende aller Enden auch nur zu den „Spielleuten" gehörten. Ist es doch von jeher ein Hauptlaster unseres Volkes gewesen und bis auf den heutigen Tag geblieben, daß es sich gegen seine Denker, Dichter und Künstler, so lange sie lebten und der Theil-

Der Sängerkrieg auf der Wartburg.

nahme bedurften, kalt und karg, geradezu knauserig und „knorzig" verhielt. Auch gereichte es den Poeten zum Schaden, daß zur Stauferzeit die Poesie so zu sagen Mode war. Es ist ja ein Zubehör höfischer Zucht und Standessitte gewesen, zu einer gegebenen „Weise" (Melodie) ein Lied dichten und dasselbe mit Begleitung der Zither oder Harfe oder Fidel vortragen oder auch wohl mit dem neuen Lied zugleich eine neue Weise ersinnen zu können, und darum finden wir unter unsern nahezu zweihundert Minnesängern Bürger, Edelleute, Prälaten, Fürsten, Könige. Aber gerade diese große Verbreitung des dichterischen Dilettantismus mußte der Schätzung der lyrischen Kunst Eintrag thun und daher das Bettelhafte, welches der Minnesängerei anhaftete. Es berührt uns doch sehr widerwärtig, wenn wir sogar einen Mann, wie der hochherzige Walther einer war, vor Freude darüber, daß Kaiser Friedrich der Zweite endlich seine Bitten erhört und ihm ein kleines Lehen verliehen hat, ganz außer sich gerathen sehen. Ja, ja, die deutsche Nation hat sich nie darum gekümmert, den Trägern ihres Genius den Kampf ums Dasein auch nur ein klein wenig zu erleichtern. Zu keiner Zeit! Im 13. Jahrhundert hatte Kaiser Friedrich eine stets verschwenderisch offene Hand für allerhand Menschenkehricht männlichen und weiblichen Geschlechtes: der Walther aber mußte lange bitten, bis ihm ein Lehensgütlein zugewiesen wurde. Im 18. Jahrhundert besoldete z. B. ein deutscher Fürst eine aus Paris verschriebene Zeitvertreiberin mit 30,000 Thalern jährlich, den Lessing dagegen mit 300 ...

Was die Formen des Minnegesangs angeht, so bestanden diese in „Leichen" (vom franz. lais), d. h. in einfach fortlaufenden Reimpaaren, in „Reihen" oder Tanzweisen, in Spruchstrophen, wie wir sie z. B. bei dem Lehrdichter der „Winsbeke" trafen, und in „Liedern", zusammengesetzt aus mehreren, in künstlichen Reimverschlingungen sich bewegenden Strophen. Der Gehalt dieser Lyrik, deren älteste Aeußerungen noch ihr Hervorgewachsensein aus dem Volksliede aufzeigen, ist ein deutsch-nationaler und als solcher namentlich durch die Sinnigkeit der Naturbetrachtung wie durch die Innigkeit des Liebegefühls gekennzeichnet. Aber die Gedankenleere dieses Minnegesangs wirkt doch sehr ermüdend, die ewige Wieder-kehr derselben Bilder und Wendungen sehr langweilend. Es wohlet einem ordentlich, wenn uns aus der Treibhausatmosphäre dieser minniglichen Ritter- und Damenwelt der derbrealistische Nithart von Reuenthal unter seine baierischen und östreichischen Bauern führt und die mit den „Törpern" (wovon unser Tölpel) und „Törperinnen" getriebenen Eulenspiegeleien schildert, wobei gerade die Anwendung der steif-leinenminnesängerischen Formen hochkomisch wirkt. Nur bei einem unserer alten Lyriker, beim Groß-meister des deutschen Minnegesangs, erscheinen diese Formen als der völlig natürliche Ausdruck einer edlen Persönlichkeit, beim Walther von der Vogelweide, dessen Heimathstätte man im Tirol aufgefunden zu haben glaubt. Er lebte und starb unter den zwei großen staufischen Friedrichen. Wie ein Alpenberg über Hügelgebreite, so hebt sich Walther an Genius und Charakter über alle die andern Minnesänger hinweg. Zu hohem Maße verband sich in ihm mit dem Dichter der Denker, mit Phantasiefülle und Gemüthstiefe die klare Einsicht in seine Zeit, ihre Bedürfnisse und Schmerzen. Im schönsten Sinne war er Patriot, stand fest zum Kaiser und Reich, strafte die anarchischen Gelüste der Fürsten, züchtigte die Verderbtheit der Pfaffen und brandmarkte den Papst als einen „neuen Judas". Wir können ihn unschwer uns so vorstellen, wie er sich selbst in einem seiner Gedichte gezeichnet hat: auf einem Stein an einem Bache sitzend, ein Bein über das andere gelegt, das Kinn in die aufgestützte Hand gedrückt, gramschwer über die Zerrüttung Deutschlands nach dem Tode Heinrichs des Sechsten nachsinnend und nach Auskunfts-mitteln suchend, die Noth zu wenden. Für alles, was das Menschenherz bewegt, hatte er einen Ton, einen echten Brustton in der Brust. Er sang das herzigste aller Minnelieder („Unter der linden"), aber er dichtete auch das stolzeste deutsche Vaterlandslied, welches im Mittelalter erklungen („Ir sult sprechen willekomen!"), und wenn er die deutschen Frauen verherrlicht hat wie kein zweiter, so hat

er die deutschen Männer gelehrt, was ihnen ziemte. Bei den Besten unseres Volkes ist für alle Zeit sein Platz. Wie als Lyriker, stand er auch als Lehrdichter hoch und man hat daher die Lehrdichtung „Bescheidenheit" (d. h. Bescheidwissen), welche unter dem Namen des Freidank geht und mit den Sprüchen des Winsbecke, dem „Renner" des Hugo von Trimberg, dem „Welschen Gast" des Thomasin Tirkler und dem Fabelnbuch „Der Edelstein" des berner Predigermönches Ulrich Boner (st. um 1350) zum Trefflichsten unserer mittelalterlichen Didaktik gehört, Walthern zuschreiben wollen. Aus den Liedern der ältesten Minnesänger, des von Kürenberg und des Dietmar von Aist spürt man, wie schon angedeutet worden, noch den Volkston heraus. Bei den späteren und spätesten, einem Konrad von Wirzburg, Reinmar, Frauenlob, Regenbogen und anderen, ist die lyrische Unmittelbarkeit ganz hinter die Reflektion zurückgetreten und aus den Kreisen solcher Reflektionspoeten ist am Ende des 13. Jahrhunderts das in gesuchter Künstlichkeit, Wortspielerei und Räthselei sich gefallende Streitgedicht „Der Sängerkrieg auf der Wartburg" hervorgegangen, welches dem Walther von der Vogelweide, dem Wolfram von Eschenbach, dem mythischen Heinrich von Ofterdingen und dem fabelhaften Klingsor in den Mund gelegt ist und zu der Sage Veranlassung gab, die Genannten hätten am bezeichneten

Der Spielmann unter der Dorflinde.

Orte ein Wettsingen um Leben und Tod gehalten. Für den letzten echten Minnesinger kann der i. J. 1445 gestorbene Tiroler Oswald von Wolkenstein gelten, welcher zugleich einen so richtigen „irrenden" oder „fahrenden" Ritter darstellt, wie Deutschland keinen zweiten gehabt. Denn schon als Knabe von 10 Jahren nahm er theil an einer „lieben Reise" ins Preußenland und 16 Jahre lang ist er von dort aus abenteuernd in Polen und Rußland, in den Ost- und Nordseegegenden, in Britannien, im Orient bis nach Persien hinein herumgefahren. Nach seiner Heimkehr ward es dem Rastlosen bald wieder zu enge zwischen den tiroler Bergen. Er fuhr abermals aus, zuvörderst als Pilger zu dem „heiligen Grabe", später nach Italien. Auch sonst war sein Leben ein hochbewegtes, schroffgegensätzlich zwischen der Menschen Gunst und Ungunst, zwischen Ruhm und Schmach, Glück und Unglück wechselnd. Er war wohl der sprachkundigste Deutsche des Mittelalters, denn er verstand 10 Sprachen. Seine Gedichte muthen uns an wie ein Altweibersommer der Minnelyrik.

Die höfische Epik hob in der zweiten Hälfte des 12. Jahrhunderts an und ist zuerst in der Pflege von Geistlichen gediehen. Der „Pfaff" — im Mittelalter bekanntlich kein Schimpf-, sondern ein Ehrenname — der Pfaff Konrad dichtete ein „Rolandslied", der Pfaff Lamprecht ein „Alexanderslied". Dann stellte Heinrich von Veldeke mittels seiner riesig langen „Eneit" den Stil der ritterlich-romantischen Heldendichtung fest und verschaffte Hartmann von der Aue mittels seines „Erek" und seines „Iwein" diesem Stil die höchste „Zierheit" und Beliebtheit. Aber zur Vollendung geführt wurde die deutsche Ritterepik durch die beiden Zeitgenossen und Gegensätzler, den fränkischen Ritter Wolfram von Eschenbach und den elsässer Meister Gottfried von Straßburg. Jener war der größte Idealist, dieser der größte Realist unter den deutschen Dichtern des Mittelalters, beide aber sind Männer von Genie und, jeder in seiner Art, von vollendeter Kunst gewesen. Wolfram schuf in seinem „Parzival" die welsche Gral- und Artussage zu einer deutschen Dichtung um, welche an Großartigkeit und Tiefsinn ganz einzig im Mittelalter dastehen würde, so ihr nicht hundert Jahre später die Göttliche Komödie des Dante nachgefolgt wäre. Der Deutsche wollte in seinem großen Gedichte die Idee des Ritterthums in ihrer höchsten Fassung zur dichterischen Erscheinung bringen. Sein Parzival ist daher eine Art von mittelalterlichem Faust, welcher, vom Zweifel gestachelt, in der Märchenwelt des Glaubens herumabenteuert. Zum erstenmal ist auf deutschem Boden durch den „gottverworrenen Mund" Wolframs, der übrigens auch schalkhaft zu lächeln verstand, die Frage nach dem Zwecke des Daseins, nach des Menschenlebens Sinn und Frommen gestellt worden und das heldische Ringen des deutschen Gedankens mit dieser Frage im Parzival ist von wahrhaft tragischer Größe. Gottfried seinerseits hat aus der heißen keltischen Liebessage von Tristan und Isolde ein leider nicht zum Abschlusse gebrachtes Gedicht von höchstem Kunstwerth geschaffen. Wie seine Sprache in ihrer zauberhaften Frische, Geschmeidigkeit und Klarheit zu dem dunkeln, oft etwas schwerfälligen Stile Wolframs im Gegensatze steht, so stellt sich Gottfried dem großen Grübler als der vorzugsweise lebensfreudige, stets des Daseins heller Seite zugewandte Dichter in bewußter und ausgesprochener Opposition gegenüber. Der kundigste „Herzenskündiger" seiner Zeit, weiß er uns die geheimsten Irrgänge menschlicher Leidenschaften aufzudecken und ebenso geistvoll versteht er es, uns mitten in die höfische Welt hineinzustellen. Die Feinheit seiner mitunter von leiser Ironie angehauchten Charakterzeichnungen hat im Mittelalter nicht Ihres Gleichen und sein unverholener Spott über die Ordalien verräth und eine bei einem Dichter, welcher zu Anfang des 13. Jahrhunderts schrieb, wahrhaft bestaunenswerthe Geistesfreiheit. Wer aber erfahren will, mit welcher keuschen Grazie Gottfried das höchste Vollgenügen beglückter Minne darzustellen vermag, der folge dem ritterlichen Tristan und der blonden Isolde in ihre Zufluchtsstätte in der Wildniß. Anmuthigeres als diese vom Morgenthau der Waldeinsamkeit funkelnde Schilderei hat „Frau Aventure" nicht ersonnen und ist wohl von keinem antiken, romantischen oder modernen Dichter dargestellt worden.

Der höfischen Seite deutsch-mittelalterlicher Heldendichtung gesellte sich nun aber mit Glanz eine nationale, deren Möglichkeit darauf beruhte, daß die heimische Heldensage jahrhundertelang treulich im Volksgemüthe bewahrt und behütet worden war. Sonst hätte ja die alte Sagenwelt im 12. und 13. Jahrhundert nicht plötzlich wieder aus der Verborgenheit, wohin sie vor der anmaßlichen kirchlich-romanischen Kultur sich geflüchtet hatte, hervortreten können. Die Stauferzeit weckte mit ihrer anregenden Kraft auch die Massen aus ihrem dumpfen Hinbrüten, so daß sie in ihrer Weise an der geistigen Bewegung der Epoche sich zu betheiligen begehrten. Die Poesie wirkte auch auf das Volk, nur mußte sie hier, um rechte Theilnahme zu wecken, andere Töne anschlagen als jene fremdländisch-vornehmen, jene keltisch-welschen, welche in den Hofburgen so begehrt waren. Das Volk verlangte nach einer gesunderen, wahlverwandteren dichterischen Nahrung für Phantasie und Herz und mit richtigem Instinkte griffen seine Sager und Singer, die „Fahrenden", die wandernden Spielleute, aus der mündlichen Ueberlieferung die nationalen Stoffe auf, an welchen die Einbildungskraft des Volkes von Geschlecht zu Geschlecht so lange im Stillen gearbeitet hatte. Vor den Pforten der Wallfahrtskirchen, auf den Jahrmärkten der Städte und im Schatten der Dorflinden tönten nun wieder zum Klange der Fidel die alten Heldenweisen, in welche unser Volk die Erinnerungen an seine heidnisch-germanische Vorzeit und an die Völkerwanderung eingeschlossen hatte. Der alte deutsche Sagenwald begann mächtig aufzurauschen und aus seinen Schatten hervor schritten die riesenhaften Gestalten eines Sigfrid, Hagen, Dietrich, Hildebrand, Jlsan und Wate und traten mitten in die höfisch geschniegelten und gebügelten Kreise der Ritter von König Artus' Tafel-runde und ihrer Damen hinein. Denn nicht lange ja blieb die dichterische Arbeit an der nationalen Heldensage ausschließlich bei den volksmäßigen Singern und Sagern. Die Vorträge derselben hatten gelegentlich auch auf Ritterburgen und in Hofpfalzen Hörer und Hörerinnen gefunden und demzufolge nahmen höfisch geschulte Dichter zu Anfang des 13. Jahrhunderts die alteinheimischen Sagen auf, stellten die einzelnen erzählenden Lieder der Fahrenden zu größeren Kreisen zusammen und überarbeiteten die also gewonnenen Heldengedichte nach den Anforderungen der ritterlich-romantischen Kunst. Aus diesem Hergang erklärt sich die Gestaltung, welche unsere nationale Heldensage in ihren verschiedenen Auszweigungen in der Glanzzeit höfischer Romantik erhalten hat. Freilich waren die höfischen Bearbeiter derselben lange nicht unbefangen genug, ihre Aufgabe im altnationalen Tone durchzuführen, obzwar sie mit richtigem Takte gegenüber den kurzen Reimpaaren, in welchen die höfische Epik sich bewegte, das altnationale lang-zeilige Versmaß wieder zu Ehren brachten; freilich auch behandelten sie ihre Stoffe mit romantischer Will-kür und trübten die Reinheit ihres Materials durch fremdländisch-ritterthümliche Zuthaten: trotzdem aber hat die der nationalen Sage innewohnende Urkraft sie gezwungen, derselben im ganzen und großen ihr Recht widerfahren zu lassen. Zudem haben einzelne Sagenkreise Bearbeiter gefunden, welche dichterisch hochbegabt gewesen sein müssen. Solche Gunst des Geschickes haben namentlich unsere zwei herrlichsten Heldenlieder erfahren, welche zusammen das sogenannte „Große Heldenbuch" ausmachen: Das Lied von der „Nibelunge Noth" und das Lied von der „Kudrun". Man hat sie nicht unzutreffend als die deutsche Jlias und als die deutsche Odyssee gekennzeichnet. Was insbesondere das Nibelungenlied angeht, so zeigt es in seiner jetzigen Form die vielfachen Umgestaltungen und Erweiterungen des uralten Sigfridsmythus, mit welchem hier die burgundische, hunnische und ostgothische Stammsage zusammengeflossen sind. Ohne Frage steht es in der Weltliteratur als das naturwüchsigste, eigenartigste und gewaltigste Epos da, welches seit der homerischen Jlias aus irgend einem Volke hervorgewachsen ist. Es tost von dem Waffengewühle der Völkerwanderungszeit. Groß im Entwurf, prächtig in der Ausführung, reich an einer Seelenmalerei, welche die Abgründe des Menschenherzens blitzartig erhellt, verkündet es erschütternd das Walten der Nemesis in der Weltgeschichte. Und wer ist der Mann, welcher um 1210 diesem unserem Nationalepos, das, wie Göthe sagte, Jedermann kennen sollte, um nach dem Maßstabe seines Vermögens die Wirkung davon zu empfangen, seine jetzige Gestalt gegeben hat? Man weiß es nicht. Alle Bemühungen, den Nibelungendichter aufzufinden und nachzuweisen, haben nur sehr problematische Resultate gehabt. Das Werk besteht, der oder die Werkmeister sind verschollen . . . .

Eine Gesellschaft, welche eine Literatur, wie sie im Vorstehenden skizzirt worden, hervorzubringen vermochte, mußte nothwendig einen hohen Kulturgrad erreicht haben, ja geradezu den höchsten, welcher überhaupt unter der Herrschaft der mittelalterlichen Weltanschauung sich erreichen ließ. Aber diese Bildungs-

„Reiten und Rauben ist keine Schande,
Das thun die Besten im Lande."

blüthe hatte das Loos alles Menschlichen: sie ging vorüber. Vom 14. Jahrhundert an verfiel die ritterlich-romantische Welt rasch und immer rascher und mit ihr auch ihre Literatur. Das höfische Epos löste sich in die breitspurige und schlüpfrige Prosa des Ritterromans auf, das volksmäßige Heldenlied in die geistlose und plumpe Prosa des Volksromans, wie er mit Benützung der nationalen und der höfischen Sagenkreise in unseren deutschen „Volksbüchern" jahrhundertelang gepflegt wurde. Der ritterliche Minnegesang fiel zum bürgerlichen Meistergesang ab und sank von diesem tiefer und immer tiefer zu unflätiger Bänkelsängerei hinunter. Wie hätte auch das verwilderte Ritterthum des 15. Jahrhunderts Sinn für wirklich Schönes und Hohes haben können? Auf den Burgen in Folge übermäßigen Aufwandes ökonomische Zerrüttung und Mißwirthschaft. Die Männer nicht so fast mehr Ritter als vielmehr Räuber, welche das Faust- und Fehderecht zur handwerksmäßigen Wegelagerei ausnützten, einer Rauflust sich überließen, die nicht einmal mehr Ehrgefühl genug besaß, den Gegner mittels eines „Absage"- oder

„Fehdebriefes" zu warnen, und ihr Vergnügen nur in rohen Zechgelagen und unsauberen Possen suchten. Die Frauen ebenfalls vergemeinert, Modenärrinnen, Buhlerinnen, Betschwestern. Allerdings gab es zahlreiche Ausnahmen, allerdings stemmten sich alle Besseren von beiden Geschlechtern der hereingebrochenen Verrohung und Verwilderung wacker entgegen, allerdings gab es auch am Ende des 15. Jahrhunderts noch ritterschaftliche Haushalte, wo der Burgherr ein Ritter im besten Sinne und die Burgherrin die sittsame, eingezogene, fleißige Hausfrau, die liebevolle Pflegerin und Unterweiserin ihrer Kinder war; aber alle die Tugenden und Mühewaltungen von Einzelnen vermochten den Verfall des Ganzen nicht aufzuhalten. Die Ideale der Romantik waren verblaßt, ihre Erscheinungsformen waren verwittert und die ritterlich-romantische Welt ging rasch der Zersetzung entgegen.

Stadtmauer.

7.

Dorf und Stadt.

ie sah es derweil im Dorf und in der Stadt aus und wie ging es unter Bauern und Bürgern her?

Schwer wuchtete die Pyramide des Feudalstaates auf ihrer Grundlage, der Bauerschaft, aber doch ist der deutsche Bauer überall, wo das harte „Herrenrecht" nicht materiell und moralisch bis zu seinen äußersten Schlußfolgerungen vorging, während des 12., 13. und 14. Jahrhunderts besser daran gewesen als in den drei folgenden. Die Kulturwirkungen der Kreuzzüge erstreckten sich auch auf die Landwirthschaft, die Besiedelung der slavischen Landstriche in den Ost- und Nordostmarken durch deutsche Kolonisten gab dem Bauer Gelegenheit, heimischem Drucke zu entweichen, und gerade diese Möglichkeit auferlegte den großen und kleinen Herren einen gewissen Zwang, ihre „Rechte" nicht allzu scharf zu handhaben, so sie ihre Hörigen und Leibeigenen nicht zur Verzweiflung und Flucht treiben wollten. Bei alledem war und blieb jedoch die Mehrzahl der deutschen Bauern hörig und leibeigen, d. h. halb oder ganz außerhalb die Rechtssphäre gestellt, jeder Willkür und Plackerei preisgegeben und mehr oder weniger nur als Sache, als

Waare betrachtet und behandelt, welche vertauscht, verkauft, verschenkt wurde. Ja, man beschenkte einander mit Leibeigenen, wie man sich heutzutage mit Blumensträußen, Spielzeug und Kunstsachen beschenkt. Ein Graf Hartmann von Kyburg z. B. schenkte laut Urkunde vom Jahre 1230 seiner lieben Ehefrau Grethe das Dorf Veltheim sammt allen dazu gehörigen männlichen und weiblichen Leibeigenen zur Morgengabe. Man ist auch nur allzu berechtigt, zu sagen, daß in der „guten alten frommen Zeit", in der „mondbeglänzten Zaubernacht" mittelalterlicher Romantik in unserem Lande ein förmlicher Sklavenhandel betrieben worden sei, und zwar nicht etwa nur mit fremden Kriegsgefangenen, sondern auch mit eingeborenen leibeigenen Männern, Weibern und Kindern. Es gibt der Urkunden genug wie jene von dem Ritter Konrad von Urach i. J. 1333 ausgestellte, wonach besagter Ritter zwei leibeigene Schwestern, Agnes und Mahilt, sammt ihren Kindern um 3 Pfund Heller (etwa 4 Reichsmark) an den Abt von Lorch verkaufte. Von einem pharisäischen Schauder brauchen wir uns darob nicht anwandeln zu lassen. Die bäuerliche Leibeigenschaft war eine logische Konsequenz des Lehenstaates und dieser selbst eine geschichtliche Nothwendigkeit. Zudem gereichte dem deutschen Bauer des 14. Jahrhunderts seine Leibeigenschaft sicherlich weniger zur Unehre, als dem deutschen Bauer des 19. Jahrhunderts seine Geisteigenschaft zur Schande gereicht.

Die Landwirthschaft nahm vom 12. Jahrhundert ab beträchtlich zu an Umfang, maßen ihr durch Rodung von Wäldern viel neuer Boden zugeführt wurde, wie auch an Vielgestaltigkeit des Getreide- und Gemüsebaus und an Verbesserung der Ackergeräthe. Obst- und Weinzucht gewannen an Sorgfalt und Mannigfaltigkeit. Noch immer zeichneten sich die Klöster darin aus, welche ja auch die Teichwirthschaft, die Fischzucht, sich sehr angelegen sein ließen. Der massenhafte Verbrauch von Honig zur Bereitung von „Lautertrank" und von Wachs zur Herstellung von Kirchenkerzen mußte die Bienenzucht heben. In der Viehwirthschaft wurde die meiste Mühe auf die Zucht von Schweinen und Pferden gewendet, denn Schweinefleisch gehörte zur Kost von Vornehm und Gering und das Ritterthum verbrauchte gar viele Jagd-, Turnier- und Schlachtrosse. Vom 13. Jahrhundert an beförderte der steigende Bedarf von Wolle auch die Schafezucht zusehends. Zur selben Zeit begann man auch schon der Wälderverwüstung Einhalt zu thun, denn die steigenden Preise des Holzes, insbesondere des Bauholzes, riethen zur Schonung des Baumwuchses. Noch waren übrigens die deutschen Forste so voll von Wild, daß das „große" und das „kleine Waidwerk", die „hohe" und die „niedrige" Jagd keineswegs nur zum Vergnügen, sondern auch und mehr noch um des Nutzens willen betrieben wurde. Damals und noch lange nachher, bis weit ins 18. Jahrhundert hinein, konnten die Jagdberechtigten auf eine Jagdrente rechnen. Die „hohe" Jagd war dem Adel vorbehalten, die „niedrige", d. h. das Fangen der Wildthiere mittels Fallen und Schlingen stand auch dem Bauer zu; nämlich auf seinem eigenen Grund und Boden, so er solchen besaß. Das änderte sich freilich mit der Zeit dahin, daß dem Bauer das Recht, zu jagen, überhaupt entzogen wurde. Denn in dem Maße, in welchem vielerorten in Deutschland die alte freie bäuerische Markgenossenschaft durch Vereinigung größeren Grundbesitzes in den Händen Einzelner verschrumpfte oder auch völlig verschwand, verwandelte sich das ursprünglich am Grund und Boden haftende Jagdrecht in einen „Wildbann" mächtiger Herren, welche jede Beeinträchtigung ihres Vorrechtes als eine Schädigung ihres Besitzes mit grausamer Härte straften. Als sodann der Begriff der Staatshoheit zur Entwickelung gedieh, wurde das Jagdrecht für einen Ausfluß der Hoheitsrechte erklärt, zu einem „Regal" gemacht und dadurch das Jagdrecht oder vielmehr Jagdunrecht auf fremdem Boden zum Gesetz erhoben.

Selbstverständlich unterschieden sich Bauerschaften, welche ihre alte Bauernfreiheit bewahrt hatten, von den hörigen und leibeigenen in ihrem ganzen Gehaben und Gebaren ganz augenscheinlich. Schon ihre Höfe und Dörfer sahen ganz anders aus. Während die Hütten höriger Bauern, durchweg aus Holz,

Lehm und Stroh gefertigt, als von ihren Schweineställen kaum merklich verschieden sich darstellten, wohnte der Freibauer in Niedersachsen und Westphalen, in Oberschwaben und in der Schweiz, in Niederbaiern und Oestreich in verhältnißmäßig stattlichen Häusern, die je nach Landesbrauch entweder aus Holz und Fachwerk oder auch aus Stein erbaut, mit regelrechten Thüren, Fenstern (obzwar noch unverglas'ten) und Treppen versehen und mit Geräth, Geschirr und Bettzeug hinlänglich ausgestattet waren. Dieser habliche Bauersame wurde eine beträchtliche Verstärkung zugeführt durch das Aufkommen des Meier- oder Pächterwesens, welches vom 13. bis zum 16. Jahrhundert immer zunahm. Adelige und geistliche Herren fanden es nämlich vortheilhafter, ihre Güter, statt sie von trägen Leibeigenen schlecht bebauen zu lassen, pachtweise an freie Bauern zu verleihen, welche einen regelmäßigen Pachtzins entrichteten und um des eigenen Vortheils willen eine geordnete Landwirthschaft treiben mußten. Es lag im Interesse des Grundbesitzers wie des Pächters, dieses gegenseitig nutzbringende Verhältniß zu einem dauernden zu machen, und so wurde aus dem Zeitpacht ein Erbpacht und ging die Meierschaft vom Vater auf den Sohn über. Zur Besserung der Umstände von Freibauern und Meiern trug nicht wenig bei, daß ihre Leistungen an Abgaben und Zinsen aus Naturallieferungen vielfach in bestimmte Geldansätze umgewandelt wurden, denn also kam es ja ihnen zu gut, wenn, wie geschah, die Erzeugnisse der Landwirthschaft verhältnißmäßig rasch im Preise stiegen.

Der rechte deutsche Bauer hatte von seinen Altvordern die Gewohnheit überkommen, lieber auf einem Einzelhof als in einem Dorfe zu hausen. Die Gemeinden, welche ganz oder großentheils aus Frei- und Meiergütern bestanden, bildeten demnach weithin zerstreute Dorfmarken. In süddeutschen Dörfern dieser Art und auf ihren Fluren spielen die bäuerischen Scenen, welche uns zeitgenössisch-mittelalterliche Dichter, ein Tanhuser, ein Nithart, ein Wernher (der „Gartener") und andere in ihren Liedern und Schwänken geschildert haben, nicht selten mit einem deutlich sichtbaren Anflug von Neid, daß den „Törpern" ihre Mittel erlaubten, so üppig zu thun. Denn da werden uns gestiefelte und besporte Bauernbursche vorgeführt, welche, Federhüte auf dem Kopfe und Schwerter an der Seite, unter der Dorflinde den „Törperinnen" den Hof machen, die Vorschriften der Höfischkeit plump karikirend. Die dörflichen Schönen ihrerseits, in modischen Schleppkleidern, den Handspiegel am Halse oder am Gürtel, das Haar mit Seidenborten aufgebunden und mit einem Blumenkranze geschmückt, sehen über die galanten Tölpel weg und nach galanten Rittern aus, welche dann auch sich einstellen, um mit den brallen und keineswegs spröden Dirnen Abenteuer zu bestehen, wie sie der lustige Nithart lustig genug beschrieben hat. Ernster ist die berühmte mittelalterliche Dorfgeschichte vom Meiersohn Helmbrecht, welche uns Wernher der Gartener zu Anfang des 13. Jahrhunderts vortrefflich erzählt hat und die eine tragische Wendung nimmt. Dieses lebensvolle Sittengemälde zeigt uns, wie ein junger Bauer aus hablicher Familie ins Ritterleben hineinpfuscht, aber es nur zum Räuber bringt und in Folge seiner Missethaten erst geblendet und dann gehenkt wird. Und weiter zeigt uns diese älteste deutsche Dorfnovelle, welche tiefe Sittenverderbniß und welche gräuliche Rohheit hinter den zierlichen Formen der Romantik sich verbarg.

Eine andere derbrealistisch aus dem Leben gegriffene Dorfgeschichte von sittengeschichtlicher Wichtigkeit ist uns unter dem Titel „Von Metzi's Hochzeit" aus dem 14. Jahrhundert überliefert. Sie muß unter einer am Bodensee heimischen Bauerschaft gespielt haben, vielleicht im Thurgau. Der junge „Maiger" (Meier) Bärschi hat die junge Metzi lieb und sie ihn, jedoch so, daß sie in allen Ehren geheiratet sein will. Der Bärschi läßt sich dazu herbei und in Gegenwart der beiderseitigen Verwandten wird, nachdem die Sache bäuerisch-geschäftsmäßig geordnet ist, zur Verlobung geschritten. Die Metzi bringt als Mitgift dem Bräutigam ein Pferd, eine Kuh, ein Kalb, einen Bock und drei Bienenstöcke. Der Bärschi schenkt seiner Braut eine Juchart Flachsland, zwei Schafe, einen Hahn mit vierzehn Hennen und ein Pfund

Pfennige. Dies abgemacht, findet man für gut, die Heirat noch an demselben Abend zu vollziehen und zwar „ohne Pfaffen", d. h. ohne kirchliche Trauung. Dann hebt in dem geräumigen Hause des Bärschi der Hochzeitsschmaus an, wozu die Nachbarn mit Weib und Kind und Kegel geladen werden. Kübel voll Hirsebrei, dann Sped und Rüben, endlich Bratwürste und das „Brautmus" werden mit Händen und Löffeln — es gab also dazumal in süddeutschen Bauernhäusern bereits Löffel, während Gabeln erst zu Anfang des 16. Jahrhunderts in Deutschland aufzukommen begannen und zwar vorerst nur in feinen Haushalten — aufgegessen und dazu wird unmäßig viel Wein getrunken, so daß zuletzt die Gäste nicht

Bauernhochzeit.

mehr wissen, ob „es Tag oder Nacht". Nun wird die Braut zum Bärschi in die Brautkammer geführt, wobei sie sich bäuerischer Sitte gemäß heftig ziert und sträubt und „O, weh!" schreit. Am nächsten Morgen bringt man dem Paare die Frühsuppe ans Bett und beglückwünscht es. Der Bärschi schenkt dann seiner Frau Metzi zur „Morgengabe" ein schönes Mutterschwein. Hierauf findet der „Brutloff" (Brautlauf) statt, d. h. das junge Ehepaar wird unter Pfeifenschall und Trommelschlag unter Begleitung sämmtlicher „Törpel" zur Kirche geleitet und da nachträglich „zusammengegeben". Dann wird abermals im Hause des Hochzeiters tüchtig geschmaus't und gezecht, während dem: sich die „besten zwei Mannen" der Braut zur Seite setzen und für sie die Hochzeitsgeschenke — einen Melkkübel, einen Krug, einen Kamm, einen Gürtel, einen Handspiegel, Leinwandstücke und dreißig Pfennige an Geld — in Empfang nehmen. Den Dank für diese Gaben erstattet der Vater Metzi's. Darnach macht sich die ganze Gesellschaft zur Dorflinde auf allwo zum Tanze aufgespielt wird. Der Tanz aber verwandelt sich unversehens in eine „urchige" allgemeine Prügelei, womit das Idyll einer richtigen Bauernhochzeit der guten alten frommen Zeit seinen naturgemäßen Abschluß fand.

Politisch angesehen, war der Bauer eine Null. Dagegen war schon im 13. Jahrhundert der Burger eine politische Ziffer geworden, mit welcher der Lehensstaat und die Kirche, Kaiserthum und Papstthum gleichermaßen zu rechnen hatten. Das deutsche Städtewesen, auf dessen Entwickelung das italische sonder Zweifel höchst bedeutenden Einfluß, mittelbaren und unmittelbaren, geübt hat, — das deutsche Städtewesen zeigte gerade von der Zeit an, wo die Ritterromantik zu siechen begann, einen raschen und allseitigen Aufschwung. Nach außen, indem die Städte inmitten der anhebenden Reichsverlotterung die Gesundheit, Kraft und Vorschrittsfähigkeit in sich gesestigter republikanischer Gemeinwesen darstellten. Nach innen, indem sie eine große Reform des städtischen Regiments durchführten. Diese Reform bestand in der Umwandelung des aristokratischen Stadtjunkerregiments in das demokratische Zunftregiment. Das ging selbstverständlich nicht ohne schwere und langwierige Kämpfe zwischen Adel und Volk innerhalb der Städtemauern ab. Die Altbürger, die Geschlechter, die Patricier suchten ihren Machtbesitz mit verzweifelter Zähigkeit festzuhalten. Die Zünfte, Innungen oder Gilden der Handwerker, auf denen ja doch wie die Nährfähigkeit so auch die Wehrfähigkeit der Städte vorzugsweise beruhte, wußten sich nach und nach den Zutritt zum Vollburgerrechte, zum Mitgenusse des Gemeindevermögens, zur erst theilweisen, dann vollständigen Aemterberechtigung zu verschaffen und schließlich gewann in der großen Mehrzahl der Städte in der schon erwähnten Form des „Zunftregiments" die Demokratie den entschiedenen Sieg über die Aristokratie. Es war ein hartes Ringen gewesen, das nicht allein in den Wortschlachten der Rathsäle, der Geschlechter- und Zünstetrinkstuben, sondern auch in blutigen Straßenkämpfen ausgefochten worden. Nur in wenigen deutschen Städten, vorab in Nürnberg, erhielt sich bis zur Reformationszeit das Stadtjunkerthum im Vollbesitze der Gewalt.

Wie das Volk innerhalb der Städte im Kampfe mit den Geschlechtern seine Kraft kennen und fühlen gelernt hatte, so lernten die Städte als solche ihre Kraft im Kampfe gegen die Adelsanarchie fühlen und kennen, deren Tumult das sinkende Mittelalter erfüllte. Nichts konnte und mußte den gewerbefleißigen und handelstreifigen Städtern verhaßter sein, als die fortwährenden Störungen des Landfriedens durch das ritterische, d. h. räuberische Faust- und Fehderecht, welches seit dem Sinken der Kaisergewalt zu mehr und mehr ungeheuerlicher Geltung gelangt war. Ihre Industrie und ihren Handel dagegen zu schützen, wie nicht weniger auch ihre bürgerliche Freiheit gegen die vielfach versuchten Eingriffe weltlicher und geistlicher Fürsten in das Städteleben zu wahren, brachten die deutschen Stadtgemeinden das große Nothmittel der Verbündung, der Association, von dessen Wirksamkeit ja ihr Zunftwesen zeugte, auch nach außen im großen Stile zur Anwendung, indem sie sich zu Städtebünden zusammenthaten, von welchen nur zu beklagen ist, daß das alte deutsche Nationalunglück, der Centrifugalgeist, es nur zu partikularen Städtebündnissen, nicht aber zu einem nationalen Städtebund kommen ließ. An Macht und Ruhm trug es der norddeutsche Städtebund, die Hansa — ein flämisches Wort, welches ursprünglich eine zu einem gemeinsamen Zwecke erhobene Beisteuer bedeutete — über alle übrigen davon. Ihr Ursprung war das Schutz- und Trutzbündniß, welches Hamburg und Lübeck im Jahr 1241 mitsammen eingingen und beschworen und welchem Braunschweig und Bremen bald darauf beitraten. Zur Zeit seiner Blüthe umfaßte der Hansabund, die größte politische That des alten deutschen Bürgerthums, 85 Städte mit den Vororten („Quartierstädten") Lübeck, Köln, Braunschweig und Danzig. Mittels der im Jahr 1364 zu Köln berathenen und beschlossenen Bundesakte gewann die Hansa ihre feste innere und äußere Gestaltung. Im 15. Jahrhundert beherrschte die Hansa thatsächlich nicht allein Norddeutschland, sondern auch die skandinavischen Länder, die Ost- und Nordsee, eine Land- und Seemacht, die unzweifelhaft auf die Heimat

Stadtmauer mit Feuersbrunst.

und die Fremde kulturbringend wirkte, aber doch das engherzig Berechnende einer von A bis Z kaufmännischen Politik nie verleugnen konnte. Selbst dannzumal nicht, als, wie wir später sehen werden, im 16. Jahrhundert ein genialer Mann der Hansa eine große nationale und sociale Aufgabe zu stellen kühn unternahm. Die süddeutschen Städte richteten im 14. Jahrhundert ebenfalls ein großes Bündniß unter einander auf, welchem schon im Jahre 1327 die Städte Mainz, Worms, Speier, Straßburg, Basel, Freiburg, Zürich, Solothurn, Bern, Konstanz, Ueberlingen, Ravensburg und Lindau beitraten. Später vereinigten sich die rheinischen, fränkischen und schwäbisch-schweizerischen Städte zu einem großen Bund, welcher den im Jahre 1388 entbrannten „großen Städtekrieg" wider den gegen die Städte haßvoll gescharten fürstlichen und ritterschaftlichen Adel Süddeutschlands nicht eben glücklich führte. Damals waren die Bewohnerzahl, die Wehrhaftigkeit und die Geldmittel von deutschen Städten wie Augsburg und Straßburg so groß, daß sie 30—40,000 Bewaffnete zu stellen vermochten. Aber es fand sich weder ein Staatsmann noch ein Feldherr, welcher alle diese reichen Kräfte des deutschen Bürgerthums zu großem nationalem Thun zusammenzufassen und zu lenken vermocht hätte . . . . .

Noch im 13. Jahrhundert boten die meisten deutschen Städte mit ihren möglichst eng um ihren festen Kern, die königliche oder fürstliche Burg, die Bischofspfalz oder Reichsabtei, zusammengedrängten schmalen, krummen und feuchten Gassen, von deren Aussehen die da und dort bis in die neuere Zeit, freilich nicht unverändert, herübergekommenen „Judengassen" eine ziemlich deutliche Vorstellung geben könnten, ein nichts weniger als erfreuliches Bild dar. Noch im 14. Jahrhundert bestand sogar in Städten wie in Frankfurt und Augsburg das Baumaterial für Privathäuser fast ausschließlich aus Holz, Lehm, Rohr und Stroh. Da es noch keine Rauchfänge und keine Schornsteine gab, so waren städtische Feuersbrünste so zu sagen etwas Alltägliches, und was diese für Verheerungen anrichten mußten, läßt das erwähnte Baumaterial leicht errathen. War es doch auch mit den Löschanstalten kläglich genug

Außenblick einer Stadt im 15. Jahrhundert.

bestellt. Erst im 15. Jahrhundert kamen „Feuerlösch-
ordnungen" auf und erst im folgenden Feuerspritzen.
Augsburg durfte sich im Jahre 1518 des Besitzes einer
solchen rühmen, jedenfalls einer der ältesten dieser Maschinen in Deutschland. Die großen Feuersbrünste räumten aber lüchtig auf und schufen Raum zu einer zweckmäßigeren Anlage städtischer
Straßen und Bauten, welche letztere dann auch mit solideren Materialien aufgeführt wurden, so zwar,
daß in den süddeutschen Städten der Haussteinbau, in den norddeutschen der Backsteinbau vorherrschte.
Dazu kamen, um das äußere und innere Aussehen der Städte umzugestalten, die Rücksichten, welche
die in Folge der Erfindung und Anwendung des Schießpulvers eingetretene Veränderung des Kriegswesens mit sich brachte. Die Anwendung von Feuergeschütz bei Belagerungen machte ja eine wesentlich
neue und verwickeltere Befestigungsart nothwendig, die sogenannte Bastionirung, welcher dann auch das
Innere der Städte mehr oder weniger angepaßt werden mußte. Die typische äußere Gestalt einer
richtigen deutschen Stadt von Bedeutung im 15. Jahrhundert war so: — Ringsher um das städtische
„Weichbild" (vom lat. vicus) zog sich ein tiefer Graben, welcher zur Zeit der Gefahr mit Wasser
gefüllt werden konnte und welchen vorgeschobene Wartthürme vertheidigten. Hinter dem Graben war
der Stadtwall aufgebößcht, welchen die mit Laufzinnen versehene Ringmauer krönte. In mehr oder
weniger regelmäßig abgemessenen Zwischenräumen war die Vertheidigungsfähigkeit von Wall und Mauer
durch über diese emporragende Thürme verstärkt und bei oder zwischen solchen runden oder viereckigen
Thürmen befanden sich auch die wohlverwahrten, zinnenbekrönten, mit Fallgattern versehenen Thore, von
welchen aus sich Zugbrücken über den Stadtgraben legten. Wer wissen will, wie ein mustergiltiges mittelalterliches Stadtthor aussah, der gehe nach Basel und sehe sich dorten am Spahlenthor an oder nach
Lübeck und betrachte das dortige Holstenthor. Es ist überhaupt ein schöner Zug in mittelalterlichen Städteleben gewesen, daß auf die öffentlichen Bauwerke, als Kirchen, Rathhäuser, Kaufhallen, Spitäler, Brunnen,
schon viel Kunst und große Kosten verwandt wurden, als man die Privathäuser noch mit großer Einfachheit

Frauenkirche in Nürnberg.

baute und einrichtete. Nord- und süddeutsche Städte zeigen noch jetzt edle Zeugnisse dieses löblichen Gemeinsinns auf, wie z. B. das Rathhaus zu Braunschweig und der Artushof zu Danzig. Das reiche Nürnberg hatte bekanntlich den, freilich erst im 16. und 17. Jahrhundert vollständig gewonnenen Ruhm, das schönste mittelalterliche Gesammtstadtbild auf deutschem Boden darzustellen, wie es in seinem „schönen Brunnen" den schönsten in Deutschland besaß und besitzt. Die Verbequemlichung und Verschönerung der Städte ging übrigens nur langsam vor sich. Erst mit dem 14. Jahrhundert wurde die Entfernung der Düngerhaufen und Mistlachen von den Gassen und die Pflasterung der letzteren in den besseren Städten allgemeiner. Erst im 15. Jahrhundert begannen die Stadtgemeinden eifriger für die

Stadtbild aus dem 16. Jahrhundert.

Herbeileitung von gutem Trinkwasser zu sorgen und zu gleicher Zeit traten bei öffentlichen Gebäuden Glasfenster an die Stelle der Tuchfenster. Die steigende Grundrente, die Ergebnisse des Handelsbetriebes und der höhere Bildungsgrad machten es mitsammen dem städtischen Adel möglich, im späteren Mittelalter seine „Höfe" und „Gesäße" nach allen Vorschriften des Profanbaustils der Gothik prächtig auszubauen und einzurichten, und so erhoben sich in Augsburg, Ulm, Frankfurt, München, Wien, Mainz, Köln,

Gothischer Ernach in einem Stadtjunkergesäß.

Bremen, Lübeck, Breslau und anderen deutschen Städten jene stolzen oder zierlichen Stadtjunker- und Handelsherrenhäuser, von deren Aeußerem das „steinerne Haus" in Frankfurt und das „Haus Nassau" in Nürnberg eine Anschauung verschaffen und die im Inneren mit kunstvoll gefügtem und geschnitztem Getäfel, mit vielgestaltigem Mobiliar, mit zierlicher Tapezerei, mit farbenbunten Glasfenstern, mit weichen Teppichen und mit „Tresuren" ausgestattet waren, die von künstlerisch gearbeitetem Gold- und Silbergeschirre schimmerten. Im 15. und 16. Jahrhundert waren die deutschen Städte ihrer Schönheit, ihres Reichthums und ihres Wohllebens wegen im Auslande berühmt. Aeneas Silvio Piccolomini, der nachmalige Papst Pius der Zweite, sowie sein Landsmann Bonfini haben von dem Wien der zweiten Hälfte des 15. Jahrhunderts eine wahrhaft begeisterte und verführerische Beschreibung entworfen, welche freilich weder die Wiener noch die Wienerinnen als sehr nüchtern und züchtig erscheinen läßt – im Gegentheil, sehr im Gegentheil! Zur selben Zeit erklärten auch Italiener, welche doch wissen mußten, was schön sei, eine reizendere Stadt als Köln wäre nicht zu finden, und im 16. Jahrhundert urtheilte der geistvollste Franzose desselben, Michel de Montaigne, Augsburg sei weit schöner als Paris.

Der Aufschwung des deutschen Stadtlebens zu der Lebensfülle, welche dasselbe im späteren Mittelalter entfaltete, begann nach den ungeheuren Trübsalen, nach den physischen und moralischen Pestilenzen des „Schwarzen Todes", der Geißlerfahrten und Judenschlachten, welche im 5. Jahrzehnt des 14. Jahrhunderts unser Land verheert haben. Im fernen China zuerst ausgebrochen, durchzog die schreckliche Seuche des schwarzen Todes oder des „großen Sterbens", wie sie von unseren Altvordern genannt wurde, ganz Asien, brach in Europa ein und suchte in den Jahren 1348–50 auch unser Vaterland mit ihrer ganzen Wuth heim. Die Zahl der von ihr weggerafften Opfer ging ins Ungeheuerliche: in Basel raffte der schwarze Tod 14,000, in Straßburg 16,000, in Lübeck 9000, in Danzig 13,000, in Weimar 5000, in Erfurt 16,000, in Münster 11,000, in Trier 13,000, in Wien 40,000 Menschen weg. In letztgenannter Stadt tödtete diese Cholera des Mittelalters an einem Tage 960 Leute. Viele Städte verloren die Hälfte ihrer Bewohnerschaft. Im Umfange des deutschen Reiches verstarben nur von dem einen Orden der Barfüßer 124,434 Mönche an der Pest, welche im ganzen nicht weniger als 25 Millionen Europäern das Leben gekostet haben mag. Um das entsetzliche Wüthen der Seuche zu begreifen, muß man den rohen Aberglauben der Massen im Auge halten, welche in dieser Epidemie ein göttliches Strafgericht erblickten, gegen das es überhaupt kein Mittel gäbe; ferner den niedrigen Stand der Arzneikunde und endlich den Umstand, daß der unsinnige Brauch, die Todten in den Kirchen und um dieselben herum zu begraben, jede Stadt zu einem Pestherde machte. Der Anblick des unermeßlichen Jammers um sie her trieb die Menschen aus den regelmäßigen Bahnen und Geleisen des Lebens hinaus. Eine Art moralischer Trunkenheit machte ihnen die Köpfe wirr und wüst. Die einen tobten in wilder Sinnenlust, in lärmenden Orgien ihre Todesangst aus, bei den andern schlug diese in krankhafte Zerknirschung um und rief die toll asketische Erscheinung des Flagellantismus oder der Geißlerfahrten hervor, welche allerdings in Italien schon ein Jahrhundert früher in kleinerem Stile bemerkbar gewesen, jetzt aber, unter den Schrecknissen des schwarzen Todes, auch in Deutschland im großen und größten Maßstabe ihr geräuschvoll fanatisches Wesen trieb. Der schwärmerische Einfall, mittels Pilgerfahrten voll Selbstqual den Zorn Gottes zu beschwichtigen, wurde zu einer geistigen Pest, zu einer wahren Raserei, die, wie es scheint, zuerst in Oestreich zum Ausbruche kam. Bald aber widerhallte ganz Deutschland von den Geißelschlägen und Bußgesängen der Flagellanten. Zu Hunderten, zu Tausenden kamen sie in langen Processionen in die Dörfer und Städte gezogen, entweder mit der hörenen Büßerkutte oder auch nur mit einem Hemde bekleidet, schwere Kreuze schleppend, dreischwänzige Geißeln in der Rechten haltend. So wanderten sie Paar an Paar in die Kirchen, warfen sich vor den Altären nieder, thaten ihre Kutten oder Hemden aus, geißelten sich, daß ihr Blut die Kirchenwände bespritzte und sangen dazu ihr: „Nu trete he, wer büßen wölle! So fliehen wir die heiße Hölle. Lucifer ist ein böser Geselle." Der Taumel ergriff auch die Kinderwelt, wie er sie zur Zeit der Kreuzzüge ergriffen hatte: aus der Stadt Speier z. B. machte sich mit Kreuz und Fahnen ein Geißelbrüderzug von 200 Knaben auf, deren älteste zwölfjährig waren. Mit der Volkskrankheit der Geißlerei berührte sich vielfach eine andere, die Tanzwuth, die zweifelsohne ebenfalls eine epidemisch gewordene Wirkung ekstatischer Seelenzustände, fanatischer Wahnvorstellungen gewesen ist und noch im 15. Jahrhundert hier und dort grassirte, z. B. im Elsaß. Die Aeußerungen dieser Seuche gehörten gewiß mit zu den abenteuerlichsten Erscheinungen des Zeitalters der Romantik. Auf Landstraßen und in

Stadtgassen, auf Kirchhöfen und in Kirchen selber gaben sich Scharen von Männern und Weibern jedes Alters, halbnackt, die Schläfen mit Blumen bekränzt, die Hände in einander verflechtend, stundenlang, halbe Tage lang einer rasenden Tanzlust hin, Schreie ausstoßend, Lieder brüllend, bis sie halb oder ganz besinnungslos zu Boden stürzten. Weiterhin ist auch der wüthende Judenhaß, welcher die entsetzlichen Judenschlächtereien im 14. Jahrhundert zur Folge hatte, als eine durch die Drangsale des „großen Sterbens" veranlaßte oder wenigstens mitveranlaßte Volkskrankheit unserer Altvorderen zu bezeichnen. Der mittelalterliche Christ in seiner Begriffsverwirrung glaubte sich nicht nur berechtigt, sondern auch verpflichtet, die Juden zu hassen, maßen „sie den Herrn Jesum umgebracht", und die Juden, vom Grundbesitz- und Handwerksbetrieb ausgeschlossen, auf Schacher und Wucher angewiesen, in ihre Ghetto's eingepfercht, mußten ihrerseits in jedem Christen einen Feind sehen. Dazu kam, daß genau in demselben Verhältniß, in welchem das Finanzgenie und das weite Finanzgewissen der Kinder Israel in den Judengassen Reichthümer anhäuften, auch der Christenneid wuchs. Zu verschiedenen Zeiten schon hatten die Bekenner der „Religion der Liebe" ihrem Haß und Neid durch massenhafte Judenmorde Luft gemacht. Auch in Deutschland. Aber das große Judenschlachten und Judenbrennen ging erst zur Zeit des schwarzen Todes los, den man ja auf Brunnenvergiftung durch die Juden zurückführte. Dieses Märchen war gerade so blödsinnig wie das andere von den ermordeten Christenkindern, deren Blut die Juden zur Feier ihres Osterfestes benöthigt sein sollten, oder wie das dritte von den durch Juden gestohlenen, gequälten und geschändeten Hostien. Aber der Blödsinn ist überall eine Macht, wo er den gemeinen Instinkten und wüsten Leidenschaften der Menschen zu paß kommt. In den Jahren 1348—50 rauchten die Städte am Rhein und in der Schweiz, in Schwaben, Franken und Baiern bis weit nach Mittel- und Norddeutschland hinein von riesigen „Judenbränden" und rieselten überall die „Judengassen" von Blut. Tausende, wieder Tausende und abermals Tausende von Juden und Jüdinnen jedes Alters sind da erbarmungslos hingeschlachtet worden, mitunter nach heldischer Gegenwehr der „Jüdischheit", die ebenso vergeblich war wie die heldischen Versuche einzelner denkender und fühlender Christen, dem schnöden Gräuel Einhalt zu thun. Der Wahnwitz wollte durchgerast sein. Es war eine schreckliche Zeit und man begreift es, daß ein deutscher Zeitbuchschreiber des 14. Jahrhunderts sagen konnte: „Darnach, da das Sterben, die Geißelfahrt und die Judenschlacht ein Ende hatte, hob die Welt wieder an zu leben und fröhlich zu sein."

Man ist versucht, zu meinen und zu sagen, die deutschen Städte hätten das Bedürfniß gefühlt, die schauderhaften Barbareien, deren Schauplätze sie zur Zeit des schwarzen Todes, der Geißlerfahrten und Judenschlachten gewesen, mittels einer verdoppelt emsigen Kulturarbeit zu sühnen und gutzumachen. Denn auf allen Gebieten intellektueller und materieller Civilisation regte es sich in den Städten frischkräftig und erfolgreich. Zwar der Goldfaden der Dichtung, welchen die Bürger aus der Hand des verwilderten Adels übernahmen, gewann keinen neuen Glanz, sondern verschlimmerte und verblaßte in der Form des bürgerlichen „Meistergesanges" mehr und mehr. Es war ja recht löblich, weil immerhin von Theilnahme an der idealischen Seite des Lebens zeugend, daß sich die ehrsamen Handwerksmeister zu Reim- und Singschulen zusammenthaten, wie solche namentlich zu Nürnberg, Ravensburg, Augsburg, Ulm, Frankfurt und Straßburg blühten, nachdem der Sage zufolge die erste zu Mainz durch Heinrich von Meißen, genannt Frauenlob, gestiftet worden und Kaiser Karl der Vierte diese Genossenschaften mit förmlichen Zunftrechten begabt hatte (1378). Der Vorstand so einer Reimer- und Singerzunft hieß das „Gemerk" und seine Mitglieder (der „Büchsenmeister", „Schlüsselmeister", „Merkmeister" und „Kronenmeister") leiteten die dichterischen und musikalischen Uebungen und Wettkämpfe, welche in Gegenwart der Frauen und Töchter der Zunftgenossen in der Kirche oder im Rathhaussale an den Sonntagsnachmittagen stattfanden. Das hieß man „Schule singen" und nach dem Ausspruche des Merkmeisters wurden den wetteifernden Sängern durch den Kronenmeister bescheidene Preise zugetheilt, welche aus Kränzchen von Gold- oder Silberdraht bestanden. Das meistersängerliche Regelnbuch hieß die „Tabulatur", das Lied „Bar", die Strophen hießen „Gesätze", die Versarten „Gebäude", die Melodieen „Töne" oder „Weisen". Wem die Tabulatur noch nicht völlig geläufig war, hieß ein „Schüler", wer sie innehatte, „Schulfreund", wer nach einem gegebenen Ton ein Lied zu fertigen verstand, „Dichter", wer eine neue Weise zu finden wußte, „Meister". Vier Jahrhunderte hindurch hat des Meistergesangs „hochselige" Kunst gedauert: erst im Jahr 1770 ist in Nürnberg, der Heimat des einzigen wirklichen „Meistersängers" Hanns Sachs, zum letztenmal feierlich

Hanns Sachs.

Schule gesungen worden. Aber die Form des Meistergesanges ist von Anfang an eine schnörkelhafte gewesen und der Inhalt dieser wunderlich gezierten Spruchpoesie verwässerte sich bald zur ödesten Langweiligkeit.

Die Verdienste der deutschen Städte um die Weiterführung der civilisatorischen Arbeit lagen nach einer anderen Seite hin, nach der realistischen. Mußte sich doch schon frühzeitig die Nothwendigkeit fühlbar machen, dem Gewerbebetrieb und der Handelsthätigkeit gewisse realistische Kenntnisse und Fertigkeiten zur Grundlage zu geben. Das rief die mittelalterlichen „Stadtschulen" hervor, deren älteste eingerichtet wurden in Leipzig, Köln, Hamburg, Lübeck, Rostock, Stettin und Wien. Das war ein erster, allerdings sehr schüchterner Versuch, die deutsche Schulbildung aus hierarchischen Fesseln zu lösen. Lesen, Schreiben, Rechnen, viel kirchliche Dogmatik und in den höheren Klassen das Latein — darauf ging der Unterricht in diesen städtischen Schulen.

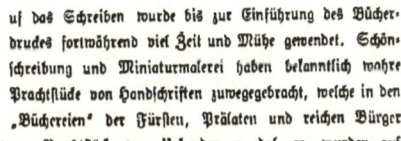

uf das Schreiben wurde bis zur Einführung des Bücherdruckes fortwährend viel Zeit und Mühe gewendet. Schönschreibung und Miniaturmalerei haben bekanntlich wahre Prachtstücke von Handschriften zuwegegebracht, welche in den „Büchereien" der Fürsten, Prälaten und reichen Bürger prangten. Prachtstücke von Urkunden u. dgl. m. wurden auf Purpurpergament mit Gold- oder Silberdinte geschrieben. Mit dem Aufkommen des Pergaments war die Rollenform der Papyrushandschriften der Buchform gewichen. Die Buchbinderei, frühestens in den Klöstern geübt, wurde erst im späteren Mittelalter ein zünftiges Gewerbe. Die aus China stammende und durch die Araber nach dem Abendlande gebrachte Erfindung des Baumwoll- und Linnenpapiers machte die Herstellung von Handschriften allgemeiner und wohlfeiler. Die Errichtung von Papiermühlen ist daher auch für Deutschland — die ältesten wurden um 1320 am Rheine zwischen Mainz und Köln erbaut — ein kulturgeschichtlich wichtiger Vorgang gewesen. Die Anfänge des Buchhandels und des Bibliothekwesens in unserem Lande sind allerdings schon in den Klöstern zu finden, doch gewannen sie erst durch die Stiftung der Hochschulen an Umfang und Bedeutung. Mit dem städtischen Schulwesen und dem vielgestaltigen städtischen Geschäftsbetrieb hing auch die mäßige Ausbildung einer gemeinen Prosa zum Geschäfts-, Kanzlei-, Gerichts-, Predigt- und Chronikstil zusammen. Vom Ende des 13. Jahrhunderts an veranstalteten alle größeren deutschen Städte Aufzeichnungen ihrer Rechtssatzungen und der Wahrsprüche ihrer Gerichte und so entstanden die „Stadtrechte" und die „Weisthümer", welchen unsere Rechts- und unsere Sittengeschichte zu so warmem Danke verpflichtet sind. Noch wichtiger für die deutsche Rechtsgeschichte aber sind bekanntlich die beiden berühmten, zwischen 1215 und 1276 veranstalteten Sammlungen von nord- und süddeutschen Gesetzen und Rechtsbräuchen, der „Sachsenspiegel" und der „Schwabenspiegel". Mochte man doch beim Hereinbrechen einer gesetzlosen Zeit das Bedürfniß eines schriftlich festgestellten Rechtes nur um so lebhafter fühlen. Nicht minder lebhaft regte sich, und zwar vorab in den Städten, das Gefühl, es müßte gegen die einreißende Frevellust und Verwilderung alles Gute aufgeboten werden, was im Menschen vorhanden. Daß dieses auf religiös-kirchlichem Wege geschah, lag im Geiste der Zeit. Daher sehen wir im 13. und 14. Jahrhundert eine ganze Reihe von eifrigen und weithin gehörten Predigern und Moralisten auftreten, einen Berchthold von Regensburg, von welchem ein Zeitgenosse gesagt hat: „Durch sinen munt rett (redet) got vom himelriche," — einen Bruder Eckart, einen Johannes Tauler, einen Heinrich von Nördlingen, einen Hermann von Fritzlar, einen Heinrich Seuse, welche allzumal mit hinreißender Beredsamkeit gegen die sittliche Versunkenheit ihrer Zeitgenossen eiferten oder auch, angehaucht von einem Vorwehen deutscher Philosophie, das ja ein Wolfram von Eschenbach schon verspürt hatte, mit mystischem Forschungstriebe in die Mysterien des Christenthums sich versenkten und also, ihre Nichtbefriedigung durch das hierarchische Dogma verrathend, mit zu den Pfadsuchern reformatorischer Tendenzen sich stellten. Die städtische Zeitbücherschreibung hatte sich, wie die kölner Chronik des Gottfried Hagen ausweist, anfangs noch der Reimform bedient, war aber dann zur passenderen Form der Prosa übergegangen und in dieser hat das 14. Jahrhundert zwei für ihre Zeit mustergiltige Chroniken geschaffen, die „Elsässische und straßburger Chronik" des Jakob Twinger von Königshofen und die „Limpurger Chronik", deren Anfänge dem Johannes Gensbein zugeschrieben werden. In alledem offenbarte sich eine thatkräftige Strebsamkeit der deutschen Städte, welche ja auch durch die Gründung von Siechenhäusern, Fremdenherbergen und Findelhäusern — Nürnberg hatte schon 1368, Ulm 1386 ein „funden kindlin hus" — einen werkthätig-erbarmungsvollen Sinn bethätigten und auch der Gesundheitspolizei im Mittelalter zuerst eine umfassendere und folgerichtigere Aufmerksamkeit und

Johannes Gutenberg.

Sorge widmeten. Schon in den ersten Decennien des 15. Jahrhunderts finden wir städtische Aerzte und Apothekerordnungen. Die gesuchtesten Aerzte waren übrigens das ganze Mittelalter hindurch die jüdischen und es mag als denkwürdig hier vermerkt werden, daß es schon dazumal weibliche Arzneikünstler gab, jüdische Medicinfrauen. Im Jahre 1419 erhielt die Jüdin Sarah von dem Bischof von Würzburg einen Patentbrief als Aerztin, im Jahre 1428 war zu Frankfurt die Jüdin Zerline als Augenärztin berühmt.

Das strenggeregelte städtische Zünfte- oder Gildenwesen mag uns heutzutage wohl engherzig vorkommen, aber im Mittelalter war es zeitgemäß und auf diesen festen Zunftgesetzen und Innungsbräuchen beruhte vorzugsweise die Tüchtigkeit der gewerblichen und künstlerischen Leistungen. Am großartigsten und erfolgreichsten kam dieser korporative Geist des deutschen Mittelalters zur Erscheinung in Gestalt der „Bauhütten", der städtischen Baubrüderschaften von Künstlern und Handwerkern, von Meistern, Gesellen und Lehrlingen, von Bauwerksleuten jeder Art und jeden Grades, welche durch feste Satzung und Ueberlieferung, durch Losung und Gelübde zu einem vielgegliederten Ganzen verbunden waren, das den Winken und Worten des Meisters gehorchte. Nur die Bauhütten ermöglichten der Kirche die Herstellung ihrer mittelalterlichen Riesenbauten, von welchen weiterhin noch die Rede sein wird. Ueberhaupt aber war die

deutsche Gewerbigkeit im Mittelalter eine sehr beträchtliche und auch in der Fremde hoch angesehene, ja eine dorten sogar höher angesehene als die heutzutägige. Unsere Allvorderen waren berühmt als Bergbauer, Erzgießer, Waffenschmiede, Tischler, Tuch- und Leineweber, Scharlachfärber und Drahtzieher. Als

Goldschmiede hatten namentlich die von Köln einen großen Ruf im Auslande. Nicht weniger anerkannt war die Erfindungsgabe der Deutschen im ganzen Umfange der Mechanik. Man ließ ihnen willig den Ruhm, die Taschenuhren, die Feuergewehre, die Mühlwerke, die Kupferstecherei, die Holzschneidekunst, den Diamantenschliff, die Orgel und viele andere Instrumente erfunden oder wenigstens wesentlich verbessert zu haben. Die ruhmreichste Findung aber, welche jemals ein Deutscher auf mechanischem Gebiete gemacht, war die von dem Bürger von Mainz, Johannes Geinsfleisch, genannt Gutenberg, um 1436—40 gefundene Kunst des Bücherdruckes, erflossen aus des Mannes genialem Gedankenblitz, die

Jahrmarktstreiben.

Holzschneiderei zur Vervielfältigung von Handschriften zu benützen. Mit aus Holz geschnitzten Lettern druckte Gutenberg i. J. 1456 die Kirchenbibel („Vulgata"). Dann hat er mit Beihilfe des Metallgießers Peter Schöffer und des Goldschmiedes Johann Faust die hölzernen Lettern in metallene umgewandelt. Damit war ein Kulturmittel von unermeßlicher Wirksamkeit geschaffen und hatte sich der schlichte Bürger von Mainz in die Reihe der ehrwürdigsten Kulturhelden gestellt. Vom Jahre 1462 an ging von Deutschland die Buchdruckerkunst aus in die Welt. Als im Jahre 1464 der deutsche Buchdrucker Ulrich Hahn aus Ingolstadt in Rom einwanderte und seine „Schwarzkunst" auszuüben begann, schwante es dem Papste Paul dem Zweiten nicht, daß die menschliche Vernunft in ihrem Kampfe gegen das Papstthum die furchtbarste aller Bundesgenossinnen gefunden und der Mann von jenseits der Berge in seinem Letternkasten Blitze und Donner mitgebracht hätte, mit denen verglichen alle Bannblitze und Interdiktdonner des Vatikans bloßes Kinderspielzeug wären . . . . .

Im 16. Jahrhundert durfte eine nicht geringe Zahl von deutschen Städten für reich gelten. Nur darf man an den städtischen Reichthum des Mittelalters nicht den modernen Millionenmaßstab legen. Bevor in Folge der Auffindung Amerika's die Gold- und Silberschätze der neuen Welt flüssig zu werden begannen, ist der Geldwerth in der alten ein so hoher gewesen, daß in dem reichen Augsburg als ein reicher Mann angesehen war, wer ein Jahreseinkommen von 200 bis 300 Gulden hatte. Wer aber eine Rente von 2000 Gulden oder drüber besaß, galt geradezu für einen Krösus. Die durchschnittlich beträchtliche Wohlhabenheit, zu welcher die Bürgerschaften mittels ihrer Industrie und ihres Handels

Städtisches "Schützen".

gelangt waren, machte im späteren Mittelalter die deutschen Städte zu Sitzen einer sehr belebten Geselligkeit, aber auch zu Stätten der Völlerei und Ausschweifung, wozu besonders das sehr zwanglose Zusammensein der beiden Geschlechter in den stark besuchten Badstuben, sowie die selbst in kleinen Städten offenstehenden „Frauenhäuser" nur allzu bequeme Gelegenheit gaben. Wie übermäßig der städtische Luxus sich auftat, beweisen die häufigen, immer wieder erneuerten städtischen Luxusgesetze, die „Kleiderordnungen", und wie scham- und scheulos die wilde Begierde nach brutaler Befriedigung trachtete, zeigen die nicht weniger häufig gegen das Verbrechen der „Nothnumpft" erlassenen Strafgesetze. Konrad von Wirzburg und spätere Novellisten wissen uns eine Unzahl von bedenklichen Stadtgeschichten zu erzählen, von leichtfertigen Ehefrauen, verliebten Pfaffen und schlauen „Zügerinnen" (Kupplerinnen). Die Geschichten der Reichstage und der Kirchenversammlungen, namentlich die des Konzils von Konstanz, berichten uns drastisch, wie zuchtlos die kraftstrotzende Lebenslust unserer Altvorderen sich Luft zu machen suchte und wußte. Ebenso die Schilderungen, welche zeitgenössische Beobachter von dem Treiben und Tollen, dem Potuliren und Jubiliren, dem leidenschaftlichen Spielen und unzüchtigen Tanzen entworfen haben, was alles an den mittelalterlichen Badorten daheim war, — z. B. in dem vielbesuchten und modischen Baden im Aargau.

Doch auch nach der harmloseren Seite hin kam die städtische Geselligkeit zu farbenreicher und buntwechselnder Erscheinung. Es fehlte jahrein jahraus nie an „Anlässen" und „Fröhlichkeiten". Kirchliche Feierlichkeiten wechselten mit Jahrmärkten und Gemeindefesten. Täglich gab es etwas zu schauen, zu hören, zu lachen; denn das ganze lustige Volk der „Fahrenden", Spielleute, Gaukler, Thierbändiger, Wunderärzte und Wahrsager, sie alle suchten ja mit Vorliebe die Städte auf. Heute veranstalteten die Stadtjunker ein Turnier und beschlossen dasselbe mit einem Geschlechtertanz, morgen gaben Rath und Bürgerschaft ein stattliches Schießen, wobei die Zünftler ihre wehrhafte Geschicklichkeit in der Handhabung der Armbrust (wunderlich verdorben aus dem lateinischen arcubalista) und später auch des Feuergewehrs sehen ließen. Hochzeiten in reichen Familien wurden zu Festlichkeiten für die ganze Stadt. Zur Winterszeit ergötzte sich die städtische Jugend an Schlittenfahrten, am „Schembartlauf" und an anderem Fastnachtsmummenschanz, aus welchem sich das „Fastnachtsspiel" herausbildete, der ungeschlacht-possenhafte Anfang des weltlichen Schauspiels in Deutschland. Zur Osterzeit gewährte die in den Kirchen oder längs ihrer Außenwände aufgeschlagene Mysterienbühne der frommen Schaulust reiche Augenweide. War dann der Frühling ins Land gekommen, so wurde das aus dem germanischen Heidenthum stammende Maifest, welches den Sieg des Sommers über den Winter darstellte, in den Städten sinnig und frohmüthig begangen. Da mittels Aufpflanzung des „Maibaums", welchen die Jugend unter Führung des erwählten Maikönigs („Maigrove") und den von ihm erkorenen Maikönigin („Maiin") umtanzte; anderswo mit einem vielgestaltigeren Apparat. In der auf der Gränzscheide von deutschem und welschem Lande gelegenen Stadt Freiburg in Uechtland z. B. ist das Maifest so begangen worden. Auf dem Marktplatze war eine hölzerne Burg aufgebaut, um und über mit Blumen und Laub geschmückt und mit Fahnen, Schleifen und Sinnsprüchen geziert. Die Vertheidigung dieser Burg war den schönsten, mit ihren besten Feierkleidern angethanen Mädchen der Stadt anvertraut. Die Jünglinge dagegen, ebenfalls aufs stattlichste herausgeputzt, berannten und belagerten die Festung. Zu Angriffs- und Vertheidigungswaffen dienten Laubkränze und Blumensträuße. Wann die Vertheidigerinnen und das Schloß selber ganz mit Laub und Blumen überschüttet waren, zog es die weiße Fahne auf, worauf die Kapitulation mit allerhand artigen und schalkhaften Wendungen vereinbart wurde. Eine Bestimmung derselben war, daß jede der Besiegten einem der Sieger Lösegeld zahlte. Das Lösegeld aber war die Rose, die das Mädchen im Haare getragen. Diese bot die Jungfrau dem Jünglinge dar und küßte ihn dazu auf den Mund. Die Sieger steckten das Lösepfand vor die Brust, bestiegen ihre Rosse und zogen unter Trompetenschall durch die Stadt, während geputzte Frauen aus den Fenstern Rosenblätter auf sie herabstreuten. Ein Tanz beschloß das schöne, sinnige und sittsame Fest.

Wenn so die edleren Volksfreuden überall auf den reichen Hort von Poesie hinwiesen, der im Volksgemüthe verborgen lag, so trat dieser Hort schön zu Tage in der Volksliederdichtung, wie sie vom 14. Jahrhundert an unter Städtern und Dörflern immer vieltöniger heimisch wurde. Das deutsche Volkslied, welches die ganze Tonleiter des Inneren wie des äußeren Lebens durchläuft und das Fühlen und Denken aller Volksschichten und Stände naturwahr und naturwüchsig offenbart, ist eine der gesundesten und duftreichsten Blüthen der Civilisation unseres Landes. In diesen Liedern, deren urkräftiger Born noch heute quillt, sind die Laute der Lust ebenso echt und innig wie die des Leides, die Töne des Spottes ebenso wahr wie die des Zornes und der Klage. Hier pulsirt wirklich und voll das Herz des deutschen Volkes und stellt dieses sich dar in seiner Kraft und in seiner Schwäche, in seinen Tugenden und in seinen Fehlern. Man kann unsere Volksliederdichtung als die geheime Geschichte unseres Landes bezeichnen. Sie ist aber zugleich auch die öffentliche Geschichte desselben und zwar ist sie das vermöge jener reichen Kette von historischen Liedern, deren älteste Ringe aus der ersten Hälfte des 13. Jahrhunderts stammen. Am kräftigsten hat das geschichtliche Volkslied, welches die vertrocknete Ritterdichtung ablös'te, in der zweiten Hälfte des 15. und in der ersten des 16. Jahrhunderts geklungen. Es sang das Mittelalter zu Grabe und bot einem anbrechenden neuen Weltalter den Willkomm.

Klosterhof.

8.

Kirche und Staat.

Das Pracht- und Prunkgebäude der Hierarchie hatte mit dem Sieg der Tiara über die Kaiserkrone seine Vollendung und Krönung erhalten. Der römische Stuhl ist, unbestritten oder bestritten, von der Mitte des 13. bis zum Ende des 15. Jahrhunderts die erste Großmacht Europa's gewesen. Aber dem äußeren Glanz entsprach die innere Vervollkommnung mit nichten. Das päpstliche Rom war nur ein übertünchtes Grab, außen voll Ehrwürdigkeit, innen voll Fäulniß. Schon im 14. Jahrhundert haben weise, gelehrte, fromme katholische Männer, wie z. B. Francesko Petrarka, die Hauptstadt der christlichen Welt gekennzeichnet als eine Spelunke und als ein Lupanar, als eine ungeheure Diebshöhle, die zugleich ein ungeheuerliches Lusthaus. Die unermeßlichen Reichthümer, welche die Kirche im Laufe des Mittelalters erworben, wurden für ihre Diener zu einer Verderbniß, deren Lockungen nur außergewöhnliche Menschen zu vermeiden vermochten. Im 14. und 15. Jahrhundert waren die Unsitten der Weltpriester, der Mönche und Nonnen eine allgemein bekannte Thatsache, welche man hinnahm als ein nothwendiges Uebel. Selbstverständlich erstreckte sich dasselbe auch auf Deutschland, wo die wüste Zeit des Interregnums den Klerus unsäglich verwildert hatte, so daß Möchtereien, welche der strengen Regel ihrer Stifter gemäß lebten, arbeitsam den Landbau betrieben und seelsorgerlichen Obliegenheiten gewissenhaft nachkamen, zu den Ausnahmen gehörten. Klösterliche Bildungsanstalten, welche im deutschen Reiche vordem großen und größten Rufes genossen hatten, waren so verfallen, daß, beispielsweise zu reden, um 1291 der Abt von

Einmauerung einer Nonne.

Obergimfter als Landbauer.

St. Gallen mitsammt seinem ganzen Konvent nicht zu schreiben verstand. Kein Wunder daher, daß im 14. und mehr noch im 15. Jahrhundert deutsche Klöster geradezu für „Lasterhöhlen" galten und Männerklöster dem umwohnenden Landadel zu Trinkstuben, Nonnenklöster zu „Frauenhäusern" dienten. Allerdings waren auf den Bruch des Gelübdes der Keuschheit schwere Strafen gesetzt. Aber wenn bie schwerste, die Einmauerung („Vermauerung") der Schuldigen, zur Anwendung kam, mochte davon zumeist nur so ein armes Nönnlein betroffen werden, welches im Sündigen weniger schlau und im Vertuschen der Folgen weniger gewissenlos gewesen als andere Klosterschwestern. Wer genauer wissen will, wie es zur angegebenen Zeit in vielen Klausuren der „Gottesbräute" herging, der mag nachlesen, was von der Wirthschaft in den drei schwäbischen Nonnereien Gnadenzell, Kirchheim und Söflingen aktenmäßig überliefert ist. Und mit der klerikalen Zuchtlosigkeit ging der roheste Aberglaube Hand in Hand. In Wahrheit, so man das mittelalterliche Christenthum seiner künstlerischen Gewandung entkleidet, bleibt nur der nackte Fetischismus, wie er in dem häufig genug aus dem Lächerlichen ins Ekelhafte fallenden Reliquienplunderdienst sich breitmachte. Zuweilen schlug auch der mittelalterlich-christkatholische Götzendienst zu brutaler Selbstverhöhnung aus; denn für eine solche müssen die unflätigen Orgien der sogenannten „Narrenfeste" und „Eselsmetten" angesehen werden. Es ist ganz vergeblich, glauben machen zu wollen, solche possenhafte Ausschreitungen seyen wohl in Frankreich, nicht aber in Deutschland vorgekommen. Bezeugt uns doch schon aus der zweiten Hälfte des 12. Jahrhunderts die Aebtissin Herrad von Sankt Odilien wörtlich: „In wüsten Zusammenkünften von Klerikern und Laien werden die Kirchen mit Fressen und Saufen, Possenreißen, unsauberen Späßen, Hasardspiel, Waffengeklirr, in Anwesenheit verrufener Dirnen durch Eitelkeiten und Ausschweifungen aller Art entweiht."

Freilich wurden auch zur selben Zeit schon in unserem Lande Regungen von Widerstand gegen die Verderbtheit der Kirche in Lehre und Kult bemerkbar. Ein denkwürdiges Beispiel findet sich in den

Eine Ketzerin.

Aufzeichnungen des Priors Cäsarius von Heisterbach, welcher im vierten Jahrzehnt des 13. Jahrhunderts gestorben ist. Er meldet, daß zur Zeit des Erzbischofs Reinald in Köln um die Mitte des 12. Jahrhunderts die Mitglieder einer ketzerischen Sekte zur Haft gebracht und zum Feuertode verurtheilt wurden. Man führte die Ketzer, ihren „Meister" Arnold an der Spitze, aus der Stadt nach dem Judenkirchhof, wo ein mächtiger Scheiterhaufen errichtet war. Als derselbe in Brand gesetzt worden und die darauf gebundenen Ketzer schon von den Flammen ergriffen waren, sah man den Meister seine Hände auf die halbverbrannten Köpfe seiner Jünger legen und hörte ihn sagen: „Bleibet standhaft in eurem Glauben!" Es befand sich aber unter den Ketzern auch eine Jungfrau, deren Schönheit das Mitleid erregte. Darum nahm man sie von dem Holzstoß herunter und versprach ihr, so sie ihren Irrthümern entsagte, eine gute Heirat oder die Versorgung in einem Kloster. Sie aber frug nur: „Wo liegt der Meister?" und als man ihr denselben in den Flammen zeigte, entriß sie sich den Armen der sie Haltenden, stürzte sich, ihr Antlitz mit dem Gewande verhüllend, mitten in das Feuer, warf sich über den todten Arnold, und — setzt der gute Prior hinzu — „fuhr mit ihm zur Hölle" ... Es ist dieses edle Beispiel von weltlichem Märtyrermuth in Sachen des Glaubens auf deutschem Boden eins der ältesten, so uns überliefert worden. Dasselbe zeigt, wie die Priester der „Religion der Liebe" schon frühzeitig auch bei uns mit Solchen umsprangen, welche an die Unfehlbarkeit und an die alleinseligmachende Kraft des römischen Dogma's nicht glauben wollten. Im 13. Jahrhundert ist dann das durch Papst Innocenz den Dritten zu fester Organisation gebrachte Glaubensgericht, die Inquisition, das „heilige Offiz" (sanctum officium), im deutschen Reiche förmlich eingeführt worden. Nicht ohne Widerstreben der meisten deutschen Bischöfe,

Beim Klosterwein.
(13. Bergament.)

welche darin mit Recht eine Beeinträchtigung ihrer eigenen Macht erblickten. Es hat auch lange gedauert, bis der höllische Inquisitionsdrache sich in Deutschland heimisch zu machen wußte. Der zum ersten Großketzerrichter, im deutschen Reiche ernannte Konrad von Marburg wurde sogar auf offener Straße todtgeschlagen (1233). Später ist es damit freilich anders geworden. Die päpstliche Gewalt hat ja im 13. Jahrhundert, wie überall, so auch in Deutschland einen mächtigen Aufschwung genommen in Folge der energischen Thätigkeit, welche die durch den Italiener Francesco von Assisi und den Spanier Domingo gestifteten beiden großen Bettelorden (Franciskaner und Dominikaner mit ihren verschiedenen Spielarten) entwickelten. Die Blüthezeit des mittelalterlichen Aberglaubens und Verfolgungseifers brach jetzt so recht an, erreichte jedoch in Deutschland ihren Höhepunkt erst in der Epoche des Hexenwahnsinns. Daher wird es für zweckdienlich erachtet, das beregte Thema hier einstweilen fallen zu lassen, um dasselbe im dritten Hauptstück an geeigneter Stelle wieder aufzunehmen.

Weil die Kirche in allen Aeußerungen des Daseins die oberste Instanz war, mußte folgerichtig alles das kirchliche Gepräge tragen. So auch die Wissenschaft und die Kunst, welche beide von der Kirche soweit gefördert wurden, als es ihr zweckdienlich schien. An die Stelle der verrotteten Kloster- und Stiftsschulen traten vom 14. Jahrhundert an auf päpstliche Genehmigung hin bei uns die Hochschulen, deren älteste, wenn wir von Prag absehen, Wien, Heidelberg, Köln und Erfurt gewesen sind. Hochschulen im Sinne von heute, Universitäten, allwo die Gesammtheit der Wissenschaften (universitas literarum) gelehrt wird, waren es freilich nicht, sondern eine mittelalterliche Universität war eine Korporation, welche sich um des Lehrens und des Lernens willen aus Docenten und Studenten gebildet hatte. Zumeist pflegte eine solche Universität nur eine oder doch vorzugsweise eine bestimmte Disciplin. Lehrgegenstände waren im allgemeinen die Theologie, Philosophie, Jurisprudenz und Medicin. Alles beherrschte die „Scholastik", welche man als die kirchlich-officiell-wissenschaftliche Weltanschauung bezeichnen kann. Sie war, in Deutschland durch den Schwaben Albert von Bollstädt mit höchsten Ehren vertreten, im ganzen und großen der mit weitschichtiger Gelahrtheit und unermüdlicher Tiftelei hundertfach unternommene Versuch, das Kameel Dogma durch das Nadelöhr Vernunft zu zwängen. Die Jurisprudenz beschäftigte sich mehr oder weniger ausschließlich mit dem römischen Recht, welches in Folge dessen leider auch in Deutschland das einheimische mehr und mehr zu verdrängen begann. Wie die Medicin waren alle Naturwissenschaften durch die starke kirchliche Satzung eingeengt. Doch lagen sie nicht brach und die deutsche Chemie des Mittelalters hat bekanntlich die Erfindung des Schießpulvers (um d. J. 1334) zuwegegebracht, welches einer Ueberlieferung von nur sagenhaftem Werthe zufolge der Bettelmönch Barthold Schwarz (Anklitzer) zuerst in Körnerform hergestellt haben soll, das aber freilich den Chinesen, Indern und Arabern schon früher bekannt gewesen sein mag. Daß die mathematischen Disciplinen, insbesondere die Geometrie, eines erfolgreichen Studiums sich erfreuten, dafür zeugen die Werke der deutschen Architektur des 13., 14. und 15. Jahrhunderts unwidersprechlich.

Hier, auf dem Gebiete der Kunst, hatte die mittelalterliche Kirche ihre Kulturmission noch werkthätig und schöpferisch beibehalten, wie ja schon die künstlerische Gestaltung des ganzen Gottesdienstes darthat. Unter Förderung von kirchlicher Seite verband sich mit dem Geiste der christlichen Lehre die deutsche Natur zur Schöpfung jenes Kunststils, welcher vom 12. Jahrhundert an den romanischen abzulösen begann, unter dem Namen des germanischen oder gothischen bekannt ist und namentlich in der Architektur Staunenswerthes vollbracht hat. Man darf und muß die Gothik geradezu als die Vollendung der christlichen Kunst bezeichnen, insofern sie die christliche Idee, d. h. die Vergeistigung der Materie, mit tiefsinnigster Auffassung und konsequentester Ausführung zur künstlerischen Erscheinung brachte. Zeuge dessen sind die architektonischen Thaten unserer großen deutschen Meister, eines Gerhard von Rile, eines Erwin von Steinbach, eines Johannes Hültz, eines Andreas Egl und anderer. Diese Künstler haben die Riesendome und Münsterkolosse erdacht, gegrundfestet und aufgeführt, welche wie verkörperte Himmelssehnsucht sich in die Lüfte schwingen und deren Thürme wie steinerne Andachtsstrahlen himmelwärts greifen, — die Riesendome und Münsterkolosse, wie sie in Köln, Straßburg, Freiburg, Ulm, Regensburg, Wien und anderwärts in deutschen Städten ragen zum ewigen Gedenken, was der fromme Sinn unserer Altvorderen in Verbindung mit der Thatkraft des deutschen Bürgerthums zu unternehmen sich getraute. In der äußeren und inneren Auszierung dieser gewaltigen Bauten bethätigte sich vielseitig die Bildnerei und Malerei der Gothik, welche künstlerische Thätigkeit namentlich in Prag, in Nürnberg, in Straßburg und Köln fördernde Stätten fand. Der Gottesdienst selber gewann einen künstlerischen Reiz mehr durch die Vorschritte der Instrumental- und Vokalmusik, durch die Verbesserung der Orgel, welche um 1444 zuerst mit einem Pedal versehen wurde, durch die Vervielfältigung und Vervollkommnung der Blas- und Saiteninstrumente, durch die Einführung des Mensuralgesanges, des Taktregulators durch den Meister Franko aus Köln. Die aus dem Anfange des 15. Jahrhunderts stammenden Melodieen, welche das sogenannte „Lochamer Liederbuch" uns überliefert hat, erweisen schon einen erfreulichen Vorschritt der Singkunst. Endlich wußte die Kirche auch die Schaulust der Menschen ihren Zwecken dienstbar zu machen, indem sie theatralische Darstellungen aus der christlichen Mythologie und Heiligenlegende innerhalb und außerhalb der Kirchen zu einem förmlichen Kultakt machte. Das waren die „Mysterienspiele" oder „Mirakelspiele", so genannt, weil sie die Geheimnisse und Wunder des Christenthums behandelten, oder auch „Ministerien" geheißen (von ministerium, nämlich dei), weil sie ein Zubehör des Gottesdienstes. In Deutschland hießen übrigens die kirchlichen Schauspiele,

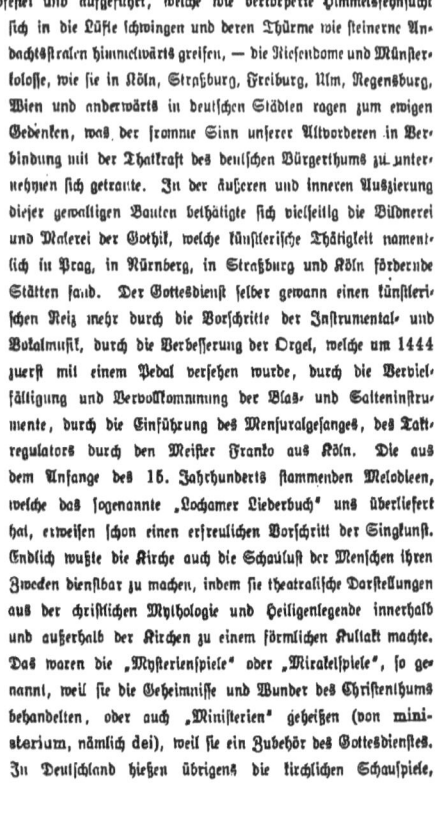

welche anfänglich durch die Priester allein, später mit Hinzuziehung gewerbsmäßiger „Spielleute" in Scene gesetzt wurden. „Weihnachtspiele" und „Osterspiele", weil zu diesen Festzeiten zur Aufführung gebracht und den Legendenkreis von der Geburt und dem Tode Jesu darstellend. Die Osterspiele hießen darum auch „Passionsspiele". Dieses ganze kirchliche Theaterwesen ist sehr alt. Auch in Deutschland, wo uns Anfänge des Passionsspiels im Kloster St. Gallen schon aus dessen ältester Zeit bezeugt sind. Für die Aufführung von Weihnachtspielen im 12. Jahrhundert gibt die Aebtissin Herrad Zeugniß. Zur selbigen Zeit entstanden

Sangerichf.

auch die ältesten Textbücher dieser geistlichen Spiele, zunächst in lateinischer Sprache verfaßt, aber schon im folgenden Jahrhundert mit deutschen Einschiebseln versehen, bis dann später das Latein der Landessprache völlig wich. Im 15. Jahrhundert erreichten die Mysterienspiele ihren Glanzpunkt. In drei Stockwerken (Hölle, Erde, Himmel) war die Bühne aufgebaut und wurde von ganzen Scharen von „Actoren" in reicher Gewandung beschritten. Tagelang währten die Vorstellungen und Dekorations- und Maschineriekünste, Kostümluxus, Dellamation, Gesang, Musik und Tanz vereinigten sich zu einer opernhaften Gesammtwirkung, welche als „Andacht" empfunden wurde oder doch als solche empfunden werden sollte.

Vermöge ihrer Bemühungen um die Kunstentwickelung, wie vermöge der schon früher berührten Thätigkeit sinnender Mystiker und energischer Sittenprediger, hat die deutsche Kirche unsere Vorfahren mit der idealistischen Seite des Daseins in Beziehung zu setzen und zu halten gesucht und gewußt. Sie begerrschte aber unmittelbar oder mittelbar das Dasein unseres Volkes überhaupt und verfügte, wie über dessen Gewissen, so auch über dessen Geldsäckel, zu welchem sie sich den Zugang in hunderterlei Art zu verschaffen wußte. Sie war nicht ein Staat im Staate, sondern ein Staat über dem Staate. Allem verstand sie sich anzupassen oder vielmehr alles ihr. Auch die noch immer nicht ganz verschwundenen Ueberkommenschaften aus dem germanischen Heidenthum, wie z. B. das gerichtliche Ordal, das Gottesurtheil, welches im späteren Mittelalter unter kirchlicher Obhut stand und als Zweikampf, als Feuerprobe, Wasserprobe, Kreuzprobe und Bahrprobe in Anwendung kam, aber freilich auch, wie weiter oben schon erwähnt worden, den Spott denkender Menschen herausforderte. Daran brauchte sich aber die Kirche nicht zu kehren. Wußte sie sich doch allmälig so ziemlich die ganze Rechtssphäre dienstbar zu machen, indem sie in den unendlichen deutschen Rechtswirrwarr von Landrechten, Stadtrechten, Lehenrechten, Dienstrechten, Eherechten und Erbrechten geschickt und fest ihr kanonisches Recht hineinstellte. Ueberhaupt ist ja im Vorschritte des Mittelalters unser einheimisches Recht durch das fremde (römische und kanonische) immer mehr zurückgedrängt worden, namentlich seit die beiden staufischen Friedriche, der Rothbart und sein Enkel, das justinianische „Corpus juris" als das allgemein giltige „kaiserliche" Gesetzbuch auch für Deutschland anerkannt hatten. Im Strafrecht insbesondere wurde diese tief einschneidende Aenderung bedeutsam. Während noch im „Sachsenspiegel" das altnationale Wergeldsystem obenauf ist, hat der „Schwabenspiegel" schon das römische Princip der Wiedervergeltung (jus talionis). Der jüdisch-christlich-kanonischen Rechtsanschauung zufolge strafte die Obrigkeit von sich aus alle Vergehen oder Verbrechen, ob sie den Staat oder Privatpersonen berührten, gleichviel. Die Folge war, daß an die Stelle des alteinheimischen öffentlichen und mündlichen Strafverfahrens mit Anklageproceß die geheime Inquisitionsprocedur trat mit ihren scheußlichen Kerker- und Folterkünsten, ihren schamlos-unflätigen Bußen und ihren erstindengrausamen Verstümmelungs- und Todesstrafen. Ein Rest des germanischen Rechtsschutzes und Strafverfahrens erhielt sich bis zum Ausgange des Mittelalters in den „Freistühlen" Westphalens, in den „Femgerichten" — (Feme, Vemie, Behme bedeutete Gericht und verfemt gerichtet, verurtheilt). Wenn man dieselben der künstlichen Schnörkel und Schauder entkleidet, womit moderne Dichter sie angethan haben, so bleiben Tribunale, welche sich ihr Ansehen als kaiserliche bewahrt hatten, am hellen Tage, unter freiem Himmel, an altbekannten Malstätten Westphalens ihre Sitzungen hielten und durchaus nach den Regeln des altdeutschen Strafprocesses verfuhren ohne Einkerlerung und Folterung des Angeklagten, nur mit Kapitalverbrechen sich befaßten und darum auch nur eine Strafsentenz kannten, den Tod. Allerdings verstärkten sich die Macht der Feme und der Schrecken, welchen sie den Missethätern einflößte, noch beträchtlich durch das so zu sagen Freimaurerisch-Geheimnißvolle, welches die Aufnahme der „Freischöffen" und ihre Erkennungszeichen, Handgriffe und Worlösungen in den Augen von „Nichtwissenden" umgab. Die westphälischen Ferngerichtsvorsitzer, die „Freigrafen", häufig einfache Bauern, sind nicht selten die einzigen Rechtshandhaber im deutschen Reiche gewesen. Denn ihre Wahrsprüche trafen selbst die vornehmsten Sünder und sie wußten vermöge der Femorganisation diesen Wahrsprüchen auch den Vollzug zu sichern.

Dem Rechtswirrwarr der Zeit entsprach ganz und gar das bunte Durcheinander von Maß, Gewicht und Münze im deutschen Reiche. Zu Aachen gab es eine kaiserliche Münzstätte, aber eine Menge von weltlichen und geistlichen Magnaten, sowie von Städten, hatte und übte ebenfalls das Münzrecht. Für die schönsten Goldmünzen des Mittelalters galten die „Augustalen", welche Kaiser Friedrich der Zweite schlagen ließ. Den Werth der Münzen von damals genau zu bestimmen, ist unmöglich, weil der Münzfuß ein zu verschiedener war und noch dazu beständig wechselte. So auch das Verhältniß von Gold und Silber. Auch der Begriff der „Mark" war kein feststehender; denn hier prägte man die

Räuberischer Ueberfall.

Mark Silber zu 12, dort zu 24, anderswo zu 44 oder 50 oder 60 Schillingen aus und diese Schillinge von so verschiedenem Silbergehalt verhielten sich natürlich wiederum sehr verschieden zu der Scheidemünze der Denare, Pfennige, Kreuzer, Häller. Wie sollten bei solchem Durcheinander die mittelalterlichen Preise der Lebensmittel und Machwaaren, die Skala der Arbeitslöhne, die Steuer- und Zollsätze ermittelt werden können? Sicher ist nur, daß der Steuerdruck — Grundsteuern, Zehnten, Gülten, Kopfsteuern, Herdsteuern, Erbschaftssteuern, Verbrauchssteuern — bei der Steuerfreiheit von Adel und Geistlichkeit schwer auf dem Bürgerstand und noch schwerer auf der Bauerschaft lastete. Die letztere hatte ohnehin durch die unaufhörlichen Kriege und Fehden am schwersten zu leiden. Denn die ganze Kriegsführung war eine barbarische, eine auf Vernichtung von Menschenleben und Eigenthum mit grausamer Rohheit abzielende.

Landsknechte.

Das deutsche Kriegswesen hat die Grundformen, welche unter den Ottonen und Heinrichen festgestellt worden, das ganze Mittelalter hindurch behalten. Der Lehensstaat kannte nur ein Heer von Lehensleuten, nach den Bestimmungen des Feudalrechts ausgehoben, gegliedert und geführt. Oberster Heerbefehliger war im Reichskriege der deutsche König oder Kaiser. Unter ihm führten die großen Kronvasallen ihre Ritterschaften, denen ihre Knappen und Knechte in den Kampf folgten. Oberstes Heerzeichen war die Reichssturmfahne mit dem einköpfigen schwarzen Adler im goldenen Felde, schon unter Otto dem Zweiten aufgekommen, doch erst seit Friedrich dem Rothbart allgemein anerkannt. Den Schwaben stand die Ehre zu, in den Schlachten des Reiches diese „Reichssturmfahne" voranzutragen. Schutzwaffen waren Schild, Helm, Harnisch, Arm- und Beinschienen, die Rüstungen aus Platten von Eisenblech zusammengefügt, nachdem die Ringpanzer der älteren Zeit in Abgang gekommen. Als Angriffswaffen führte die ritterliche Eisenreiterei Lanzen und zweihändige Schwerter, Streithämmer, Streitäxte und Streitkolben, während die städtischen Bürgermilizen sich der Armbrüste und Bolzen, der Piken und Hallbarten bedienten. Von strategischen und taktischen Künsten war noch wenig zu spüren, wohl aber von sogenannten Kriegslisten. Anprall und Handgemenge gaben die Entscheidung im offenen Felde, während allerdings der Festungskrieg schon mehr entwickelt war mit seinen Belagerungsthürmen, mit seinem „Stoßzeug" (Widder, Katzen, Sturmböcke) und mit seinen Wurf- und Schleudermaschinen („Ballisten", „Blyden", „Gewerfs", „Quotwerke"). Die Anfänge soldatischer Uniformirung reichen ins Mittelalter zurück und sind in den gleichfarbigen Feldbinden zu suchen, welche die Harste als Erkennungszeichen über den Waffenröcken trugen. Dann wählten zu den Waffenröcken selbst einzelne Harste die gleiche Farbe; doch scheint es, daß am frühesten, von der zweiten Hälfte des 14. Jahrhunderts an, städtische Söldner uniformirt gewesen seien. Die Anfänge der Söldnerei reichen in Deutschland bis ins 12. Jahrhundert hinauf, weil die Unzulänglichkeit der feudalen Heerverfassung schon so frühzeitig eine Ergänzung durch die berufsmäßige Soldaterei herbeirief. Im deutschen Reiche gelangte die Söldnerei, welche in Italien, Frankreich und England schon im 14. Jahrhundert stehend geworden, erst im 15. zu jener in den Kriegen den Ausschlag gebenden Bedeutung, welche ihr die schweizerischen „Reisläufer" und die deutschen „Landsknechte" verschafften. In den Kämpfen der schweizerischen Bauerschaften gegen die Herzoge von Oestreich, entschiedener aber noch in den Schlachten der eidgenössischen Städter- und Bauerschaften gegen den Burgunderherzog Karl erbleichte der Glanz der Feudalreiterei und die Entscheidung über Sieg oder Niederlage war fortan beim Fußvolk, für dessen Organisation und Führung in den letzten Zeiten des Mittelalters die schweizerischen Einrichtungen mustergebend gewesen sind. Dazu kam die Einführung des Pulvergeschützes im 14. Jahrhundert. Bevor dasselbe zu Ende, befanden sich deutsche Fürsten und Städte bereits im Besitze von „Bombarden", „Karthaunen", „Feldschlangen" und „Büchsen". Diese ungeschlachten Kanonen verkleinerten sich zu Handfeuerwaffen, welche in Gestalt von „Tarasbüchsen", „Hakenbüchsen" und „Arkebusen" freilich noch ungefüge genug waren. Doch gab es schon in der Zeit von 1388 in Deutschland auch Pistolen („Faustrohre" oder „Fäustlinge").

Hier ist nun aber unsere Wanderung durch die mittelalterlich-deutsche Welt zu Ende. Schon von der zweiten Hälfte des 13. Jahrhunderts an ging es bergab mit ihr. Mit dem Untergange der Hohenstaufen war das deutsche Reich seiner herrschenden Weltstellung verlustig gegangen. Das wurde offenkundig, als nach der „schrecklichen kaiserlosen Zeit" des „Zwischenreiches" der Schweizergraf Rudolf von Habsburg zum deutschen König gewählt war (1273). Als echter Schweizer ist derselbe ein geborener Geschäftsmann gewesen, dem nichts ferner lag als die Phantasie, die Reichsherrschaft im Sinne der Ottonen, der Heinriche und Friedriche fassen und führen zu wollen. Was er wollte, war gute Geschäfte machen, und er hat dann auch sein Hauptgeschäft, die Begründung einer habsburgischen Hausmacht durch die Erwerbung des schönen Oestreichs, geschickt eingeleitet und glücklich durchgeführt. Sein Sohn und Nachfolger Albrecht war nicht weniger erwerbslustig, aber viel weniger anstellig als der Vater. Seine und seiner Sprößlinge Ansprüche und Uebergriffe forderten die schweizerischen Freibauern, welche mittels Bundesbriefes vom Jahre 1291 ihre Eidgenossenschaft gestiftet hatten, und die schweizerischen Reichsstädte heraus, ihre altherkömmliche Reichsfreiheit zu behaupten und zu vertheidigen, obzwar ohne die in das Gebiet des Mythus und der Sage zu verweisenden und verwiesenen Telle und Winkelriede. Glücklicher als im 12. und 13. Jahrhundert die norddeutschen Bauerschaften der Stedinger und Ditmarsen an der Elder und Elbe in ihren heldischen Freiheitskämpfen gegen Junker- und Pfaffenthum gewesen waren, haben die schweizerischen Eidgenossen im 14. Jahrhundert mittels ihrer Siege beim Moorgarten, bei Laupen, bei Sempach und Näfels vor fürstlicher Unterthanschaft sich bewahrt und ihre Reichsunmittelbarkeit gerettet, um dann durch ihre bei Grandson, Murten und Nanzig über Karl von Burgund erfochtenen Triumphe ihren republikanischen Staatenbund sicherzustellen. Dieses Emporkommen der Eidgenossenschaft markirte ebenso deutlich, wie das nach anderer Seite hin der Gebrauch des Schießpulvers und die Einführung des Bücherdruckes thaten, den rasch vorschreitenden Verfall des mittelalterlichen Feudalstaates, sowie des deutschen Reichs- und Kirchenwesens. Einzelne Wiederherstellungsversuche, wie solche, freilich von sehr verschiedenen Standpunkten aus, die drei Kaiser aus dem luxemburgischen Hause Heinrich der Siebente, Karl der Vierte und Sigismund, und zwischenhinein der treffliche, warmpatriotische Ludwig der Baier unternahmen, mißlangen und mußten mißlingen. Denn das Mittelalter war unwiederbringlich um und dahin. Die Ideale, welche die Romantik aufgestellt hatte, waren verblaßt und verblichen. Der romantische Gedanke hatte seine Zeugungskraft eingebüßt. Neue Anschauungen und Vorstellungen erhoben sich allwärts. Freilich verschwand das Mittelalter nicht plötzlich. Seine Formen überlebten den Geist und blieben in unserem Lande noch lange aufrecht stehen, sogar nicht selten recht brutal und trotzig. Aber sie waren doch nur ein Leib ohne Leben, eine Hülse ohne Kern, eine Ritterrüstung ohne Ritter. Alles Gute und Beste in unserem Volke wandte sich von diesem gespenstigen Gewesen ab und einem neuen Werden zu.

Ablaßhandel.

I.
Vorwehen und Vorläufer.

Hus auf dem Scheiterhaufen.

Die geschichtliche Epoche, worin der Uebergang von der mittelalterlichen Romantik zur sogeheißenen Reformation sich bewerkstelligte, läßt sich einem Baume vergleichen, welcher im Frühling neue Blätter- und Blüthenknospen treibt, während das dürre Laub vom letzten Herbste noch an seinen Zweigen hängt.

Noch bestanden die kirchlichen und staatlichen Formen des Mittelalters, aber neben, unter und über ihnen knospeten neue Ideen und lebte und webte ein neuer Gedanke.

Was für einer? Der modern-realistische.

Als derselbe jedoch sich zu bewegen und auszuschreiten begann, mußte er alsbald bemerken, daß ihm an das eine seiner Beine eine Kette mit Bleikugel befestigt war. Er schleppte ja die christlich-romantische Weltanschauung, die supranaturalistisch-theologische Doktrin mit aus dem Mittelalter herüber.

So eine Fußfessel ist wohl für eine weltgeschichtliche Nothwendigkeit anzusehen, damit der menschliche Vorschritt sich nicht ins Blaue verlaufe. Auch muß man des Woher? eingedenk sein, um das Wohin? richtig bemessen zu können. Die Menschheit ist auf ihrem endlosen Marsche mit einem ungeheuren Gepäck- und Troßzeug beschwert; sie zieht die ganze, bislang aufgelaufene Summe von menschlicher Weisheit und Thorheit hinter sich her. Nur der Unwissenheit ist es erlaubt, zu wähnen, die Gesellschaft vermöchte je zu machen, was man „reinen Tisch" nennt, oder sie vermöchte jemals das

Tischtuch zwischen der Vergangenheit und der Gegenwart zu zerschneiden. Tausend unzerreißbare Fäden verknüpfen das, was war, mit dem, was ist, und dieses hinwiederum mit dem, was wird. Alles ist Uebergang, alles ruhelose Wandelung.

Aber dieser Weltlauf geht nicht allzeit im gleichen Schritt und Tritt. Er gleicht der Bewegung eines Wanderers, welcher jetzt gemächlich durch die Ebene hinschlendert, dann langsam ein Gebirge hinansteigt, mühsälig über Schutthalden aufwärtsklimmt, mit Anspannung seiner ganzen Muskelkraft schäumende Gletscherbäche überspringt, mit leuchtender Lunge die höchsten Felskuppen überwindet und hierauf jenseits derselben leichteren Athems und beschleunigteren Ganges wieder thalwärts eilt. Und wie kürzere oder längere Rasten eine solche Wanderung unterbrechen, so auch stockt dann und wann die geschichtliche Entwickelung, wenigstens scheinbar. Zeiten gibt es, wo sie zu kriechen, und Zeiten, wo sie zu fliegen scheint. Wer für das innere Getriebe der Geschehnisse kein Auge hat, muß nothwendig mitunter den Eindruck bekommen, als ginge alles rückwärts, und dieser optischen Täuschung entspricht die andere von einem zeitweiligen plötzlichen Vorwärtsstürzen der Weltgeschichte. Revolutionen sehen freilich so aus; aber der Kundige weiß, daß ihre Blitze und Donner nur Entladungen elektrischer Massen sind, die sich sehr allmälig angesammelt hatten. Die kirchliche Revolution des 16. Jahrhunderts verhielt sich zum mittelalterlichen Papstsystem wie die Wirkung zur Ursache, wie die logische Schlußfolgerung zur gegebenen Voraussetzung. Der Kirche selbst war die Räthlichkeit, ja die Nothwendigkeit einer „Reform an Haupt und Gliedern" längst klar geworden. Aber der traurige Verlauf der so hoffnungsvoll angehobenen Kirchenversammlungen von Pisa, Konstanz und Basel hatte in der ersten Hälfte des 15. Jahrhunderts die Unmöglichkeit einer solchen Selbstreform dargethan. Auf die schüchternen Verbesserungsanträge wohlmeinender Theologen gab die Kurie den Scheiterhaufen, auf welchem Hus verbrannt wurde, zur Antwort und an des Jahrhunderts Neige entzündete Papst Alexander der Sechste den Holzstoß, auf welchem Savonarola starb, als sollte dieses Feuer die borgia'sche Gräuelwirthschaft im Vatikan noch deutlicher beleuchten, der Christenheit so recht zum Hohn. Erst das in unabweisbare Bedürfnisse und Forderungen hoch- und übermüthig hineingerufene „Nolumus!" Roms machte das sanft-reformistische Säuseln zum rauh-revolutionären Sturm anschwellen.

Schon in der „mondbeglänzten Zaubernacht" der Romantik sind wir da und dort, auch auf deutschem Boden, einem Menschen begegnet, welcher ein Vorgefühl neuzeitlicher Tageshelle hatte. Im Verlaufe des 15. Jahrhunderts aber war das, was den entscheidenden Unterschied und Gegensatz vom und zum Mittelalter ausmachte und ausmacht, also der Sinn für das Wirkliche und Thatsächliche, mächtig erstarkt. Dem einseitigen romantischen Spiritualismus trat, obzwar erst noch sehr schüchtern und vorsichtig, ja häufig sogar nur sehr widerwillig, der Realismus gegenüber, welcher als das Hauptcharaktermerkmal des ganzen Zeitraums vom 16. Jahrhundert bis heute anerkannt ist. In der Periode der Reformation trug er noch das theologisch-dogmatische Kleid, nur hatte er das bunte Meßgewand mit der schwarzen Prädikantenkutte vertauscht. Von der Mitte des 18. Jahrhunderts an ging er in Laientracht einher und spielte ein skeptisches Lächeln unverhohlen um seine Mundwinkel.

Die Ketzerei war und ist überall und allzeit die Zwillingsschwester der Orthodoxie, die Sekten waren und sind die Stieftöchter der Mutter Kirche. Die Geschichte der letzteren ist zugleich die Geschichte einer fortwährenden Auflehnung gegen sie. Was die sogenannte Weltkirche vom Christenthum erzählt, ist nichts als eine endlose Variation des gegensätzlichen Thema's Glaube und Zweifel, Autorität und Freiheit, Dogma und Selbstbestimmung. Kaum hatte das Papstthum seinen Sieg über das Kaiserthum mit der Vernichtung des hohenstaufischen Hauses besiegelt, als die Dauer seiner Macht und Herrlichkeit von verschiedenen Seiten her mehr oder weniger kühne Anzweifelungen zu befahren hatte. Die Trobadours der Provence, die drei Begründer der italischen Literatur, Dante, Petrarka und Boccaccio, denen sich später ihre Landsleute Pulci und Machiavelli gesellten, ebenso die französischen Fabliauxreimer, die deutschen Schwänkedichter, der Vater der englischen Poesie, Chaucer, — sie alle machten Opposition, sei es aus der pathetischen sei es aus der satirischen Tonart. Allein diese Opposition ließ das Dogma noch unberührt und richtete sich nur gegen die pfäffische Zuchtlosigkeit, sowie gegen die Uebergriffe hierarchischer Machtgelüste, gegen welche ja schon zur Stauferzeit der deutsche Walther von der Vogelweide so tapfer vorgegangen war. Größeren Umfang und größere Vertiefung gewann die Befehdung der Hierarchie, als die wieder erweckten „klassischen Studien"; wie sie von der ersten Hälfte des 14. Jahrhunderts an, zunächst in Italien, eifrig betrieben wurden, ihre Wirkungen zu äußern begannen. Der „Humanismus" — unter welcher Bezeichnung man im unbewußten oder bewußten Gegensatz zum Theologismus die Beschäftigung mit der antiken Poesie und Kunst, Philosophie und Historik und die Ergebnisse dieser Beschäftigung zusammenfaßte — der Humanismus war in das Dunkel mittelalterlicher Möncherei als eine Morgenröthe hineingestellt, welche einen neuen Tag europäischer Kulturarbeit ankündigte. In der Helle, welche von diesem Morgenroth ausstralte, blickten die Menschen um sich her und erkannten mit Verwunderung, wie eng und beschränkt doch eigentlich die Welt sei, welcher das römisch-kirchliche System auf den Leib gepaßt war. Ein unwiderstehlicher Hang und Drang nach Erweiterung des geographischen wie des kosmischen Horizonts machte sich geltend, und zwar auf der Grundlage eines sehr realistischen Bedürfnisses. War doch der Handelsverkehr der europäischen Völker nachgerade so vielgestaltig und lebhaft geworden, daß er mit den mittelalterlichen Mitteln nicht mehr ausreichte. Namentlich stellte sich die Vermehrung der Tauschmittel, der Edelmetalle, als eine so gebieterische Forderung heraus, daß sie um jeden Preis befriedigt werden mußte. Das östliche Asien galt als eine unerschöpfliche Fundgrube von Gold und Silber und der Wunsch, zu diesen Fundgruben in Katai (China) und Zipangu (Japan) zu gelangen, war das leitende und treibende Motiv der großartigen Entdeckungsfahrten eines Diaz, Gama und Kolon, welcher letztgenannte einen neuen Erdtheil fand, die „neue Welt" Amerika, der er ausgefahren war, auf westlichem Seewege die Ostküste von Asien zu erreichen. Die geographischen Findungen des 15. Jahrhunderts und die Kolonisationen des folgenden haben, verbunden mit den vom Humanismus gegebenen Anregungen, die Naturforschung auf eine neue Basis gestellt, von welcher aus sie zu den großen Entdeckungen eines Köpernik, Kepler, Galilei und Newton vorschreiten konnte.

Die romanischen Völker, Italiener, Portugiesen, Spanier und Franzosen, warfen sich mit edler Begeisterung oder auch mit gemeiner Gier auf die Bahnen unerhörter Abenteuer, welche die neu aufgethanen Meere und Länder ihnen eröffneten. Bedächtiger folgten Entdecker, Händler und Ansiedler von germanischer Rasse, die Holländer und Engländer. Und auch die Deutschen machten einen Versuch, an dem Wettrennen nach dem „Dorado" in der Neuen Welt theilzunehmen, — einen Versuch, der zwar mißlungen, aber doch der Erwähnung werth ist. Die Rothschilde des 16. Jahrhunderts sind, wie jedermann weiß, die Welser und Fugger zu Augsburg gewesen. Zu ihren Hauptschuldnern gehörte der Kaiser Karl der Fünfte, in dessen Kasse die Leere nie ausging, obzwar in seinen Reichen „die Sonne nie unterging". Im Jahre 1528 verpfändete oder verkaufte der Kaiser die Küste von Venezuela, welche wenige Jahre zuvor durch den spanischen Ritter Ojeda gefunden und für Spanien in Besitz genommen worden war, an den augsburger Bankherrn Bartholomäus Welser, welcher diese Erwerbung nutzbar machen wollte. Sein Agent am Hofe von Madrid, Ambros Dalfinger, ein ulmer Kind, rüstete im Hafen von Sevilla ein Geschwader, bestellte seine Landsleute Bartholomäus Saller und Klaus Federmann zu seinen Stellvertretern und segelte im Oktober von 1529 mit 400 deutschen und spanischen Soldaten und 80 Pferden nach Venezuela ab, welches er für das Haus Welser in Besitz nahm und kolonisiren wollte. An Muth und Thatkraft stand dieser „deutsche Kortez" dem viel berühmteren spanischen nicht nach, aber auch nicht an Härte und Fühllosigkeit. Er zwang die Indianer am See Marakaibo und weit umher zur Sklaverei, er trug bis ins Thal Cupari, bis zu den indianischen Stämmen der Pokabuyes und Allaholabi, ja weiter und weiter bis zu den Nebenflüssen des Orinoko und bis hinauf in die kühlen Vorthäler der Andes erobernde, zerstörende und verwüstende Waffen und starb 1535 zu Koriana an im Gefechte mit den Eingeborenen erhaltenen Wunden. Sein Nachfolger in der Statthalterschaft, Georg von Speyer, setzte Dalfingers Eroberungszüge drei Jahre lang fort, verrichtete Erstaunliches, nahm aber ein dunkles Ende, wahrscheinlich von den eifersüchtigen Spaniern ermordet. Diese thaten überhaupt alles, was List und Gewalt ihnen eingab, um in jenen überfruchtbaren Landschaften keine deutsche Kolonie aufkommen zu lassen, und ihr Vor-haben mußte um so mehr gelingen, als die deutschen Ansiedler von daheim nur unzuläng-liche und bald gar keine Unterstützung mehr er-hielten. Daheim in Deutschland hatte man anderes zu thun als die dargebotene günstige Ge-legenheit, einen Antheil an der Neuen Welt jenseits des Oceans zu erwerben, thatkräftig zu benützen: man mußte sich ja in theologischen Zän-kereien und Stänkereien gegenseitig aufreiben. Im Jahre 1555 oder etwas später soll, so be-

haupten die Spanier, ein Spruch des „Rathes von Indien", der obersten Kolonialbehörde Spa-niens, das „Königreich Venezuela" dem Hause Welser förmlich abge-sprochen haben. Damit war der kurze El-Dorado-Traum unserer Vorfahren zu Ende. Möglich, wahrscheinlich sogar, daß dieser Ver-such der Deutschen, in Amerika kolonisirend fußzufassen, nicht so traurig ausgegangen wäre, so er nicht in eine Zeit gefallen, wo die Seemacht des deut-schen Reiches, d. h. die

der Hansa, rasch dem Verfall entgegenging. Die unselige staatliche Zerrissenheit Deutschlands hat unserem Volke eine in großem Stile betriebene Kolonisationsarbeit allzeit sehr erschwert oder wenigstens dieselbe, wo sie dennoch unternommen und gethan wurde, für das Mutterland unfruchtbar gemacht. In alter, neuerer und neuester Zeit haben Deutsche Kur-, Liv- und Esthland, das „Sachsenland" in Siebenbürgen und einen großen Theil vom „fernen Westen" Nordamerika's kolonisirt und civilisirt. Aber was waren und sind leider alle diese deutschen Kolonien? Nichts als „verlorene Posten" des Deutschthums . . . . . .

Zur Zeit also, wo die romanischen Völker sich mit Eifer und Glück auf das Kolonisiren verlegten, verlegten sich unsere Altvorderen mit nicht geringerem Eifer, obzwar mit weniger Glück, auf das Theo-logisiren. Sie nahmen es mit der als nothwendig erkannten „Wiedergeburt" viel ernster als die Romanen mit ihrer „Renaissance", welcher ja nur eine künstlerische, höchstens eine wissenschaftliche, aber keine religiöse Bedeutung zukam. Den Germanen war das Christenthum zu einer innerlichen Macht geworden, während es den Romanen nur ein äußerlicher Dienst geblieben war, der, wenn es hoch kam, zu einem

Kunstwerk hinaufgebildet wurde. Daher konnte ein italienischer Maler das Madonnen-Ideal schaffen zur gleichen Zeit, wo ein deutscher Mönch die Rückkehr zum evangelischen Christenthum forderte, und daher auch konnte ein Papst selber über die geniale Verhöhnung des christlichen Pfaffenthums in Machiavelli's „Mandragola" herzlich lachen, während die päpstliche Inquisition jede Auflehnung gegen dieses Pfaffenthum mit Marter und Tod ahndete.

Wenn jenseits der Alpen der Humanismus, von seinen ästhetischen Wirkungen abgesehen, nur ein Zeitvertreib der Aristokratie des Geistes war und innerhalb derselben bloß zu einer Gleichgiltigkeit inbetreff der Religion führte, mit welcher die Kirche sich ganz gut abzufinden vermochte, so richtete sich dagegen in Deutschland die humanistische Bewegung bald mehr oder weniger deutlich gegen Rom. Schon darum, weil die deutschen Humanisten gegen die scholastisch-theologische Denk- und Lehrmethode sturmliefen, welche von der Kirche als die alleingiltige patentirt war. Durch die barbarische Form dieser Methode hindurch trafen die humanistischen Angriffsstöße und Verhöhnungen auch den bislang für sakrosankt gehaltenen Inhalt. Die heidnisch hellen und heiteren Anschauungen, welche die

Humanisten aus der griechisch-römischen Literatur gewonnen hatten, stellten sie, zuvörderst in naiver Begeisterung, später dann mit polemischer Absichtlichkeit, der dunkeln und dumpfen Barbarei nordischen Mönchthums gegenüber. Die Wirkungen konnten nicht ausbleiben, obzwar die Führer des älteren Humanismus bei uns zu Lande weit davon entfernt waren, gegen die herrschende Kirchenlehre und Kirchenverfassung eine ausgesprochene oder gar eine systematische Opposition machen zu wollen. Diese Führer, ein Rudolf Agrikola, ein Gregor von Heimburg, ein Konrad Celtes, ein Wilibald

Pirkheimer, ein Johann Wimpfeling, ein Johann Reuchlin und der zu Rotterdam geborene, aber frühzeitig in Deutschland heimisch gewordene Desiderius Erasmus, sie waren Gelehrte, welchen vor allem, ja einzig daran gelegen gewesen ist, die wissenschaftliche Erziehung der deutschen Jugend auf eine gesündere Basis zu stellen, die scholastisch verrotteten Hochschulen mittels eines rathsneueren Studiums der klassischen Sprachen und Literaturen zu reformiren und also wie in die Geschichteforschung, in die Jurisprudenz und in die Theologie, so auch in die physikalische, mathematische und geographische Wissenschaft neue Anregungen und Triebkräfte zu bringen. Allerdings wurden die philologischen Arbeiten eines Reuchlin und eines Erasmus, welche zur Beschäftigung mit den alt- und neutestamentlichen Schriften die richtigen Wege wiesen, zu wirksamen Vorarbeiten der Reformation; aber mit dem Gedanken der Möglichkeit oder auch nur der Wünschbarkeit einer solchen sich zu befassen fiel keinem der beiden ein. Im Gegentheil, Erasmus wenigstens hat sich als der zahme und furchtsame

Stubengelehrte, der er war, über den Trubel und Tumult der losgebrochenen Reformation so entsetzt, daß er gegen sie that, was ihm seine Feigheit zu thun gestattete. Von einer Wirkung auf die Volksmassen konnte bei diesen älteren Humanisten schon darum keine Rede sein, weil sie die heimische Sprache verachteten und es sich zum höchsten Ruhme rechneten, ein möglichst ciceronisches Latein zu sprechen und zu schreiben. Das hatte freilich einen triftigen Grund, nämlich diesen, daß bei der argen Verwilderung und Vernachläßigung, in welche die einheimisch-nationale Literatur im Verlaufe des 15. Jahrhunderts gefallen war, jedermann in deutschen Landen, wer überhaupt auf Bildung Anspruch machte, des Lateins sich befleißigte. Aber auf die öffentliche Meinung im weiteren Sinne, auf das Stadtbürgerthum und theilweise auch auf die Bauerschaft, begannen die erfrischenden und anregenden Motive, welche im Humanismus lagen, erst dann zu wirken, als die jüngere Generation der deutschen Humanisten diese Motive aus den engen Wänden der Schulen ins Leben hinaustrug und die Resultate der wissenschaftlichen Wiedergeburt mit den thatsächlichen Zuständen in Berührung und Wechselwirkung zu bringen unternahm. Jetzt erst erhob der Zweifel, der Vater alles Fortschritts, laut und lauter seine Stimme und

Ulrich von Hutten.

begann an dem Bestehenden in Kirche und Staat eine kühne und nur allzu berechtigte Kritik zu üben. Die Reformfrage war offen auf die Tagesordnung der Zeit gesetzt.

Von solcher Wendung nun ist nicht zu reden, ohne daß des Hauptbannerträgers dieses jüngeren, bewußt und entschieden reformatorischen Humanismus gedacht würde. Das war der Ritter und Dichter Ulrich von Hutten, auf der Stedelburg in Franken 1488 geboren. Was die besten seiner Volks-, Zeit- und Altersgenossen

erfüllte und bewegte, er verdichtete es zum blitzenden Gedanken und formte es zum zündenden Wort. Seine humanistischen Lehr- und Wanderjahre hatten ihn weitum in deutschen Landen, sowie über die Alpen geführt und allenthalben hatte er mit verständnißvollem Blicke die Schäden der Zeit und das erkannt, was seinem Vaterlande noththat. Er war viel zu genial angelegt, als daß Großquart und Kleinkram wie theologische Beschränktheit, gelehrter Studirstubendünkel und Zunftneid oder hofräthliche Gunstbuhlerei — wie solche ja schon im 16. Jahrhundert widerlichst getrieben wurde — an ihm hätten haften können. Vom humanistischen Versschmied wuchs er zum Herold der kirchlichen Reform und der staatlichen Verjüngung Deutschlands empor, vom lateinischen Rhetor zum deutschen Zeitschriftsteller, vom adeligen Ritter zum nationalen Kämpfer. Ein Deutscher vom Scheitel bis zur Sohle, ein Idealist in jeder Fiber, ist er von keinem seiner Zeitgenossen an selbstloser Begeisterung und Hingebung für die Sache der Nation erreicht, geschweige überholt worden und wohl durfte darum das stolze „Ich hab's gewagt!" womit das schöne Trost- und Ermuthigungslied anhebt, welches Hutten im Jahre 1521 an sich selber richtete, zu einem liebsten Erinnerungsworte der Deutschen werden. Huttens Eingreifen in die Zeitbewegung erwies sich zuerst nachdrucksam bei Gelegenheit der Verketzerung Reuchlins durch die Dunkelmänner („viri obscuri"), welchen Gesammtnamen die Bekenner des Humanismus ihren Gegnern gaben, d. h. den Anhängern der scholastisch-orthodoxen Meinung und Methode. Die literarische Fehde, welche sich aus dieser Veranlassung zwischen den „Theologisten", deren Hauptburg die von den Dominikanern beherrschte Universität Köln war, und den Humanisten erhob, lieferte den unwiderspechlichen Beweis, daß die Ueberlegenheit an Geist und Wissen den letzteren zukam. Aus ihren Kreisen ist zur gleichen Zeit jenes im derbsten Mönchslatein geschriebene Meisterstück von Satire hervorgegangen, welches Dunkelmännerbriefe („epistolae virorum obscurorum," 1516—17) überschrieben und wahrscheinlich von Johann Crotus unter Mitwirkung von Peter Eberbach, Hermann von Nuenar und Hutten verfaßt war. Mit dem letztgenannten Vorkämpfer der Opposition dürfte von allen seinen Zeitgenossen die nächste Wahlverwandtschaft gehabt haben der schweizerische Reformator Ulrich Zwingli, geboren 1484 im toggenburger Bergdorfe Wildhaus, unzweifelhaft einer der freiesten und zugleich feinsten Köpfe von damals. Milder, besonnener und maßvoller in seiner Anschauung und Lebensführung als Hutten, hatte er wie dieser die Seele großgenährt mit den klassischen Studien und war daher weit mehr Humanist als sonst einer der Reformatoren. Auch hatte er mit dem deutschen Ritter das Weitere gemein, daß er ganz wesentlich Politiker war. Das Staatsbewußtsein, welches dem Luther unglück-

Ulrich Zwingli.

licher Weise ganz abging, ist in Zwingli mächtig gewesen, und wie Hutten mittels der kirchlichen Reform zu einem Um- und Neubau des deutschen Reiches zu gelangen hoffte, so wollte Zwingli, ein Republikaner jeder Zoll, mit dieser Reform die Reinigung,

Festigung und Weiterbildung der Freistaaten seines Heimatlandes verbinden. Es war ihm auch das hohe, aber tragische Loos beschieden, auf der Walstatt von Kappel (1531) als Blutzeuge für seine religiösen und politischen Ueberzeugungen zu sterben. Für Männer wie Hutten und Zwingli, für welche Grundsatztreue, Begeisterung, Folgerichtigkeit und Uneigennützigkeit ist unter den Glücklichen der Erde kein Raum . . . . .

Der leise tastenden Opposition der älteren und der keck und laut einherstürmenden der jüngeren Humanisten zur Seite ging eine religiöse, welche die Ueberlieferungen der mittelalterlichen Ketzersekten, der Waldenser, der Hussiten, der „Brüder des gemeinsamen Lebens", der „Begharden" und „Beghinen" bewahrte und weiterbildete. Mit unsern mittelalterlichen Mystikern hatte diese reformistische Tendenz die Abneigung gegen die Verweltlichung des Klerus, gegen den Absolutismus der päpstlichen Kurie und gegen die götzendienerische Veräußerlichung der Kirchenlehre gemein. In letztgenannter Beziehung mußte ja namentlich der skandalvolle fetischistische Unfug, welcher mit den sogenannten Reliquien getrieben wurde, die Mißbilligung aller redlichen und anständigen Menschen erregen. Es würde zum Lachen sein, wenn es nicht zum Weinen wäre, das Verzeichniß der heiligen Kostbarkeiten anzusehen, welche Kaiser Karl der Vierte, ein Hauptförderer des Reliquienschwindels, in der prager Domkirche mit Verausgabung großer Summen zusammenzubringen so glücklich gewesen ist. Da waren die Skelette der drei Patriarchen Abraham, Isaak und Jakob, item die Köpfe der Evangelisten Markus und Lukas, des Apostels Bartholomäus und des Märtyrers Stephan, item ein von dem Evangelisten Lukas gemaltes Bild der Muttergottes, item Milch aus den Brüsten derselben und ein Theil des blutgetränkten Schleiers, mit dem sie unter dem Kreuze Jesu stand, item die Windeln des Heilands und ein Stück von der Krippe, worin er gelegen, sowie das Tischtuch, dessen man sich beim letzten Abendmahle bediente, und ein Stück dieses Tisches nebst dem Handtuche Christi, einem Ausschnitt aus dem Purpurmantel, worin Herodes Jesum dem Gespötte preisgegeben, dem Stricke, womit er gebunden war, zwei Dornspitzen seiner Krone und verschiedenen Tropfen seines Blutes, item ein Theil des Schwammes, womit er am Kreuze getränkt wurde, und ein Steinsplitter von dem Felsen, so sich beim Tode Christi spaltete, item eine Hand des Lazarus und etliche Haare der Maria Magdalena, item der Palmzweig, so der Evangelist Johannes bei dem Begräbniß der Muttergottes getragen hat. Aehnliche Schätze, häufig mit denselben Aufschriften versehen, fanden sich an zahlreichen anderen Orten und vor diesen Raritäten knieten und beteten Tausende, Hunderttausende, Millionen von „vernünftigen" Wesen. Schon angesichts dieser Thatsache war denn doch das Verlangen denkender und frommer Menschen aus solchem „elenden Heidenthum" heraus und zum „wahren Christenthum", wie es in den Evangelien gepredigt war, zurück zu kommen, ein sehr natürliches und naheliegendes. Aus den Niederlanden, also aus einem deutschen Reichslande, war in der zweiten Hälfte des 15. Jahrhunderts der Ruf nach solcher Rückkehr laut erschollen. Thomas van Kempen — dem das hochberühmte Büchlein „Von der Nachahmung Jesu" zugeschrieben ward — Johann von Goch und Johann Wessel hatten diesen Ruf erhoben, welcher deutlich genug die Autorität der Bibel, als der einzigen zuverlässigen Quelle des Glaubens, der Autorität des Papstes entgegenstellte, wenigstens in den Ohren von allen, welche überhaupt Ohren hatten, womit man hört, und damit hören wollten. In den Rheinlanden wurde der Ruf aufgenommen und weitergetragen. So durch Johann von Wesel, welcher auch schon versuchte, was denn seinem Zeitgenossen Johann Geiler von Kaisersberg (st. 1609) besser, ja geradezu meisterlich gelang, nämlich die reformistisch-theologische Anschauung und Gesinnung mit vollmäßiger Beredsamkeit zu verbinden. Geiler, erst in Basel und hierauf in Straßburg Prediger, ist zweifelsohne einer der größten Sprachvirtuosen gewesen, welche je in Deutschland die Kanzel betraten. Manchmal erscheint er in seinen Predigten wie ein vorweggenommener Abraham a Sancta Klara, doch ist er innerlicher und gehaltvoller als der Kapuziner-Humorist des 17. Jahrhunderts.

Auch auf der Kanzel mochten unsere Vorfahren den Scherz und Spaß nicht missen. Sie hielten etwas auf ein gesundes Lachen und hörten die Wahrheit um so lieber, je lachender sie gesagt wurde. Zeugen dafür jene „lustigen Räthe" an den Höfen, jene förmlich bestellten „Hofnarren", welche sich zur Reformationszeit mitunter einen großen Stand bei ihren Herren zu machen verstanden. So vor allen Kaiser Maximilians des Ersten lustiger Rath Kunz von der Rosen, welchen sein Gebieter, dem Zeugniß des Sebastian Frank zufolge, „in hohen wichtigen henden probiert vnd allzeit weiß, trew vnd vnder gestalt der thorheit gar anschlegig fande, also das dieser schalcksnarr nit der geringst vnder Maximilian gar geheimen räthen ward gacht." Aber auch das Volk hatte seine Hofnarren, die fahrenden Schwänkereimer, deren satirische Auslassungen vom 13. Jahrhundert an — das Schwänkebüchlein vom „Pfaffen Amis" beweis't es — mit Vorliebe gegen pfäffische Zuchtlosigkeit sich richteten. Gegen das Ende des 15. Jahrhunderts hin fanden auch die hoch und weitum beliebten, ebenfalls oppositionell gefärbten Schwänke, die unter dem Namen des „Till Eulenspiegel" gingen, ihre schriftliche Zusammenfassung zu dem also genannten Volksbuch und etliche Jahre später wurde, sehr charakteristisch, das uralte deutsche Thierepos vom Wolf Isegrimm und vom Fuchs Reinhart in niederdeutschen Reimen erneuert („Reineke Vos"), freilich mit Beiseitestellung des urdurchgängig-naiven Sinnes und Tons, wofür eine bewußt-satirisch-widerhierarchische Tendenz eintrat. Gelehrte von mehr oder weniger großem Ruf, wie Desiderius Erasmus und Heinrich Bebel, betheiligten sich, obzwar ohne vom Latein zu lassen, an der volksmäßigen Verspottung scholastischer Tiftelereien oder pfäffischer Unsitten. So richtete nach der erstgenannten Seite hin Erasmus sein scharfsatirisches „Lob der Narrheit", so entlud nach der letztgenannten hin Bebel, Professor in Tübingen, das grobe Geschütz seiner „Facetien", wobei manche Kugel über die Klerisei hinweg und auf das kirchliche Dogma selber abgefeuert wurde. So z. B. der höchst ergötzliche Schwank von der über die Erlösung des Menschengeschlechtes rathschlagenden Dreieinigkeit, welchen heutzutage wiederzuerzählen nicht rathsam wäre.

Natürlich nahmen die Anhänger und Pfründner des Bestehenden es nicht ruhig hin, wenn das kirchliche und pädagogische System, welches sie nährte, also von allen Seiten angegriffen, verspottet und verurtheilt wurde. Sie waren in der Abwehr nicht lässig und in der Wahl der Waffen nicht heikel. Es ist auch wahr, daß die Gegner schwache Seiten genug hatten. Der Lebenswandel von vielen „Poeten" — also wurden die Humanisten, insbesondere die der jüngeren Generation von den Theologisten und Scholastikern verachtungsvoll genannt — war nichts weniger als erbaulich und häufig genug zeigte das humanistische Treiben so viel Zigeunerhaftes, daß es eine Leichte

Luther schlägt seine Thesen an.

Kunst, demselben allerhand Schlimmes nachzusagen. Die literarische Fehde, welche mittels des immer gewandter und vielgestaltiger sich rührenden Bücherdruckes einen fortwährend sich vergrößernden Umfang gewann, wurde hüben und drüben unter der Fahne des heiligen Grobianus geführt, welcher so recht der Schutzpatron und Nothhelfer der deutschen Literaten dieser Zeit gewesen ist. Möglich auch, daß der Streit zwischen den Theologisten und den Humanisten wie so mancher literarische Zank vorher und nachher innerhalb der gelehrten Kreise ausgefochten worden und

schließlich im Sande verlaufen wäre, falls die politischen Verhältnisse im deutschen Reiche befriedigendere waren und falls nicht ein schamloser kirchlicher Missbrauch auf die deutsche Geduld einen so frechen Schlag that, daß er das empörte deutsche Gemüth zu einem Gegenschlag herausforderte, welcher Rom und das römische Wesen ganz anders traf, als die Wippfeile der Humanisten es zu treffen vermocht hatten.

Im Vatikan, wo ein geistreicher Medici als Papst Leo der Zehnte hofhielt, lebte man üppig von „den Sünden der dummen Deutschen", den besten Kunden der päpstlichen Ablaßzettelfabrik. Aber man brauchte immer mehr Geld, namentlich weil der Riesenbau der Peterskirche, welchen Bramante begonnen hatte, Rafael weiterführte, Michel Angelo mit der wundersamen Kuppel krönte und Bernini später vollendete, ungeheure Summen verschlang. Demzufolge mußte das Ablaßgeschäft unter den „nordischen Barbaren" in erhöhten Schwung gebracht werden. Vielleicht wäre dasselbe auch diesmal ebenso glatt als einträglich abgelaufen, wenn der päpstliche Handelsreisende, der Dominikanermönch Tetzel, etwas weniger geräuschvoll und unverschämt im Ablaß gemacht hätte. Als er seine Wanderbude in Sachsen aufgethan hatte und seine „Indulgenzen" — gut für alle möglichen Sünden der Vergangenheit, Gegenwart und Zukunft — mit der Stirne und Stimme eines ausgeschämten Marktschreiers ausbot, erwachte das deutsche Gewissen und zwar in dem Doktor Martin Luther, der ein Augustinermönch und ein Professor der Theologie an der unlängst aufgethanen kursächsischen Hochschule Wittenberg war. Am 31. Oktober von 1517 nagelte er 95 gegen den schnöden Unfug des Ablaßkrams gerichtete Streitsätze an das Portal der wittenberger Schloßkirche und anerbot sich, wie das dazumal Gelehrtenbrauch, diese Thesen gegen männiglich schriftlich oder mündlich zu verfechten und zu behaupten.

Die Hammerschläge, mittels welcher dieses Stück Papier angeheftet wurde, gaben das Signal zur Kirchenspaltung.

Luthers Volkspredigt zu Wien.

2.

Von Wittenberg bis Münster und Osnabrück.

Die Zerklüftung und Zerfahrenheit des deutschen Staatswesens, wie selbige zu Anfang des 16. Jahrhunderts ein leidiger Thatbestand war, hat das Auseinanderfallen der deutschen Kirche in zwei feindliche Theile wesentlich begünstigt und befördert. Dem bösen Centrifugalgeist unseres Volkes gab ja die Reformation ein neues kräftiges Rüst- und Werkzeug an die Hand, welches er alsbald eifrig faßte und führte. So kam es dann, daß gerade zur Zeit, wo in Spanien, in Frankreich, in England, in Skandinavien der einheitliche und monarchische Nationalstaat der Vollendung entgegengeführt wurde, das deutsche Reich schon ganz entschieden der Auflösung in ein Bundesgemengsel von Partikular-Staaten und Städtchen sich zuneigte. Patriotische Denker hatten das Unheil der Zerrissenheit, das Uebel der Viel- und Kleinstaaterei schon lange kommen sehen und bitterlich beklagt. Einer der besten Männer seiner Zeit, Gregor von Heimburg, hatte ja schon kurz nach 1450 zürnend ausgerufen: „Oh, du blindes und vernunftloses Deutschland, dem einen Kaiser weigerst du den Gehorsam und unterwirfst dich dafür lieber tausend Tyrannen!"

Aber freilich, das Kaiserthum ist eben auch nicht ein solches gewesen, wie es die Nation und die Zeit nöthighatten. Das Haus Habsburg war nach dem Tode Kaiser Sigismunds' in den Besitz der lützelburgisch-böhmischen Lande und in den der deutschen Reichskrone gekommen, welche ihm verblieb, bis

der habsburgische Mannsstamm mit Kaiser Karl dem Sechsten erlosch. Das Reichsregiment Albrechts des Zweiten und Friedrichs des Dritten war so, wie es sich von so geistlosen und charakterschwachen Fürsten erwarten ließ. Reichsverfassung und Reichsverwaltung schienen nur noch zum Hohn und Spott da zu sein. Es herrschte eine offenkundige Anarchie. Die „Landeshoheit" kümmerte sich um das kaiserliche Ansehen lediglich nur dann, wann es ihr gerade paßte. Sonst thaten große und kleine Fürsten, Prälaten und Herren und ebenso große und kleine Städte, was sie mochten und konnten. Unter Maximilians des Ersten Reichsregierung (1493—1519) schien es besser werden zu wollen, doch gingen die auf ihn gesetzten Hoffnungen nur sehr theilweise in Erfüllung. Und zwar darum, weil er erstens aus freilich naheliegenden Gründen mehr an die habsburgische Hausmacht als an das Reich dachte und seine Heirat mit der burgundischen Erbin Maria, der Tochter Karls des Kühnen, sowie die Heirat seines Sohnes Phlipp mit der verrückten Infantin Juana, der Erbtochter Ferdinands von Aragon und Isabella's von Kastilien, zum Hauptgeschäfte seines Lebens machte und weil er zweitens lieber den „letzten Ritter" spielte als daß er ein rechter Kaiser einer anhebenden neuen Zeit zu sein versuchte. Er ist in der That das gewesen, was man einen „ritterlichen Herrn" zu nennen pflegt, von großem persönlichen Muth, idealistisch und romantisch gestimmt, dabei human gesinnt und nicht ohne einen Zug von gutmüthigem Humor. Aber, historisch angesehen, war er nur eine unerquickliche Zwielichtsfigur, ein Anläufer, kein Zielerreicher, ein ruheloser Herumtaster, aber kein Anpacker und Durchgreifer, ein Pläneziegner und Projektemacher, aber bei der Ausführung und Verwirklichung im Kabinett und im Felde gleich ungeschickt. Am traurigsten ist diese diplomatische und militärische Ungeschicklichkeit im sogenannten „Schwabenkrieg" zum Vorschein gekommen, welcher das deutsche Reich um die schweizerische Eidgenossenschaft gebracht hat. Der wiederholt von den Schweizern tüchtig geklopfte Kaiser mußte kraft des Friedens von Basel (1499) die thatsächliche Loslösung der Eidgenossen vom Reiche anerkennen. Dadurch wurde der Schweiz die Entwickelung ihrer republikanischen Kleinstaaterei gesichert, aber nicht nur war dem Reiche seine schönste Provinz entfremdet, sondern auch stellte sich diese, bald unter den übermächtigen Einfluß der französischen Politik gerathen, fortan häufig genug feindlich zu Deutschland .... Den vorhin erwähnten Heirathsgeschäften Maximilians gesellte er später noch ein drittes gewinnreiches, indem er seinen Enkel Ferdinand, den zweiten Sohn Philipps und Juana's, mit des Ungarn- und Böhmenkönigs Wladislaws Tochter Anna vermählte. Sein älterer Enkel Karl erbte dann vom Vater Philipp die burgundisch-niederländischen Provinzen und von der Mutter Spanien mit Neapel und Sicilien, sowie den unermeßlichen spanischen Kolonialbesitz in der Neuen Welt, der jüngere Enkel Ferdinand vom Großvater die deutsch-östreichischen Lande und vom Schwiegervater die Krone von Ungarn und Böhmen. Bei solchem Machtvorschritt der beiden Linien des „Erzhauses Oestreich", der spanischen und der deutschen, rechtfertigte es sich glänzend, daß der Spruch ausging: „Bella gerant alii, tu felix Austria nube (Andere mögen erobern, du, glückliches Oestreich, erfreie" — nämlich Land und Leute)! Aber was Habsburg erheiratete, kam Deutschland keineswegs zu gut. Im Gegentheil! Je mehr der Königskronen, Herzogshüte und Fürstenmützen die Habsburger sich aufsetzten, desto mehr entfremdeten sie sich ihrem Vaterlande. Schon Maximilians Enkel waren vollständig entdeutscht und die Hispanisirung des Erzhauses — denn das spanische Element trug es schließlich über das deutsche, burgundisch-wallonische, ungarische und slavische davon — ist ein deutsches Nationalunglück geworden. Diese unselige Umwandelung des Kaiserhauses hat demselben das Verständniß der Reformation benommen, hat es derselben feindlich gegenübergestellt und in Folge dessen ist sie zu einem Flick- und Stückwerk eingeschrumpft. Dazu kam der anhebende und zwei Jahrhunderte während Nebenbuhlerstreit zwischen den Häusern Habsburg und Valois-Bourbon, wobei das deutsche Reich nur noch als ein Mittel habsburgischer Hauspolitik in Betracht gezogen wurde. Die Strafe hierfür ist nicht ausgeblieben, „denn alle Schuld rächt sich auf Erden ...."

Kaiser Max war voll guten Willens ans Reichsregiment gekommen, und wäre er, statt ein „ritterlicher Herr" zu sein, ein Staatsmann gewesen, so würde er wohl vermocht haben, dem allseitig sich regenden kirchlichen und staatlichen Reformbedürfnisse ganz anders gerecht zu werden, als er es wirklich ward. Etwas aber mußte jedenfalls geschehen, um die Reichsanarchie zu bändigen und das Reich den von Westen her, vonseiten Frankreichs, schon deutlich genug sich ankündigenden und den von Südosten her, vonseiten der Osmanen, bereits offen drohenden Gefahren gegenüber nicht ganz wehrlos erscheinen zu lassen. In den Reihen der deutschen Aristokratie stand damals ein Mann, der Kurfürst-Erzbischof von Mainz, Berthold von Henneberg, welcher als der letzte geistliche Patriot und Politiker großen Stils betrachtet werden muß. Er war die Seele jener reformistischen Bestrebungen und Betreibungen, welche auf dem Reichstage zu Worms i. J. 1495 reichsgesetzliche Gestalt gewannen. Da ward der sogenannte „Ewige Landfriede" aufgerichtet, welcher den entsetzlichen Verwüstungen, die das Fehde- oder Faustrecht anrichtete, ein Ende machen sollte; da zur Schlichtung von Streitigkeiten unter den Reichsständen ein oberstes Reichsschiedsgericht, das sogeheißene Reichskammergericht eingesetzt, dessen bleibender Sitz später Wetzlar wurde; da endlich die Einhebung einer allgemeinen Reichssteuer („Der gemeine Pfennig") behufs der Gründung und Füllung einer Reichskasse beschlossen. Hieran schloß sich, um die Reichsverwaltung und Reichsrechtspflege übersichtlicher und handlicher zu machen, die Eintheilung des Reiches in zehn Kreise: — österreichischer, baierischer, schwäbischer, fränkischer, kurrheinischer, oberrheinischer, niederrheinisch-westphälischer, burgundischer, obersächsischer und niedersächsischer Kreis. Der Kurfürst-Erzbischof Berthold hatte aber eine noch viel gründlichere Reform der Reichsverfassung im Sinne. Ihm schwebte ein aus den geistlichen und weltlichen Fürsten, sowie aus den Vertretern der reichsstädtischen Bürgerschaften zu bildendes Reichsparlament, ein konstitutionell-parlamentarisches Regiment vor, wodurch aber das deutsche Reichskönigthum nicht geschwächt, sondern vielmehr gestärkt werden sollte. Seine hierauf gerichteten Anregungen und Anstrengungen scheiterten aber an der beschränkten Einsicht und unbeschränkten Selbstsucht seiner Mitfürsten, sowie an der Thatkraftlosigkeit des Kaisers, welcher ja auch recht wohl fühlte und wußte, daß und wo Deutschland der römische Schuh drückte — i. J. 1510 ließ Maximilian eine umfassende Denkschrift über die deutschen Beschwerden gegen den römischen Stuhl ausarbeiten — aber doch viel zu unstät, unentschlossen und ungeschickt war, um zur Entfernung dieses Druckes einen tüchtigen Versuch zu wagen. Der Vielgeschäftige machte sich an allen Ecken und Enden zu thun und that darum nirgends etwas Rechtes. Die zweifellos guten und lebensfähigen Reformkeime, welche in den wormser Beschlüssen von 1495 lagen, blieben unentwickelt: der günstige Zeitpunkt, das Reich umzugestalten, d. h. den centrifugal-schlotterigen deutschen Lehensstaat in die centripetal-straffe moderne Monarchie herüberzubilden, war verpaßt. Während in Frankreich in der Form des absoluten Königthums, in England in der Form der konstitutionellen Monarchie die nationale Einheit fest begründet wurde, fiel sie in Deutschland dem Partikularismus der Aristokratie zum Opfer. Gerade in der Uebergangsepoche vom Mittelalter zur Neuzeit wurden die deutschen Magnaten aus Lehensträgern vom Kaiser und Reich, was sie rechtlich noch immer waren, thatsächlich zu souveränen Landesfürsten. Die Kirchenspaltung hat dieses Elend, der Viel- und Kleinstaaterei, diese Ausbildung der fürstlichen Landeshoheit zum schrankenlosen Willkürregiment unstreitig höchst bedeutend gefördert. Zweifelsohne gab es deutsche Fürsten, welche aus Ueberzeugung und Herzensdrang der Reformation beitraten, andere aber wurden ihr durch nichts weniger als edle Motive zugeführt. Gleichviel jedoch, die so oder so zum Lutherthum oder zum Kalvinismus bekehrten Herren fanden es bequem, dem römisch gebliebenen Kaiser den Gehorsam zu weigern, immer „von wegen der Religion", versteht sich. Und ihre im Schoße der katholischen Kirche verbliebenen Herren Mitfürsten? Ei, diese wollten es sich doch nicht bieten lassen, daß ihre lutherischen und kalvinistischen Standesgenossen selbstständiger und selbstherrlicher wären als sie, und gebärdeten sich demnach ebenfalls so souverän und „von Gottes Gnaden", als sie es nur immer zu erschwingen vermochten.

Die Folgen von Luthers Auftreten am 31. Oktober von 1517 und den Gang der Reformation kennt jedermann. Ebenso den Lebenslauf von Martin Luther, welcher, am 10. November von 1486 zu Eisleben in Sachsen geboren, unter Hunger und Kummer aus einem Klosterschüler ein Augustiner-Mönch und aus diesem ein Doktor und Professor der Theologie wurde, dann zum Rebellen gegen Rom, zum

Bannutrotzbieter und Reformator emportrotzt, angesichts von Kaiser und Reich seine Meinung behauptete, der Reichsacht verfiel, die Bibel so verdeutschte, wie sie annoch nicht verdeutscht worden war, die gewesene Nonne Katharina von Bora heiratete, bei viel und redlich gethaner Arbeit einen ehrbar-gemüthlichen Haushalt mit „Weib, Wein und Gesang" führte, das lutherische Kirchenwesen begründete und zu dessen Festigung ein Kompromiß mit den der Reformation zugeneigten Fürsten schloß, die Sache des Luther-

Martin Luther.

thums scharf von der Sache der national-politischen Reform und der social-politischen Revolution trennte, an die Stelle des Papstes den Bibelbuchstaben setzte, jede Anzweifelung dieses lutherischen „Unfehlbaren" als Ketzerei verwarf, jeden, der hinsichtlich des paulinisch-augustinischen Lehrbegriffs eine von der seinigen abweichende Ansicht zu hegen und zu bekennen wagte, als einen „Schwarmgeist" verfolgte, den großen Streitchoral der Reformation („Ein feste Burg ist unser Gott") dichtete, aber auch das Dogma vom beschränkten Unterthanenverstand erfand („daß 2 und 5 gleich 7 sind, das kannst du fassen mit der Vernunft; wenn aber die Obrigkeit sagt: 2 und 5 sind 8, so mußt du's glauben wider dein wissen und dein fühlen" —) und am 18. Februar von 1546 zu Eisleben starb. Herder hat in dem Kraftgeniestil seiner Jugendzeit den Reformator also gekennzeichnet:

„Mächtiger Eichbaum!
Deutschen Stammes! Gottes Kraft!
Droben im Wipfel brauſ't der Sturm,

Du ſtehſt mit hundertbogigen Armen
Dem Sturm entgegen und grünſt!
Der Sturm brauſt fort. Es liegen da

Der dürren, armen Aeſte
Zehn barnieber gesauſ't. Du Eichbaum ſtehſt,
Biſt Luther!" —

und es unterſteht keinem Zweifel, daß dieſe kraftgeniale Kennzeichnung im ganzen und großen eine auch kulturgeſchichtlich zutreffende ſei. Aber fragwürdig iſt und bleibt es dabei doch, ob nicht dieſer oder jener der im Reformationsſturm „barniebergesauſ'ten armen Aeſte" für unſer Volk nicht einen mindeſtens ebenſo großen Werth hatte wie das ſtehen und grünen gebliebene orthodoxe Lutherthum, über deſſen Knechtſchaffenheit und Unbulbsamkeit ſchon ein Zeitgenoſſe Luthers, Sebaſtian Franck, einer der hellſten Köpfe und eines der beſten deutſchen Herzen des 16. Jahrhunderts, alſo i. J. 1534 ſich vernehmen ließ: „Sonſt im Papſtthum iſt man viel freier geweſen, die Laſter auch der Fürſten und Herren zu ſtrafen; jetzt muß alles gehofiert ſein oder es iſt aufrühriſch, Gott erbarm's!" Die Klage war nur allzu berechtigt, aber was half es, die Menſchennatur und die geſchichtliche Nothwendigkeit zu verklagen? Denn beiden gemäß iſt es ja, daß die Empörung, ſobald ſie in dem raſtlos wogenden Kampfe zwiſchen Autorität und Freiheit zur Macht gelangt, ihrerſeits ſelber konſervativ wird und ihre Autorität mit allen Mitteln behauptet. Die Rebellen von geſtern ſind allzeit die Despoten von heute.

Luther war eine kernhafte niederdeutſche Bauernnatur, ein Mann von tiefem Gefühl, von der Wahrheit und Heilſamkeit des bibliſchen Chriſtenthums innigſt überzeugt und durchdrungen, dabei eiſenköpfig und rechthaberiſch wie ein richtiger niederſächſiſcher Bauer, von beſchränktem Blick und von theologiſch-beſchränkter Bildung. Seiner Gottesfurcht kam nur ſeine Teufelsfurcht gleich, wie ja bekanntlich der Reformator und ſein gelehrter Famulus Philipp Melanchthon (Schwarzerd) an dem ganzen Wuſt des Teufels-, Zauber- und Hexenglaubens ihrer Zeit mit fanatiſcher Gläubigkeit hingen. Für die Größe und Schönheit des klaſſiſchen Alterthums und ſeiner Kultur hatte Luther gar kein Organ und die humaniſtiſche Bewegung hatte ihn kaum geſtreift. Dagegen ſchwellte ſeine Seele ein Hauch von elementarer Poeſie. Seine Gemüthsfülle liebte und verſtand die muſikaliſch-Ausſtrömung in Wort und Weiſe. Sein Sprachſinn war von ſchöpferiſcher Genialität. Auf dem Untergrunde der meißniſch-ſächſiſchen Mundart hat er mittels ſeiner Bibelüberſetzung und mittels ſeiner Lehr- und Streitſchriften unſere neuhochdeutſche Kulturſprache geſchaffen, bereichert, geſtählt und geſchmeidigt. Im übrigen iſt er all ſein Lebtag, wenn nicht Mönch, ſo doch Theologe geblieben und hat als ſolcher auch Staatsſachen angeſehen und behandelt. Es begreift ſich, daß dem in eine doch eigentlich ſehr enge Sphäre von Vorſtellungen und Begriffen gebannten Manne die Anſchauungen und Forderungen der nationalen Reformpolitiker — von den ſocial-politiſchen Revolutionären gar nicht zu reden — bange machten. Er mochte auch, und zwar mit Recht, der Unzuverläſſigkeit der Maſſen und dem Wankelmuthe der Menge mißtrauen. Aber trotz alledem hatte ſeine wilde und blutdürſtige Parteinahme gegen das Volk im Bauernkriege („Steche, ſchlage, würge die Bauern, wer da kann!") etwas unſäglich Widerwärtiges und das zur Sicherſtellung ſeiner Kirchenreform mit den Fürſten auf Koſten des Volkes getroffene Uebereinkommen etwas Uebereiltes, ja geradezu Selbſtſüchtiges.

So aber nun, wie er einmal war und ſich gab, iſt Luther der rechte Mann geweſen, die Fahne eines Kampfes auf Leben und Tod gegen Rom aufzupflanzen und mit dem Koloß des Papſtthums Schulter an Schulter zu ringen. Er fürchtete nur Gott und den Teufel, Menſchenfurcht kannte er nicht. Sein Ausſchreiten auf dem Wege widerpäpſtlicher Rebellion hatte anfangs etwas Bedächtiges, faſt Schüchternes. Zu wiederholten malen ſtand es bei den Römlingen, den Rebellen umkehren oder wenigſtens ſtillſtehen

Luther im Kreise seiner Familie.

zu machen. In dem Grade aber, in welchem die Maßnahmen der Gegner des kühnen Mönches an Verlehrtheit, Verstocktheit und Gehässigkeit zunahmen, wuchs seine Gestalt zur heldischen empor. So recht auf die Gipfelhöhe persönlicher Größe und weltgeschichtlicher Bedeutung trat er i. J. 1521. Da that er ja auf einem schlechten Bauernkarren seine Heldenfahrt gen Worms, um sich vor Kaiser und Reich zu stellen und seine Lehre zu behaupten und zu rechtfertigen. Als den durch Weimar Reisenden besorgte Freunde warnten, sagend es könnte ihm zu Worms ebenso ein Scheiterhaufen errichtet werden, wie vordem zu Kostniß dem Hus einer errichtet worden, entgegnete er: „Und ob sie zwischen hier und Worms ein Feuer anzündeten, das bis zum Himmel ginge, so will ich doch hindurch und dem Behemoth in seine großen Zähne treten." Unterwegs ist er dann auch einmal als Volksprediger im großen Stil aufgetreten und zwar zu Möra, einem Dorfe bei Eisenach, aus welchem seine Vorfahren stammten. Da hat er sich unter die Dorflinde gestellt und hat einer unzählbaren Volksmenge, die von nah und fern gekommen war, ihn zu sehen und zu hören, die evangelische Lehre

Luther auf der Wartburg.

dargelegt und warum und was maßen er gegen die „widerchristliche Gewalt" des römischen Papstes aufgestanden. Diese Volkspredigt unter der Dorflinde zu Möra gehört, menschlich angesehen, zu den bedeutsamsten Auftritten in Luthers Leben. Ein nicht minder bedeutsamer hatte an jenem 13. Junitag von 1525 statt, als sich der Reformator mit seiner „Käthe" trauen ließ. Das hieß die theoretisch bekämpfte Widernatur des Cölibats auch praktisch abthun und den Priester in den Kreis der Familie zurückführen. Vier Jahre später dagegen hat zu Marburg

eine Scene gespielt, welche, menschlich, christlich und politisch angesehen, dem Reformator zur Schmach gereicht. Es handelte sich bei diesem „Religionsgespräch", wie jedermann weiß, um die Beilegung des von Luther im bornirt-bibelbuchstäblichen Sinne gefaßten und geführten Abendmahlsstreites der Lutheraner mit den Zwinglianern. Zwingli, der inzwischen in der deutschen Schweiz den Streit gegen Rom so geschickt und tapfer geführt und die Reformation so tüchtig vorangebracht hatte, erwies sich an Geist, Wissen und Debattirkunst dem Luther überlegen, that aber alles, was sein Gewissen ihm zu thun erlaubte, um einen Bruch zwischen den deutschen und den schweizerischen Reformirten hintanzuhalten. Allein Luther wollte von keiner Vermittelung hören, sondern führte den höchst beklagenswerthen Bruch recht absichtlich und grob herbei, indem er mit der Brutalität eines in seiner vorgefaßten Meinung sich unfehlbar und unnahbar fühlenden

Bauers seinem Gegner das Wort zuschleuderte: „Ihr habt nicht den rechten Geist!" Das hieß denn doch so recht wie ein Erzpfaffe sprechen. Es ist leicht zu sehen, daß in den beiden Reformatoren, welche damals (1529) zu Marburg für immer sich trennten, die Verschiedenheit der süddeutschen und der norddeutschen Volksart sich ausprägte: daher das Bewegliche und Kühnvorschreitende im Zwingli, daher das Massive und Stabile im Luther. Jener war, alles in allem gesagt, ein Radikaler, dieser ein Konservativer, welcher, wie er ganz praktisch rechnete, sein Reformwerk den deutschen Fürsten und Städtemagistraten annehmlicher zu machen glaubte, so er in Lehre und Kult möglichst viel vom alten Kirchenwesen beibehielte. Ja, diese Rechnung war richtig, denn „die Gewohnheit nennt ja der Mensch seine Amme". Der stark konservative Zug im Lutherthum hat zweifelsohne der raschen Verbreitung desselben starken Vorschub geleistet. Andere mitwirkende Motive waren die nationale Abneigung der Deutschen gegen das welsche Wesen, der Widerwille gegen die ewige Ausbeutung durch Rom, die Sehnsucht unzähliger fühlender und denkender Menschen nach einer Verinnerlichung und Vertiefung des Gottesglaubens und Gottesdienstes und zuletzt, aber nicht als das Letzte, die ungeheuer reiche Beute, welche die Aufhebung der Klöster und Bisthümer, die Einziehung der Stifts- und Kapitelsgüter den fürstlichen und städtischen Schatzkammern zuführten. Das Interesse, in der gemeinstwirklichen Bedeutung des Wortes, hat auch in der Reformation, wie bei allen weltgeschichtlichen Krisen und Katastrophen, höchst bedeutend mitgespielt. Ueberhaupt kann nur der gedankenlos-schönselige Optimismus wähnen und behaupten, die Massen seien durch inneren Trieb aus der alten in die neue Kirche herübergeführt worden. Innerer Trieb und selbsterworbene Ueberzeugung waren natürlich nur in einer kleinen Minderzahl vorhanden und thätig. Der große Haufe dagegen folgte eben der Reformationsmode, wie er vordem der Kreuzzugs- oder der Geißlerfahrtenmode gefolgt war, und nicht wenige, sondern sehr viele Menschen bekannten sich keineswegs um ihres „ewigen Heils", sondern vielmehr um ihres zeitlichen Vortheils willen zu der „neuen Lehre". Die Mitwirkung der unsaubersten Antriebe war hierbei mit nichten ausgeschlossen. Namentlich sah eine nicht geringe Anzahl der Insassen und Insassinnen der aufgethanen Klöster das Bekenntniß des Lutherthums als einen Freibrief für jede Zuchtlosigkeit an und es geschah nicht etwa nur in Nürnberg, daß, wie uns der zeitgenössige nürnberger Zeitbuchschreiber Anton Kreutzer erzählt, „die Nunlein von ein Kloster in das andere luffen, das was in das lieb Frauenhaus."

Derweil hatte die Bewegung alle Stände und Klassen im deutschen Reiche ergriffen, sei es, daß sie anziehend oder abstoßend wirkte. Die Frage war, ob sie mächtig genug wäre, auch die widerstrebenden Elemente lawinenartig einzuwickeln und mit sich fortzureißen. Das Ja oder das Nein stand, wie die Sachen lagen, zunächst beim Reichsoberhaupt, beim Kaiser. Selten hatten die Deutschen — wenigstens die Ritterschaft, das Bürgerthum und die Bauerschaft — einen Kaiser mit so frohen Hoffnungen auf dem Throne begrüßt, wie sie den Enkel Maximilians, Karl den Fünften, begrüßten, und selten auch waren die Hoffnungen eines Volkes so arg getäuscht worden wie diesmal. Der Kaiser der Deutschen war und blieb ein Fremdling in Deutschland. Halb Wallone, halb Spanier, hat er wie die deutsche Sprache, welche er nur in der flämischen Mundart nothdürftig rabbrechen konnte, so alles Deutsche verachtet. Den Gedanken der Reformation zu fassen, diesen Gedanken geistig und gemüthlich zu begreifen, dazu hatten ihn natürliche Anlage und spanisch-bigote Erziehung untauglich gemacht. Ein fanatischer Anhänger der römischen Kirche war er nicht, weil er überhaupt viel zu laltsinnig, um ein Fanatiker sein zu können. Er stand nicht an, den Papst in Rom belagern und die „Hauptstadt der Christenheit" nach ihrer Erstürmung allen Gräueln der „Kriegsfurie" von damals preisgeben zu lassen, wann das seinen Interessen entsprach. Aber er spürte instinktmäßig die im Reformationsprincip liegenden Freiheitskeime und er besann sich nicht, dieselben zu zertreten, soweit er es vermochte. Er war, was man heute einen Real-

Politiker nennt, ein Realpolitiker des 16. Jahrhunderts. Was er verstand, glaubte und handhabte, ist demnach jener Inbegriff von diplomatischer Schlauheit, Findigkeit und Strupellosigkeit gewesen, welchen man die „Welsche Praktik" nannte, weil diese Staatskunst, die von Idealen so wenig als von Völkern wußte oder wissen wollte und rein nur auf die dynastische Erbsucht berechnet war, an den italischen Höfen ihre bis zur äußersten Ruchlosigkeit gediehene Ausbildung erhalten hatte. Wie hätte ein Politiker dieses Schlages, ein Absolutist in jeder Faser, welcher die Brauchbarkeit des römischen Autoritätsglaubens für sein System gar wohl erkannte und außerdem in dem angebahnten Kampfe zwischen Habsburg und Valois-Bourbon der Allianz des päpstlichen Stuhles gegen Franz von Frankreich sich versichern wollte, ein Fürst, welchem Deutschland als solches ganz gleichgiltig war und der nur Sinn hatte für die Größe seines Hauses und die Macht Spaniens, wie hätte er sich der Reformation annehmen können? Es war unmöglich. Die Reichsacht, welche er im April von 1521 zu Worms über Luther verhängte, zeigte, daß vom Kaiser für die Reform nichts zu hoffen wäre, und signalisirte das Auseinanderfallen des Reiches in ein katholisches und ein protestantisches Deutschland.

Denn dazu kam es rasch. Daß der Kur-

Kaiser Karl V.

fürst Friedrich von Sachsen den gebannten und geächteten Mönch schützte, daß der Landgraf Philipp von Hessen und andere Große, wie nicht minder ganze Städteburgerschaften und ganze Bauerschaften offen „dem Evangelio" sich zuneigten, erwies ja klärlich, wie sehr in einem guten Theile von Deutschland der päpstliche Bann und die kaiserliche Acht ihre Schrecken verloren hatten. Der Sturm, so in die Zeit gefahren, war eben einer von jenen weltgeschichtlichen Entwicklungsstürmen, welche mittels Machtsprüchen und Gewalt-

maßregeln nicht zu stillen, sondern höchstens für eine Weile aufzuhalten sind. Aber die aufhaltenden Kräfte, welche dem Zeitsturm sich entgegenstemmten, die päpstliche Autorität und die kaiserliche Macht, sie waren im Verein mit den bei der alten Kirche verharrenden deutschen Fürsten doch stark genug, diesen Sturm zur vollen Entfaltung seiner Schwingen nicht kommen zu lassen. Das ward offenbar, als die von verschiedenen Seiten her unternommenen Versuche, die religiöse Bewegung auch national und social fruchtbar zu machen, durch die Parteigänger und Nutznießer des Bestehenden in Kirche und Staat zum Scheitern gebracht wurden. So der Versuch der Reichsritterschaft, des niederen Adels, vom südwestlichen Deutschland aus eine auf Beschränkung der fürstlichen Partikularmacht und auf Ausbreitung der kirchlichen Reform abzielende Umwandlung der Reichsverfassung zuwegezubringen. Der Führer dieses Unternehmens war jener weitum bekannte und beliebte Ritter Franz von Sickingen, welcher auf seiner Ebernburg zuerst den Gottesdienst nach lutherisch-evangelischem Ritus eingerichtet hatte. Sein Freund Hutten unterstützte das Wagniß mit dem ganzen Feuereifer seiner patriotischen Seele. Luther dagegen, welchem Sickingen hochherzig seinen Schutz angeboten hatte, wollte nichts davon wissen und er that mit dieser Zurückhaltung nur seiner bei jeder Gelegenheit nachdrücklich ausgesprochenen Ansicht vom leidenden Gehorsam des wahren Christen genug. („Ein Christ ist ganz und gar ein Passivus, der nur leidet... Der Christ muß sich, ohne den geringsten Widerstand zu versuchen, geduldig drücken und schinden lassen. Weltliche Dinge gehen ihn nicht an; er läßt vielmehr rauben, nehmen, drücken, schinden, schaben, pressen und toben, wer da will; denn er ist ein Märtyrer auf Erden.") So gerade von der Seite her, wo er sich die beste Hülfe versprochen hatte, im Stiche gelassen, ging Sickingen zu Grunde. Seine Burg Landstuhl gegen die vereinte Streitmacht des Pfalzgrafen, des Landgrafen von Hessen und des Kurfürsten von Trier tapfer vertheidigend, ist er tödtlich verwundet worden und am Tage darauf gestorben (Mai 1523). Seine siegreichen Gegner umstanden sein Sterbelager und einem derselben, der ihm ein tröstlich Wort sagte, gab er zur Antwort: „Um mich ist's ein Geringes; ich bin nicht der Hahn, darum man tanzt" — d. h. seine Person und sein Geschick sei von wenig Bedeutung im Vergleich zu der Sache, welche er verfochten. Ein Verwandter hat dem „letzten Ritter", wie Sickingen mit besserem Grund als Kaiser Max heißen kann, das ehrende Wort ins Grab nachgerufen: „Wie

Franz von Sickingen.

er in Zeit seines Lebens sein männlich, ehrlich und trutzig Gemüth gehabt, so hat er es auch bis in die Stund' seines Todes behalten." Hutten, den schon zuvor die Feindseligkeit der Gegner des Reformgeistes als einen thatsächlich Geächteten über den Rhein getrieben hatte, erfuhr im Augustinerkloster zu Mülhausen, wo er eine kurze Zuflucht gefunden, den Ausgang des Freundes und damit den Bankrott seiner letzten Hoffnung. Bald darauf mußte er — wie Erasmus mit gemeiner Schadenfreude berichtete

— bei Nacht und Nebel vor den Nachstellungen der Dunkelmänner aus Mülhausen nach Zürich flüchten, wo ihn Zwingli großmüthig aufnahm. In Zürich oder im Wildbade Pfäfers, wo ihn der reformatorisch gesinnte Abt von Pirminsberg gastfreundlich herbergte, verfaßte er seine letzte patriotische Streitschrift „Gegen die Tyrannen" (in tyrannos), zugleich ein Racheruf für den Todten von Landstuhl. Zwingli mittelte dem unheilbar siechen und todmüden Kämpfer ein letztes Asyl aus bei dem heilfundigen Pfarrherrn Hanns Schnegg auf der anmuthigen Insel Ufnau im Zürichsee. Auch in diese Einsamkeit verfolgte ihn noch der Haß und die Angeberei des niedriggesinnten und ränkevollen Erasmus. Bald aber war der gehetzte Flüchtling über die Leute vom Schlage dieses höfischen Gelehrten, über alle seine Feinde und über die ganze Noth und Sorge des Daseins hinweg. Am 31. August oder am 1. September von 1523 ist er auf der Ufnau gestorben. Die Insel ist sein Grab, dessen eigentliche Stätte daselbst man nicht kennt. Mit Hutten war der Mann verschwunden, welcher den Gedanken der Reformation zweifellos am großartigsten gefaßt hatte: er wollte ja auf der Basis dieses Gedankens einen staatlichen und kirchlichen Neubau Deutschlands aufgeführt wissen und hoffte, in der Reichsritterschaft unter der

Der sterbende Hutten.

Führung seines kriegskundigen Freundes Sickingen das richtige Werkzeug gefunden zu haben. Der Versuch war gescheitert, aber er blieb doch nicht der einzige.

Denn die Fahne der national- und socialpolitischen Reform, welche der Hand des sterbenden Ritters entsunken war, der deutsche Bauer nahm sie auf. Doch freilich nur, um die bald wieder zu Boden geschlagene mit seinem Blut zu überströmen.

Wenn wir die Schilderungen von einheimischen und fremden Schriftstellern des 16. Jahrhunderts zu Rathe ziehen, so finden wir, daß die volkswirthschaftlichen Zustände Deutschlands dazumal und insbesondere unmittelbar vor dem Beginn der Reformation im ganzen und großen befriedigende waren. Namentlich in den Städten hatte sich ein beträchtlicher Wohlstand angehäuft. Hinter diesem Vorschritt des dritten

Standes war jedoch der vierte, der Bauernstand, weit zurückgeblieben. Es gab wohl da und dort im Reiche noch Bauerschaften von Frei- und Groß-Bauern, welche verhältnißmäßig gut daran waren; aber im allgemeinen waren die deutschen Bauern doch ein „mühsälig Volk, jedermanns Fußhaber und mit fronen, scharwerken, gülten, zinsen, steuern und zöllen hart beschwert und überladen." Der Bauer hieß und war der „arme Mann". Das bäuerliche Elend lag so erschreckend zu Tage, daß fühlende und denkende Fürsten und Edelleute sich dadurch nicht selten in ihrem Gewissen beschwert fühlten. So jener thüringische Gutsherr, Heinrich von Einsiedel, welcher sich an Luther wandte mit der Frage, ob er, Einsiedel, nicht verpflichtet wäre und gutthäte, die erdrückende Frohnenlast von seinen Bauern zu nehmen. Worauf der

Bäuerliches Elend.

Reformator die das Lutherthum kennzeichnende Antwort gab: „Nein, so der Gutsherr die Frohnen nicht selbst auferlegt, sondern nur überkommen habe." Denn es sei „nicht gut", auf Rechte zu verzichten, die einmal beständen: der „gemeine Mann müsse mit Bürden überladen sein, sonst werde er zu muthwillig." Die deutschen Bauern hatten nun aber, als auch sie von der „neuen Lehre" ergriffen und tief erregt worden waren, von der „christlichen Freiheit" eine andere Vorstellung gefaßt, als dem Reformator gefiel. Waren sie doch vielerorten schon vor dem Kundwerden der frohen Botschaft von dieser Freiheit der Meinung gewesen, das Joch der Knechtschaft, unter welchem sie seufzten, müßte zerbrochen werden. Schon gegen Ende des 15. und zu Anfang des 16. Jahrhunderts hatte die Verzweiflung ganze Bauerschaften zur offenen Empörung getrieben. So waren 1471 im Würzburgischen, 1502 in den Rheingegenden, 1514 in Wirtemberg die Bauern aufgestanden. Hier im wirtembergischen Remsthal hatte sich seit 1503 eine bäuerische Verbrüderung gebildet, welche der „arme Konrad" hieß, weil für die Noth des Volkes kein Rath (mundartlich „kon Roth") zu finden wäre. Dieser schwäbische

Bauernbund hatte auch zuerst den Bundschuh — („Eine Zwilchgippe, zween Buntschuh und ein Filzhut ist der Bawern Kleidung," schrieb Sebastian Münster 1545) — als Symbol und Feldzeichen der unzufriedenen Bauersame aufgebracht. Alle diese vereinzelten Erhebungen waren niedergetreten und grausam geahndet worden. Allein die Gährung war nun einmal da, wuchs an Kraft und Umfang und führte gegen 1525 hin zu einem Ausbruch, welcher das zuerst in Schwaben, im Elsaß und in Franken aufgeflammte Feuer einer deutschen Bauernrevolution über das ganze Reich hintragen zu wollen schien. Für den Herold oder Propheten dieses demokratischen Versuches, Deutschland socialpolitisch umzugestalten, mag jener Thomas Münzer von Allstädt angesehen werden, welcher eine Art von Abbé Lamennais des 16. Jahrhunderts gewesen ist. Denn im alttestamentlichen Bibelton verkündigte er ein aus evangelischem Christenthum und vorweggenommenem modernem Kommunismus wunderlich gemischtes Evangelium. Die meisten Führer der großen Empörung, die Schappeler, Hubmaier, Metzler, Rebmann, Weigand, stammten aus Schwaben, Baiern und Franken. Der oberste politische Leiter war der redliche, juristisch und staatsmännisch gebildete Wendel Hipler, der beste Kriegsmann nicht der sehr gewöhnliche Götz von Berlichingen, sondern ein anderer Edelmann, der Florian Geier, welcher nicht wie sein genannter Standesgenosse halb gezwungen, sondern aus freien Stücken und mit ganzer Seele die gute Sache des Volkes ergriffen hatte und demselben in reiner und hochfliegender Begeisterung Herz und Arm, Gut und Blut weihte. Wo und solange Männer wie Hipler und Geier die Führerschaft hatten, ging alles gut und mitten in der Revolution so zu sagen ordentlich. Die apokalyptische und kommunistische Schwarmgeisterei eines Münzer fand da keinen Raum. Das große Manifest, die „gründlichen und rechtlichen zwölf Hauptartikel aller Bauerschaft und Hintersassen der geistlichen und weltlichen Obrigkeiten, von welchen sie sich beschwert vermeinen" — dieses im Frühling von 1525 aus Oberschwaben gekommene Bauernmanifest ist ohne Frage das bedeutsamste socialpolitische Aktenstück der ganzen Reformationszeit. Es ging auf gänzliche Abstellung der Leibeigenschaft, auf ein billiges Abkommen hinsichtlich der Frohnen, Gilten und sonstigen Dienste, auf Beschränkung des adeligen Jagdvorrechts, auf Zurückgabe der den Gemeinden widerrechtlich entrissenen Güter, auf das Recht der Gemeinden, ihre Pfarrer zu wählen, auf eine Reform des Gerichtswesens. Alle diese Forderungen der Bauern waren ebenso begründet als gemäßigt und außerdem erklärten sie noch ausdrücklich, daß sie bereit wären, jede derselben, welche man ihnen „mit dem Worte Gottes unziemlich nachweise", fallen zu lassen. Sogar Luther, welcher doch zur Stunde sein Kompromiß mit der Fürstenschaft und dem Adel thatsächlich bereits geschlossen hatte, konnte, als die Bauern auf „die Rechtmäßigkeit ihrer zwölf Artikel, auf die heilige Schrift und auf den Dr. Luther" sich beriefen, nicht umhin, die Berechtigung von mehreren der aufgestellten Artikel anzuerkennen und die Gewalthaber zu einem billigen Abkommen mit den Bauern zu ermahnen, während sein Famulus Melanchthon die Bauern kurzweg verdammte, weil ihr Vorgehen dem christlichen Gebote des unbedingten Gehorsams und des widerstandslosen Duldens zuwiderliefe. Daß es Luther mit seiner Mahnung zum Frieden und zu einer billigen Ausgleichung auch nach oben hin ernstlich meinte, untersteht keiner Frage. Wie hätte er, selber ein Bauernsohn, dem bäuerischen Elend seine Augen und Ohren ganz verschließen können? Aber die Fürsten und Feudalherren, die Presser und Schinder des Volkes, wollten von einem Aufgeben, einem auch nur theilweisen Aufgeben ihrer „wohlerworbenen Rechte" — in solche verwandeln sich ja bekanntlich mit der Zeit alle Mißbräuche, Anmaßungen und Ungerechtigkeiten — durchaus nichts wissen. Jetzt thaten die Bauern, was ihnen von rechtswegen zustand: was man den Bittenden versagte, wollten sie mit dem Schwert in der Hand erzwingen. In Schwaben und Franken standen die Bauerschaften auf und trugen die Bundschuhfahne gegen Fürsten, Junker und Pfaffen zu Felde. Zweierlei Anschauungen hemmten und bekämpften jedoch einander von Anfang an in den Lagern der bäuerischen Rebellen. Die gemäßigtere, deren bedeutendster Stimmführer Wendel Hipler war, wollte zwar allerdings die Bauern der Feudallasten entledigen, aber den Adel für das Aufgeben seiner feudalen Ansprüche mittels der einzuziehenden geistlichen Güter entschädigen und also namentlich die Ritterschaft zur Parteinahme für die Volkssache gewinnen. Die radikalere Meinung, welcher sich Florian Geier zuneigte, ging auf Vernichtung des Junker- und Pfaffenthums und auf die Aufrichtung einer einheitlich-kaiserlichen Reichsgewalt mit Beseitigung der Partikular-Fürstenschaften. Natürlich war an die Verwirklichung dieses abstrakt-vernünftigen Ideals nicht zu denken. Um so weniger, da der Mangel an

Die Wiedertaufe.

Disciplin in den bäuerischen Haufen rasch die trübe Grundsuppe der Empörung, wilde Leidenschaften und wüste Begehrlichkeiten, obenauf kommen ließ; um so mehr, als der Feldhauptmann des schwäbischen Bundes, der Truchseß von Waldburg, im Allgäu und im Hegau bei seiner Bekämpfung des Aufstandes eine wahrhaft kanibalische Grausamkeit entwickelte und Rachegeister heraufbeschwor, welche in Gesellen, wie der Jäcklein Rohrbach einer war, dämonische Werkzeuge fanden. Diese „Schreckensmänner" von damals, welche laut erklärten, dem Adel müßte „ein sonderbar Entsetzen eingejagt werden", waren es nun auch, welche im April von 1525 das Blutosterfest zu Weinsberg anrichteten und feierten, nachdem die Bauern aus dem Hohenlohischen und vom Odenwalde Stadt und Burg mit Sturm genommen und den Befehlshaber, den Grafen Ludwig von Helfenstein — er war mit der von der Bank gefallenen Tochter Kaiser Maximilians Margarethe vermählt — sammt seinen Rittern und Knechten zu Gefangenen gemacht hatten. Am zweiten Osterfeiertag beleuchtete die aufgehende Sonne auf einer Wiese vor dem Unterthore von Weinsberg ein furchtbares Schauspiel. Der Graf von Helfenstein — vergebens hatte seine Frau, die Kaiserstochter, mit ihrem zweijährigen Söhnlein im Arme, sich vor dem Jäcklein Rohrbach, dem Anstifter, Anordner und Vollzieher der Bluthat, auf die Knie geworfen, um das Leben des Gatten zu erflehen — und mit ihm sein Leibknappe und sein Hofnarr und nach ihm dreizehn Edelleute, sie alle wurden unter Zinkenklang und Trommelschlag erbarmungslos „durch die Spieße gejagt". Dieses gegen den Willen und hinter dem Rücken von Hipler und Geier angestellte Rachegericht, welches allerdings

Ein Maltanz zu Münster i. J. 1531.

mehrere als arge „Bauernschinder" bekannte Adelige getroffen hatte, hat der Bauernsache großen Schaden gethan. Schon darum, weil Florian Geier, empört über die Mörderei, mit seiner „schwarzen Schar" das Bauernheer — den „hellen Haufen" — verließ und der Name dieses wahren und wirklichen Edelmannes fortan in dem leitenden Bauernrathe nicht mehr genannt wurde. Aber noch mehr deshalb, weil der Schrecken, welchen der Jäcklein und seine Mordgenossen hatten erregen wollen, auf die Bauern und ihre Sache zurückfiel. In vollem Ingrimm ließ jetzt Luther seine Schrift „Wider die mörderischen und räuberischen Bauern" ausgehen, die man — hieß es darin — „zerschmelzen, würgen und stechen soll, heimlich und öffentlich, wer da kann, wie tolle Hunde." Und wie er es haben wollte, so geschah es. Die Machtmittel der Fürsten, Prälaten und Herren erwiesen sich den schlecht organisirten, schlecht disciplinirten und schlecht geführten Streitkräften der Bauern überlegen. Stromweise floß das Bauernblut auf den Walstätten ihrer Niederlagen bei Sindelfingen, Frankenhausen, Würzburg und Königshofen und stromweise floß es von den für die Besiegten aufgeschlagenen Schaffoten.

Der Bauernkrieg und sein Ausgang hat fraglos sehr viel dazu gethan, die Reformationsströmung zu stauen und rückwärts zu treiben. , Ein anderes Vorkommniß, welches der Reformsache großen Schaden that und derselben tausende und wieder tausende von Gemüthern entfremdete, war die bekannte, aus Groteskem und Grauenhaftem gemischte Orgie des Größenwahns, der Unzucht und der Grausamkeit, zu welcher die wiedertäuferische Sektirerei in der westphälischen Stadt Münster in den Jahren 1534—'35 ausschlug. Ein Augen- und Ohrenzeuge und Mitleidender, der Bürger Heinrich Greßbeck von Münster, hat uns in ehrlichem Plattdeutsch den ganzen Gräuel beschrieben und mittels seiner schlichten und naiven Erzählung eines der lehrreichsten Bücher damaliger Zeit zuwege gebracht. Die Möglichkeit, daß zwei hergelaufene Holländer, der verlumpte Bäcker Jan Matthys und der verlumptere Schneider Jan Bockelson, mittels der tollsten Phantasmen und Fanatismen in einer deutschen Bischofsstadt des Regiments sich bemächtigen, die Stadt gegen ihren rechtmäßigen Fürsten vertheidigen, über die Bürger eine blutige Tyrannei üben, die rohesten Träume des Kommunismus und der Vielweiberei für eine Weile verwirklichen konnten — diese Möglichkeit zeugt doch furchtbar ernst dafür, daß die Zeit in ihren Grundtiefen aufgewühlt sein mußte, daß der an und für sich so berechtigte Reformtrieb auf die wüstesten Abwege gerieth und daß eben darum das Alte doch gar häufig wieder dem Neuen den Sieg zu entreißen vermochte.

Zur selben Zeit, wo im südlichen Deutschland die Anstrengungen sowohl der Ritter als der Bauern, die Reformation auch national und social fruchtbar zu machen, gescheitert sind, ging es in Norddeutschland mit der größten politischen Schöpfung des Hansa, dem Untergange zu und im selben Jahre 1535, wo auf der rothen Erde Westphalens die Verkehrung der reformistisch-idee zu einem wahnwitzigen Zerrbild in die finsterste Reaction umschlug, erfolgte zu Lübeck der Sturz des Bürgermeisters Jürgen Wullenweber und damit die Vernichtung der großartigen Entwürfe dieses Mannes, welcher in seiner Weise und mit seinen Mitteln war und wollte, was in der ihrigen und mit den ihrigen Sickingen und Hipler gewesen waren und gewollt hatten. Der große Städtebund der Hansen hatte in den ersten drei Jahrzehnten des 16. Jahrhunderts seine Machthöhe erreicht. Die hanse'schen Orlogschiffe beherrschten die Ost- und Nordsee und mittels ihrer Kriegsgaleeren wie mittels ihrer Handelsbarken spielte die Hansa eine vortretende, oft die erste Rolle in den Geschicken der skandinavischen Reiche. Zur Zeit, als König Christiern der Zweite von Dänemark, durch seine Gemahlin Elisabeth der Schwager Kaiser Karls des Fünften, die sogenannte skandinavische Union, d. h. die Vereinigung der Krone Schweden mit der von Dänemark-Norwegen, gewaltthätigst aufrecht zu halten strebte, wurde die widerdänische Einmischung der Hansa in die nordischen Händel für sie selber verhängnißvoll. Dazumal spielte in der Geschichte der hanse'sch-deutschen Seemacht eine Episode, welche wohl der Erwähnung werth ist. Der junge Ritter Gustav Erikson, der Stifter der schwedischen Königsdynastie Wasa, war der dänischen Haft entflohen und hatte zu Lübeck eine Zuflucht gesucht und gefunden. Der Vorort der Hansa, gegen welche Christiern der Zweite thatsächlich Krieg führte, verweigerte dem Dänenkönig die verlangte Auslieferung des jungen Schweden, welchem bestimmt war, die Unabhängigkeit seines Vaterlandes wieder herzustellen. Noch mehr, Niklas Brömsen, der Bürgermeister von Lübeck, faßte mit seinen Rathsgenossen den Beschluß, den schwedischen Flüchtling sicher an die heimatliche Küste geleiten zu lassen. Gustav Wasa ging im Mai von 1520 an Bord einer lübischen Galeere und diese brachte ihn durch die dänischen Kreuzer hindurch glücklich an das Gestade der Landzunge von Stensö unweit Kalmar, obschon der dänische Admiral Norby mit einem starken Geschwader die Küste bewachte. Der gerettete Schwede hat freilich seinen deutschen Rettern später übel vergolten. Denn in der Politik gibt es keine Moral und Dankbarkeit steht im Katechismus weder der Könige noch der Völker... Der Kampf um die nordischen Kronen, welcher

Im Hafen einer Hansastadt.
(Motiv aus Danzig.)

unter sehr kräftiger Mitwirkung der Hansen mit der Vertreibung Christierns des Zweiten, der Erhebung Friedrichs von Holstein auf den dänischen und Gustav Wasa's auf den schwedischen Thron endigte, schien die Macht der Hansa aufs neue gefestigt zu haben. Nicht minder hatte es den Anschein, als sollte aus dem großen Riß, welcher durch die Zeit ging, ein vermehrtes Gedeihen dieser Macht erblühen. In den Jahren 1530—31 kam die „neue Lehre" und mit ihr die Demokratie im Vororte Lübeck und in den hanse'schen Bundesstädten obenauf. Seele und Führer dieser Bewegung war der Lübecker Kaufmann

Der Rathhaussaal in Bergen zur Zeit Wullenwebers.

Jürgen Wullenweber, wohl die bedeutendste politische Gestalt, so bislang überhaupt im deutschen Bürgerthum aufgestanden ist. Bürgermeister von Lübeck geworden, wurde er bald Diktator der Hansa und als solcher führte er den heftig entbrannten Kampf der hanse'schen Demokratie gegen das hanse'sche Stabijunkerthum und zugleich gegen den zurückgekehrten und von der Macht Habsburgs unterstützten Dänenkönig Christiern und dessen Nebenbuhler und Besieger Friedrich, einen Kampf, welcher auch den gegen das römische Kirchenwesen in sich schloß. Bis zum Jahre 1535 hielt Wullenwebers Genie und Thatkraft gegen alle diese Feinde das Banner der norddeutschen Demokratie aufrecht. Dann erlag er einer Koalition, welche die lutherische Pfaffheit in schnödem Undank gegen das Volk und dessen Führer mit der grollenden und racheschnaubenden städtischen und ländlichen Junkerschaft einging. Wullenweber fiel später einem seiner Todfeinde, dem fanatisch-römischen Herzog Heinrich von Braunschweig in die Hände und als Opfer eines der schamlosesten Justizmorde, welche die Welt gesehen, im September von 1537 dem Henkerbeil anheim. Das große Werk, an welchem er gearbeitet hatte, war zertrümmert, die seegewaltige Stellung der Hansa dahin für immer. Das Lutherthum allerdings war in Norddeutschland eingeführt, aber um welchen Preis! Die knechtschaffene lutherische Orthodoxie verband sich mit dem Stadt- und Landjunkerthum zur Unterdrückung des Volkes, welches demzufolge in den Städten zur charakterlosen Spießbürgerei und auf dem Lande zu hündischer Leibeigenschaft herabsank.

So traurig haben nach einander die Versuche geendigt, welche im Süden und Norden Deutschlands von der Ritterschaft, von der Bauerschaft und von der Bürgerschaft unternommen worden sind, die kirchliche Reform zu einer socialpolitischen zu erweitern. Mit dem Scheitern dieser Versuche hatte die Reformation ihre beste Spannkraft eingebüßt und war aus einer Angelegenheit der Nation zu der einen Partei, aus einer Sache des Volkes zu der von Fürsten und Theologen abgesunken. Die Gelehrten machten daraus das Objekt geistloser Haarspalterei und Wortfuchserei. Die Fürsten erklärten sich für oder wider sie, je nachdem ihre dynastischen Interessen es heischten oder zu heischen schienen, und es kam demzufolge bald soweit, daß der ruchlose Satz, der Landesfürst habe über das Glaubensbekenntniß der Unterthanen zu verfügen und zu bestimmen, staatsrechtliche Bedeutung und Geltung gewann („Cujus regio, ejus religio").

Ueberzeugte Lutheraner waren vor allen der Kurfürst von Sachsen Friedrich der Weise und sein Bruder und Nachfolger Johann der Beständige. Auch der Landgraf Philipp von Hessen darf ihnen beigestellt werden. Nebenbei ließ er sich freilich von den beiden dienstwilligen Reformatoren Luther und Melanchthon den „geistlichen Konsens" geben, bei Lebzeiten seiner rechtmäßigen Frau eine zweite „rechtmäßige" nehmen zu können. Wie verlockend für gar manchen Fürsten und reichsstädtischen Bürgermeister es sein mußte, mittels Annahme des Lutherthums der fürstlichen oder bürgermeisterlichen Würde auch noch die eines Landes- oder Stadtbischofs beifügen zu können, liegt am Tage. Und dann das fette Finanzgeschäft der „Säkularisation" von Stiftern und Klöstern — wie unwidersprechlich bewies es die Räthlichkeit, die Nothwendigkeit der Reformation! Mitunter sogar gelang es dem fürstlichen „Eifer für das Evangelium", ein ganzes Land zu „säkularisiren". Ein Hohenzollern, Albrecht von Brandenburg, der Hochmeister des deutschen Ordens, erwies sich als der richtige Hochmeister der Säkularisirungskunst, indem er mittels Einführung des Lutherthums in Preußen dieses Land seinem rechtmäßigen Eigenthümer, dem deutschen Orden, abreformirte und zu einem erblichen Herzogthum für sich und seine Nachkommen machte, wobei es ihm auch nichts verschlug, sich in die Vasallenschaft der Krone Polen zu begeben. Der Ausbreitung der Reformation in Mittel-, Nord- und Süddeutschland kam übrigens zu gut, daß der Kaiser Karl durch seine europäische Machtstellung vielfach auswärts verwickelt war und daß sein Stellvertreter in Deutschland, sein Bruder und Nachfolger Ferdinand, das Lutherthum im Reiche vorderhand gewähren lassen mußte, weil er der Hülfe auch der lutherischen Reichsfürsten gegen die Türken nicht entbehren konnte. Bedrängten doch die Osmanli, dazumal noch in der Vollkraft ihrer Macht und Eroberungslust stehend, Ungarn und Oestreich gar hart. Im Jahre 1529 trugen sie ihre Waffen bis vor die Mauern Wiens und das 16. wie das 17. Jahrhundert hindurch ist die „Türkengefahr" ein wichtiges Motiv der Reichspolitik geblieben. Der Türkenschrecken aber hat sich dem Gedächtniß unseres Volkes so tief eingeprägt, daß in Süddeutschland noch im 19. Jahrhundert Mütter unartige Kinder mit dem „der Türk' kommt!" zu bedrohen und zu geschweigen pflegten.

Die ersten Vorzeichen einer künftigen kriegerischen Austragung des angehobenen Zwistes zwischen den Anhängern des alten und den Bekennern des neuen Kirchenwesens wurden auf dem Reichstag von Speier (1529) bemerkbar, denn die reichsständische Mehrheit beschloß daselbst, daß gegen den weiteren Vor-

Schritt der Kirchenspaltung Vorkehrungen getroffen werden sollten. Dagegen protestirten 19 der Reformation zugewandte Reichsstände, Kursachsen und Hessen an der Spitze, und davon erhielten sie den Parteinamen „Protestanten". Der spätere Sprachgebrauch hat denselben auf sämmtliche reformirte Konfessionen übergetragen, so daß „Protestantismus" der große Gegensatz zum Katholicismus wurde. Ein Jahr darauf (1530) hielt Kaiser Karl, welchem seine über den Franzosenkönig Franz und über den Papst Klemens den Siebenten davongetragenen Erfolge jetzt in Reichssachen freiere Hand gaben, einen großen Reichstag zu Augsburg und wies das von den Protestanten vorgelegte, vom Melanchthon verfaßte Glaubensbekenntniß

Die Türken vor Wien.

(„Die augsburgische Konfession"), die dogmatische Formulirung des Lutherthums, zurück. Da der Kaiser noch dazu im „Reichstagsabschied" strenge Maßregeln gegen die Protestanten in Aussicht stellte und das Reichskammergericht anwies, gegen fürstliche Säkularisirungskünstler processualisch vorzufahren, so thaten sich die protestantischen Fürsten und Städte zum sogenannten schmalkaldischen Bunde zusammen (1531). Der im folgenden Jahr zustande gebrachte „nürnberger Religionsfriede" verkleisterte die Spaltung zwischen Katholiken und Protestanten nothdürftig noch für eine Weile, welche jedoch lang genug war, um dem Protestantismus sehr beträchtliche Verstärkungen zuzuführen (Kurbrandenburg, Wirtemberg, Herzogthum Sachsen, Pommern, Kleve u. s. w). Der Kaiser, durch seinen romantischen Seezug gegen Tunis, seinen dritten Krieg mit Franz dem Ersten und durch Händel mit seinen Niederländern beschäftigt, ließ den Protestantismus im Reiche gewähren bis zum Jahre 1541. Weder das unter des Kaisers Augen zu Regensburg gehaltene „Religionsgespräch", noch das Koncil von Trident, welches die Protestanten als ein

„unfreies" verwarfen, vermochte den großen Streit zu schlichten. Doch erst i. J. 1547 konnte Karl gegen die Protestanten jenen Feldzug führen, zu dessen Gelingen der verrätherische Abfall des jungen Herzogs Moriz von Sachsen, dessen Ehrgeiz und Ränkesucht seinen Vetter Johann Friedrich aus der Kurwürde verdrängen wollte, sehr viel beigetragen hat und welcher durch die Schlacht von Mühlberg an der Elbe entschieden wurde. Im Herbste des genannten Jahres war der siegreiche Kaiser der unumschränkte Gebieter im Reiche. Es schien aus mit dem Protestantismus in Deutschland, aber es schien nur. Denn derselbe hatte in unserem Lande denn doch ganz anders sich eingewurzelt, quantitativ und qualitativ, als in den Ländern der Romanen, wo er ja zeitweilig sogar in Italien und in Spanien Anhänger gewonnen. Und dann trat jene Wendung vom Jahre 1552 ein, welche der neue Kurfürst von Sachsen, der skrupellose Moriz, herbeiführte, indem er seinem Meister in der „welschen Praktik", dem Kaiser Karl, in selbiger Praktik den Meister zeigte. Freilich vermochte sich der schlaue Sachse zu der diplomatischen und kriegerischen Unternehmung, kraft welcher er zu Gunsten der Protestanten dem überraschten und überfallenen Kaiser den Vertrag von Passau abzwang, nur durch einen schnöden Verrath an der Integrität des Reiches starkzumachen, indem er den Franzosenkönig Heinrich den Zweiten zum Kriege gegen Karl hetzte und die Kriegswilljährigkeit des Valois damit bezahlte, daß er und die mit ihm verschworenen Fürsten von Brandenburg, Mecklenburg und Hessen demselben gestatteten, die Städte und Bisthümer Kambrai, Metz, Toul und Verdun vom deutschen Reiche loszureißen und dadurch die Westgrenze unseres Landes der französischen Eroberungsgier zu öffnen.

Das Schandmal dieses Reichsverraths bleibt dem Protestantismus aufgedrückt und keine Schönfärberei vermag es zu übermalen. Es ist denkwürdig, daß des Franzosenkönigs Kriegsmanifest gegen den Kaiser schon jene Phrase von der „Beschützung der deutschen Freiheit" enthielt, welche seither immer wieder von den Franzosen und Franzosenfreunden hergelogen worden ist, so oft ein französischer Raubzug gegen Deutschland vorbereitet und ausgeführt wurde. Und denkwürdig ist auch, daß die Franzosen nur mittels schmählichen Luges und Truges der reichstreuen Stadt Metz sich zu bemächtigen vermochten, wobei ihnen, wie selbstverständlich, Pfaffenhände halfen, die des metzer Bischofs. Man muß es als das Beste anerkennen, was Karl der Fünfte als Reichsoberhaupt unternommen, obzwar leider nicht vollbracht hat, daß er noch in demselben Jahre (1552), wo Metz dem deutschen Reiche gestohlen worden, die größten Anstrengungen machte, dieses Reichsbollwerk zurückzuerobern. Erst 318 Jahre später sollte das gelingen. Uebrigens muß gesagt werden, daß der deutsche Katholicismus nicht lange berechtigt war, schadenfroh auf den Reichsverrath der Protestanten hinzuweisen. Die beiden Religionsparteien hatten einander hinsichtlich der Untreue am Vaterlande bald nichts mehr vorzuwerfen. Die Katholiken verriethen die Sache Deutschlands an den Jesuitengeneral und an den König von Spanien, die Protestanten an die Könige von Schweden und von Frankreich.

Denn der aus dem Passauer Vertrag folgerichtig hervorgegangene Religionsfriede von Augsburg (1555), kraft dessen die Protestanten (augsburgischer Konfession) den Katholiken im Reiche politisch gleichgestellt wurden, war eben auch nur ein Waffenstillstand und konnte nichts anderes sein. Lag es doch ebensosehr in der Natur des Protestantismus, sich ausbreiten zu müssen, als es in der des Katholicismus lag, die verlorenen Herrschaftsgebiete wieder zurückzugewinnen zu wollen. Und dieser Gebiete waren viele. Denn der Protestantismus hatte sich aus Mitteldeutschland nicht allein nordwärts siegreich verbreitet, sondern auch weit nach Süden und Südosten vorgestreckt. Der größere Theil der deutschen Schweiz wurde durch Zwingli und seine Mitarbeiter reformirt und blieb es. Weite Landschaften in Baiern, in Oestreich, im Salzburgischen und in der Steiermark, welche heutzutage zu den Lieblingsdomänen Roms gehören, waren im Verlaufe des 16. Jahrhunderts lutherisch geworden. Es gab eine Zeit, wo Wien selbst für eine lutherische Stadt gelten konnte. Sogar der Umstand, daß die östreichische Linie des Hauses Habsburg nicht minder fest als die spanische an der alten Kirche hielt und daß die Baiernherzoge fanatische Römlinge blieben, schien dem Vorschreiten und der Befestigung des Protestantismus im südlichen und südöstlichen Deutschland keinen Damm setzen zu können. Aber im letzten Drittel des Jahrhunderts bereitete sich eine Wendung vor, welche einen großen Umschwung herbeiführte.

Der Katholicismus hatte nämlich derweil einen innerlichen Verjüngungsproceß durchgemacht, der ihm die nöthigen Kräfte verlieh, den Protestantismus nicht nur aufzuhalten, sondern auch zurückzuwerfen. Um so mehr, als der giftige Zwist, welcher zwischen den Lutheranern und den Kalvinisten entbrannt war, einen scharfen Keil in die protestantische Einheit getrieben hatte. Diesen Zwist muß man betrachten, so man wissen will, bis zu welcher teuflischen Bosheit christliche Theologen, „Diener am göttlichen Worte", verwildern können. Dem zerspaltenen, zerrissenen, vom eigenen Princip abgefallenen Protestantismus stand der durch die Gesellschaft Jesu neuorganisirte und durch die Beschlüsse des tridentiner Koncils (1562) eisern disciplinirte Katholicismus als ein Riese aus einem Guß gegenüber. Er zögerte auch nicht, zu handeln. Die strategische Leitung und taktische Führung des großen Feldzuges, welchen Rom, gestützt auf die Macht Philipps des Zweiten von Spanien und unterstützt durch die deutschkaiserlichen Habsburger und die Baiernherzoge, gegen den Protestantismus eröffnete, war bei dem Jesuitenorden, dessen auf die Herrschaft über die Menschen berechnete Organisation als bewundernswürdig zweckentsprechend anerkannt werden muß. Denn sie war und ist ja auf die menschliche Dummheit, Schlecht- und Knechtschaffenheit gestellt. Der Jesuitismus machte mittels seiner Moral, einer Travestie der sogenannten christlichen, den kirchlichen Herrgott zu einer leicht handirlichen, unter Umständen auch ganz beiseite zu stellenden Taschenprovidenz und darum war es ganz in der Ordnung, daß der Orden rasch zu ungeheurem Einfluß gelangte, sowohl in der „kleinen" Welt, als auch und noch mehr in der „großen". Vom „Mutterhaus" der „Kompagnie Jesu" am Fuße des Kapitols aus lenkte ihr „General" die Drähte, an welchen der Papst, sowie die katholischen Könige und Fürsten — nicht selten auch protestantische — als Marionetten tanzten.

Nachdem die jesuitisch-katholische Reaktion noch im Laufe des 16. Jahrhunderts den Protestantismus in den romanischen Ländern theils, wie in Spanien und Italien, ausgetilgt, theils, wie in Frankreich, zur Bedeutungslosigkeit herabgebracht hatte, begann sie zu Anfang des 17. Jahrhunderts auf deutschem Boden den offenen Kampf, welchen sie während der duldsamen Reichsregierung Kaiser Ferdinands des Ersten und Kaiser Maximilians des Zweiten bislang nur heimlich hatte führen können. Ihre rechte Zeit kam erst mit Kaiser Ferdinand dem Zweiten, in welchem der ganze Fanatismus seines spanischen Vetters Philipp wiedergeboren war und dessen bekanntes Wort: „Lieber über eine menschenleere Wüste als über ein schönes Land voll Ketzer herrschen!" seine Anschauung und Politik vollständig kennzeichnet. Nachdem schon in den Jahren 1608–9 die deutschen Fürsten in den zwei Parteilagern der „Protestantischen Union" und der „Katholischen Liga" einander drohend gegenübergestanden hatten, brach im Jahre 1618 jener entsetzlichste aller Kriege aus, welcher dreißig Jahre lang das deutsche Reich durchtobte, unser Land zu einer Einöde und Wüste machte, seine Bevölkerung von 18 Millionen auf 4 herabbrachte, die höchste Summe von Elend häufte, so jemals über Menschen gekommen und mit dem zu Münster und Osnabrück unterhandelten, so zu sagen vom französischen Hofe diktirten, sogenannten „westphälischen" Frieden ein klägliches und schmähliches Ende fand (1648). Denn dieser Friedensschluß machte die Verstümmelung des Reiches nach außen — mittels Anerkennung der gemeldeten französischen Raubthaten im Westen, der schwedischen Erwerbungen im Norden, sowie der Loslösung der Schweiz und der Niederlande — und die Zerrissenheit nach innen zu einer völkerrechtlichen Thatsache. Die europäische Machtstellung Deutschlands war dahin, seine nationale Einheit nur noch ein Schein und Schatten. Die fremde Diplomatie, vorab die französische, hatte ja zu Münster und Osnabrück dafür gesorgt, daß die sämmtlichen Reichsstände in ihren Territorien die volle „Landeshoheit" erhielten und das Recht, unter sich und mit auswärtigen Mächten Bündnisse einzugehen, „soweit solche nicht wider Kaiser und Reich", wie ein schamhafter, aber in der Praxis zumeist ganz wirkungsloser Vorbehalt besagte. Dem Reichstag sollte die Reichsgesetzgebung und die Reichsbesteuerung, sowie die Erklärung von Reichskriegen und die Schließung von Reichsfrieden zustehen. Der Reichstag, welchem der Kurfürst von Mainz als des Reiches Erzkanzler vorsaß, zerfiel 1) in den „Reichsfürstenrath", in welchem außer den weltlichen und geistlichen Fürsten (mit zusammen 98 Stimmen) auch die vier „Bänke" der Reichsgrafen und die zwei Bänke der Prälaten ebenso viele Bänkestimmen hatten, und 2) in das „reichsstädtische Kollegium", getheilt in die schwäbische und in die rheinische „Bank", welcher letzteren 14 Stimmen zukamen, während die erstere 37 führte. Diese Einrichtung des Reichsparlaments wurde zur stehenden seit der Los-

Die Franzosen in der Pfalz.

reißung des Elsasses vom Reichskörper. Auch verwandelte sich der Reichstag bei der fortwährenden Bedrohung des Reiches durch die Türken und die Franzosen aus einer zeitweiligen Versammlung in eine ständige, die zu Regensburg ihren Sitz nahm und deren Verhandlungen nicht mehr, wie früher geschehen war, von den Reichsständen in Person geführt wurden, sondern durch Bevollmächtigte („Komitialgesandte"), welche lediglich den Weisungen ihrer Bevollmächtiger gemäß stimmen durften. Die ganze Reichstagsmaschine war ein wahres Ungeheuer von Weitschichtigkeit, Umständlichkeit und Unbehilflichkeit und doch war dieser Mißgeburt von Parlament eine Kompetenz zugewiesen, welche dem Reichsoberhaupt alle wirkliche Macht benahm und die Stellung des Kaisers zur Bettelhaftig-

keit herabbrachte. Im übrigen war durch den westphälischen Frieden die reichsständische Gleichberechtigung der Protestanten mit den Katholiken anerkannt worden und wurden demzufolge auch der „Reichshofrath" und das „Reichskammergericht" mit Mitgliedern beider Konfessionen besetzt. Zu den sieben mittelalterlichen Kurfürstenhüten des Reiches war als achter der baierische gekommen. Die Gesammtsumme der Abmachungen von Münster und Osnabrück ist die Verkleinerung, Lähmung und Ohnmacht unseres Landes gewesen, seine politische und kulturelle Abhängigkeit vom Ausland, vorweg von Frankreich.

Der Titel „Reich" war nur noch ein Spott auf unsere Armuth, unsere staatliche, materielle und geistige Armseligkeit. Deutschland kam in den Berechnungen der europäischen Politik nur noch als Lieferant von Kanonenfutter in Betracht, so wie als Kriegsschauplatz und als Raubobjekt, welches jeden lockte, der die nöthige Frechheit und Kraft zum Rauben besaß. Die besaß aber Ludwig der Vierzehnte vorzugsweise und seine Raubkriege waren es, welche im letzten Drittel des 17. Jahrhunderts unsere Rhein-, Mosel-, Saar- und Neckarlandschaften mit sprichwörtlich gewordener hunnisch-barbarischer Verwüstung heimsuchten, noch bevor die Wunden des dreißigjährigen Krieges zu vernarben begonnen hatten. Der ehr- und gewissen-

In den Laufgräben vor Magdeburg.

lose Despot von Bourbon war es auch, welcher, seine Bundesgenossen, die Türken und die Schweden, gegen das sieche deutsche Reich hetzend, dessen Bedrängnisse benützte, uns das Elsaß zu stehlen und diesen Diebstahl mit der unsäglich nichtswürdig eingefädelten Wegnahme Straßburgs zu krönen (1681). Ein deutscher Inner und Priester, der straßburger Fürstbischof Egon von Fürstenberg, hat ihm dazu die Verrätherhand geboten. Solches mußte sich Deutschland gefallen lassen, so wehrlos war es geworden, so tief war es durch die Entdeutschung der Habsburger, durch die mißglückte oder wenigstens nur halb gelungene Reformation, durch die Kirchenspaltung, den Bürgerkrieg und den Partikularismus heruntergekommen. Das ganze Reformationszeitalter schien sich zum Ende neigen zu wollen, ohne daß aus der Düsterniß, in welche seine anfängliche Hoffnungshelle sich verkehrt hatte, ein Stern aufgestiegen wäre, welcher die Möglichkeit einer lichteren Zukunft angekündigt hätte. Ganz unerwartet geschah daher ein solches Zeichen und leuchtete über unserem unglücklichen Lande ein Hoffnungssternschimmer auf. Im Norden Deutschlands erstand ein Heerführer und Staatsmann, wie einen solchen die Deutschen seit langer Zeit nur allzusehr entbehrt hatten. Das war der brandenburger Kurfürst Friedrich Wilhelm, der „große" Kurfürst mit Fug geheißen. Denn er ist es ja gewesen, der den brandenburgisch-preußischen Staat begründet hat, und er war es, welcher durch seinen glänzenden Sieg über die Schweden bei Fehrbellin (1675) zuerst wiederum der Welt bewies, daß die Fremden denn doch noch nicht ganz die Herren und Meister wären auf deutschem Boden.

8.

Das eherne Zeitalter der Orthodoxie.

ur die Oberflächlichkeit könnte sich versucht fühlen, leugnen zu wollen, daß durch die Anfänge des Reformationszeitalters ein Hauch edler Sehnsucht nach dem Besseren und ein im besten Sinne tiefreligiöser Zug gegangen sei. Daß die schönsten "Blüthenträume" von damals nicht zu Früchten sich verwirklichten, ist freilich wahr und im vorstehenden Abschnitte nachgewiesen worden. Aber auch in ihrer Halbheit erwies sich die Reformation immerhin als eine Kulturmacht, deren wohlthätige Einflüsse anerkanntermaßen selbst in das feindliche Lager, in die alte Kirche hinüber sich erstreckten. Und dann ist es doch schon an und für sich etwas Bedeutsames, etwas unserem Volksthum zur Ehre Gereichendes gewesen, daß in deutschen Landen und aus der Mitte des Volkes ein Mann aufgestanden, welcher im Weltgeschichtebuch ein neues Kapitel aufgeschlagen hat. Der Versuch, das Christenthum von seiner abgötterischen Veräußerlichung zu seiner ursprünglichen Innerlichkeit zurückzuführen, war ernst gemeint und tapfer unternommen. Auch muß schon die Vereinfachung des Gottesdienstes ein nationaler Gewinn genannt werden, weil der strenge Ernst und die schmucklose Einfachheit des protestantischen Kultus der germanischen Anschauungs- und Empfindungsweise zweifelsohne mehr entsprach als das auf südliche Phantasiefülle und

Gedankenlosigkeit berechnete römische Ceremonienwesen, welches häufig genug geradezu ins Spektakelhafte und Komödiantische sich verlief. Wenn es aber hochlöblich, so alle Menschenvernunft und Menschenwürde schändende Auswüchse des Katholicismus, wie der Reliquienplunderdienst und der Ablaßkram waren, abzuthun, so konnte es doch fraglich bleiben, ob die Reformatoren inbetreff der gottesdienstlichen Einrichtungen die sinnlichen Bedürfnisse der Menschen nicht allzu wenig berücksichtigt hätten. Luther war in dieser Beziehung der praktischere Mann als Zwingli, den sein Radikalismus zu dem Mißgriffe trieb, den Orgeln und der kirchlichen Musik den Krieg zu machen und die deutsch-schweizerisch-reformirten Kirchen so entsetzlich kahl und den Gottesdienst so schneidig-nüchtern einzurichten, daß man sich in jenen und von

Silber Stürmer.

diesem angefröstelt fühlen mußte. Der Schönheitssinn und das Formgefühl, wofür die Völker germanischer Rasse ohnehin nur dürftig begabt sind, hat unter dieser Kahlheit und Kälte des Kultus zweifellos sehr gelitten. Auch war die gottesdienstliche Prosa sicherlich eins der Motive protestantischer Sektenbildung. Ein anderes, noch ungleich mächtigeres, ist die so rasch eingetretene dogmatische Erstarrung und Verkleinerung des protestantischen Lehrbegriffes gewesen, wobei das gemüthlich-religiöse Bedürfniß leer ausging. Als ein drittes kam noch hinzu das Wuthgebrüll, welches die verschiedenen Bruchtheile der orthodoxen Partei gegen einander erhoben und welches zarter besaitete Seelen aus der Region einer von Zank und Zeter tosenden Rechtgläubigkeit in die Konventikelstille der Sektirerei hineinscheuchte.

Für den rohen und unsauberen Ton, welchen die lutherischen „Streitpfaffen" gegen ihre zwinglischen und kalvinischen Gegner anschlugen, ist zweifelsohne Luther selber in erster Linie verantwortlich gewesen. Denn er hat in seinen theologischen Streitschriften, z. B. in dem Abendmahlspamphlet „Wider die Schwärmer", diesen hannswurstigen Ton zuerst angeschlagen, welcher dann von einem ganzen Rudel von Pastoren aufgenommen und bis zu jenem Aeußersten gesteigert wurde, welches einer dieser ehrwürdigen „Diener am Worte", Johann Aurifaber, andeutete, indem er i. J. 1557 an einen Freund schrieb: „Wir wollen nun gar mit der Sauglocke läuten." Der ganze Vorrath unserer Sprache an Schelt-, Schimpf- und Schmähworten — und er ist bekanntlich nicht klein — wurde verbraucht in den ärgerlichen Streitigkeiten, welche im Lutherthum losbrachen, als Melanchthon eine Vermittelung zwischen der lutherischen und der zwingli-calvinischen Auffassung der Lehre vom Abendmahl als für den Protestantismus vortheilhaft versuchte und anrieth. Ganz wüthend rumorte und rasaunte da als Kämpe für die „reine (lutherische) Lehre" namentlich der Matthias Flacius. Nicht minder tollhäusserisch und grobschlächtig wurde über die Nothwendigkeit oder Nichtnothwendigkeit der „guten Werke", über bedingte oder unbedingte „Prädestination" und über andere theologische Tifteleien und Schnurrpfeifereien, welche aber, weil eben die Theologie alles bedingte und bestimmte, große Zeitfragen waren, hin und her gestritten, gescholten und geschimpft. Und es verblieb nicht immer bei häßlichen Worten. Diese „Streitpfaffen" standen ja gar nicht an, ihren christlichen Liebeseifer auch thätlich an den Gegnern auszulassen, wo immer sie konnten.

Man darf überhaupt die landläufige Meinung, die Reformation habe sichtlich die Sitten gesänftigt und gebessert, nur mit großer Einschränkung auf- und annehmen; ja man kann diese Sänftigung und Besserung durchweg nicht als Regel, sondern nur als Ausnahme gelten lassen. War es doch mit der sittlichen Führung der Herren Pastoren selbst durchschnittlich sehr übel bestellt. Man muß freilich zugestehen, daß geistliche Material, welches die Reformatoren vorfanden, war in der Regel ein sehr schlechtes. Wir wissen ja aus unzähligen Zeugnissen des 14., 15. und 16. Jahrhunderts, wie verwüstend unter dem deutschen Klerus Unwissenheit, Völlerei und Unzucht grassirten. Die Mehrzahl der „ehrwürdigen" protestantischen Pastoren war aber in den ersten Zeiten um kein Haar besser, als die Mehrzahl ihrer „hochwürdigen" katholischen Amtsbrüder gewesen. Im Gegentheil! Denn während die römische Kirche, aus ihrer moralischen Laxheit durch die Kirchenspaltung aufgeschreckt, die hierarchische Sittenpolizei wieder viel straffer handhabte und ihre Diener strenger anhielt, wenigstens kein offenes Aergerniß zu geben, sahen gar viele verkommene geistliche Subjekte das protestantische Bekenntniß als eine Gelegenheit zu einem zwanglos wüsten Leben an. Und solchen Gesellen mußte in Ermangelung von besseren häufig genug der protestantische „Dienst am göttlichen Worte" anvertraut werden. Wie langsam es damit besser wurde, zeigt ein Zeugniß, das wir aus dem Jahre 1592 und zwar von der Hand eines mit Recht geachteten protestantischen Theologen (Dr. Selneder) besitzen und welches, in der drastischen Sprache von dazumal den hochwürdigen Amtsbrüdern ausgestellt, also lautet: „Der meiste Theil der Wächter ist blind; sie gehen dahin wie eine blinde Kuh, wo sie ihres Herzens Lust hintreibt, zur Hurerei, wie man an Papisten hat gesehen, zur Völlerei und gutem Schlampamp. Denn in den Sünden, die sie am meisten sollten strafen, Ehebruch, Sauferei und anderen Lastern, stecken sie bis an die Ohren. So ist das Leben gar fern von der Lehre, daß man schier nicht mehr weiß, wo man einen feinen Mann, Lehrer oder Pfarrherrn, finden soll, der nicht große Laster auf sich hätte."

Die „sittliche Vertiefung", welche die Reformation mit sich gebracht haben soll, blieb demnach vorderhand und noch lange mehr oder weniger eine bloße Redensart. Zeugnisse hierfür werden sich weiterhin finden. Trotzdem ist es eine kulturgeschichtliche Thatsache, daß die protestantische Theologie von der Mitte des 16. bis zur Mitte des 18. Jahrhunderts die erste Geistesmacht in Deutschland gewesen. Die jesuitisch-streitfertig zugespitzte katholische Gottesgelahrtheit hat ihrer Gegnerin freilich stellenweise das Feld mit Glück streitig gemacht. Aber mochten sich auch beide unter einander aufs giftigste hassen und befehden, darin waren und blieben sie doch einig, der gesammten Kultur unseres Landes während der angegebenen Periode die Charaktermarke des Theologismus aufzudrücken. Die Hochschulen und Gymnasien standen nicht weniger unter der theologischen Fuchtel, als die städtischen und dörflichen Volksschulen. Für diese hat der Protestantismus unzweifelhaft viel gethan und der Eifer, welchen nach Luthers eigenem Vorgang manche seiner Schüler, sowie wohlmeinende protestantische Fürsten und Städteobrigkeiten, für den bislang gräulich vernachlässigten Volksunterricht in Städten und Dörfern bethätigten, hat dann auch katholische Machthaber und Magistrate zum Nach- und Wetteifer angeregt. Freilich darf man sich von den Leistungen dieses Volksschulwesens nur die allerbescheidenste Vorstellung machen. Wenn es die

Ein Abteilig.

begabteren und begabtesten Schüler soweit brachten, daß sie Geschriebenes und Gedrucktes mühsälig zusammenbuchstabiren, noch mühsäliger schreiben oder vielmehr Buchstaben malen und die allerersten Anfänge der Rechenkunst sich aneignen konnten, so war das viel. Was die Masse der Schüler angeht, so glaubten Stadt- und Dorfschulmeister vollauf ihre Schuldigkeit gethan zu haben, wenn es ihnen gelungen, denselben die Hauptstücke des Katechismus, das Vaterunser, sowie etliche andere Gebetformeln und wenn es hoch kam, dieses oder jenes geistliche Lied einzubläuen, im wörtlichsten Wortsinn einzubläuen; denn der Stock hat in der Pädagogik unserer Vorfahren eine, nein, geradezu die Hauptrolle gespielt. Bis weit ins 18. Jahrhundert hinein war erzogen und geprügelt werden ein und dasselbe.

Den höheren Unterricht auf bessere Grundlagen zu stellen hatte der Humanismus zwar versucht, aber es war ihm dazu nicht die nöthige Zeit gelassen worden. Wo es galt, gegen die klassischen Studien, sowie gegen die kaum erwachten naturwissenschaftlichen, mit List und Gewalt dreinzufahren, da waren die zwei zeternden Zankweiber, die protestantische und die katholische Theologie, schwesterlich einig. Luther wollte von der Philologie und Philosophie schlechterdings nur als von demüthigen Mägden der Theologie wissen, und wie er sich zur wirklich freien Forschung stellte, erhellt ja sattsam schon daraus, daß er die Vernunft grob eine „Närrin", gröber eine „tolle Bestie", am gröbsten „des Teufels Hure" nannte.

Melanchthon seinerseits eiferte gegen das neue Weltsystem Kopernuks noch heftiger als die Römlinge und hat es auch ausdrücklich gebilligt, daß der finstere Fanatiker Kalvin den gelehrten Spanier Miguel Servedo im Jahre 1553 zu Genf lebendig verbrennen ließ, weil der „Ketzer" so ehrlich gewesen, zu gestehen, daß er das Dogma von der Dreieinigkeit nicht mit dem Einmaleins in Uebereinstimmung zu bringen vermöchte. Mit der Mathematik lebte die protestantische Theologie überhaupt auf gespanntem Fuß. Sie wollte von jener nicht einmal dann etwas wissen, wann sie sich ihr als Dienerin anbot. Noch im Jahre 1679 zwang die theologische Fakultät von Jena dem dortigen Mathematiker Weigel einen feierlichen Widerruf ab, weil derselbe wohlmeinend den halsbrecherischen Versuch gemacht hatte, das „Mysterium" der Dreieinigkeit mathematisch zu erweisen. Die Jesuiten, welche sich ja sehr rasch des gesammten höheren Unterrichtes in den katholischen Gegenden unseres Landes bemächtigt hatten, führten ihrerseits den Krieg gegen die Denkfreiheit und den Humanismus nicht minder eifrig. Ihre Erziehungskunst arbeitete folgerichtig darauf hin, an die Stelle der geistigen Selbstthätigkeit des Menschen einen orthodoxen Formalismus, die römische Schablone zu setzen. Das Griechische war in ihren Gymnasien ganz vernachlässigt, das Naturstudium verpönt. Die lateinischen Autoren gaben sie ihren Zöglingen nur verstümmelt in die Hände oder auch ersetzten sie dieselben durch eine abgeschmackte Mönchsliteratur. Sie führten in ihren Schulen und Kollegien auch das Lateinsprechen ein und durch, um ihre Schüler desto leichter zu entdeutschen. Protestantische Gymnasien und Hochschulen machten es ihnen nach und so wurde das Latein aufs neue die officielle Gelehrtensprache. Wie nachtheilig das für die nationale Kultur werden mußte, liegt auf der Hand. Der Fühlung mit dem Volksgeiste verlustig, büßte die regelrichtige Gelahrtheit das Verständniß der eigentlichen Interessen unseres Landes mehr und mehr ein und verknöcherte, in die Schranken einer todten Sprache eingeschlossen, zur dünkelhaften Pedanterei. Die deutsche Sprache aber, von den regelrichtigen Gelehrten vernachlässigt und verachtet, war in Gefahr, einer bleibenden Verrohung und Verwilderung anheimzufallen, so nicht selbst während der schlimmsten Zeit, während des dreißigjährigen Krieges, immer wieder vaterländisch gesinnte Männer aufgestanden wären, welche der von den Schulfüchsen vernachlässigten und verachteten Muttersprache liebreich sich annahmen. Wir werden am passenden Orte mehr davon hören ...

Die Hauptstätten, allwo die Gelehrsamkeit des Reformationszeitalters in der gekennzeichneten Weise thätig war, allwo aber auch im 16. und 17. Jahrhundert die Anfänge einer freieren und höheren Wissenschaftlichkeit sich bemerkbar machten, waren die Universitäten. Der vier ältesten deutschen Hochschulen ist schon im 2. Hauptstück gedacht worden. An diese reihten sich vom Beginn des 15. bis zum Ende des 17. Jahrhunderts die weiteren: Würzburg (1403), Leipzig, Rostock, Freiburg, Greifswald, Basel, Ingolstadt, Tübingen, Mainz, Wittenberg, Frankfurt a. d. O., Marburg, Königsberg, Jena, Dillingen, Helmstädt, Altdorf, Gießen, Paderborn, Rinteln, Kiel, Innsbruck, Halle (1694). Die fürstlichen Stifter von protestantischen Universitäten anerkannten selbstverständlich das im Mittelalter giltig gewesene päpstliche Bestätigungsrecht nicht mehr, wohl aber, obzwar nur der Form halber, das kaiserliche. Der Organismus der Hochschulen war und blieb noch der spätmittelalterliche: die drei ersten „Fakultäten" bildeten die Theologie, die Jurisprudenz und die Medicin; die vierte, nach neuerem Sprachgebrauche die philosophische, umfaßte die sogenannten sieben freien Künste („artes liberales"), also Grammatik, Rhetorik, Musik, Dialektik, Arithmetik, Geometrie und Astronomie. Die drei ersten Fakultäten „kreirten" Doktoren, die vierte „machte" Magister. Zur Reformationszeit erfuhr aber die Stellung der Hochschullehrer eine bedeutsame Aenderung, insofern sie als Diener der fürstlichen Stifter angesehen und als solche besoldet wurden, während sie früher durchweg auf die von den Hörern bezahlten Kollegiengelder angewiesen waren. So erfreuten sie sich allerdings eines mehr gesicherten Einkommens, allein sie mußten diese Sicherheit mit

Darangabe ihrer Unabhängigkeit theuer erkaufen; sie waren und blieben fortan Fürstendiener im unterwürfigsten Sinne des Wortes. Da nun die Besoldungen kärglich genug bemessen waren — die gesammten Jahreskosten der Universität Wittenberg betrugen zu Luthers Zeit 3795 Gulden; Luther selbst und Melanchthon bezogen die höchsten Professorengehalte, jeder 200 Gulden jährlich, während zur gleichen Zeit der höchste Professorsgehalt an der Hochschule Wien auf 300 Gulden stand und die Durchschnittsbesoldung für die Professoren überall 150 Gulden nicht überstieg — so war das Einkommen der Hochschulmeister, auch mit Hinzurechnung der Kollegien- und Disputationsgelder, ein unzureichendes, ja zumeist ein geradezu bettelhaftes. Das ganze Dasein dieser Gelehrten trug demzufolge nur allzu häufig die Färbung der Bettelhaftigkeit und war eine Kette von Demüthigungen. Die gewissenhafteren verkümmerten in der ewigen Sorgen- und Schuldennoth, die weltklügeren und charakterloseren erschwindelten sich als Astrologen und Alchymisten höhere Einnahmen oder bildeten zum gleichen Zwecke die Kunst der Gunstbuhlerei und Schmeichelei bis zum tiefsten Grade der Niederträchtigkeit aus. Wieder andere betrieben neben ihrer Professur die Bier- und Weinverzapferei und hielten in ihren Wohnungen öffentliche Schänkstuben für die Studenten.

Ein Bursch (Student).

Wie sehr unter alledem in den Gelehrtenkreisen die edlere Sitte litt, welche Zerrüttung in das Familienleben einging und wie gröblich sehr oft die Frauen und Töchter der Universitätslehrer gegen Zucht und Anstand fehlten, darüber geben die Strafakten der deutschen Hochschulen aus dem 16. und 17. Jahrhundert betrübenden Aufschluß. Zur Mehrung der Zuchtlosigkeit in der akademischen Welt trug nicht wenig der Umstand bei, daß es adelige Gepflogenheit war, die Junker mit reichen Geldmitteln auf die Hochschulen zu schicken, wo sie dann „Studirens halber" mit „Prangen", „Bankettiren" und „Schwelgen" sich hervorzuthun strebten. Da und dort übertrug man auch das Hochschulrektorat an solche Junker-Studenten und diese oft blutjungen Rektoren zeigten dann der akademischen Gemeinde, was im Brausen und Sausen, im Raufen und Saufen geleistet werden könnte.

Und doch waren solche Vorbilder ganz und gar überflüssig. Denn die ganze Schelmerei, Leichtfertigkeit und Rohheit, welche dem fahrenden Schülerthum des Mittelalters eigen gewesen, war auf die Studentenschaft der Reformationszeit übergegangen. Der Gegensatz, welchen die Geschehnisse der akademischen Wirklichkeit zu den strengen Konstitutionen und Statuten deutscher Hochschulen bildeten, ging bis zur derbsten Komik. Man vergleiche z. B. die „constitutio" und „ordinatio" der Universität Tübingen vom Jahre 1518 mit dem Gebaren der dortigen Studenten zur gleichen und späteren Zeit. Der deutsche Student hatte von jeher die Neigung, schon durch seine Tracht und durch seine Manieren vom „Philister" — welcher Begriff und Ausdruck übrigens zuerst in Jena und zwar i. J. 1693 aufgekommen sein soll — als „Bursch" — von bursarius, Mitglied einer „Bursa"? — scharf sich zu unterscheiden. Daher auch die studentische Sucht, die jeweiligen Kleidermoden zu übertreiben. So übertrieben die Studenten im 16. Jahrhundert die Knappheit der durch den kaiserlichen Hof aufgebrachten „spanischen Tracht" ins Unanständige, so später die Flatterigkeit der Pluderhosenmode ins Verrückte. Auch den Anzug des 17. Jahrhunderts wußte der deutsche Student ins Phantastische zu steigern. Dazumal trug er Schnurr- und Knebelbart und auf langwallendem Haupthaar den breitkrämpigen Filz mit wehender Feder. Ueber das an Brust und Aermeln mit Schlitzpuffen versehene Wamms war ein Spitzenkragen weit hinausgelegt. Der Aermelmantel war keck geachselt, mehr als Schaustück denn als Kleidungsstück getragen. Unsinnig weite Pluderhosen waren unter den Knieen gebunden und die weiten Stulpen der bespornten Stiefeln ließen die Waden sehen. Ein gewaltiger Stoßdegen mit großem Stichblatt zierte die linke Hüfte und im Gurte desselben steckte das „Stammbuch"; in der linken Hand aber führte der Bruder Studio einen tüchtigen Knotenstock und in der rechten die Tabakspfeife. Denn in studentischen Kreisen war die während des dreißigjährigen Krieges durch spanische, holländische und englische Kriegsvölker nach Deutschland gebrachte indianische Sitte des Tabakrauchens ebenso schnell heimisch geworden wie in soldatischen und alles Zetern der Geistlichkeit gegen den neuen Genuß — („Mäuler, welche Tabak rauchen, sind lauter Höllenschlöte") — war von so geringem Erfolg, daß die hoch- und ehrwürdigen Herren sehr bald selber zu den eifrigsten Rauchern oder, wie man zuerst sagte, „Tabaktrinkern" gehörten. Unter den Studenten fanden förmliche Wettkämpfe im Rauchen statt, ganz wie im Trinken. Denn das alte deutsche Laster der Trunksucht wurde zur Reformationszeit auf den deutschen Hochschulen zur förmlichen Saufkunst ausgebildet. Und damit verband sich jede anderweitige Ausschweifung. Unter Luthers Augen führten die wittenberger Studenten ein Leben voll „Sauferei, Unzucht und Wüstheit". So war es überall und der Völlerei und Lüderlichkeit gesellte sich eine zügellose Rauflust, welche sich nicht nur in zahllosen Zweikämpfen und vielen blutigen Krawallen Luft machte, sondern auch Todtschlag und Mord keineswegs scheute. Solche Rohheit fand in den Studentenliedern von damals ihren richtigen Ausdruck. Es kennzeichnet die studentische Weltanschauung und Lebensphilosophie, wenn zu Anfang des 17. Jahrhunderts die akademischen Bürger von Jena bei ihren Gelagen sangen:

> „Lasset uns schlemmen und bemmen bis morgen!
> Lasset uns fröhlich sein ohne Sorgen!
> Wir haben nur kleine Zeit hier auf Erden;
> Drum muß sie uns kurz und lieb doch werden.
> Wer einmal stirbt, der liegt und bleibt liegen;
> Aus ist es mit dem Leben und mit dem Vergnügen.
> Wir haben von Keinem noch vernommen,
> Daß er aus der Hölle zurückgekommen
> Und habe verkündet, wie dorten es stünde:
> Gute Gesellschaft pflegen ist ja keine Sünde;
> Sauf' also dich voll und lege dich nieder,
> Steh' auf und sauf' und besaufe dich wieder!"

Auch eine recht niedliche Probe von der „sittlichen Vertiefung", welche durch die Reformation unter unsern Landsleuten gefördert worden sein soll, nicht wahr? Selbstverständlich half es auch gar nichts, daß der Pastor Matthias Friedrich i. J. 1552 gegen das Sauflaster seinen „Saufteufel" ausgehen ließ, wie eben alle die verschiedenen zu damaligen Zeiten wider die verschiedenen Laster losgelassenen Teufel (der „Tanzteufel", der „Fluchteufel", der „Hurenteufel" u. s. w.) nichts ausrichteten. Während des dreißigjährigen Krieges nahm die Verwilderung des akademischen Daseins noch bedeutend zu, so bedeutend, daß die Gränzlinien zwischen Studenten-, Soldaten- und Räuberleben nicht selten ganz verwischt waren. Wir werden die wüsten Spuren davon noch deutlich genug im 18. Jahrhundert antreffen. Die Ausbildung studentischer Bräuche und Sitten — „Philister" dürfen tedlich von Mißbräuchen und Unsitten reden — hat von der Reformationszeit an besonders innerhalb der „Landsmannschaften" stattgefunden, welche auf den Hochschulen an die Stelle der mittelalterlichen Nationen getreten waren und sich durch Devisen und Farben von einander unterschieden. In diesen Landsmannschaften, zu welchen im 18. Jahrhundert die studentischen „Orden" und im 19. die „Korps" und „Burschenschaften" sich gesellten, fand jenes Gesetzbuch deutschen Studententhums, welches den französischen Titel „Komment" führt, seine allmälige Entwickelung und Geltendmachung. Zu den ältesten Bestimmungen dieses absonderlichen Kodex gehörten fraglos die Bestimmungen über den „Pennalismus", welche noch von der fahrenden Schülerschaft des Mittelalters, von den „Lyranten", „Balchanten" und „Vaganten" herrührten. Ein „Pennal" (von der Federbüchse des Schuljungen) hieß der angehende Hochschüler — wie heutzutage ein „Fuchs" — und er war sein Pennaljahr hindurch ein hartgeplagter Sklave seiner älteren Kommilitonen in der Landsmannschaft. Die feierliche Lossprechung aber vom Pennalismus, die sogenannte „Deposition", war eine arge Quälerei, gegen welche verschiedene Landesobrigkeiten und sogar der Reichstag fruchtlos einschritten. Noch aus dem Jahre 1713 ist eine „Depositionsrede" auf uns gekommen, welche die verschiedenen Stadien der mitunter bis zur Lebensgefährlichkeit getriebenen Mißhandlung der loszusprechenden Pennäle, welchen mit Kamm, Scheere und Feile, mit Beil, Hobel und Säge, mit Ohrlöffel, Bohrer und Bartmesser — lauter Instrumente von ungeschlachter Größe — zugesetzt wurde, ausführlich angibt und den Beweis liefert, wie schwierig es dazumal war, aus einem Fuchs ein Bursch zu werden. So brutal geht es heute nicht mehr zu. Auch der „Komment" hat sich civilisirt. Die Hauptsache jedoch haben die jüngsten Bekenner desselben mit den ältesten gemein: das Streben, im unfreien Staat ein unfreies Städtchen zu bilden.

Zur Zeit, von der die Rede, war die akademische Lehrmethode noch eine sehr dürftige. Die theologischen Vorträge oder, wie sie amtlich hießen, die „Lektionen" und „Exercitien" beschränkten sich zumeist auf Dogmatik und Exegese, die juristischen auf den Kodex, die Institutionen, die Pandekten und den Kanon, die medicinischen auf die Erläuterung der Schriften des Hippokrates, Galenus und Avicenna, wozu etwa noch Bemerkungen über Anatomie, Diagnose und Pharmacie kamen, die philosophischen auf etliche wenige lateinische und noch wenigere griechische Autoren, Rhetorik, Dialektik, Moral, Mathematik, und Physik. Die Geschichtswissenschaft war entweder gänzlich vernachlässigt oder sie wurde geistlos mißhandelt. Die grellen Mängel und klaffenden Lücken des akademischen Unterrichts suchte man mittels häufiger Deklamationen und Disputationen möglichst zu ersetzen und zu verkleistern und diese akademischen, häufig mit viel gaukelhaftem Flitter verbrämten Uebungen mußten zugleich die noch nicht vorhandene wissenschaftliche Presse vertreten. Diese Andeutungen verrathen genugsam, daß es im Reformationszeitalter viel unbequemer war und viel mehr Mühe kostete, ein tüchtiger Gelehrter zu werden, als heutzutage, wo selbst der mittelmäßigste Kopf bei einigem guten Willen diese oder jene Fachwissenschaft unschwer sich einmethodisiren lassen kann, um dann als „Mann von der Zunft" mit dem Angelernten staatzumachen. Dazumal dagegen konnten es nur ungewöhnlich begabte Menschen mittels großer Anstrengung, eigenem

Nachdenken und raſtloſem Selbſtſtudium dazu bringen, wirklich Wiſſende zu ſein, ſoweit der allgemeine Kulturzuſtand überhaupt es geſtattete. Trotzdem gab es während des 16. und 17. Jahrhunderts in deutſchen Landen eine nicht geringe Anzahl von Wiſſenden und eine ganz ſtattliche Schar von Gelehrten.

Der lutheriſche Muſtertheologe war Melanchthon, in deſſen dogmatiſchen Geleiſen die Chyträus, Kaliztus und Hutter weiterfuhren, während die freiere Anſchauung Zwingli's deſſen Mitarbeiter und Nachfolger Oekolampad, Bucer, Kapito und Bullinger zu verbreiten ſuchten und wußten. Als ein verdienſtvoller Mann ragte ſpäter aus den Reihen der proteſtantiſchen Theologen Arnold hervor, weil er am Ende des 17. Jahrhunderts mittels ſeiner „Unpartheyiſchen Kirchen- und Ketzerhiſtorie" (1699) die Kirchengeſchichtſchreibung begründete. Auf katholiſcher Seite haben ſich die beiden Jeſuiten Kaniſius und Buſenbaum als Dogmatiker, Katecheten, Moraliſten und kampffertige Streithähne berufen gemacht. Innerhalb des Proteſtantismus blieben die Ueberlieferungen der mittelalterlich-deutſchen Myſtik lebendig und fanden ſo verzückte Verkündiger wie Schwenkfeld und Weigel oder auch ſo verrückte wie Kuhlmann, welchen armen Narren die Moskowiter i. J. 1689 zu Moskau verbrannten, weil er zuletzt das Orakel ausgegeben, er wäre Chriſtus, der leibhaftige Sohn Gottes. In jener myſtiſchen Region, welche

Philipp Melanchthon.

Luther kurzweg als „Schwarmgeiſterei" bezeichnete, wurzelte auch die theoſophiſche Gedankenarbeit des grübelnden Schuſters von Görlitz, Jakob Böhm, durch deſſen rührend unbeholfene Sprache ein Vorwehen von modernem Pantheismus geht und ein Hauch von neuzeitlich-deutſcher Naturphiloſophie. Von der Art und Weiſe, wie dieſer „philosophus teutonicus" — ſolchen Ehrennamen gab man ihm — philoſophirte, gibt ſchon eine Vorſtellung der Titel ſeines Hauptwerkes: „Morgenröte im Aufgang, das iſt die Wurzel oder Mutter der Philosophiae, Astrologiae und Theologiae, Aus rechtem Grunde. Oder Beſchreybung der NATUR wie Alles geweſen und im Anfang worden iſt: wie die Natur und Elementa Creatürlich worden ſeynd; auch von beyden Qualitäten Böſen und Guten, woher alle Ding ſeinen Urſprung hat, und wie es jetzt ſtehet und würcket, und wie es am Ende dieſer Zeit werden wird; Auch wie Gottes und der Höllen Reich beſchaffen iſt, und wie die Menſchen in jedes creatürlich würcken. Alles aus rechtem Grunde, in Erkäntnis des Geiſtes im Wallen Gottes mit Fleiß geſtellet durch Jacob Böhme, In Görlitz, im Jahr Chriſti 1612, ſeins Alters 37 Jahr, Dienſtag in Pfingſten." Böhms begeiſterter Anhänger Gichtel ſtiftete die Sekte der böhm'ſchen Engelsbrüder, doch vermochte das proteſtantiſche Sektenweſen erſt dann gegen die Orthodoxie aufzukommen, als ſich Männer wie Philipp Jakob Spener, welcher in Frankfurt i. J. 1670 zuerſt ſeine „collegia piotatis" aufthat und dadurch die Bezeichnungen Pietismus und Pietiſten in den deutſchen Sprachgebrauch einführte, die harte und fruchtloſe Tyrannei des lutheriſchen Bibelbuchſtabendienſtes nicht mehr gefallen laſſen wollten. Der Pietismus veranlaßte allerdings seine Anhänger bald zu allerhand tollen Ausschreitungen; allein in seinen Anfängen war er ein Bewegungselement von großer Wirkung. Der Grundsatz Speners, die Religion sei Sache des Gemüthes, ist ein wirklicher Vorschritt gewesen, ein Vorschritt über das seellose Formelwesen des dogmatisch versteinerten Lutherthums hinaus. Außerdem drangen die ersten und echten Pietisten darauf, an die Stelle des widerwärtigen und unfruchtbaren Gezänkes um Dogmen und Formeln ein duldsames und werkthätiges Christenthum zu setzen. Auch gingen sie in dieser Richtung mit löblichem Beispiele voran, indem sie sich des vonseiten der lutherischen Staatskirche nur sehr lässig oder gar nicht betriebenen Volksschulwesens eifrig annahmen. Ein Lieblingsjünger Speners, August Hermann Francke, der Stifter des Waisenhauses zu Halle, hat vor allen andern die pietistische Erziehungskunst mit Hingebung und Erfolg betrieben. Zur gleichen Zeit, wo der Pietismus den Bann protestantischer Erstarrung zu brechen begann, wurde das auch von anderer Seite herunternommen. Denn der philosophische Gedanke fand in der Person von Gottfried Wilhelm Leibniz in Deutschland zum erstenmal einen Träger, welcher demselben eine methodische Entwickelung angedeihen zu lassen vermochte. Leibniz hatte in dem Deutschland des 17. Jahrhunderts ungefähr die Stellung, welche Alexander von Humboldt zweihundert Jahre später behauptete.

Spener.

Mit vielseitiger Gelehrsamkeit verband er selbständiges Denken. Dies befähigte ihn, das erste philosophische System in seinem Vaterland aufzustellen, ein System, worin die idealistischmonistische Weltanschauung zu wissenschaftlichem Ausdruck gelangte. Außerdem wirkte er mittels Leistungen und Anregungen auf die mathematischen und physikalischen wie auf die staatsrechtlichen und historischen Studien bahnbrechend und weggelegend. Er sodann war es, welcher darauf ausging, die Studirstube wieder mehr mit dem Leben in Beziehung zu setzen und einen frischen Luftzug aus diesem in die Dumpfheit von jener zu leiten, indem er mit dem Gelehrten den Weltmann verband und namentlich in den vornehmen Kreisen für Wissenschaft und Vorschritt zu wirken suchte und mußte. Endlich muß ihm noch nachgerühmt werden, daß er, getrieben von dem Wunsche, Leben und Studium in Wechselwirkung zu bringen, gegenüber der gelehrten Lateinsucht seiner Zeit nicht anstand, den Gebrauch der Muttersprache auch bei Behandlung wissenschaftlicher Probleme zu empfehlen, wie er es ja nicht verschmähte, gelegentlich deutsche Verse zu machen. Die vielseitige und auffallende Thätigkeit von Leibniz fand nach mehreren Richtungen hin einen hochvortrefflichen Fortsetzer in Christian Thomasius, dem eigentlichen Vater des deutschen Rationalismus, dem großen Aufklärer des 17. Jahrhunderts, dessen energische, gegen theologische wie gegen juristische Barbarei tapfer angehende Aufräumungsarbeit noch ins 18. Jahrhundert hinüberreichte. Thomasius hat es auch gewagt, i. J. 1687 die erste deutschgeschriebene Vorlesungsankündigung ans „Schwarze Brett" der Universität Leipzig zu schlagen, und das Aergerniß, welches dieses Wagniß seinen Herren Kollegen verursachte, zeigte deutlich, daß es geradezu eine nationalpolitische That war.

Der auf das Wirkliche und Thatsächliche gerichtete Grundtrieb des Zeitalters der Reformation verschwand zwar zeitweilig theilweise oder sogar ganz unter der theologischen Verhüllung und Verdunkelung. Doch arbeitete er sich dann auch wieder unter derselben hervor und erwies namentlich nach zwei Seiten hin seine Lebenskraft. Nach der einen hin nämlich eiferte er unsere Vorfahren an, mittels einer bestimmteren und erweiterteren Kenntniß der Vergangenheit sich besser in der Gegenwart zurechtzufinden, und nach der andern hin machte er es ihnen zum Bedürfniß, mit den Gesetzen und Erscheinungen der Natur vertrauter zu werden. Hieraus entsprang die gesteigerte Thätigkeit im Fache der Geschichtschreibung und in den exakten Wissenschaften. Was jene betrifft, so war es schon ein Gewinn, daß auch gelehrte Historiker an die Stelle der lateinischen mehr und mehr die deutsche Sprache setzten. Zuvörderst schlug freilich der mittelalterlich gläubige und unkritische Geist in der deutschen Chronikschreiberei – noch vor und selbst bessere und beste Zeitbücherschreiber aus dem 16. Jahrhundert, ein Turmair-Aventin, ein Kantzow, ein Tschudi, sind mit dem Makel naiver Nachsprecherei oder gar, wie der letztgenannte, mit dem noch dunkleren absichtlicher Mythenbildnerei behaftet. Doch regte sich in etlichen der Chronisten von damals, obzwar noch sehr schüchtern, eine mehr kritische und philosophische Anschauung. So in dem schon mehrfach angezogenen Schwaben Sebastian Frank, welcher, vielseitig literarisch thätig, ? die erste deutsche Sprichwörtersammlung angelegt und neben einer deutschen Chronik die erste Weltchronik in deutscher Sprache verfaßt hat („Chronica Zeytbuch vnd geschycht bibel von anbegyn biß inn diß gegenwärtig jar", 1531). Die ungefügen Anfänge von Geographie und Ethnographie veranschaulicht die unlange nachher geschriebene „Kosmographei" des Sebastian Münster. Verdienstlich ist die „Historia der Herren Georg und Kaspar von Frundsberg" von Reißner, weil wir daraus ein deutliches Bild vom Kriegswesen der Landsknechtezeit gewinnen, und von großem kulturgeschichtlichen Werthe sind die selbstbiographischen Denkschriften, womit im Reformationszeitalter die deutsche Memoirenliteratur anhob. Es sind insbesondere vier solcher Erinnerungsbücher namhaft zu machen: eins aus dem Süden von Deutschland, das des Ritters Götz von Berlichingen; eins aus dem Osten, das des Ritters Hanns von Schweinichen; eins aus dem Westen, das des Freiherrn Kaspar von Fürstenberg; eins aus dem Norden, das des Bürgers Bartholomäus Zastrow. Für die „diplomatische" Geschichtschreibung wurden die zwölf Foliobände der „Ferdinand'schen Annalen" (1640 fg.) von dem Grafen Franz Christoph von Khevenhiller eine grundlegende Leistung. Wissenschaftliche Methode jedoch kam in die Erforschung, Sichtung und Behandlung des geschichtlichen Stoffes erst durch Pufendorf, welcher in seiner „Einleitung in die Historie der varnehmsten Reiche und Staaten" (1682) ein wirksames Vorbild aufstellte.

Leibniß.

Aehnlich wie die Anfänge der Geschichtewissenschaft mühsäig mit den phantastischen Ueberlieferungen des Mittelalters zu ringen hatten, so auch die Anfänge der selbstständigen Naturstudien in unserem Lande.

Nur sehr langsam vermochte die junge Naturwissenschaft Bresche zu legen in die Umwallung der ungeheuer großen und ungeheuer festen Wahnburg, in welcher die Astrologie mit ihren Horoskopen und Prognostikationen, die Alchymie mit ihrem Stein der Weisen, ihrer Goldtinktur und ihrem Lebenselixir, die „weiße" und die „schwarze" Magie mit ihren Geisterbeschwörungen, Be- und Entzauberungen, Schätzehebungen und Teufelspalten ihre Narretheien und Gaunereien trieben, und zwar mit jener Logik des Unsinns, mit jenem furchtbaren Ernste der Ueberzeugung, mit jener Grausamkeit der Geistesblindheit, wovon uns weiterhin der Hexenglaube und der Hexenproceß ein schreckliches Zeugniß an die Hand geben werden. Zwar erhob sich schon mitten im tollsten Faschingsgetose des Aberglaubens dann und wann eine Stimme, welche den ganzen gruslichen Spuk verneinte. So die des hochgelehrten Agrippa von Nettesheim, welcher, nachdem er viele Jahre seines Lebens den „geheimen" Wissenschaften gewidmet hatte, schon frühzeitig im 16. Jahrhundert laut erklärte, all das angebliche „geheime" Wissen wäre Wind und Dunst. Solche Auslassungen des gesunden Menschenverstandes verhallten natürlich unbeachtet, wie es ja überhaupt zu allen Zeiten rein vergeblich war und ist, gegen eine gerade in der menschlichen Gesellschaft grassirende Schwindel- und

Kepler.

Drehkrankheit anzukämpfen. Selbst ein so genialer Kopf, wie der i. J. 1541 verstorbene Paracelsus (Philippus Aureolus Theophrastus Paracelsus Bombastus von Hohenheim) einer war, vermochte sein reformistisches Wirken als Chemiker und Heilkünstler, welchem der große Gedanke von der Einheit alles Seins und Lebens zu Grunde lag, nicht reinzuhalten von bedenklichen Trübungen durch astrologische, alchymistische und magische Träumereien und mußte, um als Wanderarzt Erfolg zu haben, sich mit dem Nimbus eines Wunderdoktors umgeben. Die von ihm gegebenen naturwissenschaftlichen und heilkünstlerischen Anregungen sind von seinen jüngeren Zeitgenossen Agricola, Lieber, Würz und Geßner aufgenommen und fachmäßig fruchtbar gemacht worden. Der letztgenannte, vielleicht der vielseitigste Schweizer, so je gelebt, kann als der eigentliche Begründer unserer Geologie, Geognosie und Mineralogie bezeichnet werden und hat auch für Botanik und Zoologie viel gethan. Als Mathematiker und Astronomen standen die Deutschen voran und leisteten Großes und Größtes. Die Forschungen eines Kopernik (auch Koppernik geschrieben, geb. 1473) und eines Kepler (geb. 1571) führten zu jenen epochemachenden Findungen, welche eine neue Weltanschauung aufthaten und der Erde ihre Stellung im Weltsystem anwiesen. Nachdem Kopernik mit seinem großen Gesetz der Himmelsbewegungen („De orbium coelestium revolutionibus," 1543) hervorgetreten war, welches die Sonne als den Mittelpunkt unserer „Welt" nachwies, fand (1609—17) Kepler die drei nach ihm benannten Gesetze der Planetenbewegung, wodurch das koppernik'sche System erst feine rechte Begründung und Entwickelung erhielt, so daß dann die Vollendung des neuen Weltbauplans dem Engländer Newton ermöglicht war. Die Bedeutung der heliocentrischen Lehre war eine unberechenbar große. Die Kirche begriff diese Bedeutung anfänglich nicht ganz. · Nachdem sie aber eine richtige Vorstellung davon bekommen, ging sie feindselig dagegen vor und hat diese Feindseligkeit besonders Galilei, der große Zeitgenosse und Müstrebende Keplers, zu befahren gehabt. Uebrigens war der kirchliche Widerstand gegen das neue Weltsystem sehr erklärlich: dasselbe hob ja die theologische Fiktion von einer willkürlich-göttlichen Weltregierung auf und setzte an die Stelle derselben die Thatsache des streng gesetzmäßigen Waltens der Naturkräfte. Die praktisch-philosophischen Schlußfolgerungen aus der koppernik-kepler'schen Prämisse hat erst eine spätere Zeit gezogen.

Aus Vorstehendem erhellt, daß unser Land an der großen philosophischen und naturwissenschaftlichen Bewegung, welche durch Denker wie Bruno, Descartes, Bacon und Spinoza in die europäische Kulturarbeit des 16. und 17. Jahrhunderts eingeführt worden, seinen rühmlichen Antheil hatte. Dabei muß jedoch stets im Auge gehalten werden, daß die oben verzeichneten vorschrittlichen Wollungen und wissenschaftlichen Vollbringungen das ganze Reformations-

Paracelsus.

zeitalter hindurch das staatliche, kirchliche und sociale Dasein unserer Altvorderen unmittelbar entweder gar nicht oder doch nur sehr wenig beeinflußt haben. Was immer in der Sphäre idealistischer Thätigkeit sich vorbereiten oder vollziehen mochte, auf der Wirklichkeit lastete das eherne Joch der Orthodoxie, dessen Schwere freilich die Menschen von damals in ihrer Köhlergläubigkeit nicht allzu sehr empfanden. Das Joch war übrigens aus Theologismus und Juristerei zusammengeschweißt. Beide handirten ja gleich barbarisch.

In der deutschen Rechtsgelahrtheit war noch im 17. Jahrhundert von dem Aufschwunge, welchen die natur-, staats- und völkerrechtlichen Theorieen eines Grotius, Machiavelli, Spinoza, Hobbes, Sidney und anderer Ausländer in die Staatswissenschaften brachten, wenig zu spüren, trotzdem daß deutsche Gelehrte vom ersten Range wie Leibniz und Pufendorf an diesem Aufschwunge mitarbeiteten. Die unglückselige Gestaltung, d. h. Mißgestaltung der Reichszustände sprach ja allen rechtsphilosophischen Staatstheoretikern Hohn und verwehrte jede Hoffnung auf eine Verwirklichung derselben, sei es, daß sie auf den Ausbau der absoluten Monarchie wie in Frankreich oder auf den der konstitutionell-parlamentarischen wie in England abzielten. Selbst der leichtlebigste Optimist mußte auf den Glauben an die Möglichkeit verzichten, daß aus diesem vielhundertfältigen Durcheinander von größeren, kleineren und kleinsten landeshoheitlichen Staaten und Stäätchen, als welches Durcheinander das deutsche Reich aus dem westphälischen Friedensschlusse hervorgegangen war, jemals wieder ein rechter Staat zu machen wäre. Daß übrigens die Bezeichnung „barbarisch" füglich auf die deutsche Juristerei des Reformationszeitalters angewandt werden dürfe, kann uns schon die kriminalrechtliche Schriftstellerei einer der größten Autoritäten von damals darthun, die des leipziger Professors Benedikt Karpzov, welchem die traurige Ehre zukommt, eine der festesten Stützen des Hexenprocesgräuels im 17. Jahrhundert gewesen zu sein. Der Hauptgegenstand strafrechtlich-gelehrter Untersuchung und Erörterung war die „Karolina", will sagen das auf Anordnung und Befehl Kaiser Karls des Fünften i. J. 1532 zustandegebrachte Reichsstrafgesetzbuch, welches diesen Titel trug: „Des allerdurchleuchtigsten großmächtigsten vnüberwindtlichsten Keyser Karls des fünfften vnd des heyligen römischen Reichs peinlich gerichts ordnung, auf den Reichstägen zu Augsburgt und Regensburgt in jaren dreyßig und zwei vnd dreyßig gehalten, auffgericht und beschlossen." Diese „Peinliche Halsgerichtsordnung", deren Bestimmungen freilich die Nerven der übersempfindsamen, die Verbrecher förmlich hätschelnden Juristen, deren es in unseren Tagen zahlreiche gibt, furchtbar erschüttern müssen, ist für das 16. Jahrhundert immerhin eine wohlthätige Neuerung gewesen, indem sie in den unendlichen Strafrechtswirrwarr eine reichsgesetzliche Einheit zu bringen und die Vorschriften der nun einmal leider im deutschen Reiche auf- und angenommenen römischen Strafjustiz mit denen der einheimischen zu kombiniren suchte. Sehr glücklich ist freilich diese Kombination nicht ausgefallen: das Romanische überwog darin weit das Germanische. Die Karolina war mit Blut geschrieben. Sie erhob zum Hauptbeweismittel die Folter, ermuthigte demnach zur Erfindung raffinirter Marterkünste und schwelgte förmlich in der Verhängung grausamer

Eine Folterkammer.

Verstümmelungs- und Todesstrafen. Auch inbetreff dieser Strafrechtspflege erweist sich die Fabel von der Besserung und Säuftigung der Sitten durch den Protestantismus wieder als solche. Die Protestanten haben nicht wenigereifrig gefoltert, verstümmelt, gehenkt, geköpft und gerädert als die Katholiken. Sie schraken auch so wenig davor zurück, dem Moloch ihres Dogma's Blutopfer zu bringen, wie die Katholiken, und nicht den viele auf katholischer Seite

verübte Justizmorde kamen an Schnödigkeit jenem gleich, welchen eine lutherische Regierung an dem kursächsischen Kanzler Nikolaus Krell verübt hat, der nach zehnjährigen schrecklichen Kerkerleiden, jedes Rechtsmittels und Rechtsbeistandes beraubt, krank und elend am 9. Oktober von 1601 als angeblicher „kalvinischer Hochverräther" von den Henkersknechten zu Dresden auf dem Judenhof zum Schaffot getragen wurde, um enthauptet zu werden. Es ist auch wohl der Erwähnung werth, daß nachdem in sämmtlichen katholischen deutschen Ländern die Folter längst abgeschafft war, diese „ehrwürdige" Einrichtung in dem orthodox-lutherischen Hannover noch immer zu Recht bestand, noch in den 20er Jahren des 19. Jahrhunderts zu Recht bestand.

Also den Satzungen der Karolina gemäß wurde während des Reformationszeitalters in unserem Lande untersucht, d. h. gefoltert, und gerichtet, d. h. hingerichtet. Denn eine ganze Menge von solchen Vergehen, welche jetzt als „Bagatellsachen" angesehen und behandelt werden, galten damals für Verbrechen, bei deren Bestrafung es sich um Leib und Leben handelte. Die Henkergilde, obzwar verachtet und für ehrlos gehalten, hatte in ihren verschiedenen Abstufungen vom Scharfrichter-Meister bis zum Folterknecht, Kerkerschließer und Abdeckerknecht hinab, in der Gesellschaftsgliederung von dazumal einen wichtigen Stand. Es war keine leichte Sache, den Dienst in den Kerkerverließen, in den Folterkammern und auf den Schaffoten regelrichtig zu thun. Die Künste des Stäupens, des Brandmarkens, des Wippens (unzüchtiger

Dirnen), des Hände-, Ohren- und Nasenabschlagens, des Zwickens mit glühenden Zangen, der verschiedenen Arten des Henkens und des Köpfens, des Lebendigverbrennens, des Siedens in Oel, des Räberns, des Sädens (von Kindermörderinnen), des Pfählens, des Zerreißens mit vier Pferden, des Lebendigviertheilens, des Lebendigbegrabens wollten gelernt sein; aber sie sicherten auch ihrem Inhaber ein sehr nahrhaftes Dasein. Wie angestrengt die Henker beschäftigt waren, läßt schon die Thatsache errathen, daß der obenerwähnte Rechtsgelehrte Karpzov sich berühmen konnte, bei der Fällung von 20,000 Todesurtheilen mitgewirkt zu haben. Von deutscher „Gemüthlichkeit" war in dieser Strafrechtspflege wenig zu spüren, wohl aber dann und wann ein wahrhaft teuflisches Talent zum Aussinnen scheußlicher Martern. So ist man z. B. zu Frankfurt a. M. im Jahre 1570 darauf verfallen, einen standhaften Angeschuldigten, an welchem alle bekannten Folterkünste vergeblich erschöpft worden waren, dadurch zum Bekenntniß seiner vorausgesetzten Schuld zu bringen, daß man ihm eine umgekehrte Schüssel, in welche man eine lebende Maus that, auf den bloßen Leib band. In derselben Stadt verstanden es auch die Henker, die Todespein armer Sünder tagelang andauern zu lassen. Im Jahre 1588 ist zu Frankfurt ein Jude an den Füßen dermaßen an den Galgen gehangen worden, daß ihn der Tod erst am siebenten Tage, sage erst am siebenten Tage erlöste. So machte sich des Kaiser Karls „Peinliche Halsgerichtsordnung" in der Praxis. Nur selten fiel eine menschliche Regung wie ein unverhoffter Lichtstral in diese Finsterniß. So, wenn die „Karolina" bestimmte, „so jemandt durch recht Hungers not, die er, sein weib oder kinder leiden, etwas von essenden dingen zu stelen geursacht würde, solle er „unsträfflich" ausgehen. Es ist auch der Aufzeichnung werth, daß wenigstens dann und wann, allerdings unter absonderlichen Umständen, an Missethätern Gnade für Recht erging. Zum Zeugniß mag eine gutverbürgte, baseler Stadtgeschichte vom Jahre 1567 hier stehen. Eines Wintermorgens fand man zu Basel beim Kornmarktbrunnen im sogenannten „Birsigloche" den Leichnam eines neugeborenen, erwürgten Kindes. Die Mutter und Mörderin wurde ermittelt in der ledigen Tochter eines angesehenen Bürgers und ihre Verschuldung noch erhöht durch den Umstand, daß sie das ermordete Kind im Ehebruch mit dem Gatten ihrer Schwester erzeugt hatte. Das gegen die arme Sünderin gefällte Urtheil lautete auf Lebendigbegrabenwerden. Es mußten aber Umstände vorhanden sein, welche die öffentliche Meinung der Stadt zur Milde stimmten. Denn auf die Fürbitte der Geistlichkeit ward an die Stelle des Lebendigbegrabens die sanftere Todesart des Ertränkens gesetzt. Also wurde die Verurtheilte auf die Rheinbrücke geführt und stimmte da den Psalm an: „Aus tiefer Noth schrei' ich zu dir!" Hierauf banden ihr die Büttel die Hände auf den Rücken und warfen die nur mit dem Armesünderhemde Bekleidete über das Brückengeländer in den Strom. Der aber trug sie fort, ohne daß sie unterfank, und schwemmte sie unten beim Thomasthurm dem Ufer zu. Da waren mitleidige Frauen hinzugelaufen und zogen die noch Athmende aufs Trockene. Der Rath aber rechnete ihr die ausgestandene Todesangst für den Tod selber an und schenkte ihr das Leben. Sie scheint auch der Gnade nicht unwürdig gewesen zu sein; denn es wird uns gemeldet, daß sie später einen braven Mann gewonnen habe.

Die Rechtspflege eines Volkes ist die Zusammenfassung der Summe seiner jeweiligen Civilisation, gerade wie auch seine Wohnart und Lebensführung, seine Wissenschaft, Kunst und Poesie solche Zusammenfassungen sind. Jede Zeit hat demnach die Richter, welche sie verdient. Allerdings spielten und spielen allzeit die Thorheiten und Leidenschaften der Menschen auch bei der Rechtsprechung die Rolle, welche sie bei allem Menschlichen spielen, und so wurde und wird überall die Gerechtigkeit nicht selten absichtlich in Ungerechtigkeit verkehrt. Aber im allgemeinen war und ist doch allenthalben und immer die Rechtspflege ein kulturgeschichtlich-nothwendiger, das will sagen, ein von der persönlichen Willkür unabhängiger Ausdruck der Gesammtanschauungs- und Stimmungsweise einer Zeit. Dennoch müssen wir auch eine der

Aichtang und Rettung einer Klosterjesuovin (1587).

grauenhaftesten Erscheinungen der allgemeinen menschheitlichen Leidensgeschichte und der besonderen Leidensgeschichte unseres Volkes, den Hexenglauben und die Hexenverfolgung, nicht als etwas willkürlich Gemachtes ansehen, sondern als etwas geschichtlich Nothwendiges. Es ist eine traurige Thatsache, daß unsere Vorfahren, als hätten sie das inbetreff der Inquisition Versäumte reichlich hereinbringen wollen, die Hexenverfolgung eifriger betrieben haben als sonst irgendein Volk, und unter den massenhaft in deutschen Landen angestrengten Hexenprocessen sind zweifelsohne manche, viele, sogar sehr viele gewesen, welche dem Neide, der Bosheit, der Rachsucht oder der Habgier zugeschrieben werden mußten. Man konnte ja feindselige Gelüste so leicht befriedigen, Rachedurst so schnell löschen; indem man gegen einen Feind oder gegen eine Feindin als Angeber auf Zauberei und Teufelsbündniß auftrat. Auch war der Hexenproceß eine Geldmünzerei, indem das Vermögen der verurtheilten Hexen und Hexenmeister eingezogen und in der Regel so vertheilt wurde, daß zwei Drittel der Grundherrschaft und ein Drittel den bei der Procedur beschäftigten Richtern, Schöffen, Priestern, Angebern und Henkern zufiel. Es ist eine bedeutsame Thatsache, daß zur Zeit, wo der Hexenproceß in Deutschland am heftigsten wüthete, also vom letzten Drittel des 16. bis zum letzten Drittel des 17. Jahrhunderts, Hexenangeber, Hexenrichter und Hexenbrenner auffallend sich bereicherten. Trotz alledem jedoch bleibt es als unanfechtbar geschichtlich bestehen, daß die große Mehrzahl der Hexenrichter in gutem Glauben und in voller Treue gehandelt haben, indem sie tausende und wieder tausende von unglücklichen Frauen und Mädchen auf die Folterbank spannen ließen und die mittels gräßlicher Quälerei „überwiesenen" Teufelsbuhlinnen, die „Unholdinnen" zum Feuertode, zur „Einäscherung" verurtheilten. Gewiß ist vielen dieser Mitglieder der „Malefizgerichte" das Herz schwer genug geworden, wenn sie stundenlanger, tagelanger Marterung von Mädchen, Matronen und Greisinnen von amtswegen anwohnen mußten; allein sie schleppten das eherne Joch der Rechtgläubigkeit pflichtmäßig weiter und glaubten nur ihre Schuldigkeit zu thun, so sie Blut- und Feuerverdikte fällten. Und das war noch nicht alles. Denn nicht nur die Opferer waren von der schrecklichen Geisteskrankheit des Teufels-, Zauber- und Hexenwahns befallen, sondern häufig auch die Opfer. Es ist erwiesen, daß manche „Hexen" auch ohne Folterzwang, ganz aus freien Stücken eingestanden, ja sich rühmten, mit dem Teufel gebuhlt, die Hexensabbathtänze mitgemacht, Unwetter heraufbeschworen und Menschen und Vieh krankgehext zu haben. Aber daß in solchen Bethörten, in solchen Närrinnen unglückliche Kranke zu erblicken wären, fiel lange Zeit hindurch unter einer Million ihrer Zeitgenossen vielleicht einem ein; alle übrigen sahen in den Aermsten nur todeswürdige Verbrecherinnen und wollten sie als solche behandelt wissen. Vom Standpunkte historischer Seelenkunde aus angesehen, war also das Hexenwesen eine moralische Pestilenz und mit ähnlichen Pestilenzen, mit dem mittelalterlichen Kreuzzugs-, Flagellanten- und Judenmordwahn auf die gleiche Stufe zu stellen.

Am Schlusse des 4. Abschnitts vom zweiten Hauptstück ist das Bild der mittelalterlichen Weltanschauung gezeichnet worden und darauf muß hier wiederum verwiesen werden. Denn der Zauber- und Hexenglauben wurzelte ja in dem daselbst angenommenen Gegensatze zwischen Gott und Satan, Gottesreich und Teufelsreich, Himmel und Hölle, Lichtwelt und Dunkelwelt. Ueber die Schwierigkeit, wie sich denn das Dasein eines Teufels und eines Teufelsreiches mit dem Dogma von Gottes Allweisheit, Allgüte und Allmacht vertrüge, half man sich mit dem theologischen Auskunftsmittel der göttlichen „Zulassung" hinweg. Der große Teufelswahn nun zeugte ein ganzes Nachtgespensterheer von Wahnvorstellungen, die ganze aftergläubige Litanei vom teuflischen Besessensein, von Ver- und Entzauberungen, Teufelsbündnissen, Teufelsbuhlschaft, Wettermachen, Schatzheben, Dattenbeschwören, Spukgeistern und deren Erlösung, Nestelknüpfen, Schloßschließen und Vernageln, Trefffchießen, Festmachen, Freikugelgießen, Liebesgiften und Liebeszauberbildern, Alraunen, Galgenmännlein, Zauberspiegeln, Zaubersalben und allerhand Teufelsbannerapparaten, Exorcistenritualen und Schatzgräberwerkzeug. Theorie und Praxis dieser „heimlichen" Wissenschaft der „schwarzen Magie" wurden in eigens zu diesem Zwecke verfaßten „Zauberbüchern" vorgetragen, deren Autorschaft man auf berühmte Männer des Alterthums, des Mittelalters und der Reformationszeit zurückführte, auf Salomon, Vergilius, Papst Silvester, Michel Slotus, Nostradamus, Agrippa von Nettesheim, Paracelsus. Die gesuchtesten dieser Zauberbücher waren die, welche unter dem Namen des Doktor Faust gingen, der „große und gewaltige Höllenzwang" und der „dreifache Höllenzwang", welche Sammelsurien von Unsinn man noch im 19. Jahrhundert in Klosterbüchereien mit Ketten an die Wand geschlossen sehen konnte, damit nicht etwa Unberufene sie öffnen möchten. Der angebliche Besitzer oder gar Verfasser von diesem hochgefährlichen Zauberbuch, der Doktor Johannes Faust, welchen Göthe später zum Helden seines Weltgedichtes gemacht hat, ist so recht der Mittelpunkt der deutschen Teufelsmythe und Zaubersage geworden, wie sich diese Mythe und diese Sage im Verlaufe des 16. Jahrhunderts ausgebildet haben. Die erste schriftliche Fassung der Faustsage, das älteste Faustbuch, ist zu Frankfurt a. M. im Jahre 1587 im Druck erschienen unter dem Titel „Historia von D. Johann Fausten, dem weitbeschreyten Zauberer und Schwarzkünstler" — und das nicht viel später entstandene „Puppenspiel vom Dr. Faust" hat bis weit ins 19. Jahrhundert herab eins der beliebtesten, wenn nicht geradezu das beliebteste Volksschauspiel abgegeben. Der Doktor Faust hat aber wirklich gelebt. Zu Knittlingen in Schwaben geboren, war er in den ersten Zeiten des 16. Jahrhunderts als ein Gelehrter berühmt, der in Physik und Chemie vielerfahren gewesen. Im ehemaligen Kloster Maulbronn zeigt man noch heute den „Faustthurm", allwo der Doktor, von dem Abte Johann Entenfuß beherbergt, i. J. 1516 sein Laboratorium gehabt haben soll. Er führte als Arzt ein unstätes Wanderleben, wie es dazumal Brauch, und zu dieser Abenteuerlichkeit kamen nun seine nicht gemeinen Kenntnisse in den Naturwissenschaften, seine Erfahrungen und Geschicklichkeiten, kraft welcher er auffallende Krankenkuren zuwegebringen konnte. Diese mußten in einer wundersüchtigen Zeit den Leuten als Wunder erscheinen, und so war es ja ganz in der Ordnung, daß die Menge seiner Zeitgenossen

Doktor Faust.

in dem Doktor bald einen unzweifelhaften Schwarzkünstler und Hexenmeister erblickte. Ein solcher aber konnte man fraglos nur sein, so man sich dem Teufel ergeben und mit demselben ein Verbündniß gemacht hatte. Frühzeitig bemächtigte sich demnach die deutsche Volksphantasie dieser Gestalt und machte daraus ihre Lieblingsfigur. An der Entwickelung derselben zum Haupthelden unserer Zaubersage haben jedoch auch Gelehrte mitgearbeitet,

z. B. Melanchthon, aus dessen Munde wir durch Vermittelung seines Schülers Mennel einen Bericht besitzen, wie und wasmaßen der große Hexenmeister schließlich vom Teufel geholt worden sei, nachdem die Frist seines Vertrages mit dem bösen Feind abgelaufen war.

Dieweil es nun aber das tragische Verhängniß der Menschen von Anbeginn gewesen ist, einander nach Kräften das Dasein zu verbittern und schwer zu machen, so konnten sie es nicht dabei bewenden lassen, daß die Gottesverleugner und Teufelsbekenner schließlich feierlich zur Hölle fuhren, um mittels ewiger Pein das Verbrechen der Zauberei zu büßen. Nein, sie machten vielmehr in ihrer Unkenntniß der Naturgesetze und in ihrem Eifer für das „Reich Gottes" aus dem Phantasma des Teufelsbündnisses und der Hexerei ein „außerordentliches Verbrechen" und verfolgten dasselbe mit einer Wuth, wie nur Menschen gegen Menschen sie aufzubringen vermögen. Nicht als ob die Christen es an sich für unrecht gehalten hätten, wenn in den Naturlauf und die Menschengeschicke willkürlich eingegriffen würde. Unzähligen

Legenden zufolge, welche für bare Wahrheit genommen wurden, verübten ja die Heiligen solche Eingriffe tagtäglich. Aber sie thaten das mit dem Beistande Gottes, sie waren weiße „Magier", sie „wunderten". Die Bekenner und Bündler des Teufels dagegen verrichteten ihre Mirakel mit dem Beistande des Höllenfürsten, sie waren „schwarze" Magier, sie „zauberten". Und mit ganz besonderer Vorliebe wählte der böse Feind das „schwache Gefäß", das Weib, zum Werkzeuge seines teuflischen Thuns. Wider dieses aber mußte jede mögliche Vorkehr getroffen werden. Die christlichen Gottes- und Rechtsgelehrten beriefen sich, als es galt, den Hexenproceß zu schaffen, zuvörderst auf das sogenannte Gesetz des Mose, allwo (Bücher Mosis, II. 22, 18) geboten ist: „Die Zauberinnen sollst du nicht leben lassen!" Doch hat für unser Land das Signal zu den Hexenproceduren vornehmlich die von Papst Innocenz dem Achten am 4. December von 1484 erlassene Bulle gegeben, allworin Se. Heiligkeit ein ungeheuerliches Sündenregister der deutschen Hexen — (althochdeutsch Hazasa oder Hazusa, mittelhochdeutsch Hegrse, Hexe oder Hesse; auch männlich gebraucht: der Hex) — oder, wie man eigentlich sagen müßte, der „Unholdinnen", denn erst im 16. Jahrhundert ist dafür die Bezeichnung Hexen bräuchlicher worden, aufrollte und die beiden Dominikanermönche, Ketzermeister und Professoren der Theologie zu Köln Heinrich Krämer (Institor) und Jakob Sprenger beauftragte und bevollmächtigte, mit der Inquisition gegen dieses ketzerische Aergerniß vorzufahren. Die beiden Mönche, Professoren und Inquisitoren erwiesen sich des päpstlichen Vertrauens würdig. Sie gingen in Vollziehung ihres Auftrages methodisch zu Werke. Sprenger verfaßte mit Beihilfe Krämers und eines dritten Gottesgelehrten Namens Grenyper eines der scheußlichsten Bücher, die jemals zur Schmach der Menschheit geschrieben wurden, den „Malleus maleficarum" (Hexenhammer) weil selbiger die Hexen so recht zusammenhämmern, zermalmen sollte. Für uns moderne Menschen kann der „Hexenhammer" nur ein Machwerk sein, welches „mit dem Geifer eines vor Glaubenswuth, Habsucht, Wollust und Henkerslust wahnsinnig gewordenen Mönches geschrieben ist", allein für unsere Vorfahren konnte und mußte er sogar ein „liber sanctissimus", ein sehr heiliges Buch sein und war es wirklich. Im ersten Theil desselben wird gehandelt von dem Teufel, von dem Hex und der Hexin, item von der göttlichen Zulassung; im zweiten von den Wirkungen der Hexerei und den Vorkehrungen dagegen; im dritten ist eine ausführliche Anweisung gegeben, wie geistliche und weltliche Richter die Hexenproceduren zu führen hätten. Für das kanonische Ansehen des Hexenhammers hatte der Papst schon dadurch vorgesorgt, daß er männiglich mit Bann und Interdikt bedrohte, wer seinen Bevollmächtigten bei der Hexenverfolgung Hindernisse in den Weg legen würde. Maximilian der Erste verlieh mittels seiner kaiserlichen Bestätigung der päpstlichen Bulle reichsgesetzliche Geltung, der Hexenhammer erschien i. J. 1489 mit Billigung der kölner theologischen Fakultät im Drucke, wurde für die Malefizgerichte rasch ein begehrtes und verehrtes Gesetz- und Handbuch, und der Hexenproceßgräuel begann im großen Stile zu wüthen. Die Reformation that ihm nicht nur keinen Eintrag, sondern förderte ihn auch noch beträchtlich. Denn der Protestantismus setzte eine Ehre darein, an Teufelsfürchtigkeit keinen Zoll, keine Linie hinter dem Katholicismus zurückzubleiben. Die lutherischen Kanzeln ertosten nicht weniger als die jesuitischen von wüthendem Gezeter gegen die Hexen. Das ganze 16. und 17. Jahrhundert hindurch haben die katholischen und die protestantischen Malefizgerichte in deutschen Landen in der Vertilgung von Hexen förmlich mitsammen gewetteifert. Die Bestimmungen der „Karolina" inbetreff des Verbrechens der Zauberei waren von äußerster Strenge. Sie verordneten gegen Angeschuldigte das Vorgehen mit der „peinlich frag", d. h. mit der Folter, und verfügten über Ueberwiesene den Feuertod. Der hochgelahrte und hochangesehene Protestant Benedikt Karpzov erklärte noch in seiner „Kriminalpraktik" von 1635: „Mit dem Feuertod sind alle zu bestrafen, welche mit dem Teufel paktiren, auch wenn sie niemand Schaden zugefügt, sondern entweder nur teuflischen Versammlungen angewohnt oder sonst irgendeinen Verkehr mit dem Teufel gehabt oder auch nur seiner Hilfe vertraut und außerdem weiter gar nichts gethan haben." Und — um ein katholisches Seitenstück zu geben — in der „Landgerichtsordnung des Erzherzogthums Oestreich unter der Enns vom 30. December 1656" hieß es (Art. 60, §. 5): „Dann auf rechte Zauberey, sie geschehe mit ausdrücklich- oder verstandener Verbindniß gegen den bösen Feind, dardurch den Leuthen Schaden zugefügt wird, oder auch auf diejenige, welche neben Verlaugnung des Christlichen Glaubens sich dem bösen Feind ergeben, mit demselben umbgangen oder Fleischlich vermischt, ob sie schon sonsten durch Zauberey niemand Schaden zugefüget, gehört die Straff deß Feurs, welche doch auß erheblichen Umständen und wann der Schaden nicht groß, bey bußfertigen Leuthen durch die vorhergehende Enthauptung gelindert werden kann."

Wie aber haben unsere Vorfahren den Lebenswandel einer Hexe rechtgläubig sich vorgestellt? Und wie war in Wirklichkeit das jammervolle Schicksal so einer Unglücklichen? Die möglichst kurze, selbstverständlich mit altenmäßiger Treue gegebene Beantwortung dieser beiden Fragen markirt in charakteristischer Weise die Signatur der „guten alten frommen Zeit".

Eine junge Frau ist, nehmen wir an, durch ein Zusammenwirken trauriger Erfahrungen, phantastischer Vorstellungen und körperlicher oder gemüthlicher Verstimmungen zu dem Wunsche gelangt, in den Besitz von Zauberkräften zu gelangen. Sie trachtet also, ein Bündniß mit dem Teufel zu machen, und sucht zu diesem Zwecke die Bekanntschaft mit Weibern, so im Verdachte der Hexerei stehen, damit ihr die Vermittelung derselben zutheil werde. Diese Vermittelung tritt ein und die Kandidatin erfährt, wie sie sich anzustellen habe. Oder auch gibt der Teufel, welcher ja sein Absehen insbesondere auf fromme und tugendsame Mädchen und Frauen gestellt hat, dieser oder jener Hexe den Auftrag, ihm das ausersehene Opfer ins Garn zu treiben. In diesem oder jenem Falle gibt sich die in den Höllenbund Aufzunehmende dem bösen Feinde zu eigen, indem sie feierlich, so sie eine Katholitin, „Gott und Maria", oder, so sie eine Protestantin, „unsern Herrgott und seine zehn Gebot" verleugnet und abschwört. Aber zur Besiegelung des teufelischen Bündnisses gehört nothwendig die Buhlschaft mit dem Teufel, welcher hierbei die Gestalt eines in Grün gekleideten Junkers, eines Reiters- oder Jägermannes annimmt und der Namen Boland, Hämmerlein, Federlein, Gräffse, Grünhütl und ähnlicher mehr sich bedient. Der Böse drückt dann seiner Buhlin irgendwie an ihrem Leibe den Höllenstempel, das „Hexenmal" (stigma diabolicum) auf und die Hexe ist fertig. Indessen erübrigt noch, um sie ihren Hexenschwestern völlig gleichzustellen, ihre förmliche Einführung in die den Wildergott, den Aftergott, den Affen Gottes, den Teufel anbetende Gemeinschaft. Diese Einführung erfolgt in der nächsten Hexensabbathnacht. Jedes Land hat eine oder mehrere Hexensabbathstätten. In Deutschland sind von der Nord- und Ostsee bis zu den Alpen mindestens ein Dutzend „Hexenberge" zu zählen. Denn Berggipfel sind die Lieblingsorte dieser Versammlungen und von deutschen Bergen wiederum der Broken oder Blocksberg im Harz der auserwählte. Lokale Zusammenkünfte von Hexen und Hexenmeistern finden allwöchentlich in bestimmten Nächten statt; aber die Generalversammlung der deutschen Hexerei, das Hauptfest der Teufelskirche fällt in die erste Mainacht und diese „Walpurgisnacht" — eine deutliche Erinnerung an das große Frühlingsopferfest unserer heidnischen Ahnen — wird auf dem Broken gefeiert. Unsere Hexe macht sich dazu auf, indem sie sich entkleidet, ihren Körper und einen Besenstiel mit der nach Anleitung des Teufels aus den zu Brei gekochten Gliedmaßen von ungetauften Kindern bereiteten „Hexensalbe" bestreicht und ein geheimes Paßwort murmelt, worauf sie auf ihrem absonderlichen Reitthier zum Fenster oder auch zum Schornstein hinaus- und durch die Luft pfeilschnell davonfährt. Je mehr sie sich dem Sabbathsberge nähert, desto dichter wird der Schwarm der von allen Seiten auf Besenstielen, Ofengabeln, Strohwischen, Spinnroden oder auch auf Böcken, Schweinen, Drachen und Ohreulen heranreitenden Hexen und Hexenmeister. Mitunter empfängt Satan seine Angehörigen in der Gestalt und im Aufputz eines muntern Tänzers. Gewöhnlich aber thront er hoch über dem

Hexenritt.

bunten Gewühle auf der Spitze des Brodens. Da sitzt er in der ganzen Düsterniß seiner Höllenmajestät auf einem mit Gold beschlagenen Ebenholzthron, halb Mensch, halb Bock. Er hat einen Bocksbart und einen langen Ochsenschwanz. Seine Finger laufen in schreckliche Krallen aus und von seinen Füßen gleicht der eine einem Pferdefuß, der andere einem Gänsefuß. Mehrere kleine Hörner verflechten sich auf seinem Scheitel zu einer Art von Krone, aus seiner Stirne aber ragt ein langes Horn hervor, von dessen Spitze ein Licht ausgeht, heller als der Mond. Dieses Licht beleuchtet, verbunden mit dem Höllenfeuer sprühenden Glanze seiner großen Eulenaugen die ganze Scene. Um die neunte Abendstunde heben die Sabbathsbräuche an. Die ganze versammelte Gemeinde ordnet sich zur Procession und zieht an dem Höllenkönig vorüber, wobei sich alle vor demselben niederwerfen, ihn unter Verleugnung Gottes ihren Herrn und Meister nennen und ihm die linke Hand, den linken Fuß und den Hintern küssen. Hierauf folgt eine Art von Generalbeichte, indem die Zauberer und Hexen dem Teufel ihre Sünden bekennen, daß sie nämlich etwa weniger Böses gethan, als sie hätten thun können und sollen. Satan theilt die Absolution aus und legt nach Umständen Bußen auf. Hierauf steigt er von seinem Throne herab und celebrirt an einem gotteslästerlichen Altar die Teufelsmesse, worein er auch eine Predigt verflicht, in deren Verlauf den Teufelsgläubigen ein mit Wollüsten aller Art angefülltes Paradies in Aussicht gestellt wird.

Am Schluſſe des Hochamtes reicht er, die blasphemiſche Parodie des chriſtkatholiſchen Gottesdienſtes zu vollenden, ſeinen Bekennern das Abendmahl in beiderlei Geſtalten; aber die ſchwarze Hoſtie ſchmeckt wie faules Holz und der hölliſche Kelch bietet einen widerlichen Trank. Folgt nun ein Feſtbankett, wobei jedoch alle Speiſen und Getränke ekelhaft ausſehen und ſchlecht ſchmecken, wie ja überhaupt der Teufel ſeine Anhänger übel belohnt, bei jeder Gelegenheit belügt — er iſt und bleibt eben der „Vater der Lüge" — und ſo betrügt, daß auch das Geld, zu welchem ſie mit ſeiner Hilfe gelangen, über Nacht in Sägmehl, Kohlen oder Koth ſich verwandelt. Hierauf beginnt der große Hexentanz und zwar ſo, daß alle Tänzer und Tänzerinnen ſich zum Ringelreihen die Hände reichen mit nach der Außenſeite des Kreiſes gewandten Geſichtern. Mit dem Tanze iſt eine allgemeine Orgie der Unzucht verbunden. Der Schlußakt des ganzen Feſtes beſteht darin, daß der Bockteufel, nachdem er ſeine Gemeinde ermahnt hat, recht viel Böſes zu wirken, ſich ſelber zu Aſche brennt, und von dieſer nehmen die Hexen mit, weil ſie das kräftigſte Zaubermittel. Der ganze Spuk iſt vor Mitternacht aus und vorbei.

Das Regiſter der „Anzeichen" (indicia) der Hexerei war buchſtäblich ein unendliches, weil alles und jedes, das Kleinſte wie das Größte, das Erhabenſte wie das Lächerlichſte den Verdacht der Zugehörigkeit zum großen Teufelsbunde hervorrufen konnte und in tauſend und abertauſend Fällen irgendein elender Zufall dieſen Verdacht auch wirklich hervorrief. Es iſt eine furchtbare Wahrheit, daß, ſeitdem der „Hexenhammer" kanoniſches Anſehen erlangt hatte, nahezu zwei Jahrhunderte lang kein deutſches Mädchen und keine deutſche Frau nicht eine Stunde ſicher war, als Hexe angegeben, verhaftet, angeklagt und verurtheilt zu werden. Denn das ganze Verfahren der aus Theologen und Juriſten zuſammengeſetzten Malefizgerichte — ſie waren ſo beſtellt, weil die Hexerei für ein „crimen fori mixti" galt, d. h. für ein vor den geiſtlichen und dem weltlichen Richter gleichermaßen gehörendes Verbrechen — ja das ganze Verfahren der Malefizgerichte war ſo, daß in 99 Fällen von 100 die Anklage auch eine Verurtheilung geweſen iſt. Die deutſchen „Hexenthürme", dieſe Orte voll Qual und Grauen, in deren Verließen die armen „Hexen" — mitunter unmannbare Mädchen — der brutalen Lüſternheit der Büttel ſchutzlos preisgegeben waren, ſie hätten von rechtswegen die Aufſchrift der Dante'ſchen Höllenpforte führen ſollen: „Laßt alle Hoffnung fahren, die ihr eingeht!" Es iſt erwieſen, daß gar manche „Hexen", nur um nicht länger die Kerkerpein ausſtehen zu müſſen, alles bekannt haben, was ihre Richter bekannt wiſſen wollten. Zur Werthung der Hexenbekenntniſſe und der Mittel, wodurch dieſelben in der Regel erlangt wurden, kann die Thatſache beitragen, daß „peinlich befragte" Hexen Leute zu Tod gehext zu haben geſtanden, welche unter den Augen der Richter lebend und wohlauf herumgingen; ſowie daß der Hexerei angeklagte Mädchen von 11, 9 und 7 Jahren bekannten, ſie wären vom Teufel Mütter geworden .... In ſo einem Hexenthurm treffen wir die Hexe wieder, welche wir, dem Wahnglauben ihrer Zeitgenoſſen uns anbequemend, zum Hexenſabbath fahren ſahen. Da die Angeklagte von kräftiger Natur und energiſchem Willen, hat das Kerkerverließ ſeinen Zweck, das „Mürbemachen", nicht erreicht. Sie behauptet ihre Schuldloſigkeit. Die Procedur hat mit der „Ausforſchelung in Güte" begonnen. Hauptfrage: „Glaubt Delinquentin an die Exiſtenz von Hexen?" Eine hakelige Frage! Wird ſie verneint, ſo gibt ſich die Angeklagte offen als Ketzerin zu erkennen; wird ſie bejaht, ſo iſt das ein „Judicium", daß die Bejaherin „mehr von der Sache wüßte". Zunächſt wird nun immer „auf gütlichem Wege" weitergegangen, d. h. man ſucht der Bezichtigten „nur" mittels Entziehung von Speiſe, Trank und Schlaf ein Schuldbekenntniß zu entreißen. Die Hexe bleibt verſtockt. Man ſchreitet alſo dazu, ſie einem der „Gottesurtheile" zu unterwerfen, wie die kirchliche Ordalienpraxis dieſelben ausgebildet und vervielfältigt hat. Die „Waſſerprobe" wird beliebt, welche ja am häufigſten in Anwendung kommt und darum geradezu „die Hexenprobe" heißt. Der Zufall, d. h. der Wille des Büttels, welcher das Seil hält, woran die Hexe gebunden ist, fügt es, daß sie auf dem Wasser schwimmen bleibt. Ein böses „Anzeichen", denn das Wasser nimmt ja nichts Unreines, Sündhaftes in sich auf. Also wird das Verfahren fortgesetzt und kommt nun die schamlose „Nadelprobe" an die Reihe, welche die Aufsuchung und Erweisung des „Hexenmals" an dem Körper der Angeschuldigten bezweckt. Liefert auch diese Probe kein klares Ergebniß — der Teufel löscht nämlich das Stigma häufig aus, um seine Buhlin zu retten — so wird zur „peinlichen Frage" geschritten. In der Folterkammer werden in Anwesenheit des prozeßleitenden Richters, seines Protokollschreibers und zweier Schöffen die Marterwerkzeuge eines nach dem andern durch den Büttelmeister der Hexe vorgezeigt, ihr Gebrauch und ihre Wirkung erklärt. Auch das löst die Verstocktheit der „Unholdin" nicht. Sie bleibt noch standhaft, als sie schon entkleidet ist und der Henker seine schreckliche Handirung mit der Formel anhebt: „Du sollst so dünn gefoltert werden, daß die Sonne durch dich scheint!" Unsere „Hexe" ist eine Heldin. Alles Gräßliche, was an ihr verübt wird, alle die haarsträubende, gliederverrenkende, knochenzerbrechende, fleischzerreißende Pein, welche „Daumenschrauben" und „spanische Stiefeln", die „Leiter" und der „gespickte Hase", der „Schraubstock" und die „Karbatsche", brennender Schwefel, siedendes Oel und flüssiges Blei verursachen — zweiundzwanzig sich steigernde Foltergrade hält sie aus mit schier übermenschlichem Duldmuth und erst der dreiundzwanzigste bricht in diesem gebrochenen, blutrünstigen, versengten Leibe die Kraft der Seele. Mit einer Stimme, die nichts Menschliches mehr hat, gesteht sie alles, was man von ihr gestanden haben will. Sie würde auf Verlangen bekennen, daß sie Gott ermordet hätte, noch bevor er die Welt geschaffen. Nun kann das Malefiz-

Die Hexenprobe.

gericht in feierlicher Sitzung mit bestem Gewissen das Todesurtheil über die „geständige" Hexe sprechen. Sie soll erdrosselt und ihr Körper verbrannt werden. Aber aus den Ohnmachten und der Geistesdumpfheit, in welche die Folterqual sie versenkt hatte, wieder zu sich gekommen, widerruft die Malefikantin alle ihre Geständnisse. Demzufolge Verschärfung des Urtheils, welches jetzt auf „Einäscherung bei gehendem Athem", d. h. auf Lebendigverbrennen lautet. Sie stirbt in den Flammen mit jenem wundersamen Heroismus, welchen ja tausende ihrer Unglücksgefährtinnen auf der Blutbühne oder auf dem Scheiterhaufen erwiesen haben.

Wie schon angegeben worden, hat das Hexenbrennen in Deutschland erst im 16. Jahrhundert an Kraft und Umfang so zugenommen, daß etwa von 1560—70 an massenhafte „Einäscherungen" vorkamen. Man darf wohl sagen: jede Stadt, jede Prälatur, jedes Dorf, jeder Edelhof in deutschen Landen wollten ihren Hexenbrand haben. Die Statistik dieser gerichtlichen Morde ist das Grauenhafteste, was die Geschichte der menschlichen Narrheit zu melden weiß. Die Bezifferung der gerichtlich in Deutschland gemordeten „Hexen" auf 100,000 dürfte mehr unter als über der Wahrheit sein. Ein Hexenproceß zog meistens eine ganze Reihenfolge von solchen nach sich, und aus den geringfügigsten Anfängen entwickelten sich oft wahrhaft riesige Proceduren, welche Menschen aller Stände und Berufsklassen, Kinder beiderlei Geschlechtes, Edelfrauen und Dienstmägde, Laien und Geistliche, Handwerker, Junker und Domherren, Beamte, Gelehrte und Künstler, Mädchen von blendender Jugendschöne und Weiber von abschreckender Altershäßlichkeit mitsammen ins Verderben rissen. Um sich hiervon zu überzeugen, braucht man bloß das Verzeichniß der 219 Personen anzusehen, welche in der Stadt Würzburg von 1627 bis 1629 „wegen Hexerei" hingerichtet wurden, während in derselben Zeitfrist im ganzen Bisthum Würzburg unter dem „milden" Krummstab des Bischofs Philipp Adolf von Ehrenberg nicht weniger als 900 „Hexenleute" vom Leben zum Tode gebracht worden sind. Den letzten Hexenbrand großen Stils veranstaltete der Erzbischof von Salzburg i. J. 1678, wobei 97 Opfer fielen.

Hexenverbrennung.

Allerdings hat es vom Beginn der Hexenwahnraserei an in Deutschland nicht ganz an Menschen gefehlt, welchen Vernunft und Gewissen geboten, gegen den Gräuel aufzutreten. Aber das waren selbstverständlich nur Prediger in der Wüste der Dummheit und Bosheit und auch in dieser Sache wurde wieder einmal erschreckend klar, daß die „sittliche Weltordnung", von welcher die Leute so viel reden und um welche sie sich so wenig kümmern, immer erst dann sich geltend machen kann, wann die unsittliche bis zu zeitweiliger Erschöpfung sich sattgetollt hat. Einen der ersten schüchternen Versuche, die Wirklichkeit der Hexerei anzuzweifeln, wagte in demselben Jahre 1489, in welchem der „Hexenhammer" gedruckt wurde, Ulrich Molitor in seinem „Schön gesprech von den Onholden". In der zweiten Hälfte des 16. Jahrhunderts traten der Priester Loos und der Arzt Weier mit Einwürfen gegen den Hexenwahn und den Hexenproceß hervor, wurden aber nicht gehört und hart verfolgt. Im Jahre 1593 sodann ließ August Lerheimer sein „Christlich Bedenken vnnd Erinnerung von Zauberey" ausgehen, worin er besonders den wüsten Blödsinn von der teufelischen Buhlschaft bekämpfte. Achtunddreißig Jahre später, 1631, erschien die berühmte Streitschrift „Cautio criminalis", deren Verfasser, Graf Friedrich von Spee — als Dichter der „Trutz Nachtigal" (1649) auch literargeschichtlich mit Ehren zu nennen — einer der besten Deutschen von dazumal gewesen ist, obgleich ein Mitglied des Jesuitenordens. Dieser hochherzige Mann, dem seine Amtspflicht, als „Auströster" verurtheilte Hexen zum Scheiterhaufen zu begleiten, vorzeitig das Haar ergrauen gemacht hatte, richtete, durch den Schleier der Anonymität gegen die Gefahr, selber als Ketzer verklagt und verurtheilt zu werden, nur unzulänglich geschützt, in der erwähnten Schrift ebenso taktvoll als energisch seinen Angriff nicht so sehr auf den Hexenglauben als vielmehr auf den Hexenproceß, dessen ganze Scheußlichkeit er meisterhaft enthüllte, um zu dem Schlusse zu kommen, daß ein solches Verfahren schlechterdings alle Angeklagten, auch die schuldlosesten, auf den Scheiterhaufen bringen müßte. Aber auch diese redliche Stimme fand nur wenig Gehör. Man horchte lieber auf die des blödsinnig-gelehrten Karpzov. Erst zu Ende des 17. Jahrhunderts fand Spee einen ebenbürtigen Nachfolger in dem Niederländer Balthasar Becker, dessen Buch „Die bezauberte Welt" (1691) endlich ein durchschlagendes Licht in die Nacht des Zauberglaubens hineinwarf. Weiterhin hat unser trefflicher Thomasius, stets rüstig voran, wo es gegen Unvernunft und Unrecht zu streiten galt, in der Zeit von 1701—1712 wiederholt und nachdrucksam den Hexenwahn und den Hexenproceß befehdet.

Allein noch war trotz alledem das eherne Zeitalter der Orthodoxie nicht zu Ende und wir werden daher noch mitten im 18. Jahrhundert, ja noch gegen den Ausgang desselben hin mitansehen müssen, daß und wie auf deutschem Boden gerichtliche Morde an „Hexen" verübt wurden.

Landsknechtschaft und Kriegsfurie.

Ein Fähnrich der Landsknechte.

Vormals waren, wie jedermann weiß, die Kanonen förmlich die „ultimae rationes principum", die letzten Beweisgründe der Fürsten zubenannt. Sie konnten aber ebensosehr die letzten Beweisgründe der Völker heißen. Denn der Mensch ist ein kriegerisches Thier vom Anfang gewesen und wird es bleiben bis zum Ende. Bedeutsam läßt sogar der anerkannte Dichter der Freiheit und Humanität seinen besonnenen Rechtsbodenmann Stauffacher auf dem Rütli sagen:

„Zum letzten Mittel, wenn kein andres mehr
Verfangen will, ist uns das Schwert gegeben"...

Denn auf alle die wohlmeinenden Fragen nach der Möglichkeit eines „ewigen" oder auch nur eines etwas dauerhaften Friedens unter den Menschen gibt die Geschichte ein entschiedenes „Nein!" zur Antwort. Allzeit ging und geht, wie die Menschen nun einmal sind und allen Vervollkommnungsphrasen zum Trotz dem Wesen nach immer sein werden, Macht vor Recht und war und ist dieses ohne jene nur das bekannte Messer ohne Heft, dem die Klinge fehlt. Alle Rechtsfragen spielen sich zuletzt auf Machtfragen hinaus und zur Lösung von solchen werden sich Menschen und Völker schließlich immer wieder auf die letzte Instanz, d. h. auf das Schwert, auf die Entscheidung durch die Waffen berufen. Der Krieg ist also, Träumern und Empfindlern zum Possen, als in der menschlichen Natur begründet ein nothwendiger Faktor des menschheitlichen Entwickelungsprocesses und darum verstehen alle, welche im Weltgeschichtsbuch mit sehenden Augen lesen, unschwer, daß und warum die Sorge für das Kriegswesen unter den Sorgen der Völker allzeit und überall mitvoranstehen mußte.

So war es auch im Reformationszeitalter. Die kriegerischen Charaktermerkmale desselben sind gewesen, daß es den Uebergang vom Feudalheer zum Söldnerheer vollendete und daß es an die Stelle der mittelalterlichen Taktik die Anfänge der neuzeitlichen setzte. Jenes wurde zuwegegebracht dadurch, daß der handwerksmäßige Solddienst den zeitweiligen Lehensdienst verdrängte und verdrängen mußte, weil zur Kriegsführung, wie sie durch den Gebrauch der Pulverschießwaffen sich gestaltet hatte, nur Berufssoldaten ausreichten; dieses dadurch, daß die Entscheidung in den Schlachten nicht mehr wie im Mittelalter bei der Reiterei und auch nicht mehr wie im 15. Jahrhundert bei den „wandelnden Mauern

Rüstzeit aus dem Anfang des 16. Jahrhunderts.

gleichen" Fußvolkhaufen der Hussiten und der Schweizer war, sondern vielmehr beim planmäßigen Zusammenwirken der drei Waffengattungen: Infanterie, Kavallerie und Artillerie. Die beiden Schlachten von Marignano (1515) und Pavia (1525) veranschaulichen diese große Wendung in der Kriegskunst. In sittlicher und nationaler Beziehung war gegenüber dem Lehenkriegsdienst der Soldkriegsdienst ein entschiedener Rückschritt. Der Lehenskrieger hatte, indem er dem Rufe zum Reichsheerbann oder auch nur zur Fehdeführung seines Lehensherrn folgte, einem Gebote der Pflicht und Ehre genügt; der Soldkrieger verkaufte seine Haut dem Meistbietenden, häufig genug den ausgesprochenen Feinden des eigenen Landes. Pflicht und Ehre war bei ihm ersetzt durch den Nutzen, den persönlichen Vortheil. Für alle andern sittlichen Motive mußte bei dem Söldner der soldatische Korpsgeist, die Fahnentreue aufkommen und dieses Ersatzmittel erwies sich nicht selten bedenklich schwach. Das Unsittliche, das Volks- und Landverderbliche der Söldnerei verdeutlicht scharf das „Reislaufen" der Schweizer, wie nicht minder die Ausartung der deutschen Landsknechtschaft.

Knechte, Kriegsknechte des Landes, daher Landsknechte hießen im deutschen Reiche die Soldtruppen, die Berufssoldaten, welche unter dem Reichsregimente Maximilians des Ersten größere Bedeutung gewannen.

Ein großer deutscher Kriegsmann, Georg von Frundsberg, hat sich sodann als Organisator der Landsknechtschaft den Ehrennamen eines „Vaters der Landsknechte" erworben. Diese Söldner, anfänglich aus der deutschen Bauernschaft rekrutirt, waren die eigentliche Kraft und Stärke nicht allein des Fußvolkes, sondern des Heerwesens der Reformationszeit überhaupt. Der Befehliger der ganzen Landsknechtschaft einer Armee führte den Titel „General-Oberst oder Oberster-Feldhauptmann" und war nur dem „Kriegsherrn" oder „Soldherrn" verantwortlich. Der Generalstab bestand aus dem Kriegszahlmeister, dem Oberproviantmeister, dem Generalquartiermeister, dem Oberst-Feldarzt, dem Heer-Herold, dem „Generalgewaltiger" (Oberst-Profoß) und dem „Brandmeister", welcher die Brandschatzungen besorgte. Der Landsknechteharst war in Regimenter gegliedert. Das Regiment befehligte der Oberst, dessen Monatssold durchschnittlich 400 Gulden betrug. Den Regimentsstab bildeten der Oberstleutnant, der Wachtmeister, der Quartiermeister, der Regimentsfurir, der Feldprediger, der Oberfeldscheerer, der Regimentsprofoß und der „Hurenweibel", welcher die Troßbuben und Lagerdirnen zu überwachen hatte. Das Regiment bestand aus 8 bis 10 Fähnlein, deren jedem ein Hauptmann mit 40 Gulden Monatssold vorgesetzt war. Unter dem Hauptmann standen der Leutnant, der Fähnrich, der Feldwebel, der Kaplan und die Rottenmeister. An der Spitze des Fähnleins marschirten gewöhnlich 12 bis 15 „Musketire". Sie waren mit „kleinen Doppelhaken" oder Musketen bewaffnet und trugen an einem über die linke Schulter hängenden Riemen zwölf hölzerne Kapseln, deren jede eine Pulverladung enthielt, und an demselben Riemen hingen auch der Kugelbeutel und die Zündpulverbüchse. Hinter den Musketiren kamen die „Arkebusire", deren Hauptwaffe die Arkebuse, auch Halbhaken genannt, früher mit einem Luntenschloß, seit 1517 mit dem zu Nürnberg erfundenen Radschloß. Arkebusire wie Musketire hatten auch ein kurzes, breites, zweischneidiges Seitengewehr und trugen leichte Panzer und Sturmhauben. Folgten die „Pikenire", bewehrt mit Harnisch, Arm- und Beinschienen, Blechschürzen und Pikelhauben, bewaffnet mit Kurzschwert, zwei Radschloßpistolen und einer sehr langschäftigen Pike, statt welcher etliche Rotten des Fähnleins auch zweihändige Schlachtschwerter oder aber Hallbarten, d. h. langstielige Beile führten. Ein Fähnlein bestand seit Kaiser Karl dem Fünften in der Regel aus 400 „Fußknechten". Den höchsten Sold bezogen die Musketire, durchschnittlich 10 Gulden monatlich. Alle mußten sich auf eigene Kosten bewehren und bewaffnen. Die Uniformirung war noch nicht durchgeführt; denn die Herren Landsknechte hielten es in der Regel für ausreichend, Feldbinden von der Farbe ihres jeweiligen Soldherrn zu tragen, und überließen sich im übrigen allen Launen der herrschenden Mode, sowie des persönlichen Geschmackes oder Ungeschmackes. Nirgends grassirte z. B. der „pludrichte, zuluderte, zucht- und ehrverwogene Hosenteufel", wie der brandenburger Hofprediger Andreas Musculus die närrische Pluderhosenmode schalt, so toll wie unter den Landsknechten, die es dahin zu bringen wußten, daß zu einem Paar Pluderhosen von 60 bis zu 130 Ellen Zeug erforderlich war. Die Landsknechtschaft war überhaupt ein Haupterd der Vergeudung, Unsitte und Ausschweifung. Die Söldner hörten es gern, wenn man sie die „frummen" Landsknechte nannte und nannten sich selber so. Aber man lese nur die Schilderungen, welche zeitgenössische Schriftsteller von ihrem Thun und Treiben entworfen haben, und man wird erfahren, daß sie in der That „gar ein bös Volk" gewesen sind, als welches der ehrliche Hanns Sachs sie bezeichnet. Allerdings war das „Kriegsrecht", unter welchem sie standen, streng genug und setzten die einzelnen „Kriegsartikel" furchtbare Strafen auf Insubordination, Fahnenflucht, Meuterei, Raub, Mord, Brandstiftung, Nothzucht u. s. w., allein die Anwendung dieser Satzungen war mitunter sehr schwierig, wenn nicht ganz unmöglich. Am wirksamsten war jedenfalls die Rechtspflege, welche die Landsknechte selber unter einander übten, und zwar bei schweren Verschuldungen in altnationaler Weise öffentlich, mündlich und unter freiem Himmel. Die eigenthümlichste Aeußerung dieser landsknechtischen Justiz war das „Spießrecht". Wurde dasselbe in

Anwendung gebracht, so schloß das Regiment einen Kreis, in dessen Mitte der Bezichtigte und der Regimentsprofoß standen, welcher letztere als Ankläger amtete. Das Verfahren war so summarisch wie möglich. Der Angeklagte wurde durch das Handmehr seiner Kameraden entweder freigesprochen oder aber verurtheilt, auf der Stelle „durch die Spieße gejagt zu werden". In diesem Falle bildete das Regiment eine Gasse mit vorgestreckten Spießen, in welche der Profoß den Missethäter hineinstieß zu mehr oder weniger raschem Tod. Eine Abschwächung, freilich nur eine noch sattsam barbarische Abschwächung dieses „Spießgerichtes" war das „Gassenlaufen", welches der Schwedenkönig Gustav Adolf unsere Vorfahren gelehrt haben soll. Ein tüchtig Stück brutalen Humors ist der Landsknechtschaft nicht selten zu eigen gewesen und derselben nicht übel zu Gesichte gestanden. Weltgeschichtlich ist dieser deutsche Landsknechtshumor einmal zu Tage gekommen bei jenem schrecklichen „Sacco di Roma", in den Maitagen von 1527, nachdem das Heer Karls des Fünften in dem Streite des Kaisers mit Papst Klemens dem Siebenten die „ewige Stadt" mit Sturm genommen hatte. Wer aus dem Grunde wissen will, was dazumal die Erstürmung einer Stadt zu bedeuten hatte, der muß die Schilderungen kennen lernen, welche Augen- und Ohrenzeugen von diesem Gräuel hinterlassen haben. Tagelang war Rom die Hölle des Dante. Es verdient bemerkt zu werden, daß die Schilderer derselben den deutschen Soldaten das Zeugniß geben, diese hätten sich gegenüber den unglücklichen römischen Mädchen und Frauen nicht so schandbar und grausam aufgeführt wie die welschen. Dagegen leisteten unsere Landsleute in der Verspottung des Papstes, der sich in die Engelsburg geflüchtet hatte, das Landsknechtisch-Mögliche und die nachstehende von ihnen aufgeführte Posse kennzeichnet drastisch die Stimmung, welche zehn Jahre nach Luthers Auftreten unter den deutschen Landsknechten des kaiserlichen Heeres umging. Eines schönen Maitages kam der landsknechtische Feldwebel Wilhelm von Saudizel auf einem Maulthier vor die Engelsburg geritten. Er hatte pontifikale Prachtgewänder an und eine dreifache Krone auf dem Kopf. Eine Anzahl seiner Kameraden umgab ihn. Sie waren als Kardinäle und Bischöfe verkleidet und erzeigten dem Landsknecht-Papste mit Kopfneigen, Kniebeugung und Fußküssen in possenhafter Weise alle die Reverenzen, so dem wirklichen von seinen Prälaten erzeigt zu werden pflegten. Trabanten und „Schweizer" eröffneten und schlossen den Zug, welcher unter Pfeifenklang und Trommelschlag auf den Borgo rückte. Dort ließ sich angesichts der Engelsburg Papst Saudizel der Erste einen Becher mit Wein füllen, schwenkte denselben segnend gegen das Kastell und trank dem dort eingeschlossenen siebenten Klemens ein Prosit zu. Die nachgemachten Bischöfe und Kardinäle thaten ihrem „heiligen Vater" reichlich in Wein Bescheid und brüllten, jetzt wollten sie einmal recht fromme Päpste, Bischöfe und Prälaten machen, wenn dem Kaiser gehorsam und keine Rebellen wären. Zum Schlusse schrie der Herr von Saudizel: „Den Luther ernenn' ich zu meinem Nachfolger, dem will ich das Papstthum schenken. Wer beistimmt, hebe die Hand auf!" worauf alle die lustigen Gesellen die Hände emporhielten und in den Jubelruf ausbrachen: „Luther Papst! Papst Luther!"

Das Reiterregiment zählte im 16. Jahrhundert 750 bis 1000 Pferde. Es gliederte sich in „Standarten", und eine Reiterstandarte bestand in der Regel aus 180 schweren Reitern („Kyrissern") und aus 60 leichten („Karabinieren"). Jene waren noch ganz die „Eisenreiter" des Mittelalters, ritten schwere Hengste, führten eine starke Lanze, waren außerdem mit einem langen, zu Hieb und Stoß dienlichen Degen, mit zwei „Faustrohren" und einem Streitkolben bewaffnet; diese ritten leichtere Pferde, trugen leichtere Rüstung, hatten Degen und „Fäustlinge", führten aber als Hauptwaffe den Karabiner, eine verkleinerte Arkebuse. Die „schwere Lanze", d. h. der Kyrisser hatte 24, der Karabinier 12 Gulden Monatssold. Der Regimentsoberst 400 Gulden. Seinen Stab bildeten der Oberstleutnant, der Wachtmeister, der Proviantmeister und der Regimentsfurier. Die einzelnen Standarten befehligten Rittmeister. Den Oberbefehl über die Reiterei eines Heeres führte der „Feldmarschall". Die Artillerie, das „Feldzeug".

stand unter der obersten Leitung des „Feldzeugmeisters". Zu nächsten Untergebenen hatte er einen Leutnant, einen Zahlmeister, einen Zeugwart und verschiedene Zeugknechte. Die Bedienungsmannschaft des einzelnen Geschützes kommandirte der Büchsenmeister (später Konstabler) mit Beihilfe des Feuerwerkers (später Bombardir). Die „Büchsen" oder „Karthaunen" waren entweder Feldgeschütze oder Belagerungsgeschütze. Das kleinste von jenen war das „scharfe Zindlein", welches eine halbpfündige Bleikugel schoß, dann folgten in aufsteigender Linie das Fallonet, die Faltaun, die ordinäre Schlange und die Nothschlange, welche letztere von 18 Mann bedient wurde und eine Vierzigpfundkugel schoß. Die Belagerungsgeschütze hießen in absteigender Linie die Scharfmetze, welche eine hundertpfündige Eisenkugel warf, der Basilisk, die Nachtigall, die Singerin und die große Quartanschlange. Außerdem gab es sogenannte Steinbüchsen „Hauffnitz" (Haubitzen), welche Steinkugeln bis zu 200 Pfund schleuderten. „Sprengende

Eine Belagerungscene.

Kugeln", d. h. Bomben kannte man frühzeitig und seit 1524 waren auch die Handgranaten (wovon „Grenadire") in Gebrauch. Die vielartigen naturwissenschaftlichen und technischen Findungen des 16. Jahrhunderts kamen der Verbesserung der Schießwaffen, wie dem Festungsbau („Bastionirung") und der Belagerungskunst zu statten. Die soldatische Dressur zielte noch immer weit mehr auf die Schlagfertigkeit des einzelnen Mannes als auf die Beweglichkeit der Massen. Die Märsche waren sehr langsam, die Anschickung zur Schlacht war ungemein weitschichtig, die Führung des Gefechtes selbst schwerfällig im höchsten Grade. Generale wie Frundsberg und Schertlin haben allerdings für die Taktik und Strategie manche Neuerung angeregt, aber im ganzen und großen ist im 16. und, was die deutschkaiserlichen Heere angeht, auch noch im 17. Jahrhundert alles beim Alten geblieben. In den „Armada's", welche Tilly und Wallenstein befehligten, bestand ein Regiment Fußvolk aus 10 Kompagnien zu 400 Mann (200 Musketire mit Feuergewehren und Stoßdegen, 100 Pikenire, 50 Hallbartire und 50 Ueberzählige), so daß es 4000 Mann stark sein sollte, gewöhnlich aber nur 3000 Mann stark war. Ein Reiterregiment hatte 6 Standarten zu je 240 Mann (60 Lanzenire oder Kyrisser, 60 Karabinire, 120 „Halbgerüstete"). Da jedem Reiter ein „Roßbub" mit einem Gepäckpferde beigegeben war, sollte das Regiment 2880 Mann zählen, zählte jedoch in der Regel nur 2600. Was die Werbung und Instandstellung einer Armee dazumal koftete, ift einigermaßen aus dem Umftand erfichtlich, daß kraft Vertrags Kaifer Ferdinand der Zweite seinem General-Oberft Wallenftein für die Errichtung jedes Infanterieregiments 600,000 Gulden zahlte. Der genannte General erkannte beffer als fein Zeitgenoffe Tilly die Wichtigkeit der Artillerie und vermehrte daher das kaiferliche Feldzeug bis auf 80 Gefchütze. Sein Gegner, der Schwedenkönig Guftav Adolf, unbedingt der fähigfte Feldherr des 17. Jahrhunderts, führte technifche und taktifche Verbefferungen in fein Heerwefen ein, welche dann mehr oder weniger rafch auch in das deutfche Eingang fanden. Guftav Adolfs Abfehen ging auf die größere Leichtigkeit und Beweglichkeit von Mann und Zeug. In den Fußvolkregimentern gab er der Mehrzahl der Mannfchaft ftatt der Piken und Hallbarten Feuer-

Dragoner.

gewehre, die Leiftungsfähigkeit der Reiterei erhöhte er durch leichtere Rüftung und Bewaffnung, in der Artillerie richtete er zuerft die „fliegende" ein, indem er die fchwerfälligen Karthaunen durch Vierpfünder erfetzte, welche auch fchon mit Patronen geladen wurden, während bei Bedienung der kaiferlichen Gefchütze die offene Pulvertonne noch neben dem Stücke ftand und der Konftabler mittels einer Schaufel das Pulver in die Mündung fchüttete. Der Schwedenkönig lehrte feine Regimenter als taktifche Körper fich fühlen, bewegen und fchlagen, auch hat er eine neue Schlachtordnung eingeführt und mit Glück erprobt, indem er von der üblichen dichtgedrängten Vierecksaufftellung, auf welche das Gefchütz fo mörderifch wirken mußte, abging und dafür eine Schlachtlinie bildete, welche dem Fußvolk, das in Zwifchenräumen und auf den Flanken durch Reiterei gedeckt war, zu rafchen Bewegungen Raum ließ, insbefondere zu der fehr wirkfamen Evolution, mittels Oeffnung feiner Reihen dem dahinter aufgeftellten und fertiggemachten Gefchütz Gelegenheit zu geben, plötzlich und überrafchend in das Gefecht einzugreifen ... Die numerifche Stärke der Heere, welche das Reformationszeitalter ins Feld führte, kann mit der Truppenzahl von Armeen des neueren und neuesten Zeit nicht entfernt den Vergleich aushalten. Im 16. Jahrhundert galt ein Heer von 25,000 Mann, im 17. eins von 50,000 Mann für groß. Die verhältnißmäßig zahlreichste Armee in Europa unterhielt gegen das Ende des 17. Jahrhunderts hin Brandenburg-Preußen, nachdem der große Kurfürst die Stellung seines Staates als Militärmacht begründet hatte. Beim Tode dieses Fürsten (1688) zählte das preußische Heer 26,858 Mann mit 40 Geschützen und erforderte einen jährlichen Kostenaufwand von 2½ Millionen Thalern, nahezu die Hälfte der Gesammteinkünfte des Landes. Zu dieser Zeit war übrigens die Umbildung der auf Zeit in Dienst genommenen Soldtruppenheere in mittels Werbung zusammengebrachte stehende Armeen in den Hauptzügen schon vollendet. Zum Vorbilde dienten in Deutschland, wie überall, die militärischen Einrichtungen Frankreichs, wie Ludwig der Vierzehnte, sein Kriegsminister Louvois und seine Marschälle sie aufgebracht hatten. Der Landsknecht war gegangen, der Soldat gekommen. Die Heere, willenlose Werkzeuge einer ränkevollen Kabinetspolitik, nahmen an Größe und Uniformenluxus zu. Noch vor dem Ende des 17. Jahrhunderts war das gesammte Fußvolk mit Feuergewehren bewaffnet, mit Beifügung der Bajonnette. Nur die Subalternoffiziere trugen noch das „Sponton", eine leichte Partisane. Bei der Reiterei kamen zu den älteren Küraſſiren und Karabiniren die neueren Ulanen und Huſaren. Im Verhältniß zur techniſchen Entwickelung der Soldaterei wurde die ſociale Stellung derſelben mehr und mehr eine bevorrechtete. Es bildete sich ein eigener militärischer Ehrbegriff aus, der Gegensatz von Bürger und Soldat nahm an Schärfe und Schroffheit zu und die Kluft zwischen Volk und Heer erweiterte sich zusehends. Der Zutritt zum Offizierstand wurde bald zu einem stehenden Privilegium des Adels. Die gemeine Soldatesta, freilich zumeist

Fußsoldat aus der 2. Hälfte des 17. Jahrhunderts.

aus der Hefe der Bevölkerung zusammengeworben, führte im Banne grausam strenger „Martialgesetze" und unter dem Zwange des Korporalstockes ein sklavenhaftes Dasein. Aber diese elenden, der sänftigenden Bande des bürgerlichen Lebens ledigen Söldner, diese uniformirten Sklaven betrachteten trotzdem in Folge ihres systematisch genährten Standesgefühls die Bürger und Bauern als weit unter ihnen stehende Wesen und behandelten sogar im Frieden die Unterthanen des Fürsten, dessen Rock sie trugen, häufig genug wie Feinde.

Die Art der Kriegsführung war im Mittelalter eine, so zu sagen, naturalistisch-barbarische gewesen. Die Landsknechte des 16. Jahrhunderts brachten Methode in diese Barbarei und im 17. Jahrhundert steigerte die dreißigjährige „Kriegsfurie", welche in unserem Lande ihren gräßlichen Hexentanz hielt, diese Methode zur vollendeten Scheußlichkeit hinauf. Was dazumal auf deutschem Boden gefrevelt wurde, was das arme deutsche Volk von dem in Soldatenröcken steckenden Abschaum und Auswurf Europa's erleiden mußte, übersteigt geradezu alle menschlichen Vorstellungen; denn nur eine unmenschliche, eine geradezu teuflische Phantasie vermag die Qualen zu erdenken, welche die besagte „Kriegsfurie" ausgeheckt und über jedes Alter und Geschlecht verhängt hat. Erbarmungslose Raubsucht und wüthende Zerstörungslust, roher Blutdurst und raffinirte Grausamkeit, wilde Unzucht und erfinderische Marterkunst, sie häuften mitsammen eine Gräuelmasse, wie sie so berghoch, feuerflammend und blutströmend zum zweitenmal kaum jemals und irgendwo aufgehäuft worden ist. Zwei zeitgenössische Autoren, Grimmelshausen in seinem „Simplicissimus" und Moscherosch in seinen „Gesichten Philanders", haben uns das Soldatenleben von damals, welches zugleich ein Räuberleben gewesen ist, gemalt; aber die von ihnen gebrauchten Farben erreichen kaum die entsetzliche Färbung der Wirklichkeit und doch erhält man von ihren Schilderungen oft den Eindruck, als habe man in diesen verwilderten Soldatenbanden keine menschlichen Wesen mehr vor sich, sondern lauter Besessene, rasende Dämonen, Horden von Teufeln, welche auch das Furchtbarste, das Rauben, Sengen, Schänden, Martern und Morden in allen Formen wie einen harmlosen Spaß betrieben.

Arkebusier aus der 1. Hälfte des 17. Jahrhunderts.

Im Vollglanze ihrer Schrecklichkeit ließ sich die dreißigjährige Kriegsfurie zuerst bei der Eroberung von Magdeburg durch die Truppen der katholischen Liga sehen (1631). Diese Eroberung war, wie jedermann weiß, zugleich eine Zerstörung: die Trümmer der verbrannten Stadt deckten nahezu 30,000 ihrer niedergemetzelten Bewohner. Der Katholicismus hatte hier unter der Führung von Tilly und Pappenheim gezeigt, was alles an Werken der „christlichen Liebe" er zu vollbringen vermöchte. Bald jedoch durfte der Protestantismus inbetreff grausamer Kriegsweise den Generalen und Soldaten der alleinseligmachenden Kirche nichts mehr vorwerfen. Allerdings, so lange der Schwedenkönig der oberste protestantische Führer gewesen ist, wurde auf dieser Seite wenigstens noch einigermaßen nach menschlichen Grundsätzen verfahren. Nachdem aber Gustav Adolf von der Kriegsbühne verschwunden, wetteiferten auf derselben die Bibelgläubigen in aller Schnödigkeit und Abscheulichkeit mit den Meßbuchgläubigen. Wo die Furia mordend und verheerend vorübergefegt, kamen als ihre Schleppträgerinnen die Hungersnoth und die Pestilenz hintendrein. Kanibalisches geschah: in der Zeit um 1636—37 gab es im Elsaß, in Hessen und in Sachsen Menschenfresser und Menschenfresserinnen. Nicht nur holte man Todte aus den Gräbern, sondern man machte auch Jagd auf Lebende, um sie zu tödten und zu verzehren. Man hörte von Eltern, die ihre Kinder schlachteten und aßen; von Söhnen und Töchtern, die das Fleisch ihrer vor Elend zu Grunde gegangenen Väter und Mütter zur Sättigung benutzten. Massenweise wurden von Nöthen aller Art die Bewohnerschaften ganzer Gegenden weggerafft. Die menschenleeren Landschaften fielen wilden Thieren anheim und in den Trümmerstätten von Städten und Dörfern hausten Scharen von Wölfen. In Sachsen sind einer glaubhaften Berechnung zufolge binnen zwei Jahren (1631-32) nicht weniger als 934,000 Menschen durch das Schwert, das Feuer, den Hunger und die Seuche vernichtet worden. Eins der am dichtesten bevölkerten deutschen Länder war damals das Herzogthum Wittemberg. In der Zeit von 1634—41 gingen von den Bewohnern desselben 345,000 zu Grunde, so daß sieben Jahre vor dem Ende des fürchterlichen Krieges das Land etwa noch 47,000 Einwohner hatte. Und in diesem kleinen Wirtemberg waren verbrannt worden 8 Städte, 45 Dörfer, 65 Kirchen, 158 Pfarr- und Schulhäuser, im ganzen 36,000 Gebäude. Von den 500,000 Bewohnern, welche die Kurpfalz i. J. 1618 hatte, waren i. J. 1648 nur noch 48,000 vorhanden. Aehnlich verhielt es sich mit dem Wegschmelzen der Bevölkerung in Franken, in Thüringen, in Niederdeutschland, kurz überall, wohin der Schreckensarm der Furia reichte. Man hat vollwichtige Gründe, anzunehmen, daß die Einwohnerschaft vom deutschen Reiche, welche i. J. 1618 gewiß nicht weniger als 16 bis 18 Millionen betragen hatte, i. J. 1649 auf nahezu 4 Millionen herabgekommen war. Kein Wunder, daß man da und dort zu absonderlichen Mitteln griff, die schrecklichen Lücken wieder auszufüllen. So sind wir z. B. aktenmäßig vergewissert, daß im Februar von 1650 der zu Nürnberg versammelte fränkische Kreistag den Beschluß faßte, es sollte in den nächsten zehn Jahren keine Mannsperson unter dem 60. Lebensalter zum Mönchsgelübde zugelassen werden, item alle Priester, „so nit ordensleuth", sollten sich verheiraten dürfen, item sollte „jedem Mannsperson 2 Weyber zu heyrathen erlaubt seyn".

Angesichts der furchtbaren Gesammtsumme von materiellen und moralischen Einbußen, welche der dreißigjährige Krieg unserem Lande verursachte, ist man wohl berechtigt, zu sagen, daß kein Volk jemals einer schwereren Prüfung unterzogen worden sei als dazumal das deutsche. Und ferner, daß unser Volk seine unzerstörbare Lebenskraft nie deutlicher erwiesen habe, als es sie jetzt erwies, indem es inmitten der Armuth, Drangsal, Oede und Verwüstung, welche die Kriegsfurie hinter sich zurückgelassen, die unterbrochene Kulturarbeit muthig wieder aufnahm.

Eine Trauerbotschaft zur Zeit der dreißigjährigen Kriegstrübsal.

Capitel 5

Von Künstlern & Dichtern, von Musikanten & Komödianten, von Zeitungszufertigern & Buchhändlern

a, unsere Altvorderen, gebeugt zwar durch ungeheure Trübsal, doch gebrochen nicht, nahmen die lange gehemmt gewesene und mitunter schier unmöglich gewordene Kulturarbeit nach dem Friedensschluß von Münster und Osnabrück muthig wieder auf. Aber dies geschah unter den allerungünstigsten Umständen und das Sichherausarbeiten unseres Volkes aus dem Trümmerchaos, das es von allen Seiten umgab, konnte nur so langsam vor sich gehen, daß es den Anschein gewann, unser Land würde den blühenden Stand intellektueller und materieller Civilisation, den es im 16. Jahrhundert erreicht hatte, nie wieder erlangen. Im Beginne des Reformationszeitalters hatte der deutsche Geist eine Ursprünglichkeit, Selbstständigkeit und Kühnheit entwickelt, von welcher im 17. Jahrhundert gar nichts mehr zu spüren war. Dazumal waren die Deutschen die führende Geistesmacht von Europa gewesen, jetzt lebten sie vom Geistesalmosen der Fremde und Nachahmung wurde für lange der Charakter ihrer Kultur. Der schreckliche Krieg hatte die Wirkung gehabt, welche solche Kriege zu haben pflegen. Er hatte die Gemüther verwirrt, verbittert und verdummt. Die Verzweifelung hatte die Menschen verleitet, da, wo natürliche Mittel machtlos zu sein schienen, von übernatürlichen Hilfe zu erwarten. Ganz in der Ordnung also, daß der Aberglaube und damit die Macht der Rechtgläubigkeit, folglich die Macht der Priester und Prediger außerordentlich zunahm und daß demzufolge während des dreißigjährigen Krieges und unmittelbar nach demselben mit anderem Unsinn auch der beklagenswertheste, der Hexenprocesgräuel, wie wir ja gesehen haben, die Zenithhöhe seiner Raserei erreichte. In jeder Beziehung steht das 17. Jahrhundert, was Deutschland angeht, hinter dem 16. zurück, welches auf mehr als einem Kulturgebiete Leistungen aufzuweisen hatte, welchen bis heute nichts Ebenbürtiges zur Seite gestellt werden kann. Nehmen wir z. B. das deutsche Kunstgewerbe. Niemand wird behaupten wollen, daß unser Kunsthandwerk von heute dem des 16. Jahrhunderts an künstlerischem Sinn und Geschmack gleichkomme, ungeachtet dieses gegenüber von jenem durch alle die seither gemachten naturwissenschaftlichen, technischen und mechanischen Entdeckungen und Erfindungen ganz unverhältnißmäßig im Vortheil ist. Im 15. und 16. Jahrhundert waren die deutschen Kunsthandwerker von wegen ihrer Findigkeit und Fertigkeit, von wegen ihrer Eigenartigkeit im Entwurf und ihrer Tüchtigkeit in der Ausführung in ganz Europa berufen und berühmt, geradezu tonangebend; in unseren Tagen vermögen sie sich durchschnittlich in keiner dieser Eigenschaften mit den französischen zu messen.

Nur konfessionelle Beschränktheit könnte leugnen, daß die deutsche Kunst, vorab die bildende, vor der Reformation höher stand als nach derselben. Nahezu zwei Jahrhunderte lang brachten die Baukunst, Bildnerei und Malerei nichts mehr in Deutschland zuwege, was den Schöpfungen dieser Künste unmittelbar vor oder gleichzeitig mit der Kirchenspaltung gleichzustellen wäre. Sehr natürlich! Der Katholicismus ist die Religion der Phantasie, der Protestantismus die Religion des Gemüthes. Dieses kann aber zu Kunstschöpfungen der Beihilfe von jener schlechterdings nicht entbehren. Solche Beihilfe nachzusuchen und anzuwenden untersagte aber der Protestantismus in der Herbigkeit seines Jugendeifers. Daher die phantasielose, öde Nüchternheit des protestantischen Gottesdienstes und die künstlerische Unfruchtbarkeit des protestantischen Dogma's. Dagegen halte man die blühende Sinnlichkeit der katholischen Mythologie, den an künstlerischen Motiven unerschöpflichen Mariendienst, sowie den phantasievollen Pomp des katholischen Kultus, und man wird unschwer verstehen, daß und warum alle die vorragenden Künstler, welche vom Ende des 15. bis zur Mitte des 16. Jahrhunderts in unserem Lande thätig waren, ihre Anregungen aus dem Katholicismus holen mußten und wirklich geholt haben.

Um so mehr, als die katholische Kunst, zunächst in Italien, mittels der willigen An- und Aufnahme von antik-heidnischen, hellenisch-humanistischen Anschauungsweisen und Bildungselementen zu jener neuschöpferischen Kraft und Schöpfungslust sich verjüngt hatte, welche die italische „Renaissance" kennzeichnet. Der Einfluß derselben machte sich bald auch auf der Nordseite der Alpen bemerkbar. Was die Baukunst anbelangt, in Deutschland später als in Frankreich; denn erst von der Mitte des 16. Jahrhunderts an haben die deutschen Baumeister den gothischen Spitzbogenstil mit dem griechischen Säulenbau und der römischen Kuppelform des Renaissancestils vertauscht und zwar zunächst noch nicht bei kirchlichen, sondern nur bei weltlichen Bauten, Schlössern, Palästen und Patrizierhäusern. So recht Prächtbautenmuster dieses Stils bieten dar der Theil des heidelberger Schloßes, welcher Otto-Heinrichsbau heißt und zur Zeit der deutschen Frührenaissance geschaffen wurde (1556—59), sowie die aus der Spätrenaissanceperiode stammende Martinsburg in Mainz und das ungefähr gleichzeitige Schloß zu Offenbach. In reichen Handelsstädten wie Köln, Ulm, Augsburg und Nürnberg wandelten sich am Ende des 16. Jahr-

Patrizierhaus in Nürnberg.

hunderts manche mittelalterlichen „Gesäße" stadtjunkerlicher Familien in Renaissancepaläste um mit besäulten Fassaden, zierlich-prächtigen Erkern und phantastischen Giebeln. Bis zum Ausbruch des dreißigjährigen Krieges stand der Renaissancebau in Deutschland sehr in Blüthe, wie beispielsweise das von Holl (1615—20) erbaute Rathhaus zu Augsburg und das gleichzeitig von Holzschuher aufgeführte Rathhaus zu Nürnberg zeigen. Nach vertobtem Kriegssturm regte sich künstlerische Baulust insbesondere in norddeutschen Städten, indem sie die Grundmotive des Renaissancestils beibehielt, dieselben aber freier

Der Hof des Schlosses zu Heidelberg.

behandelte oder auch wohl mit dem sogenannten Barockstil (des Bernini) entlehnten Zuthaten versetzte oder endlich zur antiken Einfachheit zurückstrebte. Der letztgenannten Richtung neigten sich die Baumeister zu, welche zu Ende des 17. und am Anfang des 18. Jahrhunderts die Hauptstadt des aufstrebenden brandenburg-preußischen Staates mit Monumentalbauten schmückten: Nehring und Bobt, die Erbauer des berliner Zeughauses, und der geniale Andres Schlüter, der Planzeichner und Leiter des imponirendgroßartigen berliner Schloßbau's (1699—1706), zweifelsohne der bedeutendste deutsche Künstler seiner Zeit. Am nächsten kam ihm von seinen Zeitgenossen J. B. Fischer von Erlach, welcher Wien zum Schauplatze seiner baukünstlerischen Thätigkeit machte, aber zwischen der antikisirenden Richtung und der barockhaften schwankte. Von jener zeugt das von ihm erbaute kaiserliche Lustschloß Schönbrunn (1696—1700) von dieser die später von ihm aufgeführte Karl-Borromäuskirche. Der Barockstil verwilderte dann zum Perücken- oder Rokokostil, welcher die Dekoration zur Hauptsache der Architektur machte und von geistloser Phantastik zum Absurd-Schnörkelhaften abfank.

Die deutsche Bildnerei in Stein, in Holz, in Elfenbein und in Metall hatte am Ende des 15. Jahrhunderts erfreuliche Fortschritte gemacht und trat im 16. mit Leistungen hervor, welche zu den besten künstlerischen der Zeit überhaupt gehörten. Hier zeigten sich so recht augenscheinlich die glücklichen Ergebnisse, welche aus der innigen Verbindung von Kunst und Handwerk entspringen. Die deutschen Bildhauer, Bildschnitzer, Gießer, Gold- und Silberschmiede, Eiseler und Schleifer von damals hielten es nicht unter ihrer Würde, tüchtige Handwerker zu sein, und weil sie alle Vortheile, welche die Fertigkeit und Erfahrung des Handwerkes ihnen an die Hand gab, den Eingebungen ihres Künstlergeistes zu gut kommen zu lassen wußten, verstanden sie es, das Handwerk in die Sphäre der Kunst zu erheben. So arbeiteten Bildnermeister wie ein Adam Kraft und ein Jörg Syrlin, welche den mittelalterlich-germanischen Skulpturstil zur höchsten Vollendung führten. Zeugnisse dessen sind die Darstellung der Leidensgeschichte Jesu an der Sebalduskirche zu Nürnberg und das herrliche Sakramentshäuslein im Münster zu Ulm. In der reichen Thätigkeit der nürnberger Rothgießerfamilie Vischer erkennt man die Verschmelzung der Ueberlieferungen unserer Gothik mit den Einflüssen der Renaissance. Der große Meister des Bronzegusses war Peter Vischer und sein Hauptwerk

Das Sebaldsgrab in Nürnberg.

seines Lebens das Sebaldsgrab in der Sebaldskirche seiner Vaterstadt, das er i. J. 1508 begann und mit Beihilfe seiner Söhne i. J. 1519 vollendete, eine Kunstschöpfung ersten Ranges, von welcher mit Fug gesagt worden ist, daß kein zweites Werk deutscher Bildnerei „mit der Innigkeit des Nordens die Schönheit des Südens so reich, so gedankenvoll und so harmonisch" verbunden habe wie dieses. Kennzeichnend für die Sinnesweise der Träger deutscher Kunst von damals ist die Inschrift am Fuße des edlen Denkmals deutschen Genie's

und liebevollsten Fleißes: — „Petter Vischer purger zu Nurmberg machet das werk mit seinen funnen vnd ward folbracht im jar 1519 vnd ist allein Got dem allmechtigen zu lob vnd sankt Sebolt dem himelfursten zu eren mit hilff frumer leut von dem allmussen bezalt." Hocherfreulich ist auch die Gemeinnützigkeit des deutschen Bürgerthums, welche es ermöglichte, die Kirchen, Rathhäuser, Zunftstuben und Markthallen so vieler Städte unseres Landes mit Werken der bildenden Künste zu schmücken. Ueberhaupt muß man dem 16. Jahrhundert zu seiner Ehre nachsagen, daß in den gebildeten Klassen der Schönheitssinn sehr geweckt war und daß nicht allein in Fürstenpalästen und Herrenschlössern, sondern auch in Bürgerhäusern nach dem Besitze von Kunstwerken getrachtet und bei diesem Trachten mit wirklichem Kunstverständniß verfahren wurde.

Hinter der deutschen Bau- und Bildnerkunst blieb die Malerei nicht zurück. Ihre Anregungen hatte sie zuvörderst aus Flandern erhalten, wo in der Künstlerfamilie van Eyck die neue Richtung diesseits der Alpen frühzeitige Pflege genoß. Erklärlich daher, daß die ersten deutschen Malerschulen dieser Zeit in Niederdeutschland aufgethan wurden, zu Köln und zu Münster. Oberdeutschland folgte bald nach. Im Elsaß, in Schwaben und in der Schweiz traten Maler auf, welche sich einen guten Namen machten.

Das Wappen des Todes, von Holbein.

Der Tod und das Kind, von Holbein.

So Martin Schongauer, Bartholomäus Zeitblom, Hanns Schühlein und Niklas Manuel. Die wachsende Theilnahme steigerte die Hervorbringung. Augsburg, Basel und Nürnberg, durch geistige Regsamkeit, Gewerbsfleiß und Handelsreichthum vor vielen Städten ausgezeichnet, wurden Lieblingssitze der deutschen Malerkunst. Zu Augsburg war die Malerfamilie Holbein heimisch, aus welcher die drei Hannse hervorgingen. Großvater, Sohn und Enkel, von welchen der letztere, Hanns Holbein der jüngere (1495—1543), ein Großmeister deutscher Art und Kunst geworden ist, namentlich durch seine in Basel gethane Arbeit. Ein großer Madonnenmaler, hat er die Muttergottes zum Ideal deutscher Hausfräulichkeit zu machen gewußt. Die Schönheit der Zeichnung in seinen Bildern, die Naturwahrheit des Kolorits sind allbekannt. Aber sein Bestes, Eigenartigstes leistete er doch als Schöpfer von jenem "Todtentanz", welcher als einer der höchsten Triumphe des tragischen Humors der germanischen Rasse zu bezeichnen ist. Albrecht Dürer (1471—1528) wurde zu Nürnberg geboren und hat, Wanderschaft und Künstlerfahrten abgerechnet, bis zu seinem Tode daselbst gelebt. Einer von jenen vielseitig beanlagten Menschen, wie die Natur sie nur selten schafft, hat er die verschiedenen Gestaltungsweisen der deutschen Malerei des ersten Viertels vom 16. Jahrhundert in sich vereinigt und allesammt zu vollendetem Ausdruck gebracht. In allen seinen Werken, sei es, daß sie der Oelmalerei, der Kupferstecherei oder der Holzschneiderei angehören, hat er die Früchte seiner in Italien und in den Niederlanden gemachten Studien mit durchaus selbständigem Geiste verarbeitet und mit dem Wesen echtdeutscher Innerlichkeit die blühenden Formen und Farben der italischen und der brabantischen Schule glücklich verbunden. In allem, was er in der Reife seiner Kraft und Bildung hervorgebracht hat, finden wir tiefes Naturgefühl, religiöse Innigkeit und sittliche Größe, nicht weniger aber auch einen frischquellenden Humor. Bis zuletzt ist er ein Strebender geblieben, denn eine seiner letzten Arbeiten ist zugleich die gedankenreichste und stilgrößte: jene zwei Tafeln mit den vier "Kirchenstützen" Johannes und Petrus,

Der Tod und der Geizhals, von Holbein.

Der Tod und die Nonne, von Holbein.

Markus und Paulus, welche bekannter sind unter dem Namen der "Vier Temperamente". Zum Holbein und Dürer trat als nicht unebenbürtiger Dritter Lukas Kranach (eigentlich Sunder geheißen, aus Kranach in Franken), welcher seine Hauptstärke in der Porträtirungskunst hatte und seiner Begeisterung für die kirchliche Reform auch in seinen Gemälden Ausdruck zu geben suchte und wußte. In der Glasmalerei, welche zu dieser

Zeit ihre farbenprächtigsten Schöpfungen entstehen sah, thaten sich Hirschvogel und Wild hervor und die Künste des Kupferstichs und Holzschnitts hatten sich der Weiterbildung durch Meister ersten Ranges wie Holbein, Dürer und Kranach zu erfreuen. Später, im 17. Jahrhundert, haben besonders mehrere des Namens Merian als Kupferstecher geglänzt.

Die redenden Künste, Musik, Poesie und Schauspielerei, standen unzweifelhaft im Reformationszeitalter gegen die bildenden zurück. Die Instrumentalmusik erfuhr jedoch schon im 16. Jahrhundert äußerliche Verbesserungen durch Vermehrung und Verfeinerung der Blas- und Saiteninstrumente: zu den Pfeifen, Zinken, Trompeten, Hörnern, „Rauschpfeifen" (Posaunen) und „Bumharten" kamen namentlich die Fagotte und die Mechanik der verschiedenen Arten von Geigen wurde wesentlich verbessert. Die weitaus bedeutendste vokalmusikalische Errungenschaft dieser Zeit war das protestantische Kirchenlied, welches ja, was die Texte betrifft, auch einen vortretenden nationalliterarischen Platz behauptet. Der vielstimmige Choralgesang ist unzweifelhaft für die fernerweitige Entwickelung der deutschen Musik von großer Wichtigkeit geworden; allein diese Entwickelung ging im 16. Jahrhundert nur sehr langsam voran und stockte im 17. ganz, weil mit vielem anderem „alamodischen" Unheil auch das welsche Opernwesen über unser Vaterland hereinbrach und an den deutschen Höfen begierige Aufnahme und verschwenderische Pflege fand. Die erste in Deutschland, am kursächsischen Hofe zu Torgau i. J. 1627, zur Aufführung gekommene Oper war die „Daphne", von Opitz aus dem Italischen übertragen, von Schütz in Musik gesetzt. Das fremde Opernspektakel mit seinem abscheulichen Kastratenunfug und seiner zuchtlosen Ballettgaukelei bannte unsere einheimische Musik für lange Zeit in die Kirchen, und zwar vorzugsweise in die protestantischen, weil ja in den katholischen die Jesuiten, wo immer sie konnten, das Girren und Trillern der welschen Opernmusik einführten. Es mußte später, wie wir sehen werden, ein musikalischer Genius von riesiger Kraft aufstehen, Johann Sebastian Bach, um die deutsche Musik gegenüber der elenden Nachäfferei fremden Ungeschmacks wieder und recht zu Ehren zu bringen, die im protestantischen Choralgesang gelegenen musikalischen Keime zur reichsten Entfaltung zu zeitigen und überhaupt die religiöse Tonkunst auf die höchste Stufe der Kunstvollendung zu stellen.

Albrecht Dürer

Was die Nationalliteratur unseres Landes im Reformationszeitalter und bis weit ins 18. Jahrhundert hinein angeht, so haben wir uns derselben, so wir ehrlich sein wollen, nicht eben hoch zu berühmten. Diese ganze Zeit sah bei uns nicht eine einzige Dichtung entstehen, welche für ein nationales Originalwerk, für ein großes poetisches Manifest der Reformbewegung, für eine Zusammenfassung der unser Volk dazumal bewegenden und treibenden Gefühle und Gedanken, Wollungen und Strebungen zu einem dichterischen Typus gelten könnte. Unsere Literatur blieb hinter der italischen, spanischen und englischen, ja sogar hinter der französischen unermeßlich weit zurück. Die Armuth des 15., 16. und 17. Jahrhunderts an bleibenden dichterischen Schöpfungen tritt recht deutlich zu Tage, so wir sie mit dem Reichthum unserer Literatur in ihrer ersten Blüthenperiode im Mittelalter und, mit ihrer zweiten am Schlusse des 18. und am Anfang des 19. Jahrhunderts vergleichen. Im ganzen Zeitalter der Reformation suchen wir vergebens auch nur einen einzigen Dichter ersten Ranges, eine Erscheinung, die für ihre Zeit die nationalliterarische Bedeutung gehabt hätte, welche für das Mittelalter ein Walther, ein Wolfram, ein Gottfried hatten und für die Neuzeit ein Lessing, ein Göthe, ein Schiller. An Talenten hat es allerdings bei uns auch im 16. und 17. Jahrhundert nicht gefehlt, es gab sogar recht viele; aber keins derselben erhob sich zum Genie, keins vermochte sich aus dem Bann und Zwang des Theologismus zur menschlich-freien Anschauung, aus den Banden der Nachahmung fremder Muster zu eigenartigem und großem Schaffen emporzuringen. Im einzelnen wurde da und dort Treffliches, Tüchtiges, sogar Schönes zustandegebracht, aber im ganzen und großen haben die nationalliterarischen Hervorbringungen von dazumal doch weit mehr nur kulturgeschichtlichen als ästhetischen Werth.

Johann Fischart.

Neben dem hellen Weitertönen des Volksliedes im 16. Jahrhundert, insbesondere des historischen, war eine der erfreulicheren Erscheinungen auf nationalliterarischem Felde die protestantische Kirchenliederdichtung, zu der ja Luther selber mit starker Bruststimme den Ton angab, welchen dann eine ganze Reihe von frommen Liederdichtern mit mehr oder weniger Glück fortführte. Im 17. Jahrhundert erklang der luther'sche Bibelton zum letzenmal kraftvoll in den Liedern von Paul Gerhardt. Zur gleichen Zeit dichtete auf katholischer Seite der edle Friedrich von Spee seine andächtigen Lieder und reimte Angelus Silesius (Johann Scheffler), ein Jakob Böhm in Versen, seine mystisch-pantheistischen Betrachtungen, welche eigentlich im Sinne der Theologie von damals höchst verdammenswerthe Ketzereien waren. In der Thut äußert sich der Pantheismus Schefflers da so kühn, daß man den alten persischen Pantheisten Dschelaleddin, und dort so innig, daß man einen modernen deutschen Verkündiger des pantheistischen Evangeliums, Leopold Schefer, sprechen zu hören glaubt. Es erklärt sich aus dem zu Anfang des 16. Jahrhunderts unter unseren Vorfahren sehr mächtigen Geist des Zweifels und des Widerstandes unschwer, daß ihnen von allen Schreibarten die satirische am meisten zusagen mußte. Die Satirik eines Erasmus und der Verfasser der Dunkelmännerbriefe wurde demnach auch in deutscher Sprache gepflegt und nach allen Seiten hin erweitert. So im reformistischen Sinne durch Sebastian Brandt in seinem „Narrenschiff", an dessen Bord alle Stände und Volksklassen ihre Narretheien sehen lassen, weiterhin durch den heftig-katholischen

Pamphletisten Thomas Murner und durch den begabtesten und vielseitigsten deutschen Poeten seines Jahrhunderts, durch Johann Fischart aus Mainz (geb. zwischen 1545 und 1550). Er war ein im Sinn und Dienste der Reformation unermüdlicher und allzeit streitfertiger Publicist, ein nachdrucksamer Bekämpfer der Jesuiten, ein großer Satiriker, der nie anstand, die Thorheiten und Laster seiner Zeitgenossen sehr fühlbar-grobianisch zu geißeln, ein origineller Worteschöpfer, welcher die deutsche Sprache sehr bereichert und sie so souverän behandelt hat, wie ein Virtuose sein Instrument behandelt. Am ergöplichsten, nicht selten aber auch am grotesksten hat er diese sprachliche Virtuosität erwiesen in seiner Verdeutschung des

Das glückhafte Schiff landet in Strasburg.

berühmten satirischen Romans des Franzosen Rabelais, welche unter dem Titel „Affentheuerliche, Naupengeheuerliche Geschichtklitterung von Thaten und Rathen der Helden und Herrn Grandgoschier, Gorgellantua und Pantagruel" erschien (1582). Daß übrigens dieser sprachgewaltige, geistvolle Grobian auch recht gemüthlich und anmuthig zu schreiben verstand, hat er mittels seiner poetischen Erzählung „Das Glückhafft Schiff von Zürch", welche die bekannte Stromfahrt der Züricher mit dem heißen Hirsebrei nach Straßburg schildert, unwidersprechlich bewiesen. Diese historische Novelle in Versen erzählt ein Geschehniß, welches eine der ansprechendsten Episoden des deutschen Bürgerlebens im 16. Jahrhundert ausmacht. Die Reichsstadt Straßburg, auf welche schon damals die Franzosen begehrliche Blicke richteten, hielt viel auf gute Nachbarschaft mit den schweizerischen Eidgenossen, so dazumal ganz das Zeug hatten, ihren Freunden im Nothfall hilfreich beizuspringen zu können. Doch war gelegentlich in Straßburg das Bedenken laut geworden, ob die befreundeten Schweizer nicht allzu weit entfernt wären, als daß sie in Nothfällen mit ihrem Beistande rasch genug zur Hand sein könnten. Solches vernahm man in Zürich und zwar gerade zur Zeit, als i. J. 1576 zu Straßburg ein großes Armbrustschützenfest im Gange war. Sofort that sich eine Schar von flinken Gesellen zusammen, welche eine große Barke rüsteten, auf das Verdeck derselben einen großen eisernen Topf voll kochend heißen Hirsebrei's stellten und sodann in Wehr und Waffen die Limmat hinab in die Aare, mit dieser in den Rhein und Säckingen, Basel, Breisach vorbei abwärts fuhren, also daß sie in Straßburg anlangten, bevor der Brei kalt geworden. Sie wurden mit großen Ehren und lautem Jubel empfangen, der Beweis ihrer Hilfsfertigkeit war erbracht und unlange darauf schloß Straßburg einen förmlichen Bund mit Zürich und Bern . . .

Die oppositionelle Neigung und Richtung der Literatur in Brands und Fischarts Zeit bemächtigte sich auch der Form des in seinen Anfängen stehenden weltlichen Drama's, welches im deutschen Süden bälder zur Geltung kam als im Norden. Die älteste Nachricht, welche wir von einem in Berlin deutsch aufgeführten Stücke besitzen, reicht nur bis 1593 zurück und meldet uns, daß dieses Stück gewesen sei „Ein för schön ond nützlich Spiel von der lieblichen geburt unsers Herrn Jesu Christi" — ein richtiges mittelalterliches „Mysterium" also. Nun waren allerdings auch in den katholischen Gegenden von Süddeutschland die Mysterienspiele nicht nur damals noch im Gange, sondern sie haben sich daselbst, wie im 4. Hauptstück gezeigt werden soll, bis ins 18. und 19. Jahrhundert erhalten. Allein daneben waren in den süddeutschen Städten, vorab Nürnberg, schon frühzeitig im 15. Jahrhundert weltliche Possen aufgekommen, die sogenannten „Fastnachtspiele", welche sich aus den Mummereien der fastnächtlichen „Schembartläufe" allmälig zu festerer, obzwar immer noch sehr roher Dramatik herausbildeten, deren Schauplatz die Straße und deren vornehmste Motive Zoten und Prügel waren, bis gegen das Ende des Jahrhunderts zu die weniger unsauberen, aus der religiösen Opposition geschöpften in sie Eingang fanden. Schon um 1480 kam das „Spil von fra:o Jutten", auf, „welche Bapst zu Rhom gewesen", eine dramatisch-satirische Behandlung der mittelalterlichen Päpstin-Johanna-Fabel also. Diese widerrömische Polemik wurde in schärfster Weise fortgesetzt in den Fastnachtspielen des berner Malers Manuel, in welchen „die wahrheyt in schimpffs wyß vom pabst ond siner priesterschaft gemeldt würt" und die der Verfasser i. J. 1522 in seiner Vaterstadt durch Bürgersöhne aufführen ließ. Die Reden, welche der Prior Relling, der Kaplan Nützluft, der Vikar Fabler und die „Seelenkuh" (Pfarrköchin) Lucia Schnebeli darin führen, sind nicht weniger ergötzlich als charakteristisch. Neun Jahre später wurde in Nürnberg ein lustiges Fastnachtspiel „Das heyß Eysen" von Hanns Sachs zum erstenmal aufgeführt, welches schon einen ganz unverkennbaren Vorschritt von der Rüpelposse zum Gesellschaftslustspiel zeigte. Dieser echte und gerechte „Meistersinger", der treffliche nürnberger Schuhmacher und Poet Hanns Sachs ist zweifelsohne eine der eigenartigsten Charaktergestalten des 16. Jahrhunderts gewesen, eine Erscheinung noch dazu, die einen durchaus wohlthuenden Eindruck macht. Von wahrhaft erstaunlicher Fruchtbarkeit, hat er mehr als 6000 Dichtungen größeren und kleineren Umfanges geschrieben, „Meistergesänge", „Tragedi" und „Komedi", Schwänke, Fabeln und Parabeln, Kirchenlieder und „Buhllieder". Es gibt in der deutschen Literatur nur noch einen Poeten, Friedrich Rückert, dem so wie dem guten Hanns Sachs alles, was seine Zeit und ihn selber bewegte, zum Gedichte geworden ist. Tiefgemüthlich und mildbesonnen, wie er war, hat er den Anschauungen und Vorstellungen der Reformationszeit in den mannigfaltigsten Formen zu wirksamem Ausdruck verholfen. Sein Bestes leistete er im Schwank und im Fastnachtspiel, wobei ihm noch das besondere Lob gebührt, daß er die reinlichste und keuscheste Feder führte, welche es zu seiner Zeit überhaupt gab.

Während so, namentlich durch Sachs, das deutsche Volksschauspiel auf den Weg künstlerischer Entwicklung geführt wurde, suchten die gelehrten Kreise in ihrer Weise das Schauspielwesen zu heben und zwar durch Begünstigung der sogenannten „Schulkomödien", welche an Gymnasien und Hochschulen durch Docenten und Studenten zur Aufführung gebracht wurden. Man führte die Stücke des Plautus und Terenz in der Ursprache auf, man wagte sich sogar an den Aristophanes, wie z. B. am Neujahrstag von 1531 in Zürich die aristophanische Komödie „Plutos" durch Lehrer und Schüler in griechischer Sprache agirt wurde. Ein Christoph Klauser spielte dabei die Rolle der Frau des Chremylos und so wurden überhaupt alle weiblichen Rollen noch lange von Knaben und Jünglingen gegeben. Die Jesuiten wußten die Schuldramatik mittels der Vielgestaltigkeit des Repertoire und theatralischer Künste aller Art zu einem Hebel ihres Ansehens und Einflusses zu machen. Eine wichtige Wendung im deutschen Schauspielwesen

wurde herbeigeführt dadurch, daß an die Stelle der zeitweiligen Bühnen stehende traten. Die Meistersingerzunft von Nürnberg erbaute daselbst das erste Schauspielhaus unseres Landes i. J. 1550. Augsburg und andere Städte folgten bald diesem Vorgang. Aber man darf sich von diesen ältesten deutschen Theatern nur ganz bescheidene Vorstellungen machen. Nur die Bühne, welche keinen Vorhang und eine sehr dürftige Ausstattung hatte, war bedacht, so daß man sich im Zuschauerraume mit Wind und Wetter, Sonne und Regen abfinden mußte, so gut es eben ging. Der künstlichen Beleuchtung konnte man entbehren, weil nur bei Tage gespielt wurde. Von nicht geringerer Wichtigkeit als die Erbauung von Theatern ist für das deutsche Schauspielwesen der Umstand geworden, daß vom Ende des 16. Jahrhunderts an die Stelle der Schauspieler aus Liebhaberei allmälig Schauspieler vom Handwerk traten. Englische und holländische Komödiantenbanden, welche in Deutschland gastirten, gaben die Vorbilder für einheimische ab. In den ersten Jahrzehnten des 17. Jahrhunderts hatten deutsche Höfe, wie der brandenburgische, braunschweigische, kursächsische und hessenkassel'sche, schon zeitweise Banden von Berufs-

Schauspielern in ihren Diensten. Daß der Ruf der Komödiantenbanden, welche sich unter der Führung von „Principalen" oder „Komödiantenmeistern" ganz zunftmäßig organisirten und hielten, nicht der feinste war, ja daß der Komödiant für „unehrlich" galt und mit dem Henker so ziemlich auf derselben Sprosse der socialen Leiter stand, begreift sich, wenn man bedenkt, daß die Schauspielerbanden sich vorzugsweise aus der Klasse der verlorenen Existenzen rekrutirten. Was die von ihnen dargestellten Stücke angeht, so waren das entweder Possen oder sogenannte „Mordspektakel". In beiden führte der Hanswurst, welcher von seinem Stammverwandten, dem holländischen Pickelhäring, noch etliche nicht gerade saubere Eigenheiten und Gewohnheiten entlehnt hatte, das große Wort. Im Grunde waren alle diese Schaustücke nur Puppenspiele in vergrößertem Maßstab, mit lebenden Marionetten agirt. Dann und wann trat ein Mann von Talent und Thatkraft an die Spitze einer der Wandertruppen. So in der zweiten Hälfte des 17. Jahrhunderts jener Magister Johannes Velthen, welcher die Komödien Molière's auf die deutsche Bühne brachte und die Neuerung einführte, daß im Schauspiel die Frauenrollen durch weibliche Darstellerinnen gegeben wurden. Damit war übrigens die Oper schon vorangegangen, gegen welche zur Zeit Velthens das Drama schlechterdings nicht aufzukommen vermochte. Denn die Uebertragung und platte Nachahmung der italienischen Opernkünste beherrschte zu einer Zeit, wo ja die Ausländerei bei uns überall und in allem obenauf war, das ganze Theaterwesen. Bevor das Jahrhundert zu Ende, hatten alle größeren Residenzstädte, wie nicht minder die Handelsstädte Hamburg, Leipzig, Nürnberg und Augsburg, ihre Opernhäuser. Die auf den Opernbühnen lärmende Spektakelei ging ins Ungeheuerliche. Alle möglichen Stoffe, religiöse und profane, mythologische und historische, tragische und komische wurden mit dem verschwenderischsten Aufwand von Maschinerie, Dekoration und Kostüm, von massenhaftem Personal, und zwar sowohl menschlichem als thierischem, in Scene gesetzt. Kein Wunder daher, daß wir aus dem letzten Drittel des 17. Jahrhunderts von einzelnen Opernaufführungen wissen, welche die für jene Zeit höchst bedeutenden Summen von 50, 60 und 70,000 Gulden kosteten. Die Schwäche des sittlichen Gefühls von dazumal kennzeichnet es, daß unsere Ahnherren und Ahnfrauen durchaus nichts dagegen hatten, Arien von höchst unzüchtigem Inhalt, wie sie namentlich in den pastoralen und komischen Opern stehend waren, auf der Bühne durch Mädchen und Frauen vortragen zu hören, welche so zu sagen nur mit ihren Rollen bekleidet waren. Die Komödianten vom Schauspiel suchten mit ihren Kameraden von der Oper im Spektakelmachen nach Kräften zu wetteifern, um doch auch Zuschauer zu haben. Sie führten daher neben ihren Hanswurstiaden auch sogenannte „Haupt- und Staatsaktionen" auf, d. h. rohgezimmerte und mit zotiger Komik versetzte Schauertrauerstücke aus der biblischen und der profanen Sage und Geschichte, welche Stücke unter gliederverrenkendem Gebärdenspiel, wüthendem Augenrollen und heftigem Zähneknirschen hergebrüllt wurden.

Diese Verwilderung der deutschen Schaubühne hat zu einem nicht geringen Theile die Elendigkeit der Literatur dieser Zeit verschuldet. Von einer Nationalliteratur konnte man kaum noch sprechen. Denn die nationalliterarische Ueberlieferung war durch den dreißigjährigen Krieg nicht allein unterbrochen, sondern wie für immer abgeschnitten und damit auch die Möglichkeit dahin, daß sich bei uns aus dem mittelalterlichen Mysterienspiel stufenweise ein nationales Drama hätte entwickeln können, wie das in Spanien und in England so erfreulich geschah.* Auch fehlten in Deutschland die großen Dichter, welche in den genannten beiden Ländern der dramatischen Poesie und Kunst die Wege gesund-nationaler Entfaltung vorzuzeichnen vermochten. Daß vor Zeiten unser Volk eine reiche und stolze heimische Dichtung besessen, war vergessen; die deutsche Heldensage, von großer Dichter Zungen sie gesagt und gesungen, war verschollen. Kaum daß dann und wann, aber immer seltener, ein echtes Volkslied auftönte, wie das schöne „Komm' Trost der Nacht, o Nachtigall!" Das historische Lied, noch im 16. Jahrhundert so volksmäßig-frisch, vertrocknete im 17. zu gelehrter Pedanterei. Schon vor dem dreißigjährigen Kriege war in Folge der Verbindung der katholischen Höfe Deutschlands mit dem spanischen und der protestantischen mit dem französischen die Ausländerei und namentlich auch die jämmerliche Sprachenmengerei, die Verhunzung unserer edlen Sprache mittels spanischer, italischer und französischer Brocken in Schwung gekommen. Allerdings nicht ohne Widerstand zu finden und zwar ging dieser Widerstand zuvörderst von den vornehmen Kreisen aus, in welchen vor allen der feingebildete Fürst Ludwig von Anhalt-Köthen gegen die einreißende „Verwelschung" thätig war. Auf Eingebung des thüringischen Freiherrn Kaspar von Teutleben stiftete er i. J. 1617 in Form eines Ordens, welcher den Palmbaum zum Sinnbild und zum Sinnspruch das Wort „Alles zu Nutzen" nahm, die „Fruchtbringende Gesellschaft", auch „Palmorden" genannt, „darin man rein teutsch zu reden und zu schreiben sich befleißige und dasjenige thäte, was zur Erhebung der Muttersprache dienlich." Diese Gesellschaft, welche anderen zum Vorbilde diente („Pegnitz-schäferorden" zu Nürnberg, „Deutschgesinnte Genossenschaft" in Hamburg, „Schwanenorden" an der Elbe), trieb allerdings mit Symbolen, Devisen und Titeln viel leere Spielerei, allein ihre Mitglieder haben sich doch den Dank erworben, daß sie sogar in den wüthenden Stürmen des dreißigjährigen Krieges die nationale Fahne zwar oft sinken, aber doch nie zu Boden treten ließen.

Das Ordenszeichen der fruchtbringenden Gesellschaft.

mit Macht vorschreitenden „Verwelschung" und der alle Stände unseres Landes mehr oder weniger ergreifenden „Alamoderei" nicht zu wehren. Auch die Literatur folgte der unglücklichen Zeitströmung so sehr, daß selbst entschieden deutschgesinnte Poeten und Literaten, wie z. B. ein Georg Rudolf Weckherlin, sich zufrieden gaben, so sie in verhältnißmäßig reinem Deutsch fremde Muster nachahmten. Weiter brachte

Im ganzen und großen freilich vermochten solche vereinzelte patriotische Bemühungen der während des entsetzlichen Krieges es auch Martin Opitz nicht, der Stifter der sogenannten ersten schlesischen Dichterschule, den man auch wohl den Vater der neuzeitlich-deutschen Poesie zu nennen pflegt. Er ist ein vielseitig gebildeter und patriotisch denkender Gelehrter gewesen, aber in seinen Liedern, Sonetten und Elegen, sowie in seinen langwierigen und langweiligen Lehrgedichten ohne eine Spur von Originalität. Sein „Buch von der teutschen Poeterey" (1624) war epochemachend, insofern es für lange Zeit das mit großer Autorität ausgestattete Gesetzbuch einer „Poeterey" abgab, welche auf Ursprünglichkeit und Selbstständigkeit ganz verzichtet hatte und alles Heil in die verstandesmäßige Nachahmung der Alten, der Italiener, der Spanier und Franzosen setzte. Der Einfluß der letztgenannten wurde bald so übermächtig, daß die deutsche „Poeterey" nur „korrekt" erschien, wenn sie im klappernden Hundetrab des französischen Alexandriners einherging. Wenn da und dort ein dichterischer Brustton laut wurde, wie das in den stimmungsvollen weltlichen und geistlichen Liedern des Paul Flemming geschah, so verklang er bald wieder, und wenn einer der besten Deutschen des 17. Jahrhunderts, Friedrich von Logau, in seinen gedankenreichen und formstraffen „Sinngedichten" neben anderen Thorheiten und Lastern seiner Landsleute auch die literarischen strafte, so achtete man des Mahners so wenig, daß er das Resultat seiner Anschauungen und Bestrebungen zuletzt achselzuckend in das Epigramm:

> „Die Welt ist rund und dreht sich 'rum,
> Drum sind die Leute schwindelbumm"

zusammenfaßte. Die sogenannte zweite schlesische Dichterschule versuchte gegen die trockene Verstandespoeterei, welche Opitz empfohlen hatte, zu reagiren, brachte aber dadurch unsere Literatur nur aus dem Regen unter die Traufe oder vielmehr aus dem Sand in den Sumpf. In den Sumpf der süßlichen und schwülstigen Unzüchtelei, welche die Hoffmannswaldau und Lohenstein in ihren „galanten" Schmutzgedichten und bluttriefenden Bombasttrauerspielen den italischen Marinisten nachmachten. Wir erhalten den betrübendsten Eindruck von den Sittenzuständen einer Zeit, in welcher eine so gedunsene, bis zur wüstesten Zotenreißerei absinkende Lyrik, Idyllik und Tragik das Wohlgefallen der gebildeten Kreise erregen konnte. Und diese gereimte Ausschweifung muß um so widerlicher erscheinen, als sie keineswegs das Produkt der Leidenschaft, sondern nur das des berechnenden Verstandes war, ganz naturlos, hohl und gemacht. Man merkt ihr von weitem an, daß hier deutsche Pedanten sich abmühten, den Ovid, Petron und Martial zu spielen. Die gesunde und naive Zote, wie sie aus unserer mittelalterlichen Schwankdichtung herauslachte, konnte man sich gefallen lassen, aber dieser raffinirte Schmutz, welchen die Hoffmannswaldau und Lohenstein frech zu Markte brachten und zwar als eine Waare, für welche sie der Nachfrage in der „guten Gesellschaft" gewiß waren, ist einfach ekelhaft, in literarischer wie in sittlicher Beziehung ein trauriges Armuthszeugniß für unser unglückliches Land, wie es durch den unseligsten der Kriege geworden. Ein Zeitgenosse der beiden genannten Poeten, Andreas Gryph, war höher begabt und ernster gestimmt. Er bemühte sich, unserer Literatur ein Kunstdrama zu geben, arbeitete aber seine Trauerspiele leider nach einem sehr schlechten Muster, das freilich dazumal für ein bestes galt, nach dem römischen Schlächtertragöden Seneka. Zur Schaubühne konnten diese gryph'schen Buchdramen, in welchen aufgedonnerter Wortpomp die Charakteristik und die Handlung ersetzen mußte, gar keine Beziehung gewinnen. Besser glückte es dem Dichter mit seinen Lustspielen: er hat in seinem „Horribilikribrifax" die soldatische Bramarbaserei und in seinem „Peter Squenz" die bettelhafte „Poeterey" seiner Zeit zu wirklich typischer Gestaltung gebracht. Die beliebteste Literaturgattung war übrigens schon im 17. Jahrhundert, wie sie es noch heute ist, der Roman. Selbstverständlich war auch die deutsche Schäfer- und Heldenromanschreibung eine nachahmende. Der Spanier Montemayor, der Franzos D'Urfé und die Französin Madeleine Scudery waren die Vorbilder, denen unsere Dietrich von dem Werder, Philipp von Zesen, Heinrich Buchholz und Herzog Ulrich von Braunschweig nacheiferten. Für die gelungensten unter diesen entsetzlich dickleibigen, aus allen möglichen Zuthaten wunderlich gemischten und gemanschten Romanen galten unseren Vorfahren „Die asiatische Banise" von Heinrich Anselm von Ziegler und Kliphausen und „Die Liebes- und Lebensgeschichte des heldenmüthigen Arminius und der durchlauchtigen Thusnelda" von Kaspar von Lohenstein. Dem marzipanheroischen Roman machte aber eine glückliche Konkurrenz der sogenannte pikareske (vom span. picaro, Schelm), der Schelmenroman, wie ihn die beiden Spanier Mendoza und Quevedo aufgebracht hatten. Das war gegenüber der närrisch-sublimen Ritter- und Schäferromantik ein gesunder Realismus, welcher auch auf deutschem Boden Tüchtiges und Erfreuliches schuf, ja wohl entschieden das Tüchtigste und Erfreulichste, was nationalliterarisch im 17. Jahrhundert bei uns geschaffen wurde. Es ist der „Abenteuerliche Simplicius Simplicissimus" (1669) von Hanns Jakob Christoffel von Grimmelshausen, ein Buch, welches als der erste deutsche Originalroman bezeichnet werden darf und geradezu unschätzbar ist als die allseitige und geniale Abspiegelung unserer Volkszustände während der dreißigjährigen Kriegsnoth. Von hohem, sittengeschichtlichem Werthe sind auch die etwas früher veröffentlichten, durch Quevedo's „Sueños" angeregten „Wunderbaren und wahrhaften Gesichte Philanders von Sittewalt" (1644) von Hanns Michel Moscherosch, die uns in satirischem Rahmen nur allzu geschichtliche Zeitgemälde bieten. Moscherosch hat als der gescheite Mensch und aufrichtige Patriot, der er war, gemeinsam mit Logau, Rachel, Gryph. und anderen seiner besseren Zeitgenossen gegen die heillose Sprachverderbniß und den alamodischen Sprachenmischmasch redlich gekämpft. Die Schlußstrophe eines seiner Strafgedichte lautet:

„Wir han's verstanden
Mit Spott und Schanden,
Wie man die Sprach verkert
Und ganz zerstört
Ihr böse Teutschen
Man soll euch peitschen,
In unserm Vatterland,
Pfuy dich 'der Schand!"

und wie berechtigt sein Zürnen war und noch im letzten Drittel des Jahrhunderts berechtigt gewesen wäre, zeigt dieses dazumal unter dem Namen des Konfusius von Ollapotrida umgegangene „Alamodische Lied" satirisch auf:

REverirte Dame,
Phoenix meiner ame,
Gebt mir audienz:
Euer Gunst meriten,
Machen zu falliten
Meine patienz.
 Ach ich admirire,
Und consid«rire,
Eure violenz;
Wie die Liebesflamme
Mich brennt, sonder blasme,
Gleich der Pestilenz.
 Ihr seyd sehr capable.
Ich bin peu valable
In der eloquenz:
Aber mein serviren
Pflegt zu dependiren
Von der influenz.
 Meine Larmes müssen
Von den jouen flüssen
Nach der Eingeadeniz:
Wie der Rhein coulliret,
Und sich degorgiret,
Rechst bey Cobelenz.

Solche amertume
Macht Neptuno ruhme
In oceans Grenz',
Kommt ihr Flußnajaden
Und ihr Meertriaden,
Schaut die consequenz.
 Belle, werd ihr lieben,
Und nicht mehr betrüben
Eure conscientz,
Werdt ihr rejouiren,
Die im Meer versiren,
Nach der aparentz.
 Die coquilles tragen
Werden landem fragen
Nach der excellentz,
So die tallieten
adulciret hätten,
Durch die Abstinentz.
 Abstinenz von hassen
Und sich lieben lassen
Sonder insolentz,
Kan das Meer versüßen.
Bis zu euren Füßen
Macht Euch reverentz.

Selbstverständlich richtete weder die ernste Strafrede noch die spottende Satire im ganzen und großen gegen den sprachlichen Unfug etwas aus. Der Verwelschungsteufel ging noch lange näselnd in Deutschland um. Auch ist nicht wahrzunehmen, daß die satirische Romanschreibung, wie sie Christian Weise aus dem 17. Jahrhundert in die Anfänge des 18. Jahrhunderts hinübertrug, oder die satirische Predigt= weise, wie solche auf protestantischer Seite ein Balthasar Schupp brastisch=derb und auf katholischer der Pater Abraham a Santta Klara (Ulrich Megerle), dieses Urbild eines richtigen Kapuziners," hochburlest und tiefgrotest betrieben hat, die Sitten ihrer Zeitgenossen irgendwo und irgendwie gebessert hätten"....

Wir wenden uns aber vom Ausgang des Reformationszeitalters noch einmal zum Anfang desselben zurück, um eine kulturgeschichtliche Erscheinung ins Auge zu fassen, welche seither an Wichtigkeit stets zugenommen hat. Es ist das gemeint, was wir jetzt „die Presse" zu nennen pflegen, das geistige Verkehrsmittel der zeitschriftlichen Literatur. Als Anfänge derselben sind in unserem Lande die historischen Volkslieder zu bezeichnen, welche im 14., 15. und noch im 16. Jahrhundert von Mund zu Mund gingen. Dazu kamen dann im letztgenannten die Berichte der „Zeitungszufertiger", welche die deutschen Höfe in allen wichtigen Städten besoldeten, und die „Relationen" von Gesandten und anderen Beamten. Der Verbreitung und folglich auch dem Einfluß der fliegenden Blätter und der Flugschriften, wie solche seit dem Beginn der Reformation immer häufiger wurden, kamen zwei Umstände sehr zu statten: die immer eifriger betriebene Druckerkunst und die Posteinrichtung. Es ist bekannt, daß schon am Ende des 14. Jahrhunderts der deutsche Orden in Preußen „Reitposten" zur Besorgung von Briefen einrichtete.

Ein Postreiter.

Zwischen den Hansestädten gingen im 15. Jahrhundert schon Fahrposten, die aber auch nur mit der Briefbeförderung sich befaßten. Im Jahre 1516 sodann ließ Kaiser Max durch Franz von Thurn und Taxis —, welches Haus 29 Jahre später in den erblichen Besitz des Reichsoberpostamtes kam — den ersten regelrechten Briefpostkurs zwischen Wien und Brüssel erstellen, welcher für die Posteinrichtungen in den verschiedenen Reichsländern das Vorbild wurde. Von der Mitte des 17. Jahrhunderts an übernahmen die deutschen Posten dann auch die Beförderung von Personen, doch ist das Reisen mit der Post erst im 18. Jahrhundert bräuchlicher geworden.

Das anhebende deutsche Zeitungswesen — wenn man die rasch sich mehrende Flugschriftenliteratur so nennen darf — hat aber neben den erwähnten Förderungen ebenso frühzeitig auch böse Hemmungen erfahren. Man kann daher wohl sagen, daß die Maßregelung der deutschen Presse zugleich mit dieser selbst angehoben habe. Die Druckschriftencensur — kennzeichnender Weise eine Machenschaft des verrufensten aller Päpste, Alexanders des Sechsten (Bulle von 1501) — mußte die Scheere abgeben, der Presse die kaum entfalteten Schwingen arg zu beschneiden. Dem Kaiser Karl dem Fünften erregten die massenhaft

im Reiche gedruckten Flugblätter, Zwiegespräche, Lieder und Zerrbilder, welche gleichzeitig Kirchen- und
Staatssachen behandelten, so stark die Galle, daß er die erste Censurordnung entwerfen ließ und dieselbe
auf den Reichstagen von Speier (1529) und von Augsburg (1530) durchsetzte. Sie bestimmte, daß
„hinfürter nichts neues, weder öffentlich oder heimlich, gedichtet, gedruckt und feilgehabt werden dürfe,
es sei denn zuvor durch von der geistlichen oder weltlichen Obrigkeit dazu verordnete verständige Personen
besichtigt" (und gebilligt). Zuwiderhandelnde „Dichter, Drucker und Verkäufer" sollten „nach Gelegenheit an Leib und Gut gestraft werden." Die Censur hat in deutschen Landen 318 Jahre gewährt, von
1530 bis 1848; denn alles Dumme ist langlebig, vieles sogar unsterblich.

Deutscher Nachrichter im 16. Jahrhundert.

Einen Vorschritt von den Berichten der Zeitungszufertiger und von den fliegenden Blättern zu
wirklichen Zeitungen gaben die sogenannten „Postreiter" ab, Büchelchen, welche beim Schlusse des Jahres
die Begebenheiten desselben übersichtlich zusammenstellten. Ebenso die Kalender, wobei zu bemerken, daß erst
kurz vor 1550 jährliche Kalender aufgekommen sind, während die früheren auf mehrere Jahre berechnet
waren. Im 17. Jahrhundert fand das, was im 16. die „Postreiter" und Flugschriften gewollt und
geleistet hatten, eine großartige Erweiterung, indem Sammlungen von geschichtlichen Relationen, Akten-
stücken und Parteischriften zu Foliantenwerken anwuchsen, deren einzelne Bände, mit Kupferstichen und
Holzschnitten ausgestattet, periodisch erschienen. Die bedeutendste Hervorbringung solcher Publicistik ist das
deutschgeschriebene „Theatrum Europaeum", welches von 1662 an zu Frankfurt in 21 Foliobänden
herauskam. In der regsamen Reichsstadt am Main ist auch, und zwar schon von 1615 an, die erste
regelmäßig erscheinende Zeitung gedruckt worden, ein von dem Bürger Egenolf Emmel gegründetes Wochen-
blatt, nicht allein in Deutschland, sondern in Europa die erste in so kurzen Terminen erschienene Zeitung.

Die Konkurrenz stellte sich rasch ein. Frankfurt selbst erhielt schon 1616 eine zweite Zeitung. Dann, von 1619 an, kamen solche in Nürnberg, Augsburg, Hanau, Hildesheim, Köln und Wien auf. Berlin mußte bis 1655 auf den Besitz einer regelmäßig erscheinenden Zeitung warten. Allen deutschen und europäischen Blättern gewann aber „Der hamburger Korrespondent" den Vorsprung ab. In der Begründung einer wissenschaftlichen Publicistik gingen die Franzosen den Deutschen voran. Denn die älteste wissenschaftliche Zeitschrift unseres Landes, die von Otto Menden und anderen leipziger Professoren gegründeten „Acta eruditorum" (1633), war eine Nachahmung des französischen „Journal des Scavans" (1565). Nationale Bedeutung gewann die publicistische Thätigkeit der Gelehrten erst dann, als der nicht nur gelehrte, sondern auch im schroffen Gegensatze zu vielen, sehr vielen seiner Kollegen gesundmenschenverständige Thomasius wissenschaftliche Fragen und Erscheinungen in seinen „Monatsgesprächen" in deutscher Sprache zu behandeln begann.

Wie in der Anwendung und Weiterbildung des Bücherdrucks war das südliche Deutschland auch in der Entwickelung des Buchhandels, welcher Hand in Hand mit jenem aufzublühen anfing, dem nördlichen ziemlich weit voraus. Frankfurt a. M., „das Kaufhaus der Deutschen" und „das Haupt aller Jahrmärkte auf Erden", war schon im letzten Viertel des 15. Jahrhunderts als Büchermarktort berühmt. Vom 16. Jahrhundert an begann ihm aber Leipzig im Buchhandel eine starke Konkurrenz zu machen. Im Jahre 1564 erschien der erste frankfurter Büchermeßkatalog, i. J. 1594 der erste leipziger. Von 1564 bis 1600 sind in Frankfurt und in Leipzig mitsammen 21,941 Nummern von Büchern auf den Markt gebracht worden, der großen Mehrzahl nach aus den deutschen Pressen hervorgegangen. Wie sehr aber damals das Latein im literarischen Verkehr das Deutsche noch überwog, beweist die Thatsache, daß von jenen 21,941 Büchern nicht weniger als 14,478 in lateinischer und nur 6618 in deutscher Sprache geschrieben waren. Unter der Gesammtzahl befanden sich auch 457 französische, 351 italische und 37 spanische, woraus man auf die abgestufte Kenntniß dieser drei Sprachen in unserem Lande schließen kann. Drucker, Verleger und Verschleißer von Büchern war dazumal ein und derselbe Geschäftsmann. Das Geschäft mehrte sich übrigens rasch: i. J. 1564 gab es nur 12 deutsche Verlagsorte, 1596 schon 59 mit nicht weniger als 117 Firmen. Genau in demselben Verhältniß, in welchem der Buchhandel wuchs und gedieh, vervielfältigten sich aber auch die Censurplackereien. Kaiserliche und fürstliche Mandate, katholische Ordinariate und protestantische Konsistorien überboten einander in der Bücherverfolgung und Buchhändlerdrangsalirung. Die Verbote, Visitationen, Konfiskationen, Geld- und Gefängnißstrafen nahmen im deutschen Reiche kein Ende. Daß i. J. 1524 der Buchhändler Johann Herrgott wegen Verkaufes verbotener Bücher zu Leipzig mit dem Beile hingerichtet wurde, gehört auch mit zum Charakter eines Jahrhunderts, welches in der Brutalität der Strafjustiz das Unmenschlichmögliche leistete. Man denke beispielsweise nur an die im Grumbach'schen Processe (1567) gefällten Sentenzen, namentlich an die unter unmittelbarer Einwirkung des Kurfürsten August von Sachsen über den unglücklichen Ritter selbst verhängte, welche lautete: „Ob nun wohl gedachter von Grumbach eine gar ernste Strafe verdient, so wollen doch seine kurfürstliche Gnaden dieselbige aus angeborener Güte also mildern, daß er nur lebendig geviertheilt werden soll."

6.

Hütte und Haus, Schloß und Palast.

ls der wackere Sebastian Franck im Jahre 1538 seine „Deutsche Chronik" in Druck gab, schrieb er in der Vorrede dieses Lob seines Vaterlandes: „Germania ist jetzt also vonn Gott begnadet, begabet vnnd erhöcht, das sich keine Nation icht rühmen mag, des sich nit alleyn teutschs landt, das alle landt besonders habenn, alles rühmen möge, langwiriges treyd, gutter gesunder wein, lufft, volck, fruchtpar, volckreich land vnnd leut, all kunst auffs höchst, also das bede truckerey vnd büchssen giessen vnd noch vil mehr Germania erfunden hat, vnnd noch täglich new land, welt vnnd kunst erfindenn. Es ist ein langmütig, leutselig, vnnd gegen anderen Nationen gehalten, ein Göttselig volck, das gegen vil Nationen an sitten, Gotsforcht, gutem gewissen, heylthumb ist. Da findt man die weitreysendsten, reichesten kaufleut, als kaum in einem land, so künstlich arbeyt im malen, sticken, graben, schnitzen, bauwen, giessen, schreiben, vnnd allerley kunst, das sich dess auch der türk verwundern, vnnd den teutschen drumb zu gnaden kommen muß. Es ist auch ein mutig rinfertig leichtsinnig volck, zu allerley schimpff und ernst gericht, vnnd auff alle sättel gerecht. Also das einer Gott loben solt, das er in Teutschland geporn were, ein Teutscher."

Hundert Jahre später hat ein nicht minder guter Patriot, Friedrich von Logau, den herben Ausspruch gethan:

> „Teutschland bei der alten Zeit
> War ein Stand der Redlichkeit,
> Ist jetzt worden ein Gemach,
> Drinnen Laster, Schand und Schmach,
> Was auch sonsten auß man fegt,
> Andre Völker abgelegt."

Das ergibt einen ungeheuren Unterschied: um die Mitte des 16. Jahrhunderts konnte sich ein so wissender und redlicher Mann wie Frank seines Landes laut rühmen, um die Mitte des 17. mußte sich ein so wissender und redlicher Mann wie Logau seines Landes bitterlich schämen. Beides geschah mit gleich gutem Grund: im 16. Jahrhundert war unser Volk, der kirchlichen Spaltung zum Trotz, eine wohlhabende, sogar reiche, stolze, geistig tonangebende, politisch noch immer angesehene, geachtete und gefürchtete Nation; im 17. dagegen war es eine verarmte, ja bis zur äußersten Dürftigkeit herabgekommene, politisch machtlose, geistig eine Magd und Äffin des Auslandes, ein Gefäß fremder Unsitten, ein Gegenstand fremder Ränkekunst und Raubgier, ruinenhaft, kaum noch ein Schatten ihrer selbst. Die Ursachen dieser traurigen Wandelung sind in den vorhergegangenen Abschnitten angegeben worden. Hier aber mag noch mit Betonung daran erinnert werden, daß zum Herabkommen unseres Landes im 17. Jahrhundert ganz wesentlich auch ein Umstand beigetragen hat, der freilich ebenfalls schon flüchtig berührt wurde. Es ist die veränderte Strömung des Welthandels gemeint, welche in Folge des gefundenen Seeweges nach Ostindien und der Kolonisation von Amerika eingetreten war. Der deutsche Handel, obzwar noch im 16. Jahrhundert sehr bedeutend — Frankfurt a. M. galt bis gegen 1530 zu für den ersten Handelsplatz Europa's; die Fugger, Welser, Baumgarten in Augsburg waren europäische Geldfürsten — vermochte dieser Strömung, welche den Großhandel aus der Mitte unseres Erdtheils nach dessen Westküste versetzte, in die Länge nicht zu folgen. Schon darum nicht, weil der innere Reichswirrwar und die mehr und mehr entwickelte deutsche Kleinstaaterei es unsern Altvordern verwehrte, von der Beute der neuen Welt ihren Theil zu fordern und zu nehmen und mittels der Gründung und Behauptung von Kolonien in den überseeischen Ländern feste Anhaltspunkte für ihren Großhandelsbetrieb zu gewinnen ....

Die deutsche Bauerschaft hat sich, im ganzen und großen genommen, von dem Schlage, welcher im Bauernkriege auf sie niedergefallen war, socialpolitisch zweihundert Jahre lang nicht wieder erholt. Politisch kam der Bauer gar nicht mehr in Betracht, denn auch in solchen deutschen Ländern, wo das mittelalterlich-ständische Wesen dem mehr und mehr sich entwickelnden landesfürstlichen Absolutismus zum Trotz sich zu behaupten vermochte und die „Landstände" demnach in Landessachen ein Wort mitzusprechen hatten, war immer nur von der Geistlichkeit, von der Ritterschaft und vom Städtebürgerthum, nicht aber von der Bauerschaft die Rede. Der Bauer war der leibeigene, der hörige, der gemeine Mann, gerade gut genug, das Feld zu bestellen, für die Gutsherrschaft zu frohnen, seine Zehnten, Gilten, Beeden zu entrichten und im übrigen zu thun, was seine geistlichen und seine weltlichen Obrigkeiten ihm befahlen. Wenn die lutherische Geistlichkeit seiner intellektuellen und moralischen Verwahrlosung sich annahm, so geschah es ausnahmsweise; dagegen ließ sie sich allerdings die Mühe nicht verdrießen, die niederträchtige Knechtschaffenheit, welche ja so frühzeitig eine Eigenschaft des orthodoxen Lutherthums gewesen war, den Bauern als Gott wohlgefällig einzupredigen. Die katholische Priesterschaft machte es ihrerseits auch nicht besser; auch ihr Absehen im Verhalten zur Bauerschaft zielte in der Regel nur darauf, dieselbe in köhlergläubiger Unterwürfigkeit und Ehrfurcht zu erhalten. Katholische Prälaten standen ja auch voran unter jenen fürstlichen

"Jagdwütherichen", deren rücksichtsloser und grausamer Waidwerksbetrieb eine ärgste Plage des Landmanns war. Ertappten Wilderern die Augen ausstechen zu lassen, sah man im 16. Jahrhundert für ein gäng und gäbes Herrenrecht an. Die raffinirteste von allen derartigen Grausamkeiten hat aber doch wohl jener Erzbischof von Salzburg ausgeheckt, der i. J. 1537 einen Bauer, welcher auf seinem eigenen Ackerfelde einen dasselbe verwüstenden Hirsch erlegt hatte, in das Fell des Thieres nähen und von der Meute zerreißen ließ.

Die Jagd war ein adeliges und prälatisches Vorrecht und füllte im Reformationszeitalter einen großen Theil von der Zeit der bevorrechteten Stände aus. Der Wildstand muß ein ungeheuer großer gewesen sein, wenn man bedenkt, daß bei einer einzigen "Hetze" eines der leidenschaftlichsten Liebhaber

Ausschlag.

der "Wildfuhr" von dazumal, des Landgrafen Philipp von Hessen, nicht weniger als 1000 Wildschweine und 150 Hirsche ins Garn getrieben wurden, und daß Philipps Zeitgenoß, der Kurfürst Johann Friedrich von Sachsen, mit eigener Hand in allem 3583 Wölfe, 208 Bären und 200 Luchse tödtete. In den Wäldern des nördlichen Deutschlands, vorab in den preußischen, gab es noch Auerochsen und Elennthiere, im ganzen deutschen Reiche noch Bären, Wölfe, Luchse und Biber in Menge. Der Steinbock war schon um 1650 aus den deutschen Alpen verschwunden, wurde aber noch in den "Thiergärten" gehegt, die schon im 16. Jahrhundert ein sehr beliebtes Zubehör fürstlicher Hofhaltungen gewesen sind. Der letzte Bär ist im deutschen Reiche 1686 erlegt worden und zwar in Thüringen. Neben der Jagd auf Hochwild war unter der deutschen Aristokratie immer noch das mittelalterliche "Federspiel", die Reiherbeize mittels Stoßfalken, beliebt und es nahmen daran, wie überhaupt am Waldwerk, auch die Damen theil, nicht selten mit ebenso großer Leidenschaft wie die Herren, auf ihren Sanftrabern ("Zeltern") oft diesen voraneilend und mit die Ersten auf dem Platze, wenn das Hallali geblasen wurde.

Alle der Belastung und Plackerei ungeachtet hatte sich die deutsche Landwirthschaft im 16. Jahrhundert bedeutend gehoben und damit zugleich hatte die Hütte des deutschen Bauers im Aeußeren und im Inneren ein besseres Aussehen gewonnen. Die unerschöpfliche Geduld und unermüdliche Ausdauer, die Arbeitslust und der Ordnungs- und Erwerbsinn unserer Bauern mußten vielerorten über alle Hindernisse zu triumphiren. Zwar behielten ihre Behausungen noch die hüttenhafte Gestalt und waren fast durchgehends nur aus Holz und Lehm erbaut und mit Stroh gedeckt. Allein diese Bauernhütten enthielten einen auskömmlichen und solid gearbeiteten Hausrath, die Linnen- und Kleidertruhen waren gefüllt, in irgend einem sicheren Winkel barg sich der Spartopf mit einem erklecklichen Vorrath von Silbermünzen, im Stall stand wohlgepflegtes Vieh an der Krippe, vor den, obzwar noch nicht verglas'ten Fenstern — („die Fenster von meines Vaters Haus waren dem Sankt Ritglas gewidmet," heißt es noch im „Simplicissimus") — breitete sich ein Wurz- und Blumengärtlein aus und hinter dem Hause schattete ein Obstgarten. Aus Nord-, Mittel- und Süddeutschland sind uns im 16. Jahrhundert aufgezeichnete und durchaus glaubwürdige Bezeugungen überliefert worden, daß dazumal deutsche Bauerschaften ganz auskömmlich, ja sogar üppig lebten, daß Bauern und Bäuerinnen großen Kleiderstaat trieben, daß es bei bäuerlichen Kirchweihen, Hochzeiten, Kindtaufen und Leichentrunken hoch herging. Mit der Sittenzucht in der bäuerischen Welt war es freilich so bestellt, daß man den sehr duldsamen Maßstab der „guten alten frommen Zeit" anlegen muß, um kein Aergerniß zu nehmen. In protestantischen wie in katholischen Gegenden war im Verhalten der beiden Geschlechter zu einander von der mehrerwähnten „sittlichen Vertiefung", welche die Reformation wie die Gegenreformation gefordert hatte, wenig zu spüren. Gegen gefallene Mädchen wurde mit harten Kirchenbußen und weltlichen Strafen vorgegangen. Mit welchem Erfolge das z. B. in Baiern geschah, zeigt das dortige „Sittenmandat" von 1598, welches verordnete, daß eine erste uneheliche Mutterschaft mit einer Geldstrafe und mit Anhängung der „Geige" gebüßt werden sollte, eine vierte aber mit Landesverweisung. Anderwärts wurde nicht weniger streng gegen die armen Mädchen verfahren, welche Mütter geworden, ohne Ehefrauen zu sein, und bis weit in das 18. Jahrhundert hinein, ja sogar in die Anfänge des 19. erhielt sich in katholischen wie in protestantischen Gegenden unseres Landes die grausame Buße, daß sie Sonntags im Büßerhemd und mit einem Strohkranz auf dem Kopf an der Kirchthüre stehen und den Hohn der Ein- und Ausgehenden erdulden mußten, wie das schadenfrohe Lieschen in Goethe's Faust zum Gretchen von dem verführten Bärbelchen sagt:

„Da mag sie sich bucken nun,
Im Sünderhemdchen Buke thun."

Der landwirthschaftliche Betrieb ist im 16. Jahrhundert beträchtlich erweitert und gesteigert worden. Weite Wälder wurden gerodet, große Moorstrecken entsumpft, um Nutzboden zu gewinnen. Fürsten und Herren mußte daran gelegen sein, ihre Güter ergiebiger zu machen, und so leisteten viele derselben die Bauern zu einem verständigeren Feld-, Wiesen-, Obst- und Weinbau an. Es wurden zu diesem Zweck sogenannte „Landesordnungen" erlassen, Fürsten und Fürstinnen beschäftigten sich persönlich mit der Landwirthschaft im Großen oder im Kleinen — wie z. B. die Kurfürstin Anna von Sachsen eine berühmte Viehzüchterin und Käsemacherin gewesen ist — und man wandte auch der landwirthschaftlichen Theorie die nöthige Aufmerksamkeit zu. Schon 1580 wurden die „Sieben Bücher vom Landbau" gedruckt. Vierzig Jahre später erschien das „Sehr liebreich und außerlesen Obsgarten vnd Pelzbuch," aus welchem wir erfahren, daß man dazumal im deutschen Reiche 13 Arten von Kirschen, 19 von Pflaumen, 110 von Birnen und 115 von Aepfeln kannte. Von auswärtiger ist der Land- und Gartenbau unserer Vorfahren im Reformationszeitalter durch Einführung neuer Pflanzen- und Fruchtarten nicht wenig bereichert worden. Zu Anfang des 16. Jahrhunderts ist der Buchweizen eingeführt worden, später brachten aus den Niederlanden vertriebene Protestanten den Repsbau zu uns. Auf dem Umwege über Italien kam (um 1650) das „Welschkorn" nach Süddeutschland, d. h. der zuerst durch Kolon nach Europa verpflanzte Mais. Von noch größerer, geradezu von allergrößter Wichtigkeit ist die Einführung der amerikanischen „Erdbirne" oder „Grundbirne", in der Schweiz „Erdapfel", geworden, die Einführung der Kartoffel, welche zuerst der Botaniker Klusius in deutschem Boden gepflanzt hat (1588). Die Pflege dieser Nährfrucht, welche heutzutage nicht ein, sondern das Hauptnahrungsmittel von Millionen unserer Landsleute ist, hatte anfänglich mit großem Widerstande zu kämpfen. Die Geistlichkeit zeterte, weil ihr ein Kartoffelzehnten nicht zukam, aufs heftigste wider die „Teufelswurzel" und die „Teufelsknollen", und die Bauern glaubten da und dort, z. B. in Brandenburg und Pommern, so fest an die Teufelei der guten Kartoffel, daß ihnen der Anbau derselben nicht nur befohlen, sondern mit Gewalt aufgezwungen werden mußte. Die Verbreitung des Kartoffelbau's im Reiche war daher eine sehr verschiedene. Zwar wissen wir, daß schon in den zwei ersten Decennien des 17. Jahrhunderts da und dort die Kartoffel als Nährfrucht gebaut wurde; aber erst um 1640 wurde sie in Hessen, Westphalen und Niedersachsen gepflanzt, 1647 in Braunschweig, 1650 in Berlin, erst 1716 in Bamberg und Baireuth, in der Pfalz, in Baden und Schwaben. Am spätesten wohl gelangte der Kartoffelbau in die Dörfer der schwäbischen Alp, nämlich erst um 1740. Für den Futterkräuterbau ist das Aufkommen des Klee's im 17. Jahrhundert epochemachend geworden. Zu dieser Zeit hatte sich auch der Gartenbau schon bedeutend vervielfältigt und verfeinert: es wurden in den Küchengärten gezogen verschiedene Arten von Kohl, Rüben, Rettigen und Salaten, ferner Zwiebeln und Lauch, Petersilie, Sellerie, Erbsen, Linsen, Bohnen, Gurken und Kürbisse. Die Blumenzucht bevorzugte Veilchen, Rosen, Lilien, Hyacinthen, Nelken, Anemonen, Rosmarin, Goldlack und Tulpen. Die Ziergärtnerei, wie sie insbesondere an den deutschen Fürstenhöfen und Prälatensitzen gedieh, arbeitete zuvörderst in dem italisch-florentinischen Geschmad, dann in dem holländischen und endlich in dem französischen der angeblichen „Naturverschönerung", d. h. in dem versailler Geschmad einer geometrisch-steif gezirkelten Perüdengartenkunst. Botanische Gärten sind in Deutschland von der zweiten Hälfte des 16. Jahrhunderts an zur Anlage gelangt: den ersten erhielt Königsberg (1551). Der Weinbau lohnte sich sogar noch in norddeutschen Gegenden, wo er jetzt schon lange eingegangen ist. Freilich gab es zu Hamburg eigene Versüßungsanstalten für diese norddeutschen Rebensäfte. Neben den Rhein- und Moselweinen hielten die vom Neckar, aus der Pfalz und dem Elsaß ihren alten Ruf aufrecht. Ulm war für ganz Süddeutschland der Hauptort für den Weinhandel. Ein feiner Weinkenner, Johannes Rasch, gab 1582 sein „Weinbuch von Bau, Pfleg und Bruch des Weins" heraus und ein nicht minder feiner Kenner des Bieres, Heinrich Knauft, hatte schon etwas früher (1575) seine lange hochangesehenen „Fünff Bücher von der Göttlichen und edlen Gabe der philosophischen, hochtheuren und wunderbaren Kunst, Bier zu brawen", zum Nutzen und Frommen seiner Landsleute veröffentlicht. In das Zeitalter der Reformation fiel auch die Einführung der vier neuen Genußmittel: Tabak, Kaffee, Chokolade und Thee in unser Land. Des ersten ist schon früher gedacht worden und mag daher hier nur noch gesagt sein, daß der anfängliche Widerstand gegen die neue Sitte des „Tabaktrinkens" da und dort bis zum Komischen ging. So, wenn in der Stadt Bern noch i. J. 1661 ein Pönalmandat erlassen wurde, worin in dem Verzeichniß der zehn Gebote unmittelbar hinter dem „Du sollst nicht ehebrechen!" ein „Du sollst nicht rauchen!" eingeschoben wurde. Anderwärts war man derweil aufmerksam geworden, daß eine Tabakssteuer sehr einträglich sein dürfte, und förderte daher den Tabaksgenuß und den Tabaksbau, welcher letztere seit 1630 in verschiedenen deutschen Landschaften betrieben wurde. Der Kaffee, in Arabien daheim, ist in Deutschland zuerst genannt worden i. J. 1582 und zwar durch den Arzt Rauwolf, dem seine von ihm beschriebene „Raiß in die Morgenländer" die Bekanntschaft mit diesem Getränke verschafft hatte. Abermals wurde dasselbe sodann i. J. 1647 durch einen anderen Reisenden, den berühmten Olearius, erwähnt und zwar unter der Benennung „Kahowä". Im Abendland ist aber der Kaffee zuerst in Paris am Hofe des vierzehnten Ludwigs getrunken worden, wohin ein Gesandter Mohammeds des Vierten die Bohnenfrucht der arabischen Kaffeestaude gebracht hatte. Zur gleichen Zeit muß aber das neue Genußmittel auch in England Eingang gefunden haben, denn das älteste abendländische „Kaffeehaus" wurde schon 1652 in London aufgethan, während das erste französische erst 1671 zu Marseille eröffnet worden ist. Wie es scheint, hat man in Deutschland zuerst am brandenburger Hofe Kaffee getrunken (um 1675). Das erste deutsche Kaffeehaus hatte Wien (1683), noch heute die Muster-

Das Gasthaus zur goldenen Gans in Ilersfeld.

stadt für Kaffeehäuser. Stuttgart erhielt erst 1712 ein solches. Gleichzeitig mit dem Genusse des Kaffees machte sich auch der des „Chokolatl", welchen die Spanier aus Mexiko nach Europa verpflanzt hatten, in Deutschland heimisch, ebenso der aus China eingeführte Thee, so daß die genannten drei Getränke vom letzten Viertel des 17. Jahrhunderts an zunächst als Frühstückslost von den Vornehmen genossen wurden. Es mußten hundert und mehr Jahre vergehen, bis diese überseeischen Gewächse, namentlich der Kaffee, in unserem Lande aus einem Luxusgenuß der Reichen zu einem billigen Volksnahrungsmittel werden konnten . . ."

Während des dreißigjährigen Krieges und unmittelbar nach demselben war die Lage der deutschen Bauerschaft, mit Abrechnung der wenigen Landschaften, welche der Verheerungssturm nicht durchtobt hatte, geradezu ein Jammersaal. Wie dieser Sturm nicht nur an den Menschen und ihren Behausungen, sondern auch an den Feldern seine Wuth ausgelassen, ergibt schon die eine Thatsache, daß im Herzogthum Wirtemberg allein 40,000 Morgen Weinberge gänzlich wüstgelegt worden waren. Auf den Brandstätten ihrer Dörfer stand unsere arme, furchtbar zusammengeschmolzene Bauersame ohne Geld, ohne Vieh, ohne Saatfrüchte, ohne Werkzeuge, nur noch mit Fetzen und Hadern angethan, jeder Unbill der Witterung preisgegeben und in ihrer unter Kummer und Noth wieder anhebenden Arbeit fortwährend gestört und an Leib und Leben bedroht durch jene Raub- und Mordbanden der „Merodebrüder", welche sich im Verlaufe des Krieges gebildet hatten und auch nach dem Friedensschlusse ihr wildes Gesindeldasein fortsetzten. Zu den Marodeurs aus allen den verschiedenen Heeren hatten sich Vagabunden und Bettler, Stromer und Strolche, verlaufene Pfaffen und Schulmeister, Zigeuner und Juden, fahrende Schüler und fahrende Dirnen aus aller Herren Länder gesellt. Diese „Landstörzerei" machte, im tollen Sprachengemengsel des dazumal aufgekommenen „Rothwelsch" mitsammen verkehrend, in hunderterlei Gestalten mit Lug und Trug, mit List und Gewalt das Land unsicher und konnte das meist ungestraft thun, da die jämmerlichen Sicherheitsanstalten im Reiche der gauerischen Organisation nicht gewachsen waren. Eine Hauptkunst der deutschen Polizeien ist damals und noch lange nachher das „Abschieben" gewesen, d. h. erwischte Stromer und Strolche, welche keines schwereren Verbrechens als eben der Vagantenschaft geziehen werden konnten, prügelte man „rechtschaffen" ab und schob sie freundnachbarlich über die Gränze, von welcher her gelegentlich ein ebenso freundnachbarlicher Rückschub erfolgte, und so schoben die zahllosen deutschen Territorien ihren Reichthum an „Landstörzern" und „Freileuten" fortwährend einander zu. Gerade zur Zeit nun, wo in der zweiten Hälfte des 17. Jahrhunderts unsere Bauerschaft das eigene Dasein und die deutsche Landwirthschaft so zu sagen ganz neu begründen mußte, ist die so eben gekennzeichnete Landplage am allergrößten gewesen. Wenn man dieselbe zu allen den übrigen Hindernissen und Nöthen hinzuthut, welche der wiederaufgenommene Landbau zu befahren und zu erdulden hatte, und wenn man damit das verhältnißmäßig befriedigende Aussehen der deutschen Dörfer, Felder, Wiesen, Wein- und Obstgärten am Ende des 17. Jahrhunderts zusammenhält, so wird man sich eines warmen Gefühls der Achtung für die sittliche Kraft, die Anstelligkeit, die Genügsamkeit und Beharrlichkeit unserer Bauersame nicht entschlagen können. Um so weniger, als dazumal der Bauer in weit höherem Grade als heute auf die eigene Kraft verwiesen war. Der schroffe Ständeunterschied einestheils und die Mangelhaftigkeit der Verkehrsmittel anderentheils hielten ja das bäuerische Dasein in einer Abgeschlossenheit, von welcher wir uns jetzt kaum noch eine Vorstellung machen können. Gerade wie auch von der Elendigkeit des Straßenwesens, von der Umständlichkeit der Flußschifffahrt, von der Unsauberkeit und Dürftigkeit der Gasthäuser, wenigstens auf dem Lande. Der Humanist Erasmus, ein freilich etwas weichlicher Mann, hat in einem seiner „Gespräche" (colloquia) von so einer ländlichen Herberge im 16. Jahrhundert eine Schilderung gegeben, welche einem Reisenden des 19. die Haut schauern machen muß. Noch das ganze 17. Jahrhundert hindurch reis'ten die Rüstigen beider Geschlechter zu Pferde, obwar die weitschichtigen Fuhrwerke wie die „Gutswagen" oder „Gutschen" und „Karossen" des Reformationszeitalters gewesen sind, für ältere Herren und Damen, für Prälaten und Kranke bereits im Gebrauche waren. Vornehme Leute schleppten auf Reisen einen ungeheuren Troß mit; was allerdings zum Theil aus Prunksucht geschah, zum Theil aber auch deßhalb, weil man vieles von Hause mitnehmen mußte, was jetzt in jedem anständigen Gasthause zu finden ist. Ein Beispiel dieser Troßschlepperei kann die Reise abgeben, welche Wallenstein i. J. 1630 vom Karlsbad in Böhmen aus zum Fürstentag in Regensburg machte. Sein Gefolge bestand aus 6 Fürsten, 150 Edelleuten und einer vom Grafen und Oberst Ottavio Piccolomini befehligten Standarte Leibkyrisser, sein Reisezeug aus 17 Staatskarossen, 24 „Gutschen", 60 Packwägen und 700 Pferden . . . .

Die deutschen Städte hatten sich im 16. Jahrhundert so herausgemacht, daß Fremde, welche unser Land durchreis'ten, sich in bewundernden Beschreibungen derselben ergingen. Städte wie Augsburg, Nürnberg, Ulm, Frankfurt, Mainz und Köln durften geradezu für prächtige gelten. Noch war auch in den Bürgerschaften jener hochlöbliche Gemeinsinn thätig, welcher einen edlen Stolz darein setzte, mittels großer Opfer die Vaterstadt mit Monumentalbauten zu schmücken und diese mit Kunstwerken auszuzieren. Als ein schönes Beispiel, was diese bürgerliche Opferwilligkeit zu unternehmen und was die deutsche Mechanik und die deutsche Kunst im 16. Jahrhundert zu leisten vermochten, steht das berühmte astronomisch-künstlerische Uhrwerk im Münster zu Straßburg da, welches ein „ehrsamer und wohlweiser" Rath i. J. 1547 „aufzurichten" beschloß und dessen Plan durch die „fürtrefflichen Mathematikos" Heer, Bruckner und Herlin „angegeben, geordnet und aufgerissen" wurde. Die alsdann unter solthaner Leitung durch „wohlerfahrene Handwerksleut" begonnene Ausführung des Werkes gerieth aber ins Stocken, bis es i. J. 1571 wieder aufgenommen wurde, „da Isaak und Josias Habrecht, von Schafshausen bürtig, Gebrüder und beide Uhrmacher, hieher nach Straßburg kamen; denen ist neben dem Herrn Professor Konrad Dasypodius, David Wollenstein aus Breslau und Tobia Stimmern, dem Maler, solches zu verfertigen, anvertraut und befohlen worden, die es dann auch treulichst und fleißigst verrichtet und anno 1574 vollendet, wie es der Augenschein erweiset und das Werk die Meister lobet." Fischart hat diese kunstvollste aller Uhren in hübschen Reimen beschrieben. Auch gibt es eine schöne Sage, welche meldet, daß

Die Uhr im Straßburger Münster.

in einer Septembernacht von 1380 zu ganz ungewöhnlicher Stunde das Glockenspiel des klingen sei und daß eine helle Knabenstimme dazu die Choralworte:

„Nach Leib und Leben sie uns stahn
Und stellen uns wie Ketzern nach" —

gesungen habe, was auf bevorstehendes großes Unheil gedeutet wurde. Nicht mit Unrecht. Denn nach Jahresfrist hielten die Protestanten zum letztenmal ihren Gottesdienst in dem Prachtbau Erwins. Ihr Angstruf: „Aus tiefer Noth schrei' ich zu dir!" verhallte wirkungslos in den hohen Wölbungen. Sie wurden, obzwar es dazumal nur wenige seßhafte katholische Familien in Straßburg gab, durch die französischen Räuber aus dem Münster vertrieben und an der Pforte desselben begrüßte der schnöde Verräther des Reiches und der Reichsstadt, der Bischof Egon von Fürstenberg, den Räuberkönig Ludwig mit den Huldigungsworten niederträchtiger Schmeichelei.

Ein nürnberger Wohnzimmer.

Das deutsche Bürgerhaus war zur Reformationszeit in seiner Bauart und seiner Einrichtung schon über die mittelalterliche Plumpheit und Dürftigkeit hinweg. Die großen Fortschritte, welche das deutsche Handwerk nach allen Seiten hin gemacht hatte, mußten nothwendig auch den bescheideneren bürgerlichen Wohnbauten zu statten kommen. An Hausrath finden wir den Angaben gleichzeitiger Urkunden und Beschreibungen zufolge in den Wohnstuben solcher Bürgerhäuser Tische, Stühle und Bänke, besonders die an drei Seiten des gewaltigen Kachelofens hinlaufende und mit Sitzkissen bedeckte Ofenbank, außerdem in einer Ecke ein „Faulbett" oder „Lotterbett" (das Sopha oder Kanapee von damals), dann den „Grißkalter", einen niedrigen Schrank, worauf man mit Wasser hantiren, sich waschen oder Geschirre rein schwenken konnte, und das „Kandelbrett" oder das „Buffert", auf welchem Kannen, Becher, Flaschen und Kühlkessel standen. Eine Wanduhr fehlt nicht, denn schon seit 1500 hatte man, vorab zu Nürnberg, gelernt, die Thurmuhren zu Zimmeruhren und zu Taschenuhren („nürnberger Eier" von ihrer ovalen Form) zu verkleinern. In der Wohnstube treffen wir auch einen kleinen Wandspiegel, einen Leuchter mit Lichtscheere, ein Schreibzeug mit Papier und Siegel, ein Schachbrett, einen Würfelbecher und ein Kartenspiel. Denn schon in der zweiten Hälfte des 14. Jahrhunderts war bei uns der Spielkartendruck erfunden worden. Unsern Vorfahren gehört auch die zweifelhafte Ehre an, eins der ältesten Kartenspiele — (das wahrscheinlich älteste und jedenfalls feinste, L'Hombre, soll von den spanischen Moristos aufgebracht worden sein) — ersonnen zu haben, das „Landsknechtsspiel". Als die Reformation in Gang gekommen, kam bei uns ein sehr eigenthümliches Kartenspiel auf: der „Karniffel" oder „Karnöffel",

Ein augsburger Garten.

auf dessen Blättern und in dessen Regeln die religiösen und politischen Wirrsale der Zeit sich abspiegelten. Die Gesellschaftsspiele zählten damals nach hunderten; wenigstens weiß Fischart in seiner „Geschichtsklitterung" nahezu 500 solcher Zeitvertreibe und Belustigungsweisen aufzuzählen und zu benamsen. Neben dem Schachbrett, dem Würfelbecher und dem Kartenspiel fanden sich aber auf dem Brett an der Tischwand im deutschen Bürgerhause des 16. Jahrhunderts auch „die Bibel vor und andere Bücher mehr zu Kurzweil und sittlicher Lehr", wie beim Hanns Sachs geschrieben steht. Selbiger führt uns sodann in die bürgerliche „Schlafkammer", allwo wir ein „Spannbett" mit Strohsack, Matratze, Pfulmen, Kissen, Betttuch und Decke vorfinden, sowie alle die kleinen Vorrichtungen nächtlicher Bequemlichkeit, und im Weiteren etliche „Gewandtalter" (Kleider- und Weißzeugschränke) und die eisenbeschlagene, mit schwerem Schloß versehene „Truhe", in welcher das Geld des Hausvaters und die „Maybiglein" und andere „Kleinodighen" der Hausfrau und der erwachsenen Töchter aufbewahrt wurden. In so beschaffenen Wohnräumen sind die meisten jener Männer, welche in der deutschen Kulturgeschichte der Reformationszeit als leuchtende Sterne stehen, zur Welt gekommen, in solchen haben sie ihre Arbeit gethan, in solchen sind sie gestorben. Das deutsche Bürgerhaus mit seiner Heimeligkeit, Ehrbarkeit und Frömmigkeit tritt uns namentlich auch in der Kunst von dazumal anmuthend und herzbewegend entgegen. Man muß die bürgerlich-bescheidene Daseinsweise unserer großen alten Meister mit in Betracht ziehen, wenn man ihren Schöpfungen ganz gerecht werden will. Aber ein edler Hauch von Poesie ging durch alle diese Einfachheit und dieses Sichbescheiden. Man nehme z. B. den ländlich-guten Brief zur Hand, welchen Meister Dürer über den i. J. 1513 erfolgten Hingang seiner Mutter schrieb, und man wird sich eine Vorstellung bilden können, welche Fülle von Liebe, Zartsinn und edler Sitte allen Ausschreitungen des Jahrhunderts zum Trotz im bürgerlichen Familienleben daheim gewesen ist.

Der Glanz des mittelalterlichen Stadtjunkerthums verblich zur Reformationszeit vor dem der Geldbarone, der Großkapitalisten, welche sich schon ganz aufs „Gründen" verstanden und die einträglichsten Handelszweige zu monopolisiren wußten. Welche ungeheuren Gewinne die Kapitalmacht im 16. Jahrhundert erzielte, zeigte die Thatsache, daß eine Bilanz der Firma Fugger ergab, binnen 7 Jahren sei ein Reingewinn von 13 Millionen Gulden gemacht worden, und eine andere, daß einmal das Fugger'sche Vermögen die für dazumal geradezu kolossale Höhe von 63 Millionen Gulden erreicht habe. Mit den Geldmitteln, welche solche Handelsherren besaßen, ließ sich das Leben schon reich und genüßlich gestalten. Die deutschen Handelsstädte waren denn auch in Bauart und häuslicher Einrichtung, wie in der Kunstpflege und in gemeinnützigen Anstalten, den fürstlichen Residenzstädten, mit Ausnahme etwa von Wien, weit voran. Nicht weniger auch in der Bewohnerzahl. Berlin z. B. war, verglichen mit Augsburg, Nürnberg, Frankfurt, Köln, Lübeck, Bremen und Hamburg, nur ein armsäliges Nest, dessen Einwohnerschaft erst nach der Mitte des 17. Jahrhunderts auf 20,000 Seelen anstieg. Erst die Mühwaltung des großen Kurfürsten hat Berlin aus seinen bäuerischen Zuständen herausgehoben. Denn dieser Regent war es, welcher die werdende Hauptstadt eines werdenden Staates mit monumentalen Bauwerken schmückte, die Straßen pflastern, reinigen und beleuchten ließ und für eine bessere Bau- und Feuerlöschordnung sorgte.

Frauentracht des 16. Jahrhunderts.

Wollte man im 16. Jahrhundert die ganze Fülle städtischen Lebens sehen, so mußte man in die erwähnten Handelsstädte gehen, namentlich in die süddeutschen, welchen die raschere und bequemere Verbindung mit Italien allen höheren Schmuck des Daseins reichlicher zuführte als den norddeutschen. Da sah man zierlich-prächtige Patrizierhäuser im Renaissancestil, außen und innen mit Freskomalereien verziert, Vorhallen und Treppenaufgänge mit Marmorsäulen geschmückt, Erker, an welchen die Bildnerei, Fenster, an denen die Glasmalerei ihre ganze Kunst entfaltet hatte. Drinnen Säle und Stuben, welche mit den kostbarsten überseeischen Holzarten getäfelt oder mit bemalter und vergoldeter Stukkatur vergipst waren. Auf den sorgsam parkettirten Fußboden prächtige Teppiche aus der Türkei oder Persien, an den Wänden Tapeten aus Arras und Spiegel aus Venedig, in den Prunkzimmern antike Statuen und neue Gemälde, auf den „Tresuren" ganze Sammlungen kunstvoll aus Gold, Silber und Kristall gearbeiteter Gefäße und Tafelgeräthe aller Art, die einzelnen Stücke des Hausrathes ebenso viele Kunstwerke der Holzschnitzerei. Hinter den Häusern weite Gartenanlagen mit den seltensten ausländischen Bäumen, Sträuchern und Blumen,

Springbrunnen, Weihern mit Goldfischen, Badstuben mit Marmorwannen, Vogelhäusern mit Papageien und „Kanaris". In solchen Räumlichkeiten bewegte sich die patrizische Gesellschaft in den malerischen und kostspieligen Herren- und Damentrachten der Zeit. Grundmode blieb das ganze Jahrhundert hindurch die burgundisch-spanische, deren Knappheit jedoch bei beiden Geschlechtern zeitweilig der „Pludrigkeit" wich. Die Damenmoden wechselten natürlich vielfältig; doch muß man den deutschen Frauen der Reformationszeit nachrühmen, daß ihre Anzüge entschieden ehrsamer und schamhafter waren als die ihrer Vorgängerinnen im 15. Jahrhundert. Eine Verirrung ins Häßliche war es, als die Halskrausen bei Männern und Frauen zu jenen pflugradgroßen, steifgestärkten „Mühlsteinkragen" sich vergrößerten, auf welchen der Kopf alsowie auf einer Schüssel lag, so daß die Freiheit der Hals- und Hauptbewegung ganz verloren ging. Ueberhaupt lag in dem Schnitt und in den Stoffen der Herren- und Damentracht etwas Steifes, etwas die Bewegungen und Gebärden in strengem Zwange haltendes und ist schon darum in das Gebaren der höheren Stände viel von der Gemessenheit spanischer Etikette eingegangen.

Auf die Tafelfreuden wurde sehr viel gehalten und in einem patrizischen Haushalte waren Küche und Keller wohlversorgt. Was den letztern angeht, so trank man neben den heimischen Rhein-, Neckar- und Moselweinen mit Vorliebe ungarische, spanische und griechische. Wir besitzen ein Kochbuch, welches der Kochkünstler und Feinschmecker Marx Rumpolt i. J. 1587 herausgab, und erfahren daraus, daß dazumal 63 Arten von Suppen, 127 Fischgerichte, 70 Sorten von Fleischpasteten, 225 von Zugemüsen, 46 von Torten und fünfzigerlei Salate auf den Tisch kamen; item, daß man aus Ochsenfleisch 83, aus Kalbfleisch 59, aus Hammelfleisch 45, aus Schweinefleisch 43 und aus Hirschfleisch 37 Arten von Gesottenem, Geschmortem und Gebratenem herzustellen verstand. Starke Würzung der Speisen war allgemein, woraus sich auch erklärt, daß nicht nur die Herren, sondern auch die Damen einen guten Trunk ertragen konnten und einen guten „Zug" in der Kehle hatten. Einen unzweifelhaften Kulturfortschritt bezeichnete der jetzt allgemeiner gewordene Gebrauch von Löffeln und Servietten, sowie die Vertauschung der fünfzinkigen Naturgabel, der Hand, mit der zwei- und dreizinkigen Kunstgabel. An den Tischen der besseren Stände war die Gabel zu Ende des 16. Jahrhunderts schon heimisch, es hat aber noch ein volles Jahrhundert gewährt, bis sie es auch unter den Bauern wurde.

Die städtischen „Fröhlichkeiten" und „Anlässe des Mittelalters" erfuhren im Reformationszeitalter eine beträchtliche Steigerung. Die Leute trieben gern Kurzweil aller Art und in den Städten lö'ten die Schaustücke der Oguflerbanden, die Aufführungen von Schulkomödien, Thierhezen, Pferderennen, Schützenfeste, Schlittenfahrten und Mummereien einander ab. Bei allen diesen Gelegenheiten ließ sich die strotzende Lebenslust unserer Altvordern häufig in so derber Art aus, daß der verfeinerte oder auch heuchlerischere Sinn unserer Tage sich zu abschätzigem Naserümpfen veranlaßt finden dürfte. Freilich, sie trieben es mitunter so arg, unsere lieben Altvordern, besonders am Zechtisch und auf dem Tanzboden, daß die beiden Pfarrherren Matthäus Friedrich zu Schönberg und Florian Daul zu Schnellewalde gar wohl wußten, warum sie, jener seinen „Sauffteuffel" (1557) und dieser seinen „Tantzteuffel" (1567) ausgehen ließen, um beiderlei Unsitte und Unstäterei zu bekämpfen. Friedrich verfuhr mehr ironisch und satirisch, Daul mehr zeternd und weisend. Beide aber malen drastisch, was sie bekämpfen. Im „Tantzteuffel" wird zuvörderst den „sittigen, erbarn und züchtigen Tänzen" Lob gespendet, „da par vnd par im reyen fein züchtig, vernünfftig vnd höflich nach einander gehen, ohn drewen, ohn twirgeln, ohn pochen, hochspringen, schwingen, hin und wider werffen vnd ruden." Dann wird losgezogen gegen die „leichtfertigen und unverschämten, zucht- und ehrvergessenen Welt- und Nachttänze", allwobei die tanzenden Paare „durcheinander unordentlich gehen und lauffen wie die bisenden Küh', sich werffen und verdrehen, welches man verlöbern heisset". So geschiehet nun solch schendtlich schwingen, werffen, verdrehen und verlödern von den Tantzteuffeln, so geschwinde, auch in aller Höhe, wie der Barwer den flegel schwinget, daß bißweilen den Jungfrawen, Dirnen vnd Mägden die Kleider bis über den Gürtel, ja bis über den Kopf fliegen. Oder werffens sonst zu Boden, fallen auch wol beide vnd andere viele mehr, welche geschwinde vnd vnvorsichtig hernach lauffen vnd rennen, daß sie über einem hauffen liegen. Die gern vnzüchtig Ding sehen, denen gefellt solch schwingen, fallen vnd kleiderfliegen sehr wol, lachen vnd sind fröhlich dabey." Erwägt man, daß diese „Tantzteuffelei" aus protestantischen Kreisen gemeldet wird, so hat man auch hier wiederum eine eigenartige Probe von der durch das Lutherthum zuwegegebrachten „sittlichen Vertiefung" unserer Vorfahren. Die Wahrheit ist, daß edlere Sitte und Lebensführung in

Schlittenfahrt.

unserem Lande nicht im ehernen Zeitalter der katholischen und protestantischen Orthodoxie auskam, sondern erst im Zeitalter des Zweifels und des entschieden angehobenen Kampfes gegen die „Rechtgläubigkeit". Uebrigens versanken in der ersten Hälfte des 17. Jahrhunderts in Deutschland die Städter in kaum minder großes Elend wie die Landleute. Die dreißigjährige Kriegsfurie nahm auch die Städte grausam mit, so grausam, daß z. B. Augsburg während der Kriegstrübsal nahezu 60,000 seiner Bewohner einbüßte. Die erbarmungslosesten Brandschatzungen und Plünderungen vernichteten den städtischen Wohlstand und damit auch das städtische Wohlleben. Die Gewerbe lagen darnieder, der Handel stockte, die Künste verkümmerten. Armuth, Drangsal, Noth überall. Erst von 1650 an vermochte das tiefgebeugte deutsche Bürgerthum sich allmälig wieder aufzurichten und seine Arbeiten wieder aufzunehmen. Während des dreißigjährigen Krieges dagegen gehörte es wohl zu den Seltenheiten, wenn ein Mann aus dem Mittelstande eine Hinterlassenschaft hatte wie zu Ende des Jahres 1631 jener Johannes Zisenisen, beider Rechte Doktor, zu Hannover, welcher in Kapitalbriefen die Summe von 5000 Reichsthalern hinterließ, etwa 50 Reichsthaler bar, viele gulbene und silberne Kleinode, Schaumünzen, Ringe, Ketten und Becher. „Item an Waffen einen Harnisch, Brustftüd, Halskragen und Sturmhaube, einen Doppelhaken, eine Muskete und einen Degen mit versilbertem Griff. Item an Büchern einen Horatius und einen Hesiodus, etliche Bücher in französischer Sprach, auch etliche wenige Juristenbücher, ein Konvolut allerhandt Disputationen, ein eingenähtes Buch in Pergamen, eine Synopsis juris civilis, ein klein Buch in italienischer Sprach, das Hirten Ambt Christi und etliche Leich-Predigten." Achtundsechzig Jahre später wies der Nachlaß des Stadtsekretärs Daniel Mäber zu Hannover doch schon eine verhältnißmäßig stattliche Bibliothek von mehr als 300 Bänden auf. Darunter waren die griechischen und römischen Klassiker ziemlich vollständig, dann Grammatiken und Wörterbücher der neueren Sprachen, auch die juristischen, philosophischen und schönwissenschaftlichen Werke der Zeit . . .

Wenden wir uns von den bürgerlichen Kreisen zu den adeligen, so finden wir, daß sich im Laufe des 16. Jahrhunderts die mittelalterliche Ritterburg allmälig in das neuzeitliche Herrenhaus umwandelte, sei es, daß die Burgen, welche ja gegen das verbesserte Pulvergeschütz doch nicht mehr standzuhalten vermochten, zu Schlössern umgebaut oder auch von ihren Besitzern ganz verlassen wurden, weil es diese bequemer fanden, an wohlgelegenen Stellen in der Ebene sich anzusiedeln und Schlösser zu erbauen, die allerdings zunächst im Aeußern und Innern noch viel burgartiges hatten, doch aber nach und nach die architektonischen Motive der Renaissance- und dann des Barock- und Rokokostils aufnahmen. Da diese Schlösser hinsichtlich ihres Umfangs, der Pracht oder Dürftigkeit ihrer Einrichtung, der Zierlichkeit oder Vernachlässigung ihrer Umgebung eine unendliche Verschiedenheit aufzeigten, so machten sich selbstverständlich auch in der Lebensweise ihrer Bewohner eine Menge von Abstufungen und Schattirungen bemerkbar. Zuvörderst kamen da in Betracht der Unterschied zwischen Hofadel und Landadel, hernach bei diesem wie bei jenem der größere oder kleinere Besitz, endlich die verschiedenen Bildungsgrade und kirchlichen Bekenntnisse. Die bäuerische Einfachheit, um nicht zu sagen Dürftigkeit, in welcher die Söhne und Töchter eines nur mäßig begüterten Landedelmanns heranwuchsen, zeigen uns die Denkwürdigkeiten des schlesischen und lutherischen Ritters Hanns von Schweinichen, welche von 1552 bis 1602 reichen. Der Junker Hanns mußte als Knabe die Gänse hüten, wurde vom Dorfschreiber und dann in der lateinischen Schule zu Goldberg nur sehr nothdürftig unterrichtet, diente, erwachsen, seinem Vater als Drescher, Pferde- und Mahlknecht, kam dann an den Hof des Herzogs von Liegnitz, wo er sich „mit saufen eine große Kundschaft machte", und begleitete später seinen armen Teufel von Herzog auf dessen bettelhaften Reisen durch das Reich, welche er so ergözlich beschrieben hat. In ganz anderm Stile lebte Schweinichens Zeitgenosse, der reiche westphälische und katholische Freiherr Kaspar von Fürstenberg, gestorben als Landdrost von Westphalen, dessen Tagebücher von 1572 bis 1615 reichen. Kaspar war ein im elterlichen Hause durch einen tüchtigen Hofmeister, dann auf der Hochschule zu Köln gebildeter Mann, welchem die Citate aus lateinischen Autoren sein Lebenlang leicht von der Hand giengen und der, als seine zweite Frau — eine Bürgerliche — in seinem Schlosse Bülstein einzog, durch ihre Schönheit an die Korinna des Ovidius sich gemahnt fühlte. Mit dem Landedelmann, welcher die Bewirthschaftung seiner Güter sorgsam überwachte, verband sich in ihm der Hofedelmann, insofern er als eifriger Katholik in den Angelegenheiten des Kurfürstenthums Köln zu einer sehr bewegten Zeit wiederholt eine vortretende Rolle spielte und in Sachen der Verwaltung und der Diplomatie vielfach gebraucht wurde. Seine diplomatischen Geschäfte waren mitunter absonderlicher Art. So schrieb er z. B. am 13. Juni 1589 in sein Tagebuch: „Ich werde neben anderen abgefertigt in werbung ahn das Thumlapitul belangendt den künftigen Landtag, Besserung ihres klerikalischen wandels und wesens und abschaffungh der huren." Im Jahre 1591 verlobte er seine Tochter Goda mit Bernhart von Heiden und bemerkte hierüber: „Ich zeige meiner Tochter Göden Heidens

werbung und meinen und der Freunde willen agn, Befinde jungfraulichen schaam und wenemut bei ihr."
Im Juli des folgenden Jahres fand zu Neuhaus die Hochzeit statt, ausgerichtet von dem Oheim der Braut,
dem Bischof Theodor von Fürstenberg: „Der Breutigam nebst einem ansehentlichen Geleite seiner Freunde

Die Reittreppe im Schloße zu Stuttgart.

beiderlei geschlechts khomen den Nachmittag ahn, Und geschieht für abentessen die Zusammengebung und
Beilsetzung uf dem großen Saal und gehet ein ansehentlich fürstlich mal ahn." Am nächsten Tage „exhibiren
die patres societatis Jesu nachmittags eine herliche comoediam, Fster, Sonsten geschieht nichts, dan
freudt mit eßen, drinden und tantzen, Meiner tochter der Braut wirdt ihr morgengab verordnet und
funften von Ihrer fürstlichen Gnaden (dem Oheim-Bischof) und Graf Simon zu Lipp herliche Kleinoter

und geschirr verehret." Bemerkenswerth ist, daß der westphälische Freiherr trotz seiner Katholicität seine Tochter doch einem Protestanten zur Ehe gegeben hatte. Freilich war es ohne einen Stoßseufzer dabei nicht abgegangen: — „Mein tochter Jungfrauw Göba ist ahn einen ehrlichen von Adell Bernhardt von Heiden verheiratet. Utinam esset catholicus!" Sehr häufig findet sich in den Tagebüchern die Notiz: „Wir sein untereinander gar lustig und gehet ein starker Drunck umb." Dann kommen Einzeichnungen über landwirthschaftliche Vorrichtungen und Verrichtungen, auch über Reisen, wobei der Freiherr nicht vergißt, anzumerken, daß „die Wirthe rechneten wie schelmen". Ein Haus wie das fürstenbergische mußte nach der Sitte der Zeit von standeswegen viel auf den Besitz eines stattlichen Vorraths von Gold- und Silbergeschirr halten. Im Jahre 1591 hatte das Goldgeschmeide des Freiherrn ein Gewicht von 28 Pfund und einen Geldwerth von 11,000 Thalern, für dazumal ein sehr beträchtliches Kapital, für dessen Hälfte man in Städten wie Mainz und Köln das schönste Haus mit Garten kaufen konnte. Fürstenberg erbaute sich zu seinem Ruhesitz etwas später das Schloß Schnellenberg bei Attendorn, welchen Bau aber erst sein Sohn und Erbe Friedrich vollendete und zwar so, daß derselbe recht als das Muster eines Herrenschlosses beim Uebergang aus dem 16. ins 17. Jahrhundert gelten konnte.

Als ein typischer Schloßpalast aus der zweiten Hälfte des 16. Jahrhunderts steht in seinen Grundformen noch jetzt das „alte Schloß" in Stuttgart da, welches i. J. 1570 fertiggebaut worden ist. Charakteristische Räumlichkeiten desselben waren diese: im Erdgeschoße des nach Südosten gerichteten Flügels befand sich eine große Halle, die „Türnitz, welche 136 Fuß lang und 51 Fuß breit war, für gewöhnlich dem Hofgesinde zum Speisesaal diente, bei großen Anlässen aber den Festschauplatz abgab. Ueber der Türnitz lag die „Ritterstube", d. h. das Arbeitskabinett, das Audienzimmer und der Speisesaal des Herzogs, und über der Ritterstube das „Frauenzimmer" für die Herzogin und ihr weibliches Gesinde, „Stuben und Kammern gar heimlich und still". Im Flügel gen Norden war die Küche untergebracht und ein großer Sal hergerichtet zum bankettiren und tanzen, während im südlichen Flügel die Hofkapelle ihren Platz gefunden hatte. Die Wände in den Sälen und in den Privatgemächern der herzoglichen Herrschaften waren mit seidenen oder wollenen Tapeten bekleidet, auf welchen sich biblische Geschichten dargestellt fanden. An der Nordfronte des Schlosses lag das „Paradies", wie der kunstreich angelegte und sorgfältig gepflegte Lustgarten hieß, der auch die erste in Deutschland aufgestellte Orangerie besaß. Ein „Thiergarten" mit allerhand Gewild und Gevögel fehlte in den das Schloß umziehenden breiten Gräben auch nicht und zum Ganzen dieser Fürstenburg gehörten noch der Marstall, das Harnischhaus und das Zeughaus.

In solchen fürstlichen Schlössern verlief das 16. Jahrhundert hindurch das alltägliche Dasein ganz so wie auf den Herrensitzen reicher Landedelleute, nur eben auf größerem Fuße. Den Prinzen gab man gern eine halbgelehrte theologische Erziehung, schickte sie mit Hofmeistern auf die Hochschulen, dann auf Reisen, um insbesondere in Wien am Kaiserhofe den letzten Erziehungsschliff zu bekommen. Später wurde leider Paris das Lieblingsreiseziel der deutschen Prinzen, welche von dort alle die „Courtoisie" und „Galanterie", wie sie am „Hofe der Lilien" im Schwange ging, d. h. alle mögliche Zuchtlosigkeit mitheimbrachten. Auf die Erziehung der Prinzessinnen ist dazumal, wo noch von einer deutschen Fürstin vor allem gefordert wurde, daß sie eine kenntnißreiche, geschickte und thätige Hausfrau wäre und dem gar nicht leichten Geschäfte der Führung so großer und verwickelter Haushalte tüchtig vorzustehen verstände, nach der wissenschaftlichen Seite hin in der Regel keine große Achtsamkeit gewandt worden. Lesen und schreiben, etwas rechnen, ein wenig Erdkunde und ungeheuer viel Katechismus, das waren die Unterrichtsgegenstände. Ausnahmsweise kam es allerdings vor, daß fürstliche und adelige Mädchen eine auf die Kenntniß und Handhabung der lateinischen Sprache basirte, höhere Bildung erhielten. Es erhellt dies aus der nicht geringen Anzahl von Frauen, welche zur Reformationszeit in die kirchlichen und politischen Verhältnisse mehr oder weniger thätig eingegriffen haben. So die Königin Maria von Ungarn, Schwester Karls des Fünften, welche mit Luther briefwechselte, dann die Herzoginnen Katharina von Sachsen und Elisabeth von Braunschweig, die Prinzessin Margaretha von Anhalt, die Kurfürstinnen Sibylle und Anna von Sachsen und Elisabeth von Brandenburg, verschiedene Frauen und Töchter der Grafenhäuser Stolberg und Mansfeld, die hochbegabte Freifrau Argula von Grumbach, auf deren entschiedenes Anrathen vielleicht Luthers Entschluß, sich zu verheiraten, zurückzuführen ist, und endlich auch die beiden bürgerlichen Frauen Katharina Zunter aus Eger und Magdalene Haymer aus Regensburg, welche beide in geistlichen Liedern und in offenen Sendbriefen die Sache der Reformation verfochten haben.

Philippine Welser.

Der Umgangston war in den vornehmen Familien ein gemessener. Das vertrauliche Du kam wohl im mündlichen Verkehre vor, nicht aber im schriftlichen. Die meistgebrauchte briefliche Anredeformel zwischen fürstlichen Eheleuten war „Eure Liebden!" Prinzen und Prinzessinnen unterstanden sich nicht, Vater und Mutter anders anzuschreiben als mit „Eure Gnaden" oder mit „Gnädiger Herr Vater" und „Gnädige Frau Mutter". Das Wort „Buhle" wurde zu jener Zeit noch ganz harmlos im Sinne von Freund und Freundin gebraucht, selbst unter Geschwistern. Ebenso harmlos hieß ein Mädchen, auch eine Fürstentochter, „ein Mensch". Von Ziererei und Prüderie wußte man wenig und scheute sich nicht im geringsten, alle Dinge mit ihren Namen zu nennen, selbst in der höchsten und besten Gesellschaft, welcher es auch gar nicht einfiel, das Lachen über die meist sehr drastischen und plastischen Auslassungen des Volkshumors zu verhalten. Die Unbefangenheit, womit briefwechselnde Fürstinnen einander von ehelichen Sachen unterhielten, muß Fürstinnen unserer Zeit höchst verwunderlich vorkommen. Uebrigens hielten sich im 16. Jahrhundert im allgemeinen die fürstlichen Ehen in unserem Lande auf der festen Grundlage der Sittlichkeit, obzwar im besonderen grelle Verstöße vorkamen. Aufrichtige und innige gegenseitige Neigung, feste gegenseitige Treue war in fürstlichen Ehen nicht selten. Das grundverderbliche Maitressenwesen war noch nicht vom „Hofe der Lilien" herübergeholt, wurde es aber leider im 17. Jahrhundert. Fürsten, welche ihre Herzen an Bürgerstöchter verloren, schraken vor „Mißheiraten" nicht zurück. Der Herzog Wilhelm von Baiern heiratete in aller Form seine Marie Pettenbeck, der Erzherzog Ferdinand von Oestreich-Tirol seine Philippine Welser, die schöne Augsburgerin, deren Hals so fein war, daß man ihr, so sie Rothwein trank, dieses Roth die Kehle hinabgleiten sah. Auch im 17. Jahrhundert übrigens kamen solche Fürstenehen vor: der Herzog Rudolf August von Braunschweig-Lüneburg heiratete i. J. 1681 die Barbierstochter Elisabeth

Rosine Menthe und der Fürst Leopold von Anhalt-Dessau i. J. 1698 die Apothekerstochter Anna Lise Föhse.

Die Heiraten der Prinzen und Prinzessinnen waren schon dazumal nur in Ausnahmefällen Herzenssachen, in der Regel dagegen Familien- oder Staatsgeschäfte, die umständlich eingeleitet, weitschweifig geführt und pünktlich abgeschlossen wurden mittels Eheverträgen, worin alles Mögliche vorgesehen war. Die vonseiten der Braut beizubringende Mitgift oder das „Heiratsgut" und die vonseiten des Bräutigams zu leistende „Morgengabe" waren genau ausgemacht. Prinzessliche Mitgiften bewegten sich auf der Skala von 20 bis 40,000 Gulden, die Morgengaben auf der von 4 bis 5000 Gulden jährlich. Wenn ein Heiratsgut auf die Höhe von 70,000 Reichsthalern stieg, wie das der Prinzessin Anna, Tochter des Kurfürsten Moritz von Sachsen, welche Wilhelm von Oranien, den „Schweigsamen", heiratete und nach sehr unglücklicher Ehe — im Säuferwahnsinn starb, so war das eine seltene Ausnahme. Die Herren Bräutigame oder beziehungsweise ihre Räthe und Heiratsgeschäftsführer sahen auch sehr darauf, daß die Bräute von elterlicher Seite auskömmlich mit Kleidern, Linnenzeug und „Kleinodigkeiten", ja namentlich mit diesen ausgestattet wurden. Nachdem alles vereinbart worden, erfolgte in feierlicher Audienz die Verlobung, wobei der Brautwerber des fürstlichen Bräutigams die Stelle desselben vertrat. Der Vater richtete an die Tochter vor versammeltem Hofe die Frage, ob sie den Fürsten, so um ihre Hand geworben, mit aufrichtigem Sinne zum Ehegemahl haben wollte, und darauf erfolgte vonseiten der Gefragten die stehende Antwortsformel: „Weil es meinem gnädigen Herrn Vater also gefällt, bin ich es wohlzufrieden". Die Vermählungsfeste wurden in den Fürstenkreisen mit verschwenderischem Prunk begangen und an hunderte, ja an tausende von Gästen ergingen Einladungen dazu, wobei jedoch die Voraussetzung stattfand, daß die Gäste hübsche Geschenke für die Brautleute mitbringen würden. Den Gang und Verlauf von so einer Hochzeit mag die veranschaulichen, welche der Herzog Johann Wilhelm der Dritte von Jülich-Kleve-Berg mit der Prinzessin Jakobäa von Baden am 16. Juni von 1585 zu Düsseldorf beging. Zur Vesperzeit am genannten Tage bewegte sich der Hochzeitszug zur Schloßkapelle, allwo die Zusammengebung stattfinden sollte, und zwar also: Voran schritt eine Musikbande mit Saiten- und Blasinstrumenten, sowie ein Dutzend Edelleute, welche brennende Wachsfackeln trugen. Kam dann das Brautpaar, von dem Vater und der Schwester des Bräutigams begleitet, von „Brautführern" und „Brautjungfern" umgeben und von dem ganzen Gästeschwarm gefolgt. Die Braut trug einen weit- ausgeschnittenen Rock von „Silberstud", mit Goldfäden durchzogen, und einen prächtigen „Karakantem" (Halsschmuck) aus Gold, Diamanten und Rubinen. Ihr Haar war „niedergeschlagen" und darauf saß ein gülden Krönlein. Vor der Trauung erging sich der Hofprediger in einer der unendlichen Predigten jener Zeit. Dann empfing er von dem Bräutigam einen Ring, welchen er der Braut an den Ringfinger steckte, und von der Braut einen Kranz, den er dem Bräutigam aufsetzte. Nach vollzogener Einsegnung wurde unter Trompeten- und Paukenschall das Tedeum angestimmt. Hierauf ging die ganze Versammlung in Procession zum Bankettsal, wo die Tafel gerichtet war. Edelleute in spanischen Mänteln trugen unter Führung des Hofmarschalls die Speisen auf. Nach beendigter Mahlzeit begannen in einem anderen Sale, dessen Tapeten allerhand biblische Scenen darstellten, die feierlichen Hoftänze und that den ersten der Bräutigam mit der Braut, denen man, wie es in der alten Relation heißt, „mit Flambos vor- und nachtanzete". Nach dem Tanze verfügte man sich in ein Seitengemach, wo eine „Kollation" von Zuckerwerk aufgesetzt war in Gestalt eines Gartens mit Bäumen, Felsen, Wasserfällen, Flüssen, Burgen und allerhand Thiergattungen. Nachdem man von diesem Schaustücke abgebrochen und genossen hatte, wurde das Brautpaar in die Brautkammer geleitet zum Beilager. Der folgende Morgen war zur Empfangnahme der Morgengabe und der Hochzeitsgeschenke bestimmt und noch mehrere Tage lang hatten die Gäste gute Kurzweil mit Ringelrennen, Bauletten, Tänzen, Mummereien und Feuerwerken.

Riesige Verhältnisse nahmen die fürstlichen Vermählungsfeste im 17. Jahrhundert an, welches ja überhaupt seine geistige Armuth und seine materielle Dürftigkeit mit den gleißenden Lappen einer weitschichtigen Pomphaftigkeit und eines gedankenlosen Aufwandes zu bedecken suchte. Der kaiserliche Hof behauptete seinen Vorrang in aller Prachtentfaltung und Wien sah i. J. 1666, als Kaiser Leopold der Erste die spanische Infantin Margarita Teresa heimführte, die prunkvollste von allen Hochzeiten, welche jemalen auf deutschem Boden gefeiert worden sind. Die Hochzeitsfestlichkeiten währten volle drei Monate und der Glanzpunkt von allen den dabei vorgekommenen Prachtspektakeln war das „Famöse Rößballett", dessen Beschreibung im „Theatrum europaeum" nicht weniger als 16 Folioseiten einnimmt. Dieses Schau d, welches von Angehörigen der hohen Aristokratie agirt wurde, ist ein „Ringelrennen" in größten Stil gewesen, mit einem ungeheuren Apparat und mit allen theatralischen Behelfen und Hilfsmitteln von damals ausgestattet. Die Ringelrennen aber waren von der zweiten Hälfte des 16. Jahrhunderts nach und mehr an die Stelle der ernsthafteren Ritterspiele, der Turniere, getreten. Man kann den Unterschied zwischen Turnier und Ringelrennen kurz und gut dahin bestimmen, daß jenes ein Kampfspiel und dieses ein Maskenspiel war, bei welchem Reiter-, Schneider- und Tänzerkünste den Ausschlag gaben. Von kundigen Händen geordnet und geleitet, waren jedoch diese Maskenspiele mit ihren phantastischen „Inventionen", ihren „Mantenadores" und „Aventureros", ihren „Devisen" und „Mottos" wirklich farbenprächtige Aufzüge und Schauspiele. Als weitere Kurzweil gesellten sich denselben in der vornehmen Gesellschaft die „Schäfereien", ein Mummenschanz, welcher ein erfabeltes Arkadien süßlich in Scene setzte, und die „Wirthschaften" wobei Fürst und Fürstin die Rolle von Gastwirth und Gastwirthin spielten. Ohne Maskeraben konnte es im 17. Jahrhundert nicht abgehen. Vielleicht fühlten sich die Deutschen von damals durch „ihres Nichts durchbohrendes Gefühl" getrieben, etwas anderes vorzustellen, als sie waren.

Hoftracht in der 2. Hälfte des 17. Jahrhunderts.

Auch die erwähnten höfischen Zeitvertreibe waren selbstverständlich aus der Fremde geholt, aus Italien, Spanien, Frankreich. Das 17. Jahrhundert und noch ein großer Theil des folgenden, das war ja für unser Land die traurige Periode der Abwendung vom Heimischen und Nationalen, die Schwerenothzeit der Ausländerei, Afferei und Verwelschung. Die katholischen Höfe und Adelskreise hielten noch eine Weile an den spanischen Moden fest, nachdem die protestantischen bereits die französischen angenommen hatten. Vorangegangen waren hierin der kurpfälzische Hof zu Heidelberg und der landgräflich-hessische zu Kassel. Lange vor dem Ende des 17. Jahrhunderts herrschten „Monsieur und Madame Alamode", wie vaterländisch gesinnte Männer jener Zeit die Franzoserei nannten, unbeschränkt über die ganze vornehme Welt im deutschen Reiche. Herren und Damen anerkannten diese Herrschaft förmlich durch die Annahme der französischen Hoftracht, wie sie unter Ludwig dem Vierzehnten aufgekommen war, mit ihren Allongeperüden, Spitzenhalsbinden, übermäßig langen Westen, fradartigen Röcken, Kniehosen und Bandrosenschuhen, ihren die Brustentblößung fordernden und fördernden Korsetten, ungeheuren Reifröcken und unmäßigen Schleppen.

Aber Perücke und Reifrock waren nicht das Schlimmste, was uns von jenseits der Vogesen zukam. Monsieur und Madame Alamode brachten viel Uebleres mit sich: jene Raffinirtheit der Ausschweifung, welche das Laster doppelt gefährlich machte, weil sie dasselbe mit dem Nimbus einer feineren Bildung umgab und demzufolge als ein Vorrecht der Leute von „Distinktion" erscheinen ließ. Es wäre keine schwere Aufgabe, nachzuweisen, wie unter dem unmittelbaren und mittelbaren Einflusse des französischen Hofes an den öffisch-gelehrigen deutschen Höfen und mittels des Vorganges dieser in der vornehmen Gesellschaft unseres Landes überhaupt der höchstverwerfliche und höchstverderbliche Wahn sich ausbildete, daß Sittengesetz wäre nur für den gemeinen Mann da, für den Bürger und Bauer, nicht aber für Fürsten, Edelleute und Prälaten. War man erst einmal soweit, so verstand sich jeder Bruch von Recht und Sitte so zu sagen von selbst. Daher die rasche Entwickelung eines fürstlichen Despotismus, wie solchen Deutschland bislang noch nicht gesehen hatte, und dem hochmüthigen Aufbäumen dieses Sultanismus gegenüber das Herabkommen des Adels zur Schranzenschaft, die Verknöcherung des Bürgerthums zur Spießbürgerei, das Versinken der Bauerschaft in völlige Rechtlosigkeit. Schon in den ersten Zeiten des 17. Jahrhunderts wurden die Folgen der Französirung deutscher Höfe ruchbar. So am Hofe des Landgrafen Moriz zu Kassel, wo i. J. 1615 ein höfisches Trauerspiel in Scene ging, zu dessen Personen der Landgraf und die Landgräfin Juliane selbst gehörten, sowie Hofherren und Hofdamen, und dessen Motive Ehebruch und Rachsucht gewesen sind, Motive, welche eine Katastrophe voll Blut und Wahnsinn herbeiführten. Die Zerrüttung der Familienverhältnisse in den Fürstenhäusern führte gegen das Ende des Jahrhunderts hin Schandbarstes herbei. Wie jeder deutsche Dynast sein Versailles haben wollte, so auch seine Montespan, um es dem Erzfeinde Deutschlands, dem dessenungeachtet als herrliches Muster und Vorbild angestaunten vierzehnten Ludwig möglichst gleichzuthun. Was das Maitressenunwesen an den deutschen Höfen zuwegebrachte, zeigten furchtbar zwei in demselben Jahre 1694 ausgeborstene Gräuel: der mit wüstem Aberglauben verquickte tragische Ausgang des Maitressenskandals, welchen der Kurfürst Johann Georg der Vierte von Sachsen mit der schon in Backfischjahren grundverdorbenen Sibylle von Neitschütz aufgeführt hatte, und die Tragödie im Schlosse zu Hannover, allwo der Buhler der Kurprinzessin Sophia Dorothea, der Graf Philipp Christoph von Königsmark, auf Betreiben der ebenfalls in ihn verliebten Maitresse des Kurfürsten, einer Gräfin Platen, nachtschlafender Weile in einen Hinterhalt gelockt und ermordet wurde. Will man die Verwüstungen kennen lernen, welche der „stolze, falsche und lüderliche Franzosengeist", wie ein zürnender Patriot i. J. 1689 die Alamoderei schalt, in der Frauenwelt jener Tage anrichtete, braucht man nur den Aufsatz zu lesen, welchen die junge Gräfin Aurora von

Königsmark, nachmals Maitresse Augusts des Starken, nach der Ermordung ihres Bruders über dessen Beziehungen am und zum kurfürstlich-hannover'schen Hofe niedergeschrieben hat. Die feingebildete Dame bewegt sich da in der Region der Obscönitäten so frank und frei wie heutzutage kaum noch ein Stallknecht oder Matrose. Und, wohlverstanden, das war nicht mehr die naturwüchsige Naivetät, womit unsere Aeltermütter noch im 16. Jahrhundert in aller Unschuld dann und wann ein Zötlein mitunterlaufen ließen — nein, es war die alamodische Galanterie, die bewußte und berechnete Unzüchtelei und Koketterie.

Man darf mit Bestimmtheit sagen, daß in der Frauenwelt unseres Landes die Verderbtheit niemals so groß gewesen sei, wie sie zu Ende des 17. und zu Anfang des 18. Jahrhunderts war. Zum Glück war dies Verderbniß nicht allgemein und auch zur angegebenen Zeit begegnen uns auf allen Stufen der deutschen Gesellschaft Mädchen und Frauen, welche weder dem Monsieur noch der Madame Alamode Einräumungen machten, sondern vielmehr die guten Ueberlieferungen des deutschen Familiengeistes treulich wahrten und pflegten, die Pflichten von Töchtern, Gattinnen und Müttern redlich und einsichtig erfüllten, sowie auch für höhere Dinge, für kirchliche und staatliche Angelegenheiten, für Wissenschaft, Literatur und Kunst Theilnahme und Bethätigung erwiesen. Es hieße befangen und ungerecht urtheilen, so man diese preiswürdigen Bewahrerinnen der Sitten und edler Anschauungen der einen oder der andern Konfession zutheilen wollte. Katholische und protestantische Frauen der bürgerlichen, adeligen und fürstlichen Kreise haben an dem gespendeten Lobe gleichmäßigen Antheil.

So lassen wir das Zeitalter der Reformation doch nicht hinter uns, ohne noch durch eine tröstliche Thatsache der Sittengeschichte desselben erfreut worden zu sein. Außerdem freilich ist auf der Thürschwelle von der Reformationszeit zur Neuzeit des Tröstlichen wenig oder nichts wahrzunehmen. Das Reich in unaufhaltsamem Verfall, die Viel- und Kleinstaaterei krankhaft entwickelt, die Bauerschaft verknechtet, das Bürgerthum verknöchert, der Adel verschranzt oder verbauert, die Fürsten verfranzös't, der Katholicismus jesuitisch verfälscht, der Protestantismus dogmatisch versteinert, die Sprache verschändet, die Literatur verausländert, die Kunst verschnörkelt — so trat Deutschland aus dem Zeitalter der Orthodoxie in das der Aufklärung hinüber.

Es bedurfte daher einer ungeheuren Arbeit, um unser Volk wieder zu einer Nation und unser Land wieder zu einem Staat zu machen. Daß und wie diese Arbeit gethan worden, wird das vierte Hauptstück dieses Buches zu veranschaulichen suchen.

„Der alte Fritz".

1.

Geist der Neuzeit.

enn wir das Zeitalter der Reformation als die Brücke gelten lassen, auf welcher die europäische Civilisation aus der mittelalterlichen Welt in die neuzeitliche herüberwandelte, so wird das Verhältniß von jener zu dieser gegensätzlich dermaßen zu kennzeichnen sein: Glauben und wissen, phantasiren und forschen, romantisch und verständig, geistlich und weltlich, hierarchisch und humanistisch. Auf diesen Gegensätzen erhob sich die Grundforderung der Neuzeit: Die Entwickelung der menschlichen Gesellschaft soll und muß nicht, wie bisanhin behauptet und geglaubt worden, nach eingebildeten sogenannten göttlichen Satzungen, sondern nach den wirklichen Gesetzen der Natur und nach den diesen entsprechenden Bestimmungen der menschlichen Vernunft vor sich gehen.

Es bedarf keines Nachweises, daß diese moderne Aufstellung gegenüber dem mittelalterlichen Glaubensbekenntniß einen ungeheuren Vorschritt markirte. Von der Zeit, wo die erlauchtesten Helden der Menschheit, d. h. ihre großen Denker und Forscher, an die Stelle des blinden Glaubens das begreifende Wissen zu setzen begannen, von der Zeit, wo sie die priesterlich überlieferten und für unantastbar-heilig erklärten Dogmen unter die Lupe einer voraussetzungslos-kritischen Prüfung nahmen, von dieser Zeit datirt die mälige Befreiung der Gesellschaft von der Knechtschaft hierarchischer Bevormundung.

Im Mittelalter war das ganze Dasein in die Mauern der Kirche eingeschlossen gewesen und von seiner Geburt bis zu seinem Begräbniß hatte der Mensch nur soweit die Fähigkeit gehabt, sich zu regen und zu bewegen, als das eiserne Gängelband der kirchlichen Satzung reichte. Wer sich davon losgerissen hatte oder auch nur davon losreißen wollte, wurde erbarmungslos zermalmt. Allerdings hatte, wie wir ja gesehen, diese Unterdrückung schon frühzeitigen Widerstand hervorgerufen,. aber im Mittelalter, wie auch noch zur Reformationszeit, war dieser Widerstand ein wesentlich religiöser gewesen und geblieben. Demzufolge hatte die kirchliche Reform des 16. Jahrhunderts nur die Formen der hierarchischen Bevormundung verändert, das Wesen derselben aber bestehen lassen. Der Grund ist klar. Denn wenn Luther und seine Mitreformatoren den Grundsatz der Gewissensfreiheit und der aus dieser erfließenden freien Forschung aufstellten, so verleugneten und verwarfen sie thatsächlich dieses angeblich „protestantische" Princip sofort wieder, indem sie die Freiheit, zu denken und zu forschen, an die Kette des Bibelbuchstabens legten. Und das war nicht der einzige Widerspruch innerhalb des reformatorischen Theologismus. Denn worauf beruhte der Glaube an die unfehlbare Autorität der sogenannten Bibel? Auf dem Glauben an die unfehlbare Autorität der kirchlichen Tradition, welche im Papstthum ihren höchsten Ausdruck, gleichsam ihre Verkörperung gefunden hatte. Logischer Weise mußte demnach mit der hinfällig gewordenen Autorität der kirchlichen Tradition auch die Autorität der Bibel, als nur auf jener beruhend, hinfällig werden. Weil nun aber die Theologie sich niemals um die Logik kümmerte, glaubte sie die Schlußfolgerung festhalten zu können, während sie die Voraussetzung fallen ließ. Die nothwendige Folge hiervon ist gewesen, daß der protestantische Theologismus, obzwar von ihm manche höchst bedeutsame Anregung und Förderung intellektueller und materieller Kulturarbeit ausgegangen ist, im ganzen und großen die Gesellschaft und folglich auch unser Volk nicht vorwärts, sondern nur im Kreise herum zu führen vermochte. Daß auch die Verbesserung der Sitten durch die Reformation nur eine von den Thatsachen überall lügengestrafte Redensart der konfessionellen Befangenheit ist, daß im 16. und 17. Jahrhundert der dumpfeste Aberglauben in den protestantischen Volkskreisen unseres Landes nicht weniger heimisch war als in den katholischen, daß an den protestantischen Höfen Prasserei, Völlerei und geschlechtliche Zuchtlosigkeit nicht weniger frech umgingen als an den katholischen, ja sogar noch frecher, das ist im dritten Hauptstücke dieses Buches sattsam dargethan worden und mag nur von der Unwissenheit oder von der Parteilichkeit bestritten werden.

Sogar diese beiden jedoch werden sich kaum unterfangen, bestreiten zu wollen, daß der Protestantismus dem anbrechenden Lichte der Neuzeit eine weit schwächere Macht der Finsterniß entgegenzustellen hatte als der Katholicismus. Dieser hatte ja vor jenem eine Organisation, eine Geschlossenheit, eine Disciplin voraus, welche ihn zur Abwehr und zum Angriff gleich geschickt machten. Die katholische Kirche wußte überdies nichts von jenen Skrupeln, von welchen die protestantischen Konfessionen mitunter erfaßt wurden, so sie sich erinnerten, daß sie doch eigentlich aus dem Freiheitsprincip entsprungen wären. Dadurch gerieth der Protestantismus den gleichzeitig mit ihm oder bald nach ihm aufgekommenen neuen Erscheinungen gegenüber häufig in ein unsicheres Schwanken und Tasten, welches ihn zu Kompromissen führte, während der Katholicismus zu solchen sich nicht herbeiließ. Hieraus erklärt es sich, daß der dem Theologismus zum Trotz in jenen Erscheinungen sich offenbarende Geist der Neuzeit in die protestantischen Bevölkerungen unseres Landes allerdings leichter und rascher eingehen konnte als in die katholischen.

Die gemeinten Offenbarungen des modernen Geistes, neue ideale und reale Lebensmächte, sind gewesen der Humanismus, dessen Schlußfolgerungen auf eine Verweltlichung, auf eine — falls diese Wortschöpfung gestattet ist — Verdiesseitigung der gesammten Anschauungs-, Gefühls- und Denkweise abzielten; dann die erweiterte Erdkunde, welche mit dem physischen Gesichtskreise der Menschen zugleich auch den moralischen ausdehnte mittels der Einführung neuer Nahrungspflanzen die Landwirthschaft bereicherte und mit der Fülle amerikanischer Edelmetalle die europäische Gewerks- und Handelsthätigkeit befruchtete; weiter die großartige Zunahme des Wissens von der Natur und endlich das Auftommen und Herrschendwerden des neuzeitlichen Staatsbewußtseins.

Der Theologismus — einerlei, ob katholisch oder lutherisch — hatte guten Grund, gegen die ungeheure naturwissenschaftliche Umwälzung, welche Kopernik, Kepler und Galilei zuwegebrachten, indem sie die Sonne als Centrum unseres Planetensystems nachwiesen und die heliocentrische Weltanschauung an die Stelle der mittelalterlichen geocentrischen setzten, mit allen Kräften und Mitteln sich zu sträuben. Denn seit unsere arme kleine Erde aufgehört hat, für den unbeweglichen Mittelpunkt des Weltalls zu gelten, seit sie nur noch ein winziges Ding von Planet ist, welcher um die Sonne kreis't, seitdem ist der Größenwahn, das Universum sei um der Menschen willen geschaffen worden und da, aus den Schädeln denkender Menschen — also vorderhand freilich nur einer kleinen Minderheit — weggefegt. Auf diesem Größenwahn war aber das ganze jüdisch-christliche Dogmengerüste erbaut: es steht oder schwebt demnach in der Luft von der Stunde an, wo seine Basis unter ihm weggezogen wurde. Zugleich mit diesem bis ins Mark der Knochen dringenden Stoß empfing der Hierarchismus auch einen wuchtigen Schlag vonseiten der modernen Staatsidee, welche eine logische Folge der verweltlichten Anschauungsweise der Menschen war. Allerdings nicht laut, aber doch schweigend wurde anerkannt, daß die Staaten fürder nicht mehr von geistlichen, sondern von weltlichen Interessen bedingt und bestimmt werden sollten. Man leugnete keineswegs das Jenseits, aber man machte das Diesseits zum Hauptgegenstande des auf die Bedürfnisse und Forderungen der Wirklichkeit gegründeten Sorgens und Handelns. Das eben war der neuzeitliche Staatsgedanke, welcher sich zunächst in der Form des fürstlichen Despotismus, des absoluten Königthums verwirklichte. Einer jener prächtigen Witze, welcher das Trauerspielgewölke der sogenannten Weltgeschichte lachend durchblitzen, hat es gewollt, daß ein Kardinal der römischen Kirche, Richelieu, es sein sollte, welcher die moderne Staatsidee zuerst so recht zur That, zur Staatspraxis machte. Auch Richelieu war einer jener Schicksalsmenschen, welche immer dann erscheinen, wann sie nöthig sind. Er hat das absolute Königthum geschaffen, welches, wo immer in Europa es zu vollem Ausdruck und zu ungehemmter Thätigkeit kam, als ein ganz unbestreitbarer Vorschritt, als eine gewaltige Kulturmacht sich darstellte. Es war ein großer Drache, gewiß, aber es fraß tausend kleine Drachen auf, Feudaldrachen und Hierarchendrachen. Es räumte auf mit der Adelsanarchie, zwang die Kirche zur Anerkennung des Staatsgedankens und schuf Ordnung, also die Voraussetzung aller höheren Civilisation. Denn nur eine stätige Ordnung, welche, wie die Menschen einmal sind, ohne ein straffes und strenges Polizeisystem nicht möglich ist, ermöglichte eine regelrechte, nicht allein die Gegenwart, sondern auch die Zukunft ins Auge fassende Landwirthschaft und diese hinwiederum die Mehrung und Kräftigung der Industrie und des Handels. Rationeller Landbau, vervielfältigte Gewerkigkeit und weitausgreifender Handel schufen mitsammen Wohlstand und Reichthum. Dieser seinerseits ermunterte und lohnte die wissenschaftliche und künstlerische Thätigkeit. Die Findungen der Gelehrten und die Schöpfungen der Künstler erweiterten sodann den Kreis der Bildung mehr und mehr und streuten unablässig neue Gedankensaaten aus, welche, in Halme geschossen und zu Aehren gereift, neue Entwicklungsphasen der europäischen Gesellschaft aufnährten.

So angesehen — und daß diese Ansicht die kulturgeschichtlich richtige sei, untersteht keinem Zweifel — erscheint uns der fürstliche Absolutismus des 18. Jahrhunderts als der nothwendige und äußerst wirksame Vorläufer und Vorarbeiter des Demokratismus unserer eigenen Zeit, und wenn wir das Verhältniß zwischen jenem und diesem näher untersuchen, wird uns die alte Wahrheit neu bestätigt, daß die ewigen Schüler, die Menschen und die Völker, in der unendlichen Schule der Erziehung des Menschengeschlechtes keine Klasse überspringen können. Demnach war die Ausbildung des Absolutismus nicht an und für sich ein Unglück für Deutschland, sondern das Unglück war nur, daß der große Drache bei uns nicht zu umfassendem und vollem Auswuchse gelangte, daß er sich vielmehr, dem alten Unheil unserer Vielstaaterei gemäß, wiederum in eine ganze Menge von kleinen Drachen zertheilte und daß häufig gerade die kleineren und kleinsten am wüstesten wirthschafteten, als gälte es, sich als richtige Ungethüme von Gottes Gnaden zu erweisen. Es ist daher für die künftigen Geschicke unseres Landes ganz unleugbar von höchster Bedeutung gewesen, daß im Norden desselben durch die Hohenzollern ein Staatswesen gegründet worden war, welches seit des großen Kurfürsten Walten im Krieg und Frieden, ganz entschieden das Zeug hatte, zu einem Großstaat heranzuwachsen und das absolute Königthum in Deutschland zur Geltung zu bringen. Der 18. Januar von 1701, allwo der brandenburger Kurfürst Friedrich der Dritte im Audienzsaale des Schlosses zu Königsberg mit eigener Hand die Königskrone von Preußen auf sein Haupt setzte, ist zweifelsohne ein rechter Schicksalstag für unser Land gewesen. Der Mann war klein trotz seiner stelzenartigen Schuhabsätze und seiner ungeheuren Perücke, klein nicht nur von Körper. Aber seine Selbstkrönung zum König Friedrich dem Ersten von Preußen, welche zunächst nur seiner gränzenlosen Eitelkeit und Prunksucht genugthun sollte, hatte eine Bedeutung und Tragweite, welche er selber wohl nicht zu ermessen vermochte. Die Glocken, welche diese Königskrönung einläuteten, haben zugleich das Heilige Römische Reich Deutscher Nation ausgeläutet, waren die Sterbeglocken desselben, obzwar der Leichnam noch hundert und etliche Jahre lang die Menschen berunbequemte und anwiderte. Der Enkel des ersten Preußenkönigs, Friedrich der Zweite, hat die logisch-historischen Schlußfolgerungen aus der Prämisse jenes königsberger Januartages gezogen, indem er das Staatsdasein ein für allemal von der hierarchischen Fiktion emancipirte und zugleich das junge Preußen auf eine Bahn wies und zwang, welche, mit Beharrung verfolgt, die Hohenzollern eines Tages zu Herren Deutschlands machen konnte, machen mußte, weil schlechterdings im deutschen Reiche nirgends eine zweite Macht weder vorhanden war noch sich bildete, welche der kühn aufstrebenden preußischen für die Dauer hätte das Gleichgewicht halten oder die Spitze bieten können.

Der hohenzollern'sche Absolutismus mußte es — das sei schon hier, die Zeit vorwegnehmend, gesagt — schließlich über die anderen deutschen Absolutismen, auch über die habsburgischen und lothringischen, davontragen, weil er sich zeitgemäß entwickelte und den veränderten Zeitverhältnissen sich anzupassen verstand. Er zuerst hat in Deutschland, ja in Europa, in der Person Friedrichs des Großen den Uebergang vom brutalen Despotismus zum aufgeklärten vollzogen, nachdem schon Friedrichs Vater, Friedrich Wilhelm der Erste, an die Stelle des gedankenlos-brutalen den wohlmeinend-brutalen gesetzt hatte. Die weitere Wendung des 18. Jahrhunderts, die Wendung von der Aufklärung zur Umwälzung, hat der preußische Absolutismus allerdings nicht mitgemacht, aber er hatte es schwer genug zu büßen, daß er es nicht gethan. Im Banne der Stillständerei, im Dienste der Rückwärtserei war Preußen nahe daran, seine Bestimmung zu verfehlen, bis es sich endlich in der zweiten Hälfte des 19. Jahrhunderts wieder darauf besann. Den Berlinern ist in den Märztagen von 1848 nur ein lokaler Putsch gelungen, aber der hohenzollern'sche Absolutismus machte i. J. 1866 eine nationale Revolution und, er handelte dabei aus seinem eigensten Wesen heraus, da er ja selber revolutionären Ursprungs war und sich als ein eiserner Keil in den alten morschen Reichskörper hineingezwängt hatte, um denselben früher oder später ganz auseinander zu sprengen . . . . .

Fassen wir das bislang Gesagte zusammen, so gewinnen wir als Summe, daß das neuzeitliche Staatsbewußtsein und die moderne Staatslehre allmälig vom kirchlichen Dogma losgelöst und auf die Idee des Menschen und des Menschlichen gestellt wurden. In dieser langsamen Umwandelung lassen sich drei Stufen unterscheiden. Auf der ersten trägt die Politik noch die kirchliche Färbung, aber sie wird thatsächlich mehr nur in dem überkommenen kirchlichen Sinn und Geist als nach hierarchischen Machtgeboten gehandhabt (wohlmeinend-brutaler Absolutismus). Auf der zweiten Stufe machen sich die Fürsten nicht nur immer entschiedener von den kirchlichen Anschauungen und Einflüssen los, sondern sie stellen auch ihre Machtvollkommenheit, welche ja in ihrer Auffassung mit dem Staatsinteresse zusammenfällt, über die Interessen der Kirche (aufgeklärter Despotismus). Auf der dritten Stufe endlich erfolgt der vollständige Bruch mit den mittelalterlichen Ueberlieferungen und vollzieht sich der fernerweite Entwickelungsprocess nicht mehr in der Form des Kampfes zwischen Staat und Kirche, sondern in der Form des Streites zwischen Fürsten-, Adels- und Volksrechten oder, mit anderen Worten, zwischen Monarchie, Aristokratie und Demokratie (Zeitalter der Revolutionen). Diesem großen Kampfe sind dann vom Ende des 18. Jahrhunderts an neue socialpolitische Motive zugeführt worden durch die Zerklüftung des dritten Standes, des Volkes, in eine sogeheißene Bourgeoisie und in ein sogenanntes Proletariat, in welchen beiden Klassen der alte Gegensatz von Besitz und Besitzlosigkeit, Reichthum und Armuth, Kapital und Arbeit so schroff und schneidig zum Bewußtsein kam wie niemals zuvor.

Die wissenschaftliche Entwickelung der neuzeitlichen Rechts- und Staatstheorie ist nicht von Deutschland ausgegangen, obzwar die Deutschen schon frühzeitig an dieser Arbeit sich betheiligten. War es doch unser Samuel Pufendorf, der mit scharfer Bestimmtheit nachwies, daß das Recht nicht bloß eine Sache der Zweckmäßigkeit und Nützlichkeit wäre, sondern vielmehr eine sittliche Idee. Der Erste, welcher die priesterliche Dichtung vom sogenannten göttlichen Rechte ganz beiseite stellte und die Begriffe des Rechtes und des Staates frei und unmittelbar aus dem menschlichen Bewußtsein herleitete, war bekanntlich der Holländer Hugo de Groot (gest. 1645). Mit ihm begann die lange Reihe der Staats-, Privat- und Strafrechtslehrer und der Socialpolitiker, welche bejahend oder verneinend die Lehre vom modernen Demokratismus festgestellt haben. Im 17. Jahrhundert waren es vorzugsweise Engländer und Holländer (Hobbes, Milton, Sidney, Lode, Spinoza), welche dieses Geschäft verrichteten, im 18. insbesondere Franzosen. Einer derselben, Montesquieu, hat, wie jedermann weiß, die konstitutionell-monarchische Bibel des europäischen Liberalismus geschrieben („De l'esprit des lois," 1749), ein anderer, Rousseau, den Katechismus der républikanischen Demokratie („Le contrat social," 1762). Im 19. Jahrhundert sind es wiederum namentlich Franzosen gewesen, welche aus der demokratischen Voraussetzung die socialistische und kommunistische Schlußfolgerung zogen und in gutem Glauben die Wolkenkuckucksburgen des Socialismus und Kommunismus erbauten (Saint-Simon, Fourier, Blanc, Cabet) oder auch dieselben mit dem scharfen Windhauch der Kritik wieder zerbliesen (Proudhon). Deutsche haben sich diesen französischen Vorgängern angeschlossen und mit Eifer an dem Ausbau der socialistischen Theorie theilgenommen, wie denn ja in der zweiten Hälfte des 19. Jahrhunderts unser Land ein Hauptschauplatz des heftig entbrannten Krieges zwischen Arbeit und Kapital, zwischen Individualismus und Socialismus geworden ist.

Bei allen im Vorstehenden berührten Erscheinungen ist wiederum an die uralte und ewigjunge kulturgeschichtliche Wahrheit zu erinnern, daß beim Sonnenaufgang die Bergspitzen schon in hellem Licht erglänzen, während in den Thälern noch lange die Nachtschatten dunkeln; sowie, daß im Unterholz eines Forstes noch dumpfe Ruhe brütet, wann der Sturm schon in den Wipfeln hochragender Tannen und Buchen rauscht. Nicht in den Niederungen der Alltagspraxis, sondern auf den Berghöhen der Gedankenarbeit gehen die Morgenlichter einer neuen Zeit auf. Nicht im Gewühle und Getöse des Marktes, sondern in den stillen Studirstuben einsamer Denker hat der Genius der Menschheit seine Werkstätten. Nicht der angeblich vernünftige, von jedem jämmerlichen Volksschmeichler leicht zu nasführende Volkswille zeugt die großen Anschauungen und Ueberzeugungen, sondern das Thun, der Scharfsinn und die Begeisterung einzelner auserwählter Männer von Kopf und Herz. Wenn die Volksmassen nicht immer ihre wahren Führer und Helden verjagen, kreuzigen oder steinigen, so hinken sie denselben doch allzeit in einer Ent-

fernung von Jahrhunderten, von Jahrhunderten hintendrein. Daher die ungeheuren Unterschiede und
Gegensätze in den Bildungsgraden jeder Nation. Auch der deutschen. Gewiß gibt es hunderttausende
von deutschen Männern und Frauen, welche ganz auf der Höhe der Geistesbildung des Jahrhunderts
der Descendenztheorie, der Dampfrosse und der Blitzbriefe stehen. Aber das hindert nicht, daß ein richtiger
Tiroler noch heute so denkt, d. h. nicht denkt wie einer seiner Vorfahren zur Zeit der Grethe Maul=
tasche. Ein naturwüchsiger Bauer in Pommern oder Mecklenburg muß schon tüchtig von der Kultur
beleckt sein, wenn er soweit ist, daß er Luthers kleinen Katechismus für den Inbegriff aller menschlichen
Weisheit zu halten vermag. Baierischen Kaplänen von der strikten Seminardressur sind die herrlichsten
Schöpfungen unserer Klassik eitel Teufelswerk oder im mildesten Falle unnützes Zeug. Eine westphälische
Bäuerin vom echten Schinkenschlag würde noch heute mit derselben Wollust der Andacht, womit ihre Urälter=
mutter den Jan Bodelson mit glühenden Zangen zu Tode zwicken sah, einen Ketzer rösten sehen. Und
doch gehören alle diese Typen einer noch weit, ach, sehr weit in deutschen Landen verbreiteten Unkultur
zu dem Volke, für welches Kant und Lessing gedacht, Goethe und Schiller gedichtet, hunderte von genialen
Gelehrten und Künstlern geforscht und geschaffen haben.

Die angedeuteten Unterschiede und Gegensätze ließen sich zu einer langen Reihe ausspinnen. Wir
könnten ja unter anderem auch daran erinnern, daß in unserem Lande das vorzeitliche Kastenwesen zwar
nicht mehr rechtlich aber doch noch thatsächlich besteht und daß das blöde Ammenmärchen vom rothen und
vom blauen Blut noch immer die deutsche Gesellschaft mächtig beeinflußt. Aber wir müssen eingedenk
sein, daß diesem Buche von der Germania bestimmte räumliche Schranken gesteckt sind, innerhalb welcher
es sich zu bewegen hat. Und gerade hier am Eingange zum Schlußhauptstück ist dieses Gedenken sehr
vonnöthen. Denn je reicher und vielseitiger das Leben unseres Volkes im 18. und 19. Jahrhundert sich
ausgestaltet hat, um so weniger dürfen wir uns verloden lassen, allen vor uns aufgethanen Wegen nach=
zugehen, wenn wir die Hauptrichtung nicht verlieren und in dem Gewirre der Einzelnheiten den Blick
auf die Ganzheit nicht einbüßen wollen.

2.

Zopf und Puder.

ur Zeit, als bei uns und anderwärts die Neuromantik in ihrer Blüthe stand, war es literarischer Ton, vom Jahrhundert der Aufklärung nur wegwerfend zu reden. „Zopf und Puder!" Damit glaubten die Herren von der romantischen Schule jene Zeit sattsam gekennzeichnet und der wohlverdienten Verachtung anheimgestellt zu haben. Wissenden freilich konnte es nicht entgehen, daß diese romantische Ueberhebung nur eine bodenlose Dummheit war; allein die wahrhaft Wissenden bilden ja bekanntlich immer und überall nur die ebenso kleine als machtlose Partei der Vernunft und darum war es in der Ordnung, daß unsere Landsleute sich für eine Weile die fruchtbarste und ruhmreichste Epoche ihrer Kulturgeschichte durch eine Bande von mehr oder weniger unsauberen Gesellen verschreien und verleiden ließen. „Zopf und Puder!" Ja wohl! Aber aus gepuderten und bezopften Köpfen sind die friedrich'schen Schlachtenpläne von Roßbach und Leuthen hervorgegangen wie die kant'sche „Kritik der reinen Vernunft", das josephinische „Toleranzedikt" wie der lessing'sche „Nathan", die Aufhebung der Leibeigenschaft und die Abschaffung der Folter wie der „Faust" Göthe's und der „Don Juan" Mozarts.

Allerdings war das Jahrhundert des Puders und des Zopfes eine Zeit der Verschnörkelung und des naturlosesten Zwanges, aber nicht minder eine Zeit der leidenschaftlichsten Sehnsucht nach Natur und Freiheit. Selten, vielleicht nie ist die menschliche Gesellschaft von so schroffen und so zahlreichen Gegensätzen bestimmt und bewegt worden, wie die gewesen sind, welche die Gesellschaft des 18. Jahrhunderts bestimmten und bewegten. Am Eingang desselben herrschte der französische Sultan sein übermüthiges: „Der Staat bin ich!" und am Ausgang erscholl die „Erklärung der Menschenrechte". Was alles drängte, schob, stieß sich innerhalb dieser zehn Jahrzehnte! Hier eine Staatskunst gewissenlosester Intrike, eine Politik der Ueberlistungen, der Geheimtreppen, der Hinterthüren, der „schwarzen" Kabinette, der „Oubliëtten", der Giftphiole und des Bravodolches — dort die aufgehende Morgenröthe eines neuen Weltinges, dessen Sonne das Freiheits- und Humanitätsideal. Mysticismus, Pietismus und Jesuitismus in Konventikeln und Geheimbundslogen dunkelnd und munkelnd und gegenüber die Bestürmung des Zwing-Uri der Orthodoxie und des Aberglaubens durch die kühnen Scharen der englischen Freidenker, der französischen Encyklopädisten, der deutschen Aufklärer und Illuminaten. Der verneinende, zerstörende, zu einer aufräumenden Kulturmacht gewordene Witz und Spott Voltaire's abgelöst durch die nicht minder kulturmächtige bejahende, schaffende, bauende Begeisterung Rousseau's und Schillers. Der deutsche Genius im Banne des kirchlichen Dogma's und im Zwange fremden Ungeschmackes schlafend, wie todt, und dann sein Auferstehen in Glanz und Herrlichkeit: dort Götze, da Lessing; dort Gottsched, hier Göthe. Man hat das 18. Jahrhundert das der großen Abenteurer genannt und man durfte es schon darum so nennen, weil zum Anfang der Zar Peter und der zwölfte Karl und zum Ende der Napoleon Bonaparte die weltgeschichtliche Bühne beschritten. Aber wenn es die Epoche der Projektmacher und Ränkespinner, der Gaukler, Gauner und Schwindler, der Law, Dubois, Görz, Alberoni, Clement, d'Eon, Bieren, Ugbolo, St. Germain, Cagliostro, Casanova und Schrepfer' gewesen ist, so war es auch die der heldischen Naturen wie Friedrich der Große, Kosciusko und Mirabeau und der großen Bürger wie Washington, Franklin und Pestalozzi. Auch in der Frauenwelt wurde diese grelle Gegensätzlichkeit der Zeit offenbar: der französischen Verworfenheit einer Pompadour und einer Dubarry gab die deutsche einer Kosel und einer Gräbenitz nichts nach; aber kein Land außer dem unsrigen hatte Frauengestalten aufzuzeigen wie die der Kaiserin-Königin Maria Theresia, der Herzogin Luise von Sachsen-Weimar und der Königin Luise von Preußen, in welchen drei, in jeder eigenartig, die edelste Weiblichkeit zur vollen Erscheinung kam. Anders freilich in jener Katharina von Anhalt-Zerbst, welche, eine wunderbare Mischung von Genie, Thatkraft und Laster, als „die Semiramis des Nordens" altbabylonische Mythen zur geschichtlichen Wirklichkeit gemacht hat. Und so widerstrebend und widerstreitend wie die Persönlichkeiten waren auch die Anschauungen und Wollungen. Hart neben einander stand die bedientenhafteste Unterthänigkeit und der kühnste Freimuth, die verächtlichste Wegwerfung der Menschenwürde und ihre heldenhafteste Behauptung, die typischste Zweifelei und der schwungvolle Enthusiasmus, der herzlose Sinnengenuß und die schwärmerische Gefühlsseligkeit. Ueber all das Gewirr und Gewühle von Gegensätzen und Dissonanzen erhob sich immer wieder der Sehnsuchtslaut, welcher nach Freiheit und Gerechtigkeit, nach Wahrheit und Schönheit rief. Im Glauben und in der Hingebung an die Götter, an die Ideale der Menschheit, steht unsere entgötterte, realpolitische, verjudete Kurzsichtzeit dem Jahrhundert des Zopfes und Puders unermeßlich weit nach. Aber freilich mußten sich unsere Vorfahren mit ihrem Idealismus „aus der Sinne Schranken in die Freiheit der Gedanken" flüchten, so sie ihren Göttern dienen wollten; denn in dem „engen, dumpfen Leben" der Wirklichkeit, in diesem ungeheuren Krähwinkel des vermorschten, in allen Fugen klaffenden deutschen Reiches war ja für solchen Dienst kein Raum.

Eine ungefügere, schwerfälliger und ächzender arbeitende Maschine als die regensburger Reichstagsmaschine mit ihrem „Korpus Katholikorum" und „Korpus Evangelikorum", ihrem „Reichsfürstenkollegium", ihren reichsstädtischen, reichsgräflichen und reichsprälatischen „Bänken", ihren „Propositionen", „Deliberationen", „Ratifikationen" und „Protestationen", ihren Aktenbergen, Gutachten, Rekursen, Kommissionen und Deputationen haben Menschenaugen nie gesehen. Es war ein wunderliches Gedränge und Gebrücke, Geschiebe und Gepolter, bis diese Maschine einen „Reichsdeputationshauptschluß" zu Tage förderte, und gar häufig ist diese ganze unsäglich umständliche Prozedur nur das Kreißen des bekannten Berges gewesen, welcher mit Ach und Krach eine Maus gebar. Denn zwischen den Beschlüssen des Reichstages und ihrer Ausführung lag ein gar weiter Weg, welcher gerade in den wichtigsten Sachen nur selten ganz zurückgelegt wurde. Fügt man noch hinzu, daß diese Spottgeburt von Parlament ihre klägliche Ohnmacht mit dem Flitterstaat einer pedantischen Gelahrtheit und einer steifleinenen Etikette zuzudecken sich bemühte, so kann es nicht wundernehmen, daß das Reichstagsgespenst komisch aussah und daheim den Spott, wie draußen das Lachen herausforderte.

Noch am lebensfähigsten von allen den gealterten und veralteten Reichseinrichtungen waren das Reichskammer-

gericht zu Wetzlar und der Reichshofrath in Wien. Der Geschäftsgang dieser höchsten Gerichtsstellen war freilich ebenfalls ein furchtbar schleppender, allein trotzdem gewährten sie wenigstens mitunter einigen Schutz gegen die grausame Willkür der fürstlichen Kabinettsjustiz. Die Ungeheuerlichkeiten, welche die „Halsgerichte" der großen und kleinen deutschen Dynasten bis weit ins 18. Jahrhundert hinein, ja bis zum Ende desselben zuwegebrachten, sind haarsträubend. Der bettelhafte Apparat, welchen die Rechtspflege von reichsunmittelbaren Minia-

tursouveränen aufzuwenden hatte, wäre rein lächerlich gewesen, so diese Bettelhaftigkeit nicht mit unmenschlicher Härte verbunden war. Solche Miniatursouveräne übten ihre hohe und niedere Gerichtsbarkeit häufig genug im geradezu raubritterlichen Sinne. Will man erfahren, wie es dabei zu- und herging, muß man beispielsweise der häßlichen Prozedur sich erinnern, welche der Graf von Wittgenstein in den Jahren 1704—5 durch sein Halsgericht zu Laasphe an der Lahn gegen die „Mutter Eva" (von Buttlar) und ihre muckerische Rotte anstrengen ließ und welche ganz offen darauf abzielte, die Häuptlingin dieser Pietistenbande, die auf dem gräflichen Hofgut Saßmannshausen ein lichtscheues Schandwesen getrieben hatte, ihres Geldes und Gutes zu berauben. Als ein Beispiel von Kabinettsjustiz in größerem Stile kann der Prozeß gelten, welcher nach dem Tode des Herzogs Karl Alexander von Wirtemberg gegen

deſſen erpreſſeriſchen, hartherzigen und übermüthigen erſten Miniſter, den Juden Süß Oppenheimer, angehoben worden und welcher damit endigte, daß der Angeklagte am 4. Februar von 1738 an der Galgen-
ſteige bei Stuttgart in einem an einem eiſernen Galgen befeſtigten Eiſenkäfig aufgehenkt wurde. Formal
angeſehen, iſt das eigentlich nicht viel mehr als ein greller Juſtizmord geweſen; aber ſächlich hatte der Mann

Schubart auf dem Aſperg.

ſein Schickſal vollauf verdient als einer der ärgſten Volksſchinder ſeines Jahrhunderts. Er war zugleich
ein abſchreckendes Beiſpiel von dem gränzenloſen Hoch- und Uebermuth, in welchen die Leute ſemitiſcher
Raſſe häufig zu verfallen pflegten, ſobald ſie obenauf gekommen waren. Man muß nicht zur Entſchuldigung,
aber zur Erklärung des Volksjubels, womit nicht allein in Wirtemberg, ſondern weitum das Ende des
„Jud Süß" begrüßt wurde, auch noch ſagen, daß die Juden zur damaligen Zeit, als auf Schacher und
Wucher durch das chriſtliche Vorurtheil angewieſen, vielerorten in Deutſchland wahre Blutegel der
Bevölkerungen geweſen ſind, insbeſondere der bäuerlichen, welche erbarmungslos von ihnen geſchunden
und ausgepreßt wurden. Ein charakteriſtiſches Zeitmerkmal war es, daß dem verurtheilten Oppenheimer

lutherische Prädikanten mit zudringlichen Bekehrungsversuchen zusetzten und daß, während der zum eisernen Galgenkäfig emporgezogene arme Sünder sein angstvolles „Adonai Elohim!" herächzte, ihn der Vikarius Hoffmann „auströstete" mit dem Zuruf: „Du verstockter Jud! Wann du denn nit anders willst, so fahre hin! Jesus lebet!" Das wirtemberger Land hat übrigens auch später grelle Fälle von Kabinettsjustiz gesehen. Allbekannt ist ja, welche jahrelange Kerkerqualen der wüste Despot Herzog Karl Eugen über den redlichen Rechtsbodenmann Moser und über den genialen Patrioten Schubart rein willkürlich, ohne alles Recht und ohne Urtheil verhängte.

Schon zur Zeit jedoch, wo in unserem Lande die Kabinettsjustiz selbst von Friedrich dem Großen noch als ein selbstverständliches Vorrecht des Absolutismus von Gottes Gnaden betrachtet und gehandhabt wurde, hatte der Geist der Neuzeit auf die Barbarei der Strafrechtspflege humanisirend einzuwirken begonnen, wie ja auch hinsichtlich der Civilrechtspflege die Nothwendigkeiten und Bedürfnisse des entwickelten Polizeistaates die Regierungen zwangen, dem unendlichen Rechtswirrwar wenigstens einigermaßen dadurch zu steuern, daß die zahllosen Ortsrechte in „Landrechte" zusammengefaßt und also für einzelne Staaten, vorab für den preußischen, Civilgesetzbücher geschaffen wurden. Preußen war es auch, welches dem gesammten Festlande von Europa mit der Abschaffung der Folter voranging. Im Jahre 1740, am 3. Tage seiner Regierung, verbot Friedrich die fernerweite Stellung der „peinlichen Frage", und das ist sicherlich eine der besten Thaten des großen Königs gewesen. Das gegebene gute Beispiel blieb auch nicht ohne Nachahmung: in der Markgrafschaft Baden ist die Tortur 1767, in Kursachsen 1771, in Oestreich 1776 abgeschafft worden. Anderwärts freilich folterte man noch lange — bestand doch gesetzlich die „peinliche Frage" in Baiern bis 1807, in Hannover bis 1822! — rüstig drauf los, wie ja auch die „Malefizgerichte" ihre gottesfürchtige Thätigkeit da und dort im gewohnten Stile so unbefangen fortsetzten, als gäbe es kein „Jahrhundert der Aufklärung" in der Welt. Dabei wäre es ein Irrthum, zu meinen, der Protestantismus hätte den malefizrichterlichen Eifer für das Reich Gottes dem Katholicismus überlassen. Die letzte feierliche „Einäscherung" einer Hexe im deutschen Reiche fand allerdings im Fürstbisthum Würzburg statt, allwo das Opfer einer viehischen Justiz, die siebzigjährige Nonne Maria Renata Singer, Subpriorin des Klosters Unterzell, welche, wie die Processakten besagen, „als ein noch unverständiges Kind von 6 bis 7 Jahren durch einen Offizier (verstellten bösen Geist) zur Zauberei verführet worden", wegen „ausgeübter Hexerei, als wodurch sie ihren Mitnonnen höllische Geister in den Leib gezaubert hatte, zum Schwert und Feuer verdammt" und am 21. Juni von 1749 hingerichtet wurde. Mit weniger Umständen ward zu Landshut in Baiern i. J. 1756 ein armes Mädchen von 14 Jahren geköpft, „dieweil es mit dem Teufel gerottet hatte". Die Unehre des letzten auf deutschem Boden verübten Hexenjustizmordes fällt aber auf das protestantische Ländchen Glarus, wie denn überhaupt die kleineren und kleinsten Schweizerkantone mit zu den spätesten Zufluchtsstätten barbarischer Mittelalterlichkeit gehört haben. Eine arme Dienstmagd, Anna Göldi, wurde verdächtigt und angeklagt, in einem vom Teufel erhaltenen „Lederli" dem Töchterlein ihres Dienstherrn „Stecknadelnsamen, welcher im Magen des Kindes aufging", beigebracht und überdies ein Bein lahmgehext zu haben. Das glarner Malefizgericht that seine orthodoxe Schuldigkeit, entpreßte mittelst zweimaliger Folterung der Hexe das gewünschte „Eingeständniß" und verurtheilte sie zum Tode. Am 18. Juni von 1782 ist die Unglückliche auf dem Spielhof zu Glarus enthauptet und unter dem Galgen verscharrt worden. Dieser anachronistische Hexenproceß war es, welchen Schlözer in seinen „Staatsanzeigen" mit dem von ihm erfundenen und bei dieser Gelegenheit zum erstenmal gebrauchten Worte „Justizmord" brandmarkte. Man muß überall festhalten, daß wenigstens in der ersten Hälfte des 18. Jahrhunderts das protestantische Deutschland mit dem katholischen in allem Aberglauben wetteiferte. Als ein kennzeichnendes Zeugniß dafür stehe hier ein Erlaß der berliner Akademie der Wissenschaften aus dem Jahre 1782 inbetreff der Hebung von vergrabenen Schätzen. Der Präsident des besagten gelehrten Institutes, ein Herr Graf von Stein, gab in Form einer Bekanntmachung diese akademische Weisheit von sich: „Alldieweil es eine beständige Tradition ist, daß in der Kurmark, sonderlich in der Gegend von Lebus, Lehnin und Bilsneck konsiderable Schätze vergraben liegen, zu deren Besichtigung, und um zu wissen ob sie noch vorhanden sind, gewisse Ordensleute, Jesuiten und anderes dergleichen Geschmeiß und Ungeziefer von Rom kommen, so muß der Vicepräsident diesem Pfaffenpack fleißig auf den Dienst passen und keinen Fleiß sparen, daß er vermittelst der Wünschelruthe, durch Segensprechen und Akrimen die Schätze ausfindig mache, und sollen ihm die Zauberbücher aus unserem Archiv, wie das Speculum Salomonis, dazu verabfolgt werden." Auf solchem „wissenschaftlichen" Standpunkte stand i. J. 1732 die berliner Akademie, welche durch die Fürsorge der „philosophischen" Königin Charlotte, Friedrichs des Ersten Gemahlin, unter der Beihilfe von Leibniz ins Leben gerufen worden war. Freilich durfte die gelehrte Anstalt dazumal jährlich nicht über 300 Thaler kosten. Mehr wollte Friedrich Wilhelm der Erste dafür schlechterdings nicht hergeben. Dieser König, halb Bauer, halb Korporal, behandelte Gelehrsamkeit und Gelehrte mit brutaler Verachtung. Den Leibniz nannte er einen „Kerl, welcher zu gar nichts, nicht einmal zum Schildwachtstehen taugte", und seinen gelehrten Hofnarren, den Magister Morgenstern, ließ er in feierlicher Versammlung mit den Professoren der Universität Frankfurt a. d. O. über die höchstselbst von ihm gegebene These disputiren: „Gelehrte sind Saalbader und Narren." Freilich darf nicht verschwiegen werden, daß die sklavenhafte Niederträchtigkeit der deutschen Gelehrten von damals eine solche Verachtung und Mißhandlung nur allzu häufig herausforderte und verdiente. Nur dem lutherischen Bonzenthum war es allenfalls gegeben, die Gelehrtenschaft an Kriecherei noch zu überbieten. Wer erfahren will, in welcher Schlammtiefe der Verleugnung aller Wahrheit, der Selbstwegwerfung und schamlosester Schmeichelei deutsche Gelehrte, auch solche von Namen und Ruf, behaglich sich wälzten, muß die gelehrten Kniebeugungen und professorlichen Speicheleleereien ansehen, welche August dem Starken von Sachsen, also einem der ehr- und gewissenlosesten Vertreter des gedankenlos-brutalen Sultanismus, einem der ärgsten Land- und Leuteverderber, einem zügellosen Wüstling, welcher selbst vor der Buhlschaft mit den eigenen Töchtern nicht zurückschreckte, dargebracht worden sind. Diesen Menschen feierte die Universität Leipzig i. J. 1727 in einem Festgedicht als den „Titus unserer Zeit" und lobposaunte ihn an —

„Als den mächtigsten August, als Kleinod dieser Welt
Und als ein Wunderwerk, von Gott selbst dargestellt..."

während Gottsched ein Lobhudelkarmen verfertigte, worin derselbe August, der nur im Fliehen groß war, als Krieger über alle Helden Homers erhoben und schließlich dermaßen angereimt wurde:

„Im Frieden bist du zwiefach groß,
Du freust dich, deinen Unterthanen
Den Weg zu lauter Heil zu bahnen;
Drum sitzen sie beim Glück im Schoß —"

eine geradezu grausame Verhöhnung der armen Sachsen, welchen der „zwiefach große" August bekanntlich namenlose Leiden bereitet hat.

Die unglücklichen, schmählich verlaufenen Kriege, welche dieser „sächsische Herkules" um den Besitz der Scheinkönigskrone von Polen führte, zeigen traurig, für welche Hirngespinste der Kabinettspolitik, für welche Launen und Marotten ihrer Fürsten dazumal die Deutschen ihr Gut und Blut vergeuden mußten. Was das Kriegswesen selbst angeht, so hat es, während die „Reichsarmee" zu einem Spott wurde, zur

Hoffzeit! namentlich vonseiten Oestreichs und Preußens bedeutsame Umwandelungen erfahren. Auf östreichischer Seite waren dafür thätig Kriegsmänner wie Prinz Eugen, Ludwig von Baden, Daun, Liechtenstein und Laudon, auf preußischer Friedrich Wilhelm der Erste und sein „alter Dessauer" (Leopold von Dessau), dann Friedrich der Große mit seinem Bruder Heinrich und seinen Generalen Ferdinand von Braunschweig, Winterfeld, Seydlitz, Schwerin, Ziethen und anderen. In der letzten Zeit Karls des Sechsten, des letzten Habsburgers, war das österreichische Heer sehr vernachlässigt worden und zählte beim Tode des Kaisers nicht mehr als 68,000 Streitfähige. Unter Maria Theresia aber wurde es auf 200,000 Mann gebracht und erforderte einen jährlichen Kostenaufwand von 14 Millionen Gulden. Diese Streitmacht bot schon um der vielerlei Nationalitäten willen, aus welchen sie zusammengesetzt war, einen bunten Anblick dar und einen prachtvollen gewährten die verschiedenen Gardetruppen. Bis zum Jahre 1772 blieb die Werbung

Oesterreichische Truppen.

die Grundlage der Rekrutirung, von da ab lieferte die „Konskription" das Hauptmaterial für das stehende Heer. Preußen ist schon durch den großen Kurfürsten zu einem Staat gemacht worden, dessen Dasein und Zukunft auf des Degens Spitze gestellt war. Die ganze Staatswirthschaft Friedrich Wilhelms des Ersten sodann zielte auf die Weiterbildung des preußischen Militärstaates ab. In dieser Wirthschaft verschmolzen sich Bäuerlichkeit und Korporalität. Kein Verständniß, geschweige eine Förderung höherer Kulturzwecke, aber viel rechtgläubige Gottesfurcht, noch mehr Königsfurcht, möglichst viel Dünger und eine eiserne Sparsamkeit. Diese ermöglichte es dem „gekrönten Korporal", wie seine Feinde den König halb spöttisch, halb ängstlich schalten, seinem kleinen Lande, welches ja nur 2275 Geviertmeilen mit 2,240,000 Bewohnern zählte, eine Armee von 72,000 „Kerls" zu geben, von welchen „Kerls" 26,000 geworbene, d. h. mittels List und Gewalt zusammengebrachte Nichtpreußen waren. Von der Gesammtjahreseinnahme des Staates, welche 7,371,707 Thaler betrug, verschlang das Heer 5,977,407 Thaler. Jeder Preuße, welcher das Soldatenmaß hatte, war verpflichtet, „des Königs Rod zu tragen". Ausgenommen waren die Söhne von Predigern und die von Bürgern, welche 6—10,000 Thaler Vermögen nachzuweisen vermochten, auch einzige Söhne und sämmtliche Söhne des Adels, welche jedoch fast durchweg als Offiziere dienten. Friedrich Wilhelm der Erste hat den Zopf-, Puder- und Kamaschensoldaten geschaffen, wie er zwar nicht im Buche, aber in der berühmten „potsdamer Wachtparade" stand, jenem Grenadierregiment, das aus 3000 „langen Kerlen" gebildet war. Es gab darunter Prachtexemplare von Riesen, welche der knorrige König mit 5—10,000 Thaler bezahlt hatte. In der militärischen Dressur wurde schon dazumal in Preußen noch Niedagewesenes geleistet: die Handgriffe, die maschinenartig-einheitlichen Bewegungen, das Peloton-, Bataillon- und Regimentsfeuer, alles ging wie am Schnürchen. Friedrich der Große gab dieser Heermaschine den treibenden Geist, sein Feldherrngenie. Unter ihm wurde zuletzt die Armee auf eine Stärke von 200,000 Mann gebracht, welche jährlich 13 Millionen Thaler kosteten, also mehr als die Hälfte sämmtlicher Staatseinkünfte. Das Menschenmaterial, aus welchem das Heer bestand, machte eine furchtbar strenge Disciplin zur unbedingten Nothwendigkeit; es gab ja damals kein „Volk in Waffen", sondern nur eine aus den untersten, häufig genug aus den unsaubersten Schichten hervorgegangene Soldatesla, deren fast ausschließlich adelige Offiziere mit ihr nichts gemein hatten als die Luft und den Schlachtentod. Friedrichs Eigenart als Stratege beruhte auf der von ihm zuerst in großem Stile betriebenen Raschheit der Bewegungen seiner Heere, während er als Taktiker von den Vortheilen der sogenannten schrägen Schlachtordnung meisterlichen Gebrauch zu machen verstand. Das preußische Heerwesen ist bekanntlich bald ein Muster und Vorbild geworden, das freilich in den deutschen Mittel- und Kleinstaaten mehr nur in seinen Aeußerlichkeiten nachgeahmt wurde. Bettelhafte Sedez- und Duodezdespoten machten die Soldaterei zu einer Karrikatur, welche wenigstens den Vortheil der Komik vor jenem schnöden Handel mit Soldaten voraushatte, der als eine der ärgsten Sünden der deutschen Fürsten des 18. Jahrhunderts zu brandmarken ist und ein wahrhaft erschreckendes Zeugniß abgibt von der schafsmäßigen Willenlosigkeit, zu welcher seit dem westphälischen Frieden unsere Vorfahren herabgebracht worden waren. Ein Volk, welches solches sich gefallen, noch in der zweiten Hälfte des Jahrhunderts der Aufklärung sich gefallen ließ, schien jeder Hoffnung auf eine bessere Zukunft entsagt zu haben. Die Sünder von „Land:svätern", welche ihre in Soldatenmonturen gesteckten Unterthanen wie Sklaven an die Holländer, die Engländer und die Franzosen verkauften, waren die Herzoge von Braunschweig und von Wirtemberg, der Fürst von Anhalt-Zerbst und der Markgraf von Anspach; aber der eigentliche Großhändler in Menschenfleisch war der Landgraf von Hessen-Kassel, welcher aus dem Blut von 16,992 seiner an die Engländer verschacherten Unterthanen Millionen von Thalern für sich gemünzt hat. Den Widerhall, doch nur einen gedämpften Widerhall der Seufzer und Flüche, welche dieser fürstliche Menschenhandel unserem armen Volke ausgepreßt hat, hört man aus Schubarts „Kaplied" heraus. Deutlicher hat der mannhafte Seume, selber ein Opfer des landgräflich-hessischen Seelenverkäufers von Gottes Gnaden, in seiner Selbstbiographie gesprochen.

Mit der Thronbesteigung Friedrichs des Zweiten, welchem, so man die Summe seines Waltens im Krieg und im Frieden zieht, nur der Unverstand den Beinamen des Großen weigern kann, begann auf deutschem Boden der aufgeklärte Despotismus sein Stockszepter zu führen, während in Frankreich, von den übrigen Kontinentalstaaten gar nicht zu reden, das gedankenlose sein aus Brutalität und Schlaffheit wunderlich-verderblich gemischtes Regiment noch lange fortsetzte. Friedrich ist eine jener geschichtlichen Marksteingestalten, welche zwei Epochen von einander scheiden, eine jener Initialfiguren, womit im Weltgeschichtebuch neue Kapitel anheben. Seine Großthat als Krieger war, daß er, obzwar seiner Französelei halber von Klopstock nicht mit Unrecht „der Fremdling im Heimischen" gescholten, den deutschen Namen wieder vor Europa zu Ehren brachte und daß er mittels seines siebenjährigen heldischen Ringens gegen eine ungeheure Uebermacht die preußische Macht der österreichischen als gleichberechtigt zur Seite stellte, dadurch dem

Heiligen-Römischen-Reichsspuk thatsächlich ein Ende und damit zugleich den lothringisch-hohenzoller'schen Dualismus zu dem Pol oder vielmehr zu den zwei Gegenpolen machte, um welche die Entwickelung der deutschen Geschicke fortan sich zu bewegen hatte. Das also von dem Kriegsmanne Friedrich geschaffene Preußen machte der Staatsmann Friedrich dauerhaft, indem er den Geist der Neuzeit, soweit derselbe im Polizeistaat überhaupt zur Geltung gelangen konnte, in die Gesetzgebung und Verwaltung seines Landes einführte. Daß hierbei alles auf dem Kommando von oben beruhte, daß Friedrich, so ernst und aufrichtig sein: „Ich bin nur der erste Diener des Staates!" gemeint war, dennoch die unbeschränkte Verfügung über das Gut und Blut seiner Unterthanen als sein königliches Recht betrachtete, das lag gleichermaßen in dem Wesen des aufgeklärten Despotismus wie in der thatsächlichen Unmündigkeit der Völker. Diese mußten kommandirt werden, um vorwärts zu marschiren. Auch mußte ihnen erst ein König sagen: „In meinen Staaten kann jeder nach seiner Façon selig werden!" damit sie den großen Gedanken der religiösen Duldsamkeit fassen lernten, welchen der katholische wie der lutherische Hierarchismus so lange verfemt und verpönt hatte. In seinen treufleißigen Bemühungen um die Hebung der Volkswirthschaft hat der große König als starrer Anhänger des „Merkantilsystems", große Mißgriffe nicht vermieden und konnte sie nicht vermeiden, denn das (übrigens auch nicht selig-

IOSEPHVS II.

machende oder gar alleinseligmachende) „Ev.ngelium der Arbeit", welches dem „Industriesystem" die Bahn brach, Adam Smiths „Wealth of nations" erschien ja erst 1776, also zu einer Zeit, wo der „alte Fritz" schon viel zu alt war, es mit neuen volkswirthschaftlichen Principien versuchen zu können oder auch nur zu wollen. Am fruchtbarsten haben seine Bemühungen um die Hebung der Bauerschaft sich erwiesen. Es hat zwar bis nach der Katastrophe von Jena, bis zu den großen vom Freiherrn vom Stein geplanten und angehobenen Reformen gewährt, daß in Preußen ein freier Bauernstand aufkam; allein schon Friedrichs Edikt von 1764 hat zu einem solchen den Grund gelegt, indem es die vollständige Beseitigung der Leibeigenschaft und der Hörigkeit anbahnte. Auch ließ es der König keineswegs bei Edikten bewenden, sondern griff mit Rath und That überall ein, wo es galt, die ackerbauliche Thätigkeit zu ermöglichen und zu fördern. Es gehört zum besten Menschlichen, was von dem großen Fritz zu erzählen ist, wenn man daran erinnert, wie der von Siechthum und Sorgen gequälte Greis, der ja überhaupt ein Muster und Vorbild von Pflichtgefühl und Pflichterfüllung gewesen ist und seine Königsarbeit bis zu seinem letzten Athemzug so rastlos gethan hat, noch in seiner letzten Lebenszeit in den von ihm angelegten Bauernhöfen und Bauerndörfern herumfuhr, um sich persönlich von der Vollziehung seiner bezüglichen Anordnungen und von dem Wohlergehen der „Kolonisten" zu überzeugen.

Hierin, wie in vielem anderen, war er mustergebend für seinen hochherzigen Nachahmer und Nebenbuhler, Joseph den Zweiten, welcher das Riesenwerk unternahm, Oestreich zu entmittelalterlichen, und daran zu Grunde ging, weil er erstens zu viel, ja alles auf einmal thun wollte, weil er zweitens sein ungeheures

Unternehmen zu einer Sache des Herzens statt des Kopfes machte und weil er drittens die Menschen und Völker für viel gescheider und besser hielt, als sie sind. Ein reineres Wollen, eine aufrichtigere Begeisterung hat nie ein Fürstenherz erfüllt als das, welches in Josephs Brust schlug. Auch ist der Grundgedanke seiner inneren Politik, daß Oestreich centralisirt und germanisirt werden müßte, so es Bestand haben sollte, ein ganz richtiger gewesen. Aber die Ausführung ist hinter dem Entwurfe zumeist und überall zurückgeblieben aus den vorhin betonten drei Ursachen und dann auch darum, weil in Oestreich niemand vorbereitet war und demnach dem Kaiser keine Beamtenschaft und kein Heer zur Hand waren, wie sie Friedrich Wilhelm der Erste für seinen Sohn gedrillt hatte. Trotzdem sind die josephinischen Reformen, die Zeitunterschiede in Rechnung gebracht, nicht nur das Bestgemeinte, sondern das schlechthin Beste, was jemals eine östreichische Regierung gethan hat. Es ist ja wahr, an allem Wollen und Thun des edlen Kaisers hafteten die Mängel des erleuchteten „Despotismus", das Generalisiren, das Schablonisiren, die Nichtberücksichtigung der Menschen- und Völkerpersönlichkeiten. Aber troz alledem und alledießem gehörten die Einführung der Denk-, Rede- und Preßfreiheit in Oestreich („Censuredikt" 1781), die staatsbürgerliche Gleichstellung der Protestanten mit den Katholiken („Toleranzedikt" 1781), die Aufhebung der bäuerlichen Leibeigenschaft, die Ablösbarkeit der Robot, die Herbeiziehung aller Staatsbewohner zur Tragung der Staatslasten („Steueredikt" 1789), die Gleichheit vor dem Gesez statuirende Civil- und Strafgesetzgebungsreform („Civilgesezbuch" 1786, „Kriminalgesezbuch" 1787), die Aufhebung von 700 Klöstern als Brutnestern der Faulheit und des Fanatismus, die Sorge für das Volksschulwesen, die Gründung und Ausstattung wissenschaftlicher und humaner Anstalten aller Art — ja, das gehörte zu den besten Kulturthaten des Jahrhunderts und ihr Vollbringer Joseph hat sich damit für allzeit in die Vorderreihe der Kulturhelden unserer Nation gestellt. Nicht Volksdummheit, nicht Junkerhochmuth, nicht Pfaffenherrschsucht — seine drei Erzfeinde — werden ihn jemals aus dieser Stellung verdrängen. Anskytische Seelen freilich urtheilen nur nach dem Erfolg oder Nichterfolg, freie wissen zwischen Verdienst und Glück zu unterscheiden. Solchen wird das Andenken des unglücklichen Kaisers schon darum theuer sein, weil er im schönen Gegensaze zu dem verfranzoseten Erfinder der „nation prussienne" das aufrichtig gemeinte Wort gesprochen: „Ich bin stolz darauf, ein Deutscher zu sein!". (Brief Josephs vom 18. Juli 1787 an Dalberg.) Und auch das war nicht bedeutungslos, daß der Kaiser an die Stelle des brutalen Er-Stils im mündlichen und schriftlichen Verkehr mit jedermann das höflichere „Sie" sezte. Lag doch darin eine deutliche Mißbilligung der Rüpelhaftigkeit, womit dazumal die sogenannten oberen Klassen die sogenannten unteren behandelten. Diener und Dienerinnen hießen bis in die lezten Jahre des Jahrhunderts durchweg „Kerle" und „Menscher" und mit dieser Grobheit im Reden verband sich nur allzu häufig eine unglaubliche Rohheit im Handeln. Offiziere schlugen beim Exerciren arme Soldaten zu Krüppeln, vornehme Herren schlugen ihren Lakaien Augen aus dem Kopfe und Zähne aus dem Munde, adelige Damen rauften ihren „Kammermenschern" die Haare handvollweise aus oder rissen ihnen Ohrläppchen ab. Auch im amtlichen Verkehr herrschte bei unflätige Schimpfton der Hannswurstkomödie. Vor allem waren die östreichischen, baierischen und wirtembergischen Beamten ihrer Dreschflegelhaftigkeit halber berüchtigt. Als ein kurzes aber sprechendes Zeugniß stehe hier folgende Leistung eines herzoglich wirtembergischen Konsistorial-Verweises: — „Pfarrer in Leonbronn! Nun kommt Er auch einmal wieder vor das herzogliche Konsistorium, heilloser Trapf, liederlicher Gesell, Laster, habituirtes Laster, 20jährig aneinander hängendes Laster, Ignorant von Haus aus, Idiot von jeher, versoffener Zapf, Branntweinkolb, Bierlägel, Sünden-Kloat! Das ist jezt das leztemal, wir sehen einander nimmer. Bei dem geringsten Excess (es darf zwar kein Excess, sondern nur ein kleiner Fehler sein) ist Er ohne Gnade kassirt. Er hat zwar diesmal kassirt werden sollen, das hochpreißliche geheime Rathskollegium hat aber diesmal noch Gnade vor Recht — versteht Er mich? — vor Recht ergehen lassen.

Eine „englische" Gartenanlage.

und befohlen, man soll ihn noch einmal rechtschaffen putzen, was hiemit geschieht. — Jetzt diximus et salvavimus. Stuttgart, geschehen den 26. September 1759. Frommann, Konsistorialrath." ...

Die Anregungen und Anordnungen, welche zur Hebung der Landwirthschaft theilweise schon von Maria Theresia, tiefer greifend und umfassender von Friedrich und Joseph ausgingen, kamen so ziemlich allen deutschen Ländern zu gut. Denn überall drang sich ja den Fürsten die Nothwendigkeit auf, Grund und Boden leistungsfähiger zu machen. Indessen währte es doch bis in die siebziger Jahre des Jahrhunderts, bevor der alte Schlendrian im Landbau einer verständigeren Methode wich. Diese brachte den Kartoffelbau in Aufnahme, verallgemeinerte den Kleebau, führte die Besömmerung der Brachfelder und die Stallfütterung durch, beförderte die Zerschlagung der übergroßen Bauernhöfe wie die Aufteilung der wenig nutzbringenden Gemeindeallmenden, vervollkommte die Düngung und verbesserte und vervielfältigte die landwirthschaftlichen Geräthe und Werkzeuge. In der Pfalz blühte der Tabaksbau, in Baden der Hanfbau, in Wirtemberg, Westphalen und Schlesien der Flachsbau, in Franken und Böhmen der Hopfenbau. In der Viehzucht, Milcherei, Käserei und Butterung standen natürlich die Schweiz, das baierische Hochland, Vorarlberg, Tirol und Steiermark voran, in der Pferdezucht Holstein, Mecklenburg und Hannover. Eine blühende Obstkultur zog sich von den Landschaften um den Bodensee her durch Schwaben, die Pfalz, Franken und Hessen den ganzen Rhein hinunter. In demselben Südwesten Deutschlands erzielte der immer fleißiger und geschickter betriebene Weinbau immer bessere Resultate, während im Nordosten die Rebe der naturgemäßeren und ergiebigeren Kartoffel fast gänzlich das Feld räumte. Eine rationellere Forstwirthschaft kam zuerst in Thüringen auf, doch lernte man im allgemeinen die Wälder und die Holzkultur erst mit der Steigerung des industriellen Brennstoffbedarfes recht schätzen. Im letzten Drittel des 18. Jahrhunderts vollzog sich auch im Gartenbaustil eine große Wendung. Die Freude an den steifgeschorenen französischen Hecken, Boskett en und Lauben, an den geometrisch gezirkelten Wegen, den mathematisch regelrechten Blumenbeeten und den mythologischen Statuen verlor sich und an die Stelle der „Naturverschönerung" trat bei Garten-

Anlagen die „Naturnachahmung", für welche die englischen Parks mit ihren Rasengründen, Baumgruppen, malerisch vertheilten Ziersträuchern und Blumengruppen, ihren Bewässerungskünsten und geschlängelten Wegen die Vorbilder abgaben.

Länger hielt sich in der Architektur und in der Häusereinrichtung der französische Rokokogeschmack, welcher zur Zeit Ludwigs des Fünfzehnten den Höhepunkt seiner Bizarrerie und Verschnörkelung erreichte und darum auch passend der Pompadourstil hieß. Man braucht bloß das Wort zu nennen, um den Eindruck des Putzigen, Flitterigen und Ueppigen zu empfangen. Nicht selten auch den des Vandalischen, denn bekanntlich ging das Rokoko gegen die Werke und die Ueberlieferungen der Gothik und der Renaissance zerstörerisch vor, wo es konnte, um das schönere Alte durch seine launischen Schnörkeleien zu ersetzen oder wenigstens zu übergipsen. Denn der Gips war der große Nothhelfer dieser nicht auf das Große und Schöne, sondern auf das Niedliche und Kokette, auf Schein und Blendung gestellten Baukunst. In guten Häusern, namentlich auf dem Lande, erhielten sich das ganze 18. Jahrhundert hindurch, ja bis auf unsere Tage herab Zimmereinrichtungen aus dem 17., sogar aus der besten Zeit des 16. Jahrhunderts, und zwar nicht etwa als Raritätenkammern, sondern als Wohnräume. Das kam und kommt insbesondere in der deutschen Schweiz vor, wo überhaupt in manchen Gegenden das Festhalten an der heimisch-deutschen Art und Sitte ein erfreulich-zähes war. Hier war darum der Brauch, die Zimmerwände mit zierlicher Holztäfelung zu versehen, stehend geblieben, wie auch im 16. und 17. Jahrhundert die Kunst des Ofenbaus in der deutschen Schweiz ihre

Bürgerliches Paar in Rokokotracht.

höchste Entwickelung gefunden hatte. In einem alten Herrenhause, das aber längst ein Bauernhaus geworden ist, zu Wülflingen bei Winterthur steht noch jetzt ein aus jener Zeit stammendes Prachtstück von Kachelöfen, welches den Beweis liefert, mit welcher künstlerischen Sorgfalt unsere Vorfahren diesen den größeren Theil des Jahres hindurch unentbehrlichen Freund und Tröster behandelten. Weniger als die süddeutschen Städte sind die norddeutschen, namentlich die norddeutschen Seestädte von der Pompadourmode in Bau- und Wohnart berührt worden. Die massiven Häuser mit ihren gezackten Giebeln sahen stattlich aus. Die innere Einrichtung war mittelalterlich einfach und bauerhaft, aber in Folge der regen

Handelsverbindung mit England schon mit mancher Bequemlichkeit ausgestattet, wovon man anderwärts noch nichts wußte.

Daß die Rokokotracht in ihrer Formenlaune und Farbenbuntheit mit der glitzernden Phantastik der Gemächerausstattung in einer nicht ungefälligen Harmonie stand, läßt sich nicht bestreiten. Der Staatsanzug, wie ihn die Männer vom wohlhabenden Reichsstadtbürger bis aufwärts zum Minister, zum Fürsten, zum Kaiser trugen, bestand aus einem Rock von hell- oder dunkelfarbigem Sammet- oder Seidenstoff, am Kragen, an den Nähten, auf den weit zurückgeschlagenen Ärmeln reich mit Gold- oder Silberstickerei versehen. Die

Schäferspiel.

weitgeöffnete Brokatweste ließ die Spitzenhalsbinde und das spitzenbesetzte Vorhemd sehen, womit die Spitzenmanschetten übereinstimmten. An die Kniehose, welche aus demselben Stoff wie der Rock, aber von anderer Farbe war, schlossen sich seidene Strümpfe und die Füße steckten, da man Stiefeln nur auf der Jagd, zu Pferde und bei ganz schlechtem Wetter trug, in Schuhen mit stählernen, silbernen oder goldenen Schnallen. So lange die Lockenperücke sich hielt, wurde der kleine, schwarzseidene „Chapeaubas" zumeist unter dem Arme getragen. Als aber der Zopf, bekanntlich von der Soldateska Friedrich Wilhelms des Ersten auf die ganze europäische Männerwelt übergegangen, die Perücke verdrängt hatte, nahm der dreispitzige schwarze Filzhut einen größeren Umfang an und seinen naturgemäßen Platz auf dem Kopfe ein. Das Gesicht eines „Mannes von Welt" mußte völlig glattrasirt sein und der Bart kam erst im 19. Jahrhundert wieder ganz zu Ehren. Alle Männer, die zur Gesellschaft zählten, jung und alt, trugen den Degen an der Seite und ältere Herren sah man nie auf der Straße ohne ihr „spanisches Rohr" mit Gold- oder Silberknopf. Die Rokokotracht unserer

Aeltermütter müßte uns recht absonderlich vorkommen, so die weiblichen Trachten und Moden unserer eigenen Zeit nicht ebenso absonderlich wären. Wollten die Schönen und auch die Nichtschönen der Puder- und Zopfzeit in Gala erscheinen, so war ihr Anzug ein Kunstwerk, dessen Herstellung nicht wenig Mühe und Zeit kostete, vom Gelde gar nicht zu reden. Die Erscheinung einer „Dame von Welt" im Fest- und Ballkleide war so: Auf ihrem Kopfe war ein mächtiger, mit Drahtgestell und Roßhaarwulst unterbauter, aus verschiedenen Stockwerken bestehender, gekleisterter, gepuderter, mit einer Masse von Bändern, Blumen und Federn verzierter Haarthurm emporgemauert, welcher seine Trägerin um eine Elle oder mehr höher scheinen ließ, als sie war. Ein aus Fischbeinstäbchen zusammengesetzter Korsett-Panzer zwängte Schultern und Arme zurück, preßte die Brust heraus und schnürte den Leib über den Hüften wespenhaft zusammen. Ueber dem umfangreichen Drahtgestelle des Reifrockes spannte sich das mit allerhand Falbeln, Litzen und Schleifen besetzte Seidenkleid und darüber floß das mit einer Schleppe versehene, vorn sich öffnende, auf beiden Seiten mit reicher Garnitur ausgestattete Obergewand von gleichem Stoffe hinab. Die mit Spitzen beladenen Aermel reichten bis zum Ellbogen und den Vorderarm deckte der lange parfümirte Handschuh. Hals, Nacken und Busen wurden so offenherzig getragen, daß es der hoch- und ehrwürdigen Geistlichkeit beider Konfessionen zu häufigem Aergerniß gereichte und der anhaltische Hofprediger Hermes in seinem 1770 gedruckten Sittenroman „Sophiens Reise von Memel nach Sachsen" gar beweglich klagen mußte: „Euch, ihr edleren des weiblichen Geschlechtes, bitte ich, zu erwägen, in welche Verlegenheit die gegenwärtige Kleidungsart des Frauenzimmers den Prediger setzt und jeden Mann, der nicht bei euch auf die Nasenspitze und nicht tückisch wie ein Schurk neben euch in den Winkel hinsehen will." Natürlich blieben solchem Gepredige und Geklage zum Trotz Nacken, Hals und Busen so bloß wie zuvor. Zum Staatsanzug der Damen gehörte der Fächer und das spitzenbesetzte Taschentuch; auch führte die elegante Schöne stets ein Perlmutterdöschen in der Tasche, welches einen Vorrath von „Schönpflästerchen" enthielt. Denn die richtige Wahl und Anklebung der schwarzen, aus englischem Pflaster in allerhand „galanten" Formen geschnittenen „Mouchen", welche der Männerherzen mordenden Wirkung halber, die sie hervorbringen sollten, „Assasins" hießen, machte eins der wichtigsten Geheimnisse der Toilettekunst und Koketterie aus. Die Damen trugen Schuhe von Atlas oder Sammet, welche mit goldgestickten Schleifen verziert und in der Mitte der Sohle mit einem zollhohen Stelzchen versehen waren, wodurch die Schönen gezwungen wurden, beim Gehen auf den Fußspitzen zu schweben. Diese Fußbekleidung, wie überhaupt der ganze Damen- und Herrenanzug erklärt das Gezirkelte der Haltung und Bewegung der Gesellschaft des Rokoko und insbesondere auch das gemessene Schreiten und Schleifen beim Tanzen. Alles war wie auf die „Menuett" berechnet und zugeschnitten. Uebrigens muß man zugestehen, daß dieser Lieblingstanz der Zopf- und Puderzeit nicht nur viel anständiger und züchtiger, sondern auch viel künstlerischer und anmuthiger war als das Gedrehe, Geschiebe, Gestoße, Gerase, was man zu unserer Zeit tanzen heißt.

Der gesellige Verkehr war in den ersten zwei Dritteln des 18. Jahrhunderts einer sehr strengen Regelung unterworfen und die Scheidung der Stände noch geradezu kastenartig. Selbst nach der Sturm- und Drangzeit noch und sogar in Weimar galt ein i. J. 1800 von Adeligen und Bürgerlichen gemeinsam veranstalteter Ball für ein beispielloses Ereigniß. In der eigentlichen Puder- und Zopfzeit war namentlich im höheren Bürgerstande die ganze Lebensführung sehr streng geregelt und standen da Mädchen und Frauen unter dem Zwange einer steifen Konvenienz. Der Hausherr führte ein Regiment, welches irgendwie anzuzweifeln niemand auch nur entfernt einfiel. Nicht allein die Kinder, sondern auch die Hausfrau zollten ihm unbedingten Gehorsam. Die Frauenbildung stand durchschnittlich niedrig. Der Katechismus herrschte in katholischen und lutherischen Häusern mit Unantastbarkeit. Romane zu lesen galt geradezu für sündhaft. Die „höhere" weibliche Kultur gelangte bei adeligen und bürgerlichen Damen bis

MARIA THERESIA

zum Französischplappern, Spinettschlagen und Arientrillern. Das Erscheinen von Frauen ohne männliche Begleitung auf Spaziergängen, im Theater, im Koncert ging gar nicht an. Es würde schon sehr aufgefallen sein, wenn ein Mädchen oder eine Frau aus gutem Hause über die Straße, in die Kirche oder in einen Kaufladen gegangen wäre, ohne von ihrem „Kammermensch" begleitet zu sein. Uebrigens wurde allen französischen Kleider-, Sprach- und Tanzmoden zum Trotz nicht allein in den bürgerlichen, sondern auch in den adeligen Kreisen der gute alte deutsche Grundsatz festgehalten, daß häusliche Walten der Frauen und Töchter sei ihre schönste Bestimmung. Da war z. B. die Freifrau Anna Dorothea von Hardenberg, deren Sohn Friedrich August später (um die Mitte des 18. Jahrhunderts) wirtembergischer Minister geworden ist. Sie hat ein Notizbuch hinterlassen, welches uns einen Einblick in die Daseinsweise einer niederdeutschen Adelsfamilie der Zopfzeit aufthut. Die Freifrau führte eine scharfe Aufsicht über die Back- und Spinnstube, über die Butter- und Käsebereitung, über die Knechte- und Mägdekammern. Auch ihren Töchtern ließ sie es, gerade wie den Mägden, nicht hingehen, so sie das ihnen täglich aufgegebene Ellenmaß nicht richtig abgesponnen hatten. Einem ihrer „Küchenzettel" zufolge bestand der werktägliche Mittagstisch aus „Brühsuppe, Rindsfleden in saurer Brühe und jungen Rüben." Die Einrichtung des Edelhofes war einfach und die Zimmer hatten keine Dielung, sondern waren nur mit Estrich gepflastert, die Wände nicht tapezirt, sondern nur geweißt. Dagegen war das Mobiliar solid gearbeitet und Silber- und Weißzeug in Fülle vorhanden. Das Leben spann sich eintönig hin. Gastereien kamen nur bei Familienanlässen und etwa bei Jagden vor; doch pflegten dann die geladenen Nachbarn immer gleich mehrere Tage zu verweilen, denn der über alle Begriffe elende Zustand der Wege gestattete die Her- und Hinfahrt von und nach zwei oder drei Stunden entfernten Nachbarhöfen nur in den längsten Sommertagen.

Für das deutsche Hofleben fuhr Versailles den Ton anzugeben fort, namentlich seit unter dem letzten Habsburger die französischen Moden die spanischen auch aus der wiener Hofburg verdrängt hatten. Maria Theresia's berühmter Staatskanzler Kaunitz war ein Typus dieser Verfranzosung, welche in der wohllebigen Donaustadt, wenigstens in der vornehmen Welt, eine absonderliche Mischung von pariser Schliff und pariser Lascivität mit ohnehin innerlicher Unkultur und einem starken Reste von spanisch-katholischer Bigoterie zuwegebrachte. Daher kam es, daß man Herren und Damen nach orgienhaft durchschwelgten Nächten in den Straßen und in den Kirchen von Wien öffentliche Bußwerke der fratzenhaftesten Art verrichten sah, um nach also erleichtertem Gewissen unbefangen wieder weiterzusündigen. Maria Theresia selbst, welche nicht bloß die Schmeichelei das schönste Weib ihrer Zeit nannte, war als Gattin und Mutter eine Frau von bester deutscher Art. Sie besaß ein reiches Gemüth und sie wußte auch die Sprache der eigenartig-wienerischen Gemüthlichkeit meisterlich zu handhaben. Ihr Haus- und Hofhalt wurde in verschwenderisch-prächtigem Stile geführt. Sie liebte es, bei ihren Ausfahrten mit kremnitzer Dukaten im wörtlichen Sinne um sich zu werfen. Sie hat sich auch redlich bemüht, ihre vornehmen und niedrigen Unterthanen so ehrbar und sittsam zu machen, wie sie selber war; aber sie sollte erfahren, daß man mit bloßen Polizeimaßregeln gegen die Zuchtlosigkeit nicht aufkommen, daß man gute Sitten nicht befehlen könne. Die vielberufenen von ihr bestellten „Keuschheitskommissionen" machten das Uebel nur ärger, indem sie das Laster lehrten, sich in Heuchelei zu hüllen. Die Kaiserin hatte das Vollbewußtsein ihres „droit divin" und dachte und handelte durchweg als absolute Selbstherrscherin; allein sie verschloß sich doch nicht halsstarrig dem Verständnisse der Zeitforderungen, und wenn man ihre Erziehung und Gewöhnung berücksichtigt, so muß es ihr doch angerechnet werden, daß sie den Versuch nicht scheute, durch Männer wie Swieten und Sonnenfels etliche Strahlen der Aufklärungssonne des Jahrhunderts in das mönchisch-dunkle Oestreich hineinzuleiten.

Am berliner Hofe war durch König Friedrich den Ersten die Franzoserei ganz obenauf gebracht worden. Friedrich Wilhelm der Erste, der da sagte: „Ich mag die Blitz- und Schelmfranzosen nicht; ich bin ganz deutsch!" versuchte einen Rückschlag. Allein maßen der redenhafte König-Korporal, welcher seinen Haus- und Hofhalt auf dem Fuß eines vermöglichen märkischen Landedelmanns einrichtete und auf Küche und Keller, Speisekammer und Haferkiste ein scharfes Augenmerk hatte, das Deutschthum in teutonischer Rohheit suchte und gefunden zu haben glaubte, so bot unter ihm der preußische Hof einen nichts weniger als ansprechenden Anblick dar. Das Bild wechselte zwischen dem einer Wachtstube und dem eines Konventikels. Des Königs Tochter Wilhelmine, Markgräfin von Baireuth, hat in ihren „Mémoires" dieses Bild in die allergrellste Beleuchtung gerückt. Wollte man der spitzen Zunge und spitzeren Feder dieser Prinzessin glauben, so müßte man annehmen, der sparsame Monarch hätte die eigene Familie nur nothdürftig genährt. Ganz Furchtbares erzählt die unverschwiegene Tochter von der Brutalität des orthodox-frommen Vaters, namentlich seinem Sohne Friedrich gegenüber, welcher mehrmals, behauptet Wilhelmine, den mörderischen Händen des Wüthenden nur mit knapper Noth entrissen werden konnte. Dabei war es wunderlich und kennzeichnet die Zeit, daß der Teutone von Preußenkönig seinen Kronprinzen durch lauter Franzosen und Französinnen von Abkunft oder von Anstrich erziehen ließ, so daß Friedrich schon als halbwüchsiger Junge durch und durch französirt war und zur deutschen Kultur sein Lebenlang keine Beziehung zu gewinnen vermochte. Als das eigenartigste Sittenbild vom Hofe Friedrich Wilhelms des Ersten steht das bekannte „Tabakskollegium" des Königs da, dessen deutsch-bürgerlich-biedere Einfachheit zu der unsinnigen Prachtentfaltung, Prasserei und Lüderlichkeit anderer deutscher Höfe von dazumal, namentlich des dresdener, einen charakteristischen und nicht unangenehmen Gegensatz darstellte. Die Späße, welche die biertrinkende und tabakrauchende Gesellschaft von Generalen, Ministern und Diplomaten unter dem Vorsitze des Königs nach Erledigung der ernsten Gespräche über Staats- und Kriegssachen mit den beiden hochgelahrten Professoren-Hofnarren Gundling und Faßmann zu treiben pflegte, waren freilich keineswegs fein, sondern sehr massiv; aber immerhin nahm sich Friedrich Wilhelm in seinem Tabakskollegium besser aus, als sein Nachbar August der Starke von Sachsen im Kreise seiner deutschen, polnischen, italienischen und türkischen Odalisken und seiner wimmelnden Bastardeschar zum Vorschein kam. Friedrichs des Großen Hofhalt war so eingerichtet, daß er Sparsamkeit mit Würde zu verbinden vermochte. Bei großen Veranlassungen zeigte er in allem den Glanz der Majestät, während die gewöhnliche Junggesellenwirthschaft des Königs zu Potsdam und Sanssouci jährlich einen Aufwand von nur 220,000 Thalern erforderte. In seiner persönlichen Erscheinung hielt sich Friedrich nicht weniger einfach als sein Vater, aber er war kein Jäger, kein Raucher, kein Trinker wie dieser. Seine Erholung suchte er in der Musik, im Flötenspiel, in der Lesung französischer Bücher, in der Anfertigung französischer Verse und Aufsätze, in der Unterhaltung mit seinen französischen Tischgenossen Voltaire, Maupertuis, d'Argens, La Mettrie und andern. Die „Soupers de Sanssouci" waren weltberühmt, aber für Deutsche nicht vorhanden. Denn für die einheimische Wissenschaft und Kunst, wie für ihre Träger, hegte Friedrich eine Mißachtung, welche nur seiner Unkenntniß ihres Wollens und Könnens gleichkam. Hatte er es doch niemals der Mühe werth gehalten, richtig deutsch sprechen und schreiben zu lernen. Hätte er auch nur einen kleinen Theil der Zeit, welche er auf seine im Grunde doch ganz elende französische Versemacherei verwandte, darauf wenden wollen, die nationale Kulturbewegung einer Epoche, in welcher Wieland und Lessing allbereits ihr Bestes geschrieben und der Genius Göthe's schon seine jugendlichen Adlerflüge begonnen hatte, zu betrachten und zu beachten, ja hätte er sich nur dessen erinnern wollen, was ihm Gellert in seinem berühmten Gespräche mit dem König am 18. December von 1760 gesagt hatte, er würde doch wohl nicht noch im J. 1780 die ebenso thörichte als beschimpfende Meinung geäußert haben, die Deutschen hätten zu nichts das Zeug als „zum zuschlagen". Im übrigen war es für die Entwickelung unserer Literatur zweifellos ein großes Glück, daß Schiller von der deutschen Muse mit Recht sagen konnte:

> „Von des großen Friedrichs Throne
> Ging sie schutzlos, ungeehrt —"

denn nie und nirgends hat eine gesunde, eigenartige und martige Poesie und Kunst in der Treibhausluft der Hofgunst sich entfaltet. Die deutschen Fürsten haben von jeher redlich dafür gesorgt, daß alles Beste und Schönste, was der deutsche Geist geschaffen, ohne ihr Zuthun, ja sogar ihnen zum Trotz entstanden ist und sich emporgekämpft hat.... Der Großmeister des erleuchteten Despotismus, der „Philosoph von Sanssouci" hatte übrigens am sorgenumdüsterten Abend seines Lebens Grund genug, zu sagen, er sei „es müde, über Sklaven zu herrschen". Aehnlich klingenden Aeußerungen zufolge hat er ein deutliches Vorgefühl gehabt, daß die von ihm auf ihre Spitze gestellte Pyramide der Großmacht Preußen eines bösen Tages zu jähem Falle kommen könnte. Unter anderen übeln Merkmalen und Vorzeichen konnte ihm ja auch dieses nicht entgehen, daß in dem unter seiner Regierung zu einer Einwohnerzahl von 150,000 Seelen angewachsenen Berlin laut unverwerflicher Zeugnisse „eine totale Sittenverderbniß beide Geschlechter aller Klassen beherrsche".

Als ein charakteristisches Seitenstück stellte sich zu dem friedrich'schen Arbeitskabinett auf der Terrasse von Sanssouci der josephinische „Kontrolorgang" in der Hofburg zu Wien. Eine Vergleichung der berühmten, aller Regeln der Rechtschreibung spottenden „Marginalresolutionen", die aus jenem Kabinett ergingen, mit den mündlichen Bescheiden, welche in diesem Audienzkorridor ertheilt wurden, würde den Unterschied von Friedrichs und Josephs Regierungsweise deutlich veranschaulichen. Der König dürfte dabei als Regent, der Kaiser als Mensch im Vortheil sein. In den Gang, auf welchen die Thüren der Hofkontroloramtskanzlei sich öffneten, pflegte Joseph, nachdem er von der fünften Morgenstunde an mit seinen Sekretären gearbeitet hatte, gegen neun Uhr herabzusteigen, um die Anliegen der daselbst zur Audienz Versammelten persönlich in Empfang zu nehmen. Hier ist im Jahre 1785 auch ein zu jener Zeit berühmter deutscher Schriftsteller, August Gottlieb Meißner, der Verfasser der „Skizzen", von dem Kaiser in schlichtester Weise empfangen und angehört worden. Der Auftritt kennzeichnet Josephs Art. Mittelgroß, gut gebaut, etwas voll, mit runden Wangen stand er vor dem sächsischen Gelehrten. Die Augen von klarer Bläue fixirten ihn einen Augenblick, ohne daß der Zug um die Lippen den Ausdruck der Freundlichkeit und Offenheit verlor. „Ich höre," sagte der Kaiser, „daß es Ihnen in meinen Landen gefällt und daß Sie hier eine Anstellung wünschen, wie sie Ihren Kenntnissen und Fähigkeiten entspricht. Ich halte Sie für geeignet, eine Lehrkanzel für ältere und neuere deutsche Literatur zu übernehmen. Was halten Sie von Prag?" — „Ich würde mich bestreben, einen Platz, den Eure Majestät mir anwiesen, nach besten Kräften auszufüllen." — „Man wird es nicht gut finden, daß ich einem Ausländer den Vorzug gebe; doch da denke ich anders.. Als ich den Prater und den Augarten einrichten ließ, nahm ich zum Versetzen sogleich herangewachsene Bäume, unter deren Schatten meine Mitmenschen Vergnügen finden konnten. Ebenso muß ich es mit den öffentlichen Anstalten meines Landes halten. Ich kann nicht warten, bis in Oestreich eine hinreichende Anzahl von Männern heranwächst, welche die Neuzeit repräsentiren; ich muß sie nehmen, wo ich sie finde. Daher stoß' ich mich nicht daran, daß Sie Ausländer und Protestant sind." — Meißner wollte darauf etwas sagen, aber der Kaiser fiel ihm ins Wort: „Von dieser Seite fordere ich nichts als Verträglichkeit. Mir ist der redliche und tüchtige Mann gleich lieb, ob er glaube, daß der Messias bereits gekommen sei oder noch kommen soll; um wie viel weniger mache ich einen Unterschied unter den verschiedenen christlichen Bekenntnissen. Ich sage von Nushirwan: Mir ward die Sorge für das Glück meiner Unterthanen, nicht die für ihren Glauben verliehen." Der letzte Satz enthielt eine sehr freundliche Anspielung auf eine der Schriften Meißners, welcher etliche Tage darauf seine Bestallung als Professor an der Prager Universität erhielt. Joseph war überhaupt, wie der deutschen Musik, so auch der deutschen Literatur herzlich zugetan. Mit dem von ihm hochgeschätzten und bewunderten Großmeister Mozart hat er oft in vertraulich-menschlicher Weise verkehrt, mit demselben „Musikanten" Mozart, den ein brutaler Bonze, Se. hochfürstliche Gnaden der Herr Erzbischof Kolloredo von Salzburg, noch vor kurzem einen „Fex", „Trottel" und „Lausbuben" gescholten und wie einen Sklaven behandelt hatte. Nachdem „Die Entführung aus dem Serail" aufgeführt worden, sagte der Kaiser: „Zu schön für unsere Ohren und gewaltig viele Noten, lieber Mozart." Worauf der Mozart: „Gerade so

Friedrichs des Großen Tafelrunde in Sanssouci.

viele Noten, als nöthig sind, Majestät." Als der „Don Juan" bei der ersten Aufführung in Wien nicht zog, äußerte Joseph: „Das Werk ist himmlisch; es ist noch schöner als die Hochzeit des Figaro, aber es ist kein Bissen für meine Wiener." Worauf wieder frischweg der Mozart: „Ei was, man lasse ihnen nur Zeit, den Bissen zu kosten." Zu einem werkthätigen Eingreifen in die Bewegung der deutschen Literatur hatte der Kaiser weder Zeit noch Geschmacksbildung genug. Das Wien von damals war auch keine Stätte, wo die neuzeitlichen Ideen sich gern und leicht in nationalliterarische Formen hätten kleiden können. Bildete sich ja die österreichische Hauptstadt schon auf einen Blumauer und einen Alzinger etwas ein. Im übrigen hätten Josephs sittliche Lebensführung und einfacher Hofhalt den deutschen Fürsten zu einem guten Muster dienen können, so sie es hätten beachten und nachahmen wollen. Wie wenig das geschah, zeigten die meisten deutschen Höfe bis gegen das Ende des 18. Jahrhunderts hin in abschreckender Weise auf. Auch zur Zeit des aufgeklärten Despotismus ging das vornehme Prangen und Prassen, das höfische Laster- und Lotterleben vielerorten seinen gewohnten wüsten Gang weiter. Die Einzelnheiten des stuttgarter Hoflebens unter Herzog Karl Eugen, des münchener unter Kurfürst Karl Theodor, des berliner unter König Friedrich Wilhelm dem Zweiten füllen häßliche Seiten im Buche der Unsittengeschichte, und wenn, wie ja geschah, die höfische Mißachtung des Sittengesetzes und die vornehme Lüderlichkeit von der Menge als selbstverständlich angesehen und hingenommen wurden, so ließ das doch entschieden auf eine bedenkliche Schwäche des Ehrgefühls und des sittlichen Bewußtseins in der Volksgesammtheit schließen.

Bach.

Solcher Schluß fand seine Bekräftigung in der Lebensführung der katholischen wie der protestantischen Bevölkerungen unseres Landes bis gegen das Ende des 18. Jahrhunderts hin. Reisende Deutsche, welche vor und nach der Mitte des Jahrhunderts Deutschland durchzogen, Männer von scharfem Blick und zweifelloser Wahrheitsliebe, ein Keyßler, ein Risbeck, ein Nikolai, haben Berichte von dem Gesehenen und Gehörten veröffentlicht, welche den Beweis erbringen, daß nicht etwa nur die höfischen und adeligen, sondern auch die bürgerlichen und bäuerlichen Kreise häufig genug also sich gebärdeten, als gäbe es etwas wie ein Sittengesetz gar nicht mehr in der Welt. Ihre wüstesten Erscheinungsformen nahm aber die Ausschweifung an, wo sie sich, wie z. B. in Altbaiern, mit fetischistischkatholischem Aberglauben oder, wie z. B. in der Wetterau und in Schlesien, mit protestantischer Muckerei verband. Die pietistische „Erweckung", welche namentlich in den vier ersten Jahrzehnten des Jahrhunderts unter den Vornehmen zu einer mächtigen Mode geworden — eine Erweckung, wie sie in höchster Potenz als kulturgeschichtliche Charakterfigur der Graf Nikolaus Ludwig von Zinzendorf vertrat, der Gründer von „Herrnhut", der Stifter der Herrnhutersekte — diese Erweckung vermochte wohl im Adel und im Bürgerthum sehr zahlreiche Anhänger zu werben und denselben alle die sogenannten „Mitteldinge", Putz und Tanz, die Freuden der Geselligkeit und des Theaters, ja sogar die Lesung von Zeitungen, als sündhaft zu verleiden. Allein solche trübsälige Kopfhängerei und süßliche Lämmelei hat im ganzen und großen zweifelsohne weit mehr Schaden als Nutzen gestiftet, insbesondere dadurch, daß sie das ungesunde Gefühl der Staatslosigkeit pflanzte und nährte und das Dichten und Trachten der Menschen von dem Diesseits mit seinen praktischen Aufgaben ab- und einem erdachten Jenseits zulehrte. Immerhin jedoch darf nicht verschwiegen werden, daß es im damaligen Deutschland noch etwas Widersicheres gab als die Süßlichkeit der Konventikelei, nämlich die akademische Rohheit. Ein zeitgenössischer Poet, J. F. W. Zachariä, welcher nach dem Vorgange von Pope und Boileau die Gattung des komischen Heldengedichtes mit einigem Talent in unsere Literatur einführte, hat das studentische Unwesen lebenswahr aus der Wirklichkeit herausgegriffen und in seinem erzählenden Gedichte „Der Renommist" (1744) so naturgetreu dargestellt, daß wir diese verwilderten „Musensöhne"

„Bei denen hieß vergnügt so viel als wüst und toll,
Die tranken nicht aus Durst, ihr Trinken war ein Saufen,
Ihr Spiel war ein Gezänk und ihre Freude raufen" —

leibhaft, aber nichts weniger als liebenswürdig vor uns zu sehen glauben.

Gerade zu dieser Zeit nun, wo unser Volk in allen seinen Schichten des Untröstlichen so viel sehen ließ, hatte sich der deutsche Genius in der Stille zu künstlerischen und literarischen Thaten gerüstet, welche ebensosehr eine zu Ende gehende Kulturperiode, das Zeitalter der Orthodoxie, beschließen als eine anhebende, die der „Aufklärung" und der „Kraftgenialität", einleiten sollten.

Aus Gründen, welche im 3. Hauptstück am geeigneten Orte berührt worden sind, hat der deutsche Protestantismus für die bildenden Künste überhaupt wenig gethan. Das Feld, welches er vermöge seines ursprünglichen und wirklichen Wesens, vermöge seiner Innerlichkeit, zu befruchten vermochte, war

Händel.

vielmehr das der redenden. Da, in Musik und Poesie, hat er gegen die Mitte des 18. Jahrhunderts hin eine schaffende Kraft erwiesen, welche zu höchsten Leistungen sich aufschwang, wenigstens in der Tondichtung. Denn es steht ja fest, daß das protestantische Princip in seiner Reinheit und Größe die Seele der Musik von Bach und Händel war und ist. Johann Sebastian Bach (1685—1750) aus Eisenach, der schlichte „Kantor" von St. Thomas zu Leipzig, hat zum erstenmal

die ganze Fülle von musikalischem Gefühl und Ausdruck, welche unserem Volke zu eigen, entbunden und als einen majestätischen Tönestrom einherfluten lassen, dem er mit genialer Sicherheit seine Bahn vorzeichnete. Seine Kompositionen für die Orgel lehrten diese zuerst einen des herrlichen Instrumentes vollkommen würdigen Gesang. Das aus Italien stammende Oratorium schuf er zu einer Kunstform um, welche als die bedeutendste Schöpfung der religiösen, der christlichen Musik anerkannt werden muß, und diese Kunstform handhabte der Meister namentlich in seiner „Matthäus-Passion" so, daß darin das Erhabene und das Liebliche zu einer wunderbaren Harmonie zusammenfließen. Bachs Zeitgenosse Georg Friedrich Händel (1684—1759) aus Halle hat mittels ganz groß gedachten und in edelstem Stile durchgeführten Oratorien und Kantaten („Samson", „Makkabäus", „Messias", „Alexanderfest") drüben in England der deutschen Art und Kunst nie dagewesene Triumphe bereitet und hat also zum voraus musikalisch wettgemacht, was wir nachmals den Briten dichterisch schuldig wurden, als unsere Literatur den Einfluß der englischen verspürte, insbesondere den gewaltigen Einfluß Shakspeare's. Die Werke von Bach und Händel stehen in der Kulturgeschichte als die großartigsten Kunstschöpfungen, welche der kirchlich-gläubige Protestantismus hervorzubringen vermochte.

Bei weitem nicht mit solcher Macht und Pracht wie die deutsche Musik hob die deutsche Dichtung eine neue Periode ihrer Thätigkeit an. Zu Anfang des Jahrhunderts sah es noch geradezu armsälig aus

in unserer Literatur, für welche die nationalen Ueberlieferungen ganz verloren gegangen waren und die sich
darin gefiel, die Rolle einer Magd der französischen mit Beeiferung zu spielen. Jämmerliche Reimer von
Hofpoeten, wie die Kaniz, Besser und König gewesen sind, führten das Wort und suchten die Trockenheit ihrer
Alexandriner durch Beimischung von Schlüpfrigkeiten, welche sie der zweiten schlesischen Dichterschule des 17. Jahrhunderts abgesehen hatten, annehmlicher zu machen. Da und dort tauchte ein wirkliches Talent auf, aber auch
sofort wieder unter in der Ungunst der Zeit, ohne eine dauernde Spur zu hinterlassen. So jener Johann
Christian Günther, aus dessen Reimen vereinzelte Brusttöne deutscher Lyrik schön hervorklangen, welchen aber die
Wüstheit des Studentenlebens von dazumal rasch in ihren verderblichen Strudel hinunterriß. Die Gallomanie,
als deren unfehlbarer Wahrer und Wächter der leipziger Professor Johann Christoph Gottsched — übrigens
als Sprachereiniger und Stilbildner ein verdienter Mann — sich gebärdete, beherrschte alles mit ihrem
nüchtern verständigen Formalismus, welchen der genannte „Diktator des Geschmackes" auch auf der
deutschen Schaubühne heimisch-
machen wollte, um dem daselbst
spektakelnden und polternden
Naturalismus ein Ende zu
bereiten. Er veranstaltete zu
diesem Zwecke eine symbolische
Verbrennung des Hanswurst
auf der Bühne des leipziger
Stadttheaters (1737) und suchte
unter Beihilfe der talentvollen
Schauspielerin Karoline Neuber
die Mordspektakel und Hanswurstiaden durch französisch zu-
geschnittene Stücke zu ersetzen.
Selbst Poeten von unzweifel-
hafter Begabung wie der große
schweizerische Gelehrte Albrecht

Gellert.

von Haller und der Hamburger
Friedrich von Hagedorn arbeiteten
durchweg nach der französischen
Schablone. Auch der Dichter,
welcher zuerst wieder mit einem
Werke hervortrat, welches die
ganze Nation ansprechen konnte
und wirklich ansprach, auch
Christian Fürchtegott Gellert
(1715—69) aus Hainichen in
Sachsen war von tiefem Respekt
vor der ästhetischen Theorie und
Praxis der Franzosen erfüllt.
Aber er wußte in seine „Fabeln"
(1746) soviel vom Besten, was
in unserem Volke lebt, hineinzu-
arbeiten, daß wir unschwer ver-

stehen, wie diese anschaulich-redseligen, die menschlichen Thorheiten, Schwächen und Laster mild-verständig
aufzeigenden und tadelnden Dichtungen eine seit lange nicht dagewesene nationalliterarische Wirkung thun
konnten. Die gellert'sche Fabulei war es, welche unsere Literatur zuerst wieder aus den Studirstuben heraus-
holte und ins Leben hineinstellte, namentlich auch in den Mittelstand, dessen hochbedeutsame Theilnahme an
der literarischen Bewegung der treffliche Fabeldichter in verdankenswerthester Weise anzuregen wußt.

Zur selbigen Zeit kam aus der deutschen Schweiz, welche dazumal an der deutschen Kulturarbeit thätig-
regsam sich betheiligte, ein wirksamer Stoß auf die Gallomanie. Die beiden züricher Gelehrten Bodmer und
Breitinger erhoben eine geschickt geführte literarische Fehde gegen die Gottschederei und stellten, auf die englische
Literatur hinweisend, den ästhetischen Grundsatz auf, nicht in der formalen Korrektheit bestände das Wesen der
Dichtung, sondern in der Gestaltung der Ausgeburten einer lebendigen Phantasie und eines frischen und warmen
Gefühls, für welche Seelenkräfte die liebevolle Naturbetrachtung ein unerschöpflicher Jungbrunnen wäre. Und
ferner: Naturwahrheit und Unmittelbarkeit der Stimmung müßte in die Poesie zurückkehren, die bloß beschreibende
und lehrende Dichterei sollte zurücktreten vor den großen Gattungen, vor dem Epos und dem Drama. Endlich: der abgerissene Faden der lange vernachlässigten und fast verschollenen nationalliterarischen Ueberlieferung
müßte wieder aufgesucht und zusammengeknüpft werden, zu welchem Ende die mittelalterlichen Schätze deutscher

Dichtung unter dem Schutte der Vergessenheit hervorgegraben werden sollten. Mit diesen theoretischen Neuerungen stimmten weniger grundsätzlich als aus Abneigung gegen die gottschedische Anmaßlichkeit die Literaten überein, welche die „Bremer Beiträge" geheißene Zeitschrift als ihr gemeinsames Organ gegründet hatten. Im Grunde war aber mit alledem wenig mehr erreicht, als daß eine Nachahmung von einer andern abgelöst wurde und in unserer Literatur als Muster die Thomson, Gray und Young an die Stelle der Boileau, Chaulieu und Chapelle traten, gerade wie man in der Gartenkunst die französische Manier durch die englische ersetzte. So blieb es —

„Bis Klopstock naht und die Welt fortreißt in erhabener Obenbeflüglung
Und das Maß herstellt und die Sprache beseelt und befreit von der gallischen Knechtschaft,
Zwar starr noch und herb und zuweilen versehrt, auch nicht jedwedem genießbar;
Doch ihm folgt bald das Gefällige nach und das Schöne mit göthe'scher Anmuth."

Friedrich Gottlieb Klopstock (1724—1803) aus Quedlinburg ließ in den „Bremer Beiträgen" 1748 die drei ersten Gesänge seines „Messias", 1750 seine ersten „Oden" erscheinen und markirte damit zweifelsohne den Beginn einer neuen literarischen Epoche. Unser Land hatte endlich wieder einen Originaldichter. Denn ein solcher war Klopstock. Freilich nicht so fast als Sänger des „Messias", dessen Anlehnung an Milton ja handgreiflich war, als vielmehr durch seine Odendichtung. Dennoch war die Wirkung des Messias zunächst die bedeutendere, obzwar kritisch angelegte Leser die Schwächen dieser in

Klopstock.

ziemlich holperige Hexameter gekleideten Mischung von biblischem Pathos und deutscher Fühlsamkeit sofort unschwer herausfanden. Aber das langathmige und zuletzt in eintönig-langweiliges Hallelujahen sich verflüchtigende Gedicht traf, wenigstens mit seinen Anfängen, eine sympathische Stimmung in der Jugend, vorab in der weiblichen. Es ging in diesem schülernden Hymnus vom Heiland so deutsch-gemüthlich her; alles war da „empfindsam", nicht nur die Engelschaft, sondern auch die Teufelschaft (in der

Figur des Abbadonna), und die „Empfindsamkeit" schickte sich ja gerade an, die deutsche, wie die (von Rousseau gepredigte) europäische Modestimmung zu werden. Auch trug zu der zeitweiligen Beliebtheit der Messiasdichtung jenes bewußte oder unbewußte Gefühl elegischen Bedauerns bei, womit wir von versinkenden Illusionen Abschied nehmen. Klopstocks Gedicht war ja das Lebewohl, welches die ins Zeitalter der Aufklärung hinüber tretende deutsche Bildung dem scheidenden ehernen Zeitalter der Orthodoxie zurief. Sein Bestes vollbrachte Klopstock als Odendichter. Reger Natursinn, warmes Freundschaftsgefühl, keusche Liebe, edler Lebensgenuß und inniges Vaterlandsgefühl redeten in seinen Oden eine Sprache voll Frische und Kraft, voll kühner und doch wohllautender Wendungen, voll genialer Würfe und kernhafter Geschlossenheit.

Wo von dem Wiederherausschreiten der Deutschen aus der tiefsten Zerfallenheit und Demüthigung gesprochen wird, soll und muß Klopstocks mit hohen Ehren gedacht werden; denn er war eine kulturgeschichtliche, eine reinigende und sittigende Macht. Seines Dichteramtes mit einer Würde waltend, welche etwas im besten Sinne Priesterliches hatte, lehrte er die Literatur eine würdigere Haltung und verschaffte der heimischen Poesie in der Gesellschaft ein Ansehen, wie sie es bislang noch nie besessen hatte. Er bewies den deutschen Gelehrten und Poeten, daß sie vor allem sich selber achten müßten, so sie von anderen geachtet sein wollten. Wie sehr es aber der deutschen Kulturarbeit zu gut kommen mußte, wenn die Intelligenz aus ihrer zu nicht geringem Theile selbstverschuldeten bemüthigenden, ja verächtlichen Stellung emporgehoben wurde, das bedarf keines weiteren Nachweises. Von wahrhaft unberechenbar gutem Einfluß war der sittliche Gehalt von Klopstocks Dichten auf die Veredelung des Verhältnisses der beiden Geschlechter und der Formen, in welchen dasselbe zum Ausdruck kam. Wenn er von Liebe sang, fand er Töne, die an Innigkeit mit den innigsten unserer alten Volkslieder wetteiferten, und so hat er in die Beziehungen von Jüngling und Jungfrau, von Mann und Weib die Reinheit, den Zartsinn, den Seelenschwung zurückgeführt und der Liebe die religiöse Weihe gegeben. Man halte nur mit unserer Liebespoesie, wie sie mit Klopstock

Klopstocks Zürichseefahrt.

begann, die „galante" Reimerei des 17. und der ersten Decennien des 18. Jahrhunderts zusammen und man wird anerkennen, daß der Sänger von Fanny und Cidli uns schon darum hochehrwürdig sein und bleiben muß, weil er seine Landsleute bei jeder Gelegenheit nachdrucksam an jenen Ausspruch des Tacitus erinnerte, demzufolge unsere Altvorderen glaubten, es wohne dem Weibe etwas Heiliges und Göttliches inne. Dabei war der von Klopstock im Verhalten der beiden Geschlechter angegebene Ton nichts weniger als ein frömmelnder, nein, im Gegentheil ein herzlich und herzhaft fröhlicher, der in die stockige Luft der geistlos steifen Umgangsformen fast wie ein revolutionärer Windzug hineinfuhr. Ein anmuthiges Zeugniß hierfür war jene Fahrt auf dem Züricksee, welche Klopstock eines schönen Sommertages von 1750 mit seinen jungen züricher Freunden und Freundinnen unternommen und die ihn zu einer seiner schönsten Oden („Der Züricksee") angeregt hat. Aus der Schilderung, welche einer der Mitfahrenden, Hirzel, in einem Briefe an Kleist von diesem Ausflug entworfen hat, weht wie ein Frühlingshauch die erregte Stimmung, die feinfühlige Schwärmerei und die schuldlose Heiterkeit der von Klopstock begeisterten deutschen Jugend, welche ja ihr geliebter Dichter auch wieder den Vollklang des Wortes „Vaterland" fühlen machte. Allerdings war in Klopstocks Deutschheit viel, zu viel nebelhafter Teutonismus, der ja dann auch die Schüler des Meisters zu hohlem Bardengebrülle verführte. Aber es war doch schon etwas Löbliches, ja geradezu Großes, den lange verstummt gewesenen patriotischen Ton, welchen im 16. Jahrhundert die Hutten und Fischart, im 17. die Logau und Moscherosch angeschlagen hatten, wieder aufzunehmen und den zur Krähwinkelei verkümmerten, um alles Staatsbewußtsein gekommenen Deutschen zu sagen und immer wieder zu sagen, daß sie ein Volk, daß sie eine Nation wären und ein Vaterland hätten. So man sich den traurigen, trostlosen Anblick vergegenwärtigt, welchen um die Mitte des 18. Jahrhunderts unser zerrissenes, zerfetztes, unfreies und machtloses Land darbot, so wird man begreifen, daß die innigste Liebe zu seinem Volke und das festeste Vertrauen auf dessen Unverwüstlichkeit den Dichter beseelen mußte, welcher diesem Deutschland zurief:

>„Dir ist dein Haupt umkränzt
>Mit tausendjährigem Ruhm; du hebst den Tritt der Unsterblichen
>Und gehest hoch vor vielen Landen her —
>Ich liebe dich, mein Vaterland!"

5.

Aufklärung und Kraftgenialität.

enn die vaterländische Regung, zu welcher Klopstock den Anstoß gegeben und die von der klopstock'schen Dichterschule weitergeleitet wurde, um ihrer entschieden religiös-protestantischen Haltung willen wie eine letzte bedeutsame Nachwirkung der Reformation des 16. Jahrhunderts erscheint, so signalisirt dagegen die Bewegung, welche sich ihr anschloß, den anhebenden Bruch mit der kirchlichen Tradition, und zwar mit der protestantischen nicht weniger als mit der katholischen. Jene Regung, die als aus der deutschen Volksseele selbst entsprungen bezeichnet werden darf, kann als die erste Stufe einer Wiederverjüngung des Kulturlebens unseres Landes bezeichnet werden; diese Bewegung, d. h. die Aufklärungsarbeit, welche nicht deutschen Ursprunges war, sondern von England und Frankreich aus zu uns kam, ist die zweite Stufe geworden. Daß sie es werden konnte, war zu einem großen Theile der Regierungsweise Friedrichs des Großen und später Josephs des Zweiten zu verdanken. Das Beispiel dieser Beiden rüttelte doch die Mehrzahl der deutschen Regierungen aus ihrer Trägheit und aus ihrem Schlendrian auf — sogar die etlicher geistlicher Fürstenthümer, sonst die Lieblingssitze der Dunkelei — rüttelte sie dermaßen auf, daß überall mehr oder weniger geschickte Anstalten zum Betreten der neueröffneten Bahnen der Bildung und Humanität gemacht wurden. Diesem guten Willen der meisten deutschen Regierungen kamen alle Empfänglichen und Verständigen der Nation mit jenem edlen Enthusiasmus entgegen, welcher das schönste Merkmal des 18. Jahrhunderts gewesen ist.

Ein Engländer, Locke, ein Schotte, Hume, und ein Franzos, Bayle, hatten den großen Hebel vorschreitender Erkenntniß, den Zweifel, wissenschaftlich in Thätigkeit gesetzt. Der Feldzug, welchen der skeptische Forschungseifer dieser Drei gegen den sogenannten Offenbarungsglauben eröffnet hatte, wurde weitergeführt durch die englischen „Deisten", deren „Philosophie des gesunden Menschenverstandes" Voltaire nach Frankreich verpflanzte, von wo sie in alle civilisirten Länder Europa's ausging, um durch die deutschen „Aufklärer" ihre größte Vertiefung und festeste Begründung zu finden, während sie sich in Frankreich selbst ihr wirksamstes Werk- und Streitzeug bereitete in der von Diderot und d'Alembert begründeten „Encyklopädie", jenem ersten und berühmtesten Konversationslexikon, welches auf die gesammte europäische Gesellschaft einen unberechenbaren Einfluß geübt hat.

Was hieß nun aber „Aufklärung"? Was verstanden unsere Vorfahren darunter? Der große Immanuel Kant hat sich herbeigelassen, uns das zu sagen und zwar so: „Aufklärung ist der Ausgang des Menschen aus seiner selbstverschuldeten Unmündigkeit. Diese ist das Unvermögen, sich ohne Leitung seines Verstandes zu bedienen. Selbstverschuldet ist diese Unmündigkeit, wenn die Ursache derselben nicht am Mangel des Verstandes, sondern der Entschließung und des Muthes liegt, sich seiner ohne Leitung eines anderen zu bedienen. Wage weise zu sein! Habe den Muth, dich deines eigenen Verstandes zu bedienen! ist also der Wahlspruch der Aufklärung." Das Wort selbst war außerordentlich glücklich gewählt: aufklären sollte ja die freie und selbstständige Verstandesthätigkeit die orthodoxe Finsterniß, aufhellen sollte das Licht der Forschung die Nacht einer Weltanschauung, deren religiöse, politische und sociale Dogmen den Bedürfnissen einer neuen Zeit nicht mehr genugzuthun vermochten. Dieweil aber tief im Wesen unseres Volkes eine von Pedanterei nicht ganz freie Methodik und Systematik begründet ist, so ging bei uns die aufklärerische Bewegung weiter ausholend und systematischer vor als in England und Frankreich. Wie dort wurden auch in Deutschland als praktische Ziele die freie Religion und der freie Staat ins Auge gefaßt, allein die methodischen Deutschen fühlten die Nothwendigkeit eines Mittelgliedes zwischen jener und diesem und darum betonten und forderten sie mit besonderem Nachdruck die freie Bewegung des Menschen im Gedankenreiche, in der Wissenschaft und Kunst. Mit anderen Worten: sie glaubten, die Befreiung der Persönlichkeit sei die unumgängliche Voraussetzung einer Befreiung der Gesellschaft. Selbstverständlich mangelte dem Aufklärungslichte der Schatten nicht, d. h. es lassen sich den deutschen Aufklärern der Mißgriffe und Fehlschritte genug nachweisen; aber nur ein der geschichtlichen Wahrheit ganz verschlossener Sinn kann leugnen, daß diese Männer ihre schwere Arbeit redlich gethan und mittels derselben die segensreichsten Erfolge gewonnen haben.

Nationalliterarisch und im weitesten Umfange that diese Arbeit zuvörderst Christoph Martin Wieland (1733—1813) aus Oberholzheim bei Biberach. Als Anfänger auf Klopstocks Pfaden wandelnd und dessen religiös-aufgespannte Fühlsamkeit noch überbietend, hat er sich bei Zeiten auf das wirkliche Wesen seines Naturells und seines Talentes besonnen und ist dann der literarische Gegenpol, aber auch die heilsame und nothwendige Ergänzung des Messiassängers geworden. Denn wenn dieser die ernstgestimmten, die religiösen, die sentimentalen Kreise für die Bewegung der heimischen Literatur gewonnen hatte, so bedurfte es jetzt eines Schriftstellers, der seinerseits die Herren und Damen „von Welt", die französisch Gebildeten, die Geistreichen, die Leichtfertigen dafür zu gewinnen vermochte. Das vermochte und leistete Wieland. Muß man doch offen zugestehen, daß jener weltmännisch leichte und gefällige Ton und Schliff, mittels dessen die französische Literatur die europäische „Gesellschaft" erobert und unterworfen hatte, der unserigen bislang allzu sehr abgegangen war. Wieland brachte nun diesen Schliff und Ton. Er zeigte mittels seiner in langer Reihe einander folgenden Novellen in Versen und Romane in Prosa den Leuten von Welt, daß ein deutscher Dichter in deutscher Sprache ebenso aufgeklärt und tolerant, ebenso geistreich und graziös-witzig, ebenso leichtfertig und, wenn nothig, ebenso üppig schreiben könnte wie ein pariser Poet in französischer. Und gerade das war von großem Belang. Wieland hat für die Weckung und Stärkung der Theilnahme an der vaterländischen Literatur in den vornehmen Kreisen außerordentlich viel, ja zunächst alles gethan, und wer die socialen Bedingungen des Aufblühens einer Literatur kennt, wird

dieses Verdienst gewiß nicht gering anschlagen. Als Dichter war Papa Wieland, streng genommen, selbst in seinen besten Hervorbringungen („Musarion", „Oberon", „Die Abderiten") nie mehr als ein angenehmer Plauderer; aber gerade als solcher hat er mittels seines reichen Wissens, seiner unerschöpflichen Gutherzigkeit und der nie versagenden Anmuth seiner Rede eine Fülle von Ideen in Umlauf gesetzt und zeitbewegenden Gedanken auch in solchen Kreisen, die sich jedem andern als ihm verschlossen hätten, Zutritt verschafft.

Weit größere und fruchtbarere Wirkung jedoch als in den sogenannten höheren Klassen hatte die Aufklärung im deutschen Mittelstande, welchen sie zum fortanigen Hauptträger der von ihr neugeschaffenen und in Achtung gesetzten öffentlichen Meinung erzog und heranbildete. Hierbei kam ihr gerade jene etwas hausbackene Verständigkeit vortrefflich zu statten, jenes bürgerliche Mittelmaß, welches und welches freilich später nicht mehr ausreichten, die höheren Ziele der Kraftgenialität, des weltbürgerlichen Humanismus und des modernen Griechenthums gerecht zu werthen. Also, mit ihrer ganzen Licht- wie mit ihrer ganzen Schattenseite, zeigte sich die Aufklärung in der typisch gewordenen Gestalt des berliner Schriftstellers und Buchhändlers Nikolai, welchen ein Lessing seiner Freundschaft und ein Göthe seiner Feindschaft würdigte. Von dem Kreise, welcher sich um diese Charakterfigur von Aufklärer her gebildet hatte, ging unmittelbar oder mittelbar der Aufschwung der deutschen Zeitschriftstellerei aus, die sich in den „Literaturbriefen", der „Allgemeinen deutschen Bibliothek", den „Göttinger" und den „Frankfurter gelehrten Anzeigen", dem „Deutschen Merkur", der „Jenaischen Literaturzeitung" und ähnlichen anderen periodischen Blättern mehr oder weniger beliebte und einflußreiche Boten schuf, welche sich bemühten, die Kunden von den Forschungen und Findungen im Bereiche deutscher Wissenschaft und Kunst in immer weitere Kreise hinauszutragen. Wenn demzufolge die deutsche Bildung glücklicher Weise aufhörte, die Sache gelehrter Ausschließlichkeit zu sein, wenn sie anfing, mit dem praktischen Leben mehr und mehr in Beziehung zu treten, so ist es bei der gerade im deutschen Mittelstande noch vorwiegend theologischen Anschauung und Stimmung von höchster Wichtigkeit gewesen, daß die aufklärerische Strömung in den Sumpf der Theologie selber hineingeleitet wurde. Der Pietismus war mit der Zeit ebenso verdumpft wie die Orthodoxie, gegen welche er sich vordem empört hatte. Das abwechselnd tragische und groteske Ringen eines Dippel und eines Edelmann, die Fesseln der Sektiererei zu zerbrechen, vermittelte den Uebergang vom Mysticismus zum Kriticismus. Gelehrte wie Michaelis, Semler und Reimarus („Wolfenbüttler Fragmente") suchten mit weniger oder mehr Kühnheit den Grundsatz wirklich freier Forschung auch in die theologische Gelehrsamkeit einzuführen und in unmittelbarem oder mittelbarem Zusammenhange damit gingen Popularphilosophen wie Abbt, Spalding, Eberhard, Sturz, Iselin, Hirzel, Garve, Mendelssohn und Zimmermann gegen pfäffische Unduldsamkeit und Herrschsucht, gegen orthodoxen und pietistischen Mißbrauch der Religion, gegen kirchlichen und staatlichen Aberglauben tapfer an. Die gemeinsamen Bemühungen dieser Schriftsteller weckten Duldsamkeit in zahllosen Gemüthern und verhalfen in Sachen des Glaubens jener liberalen Anschauungsweise zum Sieg, welcher man mit Fug den Ehrennamen „Rationalismus" gab. Denn auf die ratio, auf die Vernunft, war sie gegründet. Nicht weniger wichtig war die herkulische Mühwaltung einer anderen Reihe von Aufklärern, welche — voran Vater und Sohn Moser, dann Pütter, Möser (der mit Recht so geheißene „Anwalt des Vaterlandes") und Schlözer (der rastlose Anzeiger und Ankläger von Thorheit, Unrecht und Gewaltsamkeit) — es unternahmen, die politischen Vorstellungen ihrer Landsleute aufzuhellen, die Ausschreitungen des Despotismus zu rügen und das eingeschlafene Bewußtsein staatsbürgerlicher Rechte und Pflichten unter den Deutschen wieder aufzuwecken. Diese Tendenz war, verbunden mit den josephinischen Reformen, mächtig genug, auch innerhalb der katholischen Kirche Deutschlands einen national-oppositionellen Anlauf hervorzurufen. In einem deutschen Prälaten von vaterländischem Sinne regte sich der Gedanke, die deutschen Katholiken von dem jesuitisch geleiteten römischen Stuhle dadurch zu emancipiren, daß die Organisation einer deutschen Nationalkirche angebahnt würde. Der Weihbischof von Trier, Nikolaus von Hontheim, schrieb zu diesem Zwecke unter dem Namen Febronius sein berühmtes Buch „Ueber den Zustand der Kirche und die Gesetzmäßigkeit der päpstlichen Gewalt". Daraufhin traten die vier Erzbischöfe des Reiches i. J. 1786 in Ems zu einer Berathung zusammen, um mittels der sogenannten „Emser Punktation" die Gründung einer katholisch-deutschen Nationalkirche anzuregen. Allein das kühne Unternehmen scheiterte an dem Widerstande der Bischöfe und an der Beherrschung Baierns durch die Jesuiten. Von der 1736 gestifteten Universität Göttingen ging eine fruchtbare Reform der philologischen, historischen und exakten Wissenschaften aus. Dort lehrte Heyne, der Vorgänger von Friedrich August Wolf, dem Neubefruchter der

Pestalozzi unter den Waisenkindern von Stanswalden (1798).

Alterthumskunde, klassische Literatur, der witzige Epigrammatiker Kästner Mathematik, der scharfäugige Humorist Lichtenberg Physik. Schröckh und Planck stellten die kirchliche, Spittler und Heeren die weltliche Geschichtswissenschaft auf neue Grundlagen, nämlich auf die einer vorurtheilsfreien Kritik. Dasselbe leistete Eichhorn für die Kulturgeschichtschreibung und Windelmann, der geniale Begründer unserer Kunsthistorik, that mittels seiner Auffassungs- und Betrachtungsweise der griechischen Kunst ästhetische Aussichten auf, welche, wie jedermann weiß, der Klassik unserer Literatur wesentlich zu gut gekommen sind. Endlich richtete sich die aufklärerische Arbeit auch auf das Gebiet der Erziehung und des Unterrichts, von welchem so viel scholastischer Wust, so viel theologischer Schlendrian wegzufegen war, um für realistisch-humanistische Anschauungen und Grundsätze Raum zu gewinnen. Freilich ist gerade auf diesem Felde von Anfang an manche Selbsttäuschung und Ueberspannung mituntergelaufen und namentlich sind die in den sogeheißenen „Philanthropinen" angestellten pädagogischen Kraftgenialitäten eines Basedow von Ueberhebung und Marktschreierei nicht frei geblieben. Dagegen hat sich die von dem hochherzigen und begeisterten Pestalozzi (1746—1827) aus Zürich durchgeführte pädagogische Neuerung im ganzen und großen durchaus bewährt und es ist anerkannt, daß dieser Mann mittels seiner mathematisch-analytischen Methode des Anschauungsunterrichts eine neue Epoche für das Volksschulwesen heraufführte. Erst die pestalozzische Unterrichtsreform eröffnete die Möglichkeit, die Gesammtheit unseres Volkes nach und nach in den Kreis menschenwürdiger Bildung ein-

Pestalozzi.

zuführen. Selbstlos, uneigennützig und darum, wie selbstverständlich, in seinen persönlichen Beziehungen unglücklich, hat dieser große Schulmeister für unser Land und für die Menschheit unendlich viel gethan und nebenbei mittels seiner noch heute unübertroffenen Dorfgeschichte von „Lienhard und Gertrud" gezeigt, wie man für das Volk schreiben soll. Für Augen, welche im Kleinen das Große und im Unscheinbaren das wahrhaft

Glänzende zu erblicken vermögen, ist und bleibt einer der erhebendsten Vorgänge des Jahrhunderts der Aufklärung jener, als Pestalozzi nach den schrecklichen Septembertagen von 1798 in das von den Franzosen gräulich verheerte, ausgeraubte und ausgemordete Nidwalden kam, um eine Schar von halbverhungerten und halbverthierten Waisenkindern, deren Eltern von den „Freiheitbringern" erschlagen worden, um sich zu versammeln und sie mit himmlischem Erbarmen zu pflegen und zu unterrichten.

Aus dem Vorstehenden erhellt, wie vielseitig und eifrig die Aufklärung arbeitete. Um jedoch ihrer Arbeit den Stämpel der Vollendung aufzudrücken, bedurfte es zweier Männer von überlegenem Genius. Das waren Gotthold Ephraim Lessing (1729—81) aus Kamenz und Immanuel Kant (1724—1804) aus Königsberg. Der eine brachte die aufklärerische Bewegung nach der nationalliterarischen, der andere nach der wissenschaftlichen Seite hin zum Abschluß. Lessings Stellung in der deutschen Kulturgeschichte hat man nicht ohne Fug mit der Voltaire's in der französischen verglichen, insofern der Deutsche wie der Franzose die gesammte geistige Bewegung der Zeit in sich vereinigte. Aber scharf und ehrenvoll unterschied sich unser Lessing von dem großen Spötter dadurch, daß er mit heiligem Ernst und Eifer die Wahrheit suchte und daß er sie nur um ihrer selbst willen suchte. Der kritische Geist der germanischen Rasse offenbarte sich in dem Pastorssohn aus der Oberlausitz zum erstenmal in seiner ganzen Kraft und Macht. Lessing erhob die Kritik zu einer Kunst und zwar zu einer Kunst, welche schuf, indem sie zerstörte. In seinem „Laokoon" (1766) gab er der deutschen Kunstphilosophie ihre Magna Charta. Er analysirte in dieſer berühmten Schrift die bildende Kunſt und die Dichtkunſt ihrer innerſten Natur nach und beſtimmte als Weſen der letzteren Bewegung und Handlung, wodurch dem Anſehen der bloß ſchildernden, beſchreibenden und reflektirenden Dichterei endlich einmal ein Ende gemacht wurde. Den großen kritiſchen Feldzug gegen die Gallomanie, welchen er in ſeinen „Literaturbriefen" eröffnet hatte, führte er in ſeiner „Hamburger

Dramaturgie" ſiegreich zu Ende. Denn mit überzeugender Beſtimmtheit ſtellte er klar, in welche Unnatur die Franzoſen ſich verrannt hätten, indem ſie ſich aus den Griechen und Römern ein Schema der Poeſie abſtrahirten, ohne daſſelbe mit dem weſenhaften Gehalt der eigenen Nationalität und Zeit zu füllen. Auch er ja anerkannte die Größe der Alten, wie er ja ebenfalls nachdruckſam auf den Shakſpeare hinwies, und zeigte, was ſeine Landsleute von jenen und von dieſem zu lernen hätten und lernen könnten. Allein nicht das Gelernte ſklaviſch nachzuahmen, nein, die gewonnene Erfahrung mit den ewigen Geſetzen der Natur und mit der Eigenart des heimiſchen Volksbewußtſeins zu vermitteln, das ſei das Wahre, dadurch werde die Selbſtſtändigkeit der vaterländiſchen Kunſt und ihrer Erſcheinungsformen erreicht, dadurch die Füllung dieser Formen mit nationalem Geiste gesichert. Ich habe es anderwärts gesagt und wiederhole es hier: Von Lessing kann ein wissender Deutscher nicht reden, ohne daß ihm freudig das Herz pochte. Er ja ist es gewesen, welcher, französischem Uebermuth deutsches Selbstgefühl entgegensetzend, das stolze Wort sprach: „Man zeige mir das Stück des großen Corneille, welches ich nicht besser machen wollte" — und welcher mit Thaten bewies, wie sehr er berechtigt war, so zu sprechen. Schon 1755 stellte er den geschraubten Dellamationen des französischen und französirenden Drama's die bürgerliche Lebenswahrheit seiner „Sarah Sampson" entgegen, gab 1763 unserer Literatur ein klassisches Lustspiel, die „Minna von Barnhelm", und schuf 1772 die erste deutsche Tragödie, welche diesen Namen verdiente, die „Emilia Galotti". Und dieser geistige Befreier seines Volkes, dieser Gelehrte, Forscher, Kritiker, Dichter, welch' ein Mensch und Mann! Nie ist ein gemeiner Gedanke in dieses einsame und edle Herz gekommen und nur einmal stieß der tapfere Kämpfer einen halbunterdrückten Schmerzensschrei aus, als der Tod das Weib, welches ihn liebte, vorzeitig hinwegnahm. Der frische, klare, energische Gedankenstrom des theuren Mannes drang reinigend bis in die dunkelsten Winkel des Augiasstalles deutscher Philisterei. Immer auf seinem Posten, immer schlagfertig, hat er, ob er strafte oder anerkannte, die Wirkung seines Wortes durch edelstes Maßhalten erhöht. Dem Lichte der Vernunft ein unbeirrbares Auge zugekehrt, schritt er vor, das Gewürme der Finsterniß unter seinen Ferien zermalmend, nach allen Seiten hin das Gestrüppe barbarischer Gewöhnung und konventioneller Lüge niedertretend, überall anregend, pfadzeigend, mustergebend. Er ist der erste wahrhaft freie Mensch, Denker und Künstler in unserem Lande gewe'n. Von seiner Vaterlandsliebe sprach er nicht, aber auf Schritt und Tritt bethätigte er sie. Und Deutschland erschöpfte nicht die Fülle seiner Liebe. Jene weltweite Gesinnung, welche „die Sache der Menschheit als die eigene betrachtet und dadurch an der Götter Geschäft, am Verhängnisse theilnimmt", schwellte seine Seele und gab ihm zum herrlichen Beschlusse seiner Laufbahn das Gedicht vom weisen „Nathan" ein, dieses Hohelied deutscher Weltbürgerlichkeit und Humanität, welches nebenbei auch dadurch epochemachend wurde, daß es den fünffüßigen Jambus in unsere Dramatik einführte und in derselben heimisch machte. Alles in allem: Lessing hat unserer Klassik ihr Ziel vorgezeichnet, also die Füllung hellenisch maßvoller und schöner Formen mit deutschem Gemüth- und Geist, mit germanischer Innerlichkeit. Dieses „moderne Griechenthum", welches durch Göthe und Schiller seine Vollendung fand, hatte wie alles Menschliche seine Gebrechen und Mängel; aber trotzdem war es das moderne Griechenthum, welches uns Deutsche zu freien Menschen machte und als solche befähigte, auch freie Staatsbürger zu werden.... Zur gleichen Zeit, wo der erlauchte Bibliothekar von Wolfenbüttel seine zukunftsvolle Mission erfüllte, führte dahinten in Königsberg ein unscheinbares Männchen ein stilles, unbeachtetes Forscherleben mit pedantisch abgemessener Regelmäßigkeit. Niemand sah dem saubergebürsteten, höchst behutsam auftretenden Professor an, daß er eigentlich der größte Revolutionär des Jahrhunderts der Revolution war, welcher aus seiner stillen Studirstube geräuschlos Gedankenwerke — „Kritik der reinen Vernunft" 1781, „Kritik der praktischen Vernunft" 1785, „Kritik der Urtheilskraft" 1787 — ausgehen ließ, die als „System des kritischen Idealismus" titanisch den christlichen Olymp stürmten und die bislang giltig gewesene Weltanschauung geradezu umkehrten, indem sie unsere Welt zum Zwecke machten und die Gottesidee nur noch als einen Nothbehelf zur Lösung ihrer Widersprüche gelten ließen, also Gott als eine Forderung der praktischen Vernunft hinstellten, als ein Etwas, dessen Dasein auf theoretischem Wege nicht zu erweisen wäre. Indem Kant die Lösung der höchsten Probleme der Aufklärung in die Sphäre strengster Wissenschaftlichkeit emporhob, erkannte er, daß er den Denkproceß ganz von neuem beginnen, d. h. bis zu den Quellen unseres Erkenntnißvermögens hinaufsteigen müßte, um durch die Ergründung derselben die Möglichkeit zu gewinnen, das Reich des Wissens ganz unabhängig von dem Material des sogenannten Offenbarungsglaubens aufbauen zu können. Die Prüfung der letzten Gründe menschlicher Erkenntniß lieferte ihm das Resultat, daß nicht das Wahrnehmen die Quelle des Allgemeinen und Nothwendigen sei, sondern vielmehr die menschliche Subjektivität, das selbstbewußte „Ich". Dieses Ich ist in der kant'schen Philosophie das voraussetzungslose Centrum, nach welchem sich die Dinge als Objektivirungen des erkennenden

Ichs zu richten haben. Aus der Unfähigkeit des Anschauungsvermögens, die wesenhafte Natur der Dinge zu erkennen, folgert er dann weiter, es sei nur ein Umhertappen im Dunkeln, wenn wir uns aus den Gränzen der Erscheinungswelt ins Uebersinnliche versteigen, und demzufolge seien unsere Vorstellungen von einer angeblichen übersinnlichen Welt nur leere Hirngespinnste, nur willkürliche Behauptungen inbetreff von Dingen, deren Nichtexistenz sich ebenso gut oder ebenso schlecht wie ihre Existenz beweisen ließe, inbetreff von Dingen, von welchen man schlechterdings nichts wisse und nichts wissen könne. Das eben war die Erstürmung und Verheerung des christlichen Olympos, wie sie Kant in seiner „Kritik der reinen Vernunft" vollzog. Aber wenn nun der große Denker aus der Firnzregion seiner unerbittlichen Logik auf seine armen schwachen Mitmenschen und Zeitgenossen niederblickte, fühlte er sich von einem menschlichen Rühren angewandelt und darum gestattete er achselzuckend der „praktischen" Vernunft, das von der reinen Verneinte wieder zu bejahen. Die praktische Vernunft nämlich, zeigte Kant, findet an der angedeuteten Beweisführung der reinen sein Genügen. Die praktische zielt ja auf die Bestimmung des menschlichen Willens zum Handeln. Die Aufgabe des Willens besteht aber in der Verwirklichung des höchsten Sittengesetzes, welches lautet: „Handle jederzeit nach Grundsätzen, welche fähig sind, allgemeine Gesetze zu werden!" und die allgemeine Verbindlichkeit dieses Sittengesetzes äußert sich als „kategorischer Imperativ", d. h. in der Form des unbedingt befehlenden Sollens. Unterwerfen wir unsere selbstischen Triebe und Neigungen der durch den kategorischen Imperativ befohlenen, um ihrer selbst willen zu erfüllenden Pflicht, so sind wir tugendhaft. Um aber der Tugendhaftigkeit ein entsprechendes Aequivalent zu bieten, ist es praktisch-vernünftig, das rein-vernünftig Beseitigte, die Gottesidee und den Unsterblichkeitsglauben, wieder herzustellen. Man sieht, sowie der Weise von Königsberg die praktischen Folgerungen seines Systems zog, ließ sein revolutionärer Gedanke die Flügel hängen. Dessenungeachtet ist die Philosophie Kants die granitene Grundlage für den fernerweiten Ausbau deutscher Wissenschaft und Kunst, ja für unsere gesammte Kultur geworden. Es wohnt dieser Philosophie eine sittliche Kraft und Macht ohne Gleichen inne. In allem Guten und Besten, was seither unserem Volke gelungen, weht ein Hauch vom Geiste Kants. Alle späteren deutschen Philosophen stehen auf den Schultern dieses Riesen und solche, welche diese Stütze entbehren zu können wähnten oder gar umzustürzen versuchten, sind statt Philosophen nur Sophisten geworden.

Vom Erhabenen zum Lächerlichen war und ist es allzeit nur ein Schritt. Genau zur Zeit, wo die Aufklärung innerhalb der katholischen Welt ihren höchsten kulturgeschichtlichen Erfolg in der Aufhebung des Jesuitenordens durch Papst Klemens den Vierzehnten (Ganganelli) erreichte (1773) und wo sie innerhalb des Protestantismus mittels Schaffung von Kants „Kritik der reinen Vernunft" ihren höchsten wissenschaftlichen, mittels der Nathan-Dichtung Lessings ihren höchsten künstlerischen Triumph feierte, war die deutsche, wie die gesammte europäische Gesellschaft von einer geistigen Epidemie heimgesucht, die etwelche Aehnlichkeit mit den moralischen Epidemieen des Mittelalters hatte, von der Mysteriensucht. Die Folge war, daß den Großthaten der Aufklärung die plumpsten Mirakel des Obskurantismus hart zur Seite traten. Die Möglichkeit des ganzen Mysterienkrams und Wunderspektakels erfloß einestheils aus der durch Mesmer in die Mode gebrachten Schwindellehre von der Universalheilkraft des Magnetismus, anderntheils aus der Ausartung der Freimaurerei, welche bekanntlich als ein Nachschößling der mittelalterlichen Baubrüderschaften zuerst in England aufgekommen war und dort i. J. 1717 ihre erste Organisation erhalten hatte. Ihre Verpflanzung nach dem Festlande war frühzeitig erfolgt und schon um die Mitte des Jahrhunderts gab es in Deutschland kaum eine Stadt von Bedeutung, welche nicht ihre „Loge" gehabt hätte. In dem Freimaurerorden rang die deistische Humanitätsidee, also der gute Geist der Zeit, nach einer socialen Erscheinungsform, welche, wie die Sachen lagen, vorderhand nur die des Geheimbundes sein konnte. Doch ist dieser Geheimbund ein öffentliches Geheimniß gewesen: alle Welt wußte, daß viele der besten Männer der Nation, Friedrich der Große, Wieland, Herder, Göthe, Karl August von Weimar, Freimaurer waren. Unbewußt zuvörderst, dann mit Bewußtsein stellte sich die Maurerei der großen Organisation des Obskurantismus, der Jesuiterei, entgegen. Aber die Söhne Loyola's waren schlauer als die Kinder des „großen Baumeisters der Welten". Ausgelernt in allen Ränken und Schwänken, wußten die Jesuiten schon vor der päpstlich-amtlichen Aufhebung ihres Ordens und nachmals als „Krypto-Jesuiten" allerhand verfälschende Zuthaten in die Maurerei einzuschmuggeln, um den Feind von dessen eigenem Lager aus verderben und vernichten zu können. Diese Zuthaten sind dann von Gaunern, von gewerbemäßigen Geheimnißkrämern und Wunderhändlern zur taschenspielerischen Kunst der Verblendung und des Betruges ausgebildet und als solche in Anwendung gebracht worden. Die Krankheit der Zeit, d. h. die schon erwähnte, aus religiöser Mystik, schwärmerischer Empfindsamkeit und überspanntem Erkenntnißtrieb zusammengeflossene Mysteriensucht wollte Wunder und Zeichen sehen und demzufolge mangelte es nicht an Magiern, welche ihr solche zeigten. Sehr lehrreich ist in dieser Beziehung die Laufbahn des Sicilianers Giuseppe Balsamo (Graf Cagliostro von eigener Mache), welcher seine glänzende Laufbahn in deutschen Kreisen, unter dem kurländischen Adel zu Mietau, begann. Dort war eine vorragende deutsche Frau von dazumal, Elise von der Recke, zuerst eine schwärmerische Verehrerin, dann aber auch die muthige Entlarverin des märchenhaft frechen Gauklers. Was alles von

Geisterbeschwörung zu Dresden (1773).

plumpsten Gaukeleien die vornehme Gesellschaft sich bieten ließ, zeigten auch die Machenschaften des frühern leipziger Kaffeewirthes und späteren „Adepten" Schrepfer. Namentlich ist die von demselben in einer Februarnacht von 1773 zu Dresden vorgenommene und zu so lächerlichem Entsetzen seiner Zuschauer ausgeschlagene Geisterbeschwörung eine Charakterscene des Jahrhunderts der Aufklärung, welche darthut, wie oberflächlich es mit dieser gerade in der „vornehmen Welt" häufig genug bestellt war. Gegen die jesuitisch-obskurantistische Fälschung der Maurerei durch das „System der strikten Observanz", durch die „Rosenkreuzerei" und ähnliche Blendwerke erhoben endlich die dem ursprünglichen Sinn und Geist des Ordens treugebliebenen Brüder aufklärerischen Widerstand. Ihre Führer wie Bode und Knigge, welche kein Hehl hatten, daß der echte Maurer ein geschworener Feind jedes Aberglaubens und jeder Despotie sein müßte, brachten i. J. 1782 auf dem großen Freimaurerkonvent im Wilhelmsbad bei Hanau eine Reinigung und Reform des Bundes zuwege, deren Grundlinien seitdem in den deutschen Logen eingehalten worden sind. Etliche Jahre vor dieser Reform war in Süddeutschland der Versuch gemacht worden, aus der Maurerei einen Geheimbund herauszubilden, welcher wesentlich aggressiv sein und dem Fortschritt entschieden dienen sollte. Es war das der vom Professor Weishaupt und vom Studenten Zwack 1776 zu Ingolstadt gestiftete Orden der Erleuchteten, der „Illuminaten", welcher sich ziemlich rasch in Baiern und Oestreich verbreitete, ja sogar im Tirol Anhänger fand. Bevor jedoch von einer aufhellenden Wirkung des Illuminatismus in jenen finsteren Gegenden ernstlich die Rede sein konnte, erlag er der wüthenden Verfolgung, welche die Hof und Kabinett des südlichen Kurfürsten Karl Theodor beherrschenden Jesuiten von der langen und kurzen Robe gegen ihn anfachten. In Oestreich ist in dem Sturme der Reaktion, welcher nach dem Tode Josephs unter der Regierung Leopolds des Zweiten alsbald hereinbrach, auch das aufklärerische Ordenswesen mit zu Grunde gegangen. Sehr groß war übrigens dieser Schaden nicht. Denn, alles zusammengenommen, war die Geheimbündelei doch weit mehr nur eine geistreiche und wohlmeinende Spielerei, mehr nur eine „erhabene Kinderei" — das Wort stammt von Friedrich dem Großen — als ernste Kulturarbeit und konnte eine solche schon darum nicht sein, weil der ganze Geheimbundsapparat, welcher noch dazu der Mehrzahl der Freimaurer und Illuminaten die Hauptsache gewesen ist, mit dem Geiste der Neuzeit, dessen Lebensluft die Oeffentlichkeit ist, sich durchaus nicht vertrug. Viel mehr diesem Geiste gemäß dachten daher und handelten jene schweizerischen Patrioten, welche im März von 1762 zu Schinznach im Aargau zusammentraten, um die berühmte „Helvetische Gesellschaft" zu stiften, welche sich die Aufgabe stellte, „den verschwundenen Gemeinsinn wieder aufzusuchen, den fast erstorbenen öffentlichen Geist wieder zu entflammen", und an der Lösung dieser Aufgabe mit redlichem Eifer und großem Erfolge gearbeitet hat. Die helvetische Gesellschaft gab eins der ersten und anregendsten Beispiele von der Bedeutung des Vereinswesens in unserem modernen Leben. Doch ist dieses große Hilfsmittel der neuzeitlichen Civilisation, die freiwillige Association, bekanntlich erst im 19. Jahrhundert zu einer Entwickelung gelangt, kraft welcher es befähigt wurde, die mittelalterliche Korporation nicht nur zu ersetzen, sondern auch an Wirksamkeit weit zu überbieten, — an Wirksamkeit im Guten wie im Bösen . . . . .

Gerber.

Unter den mehr und mehr sich steigernden Einwirkungen der mit allem Zauber blendender Beredsamkeit vorgetragenen pädagogischen, politischen und socialen Theorieen Rousseau's, unter den Antrieben auch, welche von der unsern Vorfahren allmälig aufgethanen dichterischen Welt Shakspeare's ausgingen, hatte der gemessene Gang der deutschen Aufklärung einen rascheren Marschtakt angenommen und wurde im letzten Drittel des Jahrhunderts zum ungestümen Sturmlauf. Das neue Geschlecht, so um die Mitte des „tintenkleksenden Säculi" geboren, war aufgeschossen. Auf die regelrichtigen Aufklärer mit Zöpfen und Haarbeuteln folgten die rebellischen „Originalgenies", die „Kraftgenies", die „Stürmer und Dränger" mit „Schwedenköpfen" und in Wertherfräcken. Ein ausgesprochener Geist der Widersetzlichkeit durchstürmte die auf Bildung Anspruch machenden Kreise, welche zwischen den Ueberlieferungen der Vergangenheit und der sehnsüchtigen Zukunftshoffnung auf Erlösung von diesen Ueberlieferungen schwankten. Die Literatur wurde keck, revolutionär, abenteuerlich und ging mit äußerster Rücksichtslosigkeit gegen alles Greisenhafte und Ueberlebte, gegen die Tyrannei anmaßlicher Schulsatzungen, gegen alle Kleingeisterei und Pedanterei vor. Ihre Träger selbst wurden zu abenteuerlichen Figuren, und wenn das Auftreten und

Gebaren des schwäbischen Poeten, Musikers, Patrioten und Märtyrers Schubart oder das des östreichischen Exkapuziners und Exfreimaurers Feßler oder das des schweizerischen „Helfers" vom St. Peter in Zürich, des Missionärs einer branggenialen Christlichkeit, Lavater, oder endlich das des ostpreußischen „Magus im Norden", des Bibelthum und Kraftgenialität wunderlichst zusammenoralelnden Hamann äußerlich noch so sehr von einander abstand, so trug es innerlich doch den Gesammtstämpel einer rast- und ruhlosen Abenteuerlichkeit. Eine Art von Trunkenheit hatte sich der Gemüther, und zwar nicht allein der jugendlichen, bemächtigt. Der Schrei nach Erlösung von der Lüge des Rokoko, und zwar des Rokoko im weitesten Sinne, der Ruf nach Befreiung von dem Bann und Zwang abgelebter Zustände wurde überall laut. Krieg den Pfaffen! Spott den Philistern! Haß den Despoten! Natur und Freiheit! so braus'te und saus'te es durch unser Land. Der hochidealistische Grundton dieser Sturm- und Drangzeit schlug durch alle Variationen derselben immer wieder durch, und wo er nicht stürmte und ras'te, da säuselte und flötete er wenigstens. Es ist dieser sehnsuchtsvolle Idealismus gewesen, welcher etliche Jahre nach der Stiftung des göttinger Dichterbundes im protestantischen Norden von Deutschland im katholischen Süden den revolutionären Illuminatenorden aus der aufklärerischen Freimaurerei hervorgetrieben hat. Dieser Idealismus war es, welcher den Lorenzo-Dosen-Brüdern des Gleim'schen Kreises in Halberstadt und des Jacobi'schen in Pempelfort, sowie den Besuchern des mystisch-katholisch-platonischen Cönakels der Fürstin Gallitzin in Münster und den Mitgliedern des vornehm-pietistischen Konventikels der Stolberg und Reventlow in Holstein alle die Ueberschwänglichkeiten einer zum Kultus gesteigerten Freundschulferei eingab. Er war es ferner, welcher

einem Herder das kosmopolitische Verständniß des Getöns der Riesenharfe aller Völkerpoesie erschloß, einem Göthe seine süßesten Jugendlieder auf die Lippen lockte, einem Jerusalem-Werther das selbstmörderische Pistol und einem achtzehnjährigen Schiller die Feder in die Hand gab, womit er seine „Räuber" aufs Papier warf, das genial-unbändigste Manifest der Sturm- und Drangzeit, deren Schmerzen und Hoffnungen, deren Verzweifelung und Begeisterung, deren titanisches Wollen, Wünschen und Ringen der Dichter des „Faust" dann zum Weltgedichte der Neuzeit gestaltet hat. Und endlich war es derselbe idealistische Sturm und Drang, welcher in Berlin die modischen Damen sich anschicken ließ, aus Korsett und Reifrock heraus- und ins „griechische Hemd" hineinzuschlüpfen, was wahrhaftig nicht weniger revolutionär aussah, als wenn etwas früher noch, im Jahre 1783 nämlich, ein berliner Poet in einer berliner Zeitschrift den glücklichen Ausgang des Unabhängigkeitskampfes der nordamerikanischen Republik mittels einer schwungvollen Ode feierte, welche in der Strophe gipfelte:

„Und du, Europa, hebe das Haupt empor!
Einst glänzt auch dir der Tag, da die Kette bricht,
Du, Edle, frei wirst, deine Fürsten
Scheuchst und ein glücklicher Volksstaat grünest!"

Ein so frankes und freies Bekenntniß republikanischer Anschauung und Hoffnung in dem Berlin Friedrichs des Großen, in demselben Preußen, welches der durchreisende große Italiener Alfieri gleichzeitig „eine ununterbrochene Wachtstube" nannte, zeichnet das nicht die chaotische Gährung der Epoche, welche nach dem Titel eines kraftgenialischen Drama's von Klinger füglich die „Sturm- und Drang-Zeit" heißt?

Aber in unserem Lande war und blieb die sturm- und drangvolle Bewegung wesentlich eine literarische. Das Wieso? und Warum? wurde schon früher beantwortet und wir haben jetzt des Mannes zu gedenken, der wie kein zweiter dazu geschaffen war, diese literarische Bewegung weiter zu führen und ihr die richtigen Wege zu zeigen, indem er seine kritische Thätigkeit an die Lessings knüpfte und zugleich mit kosmopolitisch empfänglichem und gebildetem Ohr die Universalharmonie der Weltpoesie auffing, um dieselbe auch sein Volk vernehmen und verstehen zu machen. Das war Johann Gottfried Herder (1744—1803) aus Morungen in Ostpreußen, der als Dichter nur Kleines, dagegen als Anreger und Erzieher unserer Dichtung Großes geleistet hat. Lessing und Herder verhalten sich zu einander wie Aufklärung und Kraftgenialität. Die Lessing'sche Kritik räumte Stein für

Die Gründung des Hainbundes.

Stein der Wahnburg hinweg, die herder'sche warf die Zwingveste im Sturmschritt nieder. Von der Kritik zur eigenartigen Hervorbringung vorzugehen, wie es der Lessing vermochte, das war allerdings dem Herder versagt. Aber dafür erwarb er sich das wahrlich nicht kleine Verdienst einer ebenso feinfühligen als energischen Vermittelung zwischen der antik-klassischen und der christlich-romantischen Bildung, sowie zwischen dem kritischen Erkennen und dem originalen Schaffen. Er lehrte unsere Dichter in die eigene Brust schauen, indem er sie überall auf das Ursprüngliche, Eigenwüchsige, Naturfrische und Volksmäßige hinwies. Er that für Göthe in dessen straßburger Studentenzeit das im Besondern, was er für unsere Literatur im Allgemeinen gethan hat, d. h. er vollendete die Befreiung des Freundes wie der deutschen Poesie von der französischen Kunstregel und zwar dadurch, daß er jenem wie dieser die Welt der Bibel, die des Homeros und die Shakspeare's erschloß. Die Summe seiner äußerst fruchtbaren und befruchtenden Thätigkeit als weltbürgerlicher Dolmetsch, Ausleger und Erklärer zog er in seinen „Stimmen der Völker in Liedern" (1778), mittels welcher er seinen nach Naturunmittelbarkeit dürstenden Zeitgenossen einen wahren „Jungbrunnen" aufgrub. Herders wissenschaftliche Schriftstellerei veranschaulicht in erfreulicher Weise das traute Bündniß, welches deutsche Wissenschaft und Kunst in der höheren Einheit der Nationalliteratur eingingen. Auch auf dem gelehrten Gebiete erwies sich der vielseitige Mann als erfolgreicher Anreger, namentlich für eine vernunftgemäßere Behandlung theologischer Fragen und für die Geschichtswissenschaft. Die letztere verdankt ihm geradezu ihre philosophische Begründung, welche Herder mit seinen epochemachenden „Ideen zur Geschichte der Menschheit" (1784) vollbrachte, einem der besten Bücher des Jahrhunderts, einem weltbürgerlichen Seitenstück zu den „Völkerstimmen". Ueber dem Gedanken der Kosmopolitik hat er übrigens die Thatsache seines Deutschthums keineswegs vergessen. Mit patriotischem Gram blickte er auf das vermorschte Reich, auf die deutsche Vielstaaterei, und rief i. J. 1778 dem Kaiser Joseph zu:

„O, Kaiser, du von neunundneunzig Fürsten
Und Ständen wie des Meeres Sand
Das Oberhaupt, gib uns, wonach wir dürsten:
Ein deutsches Vaterland!

Dieser Vaterlandston, welcher — wohl zu merken! — bei dem Weltbürger Herder doch schon bestimmter klang als bei dem Teutonen Klopstock, wurde mit der vollen Bruststimme jugendlicher Begeisterung auch in dem „Hainbund" in klopstock'scher Weise fortgeführt. Es war die Zeit der Musenalmanache und der Dichterbünde. Boie, welcher den göttinger „Musenalmanach" (1770) stiftete, hat auch den Grund zu dem göttinger Dichterbunde gelegt, in dessen Gebaren barbenhaft-alterthümelnder Patriotismus und empfindsamste Rührseligkeit wunderlich genug sich mischten. Johann Heinrich Voß (1751—1826) aus Sommersdorf in Mecklenburg, welcher so recht die Seele dieses Vereins war, hat die idyllisch-phantastische Stiftung desselben in seiner Ode „Die Bundeseiche" geschildert. Er erzählt, wie er (am Abend des 12. Septembers 1772) mit etlichen seiner Freunde aus der Stadt ins freie Feld wanderte und wie sie da in einem vom Vollmond beschienenen Eichengrunde plötzlich von dem Gedanken angefaßt wurden, den „Bund der Freundschaft" zu beschwören.

„Ha! scholl der Ausruf: schaut die gewaltige,
Schaut an die Bragor-Eiche des Vaterlands!
Langsam des Reims Urkraft entfaltend
Stieg sie empor und vertraut dem Himmel.
Urplötzlich trug uns feuriger Ungestüm
Zum weiten Obdach, und von geeichelten
Laubkränzen all, umhüllt die Scheitel,
Fügten wir Bund mit getreuem Handschlag.
Wem anvertraut ward heil'ger Genius,
Den lautre Wahrheit ew'ger Kraft, zu schau'n,
Was gut und schön sei, was zum Aether
Hebe vom Wahn und Gelust des Staubes!
Voll stiller Ehrfurcht ahn' er die Göttlichkeit.
Die Menschen einwohnt, weiseres Alterthums
Aufflug (der Freiheit Schwing' erhöht ihn!)
Merkend in Red' und Gesang und Hochthat!

Durch Harmonien dann zähm' er des Vaterlands
Anwachs, ein Orpheus, Lehrer der Frömmigkeit
Und Ordnung, unbiegsam dem Anseh'n,
Frank, ein Verächter dem Neid und schamhaft."

Diese Verse deuten an, wie hoch und weit die jugendlichen Stürmer und Dränger die Ziele ihres Bundes steckten. Sie träumten davon, ihre Dichterei zu einem unmittelbar ins Leben greifenden ethischen und patriotischen Faktor zu machen, und das ergab dann, wie der scharfverständige Merck ganz richtig bemerkte, in Summa „nichts als dummes Zeug". Die hainbündische Auf- und Ueberspannung fiel bald in sich zusammen. Das namentlich von dem Grafen Friedrich von Stolberg, dem baldigen Ueberläufer ins Dunkelmännerlager, bis zum Uberwitz getriebene Freiheitbardengebrüll mußte rasch allen Denkenden zum Ekel werden, gerade wie die fadsüße Empfindelei, welche ein anderer Hainbündler, Miller, in seinem sogenannten Klosterroman „Siegwart" den Leuten vorweinte. Zu dauernder Bedeutung gelangten nur zwei Mitglieder der göttinger Dichtergruppe, Voß und Bürger, welcher letztere übrigens an den Ueberschwänglich-

keiten der Hainbündler sich nicht betheiligt hatte. Voß entwickelte sich zu einem wahren Charakterkopf von Rationalisten und hat sein Leben lang die Rechte der Vernunft und seines Volkes streitbar verfochten, hat auch mit seiner Ernestine unter oft schweren Bedrängnissen und Sorgen einen echt deutsch-bürgerlich ehrbaren Musterhaushalt geführt, welcher höchst vortheilhaft abstach von der leichtfertigen Behandlung der Ehe, wie sie durch die Kraftgenialität befürwortet, und von der lüderlichen, wie sie später durch die Romantik ge-

fordert und thatsächlich aufgebracht wurde. Als Dichter hat sich Voß das bleibende Verdienst erworben, die Poesie des norddeutschen bürgerlichen und bäuerlichen Kleinlebens erschlossen zu haben, namentlich die Poesie des Pfarr- und Schulmeisterhauses. Es geht da freilich etwas hausbacken zu, aber man fühlt aus den voß'schen Idyllen von der pastorlichen „Luise" und vom redlichen Schulmeister „Raum" doch etwas vom Besten heraus, was unserem Volke zu eigen. Wahrhaft Großes für die nationale Kultur leistete Voß mittels seiner Verdeutschung des Homer (von 1781 an), wodurch den Deutschen die Welt des Alterthums eigentlich erst aufgethan wurde. Wie sehr dies auch der Nationalliteratur zu statten kommen mußte, welcher Strom von Licht und Schönheit ihr dadurch zugeführt worden ist, beweist ja ihre ganze Geschichte im letzten Fünftel des 18. Jahrhunderts. Gottfried August Bürger (1748—94) aus Wolmerswende, der seiner Molly, dem Glück und der Qual seines Lebens zu Ehren das herrliche „Hohelied von der Einzigen" gesungen, erkannte frühzeitig, daß mit klopstock'schen Abstraktionen unserer Literatur auf die Dauer nicht geholfen wäre. Sein richtiges Gefühl, daß volksthümlich gedichtet werden müßte, führte ihn zur Balladen-

dichtung, welche er der deutschen Poesie aneignete, nachdem er sein großes Talent dafür an den alt-
englischen, durch Percy wieder ans Licht gezogenen Balladen geschult hatte. So schuf er seine Ballade
vom wilden Jäger, sein Lied vom braven Mann, seine Lenore und andere derartige Dichtungen, welche
durch glückliche Stoffwahl, durch Bestimmtheit der Zeichnung und Lebendigkeit der Malerei, durch Leichtigkeit
des Versbau's und volksmäßige Frische der Sprache nun schon so vieler Geschlechter Einbildungskraft und
Gemüth ergriffen haben und ihren Hervorbringer zu jenen gar nicht zahlreichen Dichtern stellen, die
nicht allein in der Literaturgeschichte, sondern im Herzen und im Munde unseres Volkes fortleben.

Derweil im Norden unseres Landes die Hainbündler um ihre „Bundeseiche" tanzten, hatte sich
im Südwesten, in den Main- und Rheingegenden, eine Genossenschaft von jungen Stürmern und
Drängern zusammengefunden, die von keinen Bundessatzungen wußten, sondern nur durch den in die
Zeit gefahrenen Sturm und Drang gelegentlich zusammen- und bald wieder aus einander geblasen wurden. Frankfurt, Darmstadt, Gießen, Straßburg, Wetzlar waren die Oertlichkeiten, wo diese Originalgenies sich umtrieben. Es war eine ganze Rotte von „Titanen", diese Wagner, Hahn, Lenz, Klinger, oder wenigstens hielten sie sich dafür; aber nur dem einen Göthe war es gegeben, den Olymp der Poesie wirklich zu erstürmen, wozu ihm Herder und Merck die richtigen Wege und Stege gewiesen. Doch nein,

Göthe.

nicht ihm allein. Denn, das Bild festhaltend, kann man sagen, daß, während der Wolfgang Göthe auf der einen Seite den Götterberg hinaufstürmte, sein jüngerer und ebenbürtiger Zeitgenoß, der Friedrich Schiller, auf der andern zum Gipfel emporzuklimmen begann. Es bedarf kaum des Winkes, daß die Ausdrücke „stürmen" und „klimmen" absichtlich gewählt sind, um den Unterschied sowohl im Lebenslauf der beiden Besten unseres Volkes als auch in ihrem Emporgang zur klassischen Vollendung zu kennzeichnen.

Das Auftreten des jugendlich-schönen Göthe war überall das siegreiche des auserwählten Menschen,
schon in Leipzig, dann in Straßburg, allwo, wann der „prächtige Junge von Student" in eine Gast-
stube trat, die Anwesenden Messer und Gabeln ruhen ließen und die erhobenen Gläser niedersetzten, um
des Jünglings Schönheit anzustaunen. Weiterhin in Sessenheim, wo ihm die Liebe von Friederike Brion
eine Sonne war, welche die reinsten Glückstage seines Lebens heraufführte, in Darmstadt, wo dem
„jungen Göttersohn", so er seinen Mentor Merck besucht hatte, die schönsten und artigsten Frauen
und Mädchen der Stadt zum Thore hinaus das Geleite gaben, in Wetzlar, wo er „Werthers Leiden"
erleben durfte, auf daß er sie dichten könnte, und vollends in Weimar, wo er „Männlein und Weiblein"
gleichermaßen bezauberte. Damit halte man die kümmerliche Jugend Schillers zusammen, im unstäten
ärmlichen Elternhause zu Marbach, in Kannstadt, in Ludwigsburg, in Lorch, dann auf der „Sklavenplantage"
der Solitude und in der Militärakademie zu Stuttgart. Oder man stelle diese beiden Auftritte einander
gegenüber: — wie Göthe 1779 in Weimar zum Entzücken des Hofes und der Gäste desselben im griechischen Chiton die Rolle des Orest in seiner Iphigenie spielt, während sein herzoglicher Duzbruder Karl
August den Pylades macht, — und wie der „Regimentsfeldscheerer" Schiller eines Hochsommertages von 1782
im Schlosse zu Hohenheim von wegen der „Räuber" vom Herzoge Karl Eugen wie ein Sklave angefahren, wie
ein Missethäter gescholten und mit dem Drohwort fortgewiesen wurde: „Jetzt geh' Er, und ich sag' Ihm, Er

läßt ins Künftige keine anderen, durchaus keine anderen Schriften mehr drucken als medicinische! Hat Er mich verstanden? Ich sag' Ihm, Er schreibt keine Komödien mehr, bei Kassation und Festungsstrafe!" Und dann: der junge Göthe wurde von seinem Herzog wie ein ersehnter Freund aus dem behäbigen Vaterhause nach Weimar gerufen, der junge Schiller aber mußte vor dem schon am Schubart so schändlich ausgelassenen Groll seines Herzogs bei Nacht und Nebel aus der kargen Heimat entfliehen. Erklären diese Gegensätze nicht ausreichend, wie es kam, kommen mußte, daß im Göthe die Souveränität des Genius, im Schiller der kategorische Imperativ der Pflicht die bestimmende und führende Macht gewesen ist?

Das Erscheinen Göthe's am weimarer Hofe, des Dichters Dutzbruderschaft mit dem Herzog, das kraftgenialische Wesen und „Wüthen" in der kleinen Residenz an der Ilm markirt geräuschvoll den Vorschritt des neuzeitlichen Geistes, auch in Kreise hinein, die ihm bislang verschlossen gewesen waren. Dieser „Musenhof" mit seinen kommenden und gehenden „Genies", mit seinen ossianisch-wertherisch-faustischen Stimmungen, Auslassungen und Ausschreitungen, mit seinen aristophanischen Possen und shakspeare'schen Humoren, mit seinen lenz'schen „Affenstreichen" und seinen klinger'schen Titanismen, mit seinen Komödien- und Liebesspielen, seinem Reiten und Rennen, Jagen, „Miseln" und Zechen, mit seiner über alle Schranken der Etikette und Konvenienz hinwegspringenden und doch auch in ihrer tollsten Kurzweilerei wieder idealistisch angehauchten Keckheit — ja, war dieser Musenhof an der Ilm nicht ein erklecklich Stück von Revolution? Und zwar von einer Revolution, welche nicht etwa nur die herkömmlichen socialen Formen, sondern mitunter auch — es soll nicht vertuscht werden — die sittlichen Grundbegriffe so sehr erschütterte, daß in dieser Atmosphäre selbst eine so hochsittliche Natur wie Schiller alles Ernstes

Schiller's Geburtshaus.

Göthe's Geburtshaus.

auf die ungeheuerliche Idee einer Doppelehe mit zwei Schwestern verfallen konnte. Die Stellung, welche während der „lustigen Zeit von Weimar" die Frauen in der dortigen Gesellschaft einnahmen, ist kulturgeschichtlich sehr beachtenswerth: — die geist- und gemüthvolle, excentrische Herzogin Amalie; die Lotte von Kalb, die „Titanide", Schillers und Jean Pauls Geliebte, Göthe's, Fichte's und Hölderlins Freundin, welche ihre Sturm- und Drangvölle bis ins Uralter bewahrte; die Lotte von Stein, die „beste von allen", die „große Flamme" Göthe's, welche Flamme aber doch recht bedenklich trüb aufqualmte, als der geliebte Freund sich die Freiheit nahm, in den Armen der jugendlich frischen und hübschen Christiane Vulpius seine

Lotte von Lengefeld.

Lotte von Kalb.

Lotte von Stein.

„Römischen Elegieen" zu dichten; ferner die nach unserem Sinn und Urtheil „beste" der Lotten, Lotte von Lengefeld, das Licht und der Trost von Schillers Dasein, mit ihrer hoch und schön erregten Schwester Karoline; dann die schöne Sängerin Korona Schröter, zeitweilig auch eine nicht ganz kleine Flamme Göthe's, die Emilie von Berlepsch, eine „Emancipirte" jeder Zoll, die Sophie von Schardt, welche ihres Freundes Herder Humanitätsevangelium nicht vor der „Bekehrung" zum Papismus zu bewahren vermochte, und endlich die Dichterin Amalie von Imhof, blendend-schön in ihrem weißen griechischen Gewande und mit ihren in Begeisterung glühenden großen Kornblumenaugen. Mehrere von diesen mehr oder weniger genialischen Frauen haben in den Gährungsproceß, aus welchem unsere Klassik hervorging, wirksam eingegriffen. Aber wenn man, alles in allem genommen, die Beziehungen der deutschen Frauenwelt von dazumal zu vorragenden Männern genau ansieht, wenn man die ganze auf das Ungewöhnliche, Phantastische, Ueberschwängliche abzielende Art und Weise der Sturm- und Dranggesellschaftskreise, das Leben zu fassen und zu führen, unbefangen prüft, so wird man verstehen, daß Jean

Die Königin Luise und Napoleon in Tilsit.

Paul noch i. J. 1798 im Hinblick auf die Ausschreitungen der französischen Staatsumwälzung aus Weimar an einen vertrauten Freund schreiben konnte: „Hier sind Sitten im Spiel, die ich dir nur mündlich malen kann. Hier. ist alles revolutionär kühn und Gattinnen gelten nichts. So viel ist gewiß, eine geistige und größere Revolution als die politische und nur eben so mörderisch wie diese schlägt im Herzen der Welt." Und doch ging es in der Musenstadt an der Ilm ehrbar und unschuldig her im Vergleiche mit dem Lotterleben, welches gleichzeitig in Berlin grassirte. Ein gewiß unverwerflicher Zeuge, der Akademiedirektor Schadow, welcher in seinen jungen Tagen dieses Lotterleben mit angesehen, hat es in seinen alten also drastisch geschildert: „Zur Zeit Friedrich Wilhelms des Zweiten herrschte die größte Lüderlichkeit, alles besoff sich in Champagner, fraß die größten Leckereien, fröhnte allen Lüsten. Alle Familien suchten nur mit dem Könige, mit dem Hofe zu thun zu haben, Frauen und Töchter bot man um die Wette an, die größten Adeligen waren darin am eifrigsten. Die Leute, die das wüste Leben mitgemacht haben, sind alle früh gestorben, zum Theil elendiglich, der König an der Spitze. Man kann sich gar nicht mehr vorstellen, wie wohlthätig auf jene Üppigkeit das Beispiel Friedrich Wilhelms des Dritten kam, die stille Häuslichkeit, die Schönheit, Lieblichkeit und Bravheit der Königin Luise." Glücklicher Weise stand diese erlauchte fürstliche Frau, eine begeisterte Verehrerin Schillers und Jean Pauls, in ihrer Zeit nicht allein, sondern hatte mehr als eine gleichgesinnte Zeit- und Standesgenossin. So vor allen die Herzogin Luise von Sachsen-Weimar. Solche Frauen haben durch ihre ganze Lebensführung auf der Gränzmarke von zwei Jahrhunderten auf die Wiederveredelung der Sitten sehr heilsam eingewirkt und Göthe's berühmten Rath gerechtfertigt:

<blockquote>
„Willst du genau erfahren, was sich ziemt,
So frage nur bei edlen Frauen an!"
</blockquote>

Königin Luise

Göthe's Mutter und Schiller Mutter.

4.

Klassik und Romantik.

rrthum wäre es, zu glauben, die geduldige Minirarbeit der Aufklärer oder die ungestümen Anläufe der Stürmer und Dränger hätten die Mauern der deutschen Krähwinkelei zu raschem Falle gebracht. Ueber die stockige Volksmasse ging die wissenschaftliche und nationalliterarische Bewegung zunächst noch wirkungslos hinweg. Was wußte und wollte der deutsche Bauer, was der deutsche „Spießbürger" von unserer Klassik und Romantik? Nichts. Auch hier wieder war das Bild von den Berggipfeln, welche beim Sonnenaufgang taghell über den annoch umnachteten Thälern stehen, eine kulturgeschichtliche Wirklichkeit. Langsam, langsam, langsam senkte sich die Helle von den Höhen hinab in die Niederungen. Erst mußte der eiserne Kriegspflug der napoleonischen Zeit den deutschen Volksboden schmerzhaft bis in seine Tiefen aufwühlen, bevor die Gedankensaat unserer befreienden Denker in diesem Boden einen Keimraum und eine Aufwuchsstätte finden konnte. Und mit welchen Schwierigkeiten hatte auch dann noch das Keimen, mit welchen Hemmnissen hat der Aufwuchs dieser Saat bis zur Stunde noch zu kämpfen! Erst von der Mitte des 19. Jahrhunderts ab ist mittels des allseitig erweiterten und verbesserten Schulwesens, wie nicht minder durch die riesige Regsamkeit der Zeitschriftstellerei und die hundertgliedrige Vereinsthätigkeit, die Möglichkeit gegeben, den intellektuellen Nibelungenhort der Wahrheit und

Schönheit, welchen unsere Forscher, unsere Dichter und Künstler aufgehäuft haben, allmälig, obzwar langsam, langsam, langsam zu einem Gemeingut der Nation zu machen. Und auch angenommen, dieser Bildungsproceß werde stätig vorschreiten und keine gewaltsamen Unterbrechungen erfahren, so muß die besonnene Erwägung doch zu dem Schlusse kommen, daß noch Jahrhunderte, ja Jahrtausende vergehen werden, bevor das Volk — das wirkliche, nicht das geschriebene oder gemalte — im stande sein wird, die Kraft einer kant'schen Beweisführung, die Schönheit einer göthe'schen Elegie, den Tiefsinn eines schiller'schen Gedankenliedes, die Größe einer beethoven'schen Symphonie zu fühlen, geschweige zu verstehen.

Es ist ja wahr, unsere Kulturhelden eilten der Volksmasse so weit voran, daß sie dieselbe mitunter ganz aus den Augen verloren. Aber hätten sie ihren Vorschritt nach der Nachfolgefähigkeit Krähwinkels bemessen, so ständen wir wissenschaftlich noch heute beim Pastor Götze und literarisch beim Professor Gottsched. Was sollte aus dem himmlischen Genius werden, so man ihm zumuthen wollte, bei seinem Thun das Begriffsvermögen des trägen Erdenkloßes zu berücksichtigen? Seien wir daher unseren Sehern und Propheten dankbar, daß sie kühn aus- und vorschritten, unbekümmert um Krethi und Plethi, und weisen wir auch sofort das vom rohen Parteigeist mit der schamlosen Unwissenheit, gezeugte Vorurtheil zurück, als wären gerade die Deutschen, welche den deutschen Namen am höchsten verherrlicht haben, undeutsch gesinnt gewesen und hätten unpatriotisch gehandelt, weil sie, Göthe und Schiller voran, der kosmopolitischen Stimmung wie alle großen Männer und bedeutenden Frauen des 18. Jahrhunderts ihren Tribut zollten. Wohl, Göthe und Schiller waren Weltbürger im edelsten Sinne des Wortes, aber gerade als echteste und beste Deutsche waren sie es, und wenn sie aus der elenden Wirklichkeit, die sie umgab, einengte und bedrängte, in die Wolkenkuckuksburg der Weltbürgerei als in eine Zufluchtsstätte ihres Genius hinauf sich flüchteten, so haben sie da droben doch das Deutscheste geschaffen, was in unserer Literatur existirt: Göthe seine Lieder, seinen Faust und seinen Hermann, Schiller den Karlos, das Glockenlied und den Tell.

Die innere Gediegenheit und die äußere Formschönheit der Schöpfungen antik-klassischer Poesie und Kunst haben, wie jedermann weiß, uns Modernen so imponirt, daß wir jedes in seiner Art Vollendete und Vollkommene „klassisch" zu nennen pflegen. Darum ist und heißt uns auch die Periode deutscher Dichtung, welche mit Klopstock anhob und durch Göthe und Schiller auf ihre Glanzhöhe geführt wurde, die Zeit deutscher Klassik. Aber das Wort hat, gerade in Beziehung auf die zwei großen Freunde, noch die besondere Bedeutung, daß damit das künstlerische Ideal der Beiden, also das „moderne Griechenthum" oder, genauer gesprochen, der deutsche Hellenismus gekennzeichnet werden soll. Es ist das zweifelsohne die höchste Stufe der Freiheit und Schönheit, welche der Geist unseres Volkes, ja des Germanenthums überhaupt, bislang zu erreichen vermochte. Laßt uns zusehen, wie die Beiden, deren in der Geschichte keiner zweiten Literatur so. dagewesene Freundschaft unserem Lande zur hohen Ehre gereicht, da hinauf gelangt sind.

Johann Wolfgang Göthe (1749—1832) aus Frankfurt a. M. war der Sohn eines sorgsamen, in seiner Art auch strebsamen Vaters und einer genialischen Mutter, deren „Frohnatur" der Sohn geerbt zu haben dankbar bekannte. Johann Christoph Friedrich Schiller (1759—1805) aus Marbach in Schwaben war der Sohn eines Vaters, welcher, bei aller Verschiedenheit der Lebensstellung, mit dem Vater Göthe's nicht nur die Taufnamen Johann Kaspar, sondern auch in Anschauung und Gebaren gar viel gemeinsam hatte, und einer Mutter, welche freilich der genialen Frohnatur der „Frau Aja" ermangelte, aber in Wärme und Innigkeit des Gefühls diese noch übertraf. Göthe wuchs unter auskömmlichen, sogar reichen Verhältnissen fröhlich, Schiller unter kärglichen mühsälig auf. Wer die Knaben- und Jünglingsjahre der Beiden vergleichend ansieht, merkt unschwer, wie es kam, daß der blühende Realismus von Göthe's Poesie auf den Dienst der Schönheit, der ringende Idealismus von Schillers Dichtung auf den Dienst der Freiheit sich richten mußte. Das Glück gab dem jungen Göthe gerade im empfänglichsten Alter in Heinrich Merck einen Freund, welcher ihn aus dem Gedränge jugendlicher Leidenschaft und aus dem kraftgenialischen Trubel und Tumult immer wieder in die Stille des eigenen Herzens hinüberwies und ihm auch zuerst seine Bestimmung und Aufgabe als Dichter klarmachte: das Wirkliche dichterisch zu gestalten, dem realen Stoff das ideale Gepräge aufzudrücken. Indem Göthe diese Aufgabe faßte und lös'te, konnte er später mit Fug und Grund sagen, alle seine Werke seien Bekenntnisse, d. h. er habe nur gedichtet, was er gelebt. Um das recht zu verstehen, braucht man nur seine Frauengestalten zu betrachten, auf deren herrlicher Naturwahrheit ja einer der schönsten Vorzüge göthe'scher Schöpfungskraft beruht — („Ich weiß es, sie sind ewig, denn sie sind.") Dem Schiller ward es nicht so gut. Sein Erlebtes trieb ihn nicht zur Verschönung, sondern vielmehr zur Bekämpfung der Wirklichkeit. Nicht das „Ewig-Weibliche", sondern das Ewig-Männliche ist die Seele seiner Poesie gewesen und darum sind ihm Männergestalten viel besser gelungen als Frauenbildungen. Charakteristisch endlich ist auch die Verschiedenheit der Bildungsmittel, durch deren Gebrauch die Beiden aus der Sturm- und Drangsgährung zum deutschen Hellenismus sich hinaufläuterten. Göthe hat sich am Studium der bildenden Künste und der Naturwissenschaft emporgebildet — am letzteren so, daß er als selbstständig-naturwissenschaftlicher Forscher und Finder bastand — für Schiller wurde das Studium der Geschichte und der kant'schen Philosophie zu einem Reinigungsproceß, dessen Strenge und Fruchtbarkeit zunächst in des Dichters geschichtlichen und bedeutsamer noch in seinen kunstphilosophischen Arbeiten sich erwiesen. Mittels jener schuf er den Deutschen zuerst einen im besten Sinne volksthümlich-historischen Kunststil, mittels dieser hat er „die Gesetze der Schönheit, welche er gab, schon im Geben erfüllt".

„Göthe's und Schillers nationalliterarische Jugendthaten — „Götz von Berlichingen" (1773), „Werthers Leiden" (1774), „die Räuber" (1781) — trafen die Herzen aller Empfänglichen in der Nation mit elektrisch-sympathischen Schlägen. Hier war, das fühlte man, was die Zeit bewegte, durchstürmte, aufrührte, mit ursprünglicher Kraft in dichterischen Gebilden vor die Augen der Zeitgenossen hingestellt. Der Götz zeigte in dem lebensvoll heraufbeschworenen Sturm und Drang des 16. Jahrhunderts zugleich den des achtzehnten und gab sich in Gehalt und Form als ein echtnationales Volksdrama, dessen Nerv das patriotische Freiheitsgefühl, wie es durch Klopstock zuerst in der deutschen Jugend angefacht worden. Der Werther, dieser erste Originalroman unserer Literatur und ein Kunstwerk ersten Ranges, war ein literarisches „Ereigniß", wie es jetzt keine mehr gibt. Dieser aus tiefster Brust der socialen Verdumpfung, der philisterhaften Gewöhnung zugeschleuderte Schmerzens- und Empörungsruf wirkte so gewaltig auf die Zeitstimmung, daß der bedächtige Lessing, wie bekannt, dem unwiderstehlichen Büchlein ein drastisch-derbes Schlußkapitel beigefügt haben wollte, um den Triumph der Mächte des Gemüthes nicht in sentimentale Verschrobenheit und Tollheit ausarten zu lassen, wozu es ja wirklich vielfach kam. Die Räuber waren die gewaltsamste Entladung des kraftgenialischen Gewitters, das sich in der Seele des Studenten Schiller unter dem Druck äußerer Umstände noch einmal zur Auslassung seiner vollen Energie gesammelt hatte. Mit so erschreckender Helle zuckten die Gedankenblitze dieses Stückes durch die Verrottung des deutschen Lebens, so unbändig-rebellisch rollten und grollten die Wortdonner der Räubertragödie, daß man begreift, wie und warum jener deutsche Fürst sagen konnte: „Wäre ich der Herrgott und im Begriffe gewesen, die Welt zu schaffen, und hätte ich vorausgesehen, daß in dieser Welt ein Stück wie die Räuber würde geschrieben werden, ich hätte sie ungeschaffen gelassen." Was würde die Durchlaucht erst gesagt haben, wenn sie hätte mitansehen können, wie in der alten schwäbischen Universitätsstadt Tübingen zur Zeit, wo die Glanztage der französischen Revolution auch diesseits des Rheines sogar ernste Männer, geschweige die Jugend, blendeten, der Sturm und Drang, welcher in Schillers Räubern rumorte, in absonderlichen Formen sich ausließ! War doch der Jakobinismus sogar durch die klösterlichen Mauern des ehrwürdigen theologischen „Stiftes" gedrungen, von welchem Myriaden schwäbischer Pastoren und Magister predigend und unterweisend in die Welt ausgegangen. Dazumal studirten mitsammen im Stift Schelling, Hölderlin und Hegel, und that sich namentlich der letztgenannte, der spätere königlich preußische Staatsphilosoph, als „derben Jakobiner" auf. Eines schönen Tages zog auch die gesammte Stiftlerschaft auf den Marktplatz, um allda einen „Freiheitsbaum" aufzurichten und unter großem Jubel die „Karmagnole" rundum zu tanzen. Das Bild gehörte sicherlich auch zur Signatur der Zeit, wie die „Stiftler" in ihrem Stiftshabit, in schwarzen Fräcken, schwarzen Strümpfen, Schnallenschuhen, ein schmales schwarzes Mäntelchen den Rücken hinabflatternd, über den Mäntelchen lange Zöpfe, über den Zöpfen große Dreimaster, zur Geburtsfeier der französischen Republik den Freiheitsbaum umtanzten....

Göthe rettete sich und seinen Genius aus den Nachwehen der lustigen Zeit von Weimar unter den blauen Himmel und zu den Kunstschätzen Italiens, wo der „Egmont" und die „Iphigenie" — diese schönste Blüthe des deutschen Hellenismus — zur Vollendung gediehen und auch am eigentlichen „Lebenswerke" des Dichters, am „Faust", weitergeschaffen wurde. Dieses große Problem, mit dessen Lösung schon die deutsche Volkssage des 16. Jahrhunderts in ihrer Art sich abgemüht hatte, war von allen den anderen Sturm- und Drangproblemen seiner Jugend — Prometheus, Ahasver, Mohammed — dem Herzen Göthe's am nächsten geblieben und er hat es, immer wieder zu demselben zurückkehrend, zur Krone deutscher Dichtung ausgestaltet, zum modernen Universalgedicht, so daß diese „Tragödie der Menschheit" von wahrhaft „Menschengeschicke bestimmender" Bedeutung für die ganze civilisirte Welt schon geworden ist und immer mehr wird. Schiller suchte sich derweil durch die Kümmernisse seiner Wanderjahre durchzuringen, als deren schönste Frucht er seinen „Don Karlos" davontrug, dieses glühende kosmopolitische und doch zugleich so innig deutsche Gedicht, in welchem sich des Dichters Sturm- und Dranggenialität zur Künstlerschaft abgeklärt hat, zu jener Künstlerschaft, welche er unlange darauf in seinem Prachthymnus „Der Künstler" als die höchste Stufe der Menschheit feierte. Damit hatte Schiller schon das Feld der „Gedankenlyrik" betreten, von welchem er nachmals manches von dem Besten holte, was er seinem Volke gegeben. Gerade in der lyrischen Hervorbringung treten aber die göthe'sche und die schiller'sche Eigenart charakteristisch auseinander. Auch hier ist Göthe vorzugsweise der freie Künstler, Schiller der Seher und Völkerlehrer. Die ganze Tonleiter der göthe'schen Lyrik, von dem flüchtigen Liebesseufzer an, mit welchem der Dichter in der Sommernacht die Hütte der Liebsten verläßt, bis hinauf zu den edlen Oden und Hymnen, in welchen er dem von ihm geschilderten Zeus gleich aus rollenden Wolken segnende Blitze über die Erde säet, durchweht eine Unmittelbarkeit der Empfindung und eine Wahrhaftigkeit des Ausdrucks, daß der Leser oder Hörer mühelos emporgehoben wird über die Noth des Daseins, dessen Realität hier idealisch verklärt erscheint. Schillers Lyrik dagegen fordert den Leser oder Hörer auf, ihm die steilen Pfade selbstständiger Denkarbeit aufwärts zu folgen und auch mühvolles Klimmen und Klettern nicht zu scheuen, um dann droben von der Aetherhöhe der Vernunft gelassen auf die „Angst des Irdischen" niederzublicken.

Als Schiller in das Alter männlicher Reife eingetreten war und Göthe noch in der Vollkraft derselben stand, fanden sich die Beiden (1794). In dem Gedanken, daß die Schönheit das höchste Gesetz des Menschen sein müßte, damit er zum Bürger des weltbürgerlichen Vernunftstaates herangebildet werden könnte, in der Ueberzeugung auch, daß die Menschheit nur auf dem Wege „ruhiger Bildung", nicht aber auf dem gewaltsamer Krisen und Krämpfe, wie sie dazumal von Paris aus Europa durchschütterten, wirklich und wahrhaft vorwärtsschritte, trafen sie zusammen. Was sie einander geworden und was sie mittels ihrer Freundschaft ihrem Lande geleistet, weiß jeder wissende Deutsche. Ihre Einwirkung auf einander hat bei Beiden einen neuen Frühling schöpferischer Thätigkeit herbeigeführt. Es war Schiller, welcher nicht abließ, den Freund zur Wiederaufnahme des „Faust" und des „Wilhelm Meister" anzuweisen. Es war Göthe, welcher den Freund zum Wetteifer in der Xenienkriegsführung, wie in der Balladen- und Romanzendichtung ermunterte. Dem Wetteifern der beiden Meister in dieser verdanken wir eine ganze Reihe von

Balladen und Romanzen, welche wie zu den verbreitetsten so auch zu den bildendsten Schätzen unserer Literatur gehören. Der schiller-göthe'sche „Xenienkrieg" (1797) hat manchen Fehlschlag gethan, im ganzen und großen aber die literarische Atmosphäre heilsam gereinigt. Beide Freunde standen zu dieser Zeit auf der Höhe der Weltbürgerlichkeit. Schiller ließ in den Xenien das Wort ausgehen:

„Deutschland? Aber wo liegt es? Ich weiß das Land nicht zu finden;
Wo das gelehrte beginnt, hört das politische auf —"

und Göthe setzte darauf noch den Trumpf:

„Zur Nation euch zu bilden, ihr hoffet es, Deutsche, vergebens;
Bildet, ihr könnt es, dafür freier zu Menschen euch aus!"

Aber schon hatten die Ereignisse dafür gesorgt, in den großen Freunden das Gefühl zu erregen, auf die Länge wäre es in der kosmopolitischen Wolkenkukulsburg doch nicht sehr heimelig. Die Soldateska der französischen Republik, welche anfangs das Maul von Weltbürgerlichkeit so voll genommen hatte, lieferte in den Rheinlanden zu dem kosmopolitischen Texte so eindringlich-lehrreiche Kommentare, daß die deutschen Kosmopolitiker sich auf die eigene Nationalität zu besinnen begannen. Nicht als Weltbürger wahrlich, sondern nur als Deutscher vermochte Göthe sein unvergleichlich schönes Bürger-Idyll von Hermann und Dorothea zu dichten und gerade so Schiller sein von echtgermanischem Metall tönendes Lied von der Glocke und das nachEntwurf

Göthe.

und Ausführung großartigste seiner Werke, den „Wallenstein". Sowohl im göthe'schen Hermann als im schiller'schen Glockenlied lag die ausgesprochene Abwendung von der Art und Weise, wie die französische Revolution ihre Theorie in die Praxis übersetzt, d. h. travestirt hatte, und der Wallenstein war voll prophetischer Vorahnung einer Zeit, wo „auf des Degens Spitze die Welt ruhte" und der Napoleonismus den Versuch machte, die Idee des Weltbürgerthums in die Wirklichkeit einer Weltzwingherrschaft zu verwandeln.

Ein Rückblick auf die deutsche Kulturarbeit in ihren höchsten Wollungen gerade zur Zeit, wo der Napoleonismus seine Machtarbeit anhob, muß in uns Deutschen doch sehr gemischte Gefühle hervorrufen. Denn auch wenn wir die Berechtigung Göthe's und Schillers anerkennen, ihr Volk auf den Wegen „ruhiger Bildung" vorwärts führen zu wollen, so macht doch die Wichtigkeit, womit sie unter solchen, ihr Vaterland geradezu mit Vernichtung bedrohenden Umständen literarische Kleinigkeiten und Kleinlichkeiten behandelten, recht häufig den unerquicklichen Eindruck abstrakter Kunstduselei. Etwas, viel sogar von solcher haftete auch an den sonst so löblichen und heilsamen Bemühungen der beiden Freunde, die weimarer Schaubühne auf die Höhe einer wirklichen Kunstanstalt zu stellen, was ja zur gleichen Zeit auch anderwärts in Deutschland versucht wurde. Denn das deutsche Theaterwesen hatte sich in der zweiten Hälfte des 18. Jahrhunderts doch allmälig aus dem rohen Naturalismus herausgearbeitet. Das Stehendwerden der Bühne war hierzu der erste bedeutsame Schritt und das Vorbild hierfür die Fixirung der berühmten Ackermann'schen Truppe, zu welcher auch Eckhof gehörte, i. J. 1767 zu Hamburg gewesen. In dieser Stadt wurde das erste deutsche „Nationaltheater" aufgethan und kurz darauf, 1776, erhob Kaiser Joseph, welcher, auch hier im scharfen Gegensatze zum König Friedrich, der deutschen Bühne seine Theilnahme und Gunst schenkte, das „Theater nächst der Burg" in Wien zum Nationaltheater und verordnete, daß „von nun an nichts als gute regelmäßige Originale und wohlgerathene Uebersetzungen aus anderen Sprachen darin aufgeführt werden sollten. Das war die Stiftung des berühmten „Burgtheaters", welches durch allen Wechsel der Zeiten hindurch und auch jener unglaublichen Stupidität der Theatercensur zum Trotz, wie der Kulturhaß des franz.-metternich'schen Absolutismus sie übte, ein Jahrhundert lang seine Stelle als Musterbühne des recitirenden Schauspiels in deutschen Landen behauptet hat. Weiterhin hatten zur Hebung des Theaterwesens und zur Steigerung der Theilnahme unserer Vorfahren dafür kräftig mitgewirkt die durchschlagende Thätigkeit Lessings als Dramaturg und Dramatiker, die genauere Bekanntschaft mit den Werken Shakspeare's, die Aufrichtung von Nationaltheatern in Mannheim und in Berlin, die dramatischen Jugendthaten Göthe's und Schillers, von welchen vor allen der Götz, die Räuber und „Kabale und Liebe" von den Brettern herab, „welche die Welt bedeuten", die Menschen elektrisirten, und zuletzt, aber nicht als das Letzte, das Auftreten so großer Schauspieler, wie namentlich Schröder, Iffland und Fleck waren. Nicht unwerth der Erwähnung dürfte es sein, daß zur Zeit, wo die deutsche Klassik unter unmittelbarer Betheiligung von Göthe und Schiller im protestantischen Deutschland eine moderne Musterbühne zu schaffen unternahm, im katholischen die mittelalterliche Mysterienbühne noch in voller Aktion sich befand. So z. B. in der Reichsstadt Schwäbisch-Gmünd, allwo das alljährlich zu Ostern tragirte Passionsspiel so sehr Gemeingut der Bürgerschaft geworden war, daß in der Stadt kaum eine Familie gefunden wurde,

Schiller.

welche nicht eins oder auch mehrere ihrer Mitglieder zu den „Aktores" gestellt hätte. Das in 24 Auftritte getheilte, auf der an der Nordseite der Kathedralkirche aufgeschlagenen Bühne zur Darstellung gebrachte Trauerspiel von der Passion Christi füllte die Nachmittage und Abende vom Gründonnerstag und Karfreitag aus. 15,000 und mehr Zuschauer wohnten dieser „Andacht" an. Zu Ostern von 1803 fand die letzte Aufführung statt.

Es gab also dem vorhin Gesagten zufolge in Deutschland Bühnen, auf welchen die dramatischen Hervorbringungen unserer Klassik in würdiger Weise zur Darstellung gelangen konnten und wirklich gelangten. Schillers große Trilogie Wallenstein, die höchste Leistung der tragischen Kunst der Deutschen, ging 1799 zuerst zu Weimar in Scene und in den ersten Jahren des neuen Jahrhunderts erschienen in rascher Folge auf den Brettern die „Maria Stuart", die „Jungfrau von Orleans" und die „Braut von Messina". Auch in diesen Stücken athmet der schiller'sche Genius und erweist sich der Dichter als der größte Dramatiker seines Landes und seiner Zeit, daneben jedoch haben dieselben etwas vom fatalen Beigeschmacke des Experimentirens. Man fühlt, wie Göthe und Schiller, statt ein großartig-reales Nationalleben dichterisch auffassen zu können, peinlich in der abstrakten Kunstphäre sich abmühten, einen Ersatz für jenes zu schaffen. Mit der Maria Stuart und der Jungfrau griff Schiller eigentlich aus der Klassik schon in die Romantik hinüber, während die Braut von Messina ein Versuch war, das Kunstideal des modernen Griechenthums im deutschen Drama zu verwirklichen. Dieser Versuch ist nicht eben gelungen und alles in allem war der deutsche Hellenismus überhaupt kein gesundes Experiment. Er hat viel Schönes geschaffen, keine Frage, aber welche Gefahren er in sich barg, wo er ganz ernst genommen wurde, das bewies das Schicksal des armen Friedrich Hölderlin, welcher ein Landsmann und Zeitgenosse Schillers gewesen ist und einer der größten Lyriker unserer Literatur bleibt, den aber der Gegensatz seines Hellenismus zur deutschen Wirklichkeit wahnsinnig gemacht hat. An der Schwelle des 19. Jahrhunderts schien Schiller seine Flucht vor und aus dieser Wirklichkeit in die abstrakte Kunstregion ebenfalls vollbracht zu haben oder wenigstens vollbringen zu wollen. Denn dazumal rief er einem Freunde zu:

> „Ach, umsonst auf allen Länderkarten
> Spähst du nach dem seligen Gebiet,
> Wo der Freiheit ewig grüner Garten,
> Wo der Menschheit schöne Jugend blüht.
> In des Herzens heilig stille Räume
> Mußt du fliehen aus des Lebens Drang!
> Freiheit ist nur in dem Reich der Träume
> Und das Schöne blüht nur im Gesang."

Allein ein gutes Geschick hat unser Land davor bewahrt, daß der große Prophet des Idealismus in solchem Quietismus endigte. Schiller war so glücklich, die Unglückszeit von Deutschlands größter Hilfelosigkeit, Erniedrigung und Schmach nicht mehr erleben zu müssen; aber als der Seher, der er war, hat er diese Zeit vorgefühlt und vermöge prophetischer Schaukraft erkannte er zum voraus in Napoleon den Welttyrannen. Und nicht weniger erkannte er, daß in der schon durch die erobernde französische Republik und mehr noch durch den Bonapartismus verzerrten und gefälschten Kosmopolitik keine Rettung für sein Volk zu suchen wäre. Da vollzog sich in ihm die glückliche Wendung von der weltbürgerlichen zur nationalen und vaterländischen Anschauung und aus dieser Anschauung heraus gab er seinem Lande ein kostbares Vermächtniß: das Gedicht vom Wilhelm Tell, welches die Idee der Freiheit, unlösbar verbunden mit dem Gedanken des Vaterlandes, in dem verklärenden Lichte geläuterter Schönheit herrlich aufzeigte und dieses Licht seitdem in unzähligen deutschen Herzen immer und immer wieder entzündete. Wenige Menschenwerke nur gibt es in der ganzen Entwickelungsgeschichte unseres Geschlechtes, welchen eine so nimmer alternde Wirkungsmacht, eine so Thaten zeugende sittliche Kraft innewohnt wie Schillers Tell.

Untrennbar wie ihre Erzbilder zu Weimar stehen die zwei großen Freunde in der Geschichte ihres Landes. Beide haben, jeder in seiner Art, den vollkommen freien Menschen, die von der theologischen Voraussetzung durchaus emancipirte Persönlichkeit in sich dargestellt. Göthe wollte nur der freie Künstler sein und sah als solcher seine Aufgabe darin, alles, was Vergangenheit und Gegenwart an süßen und schmerzlichen Erinnerungen, an Kraft und Leidenschaft, an Erkennen und Streben besaß, zu Kunstwerken zu gestalten. Schiller dagegen betrachtete die Schönheit oder, was ihm gleichbedeutend war, die allseitige humane Bildung als eine Schule der Freiheit und wies, von der Kunst zum Staat, vom Künstler zum Bürger aufsteigend, nachdrucksam auf die Ziele der Zukunft hin. Wir aber wollen dankbar zu den Beiden aufschauen, wollen uns auch vor der thörichten Frage: Wer der größere gewesen? hüten und uns herzlich freuen, daß, mit Göthe zu sprechen, „ein paar solche Kerle da sind". Diese beiden „Kerle" waren echt vornehme Naturen, unter denen „tief im wechsellosen Scheine das Gemeine lag", Verächter des Pöbels und alles Pöbelhaften, Aristokraten im Hochsinn des Wortes, welche nicht zur Menge herabstiegen, sondern ihr Volk zu sich emporzuheben strebten, im Purpur des Genius geborene Herrscher im Geistesreich. Es ist lehrreich, zu sehen, daß und wie Schiller, der Prophet der Freiheit, noch entschiedener als Göthe, der Priester der Schönheit, diesen zu allen Zeiten hochberechtigten Aristokratismus bekannt hat:

> „Majestät der Menschennatur! Dich soll ich beim Haufen
> Suchen? Bei wenigen nur hast du von jeher gewohnt.
> Einzelne wenige zählen, die übrigen alle sind blinde
> Nieten; ihr leeres Gewühl hüllet die Treffer nur ein."

Von unserer durch Klopstock und Wieland, durch Lessing und Herder, durch Göthe und Schiller um- und neugeschaffenen Nationalliteratur ging eine Fülle von Anregungen für die künstlerische Thätigkeit aus. Hierzu kam jene Empfänglichkeit für das Schöne, von welcher die deutsche Gesellschaft in der zweiten Hälfte des 18. Jahrhunderts in hohem Maße erfüllt war und welche sich in der Anlegung und Mehrung von Kunstschätzesammlungen — in Wien, Berlin, Dresden, Düsseldorf, Kassel, Mannheim — sowie in der Eröffnung von Kunstschulen werkthätig erwies. Die eigene Hervorbringung auf dem Felde der bildenden Künste, der Baukunst, Bildnerei und Malerei, war freilich zunächst noch eine dürftige. Zwar haben dazumal ein Mengs, ein Hackert, ein Tischbein, ein Graff, eine Angelika Kaufmann, ein Chodowiecki den künstlerischen Gaben und Leistungen der Deutschen daheim und auswärts Ruf und Achtung verschafft; allein erst mußte das von Windelmann angeregte Studium der Antike durchgreifen, erst mußten die von Lessing aufgethanen ästhetischen Anschauungen wirken, erst mußte unsere glanzvoll aufstrebende Dichtung dem Künstlerauge neue Welten aufschließen, bevor den Zeichnern und Ma-

Göthe und Schiller-Denkmal in Weimar.

lern Karstens, Schick und Wächter, dem Bildner Danneder, dem Baumeister Schinkel die Möglichkeit gegeben war, in unserem Lande eine Kunst zu begründen, welche die Schnürbrust und den Reifrock des französischen Rokoko weggeworfen hat. Die deutsche Bildnerkunst konnte übrigens bei ihrem raschen Vorschreiten, welches mit dem 19. Jahrhundert anhob, und bei ihrem mehr und mehr kundgegebenen Streben nach Naturwahrheit auf näher liegende Vorbilder als die der Antike hinblicken. Sie brauchte ja nur auf die deutsche Kunst des 15. Jahrhunderts zurückzusehen, um sich in ihrem Streben nach

naturwahr-scharfer Ausprägung des individuellen Lebens ermuntert zu fühlen. Diese Richtung verfolgte mit großem Geschick Schadow in Berlin. Sein großer Schüler Christian Rauch, der unübertroffene Plastiker des Charaktervollen, hat dann derselben auf seiner langen und äußerst fruchtbaren Laufbahn den Sieg verschafft. Das von Rauch geschaffene Denkmal Friedrichs des Großen in Berlin gehört zu den großartigsten, sein Grabdenkmal der Königin Luise zu Charlottenburg zu den anmuthigsten Schöpfungen der europäischen Kunst. Der Schüler dieses Meisters, Ernst Rietschel, ist auch seinerseits ein Meister gewesen, welcher mit bis zuletzt aushaltender Schöpferkraft unserem Lande mehrere seiner besten Denkmälerzierden gegeben. Was er in idealistischer Großheit des Entwurfes und in realistisch-vertiefter Charakteristik bei der Ausführung zu leisten vermochte, bezeugen seine Standbilder Luthers, Lessings, Göthe's und Schillers. Das Lutherdenkmal zu Worms ist fraglos eine der gewaltigsten Wollungen und Vollbringungen der modernen Bildnerei. Im Rauch und im Rietschel hat der Geist unserer Klassik gelebt und in den

Bildungen dieser Künstler kam dieser Geist zu nicht minder edler Erscheinung alswie in den Meisterwerken unserer klassischen Wort- und Tondichter.

Was unsere Tondichtung angeht, so ist zu sagen, daß der herrliche Aufschwung, welchen sie mit Bach und Händel genommen, im Laufe des Jahrhunderts nicht wieder erlahmte oder gar zum Stillstande kam. Wie auf den Gebieten der Poesie und der bildenden Künste ging auch auf dem der Musik die bahnbrechende und wegzeigende Theorie mit der schöpferischen Praxis Hand in Hand. Was Windelmann und Lessing für jene gethan, das thaten die geistvollen Kritiker und Theoretiker Mattheson und Marpurg für die Tonkunst. Aber diese gelangte rascher zu zahlreichen und großen Triumphen als die bildenden Künste, deren Großthaten ja nicht mehr ins 18. Jahrhundert fielen. Denn der Klärung des Wissens vom Musikalisch-Schönen folgte das reichste Schaffen auf dem Fuße nach. Georg Benda führte das Melodram, Johann Adam Hiller das Liederspiel bei uns ein. Joseph Haydn gab seinen Zeitgenossen seine anmuthig-heiteren Quartette und Symphonieen und ließ an ihrenentzücktlauschenden Ohren den Schöpfungsmythus und der Jahreszeiten Wechseltanz in zwei großen Tongemälden vorüberziehen. Christoph von Gluck verschaffte der Naturwahrheit und dem Tiefsinn deutscher Musik einen glänzenden Sieg über welsche Weichlichkeit und Üppigkeit und begründete mittels seiner Opern („Iphigenie in Aulis", „Iphigenie in Tauris", „Echo und Narciß") einen edleren und eigenartig-deutschen Opernstil. Auf Haydn und Gluck folgten Wolfgang Amadäus Mozart und Ludwig Beethoven, beide dem Bach und dem Händel in kirchlicher

Denkmal Friedrichs des Großen von Rauch.

oder, besser gesagt, in religiöser Musik durchaus ebenbürtig — jener durch sein „Requiem", dieser durch seine „Missa solennis". Mozart, der gemüthvolle, schlichtbürgerliche Salzburger, schüttete aus einem unerschöpflichen Phantasie- und Gefühlsfüllhorn seine Sonaten, Quartette und Symphonieen und schuf unsere klassische Oper. Seine Opern (die „Entführung aus dem Serail", „Figaro's Hochzeit", die „Zauberflöte") waren das Entzücken unserer Großväter und werden noch die Freude unserer Enkel sein. Aber obenan steht sein „Don Juan", welchen man nicht ohne Grund das musikalische Seitenstück zum göthe'schen „Faust" genannt hat. In dieser Meisteroper ist alle Süßigkeit, aller Farbenschmelz, alle Grazie und Heiterkeit des Südens mit dem Ernste, der Tiefe und Erhabenheit des germanischen Geistes zu einem wunderbaren, kunstschönvollendeten Ganzen zusammengeflossen. Und wie zum Göthe der Schiller, so trat zum Mozart der sturm- und drangvolle Rheinländer Beethoven, welcher den „Fidelio" tondichtete und mittels Schaffung seiner neun großen Symphonieen diese Kunstform zur klassischen Vollendung führte. Mit der schiller'schen Dichtung hat die beethoven'sche Musik die Fülle von Zukunftsahnung gemein. Zur Tondichtung Mozarts verhält sich die Beethovens

Haydn.

Mozart.   Beethoven.

Gluck.

wie zur Liederdichtung Göthe's die Gedankenlyrik Schillers. Und noch eine andere Vergleichung scheint mir zutreffend. Wer nämlich nach Anhörung einer beethoven'schen Meistersymphonie Schillers „Briefe über die ästhetische Erziehung des Menschen" zur Hand nimmt, der dürfte unschwer zu der Erkenntniß kommen, daß der deutsche Idealismus kühnere Adlerflüge als in diesen Werken nie und nirgends unternommen habe.

Derweil also die gemeldeten Siege der deutschen Kulturarbeit im Bereiche der Künste gewonnen oder vorbereitet wurden, hatte auch die Wissenschaft, durchdrungen und befruchtet von den Grundsätzen der kantischen Philosophie, eine jugendfrische, ebenso vielseitige als erfolgreiche Thätigkeit entfaltet. Der Hellenismus unserer Klassik trieb zu einer gründlichen und umfassenden Erforschung des Alterthums und ein so geistvoller Lehrer und Schriftsteller wie Friedrich August Wolf hat dann die Alterthumskunde auf ganz neue Grundlagen gestellt, indem er sie dem Buchstabendienst entrückte und nachwies, warum und wie sie ein ebenso mächtiges als unersetzliches Mittel humaner Bildung wäre und immer mehr werden müßte. Wolfs berühmte „Prolegomena zum Homer" (1795) schlossen der Philologie und Archäologie neue Arbeitsgebiete auf, welche von seinen Mitstrebenden und Nacheiferern wie Buttmann, Böttiger, Böckh, Hermann, Ottfried Müller, Thiersch, Lachmann, Welcker, Jakobs emsig angebaut worden sind. Aus dem Boden der Sprachforschung erwuchs auch die umfassende wissenschaftliche Thätigkeit Wilhelms von Humboldt, der wie durch seine innige Freundschaft mit Schiller so durch seine ästhetische Kritik auf unsere klassische Literatur sehr bedeutsam eingewirkt und durch sein Werk über die Kawisprache die vergleichende Sprachwissenschaft begründet hat, welche später in Franz Bopp ihren Großmeister fand. Der philologische und archäologische Kriticismus mußte auch der Historik kräftig unter die Arme greifen und i. J. 1780 trat Johannes von Müller mit seiner „Geschichte der schweizerischen Eidgenossenschaft" hervor, welche als das erste in unserer Literatur erschienene historische Kunstwerk mit großer Theilnahme begrüßt wurde und große Wirkung that. Die Mangelhaftigkeit von Müllers Quellenforschung vermochte man dazumal noch nicht zu erkennen und der Inhalt des Buches, der freiheitlichen Zeitstimmung so sympathisch, half über den effekthascherischen, dem Sallust und Tacitus affektirt nachgekünstelten Stil des charakterlosen Verfassers hinweg, welchen nachmals Napoleon bekanntlich im Handumdrehen aus einem glühenden Hasser in einen glühenden Anbeter verwandelt hat. Viel strenger nahm es mit dem historischen Kriticismus Barthold Georg Niebuhr, dessen „Römische Geschichte" durch Forschungsernst, Kritikschärfe und Stilwürde für die deutsche Geschichtswissenschaft ein Musterwerk geworden ist. Fest auf dem Boden der kantischen Aufklärung und Moral stand sein Lebenlang Friedrich Christoph Schlosser, welcher mit seinen zwei Hauptwerken, der Kulturgeschichte des Alterthums und der Geschichte des 18. Jahrhunderts, weit ins 19. hereingegriffen hat, aber wie als Mensch und Mann so auch als Geschichtschreiber ganz und gar von den Ideen unserer Klassik erfüllt und geleitet war. Wie andere Disciplinen verspürte auch die deutsche Rechtswissenschaft den reformistischen Einfluß Kants. Auch auf diesem Felde machte sich die philosophisch-kritische Methode geltend, welche die Erfahrung mit der Idee zu vermitteln vermochte und in der Praxis den Grundsätzen der Humanität Eingang verschaffte. Nach jener Seite hin wurde namentlich Gustav Hugo durch seine Geschichte des römischen Rechtes von Bedeutung, nach dieser hin hat vor allen Anselm Feuerbach eine rastlose und durchgreifende Thätigkeit entwickelt. Endlich begegnen wir den Spuren des Weisen von Königsberg auch auf dem Gebiete der kühn aufstrebenden deutschen Naturwissenschaft, für welche zuerst der tübinger Professor Kielmeyer die kantischen Principien fruchtbar zu machen strebte. Aus der schon von diesem Forscher geahnten Erfassung des Naturganzen als eines Organismus entfaltete sich dann eine vielseitige naturwissenschaftliche Arbeit, wie solche Johann Friedrich Blumenbach, welcher die Wissenschaft der vergleichenden Anatomie mit uns begründete, und Abraham Gottlob Werner, der Vater der Geognosie, mit hohem Ruhme verrichteten.

Unsere Klassik — Wissenschaft, Nationalliteratur und Kunst zusammengethan — hatte die Deutschen (d. h. die wissenden, auf der Höhe der Zeitbildung stehenden) zu freien Menschen gemacht, aber auch nicht selten zu Wolkenwandlern, welchen erst wieder durch das Umschlagen der Kosmopolitik in das Nationalbewußtsein ein deutlicheres Gefühl der Erden- und Staatsbürgerschaft beigebracht wurde. Diesen Umschlag hervorgerufen und gefördert zu haben, ist ganz wesentlich ein Verdienst Schillers, welcher schon in seiner

Jeanne d'Arf und lauter noch und mahnender in seinem Tell den Gedanken des Vaterlandes betont, ja zum Grundmotiv aller Civilisation gemacht hatte. Dem Fein- und Tiefgefühl des großen Sehers war ja die Wandelung, welche im Wesen der französischen Revolution vorgegangen, in ihrer ganzen Bedeutung frühzeitig spürbar geworden. Die geistige Umwälzung, welche bei uns gleichzeitig mit der politischen jenseits des Rheins im Gange gewesen, hatte erreicht, was bei der staatlichen Unform unseres Landes und auf der Kulturstufe unseres Volkes überhaupt zu erreichen war: Die Freiheit und Selbstbestimmung der Kunst, die Freiheit und Selbstbestimmung der wissenschaftlichen Forschung und in beiden und durch beide die Befreiung des Menschen, die Autonomie der Persönlichkeit. So war die weltbürgerliche Idee des 18. Jahrhunderts

Berthold Georg Niebuhr.

während in Frankreich ein praktischer Anlauf zu ihrer Verwirklichung genommen wurde, bei uns in Deutschland zu allseitiger theoretischer Durchbildung gelangt. Nun aber kam der große Fehlschlag der französischen Praxis, welcher nothwendig auch die deutsche Theorie gewaltig erschüttern mußte. Der Jakobinismus, Tyrann und Henker nach innen, Eroberer und Räuber nach außen, hatte schon die Blüthenträume vom kosmopolitischen Freiheitsbaume geschüttelt. Der Napoleonismus hieb den Baum um. Verwundert rieben sich die deutschen Idealisten die Augen. Das weltbürgerliche Evangelium von der Freiheit und Gleichheit war also nur ein schimmernder Traum gewesen? Aber die napoleonische Zwingherrschaft war eine furchtbare Wirklichkeit. Unter dem zermalmenden Drucke derselben begannen die Deutschen sich wieder auf Deutschland zu besinnen. Im Jahre 1797, als dem unseligen baseler Frieden Preußens mit Frankreich der unseligere, welchen Oestreich zu Kampoformio schloß, gefolgt war und kraft desselben Mainz, der Schlüssel des Reiches, den Franzosen ausgeliefert wurde, da hatte ein Deutscher, Joseph Görres, der in seinen jungen Tagen zum Jakobiner sich hinaufphantasirte, wie er in seinen alten zum Kapuziner ohne

Kutte sich hinabfanatisirte, diese Schmach mit dem schamlosen Jubelschrei begrüßt: „Die Integrität des Reichs ist zertrümmert! Es lebe die Frankenrepublik!" Jetzt, im Jahre 1804, nachdem der Friedensschluß von Lüneville das ganze linke Rheinufer an Frankreich gegeben hatte und der gallische Emperor schon sich bereitete, Oestreich und Preußen die wohlverdienten Schläge von Ulm und Austerlitz, Jena und Tilsit zu geben, um dann unter dem Titel eines Rheinbundsprotektors ganz Deutschland thatsächlich zu beherrschen, auszupressen, zu brutalisiren, jetzt, im scherischen Vorgefühle von all diesem Elend und all dieser Schande, aber auch im Vorgefühle dessen, was aus solchem Jammer retten könnte, retten müßte, jetzt hatte unser theurer Dichter empfunden —

„Wie mächtig ist der Trieb des Vaterlands!"

und hatte angesichts des Todes seinem Volke beschwörend zugerufen:

„O, lerne fühlen, welchen Stamms du bist!
Die angebornen Bande knüpfe fest,
Ans Vaterland, ans theure schließ' dich an,
Das halte fest mit deinem ganzen Herzen,
Hier sind die starken Wurzeln deiner Kraft!"

Doch es ist Menschen- und Völkergeschick, daß auch aus reinster Quelle entsprungene Gefühls- und Gedankenströme nicht lange ungetrübt bleiben. Kaum hatte der „Trieb des Vaterlandes" sich in unseren Landsleuten wieder zu regen begonnen, als er auch schon mit unheilvollen Zuthaten sich verquicken lassen mußte. Auf der Gränzmark der zwei Jahrhunderte hatte ja die große Rückwärtsbewegung angehoben, welche, aus der Verzweifelung an dem unglücklichen Verlaufe der Revolution entsprungen, zuvörderst von französischen Autoren wie Bonald, Maistre und Chateaubriand weitergeleitet und bald zu einer europäischen geworden war. Das Nationalitätsprincip wurde durch diese Rückströmung zweifelsohne befruchtet, aber zugleich auch vergiftet, mit dem Zusatze von hierarchistischen und feudalistischen Wollungen und Strebungen vergiftet. Mit andern Worten: die angehobene Gegenrevolution beutete das Nationalgefühl zu ihrem Vortheil aus. Sie erfand und erzog die sogenannte Romantik, eine religiöse, politische und ästhetische Anschauungsweise und Stimmung, welche alles in allem die willkürlich aufgeputzte und gleißend geschminkte Mittelalterlichkeit gewesen ist. Sie lehrte Menschen und Völker nicht vorwärts, sondern rückwärts schauen, rückwärts hinter die Revolution, ja rückwärts hinter die Reformation. Sie log ihnen vor, dort hinten, weit hinten in heiliger Dunkelheit wäre das Heil zu suchen. Sie schmeichelte ihnen die Wahnvorstellung von der „guten alten frommen Zeit" in die Phantasie. Sie verstand es — auch abgesehen von den materiellen Vortheilen, welche sie zu bieten hatte — Leute von Geist dadurch zu gewinnen, daß sie denselben weiszumachen wußte, es vertrüge sich nicht mehr mit der guten Lebensart, protestantisch, freigeisterisch oder gar revolutionär zu denken, wohl aber zierten „frommer Väter Sitten", ein Stückchen Feudalismus, ein bißchen Katholicität Herren und Damen von Welt. Der urtheilslosen Menge versicherte sie sich dadurch, daß sie derselben das Blendwerk einer „Ritterzeit" vorgaukelte, wie es eine solche nie gegeben hatte. Die Geschäfte dieser Rückwärtserei, welche an der Verwirklichung des tollen Gedankens, Europa ins Mittelalter zurückzuschrauben, mit leckem Ernst und Eifer arbeitete, besorgte in Deutschland die „romantische Schule". Zur Erklärung der großen, obzwar dauerlosen Wirkung dieser „Umkehr" kann die Betrachtung beitragen, daß die europäische Gesellschaft durch die Leiden, welche der Jakobinismus und der Napoleonismus über sie verhängt hatten, physisch und moralisch tief erschöpft, ja geradezu zermürbt worden war. In diesem Zustande konnte sie unschwer zu der Vorstellung gebracht werden, die Kulturwege, welche das 18. Jahrhundert eingeschlagen, wären ganz falsche gewesen und hätten sie ins Unglück führen müssen.

Einmal soweit, ließen die Menschen sich von den Rückwärtspredigern unschwer überreden, in der „guten alten frommen Zeit" wäre alles besser gewesen und so könnte und müßte es wieder werden.

Die Anfänge der Umkehr, d. h. die Uebergänge von der Klassik zur Romantik, ließen übrigens, wenigstens in Deutschland, die Weiterschritte derselben und das Endziel nicht vorhersehen. Denn diese Anfänge knüpften sich ja an einen Dichter und an einen Philosophen' von ganz entschiedener Freiheitstendenz, Johann Paul Friedrich Richter, genannt Jean Paul (1763—1825), aus Wunsiedel und Johann Gottlieb Fichte (1762—1814) aus Rammenau. Jener, fraglos der größte Humorist unserer Literatur, ist aus der „Essigfabrik der Satire", worin er seine Laufbahn begann, in die Aethersphäre hinaufgestiegen, allwo der Humor „dem fliegend schlafenden Paradiesvogel gleich auf den ausgebreiteten Flügeln die unteren Brandungen des Lebens verschlummert im seligen schönen Traum von seinem idealischen Mutterlande." An Reichthum der Phantasie ging Jean Paul allen unsern Dichtern vor, aber niemals hat sich ihm das Geheimniß der Form erschlossen und darum vermögen seine Werke, selbst die besten, selbst das großgedachte und genialisch geplante Hauptwerk, der „Titan", nicht ausgenommen, keinen reinen Eindruck hervorzubringen. Der „Titan" sollte das Seitenstück oder vielmehr Gegenstück zum Faust werden und hatte, was Grundgedanken und Anlage betrifft, allerdings das Zeug dazu. Denn die Absicht des Werkes war, die Entwicklungsgeschichte einer durch Naturell, Erziehung und Verhältnisse harmonisch vollendeten Persönlichkeit zu geben, von frühester Kindheit an bis zu allseitig gereifter Befähigung, das Dasein in seinen höchsten Aufgaben zu fassen und zu führen. Aber die Form wurde dem Gehalte nicht gerecht. Man hat doch auch beim Lesen des Titan immer das Gefühl, als hätte man einen Korreggio und einen Teniers vor sich, aber beide Gemälde in Streifen und Lappen von allen möglichen Gestalten zerschnitten und diese Streifen und Lappen wirr durcheinander gemischt. Da und dort blickt das seelenvollste Auge, lächelt der holdseligste Mund, winkt die anmuthigste Hand, blüht der reizendste Busen aus dem Wirrsal hervor und dicht daneben sehen wir verzerrte Spielergesichter, versoffene Bauernnasen, verschüttete Getränke, Küchenabfälle, strampelnde Stallmägdebeine und geschwungene Knüttel, kurz überall Disharmonie. Die Werke Jean Pauls hatten eine außerordentlich große Wirkung, insbesondere auf gebildete Frauenkreise, was freilich, wie die sehr gescheidte berliner Jüdin Henriette Herz meinte, mit davon herrühren mochte, daß der große Humorist die Frauen, namentlich die vornehmen, viel idealischer darstellte, als sie in der Wirklichkeit waren und sind. Der Vorzug dieser Dichtungen bestand darin, daß sie die Freiheit des Fühlens ihrem ganzen Umfange nach forderten und erkämpften; ihre Gefährlichkeit lag darin, daß sie die Willkür der Genialität zum höchsten Kunstgesetz erhoben und daneben durch Verklärung der kleinen Jammersale des Lebens eine thatlos sentimentale Schwärmerei pflanzten. Diese hat Jean Paul freilich keineswegs gewollt, er, welcher ja gegen die napoleonische Zwingherrschaft, und zwar in der gefährlichsten Zeit derselben, in verschiedenen seiner Schriften als muthiger Patriot aufgestanden ist und bei all der gränzenlosen Liebe und Milde seines Gemüthes des mannhaften Zornes über die Schmach seines Landes nicht entbehrte. Allein die Kehrseite des Jean-Paulismus, d. h. der Abfall von der Klassik, welchen er mitherbeiführen half, war in dem Wesen des Humors, wie ihn Jean Paul verstand und übte, selber gegeben. Dieser Humor nämlich setzte das menschliche Ich als den Mittelpunkt der Welt, um mit diesem absoluten Maßstab alle Erscheinungen zu messen und sie durch ihre Gegensätzlichkeit zur Idee zu vernichten. Das humoristische Ich anerkennt demnach nur ein Gesetz, die souveräne Willkür seines Selbstgefühls, in welchem sich als in einem Hohlspiegel die gegenständliche Welt zu einem Zerrbild gestaltet .... Die Philosophie Fichte's hatte mit dieser Humoristik vieles gemein. In ihrer ersten und eigenthümlichsten Form („Wissenschaftslehre" 1794) war sie die strenge Schlußfolgerung der kantischen. Fichte potenzirte ja den kritischen Idealismus zum absoluten, indem er es unternahm, aus einem Grundprincip heraus die Welt mit wissenschaftlicher Folgerichtigkeit zu entwickeln und zu gestalten. Dieses Grundprincip sei, proklamirte der Philosoph, das Ich, das menschliche Selbst, der schöpferische Mittelpunkt der Dinge. In seiner unbedingten Selbstherrlichkeit setze das Ich sich selbst und damit auch die Welt, welche nur die endliche Gegenständlichkeit des unendlichen Ich. Kein Wunder, daß es dem armen Ich, nachdem es glücklich auf dieser Matterhornspitze der Vernunftsouveränität angelangt war, schwindlig und unheimlich zu werden begann. Hier, wenn irgendwo, wurde dem Menschen „vor seiner Gottähnlichkeit bange" und er begann daher unverweilt von der besagten Matterhornspitze wieder vorsichtig herabzuklettern. Mit andern Worten: die von Fichte, wie er glaubt, theoretisch bewiesene absolute Freiheit des menschlichen Ich vermochte er praktisch nicht festzuhalten, gerade wie Kant den durch die Kritik der reinen Vernunft abgesetzten Gott als eine Forderung der praktischen wieder eingesetzt hatte. Die fichte'sche Wissenschaftslehre wurde in ihren verschiedenen Umarbeitungen allmälig eine „Anweisung zum seligen Leben" (1806), worin an die Stelle des Ich wiederum Gott und an die Stelle des Nicht-Ich die Welt getreten war und der ganze rebellische Tumult des philosophischen Gedankens in der Umkehr zum christlichen sich beruhigte. Fichte hat sich übrigens, ganz und gar abgesehen von seinem philosophischen System, in der Geschichte unseres Landes eine vorragende Ehrenstelle verdient als ein furchtloser und zäher Kämpfer für Denk- und Sprechfreiheit, als welcher er wie kein deutscher Gelehrter vor ihm die unmittelbare Beziehung der freien Wissenschaft auf den freien Staat scharf betonte. Und er ist auch ein ebenso hellsichtiger als tapferer Patriot gewesen. Als solcher that er die beste Arbeit seines Lebens, indem er im Winter von 1807—8 im berliner Akademiegebäude seine „Reden an die deutsche Nation" hielt, an eine Nation, welche vor sich selbst und vor anderen Völkern beispiellos erniedrigt war. Sahen dazumal Wilhelm von Humboldt und Johannes von Müller eines Tages im Thiergarten Soldaten exerciren, wobei der Korporal roher herumfuchtelte. Weil der Regimenter so viele ab- und zumarschirten, so wußten die Beiden nicht gleich, ob es Deutsche oder Franzosen wären, welche letzteren ja die preußische Hauptstadt besetzt hielten, und Humboldt fragte einen zufällig daherkommenden Soldaten darum. Der Gefragte, ein Franzos, antwortete mit verachtungsvoller Gebärde: „Ce sont des Allemands; vous voyez bien, qu'on les bat!" Ja, so weit waren die Deutschen herunter, daß sie nur noch da zu sein schienen, um geschlagen, ausgezogen, getreten und verhöhnt zu werden. Alles in Deutschland lag chaotisch durcheinander. Bleischwer wuchteten die Schmach des Rheinbundes auf dem Süden und die Bestimmungen des tilsiter Friedens auf dem Norden. Da unternahm es der unerschrockene Denker Fichte, die wie zerschmetterten Geister wieder aufzurichten, die verdüsterten Gemüther wieder hoffen zu lehren und einem durch die Schuld seiner herrschenden Klassen hinter der Zeit zurückgebliebenen und darum elend besiegten Volke die Zukunftsbahn zu zeigen. Die alte Zeit ist todt; laßt uns eilen, sie zu bestatten. Die neue ist geboren, sie lebt; aber sie muß erzogen werden. Wie wird sie es? Mittels einer völligen Umschaffung unserer Gesinnung, mittels einer gänzlichen Erneuerung der Volksstimmung durch alle Stände hindurch. Und wie diese Umschaffung, diese Erneuerung zuwegebringen? Mittels einer gründlichen und umfassenden Nationalerziehung, welche mit der spannkräftigsten sittlichen Energie durchzuführen ist. Dies die Grundgedanken, welche Fichte in seinen berühmten Reden aufstellte und überzeugend ausführte. An die ganze Nation gerichtet, haben sie wenigstens auf den besseren Theil derselben gewirkt. Unbeirrt und ungeschreckt durch das Schlagen französischer Trommeln, welche draußen durch die Straßen von Berlin gingen, zeigte drinnen der begeisterte Redner dem preußischen, dem deutschen Volke den Weg, den es zu wandeln hätte, um die übermüthigen Eroberer wieder aus Deutschland hinauszuwerfen.

Auf die fichte'sche Lehre vom absoluten Ich und auf die jean-paul'sche Souveränität des Humors stellte die romantische Schule ihr Dogma von der „Ironie", kraft welcher der Mensch, d. h. der Mensch von Geist, der Ideal- und Normalmensch, der Dichter, der Künstler, kurzum „das Genie", befähigt und berechtigt sei, mit der objektiven Welt ein willkürlich-ironisches Spiel zu treiben. Den Gipfel solcher Genialität und Exklusivität erreichte der richtige Romantiker, so er in der „gottähnlichen Kunst der Faulheit" zur Meisterschaft gelangt wäre. Zur Vervollständigung dieser romantischen Doktrin, welche es, wie man sieht, glücklich zur vollständigen Umkehr des kategorischen Imperativs der Aufklärung gebracht hatte, trug dann die schelling'sche Naturphilosophie, die Vergottung des Weltalls, wesentlich bei, weil sie dem romantischen Hang und Drang nach Universalität entgegenkam. Friedrich Wilhelm Joseph Schelling (1775—1854) aus Leonberg baute in der ersten Periode seines Philosophirens auf die Umkehr des fichte'schen Satzes von der Konstruktion der Welt durch das schöpferische Ich eine Anschauung, derzufolge das Ideale aus dem Realen hervorginge, die Natur sich zum Gedanken vergeistigte und demnach die Natur der sichtbare Geist, der Geist die unsichtbare Natur wäre. Diese „Identität", diese Dieselbigkeit von Geist und Materie, vom Idealen und Realen, vom Denken und Sein ist das „Absolute", welches sich in dem allumfassenden Leben der Natur als ein durch den Widerstreit entgegengesetzter Kräfte nach einem allgemeinen Gesetze der Polarität bildendes Princip offenbart, im subjektiven Bewußtsein des Menschen aber zu sich selbst kommt, wobei alle Stufen des natürlichen Daseins ebenso viele Sprossen sind, auf welchen der Geist zu seiner Freiheit und zum Wissen von sich emporsteigt. Das Weltall wäre demnach eine organische Einheit, beseelt von der absoluten Vernunft. Schellings zweite Periode ver-

strich unter wenig ausgiebigen Bemühungen, mittels aus den griechischen Philosophen, aus Bruno, Spinoza, Böhm und Leibniz geschickt zusammengelesenen Entlehnungen diesen Pantheismus systematisch zu gestalten. In seiner dritten und letzten Periode sodann stellte Schelling allerlei phantastische Versuche an, seinem Weltgott oder seiner Gottwelt eine Mythologie zu schaffen, als welche sich ihm, beim gänzlichen Mangel an schöpferischer Kraft, schließlich die christliche ergab, maßen das

Bedürfniß, etwas Mystisches und Mythisches zu haben, an die Mythen und Mysterien des Christenthums sich anklammerte. Der Ausgang der schelling'schen Philosophie war also der vollzogene Abfall vom Vernunftprincip zum Offenbarungsglauben.

Bei Friedrich von Hardenberg, genannt Novalis, in welchem die romantische Schule ihren Seher und Propheten verehrte, sehen wir die Umkehr vom Protestantismus zum Katholicismus vollbracht, ohne daß von einem formalen Uebertritt bei ihm die Rede gewesen. Novalis war ein genialer Mensch und eine reine Seele. Sein anfängliches Ringen, eine Form zu finden, in welcher Religion, Kunst und Wissenschaft sich begegnen könnten, ohne die Freiheit zu gefährden, ist rührend anzusehen. Ermattet, glaubte er endlich das Gesuchte in einem willkürlich zurechtgemachten Katholicismus gefunden zu haben, zu welchem ihn namentlich die Poesie des Muttergotteskultus hinzog. Zu dir —

„Zu dir, Maria, heben
Schon tausend Herzen sich;
In diesem Schattenleben
Verlangen sie nur dich;

Sie hoffen zu genesen
Mit ahnungsvoller Lust,
Drückst du sie, heil'ges Wesen,
An deine treue Brust" —

sang er und seine „Geistlichen Lieder" feiern überhaupt mit einer unvergleichlichen Glut und Innigkeit die

Verschmelzung von Mystik und Sinnlichkeit im Katholicismus. Folgerichtig verwirft Novalis die Reformation, sowie die Aufklärung, lobt die Jesuiten, kehrt sich ab von dem „frechen Licht" des Tages und preist in „Hymnen an die Nacht", welche, dichterisch angesehen, zweifelsohne die eigenartigste Hervorbringung der gesammten Romantik waren, das „heilige, unaussprechliche, geheimnißvolle" Dunkel. Als echter Romantiker war Novalis in seinem Denken und Dichten Fragmentist. Denn die romantische Willkür besaß weder die Kraft noch die Geduld, große Werke zu schaffen. Darum sind gerade die bedeutendsten poetischen Anläufe der Romantiker, Hardenbergs „Heinrich von Ofterdingen", Tiecks „Cevennenkrieg", Arnims „Kronwächter" und Brentano's „Rosenkranzromanzen", halbwegs stecken geblieben. Der aus solcher Ohnmacht geborene Neid war es, welcher die Romantiker antrieb, gegen Schiller zu geifern, die Zwerge gegen den Riesen, der verachtungsvoll über sie hinwegschritt und nur gelegentlich so etwas von „Laffen" und „Lumpen" fallen ließ. Am giftigsten gegen Schiller, dessen schöpferische Macht und sittliche Energie den Romantikern ein großes Aergerniß sein mußte, waren die Brüder August Wilhelm Schlegel und Friedrich Schlegel, dieser der eigentliche Doktringeber der Romantik, indem er das beim Fichte, Jean Paul, Schelling und Novalis Geholte geschickt zu einem Programm zu verbinden und aufzuputzen verstand; jener der Reiseprediger und Literaturreisende der neuen Schule. Die eigenen Dichtereien der beiden Brüder sind Nullenkalte, gespreizte, nach den Recepten der romantischen Doktrin angefertigte Sachen, gemacht in des Wortes nüchternster Bedeutung. Aber die beiden Schlegel haben nicht geringe Verdienste als Weiterbildner des herder-göthe'schen Gedankens einer Weltliteratur und als Begründer der deutschen Literaturhistorik. Beide Brüder gehörten mit zu den ersten, welche ihren Landsleuten die Poesie und Weisheit des alten Orients erschlossen haben. August Wilhelm eröffnete auch der deutschen Uebersetzungskunst neue Gebiete, gab, ein Uebersetzungskünstler ersten Ranges, seinem Lande einen deutschen Shakspeare und machte seine Zeitgenossen zuerst in größeren Kreisen mit Dante, Calderon und Camões bekannt. Die romantische Mode des Katholischwerdens hat er nicht mitgemacht, wie das sein Bruder Friedrich that, welcher gleich den beiden Affiliirten der Romantik, Adam Müller und Friedrich Gentz, sich „bekehrte", um seine Feder an Metternich verkaufen und also zur Dukatenkasse der wiener Staatskanzlei gelangen zu können. Diese Gesellen und späteren „Konvertiten" haben als Anwälte der kirchlichen und staatlichen Rückwärtserei, als Sprachund Schreibrohre des Absolutismus und Ultramontanismus ihrem Vaterlande großen Schaden zugefügt. Systematisch, aber sehr geistlos und langweilig hat der konvertirte Haller aus Bern mittels seiner „Restauration der Staatswissenschaft" (1816) den romantischen Rückwärtsgelüsten den Weg gezeigt. Geistreich und stilfertig hing der feile Friedrich Gentz allen Tendenzen und Thaten der Reaktion einen gleißenden Wortmantel um, das viel nachgeahmte, aber bislang nicht wieder erreichte Vorbild aller käuflichen Skribenten. Die Mode des Katholischwerdens grassirte eine Weile auch unter den deutschen Künstlern. Scharenweise liefen sie nach Rom, im Glauben, sie würden rafael'sche Madonnen malen oder buonarotti'sche Propheten meißeln können, so sie ihre Stirnen, hinter denen kein Hirn, mit römischem Chrisam besalben ließen. Eine der auffallendsten „Bekehrungen" war die des ur- und erzromantischen Karfunkelpoeten Zacharias Werner, von welchem das auf ihn gemünzte, übrigens noch auf gar manchen dazumal „Bekehrten" passende Epigramm:

„Viele Verwandlungen gibt's, so ist in dem Leben die Ordnung:
Erstens die Lüderlichkeit, zweitens die Bigoterie" —

nur die Wahrheit sagte. Denn aus einem freigeisterischen Wüstling der unsaubersten Sorte wurde er ein katholischer Bußprediger, dessen Kanzelkapuzinaden den blasirten Vergnüglingen und Buhlschwestern des wiener Kongresses zu einem neuen Zeitvertreib gereichten.

Es fehlte unserer Romantik nicht an Adepten von großen Gaben und solche haben dem Schatze der Nationalliteratur manch ein Juwel, obzwar von mehr oder weniger bizarrer Fassung, hinzugefügt. So thaten Achim von Arnim und Klemens Brentano, deren Dichten und Trachten ursprünglich von dem richtigen Instinkt geleitet war, auf das Volksmäßige, National-Eigenartige müsse zurückgegriffen werden. Sie haben dann auch miſammen „Des Knaben Wunderhorn" (1808) herausgegeben, jene berühmte Sammlung deutscher Volkslieder, welche, obschon allzu häufig mit romantischer Willkür aufgepußt, zur Erfrischung und Neukräftigung unserer Lyrik viel gethan hat. Die eigenen Dichtungen der Beiden waren im ganzen mehr nur kühne Wollungen als erfreuliche Vollbringungen und verliefen im einzelnen zuletzt ganz ins Formlose, Schemen- und Fratzenhafte. Als ihren Hauptpoeten riefen die Stimmführer der romantischen Schule den Ludwig Tieck (1773—1853) von Berlin aus. Der sollte, verkündigten sie unter Trompeten- und Paukenschall, den Schiller wegwischen und auch dem Göthe zeigen, was eigentlich Dichten hieße. Der romantische Berg gebar dann unter sehr geräuschvollem Kreißen richtig eine Maus oder vielmehr verschiedene Mäuse: die literarisch-satirisch-polemischen Komödien Tiecks, worin eine Arbeit, welche Göthe und Schiller mittels ihrer „Xenien" schon viel besser gethan hatten, nachträglich noch einmal verrichtet wurde, und die episch-lyrisch-dramatischen Sagenspiele „Genovefa" und „Kaiser Oktavianus", wahre Sammelsurien aller möglichen Motive und Formen, ein sinnloses Durch-

Heinrich von Kleiſt.

einander romantischer Klingklingelei. Das alles und anderes ähnliche Tieck'sche mehr ist jetzt gründlich verschollen und vergessen. Aber daß die „Genovefa", diese plan- und einheitslose, aus den grellbuntesten Fliden und Lappen willkürlich zusammengepläßte Verhimmelung des Mittelalters von romantischen Narren unbedingt neben oder gar über Göthe's Faust gestellt wurde, das wirft denn doch, zusammengehalten mit der Thatsache, daß gleichzeitig, als Schiller der Nation seine dramatischen Meisterwerke gab, der Possen- und Zotenreißer Kotzebue einer unermeßlichen Popularität sich erfreute, ein eigenthümlich-trauriges Licht auf die Frechheit der Parteibornirtheit, sowie auf die Stellung, welche der große Hause zum wirklich Großen und Schönen zu nehmen pflegt. Tieck übrigens hat sich als wirklicher Dichter erwiesen in seinen im „Phantasus" zusammengestellten „Märchen", wo er es verstand, den Zauber der vielberufenen romantischen „Waldeinsamkeit" wundersam wirken zu lassen, und als Stilkünstler von höchster Vollendung in seinen zahlreichen Novellen, welche mit großer Seelenkunde seine Ironie und quillenden Humor verbinden. Schade, daß er auch seine Novellistik zumeist in den Dienst romantischer Marotten stellte. Dadurch ging sie der nationalen Wirkung verlustig und sah und sieht sich darauf beschränkt, literarischen Schlederrn zum Lederbissen zu dienen.

Weitaus das Erfreulichste und Fruchtbarste in der Romantik war die vaterländische Ader, welche in ihr pulsirte. Mittels dieser Ader hing sie, ob sie es zugab oder leugnete, aufs genaueste mit der von Schiller im „Tell" vollzogenen Wendung von Kosmopolitismus zum Nationalbewußtsein zusammen. Das Vaterland, das von Napoleon bejochte, das unterdrückte, ausgeraubte und gequälte Vaterland stieß aus der Seele des genialsten der Romantiker, aus der Seele Heinrichs von Kleist (geb. 1776 zu Frankfurt a. d. O.), einen marktdurchbohrenden Schmerzensschrei aus, das i. J. 1808 mit racheburſtiger

Beziehung auf die französische Zwingherrschaft gedichtete Drama „Die Hermannsschlacht", welches weder gespielt noch gedruckt werden durfte und auf dessen Titelblatt darum der Verfasser das Klagewort:

„Wehe, mein Vaterland, dir! Die Leier zum Ruhm dir zu schlagen,
Ist, getreu dir im Schoß, mir, deinem Dichter, verwehrt" —

geschrieben hat. Kleist, welcher dem Krankhaften, das der Romantik anhaftete, in seinem „Käthchen von Heilbronn" einen unverkennbaren Tribut zollte, bereicherte unsere Literatur mit dem meisterlichen Lustspiel

Erschießung Palms.

„Der zerbrochene Krug", mit dem meisterlichen historischen Schauspiel „Der Prinz von Homburg" und mit der meisterlichen Erzählung „Kohlhaas". Er war aber auch durch seinen Lebenslauf und dessen Ausgang eine der Charakterfiguren der trübsten Zeit unseres Landes. In einen Abgrund von Tragik läßt Kleists Verhältniß zu Henriette Vogel blicken, seiner Freundin, nicht seiner Geliebten. Sie war eines anderen Frau, hätte aber, selbst im Innersten zerfallen, auch ohne das den Dämon in der Seele des Dichters, welcher unter dem Drucke der Fremdherrschaft an sich selbst und an der Nation verzweifelte, nicht zu beschwichtigen vermocht. Das Ende war eine Katastrophe, deren Wirklichkeit die im Werther gedichtete an Furchtbarkeit übertraf. In einer unglücklichen Stunde hatte Kleist der kranken Freundin versprochen, sie zu tödten, wenn sie das Leben nicht mehr zu ertragen vermöchte, und er hielt Wort.

Andreas Hofer auf dem Iselberge.

Am 21. November 1811 erschoß der Dichter am Ufer des Wansee's bei Potsdam erst Henriette und dann sich selbst.

Der von Kleist angeschlagene vaterländische Ton klang in mächtigen Schwingungen durch die ganze Zeit von Deutschlands tiefster Erniedrigung und seiner Erhebung gegen den Napoleonismus. So recht kennzeichnend für diesen war der Beginn unserer Schmachzeit, nachdem am 12. Juli von 1806 die napoleonische Präfektur auf deutschem Boden, der Rheinbund, zum Abschluß gekommen, die sklavenhaften napoleonischen Präfekten, die Rheinbundsfürsten, am 1. August zu Regensburg ihren Austritt aus dem deutschen Reich „für immer" zu Protokoll gegeben, fünf Tage später der Kaiser Franz die Krone des „Heiligen Römischen Reiches Deutscher Nation" niedergelegt und damit dieses arme Reich auch dem Namen nach zu existiren aufgehört hatte, — ja, so recht kennzeichnend war von dem Schlachtenmeister und Welttyrannen der Beginn dieser Schmachzeit markirt worden durch jenen schnöden, auf seinen ausdrücklichen Befehl verübten Justizmord an dem nürnberger Buchhändler Johann Philipp Palm. Der Zusammensturz des deutschen Reiches hatte nur einen schüchternen Widerhall hervorgerufen, einen Schmerzensseufzer mehr nur als einen Schmerzensschrei, das Büchlein „Deutschland in seiner tiefsten Erniedrigung". Weil der Verfasser nicht aufzuspüren war, wurde Palm als Drucker und Verbreiter verhaftet, der brutalen Posse einer französischen Kriegsgerichtsprocedur unterzogen und am 26. August 1806

Freiherr von Stein.

zu Braunau von den Franzosen erschossen, ein bescheidener aber standhafter Blutzeuge für die Sache seines Landes. Man muß wissen, wie die Franzosen zur „Franzosenzeit" in Deutschland gewirthschaftet und gewühlt haben, man muß sich erinnern, daß Napoleon in Tilsit dem armen, zertretenen, ausgeplünderten, um die Hälfte seines Gebietes verringerten Preußen die darum geradezu ungeheuerliche Kriegskontribution von 1,020,299,494 Franken auferlegte, um den kochenden Ingrimm zu verstehen, welcher die Seelen der deutschen Patrioten erfüllte, und ihren Abscheu vor allem „Welschen" und vor allen, welche „tief im Sündenpfuhl der Welschsucht schlemmten oder im Nebel der Weltbürgerlichkeit zierbengelten". Das Wort ist vom „Turnmeister" Friedrich Ludwig Jahn, welcher dazumal mit zu den besten Weckern und Treibern gehörte. Am Schiller, am Fichte, am Freiherrn Heinrich Friedrich Karl vom Stein richteten sich die Gemüther wieder auf und lernten an die Stelle des Verzweifelns das Handeln setzen. Stein, von dem gesungen und gesagt wurde:

> „Das ist der deutsche Stein,
> Von Trug und Falsch entblößt,
> Wer an dem Stein sich stößt,
> Der kann kein Deutscher sein" —

war in Wahrheit der erste deutsche Staatsmann, welchen unser Land seit lange gesehen hatte: Ein „Reichsfreiherr" jeder Zoll, hat er sich dennoch der Einsicht nicht verschlossen, daß eine neue Zeit neuer Mittel bedürfte, und in diesem Sinne hat er gedacht und gethan während der kurzen, von der napoleonischen Tyrannei ihm gegönnten Frist seiner preußischen Reformministerschaft. Er, der Aristokrat, scheute sich nicht, zu den großen Ideen von 1789 zu greifen. Diese, aber gereinigt von terroristischer und bonapartistischer Fälschung, wurden von Stein und seinen Mithelfern auf die bestehenden Verhältnisse so angewandt, daß, im Gegensatze zur französischen Centralisation und Staatsallgewalt, der große Grundsatz der Freiheit und Selbstverwaltung der Gemeinden in seiner praktischen Verwerthung die Grundlage eines freien Staatsbürgerthums sein sollte. Aus solchem Geiste ging die ganze Gesetzgebung der Stein-Hardenberg'schen Reform hervor, welche Preußen aus der altfritzig-bureaukratischen Versteinerung heraus und zu neuem Leben gerufen hat. Die Hauptthaten dieser socialen und politischen Reform, mit welcher bekanntlich die ihr entsprechende Umformung des Heerwesens durch die Scharnhorst, Gneisenau, Grolmann und Boyen Hand in Hand ging, waren, wie jedermann weiß, das berühmte Edikt über „den erleichterten Besitz und den freien Gebrauch des Grundeigenthums" vom 9. Oktober 1807 und die „Städteordnung" vom 19. November 1808. Aber Stein war nicht bloß ein preußischer Minister, sondern ein nationaler Staatsmann, welcher mit seinen Gedanken stets über Preußen hinaus- oder auch mittels Preußens auf Deutschland hinübergriff, um „in der Nation einen sittlichen, religiösen und vaterländischen Geist zu pflanzen, ihr wiederum Muth, Selbstvertrauen

und Opferwilligkeit für die nationale Unabhängigkeit, Selbstständigkeit und Ehre einzuflößen, um mit der so erneuten, wiedergeborenen, tüchtig erzogenen den Kampf für die höchsten Güter zu wagen". Mit dem Namen Steins engverbunden ist der seines Begleiters im russischen Exil, der Name von Ernst Moritz Arndt, welcher mit seinem „Geist der Zeit" (1807) eine nationale Zeitschriftstellerei großen Stils eröffnete, die dann durch Jahn („Deutsches Volksthum" 1810) fortgesetzt und durch Görres („Der rheinische Merkur" 1813) zu einer Kühnheit und Kraft politischer Beredsamkeit erhoben wurde, wie solche Deutschland, ja Europa noch nicht vernommen hatte. Denn, wie der zweifelsohne urtheilsfähige Gentz in schreckensvollem Staunen erklärte, hatte noch niemand „erhabener, furchtbarer, teuflischer" geschrieben als der vom französischen Jakobinismus zum deutschen Patriotismus bekehrte Rheinländer. Und die Bemühungen der redenden, schreibenden, handelnden Vaterlandsfreunde waren auch nicht eitel. Ueberall thaten sich deutschgesinnte Männer und Frauen zu Rath und That zusammen. Weniger in dem bekannten, wohlgemeinten, aber in seinen Wirkungen überschätzten „Tugendbund" als in dem, welchen Gneisenau bezeichnete, als er schrieb: „Mein Bund ist nur die Gleichgesinntheit mit Männern, die der Fremdherrschaft nicht unterworfen sein wollen" — oder in dem, welchen Jean Paul meinte, als er das deutsche Volk aufforderte, „am Jahrestage der Schlacht von Jena einen Bußtag zu begehen, und am Schmerze den Muth zu entzünden, damit die ganze Nation in der Trauer hoch aufstehe, gemeinsam sich die Wunden zu heilen und sich zu neuem Kampfe zu rüsten". Das Jahr 1809 mit seiner glorreichen Aspernschlacht, mit den kühnen, wenn auch unglücklichen Kriegs-

Blücher im Eilmarsch auf Waterloo.

fahrten des „Vorreiters" Schill und des Herzogs Wilhelm von Braunschweig, mit dem heldischen tiroler „Bauernspiel" brachten Zukunftsdämmerungen für Deutschland, aber auch nur solche; denn der Tag der Befreiung vom „schnöden Franzenjoche" stand noch jahrelang aus. Doch zeigte zum Troste der gequälten Menschheit der Unabhängigkeitskampf der Tiroler mit ihrem Anderl Hofer, dieser in der Weltgeschichte ganz einzig dastehenden Gestalt eines Heldenbauers und Bauernhelden, an der Spitze, was auch ein kleines Volk zu thun vermag, wenn es, vom Gedanken des Vaterlandes erfüllt, alles einzusetzen bereit ist. Und auch darum ist das tiroler Bauernspiel ein so eigenthümliches Stück deutscher Geschichte, weil sich darin dem Heldischen und Tragischen so mancher Zug einer urgesund-naiven Komik und eines erquicklich-gutmüthigen Humors beigesellte... Was die patriotische Romantik in Gestalt von Gefühlen und Gedanken gesät hatte, ist im großen Erhebungsjahre 1813 in Gestalt und Thaten aufgegangen. Damals und bis 1815 hat sich Preußen — nur der Unverstand, die Unwissenheit oder die Böswilligkeit könnten es leugnen — die Anwartschaft auf die künftige Vorherrschaft in Deutschland redlich erworben. Denn es hat für die Befreiung desselben von der napoleonischen Zwingherrschaft nicht nur unendlich viel mehr geleistet als die sämmtlichen übrigen deutschen Staaten, sondern es hat auch, Oestreich, Rußland und England an Kraftaufwand, Arbeit und Opfern weit voran, für die Niederwerfung des Napoleonismus überhaupt das Beste und Größte gethan, wie es in der Person von Gebhart Lebrecht Blücher den „Vorwärts",

Körner.

Durchgreifer und Durchhauer von Feldherrn stellte, ohne welchen es kein Leipzig und kein Waterloo gegeben hätte. Der Dichterherolde des Befreiungskrieges waren viele. Mit großer Wirkung warf Ernst Moriz Arndt seine feurigen und Max von Schenkendorf seine seelvollen Vaterlandslieder in das kriegerische Getümmel. Aber an einer Dichtergestalt, am Theodor Körner, dem Sohne von Schillers vertrautestem Freunde, hingen alle Augen, vorweg die Augen der Jugend und die

Augen der Frauen, welche dazumal in deutschen Landen, namentlich in Berlin, die Gesinnungen, so ihre Lieblinge Schiller und Jean Paul ihnen eingeflößt hatten, opferwillig und hilfsbereit erwiesen. Körner war aber auch das verwirklichte Ideal einer deutschen Jugend, welche am Tell sich herangebildet hatte. „Zugleich ein Sänger und ein Held", lebte er seine zündende Befreiungskriegslyrik und gab am 26. August von 1813 auf der Walstatt von Gadebusch sein Herzblut hin für das, wofür er seine Kameraden und sein Volk zu begeistern gesucht und gewußt hatte. Niemals darf die Eiche von Wöbbelin, an deren Fuß der jugendlichschöne Sängerheld unter den Klängen seines herrlichen Liedes von „Lützows wilder, verwegener Jagd" bestattet wurde, aufhören, ein deutsches Heiligthum zu sein.

In den Stimmungen, Nöthen und Hoffnungen der Befreiungskriegszeit wurzelten auch die Anfänge von zwei Dichtern, welche später weit auseinander gingen, die Anfänge von Friedrich Rückert (1788—1866) aus Schweinfurt und Ludwig Uhland (1787—1862) aus Tübingen. Rückerts „Geharnischte Sonette" und viele seiner „Zeitgedichte" sind ein Theil des Besten, was die sogenannte „politische" Lyrik dazumal und später hervorgebracht hat. Aber die Bedeutung des Dichters beruht nicht darauf, sondern vielmehr auf seiner lyrischen Universalität, — diese subjektiv und objektiv genommen. Denn wenn Rückert vermöge seiner weltliterarischen Empfänglichkeit im Stande war, uns mittels unvergleichlich genialischer Dolmetschung in der Poesie des Morgenlandes heimisch zu machen, so hat er uns ebenso die reiche Gemüthswelt eines deutschen Dichters aufgeschlossen, dem alles, was in Freud und Leid ihn berührte, alles, was das Leben lehrt, was es verspricht und erfüllt, was es gibt und nimmt, zum Liede ward. Aber er ist nie der Meinung gewesen, das Lied müßte gedankenleer sein, um lyrisch sein zu können. Die Poesie Rückerts ist keine leere Schelle, sondern ein Glockengeläute voll Gedankenfülleklang. Er ist der deutsche Brahman, nicht nur um seiner trefflichen Lehrdichtung „Die Weisheit des Brahmanen" willen, sondern weil er überhaupt die Eingebungen germanischer Weisheit mit dem Bilderglanz einer so unerschöpflichen und vielgestaltigen Phantasie, wie solche nur im alten Indien daheim war, zu umgeben wußte. Rückert könnte der letzte unserer Klassiker genannt werden, so nicht Franz Grillparzer (1791—1871) aus Wien diese Ehre ebenfalls ansprüche und verdiente. Grillparzer hat seine romantische Jugendsünde, „Die Ahnfrau", glänzend gesühnt, indem er seine „Sappho", seine „Medea", seine „Hero" und seine „Esther" schuf, vier Dichtungen, welche in der Schatzkammer unserer Nationalliteratur unmittelbar unter den dramatischen Meisterwerken Lessings, Göthe's und Schillers aufzustellen sind. Zweifelsohne ist dieser Dichter der bedeutendste, welchen Deutsch-Oestreich seit dem Walther von der Vogelweide dem Vaterlande gab, und wohl durften ihn die Wiener mit einem wahrhaft königlichen Pomp zum Grabe geleiten. Auch der Klassiker unserer mundartlichen Dichtung, Johann Peter Hebel (1760—1826), welcher in seinen von Natur-

Grillparzer.

wahrheit, Herzensfrische und Frohsinn überquellenden „Alemannischen Gedichten" dem schönen Lobwort Göthe's zufolge „die Welt in anmuthigster Weise verbauerte", darf an dieser Stelle nicht vergessen werden. Endlich mag noch erwähnt sein, daß neben Rückert die Ueberlieferungen unserer Klassik in Geist und Form bis zur Mitte des 19. Jahrhunderts bewahrt und gepflegt worden sind. So durch den Lehrdichter Leopold Schefer, welcher im stillen grünen Parke von Muskau sein

mildes, alle jüdischen, christlichen und islamischen Priesterbreviere beschämendes „Laienbrevier" dichtete, nein, betete; so durch den Lyriker Eduard Mörike, welcher den göthe'schen Liederton wiederfand und demselben die herzigste Schalkheit zu gesellen verstand. Dagegen hat den romantischen Liederton Joseph von Eichendorff wohl am besten getroffen und dieser Nachzügler der Romantiker leistete darum als Lyriker, was seine Vorgänger nur gewollt hatten. Etwas unsicher schwankte zwischen dem Geiste der Klassik und den Formen der Romantik Adalbert von Chamisso, ein Meister der Novelle in Versen und ein zum zweitenmal nicht dagewesenes Beispiel von einem verdeutschten Franzosen. Uhland seinerseits, zu welchem die Darstellung sich zurückwendet, hat als Dichter die Summe der Romantik gezogen, wie er als Gelehrter die von ihr ausgegangenen Anregungen zur Erforschung und Klärung des vaterländischen Alterthums als einer der ersten „Germanisten" in treffliche Leistungen zu verwandeln wußte. Ihm ist es gelungen, dem wirklich dichterischen Gehalt der romantischen Stimmung und Strebung zur nationalliterarischen Wirkung und Geltung zu verhelfen. Er trat an die mittelalterlichen Stoffe heran mit dem ruhigen und klaren Wollen eines sinnigen Künstlers, welcher aus seinem Material nicht mehr machen will, als es verträgt. Er ließ sich vom Mittelalter nicht bewältigen, sondern er bewältigte es künstlerisch, indem er sich zu den Problemen der romantischen Epoche ganz so verhielt, wie sich Göthe zu denen der Kraftgenialitätszeit verhalten hatte. Darum auch konnte er freien Gemüthes den Bestrebungen der neuen Zeit, welche auf die Verwirklichung der Idee des Rechtsstaates abzielten, jene wackere Theilnahme zuwenden, die ihn, der stets deutsch war, ohne jemals zu deutschthümeln, zu den bewährtesten Vaterlandsfreunden stellte. Wie er nach den bitteren Enttäuschungen, welche die Befreiungskriege im Gefolge hatten, den Mahnruf nach Erfüllung feierlichster Versprechungen in edelster Liederform furchtlos an die Fürstenburgen klopfen ließ, so hat er auch im großen Sturmjahre 1848—49, welches so viel Spreu von so wenigem Korn sonderte, bis zuletzt an der nationalen Fahne festgehalten. Die Nation hat sich dankbar erwiesen und es gereichte ihr zum Lobe, daß sie des Balladenmeisters Uhland Balladen und Romanzen in ihr Herz geschlossen und seine Lieder auf den Lippen trägt, während sie weitaus die meisten Hervorbringungen der Romantik nach rasch gestillter Neugierde dem Schlummer der Vergessenheit in den Büchereien anheimgegeben hat. Da und dort trifft dieser Bann freilich auch dieses und jenes Dichterwerk, welches ohne Frage eines besseren Looses würdig wäre. Der Spätlingsromantiker Karl Immermann z. B. sollte nicht allein durch seinen allerdings prächtigen westphälischen Hofschulzen und die blonde Lisbeth (im „Münchhausen") im Andenken der Deutschen fortleben, sondern auch durch seine großgedachte tragische Trilogie „Alexis" und sein reizendes Gedicht von „Tristan und Isolde". Uebrigens reichen die Spuren der Romantik ebenfalls bis weit in die zweite Hälfte des 19. Jahrhunderts herüber. Man stößt auf sie in der freilich stark mit Byronismus versetzten, kühn

Ludwig Uhland.

nach höchsten Zielen greifenden und dieselben mitunter auch streifenden Tragik eines Christian Grabbe und eines Friedrich Hebbel, wie in der melodischen Lyrik eines Emanuel Geibel.

Wie unsere Klassik zur allseitigen Erforschung und Klarstellung des antiken Dichtens und Trachtens angetrieben hatte, so die Romantik zur Aufhellung einheimisch-alter Art und Kunst. Maßen im ganzen und großen die romantische Stimmung und Strebung nichts anderes gewesen ist als der Versuch, das Mittelalter in Poesie und Kunst, in Kirche und Staat wieder zu erwecken, so mußte sie naturgemäß die gelehrte Arbeit auf die Vorzeit hinweisen. Man fing daher an, den Quellen des mittelalterlichen Daseins wieder nachzuspüren, und wo sprudelten diese voller als in den Hervorbringungen unserer alten Literatur? Man grub dieselben unter dem Staube der Jahrhunderte hervor. Aber diese Werke der Ahnen blickten das nachgeborene Geschlecht so fremdartig an, daß Verständniß und Würdigung nur möglich wurde auf der festen Unterlage gelehrter Untersuchung. Hier nun griff wahrhaft großartig und mustergebend die Sprach-, Religions-, Rechts-, Sagen- und Dichtungsforschung von Jakob Grimm (1785—1863) aus Hanau ein, welcher, treulich unterstützt von seinem Bruder Wilhelm und von Gleichstrebenden wie Uhland, eine Reihe von grundlegenden und aufbauenden Arbeiten lieferte: Deutsche Grammatik (1818), Deutsche Rechtsalterthümer (1828), Deutsche Mythologie (1843), Geschichte der deutschen Sprache (1849), Deutsches Wörterbuch (1852). Das sind Riesenbauten, kyklopisch aufgeblockt, unvergängliche Zeugnisse, was die deutsche Forschung zu leisten vermöge, von dem innigsten Vaterlandsgefühl durchweht, nebenbei auch den großen Mangel der deutschen Gelehrsamkeit aufzeigend, den Mangel an Formsinn. Mittels ihrer Thätigkeit als Sagen- und Märchensammler (Kinder- und Hausmärchen 1812, Deutsche Sagen 1816) haben die Gebrüder Grimm die Ueberlieferungen unserer Vergangenheit in jedem deutschen Haushalt und bis in die

Kinderwelt hinein wieder wachgerufen und auch dadurch für die Pflanzung und Pflege von nationaler
Anschauung und Fühlung fürwahr nicht Kleines gethan. Unter ihren Nachfolgern that der dichterisch
begabte Karl Simrod für die Verbreitung vaterländischer Alterthumskunde in weitere Kreise das Beste ...
Die Wiederaufnahme des nationalen Geistes und Stils in den bildenden Künsten, wie sie durch die
Romantik gefordert wurde, hat sich nicht ohne bedenkliche Trübungen vollzogen, weil die romantische
„Sehnsucht nach der Heimat", d. h. nach dem katholischen Mittelalter, unter den deutschen Künstlern zur
Mode wurde und jene in der mittelalterlich-kirchlichen Anschauung befangene Schule hervorrief, welche
man die „nazarenische" zu nennen pflegt und für deren Großmeister der Konvertit Friedrich Overbeck
(geb. 1789) aus Lübeck anzusehen ist. In der Malerei sollte nach der Meinung der Nazarener nicht über
den Geist, die Formen und Farben des 14. und 15. Jahrhunderts hinausgegangen werden, für die Architektur

Carl Maria von Weber.

und Skulptur wäre außerhalb der strengsten Gothik kein Heil. Etwas Gutes hat diese Beschränktheit
immerhin mit sich gebracht: die achtungsvollere Behandlung der Werke unserer alten Kunst. Die Mißachtung, Mißhandlung und Verunstaltung der Kunstschöpfungen des Mittelalters hörte auf, machte einem
pietätvollen Verständnisse platz und von diesem ging bann der Antrieb zu so großartigen Wiederherstellungen
und Vollendungen aus, wie die Dome von Speier, Ulm und Köln sie aufzeigen. Freieren Geistes als
die Nazarener wußte Peter Cornelius (geb. 1783) aus Düsseldorf die Eindrücke und Einflüsse der Romantik
in sich zu verarbeiten und dieselben mit den von der Klassik ausgehenden in Einklang zu bringen. Von
seinen ersten Arbeiten an, von den im besten Sinne deutschnationalen Zeichnungen zu den Nibelungen und
zum Faust an bis zu den Entwürfen zum Frestencyklus für den berliner Campo Santo ist Cornelius ein
Aufstrebender gewesen, welcher den germanisch-christlichen Idealismus der Auffassung mit hellenischer Formschönheit zu seltener Stilgröße zu verbinden suchte und wußte, obwohl das Geheimniß der Farbe ihm
verschlossen war und blieb und eins seiner berühmtesten Werke, das „Jüngste Gericht" in der Ludwigskirche
zu München, nicht allein durch seine Farbengebung sehr begründete Einwürfe hervorruft. Denn es ist
doch wohl fragwürdig, ob der große Gedanke des Weltgerichts hier zu einer künstlerischen Erscheinung
gebracht worden sei, welche der Bildung des 19. Jahrhunderts würdig wäre. Ein bekanntes Wort von

Schiller („Die Weltgeschichte ist das Weltgericht!") beantwortet diese Frage und zwar verneinend. Ihren reinsten, reichsten und erquicklichsten künstlerischen Ausdruck fand die deutsche Romantik in der Musik, und zwar in der Musik von Karl Maria von Weber (1786—1826) aus Eutin, dessen von Melodieenfülle quillenden und sprudelnden Tondichtungen, namentlich „Der Freischütz", „Preciosa" und „Oberon", zu einem kostbaren Gemeingut unseres Volkes geworden sind.

Zum Kapitelschluß sei noch an zwei Frauen erinnert, welche mit unsern Klassikern und Romantikern mittels freundschaftlicher und verwandtschaftlicher Bande vielfach verknüpft waren, mittels Rede und Schrift einen nicht unbedeutenden Einfluß auf die Gesellschaft und die Literatur geübt und die Stellung von öffentlichen Charakteren gewonnen haben: Rahel Levin (1771—1833) und Bettina Brentano (1785—1859), jene an Varnhagen von Ense verheiratet, diese, die Schwester von Klemens Brentano, an Achim von

Cornelius.

Arnim. Die Rahel hat man ja wohl die „Prophetin der Klassik", die Bettina die „Sibylle der Romantik" genannt. Rahel ist nicht als Schriftstellerin aufgetreten, sondern hat sich begnügt, als die Gesprächskünstlerin, welche sie im höchsten Grade war, den Deutschen zu zeigen, wie man das, was die Franzosen einen literarischen Salon nennen, halten müßte, sowie mittels brieflichen Verkehrs auf ihre Freunde und Freundinnen anregend und bestimmend zu wirken. Bettina hat als die unermüdliche, mit der Wahrheit sehr leicht umspringende Fabulirerin, die sie gewesen, den „Briefwechsel Göthe's mit einem Kinde" und derartige „Briefwechsel" mehr zusammenfabulirt. Die Rahel hat man ihrer Ansichten und Urtheile halber, die in der Regel viel Sinn für das Wahre, Richtige und Tüchtige bezeugen, den „persönlichen Chor im großen Drama ihrer Zeit" genannt. Die Bettina war eine elfische Sputgestalt, halb Ariel, halb Puck. In die Länge wurde aber die Sputerei ungemüthlich und widerwärtig, insbesondere, so das alte „Kind" noch dieselben Grimassen und Kapriolen machte wie das junge. Der Deutsche hat zuviel Schwerfälligkeit, um sich für das „Kultus des Genius" aus freier Hand zu begeistern. Hat er sich jedoch die Begeisterung einmal recht eintreten lassen, so übertreibt er dieselbe gern gerade dann, wann sie ziemlich überflüssig ist. Demzufolge hat man eine Weile in Deutschland den Rahel- und Bettinakult schwärmerisch getrieben. Das ging vorüber. Man anerkennt jetzt den beiden Frauen eine gewisse kulturgeschichtliche Bedeutung, aber man verschließt sich nicht mehr der Einsicht, daß gar vieles von den Orakeleien derselben auf verhaltene Sinnlichkeit hinauslief und daß bei beiden der Ueberschuß an Geist mitunter bis zur Narrheit, bis zum Größenwahn sich verstieg. So wenn Bettina ausrief: „Oft dacht' ich, ich müßte mit fliegender Fahne den Völkern voranziehen!" oder Rahel schrieb: „Ich habe die gewaltige Kraft, mich zu verdoppeln, ohne mich zu verwirren. Ich bin so einzig als die größte Erscheinung dieser Erde. Der größte Künstler, Philosoph oder Dichter ist nicht über mir. Wir sind vom selben Element, im selben Range und gehören zusammen." Viel anmuthender und wohlthuender als die Erscheinung dieser beiden „Emancipirten" war denn doch die mädchenhaft-edl und deutsch-anspruchslose der „letzten Romantikerin", welche zugleich die größte bislang in Deutschland aufgestandene Dichterin gewesen ist, die Erscheinung der Annette von Droste-Hülshof (1797—1848) aus Westphalen. Die Romantik konnte einen würdigeren nationalliterarischen Abschluß als die Gedichte (1844) Annette's nicht finden. Denn hier ist alles, was in der romantischen Richtung gesund, gut und groß war, rein, wahrhaftig und in einer Sprache voll Mark und Nerv zur dichterischen Geltung gebracht.

Das Burschenschafterfest auf der Wartburg.

5.

Idealismus und Materialismus.

Ein Sänger der Befreiungskriegszeit hat am Ende des großen Kampfes seine patriotische Besorgniß in diesen drei Strophen ausgesprochen:

„Zu welch' hohem Heldenleibe
Einer Riesin voller Mark
Könntest du aus schwachem Weibe
Wachsen, Deutschland, groß und stark!

Wenn nur auf dem Bau der Glieder
Gleich ein kriegerisches Haupt
Oben wollte wachsen wieder,
Das man dir im Schlaf geraubt

> Wenn nur Glieder nicht, die kleinen,
> Statt ein Leib zu sein vereint,
> Selber wollten Leiber scheinen
> Oder gar dem Ganzen feind —"

und diese Besorgniß, daß die Viel- und Kleinstaaterei in Deutschland fortwähren würde, ist in traurigster Weise gerechtfertigt worden. Die Hoffnungen, welche die Deutschen an ihre Erlösung vom Napoleonismus geknüpft hatten, wurden kläglich getäuscht. Die berühmte Proklamation von Kalisch (März 1813), welche die Auflösung des Rheinbundes verkündigt und die Wiederherstellung Deutschlands mit einer Verfassung versprochen hatte, welche „hervorgehend aus dem ureigenen Geiste des deutschen Volkes die Nation verjüngter, lebenskräftiger und in Einheit gehaltener unter Europa's Völkern erscheinen lassen wird" — stellte sich als eine gleißende Lüge heraus. Was die deutschen Schwerter auf so vielen, von der Katzbach bis zur Seine gelegenen, mit dem besten deutschen Blut überströmten Walstätten gutgemacht hatten, das verdarben die Diplomatenfedern wieder. Und zwar nicht die fremden nur, sondern auch die heimischen. Preußen, welches zur Brechung der französischen Zwingherrschaft die größten Opfer gebracht und das Beste gethan hatte, sah sich von seinen eigenen „hohen Alliirten" verrathen und verlassen. Die wiener Hofburg verbündete sich mit England und mit dem besiegten Frankreich, um Preußens und Deutschlands gerechte Ansprüche zu vereiteln. Auf dem wiener Kongreß, allwo zur Verhöhnung der namenlosen Leiden, welche die Völker seit einem Vierteljahrhundert durchgemacht hatten, die „Privilegirten" und ihr unsauberer Anhang in Ueppigkeiten und Ausschweifungen aller Art sich berauschten, führte einer der verruchtesten Feinde Deutschlands, der Gesandte der Bourbons, Talleyrand, das große Wort, und flüsterte nebenbei dem östreichischen Haus-, Hof- und Staatskanzler Metternich den einzigen politischen Gedanken ein, welchen dieser jemals gehabt, den Spottgedanken „Legitimität". Mit Ach und Krach kam im Juni von 1815 die Mißgeburt „Deutscher Bund" zur Welt und die „Wiener Bundesakte" war die förmliche Besiegelung der Zerrissenheit unseres Volkes nach innen und seiner Ohnmacht nach außen. Durch alle die freiheitsfeindlichen, rückwärtstreibenden, haltlosen Machenschaften des wiener Kongresses lief der schwefelfarbene Faden romantischer Schwindelei. Das Gefasel vom „christlichen" Staat, welches die Romantiker ausgehen ließen, führte zu der feierlichen Posse der sogenannten „Heiligen Allianz" (September 1815), für welche kennzeichnender Weise ein wirrsäliger Philosophaster und eine von der Buhlerei zur Beterei übergelaufene Dame die unmittelbare Anregung gegeben haben. Die „Karlsbader Beschlüsse" (1819) und die „Wiener Schlußakte" (1820) vollendeten für Deutschland, die Kongresse von Aachen, Troppau, Laybach und Verona für Europa das System einer ebenso stupiden als erbarmungslosen Rückwärtserei und Unterdrückung, welche selbstverständlich aufs engste mit der restaurirten „Kirchlichkeit" sich verband, mit der römischen Kurie „Konkordate" abschloß, welche den Papalismus zu den kühnsten Hoffnungen ermunterten und zu den keckten Uebergriffen ermuthigten. Die amtliche Wiederherstellung des seit 1773 nur im Geheimen thätig gewesenen Jesuitenordens (1814) wurde von der romantischen Staatsweisheit mit Jubel begrüßt. Die Völker, bis zur völligen Erschöpfung herabgekommen und mundtod gemacht, ließen sich eine Weile alles gefallen. Was Deutschland angeht, so war es politisch nur noch „ein geographischer Begriff", wie Herr von Metternich betretirt hatte. Die deutsche Jugend, in welcher die Stimmungen und Hoffnungen der Befreiungskriege fortlebten und welche an den Hochschulsitzen zu „Burschenschaften" sich zusammengethan hatte, um in freilich oft wunderlichen Formen (Wartburgsfest 1817) und mittels fehlgreifender Ausschreitungen (Ermordung Kotzebue's durch Ludwig Sand 1819) den Gedanken deutscher Einheit und Freiheit pflegen und wachzuhalten, verwarf dieses Dekret. Aber sie hatten ihre patriotischen Träume schwer zu büßen, die schwarzrothgolden gesinnten Studenten und Turner. Welche Hetzjagd auf sie angestellt wurde, steht in trüber Erinnerung. Preußen, von 'auter Mittelmäßigkeiten regiert und willenlos am Gängelbande der Metternichigkeit geführt, ließ durch seine Kamptz, Schmalz und Tschoppe diese Hetzjagd mit größter Beeiferung betreiben. Die französische Julirevolution von 1830 warf zwar ihre Schallwellen auch über den Rhein herüber, aber die Unterthanen waren der deutschen Staaten und Stäätchen waren durch ein fünfzehnjähriges Polizeiregiment so zusammenregiert, daß es die Vorgeschrittensten unter ihnen nur zu nichtssagenden oder ganz vergedten Demonstrationen (Hambacher Fest 1832, Frankfurter Attentat 1833) und da und dort, wie in Kassel und Braunschweig, zu Duodezrevolutiönchen brachten. Der Konstitutionalismus, wie solcher in deutschen Mittel- und Kleinstaaten seit 1816 aufgekommen, war an und für sich schon nur ein trügerischer Schein und konnte bei dem in Wien und Berlin und folglich auch am „Bundestag" in Frankfurt herrschenden Absolutismus nichts anderes sein. Aber die Volksfürchtigkeit scheute sogar diesen konstitutionellen Schein und daher wurde demselben mittels der berüchtigten wiener „Ministerkonferenz" von 1834 ein Dämpfer aufgesetzt, welcher die verfassungsmäßigen und parlamentarischen Formen und Formeln in den Mittel- und Kleinstaaten zu Hüllen ohne Inhalt machte. Für das erste blasse Wiederaufdämmern einer besseren Zukunft unseres Landes konnte es angesehen werden, daß die schläferige Regierung Friedrich Wilhelms des Dritten sich endlich einmal wieder auf den „deutschen Beruf" Preußens zu besinnen schien und es wagte, soweit vom Gängelbande der wiener Staatskanzlei sich loszumachen, um den preußisch-deutschen Zollverein stiften zu können (1828—34), wodurch wenigstens auf materiellem Gebiete, welches bekanntlich kein unwichtiges, sondern allzeit das erste und das letzte ist, die nationale Einheit angebahnt wurde.

Die Ideale der Nation, von der Betheiligung am Staatsleben brutal ferngehalten, zogen sich in die Studirstuben der Gelehrten, in die Hörsäle der Hochschulen, in die Dachkammern der Dichter, in die Werkstätten der Künstler zurück. Im Volke fanden Stimmen, welche riethen, für die Leiden, Enttäuschungen und Entmuthigungen der Zeit in der Religion Trost zu suchen, starken Anklang. Der Katholicismus war durch die Romantik kräftigst aufgefrischt worden und der Protestantismus mußte, wollte er nicht vor Rom die Waffen strecken, ebenfalls zu neuem Eifer „für das Reich Gottes" sich aufraffen. Demzufolge verblaßten und verglühten die Lichtstralen, welche die Aufklärung auch in die deutschen Kirchen geworfen hatte, mehr und mehr und schließlich ganz. Die Verblendung der deutschen Regierungen beförderte die Einfuhr des modernen Ultramontanismus aus Frankreich, allwo er sich als Rückschlag gegen die atheistischen Saturnalien der Schreckenszeit zuerst systematisch ausgebildet hatte. Wie mächtig die ultramontane Doktrin und Praxis schon während der Restaurationszeit in Deutschland waren, zeigten erschreckend die Maßregelungen und Mißhandlungen, womit vonseiten des römischen Stuhls gegen deutsche Prälaten und Gelehrte vorgegangen wurde, welche, obzwar gute Katholiken, es wagten, die Rechte des Gemüthes wie der milde Sailer oder die unseres Volkes wie der nationalgesinnte Wessenberg oder die der Vernunft wie der rationalistische Hermes gegen die Tyrannei des Jesuitismus zu vertheidigen. Die neubefestigte, zu wildem Fanatismus aufgeblasene Rechtgläubigkeit trug hüben und drüben, im Katholicismus wie im Protestantismus, die entsprechenden Früchte, — Früchte, welche von denen mittelalterlicher Glaubensbarbarei, den Ketzer-, Hexen- und Judenmorden, nur quantitativ, nicht qualitativ verschieden waren. Namentlich richtete das orthodoxe Blutopferdogma in der glücklich wieder verfinsterten Volksphantasie furchtbare Verheerungen an. In einem Dorfe bei Linz in Oestreich schlachteten katholische Schwärmer am Karfreitag von 1817 ein junges Mädchen ab, damit es gleichwie vordem Christus mittels der Hingabe seines Blutes die Seinigen erlöste. Sechs Jahre darauf, im März von 1823, wurde in einem protestantischen Bauernhause zu Wildisbuch im Kanton Zürich ein unerhörtes religiöses Gräuelspiel tragirt, die Kreuzigung der „Heilandin" Margarethe Peter, als Schlußakt eines pietistischen Drama's, dessen Verlauf an das schreckliche, von dem frommen Novalis gesprochene Wort mahnt: „Es ist wunderbar genug, daß nicht längst die Association von Religion,

Wolluſt und Grauſamkeit die Menſchen auf ihre innige Verwandtſchaft und ihre gemeinſchaftliche Tendenz aufmerkſam gemacht hat."

Während man in Volkskreiſen mit der neugekräftigten Religion alſo „Ernſt machte" und die bis zur äußerſten Erhitzung geſteigerte „Erweckung" derartige „Wunder" wirkte, hatte innerhalb der deutſchen Wiſſenſchaft ein hochbegabter Mann und wackerer Patriot, F. D. E. Schleiermacher, es unternommen, eine Vermittelung zwiſchen Glauben und Wiſſen, Dogma und Vernunft, Theologie und Philoſophie zu finden oder, wenn er ſie nicht fände, ſelber zu ſchaffen — („Der nackten Wahrheit Schleier machen, iſt kluger Theologen Amt") — und zwar mittels ſeiner „Chriſtlichen Glaubenslehre" (1821). Dieſes idealiſtiſche Unternehmen iſt ausgeſchlagen, wie ſolche Unternehmen auszuſchlagen pflegen, d. h. Schleiermacher überzeugte mittels ſeiner lauen „Vermittelungstheorie" niemand, der nicht ſchon vorher überzeugt war. Vorausſetzungsloſer, kühner und ſelbſtbewußter als die Theologie konnte die Philoſophie vorgehen, nachdem ſie in Georg Wilhelm Friedrich Hegel (1770—1831) aus Stuttgart einen Träger gefunden, welcher für die erſte Hälfte des 19. Jahrhunderts wurde, was Kant für die zweite Hälfte des 18. geweſen war, d. h. der wiſſenſchaftliche Syſtematiker des Zeitbewußtſeins. Hegels Kredo iſt der abſolute Idealismus. Er ſetzt als höchſte Aufgabe der Vernunft die Aufhebung der Gegenſätze von Geiſt und Sinnlichkeit, von Intelligenz und Natur, von Ich und Welt, von Subjekt und Objekt in der Einheit des allumfaſſenden Seins, des „Abſoluten". Dieſes Abſolute iſt aber keine ſtarr und ruhig beharrende Einheit, ſondern ein Proceß ohne Anfang und ohne Ende, eine ewig vorſchreitende Bewegung, mittels welcher das ſubſtanzielle, unperſönliche, unendliche, unbedingte, nur nach ſeinen eigenen Geſetzen und Formen thätige Denken ſeinen ideellen Inhalt in der Form des äußerlichen Daſeins der unmittelbaren Exiſtenz darſtellt und verwirklicht. Die alſo zur Selbſterfaſſung gelangte abſolute Idee oder Vernunft iſt 1) die reinlogiſche, abſtrakte Idee, 2) die Natur, 3) der Geiſt. Folglich zerfällt die Philoſophie in Logik, Naturphiloſophie und Geiſtesphiloſophie. Der Geiſt iſt „die zu ſich ſelbſt gekommene Idee", der ſeiner ſelbſt bewußte Gedanke. Als ſolcher offenbart er ſich ſubjektiv als Erkenntniß und Wille, objektiv als Recht, Sitte und Staat, abſolut als Schönes, als Kunſt, welche mit der Architektur anhebt und die Skulptur, Malerei und Muſik hindurch zu ihrer Vollendung in der Dichtung ſich fortbildet — als Religion, welche iſt die Verſöhnung des Endlichen mit dem Unendlichen, die Einheit des Göttlichen und Menſchlichen. Zerbricht ſodann der Geiſt die Form der religiöſen Vorſtellung, ſo wird er „abſolute Philoſophie", welche iſt der ſich ſelber als alle Wahrheit wiſſende, das ganze natürliche und geiſtige Weltall aus ſich ſelbſt ſchaffende Gedanke. In ſeinen Erörterungen der objektiven Erſcheinungsform des Geiſtes legt Hegel eine feierliche Betonung auf die Heiligkeit der Ehe und der Familie und neigt ſich der antiken Auffaſſung des Staates zu, indem er die freie Bewegung der Perſönlichkeit dem Gedanken der Staatsallgewalt opfert. Als Staatsform zieht er die ſtändiſch-konſtitutionelle, in welcher „der König das Tüpfelchen auf dem i", allen übrigen vor. Doch ſind die politiſchen Auslaſſungen des „königlich preußiſchen Staatsphiloſophen" Hegel, der ja auch die „karlsbader Beſchlüſſe" zu rechtfertigen unternommen, ſo ſehr verſchleiert und verklauſulirt, daß der Abſolutismus oder wenigſtens der Bureaukratismus ſich ebenſo gut auf ihn berufen konnte wie der Liberalismus, welcher letztere, ſichtbar unter dem Einfluſſe der hegel'ſchen Philoſophie, ſeine Doktrin ſehr umſtändlich formulirte in dem von Rotted und Welcker redigirten „Staatslexikon", das den deutſchen Liberalen lange für eine Art politiſcher Bibel gegolten hat. Hegels kulturgeſchichtliche Bedeutung für ſein eigenes Land und für die ganze civiliſirte Welt war dieſe, daß er die Vernunft als das eigentliche Weſen des geſammten Seins erfaßte und das freie Weltvernunftbewußtſein in dem ganzen Umfange der Wiſſenſchaft methodiſch durchführte. Er hat, wie jedermann weiß, ſein Syſtem in dieſe Proklamation einer abſoluten Souveränität der Vernunft zuſammengefaßt: „Alles Wirkliche iſt vernünftig und alles Vernünftige iſt wahrhaft wirklich."

Auf diesem Satze baut sich sein System — nur da schwach und lückenhaft, wo es sich zu Einräumungen an das Bestehende in Kirche und Staat herbeiließ — mit logischer Folgerichtigkeit zu einem Arsenal auf, welches der zerstörenden und aufräumenden Kritik die schärfsten Waffen geliefert hat. Drei große Kritiker haben sich solche Waffen aus dem Arsenal des Hegelthums geholt: — David Friedrich Strauß, welcher, aus der „tübinger Schule" des großen Streittheologen Christian Baur hervorgegangen, mit seinem in den theologischen Kreisen mit furchtbarem Rumor empfangenen „Leben Jesu" (1835) die historischen Fundamente des kirchlichen Christenthums unterwühlte, Ludwig Feuerbach, der mit seinem „Wesen des Christenthums" (1841) die christliche Dogmatik in Mythologie, die Theologie in Anthropologie auflös'te — (im Grunde nur eine lange Umschreibung des kurzen alten Spruches: „Wie der Mensch, so sein Gott") — und Arnold Ruge, welcher als der Hauptstreithahn der höchst wirksamen „Halle'schen Jahrbücher" die Hohlheit und Verlogenheit der Romantik aufzeigte und den Maßstab einer philosophisch-radikalen Kritik an die Probleme und Thatsachen der Politik legte. Die „absolute Vernunft" hat sich freilich in ihrer Erscheinungsform als souveräne Kritik nicht immer sehr vernünftig gebärdet. Wenn z. B. Strauß in seinem schriftstellerischen Testament („Der alte und der neue Glaube" 1873) wähnte, in den Massen könnte das Gottesbewußtsein jemals durch die Menschheitsidee, die Religion durch die Aesthetik, die My-

Schopenhauer.

thologie durch die Naturwissenschaft, der Gottesdienst durch den Kunstgenuß ersetzt werden, so erwies er sich nur als den, der er war, als den Stubengelehrten, welcher sein Lebtag jede Fühlung mit dem Volke ängstlich vermied und die Welt nur aus Büchern kannte. Und wenn derselbe Kritiker das „Mystische", welches ihm in der Religion unfindbar gewesen, im Königthum aufgefunden haben wollte, so blieb er in seiner Rolle, er, der gegen die „himmlischen Mächte" so tapfer angegangen

war, vor den irdischen Machthabern dagegen so respektvoll sich verbeugt hatte. Die „sich selbst erfassende" und vergötternde menschliche Eitelkeit vermag eben in dem gefahrlosen Kriege gegen jene mehr vor sich zu bringen als in dem gefährlichen Kampfe gegen diese. Der optimistische Idealismus Hegels, als Modephilosophie betrachtet, mußte von der Mitte des 19. Jahrhunderts an dem pessimistischen Idealismus das Feld räumen, welchen Arthur Schopenhauer (1768—1860) in die Mode gebracht hat. Dieser deutsche Buddhy, mit welchem unsere Philosophie zweifelsohne bei einem bedeutsamen Wendepunkt angelangt ist, schrieb sein Hauptwerk („Die Welt als Wille und Vorstellung"), wie überhaupt seine Bücher, in einem fließenden, klarschönen Deutsch, welches zu der hegel'schen Verhegelung, d. h. Kauderwelschung unserer Sprache einen höchst wohlthuenden Gegensatz bildet und den Beweis erbringt, daß man nicht dunkel zu sein braucht, um tief sein zu können. Schopenhauers Philosophie kehrt das bekannte Axiom Hegels in sein Gegentheil um: — „Alles Wirkliche ist unvernünftig und alles Vernünftige ist unwirklich" — variirt mit viel Geist und reichem Wissen das uraltindische „Leben ist Leiden!" und findet als der Weisheit letzten Schluß, was der hebräische Koheleth auch schon gefunden hatte: — „Alles ist nichts!" Die da und dort aufgetauchten Besorgnisse vor den „verheerenden moralischen und politischen Folgen" dieses philosophischen Pessimismus sind rein lächerlich. Alle Männer von Genius sind vom Unbeginn an im Grunde Pessimisten gewesen, aber die Welt ist darum nicht aus ihrem Geleise gekommen; denn die ungeheure Mehrzahl der Menschen hatte nie Zeit oder Lust und wird nie Lust oder Zeit haben, zum pessimistischen Idealismus sich zu erheben oder gar mit der „Verneinung des Willens zum Leben" ernstlich sich zu befassen.

Die wissenschaftliche Regung und Bewegung war in Deutschland vom Beginne der Restaurationsperiode an eine ebenso vielseitige als nachhaltige. Auf allen Gebieten des Wissens wurde mit Eifer und Erfolg gearbeitet. Die Neubefruchtung der Geschichtswissenschaft durch die klassischen und germanistischen Studien führte zu glänzenden Ergebnissen. Leopold Ranke gründete die „diplomatische" Historikerschule, leistete als archivalischer Forscher Erstaunliches, als Forschungsmethodiker Bedeutendes und hob als geschichtschreibender Stilkünstler die deutsche Historik auf die Stufe marmorner Glätte, in welcher man freilich den sittlichen Puls häufig genug vermisst. Pertz, der Biograph Steins, leitete den Aufbau des riesigen

Leopold Ranke.   Gervinus.

Quellenwerkes der „Monumenta Germaniae historica", welches auf die Anregung vonseiten Steins zurückzuführen ist. Eine ganze Schar von begabten Historikern hat sodann die Felder der alten, der mittelalterlichen und modernen, der fremden und der heimischen Geschichte durchforscht und bearbeitet und zwar so, dass unsere Historik keiner andern mehr nachsteht, ja sogar, wenigstens inbetreff der Methode, allen übrigen zum Muster dient. Die Literatur- und Kunstgeschichte fanden ebenfalls würdige Pflege und hier haben Gervinus mit seiner grossen „Geschichte der deutschen Dichtung" und Schnaase mit seiner grossen „Geschichte der bildenden Künste" die ersten Preise gewonnen. In der Rechtsgelehrsamkeit traten die von Savigny gestiftete sogenannte „historische" und die von Thibaut geführte sogenannte „philosophische" Juristenschule einander gegenüber: jene stellte die Meinung auf, dass Recht und Gesetz nur aus dem geschichtlichen Entwickelungsgange des nationalen Rechtsbewusstseins erwachsen könne; diese verfocht die Ansicht, Recht und Gesetz sei aus dem lebendigen Volksgeiste und Zeitbewusstsein zu entwickeln. Im Vorschritte der Zeit machte sich die Nothwendigkeit einer wissenschaftlichen Formulirung der volkswirthschaftlichen Principien, wie der Schotte Smith und der Franzose Say für England und Frankreich schon früher eine solche gegeben hatten, mehr und mehr fühlbar. Dabei zeigte sich freilich, wie sehr der Mangel an öffentlichem Leben und die mannigfachen Hemmungen der industriellen und kommerciellen Praxis auch der volkswirthschaftlichen Theorie hinderlich und schädlich waren. Der erste in Deutschland aufgestandene Lehrer der Nationalökonomie, welcher mit umfassender Kenntniß der thatsächlichen Verhältnisse einen eigenartigen Geist und selbstständiges Urtheil verband, war Friedrich List (geb. 1781), dessen nationales System der politischen Oekonomie die wissenschaftliche Grundlage geworden ist für alle seither angestellten Versuche, das große Problem: Schutzzöllnerei oder Freihändlerei? zu lösen. An die Erörterung volkswirthschaftlicher Fragen schloß sich die auch in Deutschland, ja in Deutschland vorzugsweise, immer lauter und lauter werdende Debatte der "socialen" Frage, welche übrigens so alt ist wie die menschliche Gesellschaft, und ebenso wenig im Sinne gutmüthiger Schwärmer als im Sinne kalkulirender Gauner jemals gelös't werden wird. Zu weit größeren Ergebnissen als die Volkswirthschaftslehre ist bei uns die mächtige Bewegung gelangt, welche das 19. Jahrhundert in die mathematischen und physikalischen Wissenschaften gebracht hat. Mathematiker und Astronomen wie Gauß, Mädler, Jakobi, Dirichlet und andere haben mittels ihrer genialen Forschungen und Findungen die Wunderthaten der neuzeitlichen Technik ermöglicht und vorbereitet. Hochverdienstvoll eröffneten Männer wie Oken und Liebig die glänzende Reihe von Entdeckern, Sammlern, Ordnern und Erklärern, welche in der Geologie, Geognosie, Mineralogie, Physiologie, Zoologie, Physik, Chemie und Botanik deutsches Talent und deutsche Arbeitskraft ruhmreich erwiesen. So recht als ein Weltbürger der Wissenschaft faßte Alexander von Humboldt (geb. 1769) die naturwissenschaftlichen Disciplinen in seinem Geiste zusammen und wie kein anderer durfte er es unternehmen, einen "Kosmos" zu schreiben, eine Weltgeschichte der Natur, welche die Aufgabe stellte und lös'te, den "rohen Stoff empirischer Anschauung durch die Idee zu beherrschen". Der Universalismus unserer Klassik war es auch, welcher den Schöpfer der vergleichenden Erdkunde, Karl Ritter (geb. 1779), antrieb, sein großartiges Gemälde der Erdoberfläche zu entwerfen. Für allzeit muß zu den besten Besitzthümern unseres Volkes gezählt werden, was ihm die mathematische und naturwissenschaftliche Forschung und Findung der Zeitgenossen Humboldts erobert hat. Dieser, welcher mit dem Gelehrten den Weltmann verband, hat durch Wort und Beispiel zur fruchtbaren Verbindung von Wissenschaft und Leben viel gethan und die Verallgemeinerung des Wissens von der Natur ungemein gefördert.

Mit der Berufung von Cornelius nach München (1825) hob, wie mit Fug gesagt worden, für die deutsche Kunst eine neue Aera an. In der Isarstadt, wo Klenze baute und Schwanthaler meißelte, entsprang aus der Verbindung von Klassik und Romantik der deutsch-moderne Kunststil, wie denselben Wilhelm Kaulbach in großartigen historisch-symbolischen Kompositionen erhaben-pathetisch, in humoristischen scharf-satirisch gehandhabt hat. Wer hätte am "Reinecke Fuchs" des Meisters, diesem Triumphe deutschen Humors, nicht sich ergötzt? Andere Richtungen der münchener Schule haben Schwind und Genelli zur Vollendung geführt, während in der gleichzeitig zur Blüthe gelangten düsseldorfer Malerschule Karl Friedrich Lessing mittels seiner Historien den ersten Platz gewann. Seither hat sich in München und Düsseldorf, in Wien und Berlin, in Dresden und Frankfurt, in Stuttgart und Karlsruhe die deutsche Kunst in Architektur, Skulptur und Malerei so reich und vielgestaltig entwickelt, deutsche Städte sind durch Baukünstler wie Semper und Hansen, durch Bildhauer wie Zumbusch und Schilling mit so viel Prachtbauten und plastischen Werken geschmückt worden, daß Rückerts Strophe:

"Deutschlands Völkerstamm
War groß von Anbeginne:
Erst der Freiheit Damm,
Dann der Herrschaft Zinne;
Endlich durch Himmelsgunst
Zum Gipfel jeglicher Kunst
Ist es emporgestiegen,
Um auch durch Geist zu siegen"

nicht wie eitle Selbstberühmung klingt, sondern nur die Bezeugung einer unwidersprechlichen Thatsache ist.

Die deutsche Nationalliteratur war in den 20er und 30er Jahren noch stark von der Romantik beeinflußt, so stark, daß dieser Einfluß selbst in den Anfängen des sogenannten „Jungen Deutschlands" sehr deutlich spürbar gewesen. Auch der Dichter, welcher den Bruch mit der Romantik zuerst am entschiedensten vollzog, Graf August von Platen-Hallermünde (1796—1835) aus Ansbach, hat jugendlich-romantisch geschwärmt. Dann aber hat er in seinen literarisch-polemischen Komödien der Romantik Fehde geboten und in seiner gehaltvollen und formschönen Lyrik den freiheitlichen und humanistischen Geist unserer Klassik wieder aufgenommen. Bei Platen trat auch schon die unmittelbare Beziehung der Poesie auf die zeitbewegenden Fragen und Probleme in den Vordergrund und er führt den Reigen unserer „politischen" Lyriker. Die Politik, die Theilnahme an den öffentlichen Angelegenheiten, die Parteinahme für und wider wurde schon von den Befreiungskriegen und mehr noch vom Jahre 1830 an ein Hauptmotiv der Literaturbewegung. Die Verbindung der literarischen Kritik mit der politischen vollzog meisterlich Ludwig Börne (1786—1837), der publicistische Kämpe, welcher der vorgeschrittene, der republikanisch angehauchte deutsche Liberalismus vorschickte und der die scharfe Schneide seines Wortes unter den Blumenkränzen des Humors mehr zu zeigen als zu bergen liebte. In der berühmtesten Hervorbringung seiner

Heinrich Heine.

Zeitschriftstellerei, in den „Briefen aus Paris", hat er gegen Deutschland, dem er mit zornvoller Liebe zugethan war, viele schwere Anklagen geschleudert, auch manche ungerechte; aber er hat hinwieder den Franzosen das stolze Wort zugerufen: „Das deutsche Leben gleicht einer hohen Alpenlandschaft; es ist groß, königlich, die Krone der Erde, mit ihren ewigen Gletschern schimmernd." Und hat nicht auch der Stamm- und Zeitgenoß und Widersacher Börne's, Heinrich Heine (1799—1856) aus Düsseldorf, der Mutter Germania, wann er sie mit bitteren Sarkasmen überhäuft hatte, immer wieder Kränze aufgesetzt, deren Blätter und Blüthen vom Himmelsthau der Dichtung schimmerten? Beim Heine schlägt die Romantik noch einmal ihre süßesten Töne an, um in einer Lachtriller zu ersterben. Ganz romantisch ist bei ihm auch die zügellose Willkür der genialen Persönlichkeit. Aber er war ein Dichter. In der reinen Lyrik, im Liede, steht in der europäischen Literatur über Heine nur einer, Göthe; in der Poesie des Witzes erreicht ihn keiner, selbst Voltaire nicht. Er eignete unserem Schriftthum eine Fülle, einen Glanz, eine Macht des Witzes an, wovon es vordem keine Ahnung gehabt hatte. Gleichzeitig mit ihm und nach ihm haben von verschiedenen Seiten her und nach verschiedenen Richtungen hin Dichter wie Gutzkow, Mosen, Lenau, Grün, Freiligrath, Bodenstedt und andere, andere viele, die Literatur unseres Landes bereichert und geschmückt, aber an elementarem Genie und leichtspielender Kunst kam dem Heine doch keiner gleich. Man hat nur allzu sehr Ursache, dies und das und vieles an ihm zu tadeln, zornig zu tadeln; aber alles angesehen, steht doch fest, daß Heine der bedeutendste Dichterkopf, welcher sich in Deutschland erhoben, seitdem der Patriarch von Weimar den seinen auf das Sterbekissen gelegt hat.

Das allseitige Blühen und Früchtereifen von Poesie, Kunst und Wissenschaft in der ersten Hälfte des 19. Jahrhunderts lieferte den Beweis, daß dazumal die idealistischen Anschauungen und Stimmungen in unserem Lande die herrschenden waren. Der Hauptgewinnst hiervon ist gewesen, daß der Hang und Drang zur nationalen Einheit allmälig die Macht und Stärke einer sittlichen Idee gewonnen hatte, so ein weltgeschichtlicher Gedanke geworden war vom Schlage jener, welche nicht mehr umzubringen sind. Für die Wachhaltung, Stärkung und Vertiefung des deutschen Vaterlandsgedankens zu arbeiten, waren die ideellen Mächte Wort, Feder und Lied rastlos beflissen gewesen. Das Lied namentlich hatte in der Form des vierstimmigen Männergesangs, um dessen Ausbildung der Schweizer Hanns Georg Nägeli aus Zürich die größten Verdienste sich erworben, große Dienste geleistet. Eine Kette von „Liederkränzen", eine Reihe von „Liedertafeln" zog sich durch die deutschen Länder hin und diese Vereine gaben, mancher Ausartung ins Spielerische und Phrasenhafte ungeachtet, zweifellos ein wirksames humanes und patriotisches Bildungsmittel ab. Es wäre auch ganz irrthümlich, so man glauben wollte, das Vorwiegen der ideellen Interessen hätte die materiellen beeinträchtigt und gehemmt. Gerade in der ersten Hälfte des 19. Jahrhunderts sind bei uns in der Landwirthschaft, welcher der große Reformer Albrecht Daniel Thaer sein Wissen und seine Erfahrung zu gut kommen ließ, in der Ausdehnung und Vervielfältigung von Industrie und Handel, in der Hebung der Schifffahrt, in der Schaffung von Straßen und Eisenbahnen, in der Verbesserung aller Verkehrsmittel wahrhaft große und gesunde Fortschritte gemacht worden, — Fortschritte, deren Solidität sich höchst vortheilhaft unterscheidet von der Schwindelhaftigkeit, welche später die Bewegung der materiellen Interessen vergiftete.

Das Jahr 1850 markirt ziemlich scharf den Uebergang vom Idealismus zum Materialismus. Das Jahr 1848, welches unserem Volke die Verwirklichung seiner Ideale von Einheit und Freiheit hätte bringen sollen, hatte nur grausame Enttäuschungen gebracht. Der Liberalismus, der Hauptträger patriotischer Hoffnungen und Wünsche, hatte sich ebenso unfähig als muthlos erwiesen. Die Demokratie ihrerseits hatte es auch nur zu unzulänglichen Versuchen gebracht, welche der siegreiche Absolutismus mit blutiger Härte niedertrat und ahndete. Mit stumpfer Ergebung stand das Volk an den Gräbern seiner Märtyrer in der Brigittenau, in Mannheim, Rastatt und Freiburg. Wer von denen, welche treu zur guten Sache gestanden, nicht dafür gefallen war, verkümmerte im Kerker oder irrte im Exil umher. Der Liberalismus beugte sich der Gewalt oder er lernte, wie er selbst das ausdrückte, mit Thatsachen rechnen und das Facit dieser Rechnung war, daß die Summe staatsmännischer Weisheit, die richtige, die alleinseligmachende „Realpolitik" enthalten wäre in den zwei inhaltschweren Worten „opportun" und „inopportun". Davon lebte er fortan.

Erscheinungen, wie sie Zeiten der Enttäuschung, der Erschlaffung und Niedertracht eigen, traten ein. Die Rückwärtserei wurde Trumpf. Die Regierungen rächten sich für die Angst, welche die freiheitlichen Theorieen ihnen eingeflößt hatten, dadurch, daß sie der verdummend-dunkelmännischen Praxis freie Bahn gaben. Deutschland wurde das Lieblingsarbeitsfeld der Jesuiten. Klöster schossen in katholischen Gegenden auf wie Pilze und erhoben sich sogar in protestantischen. Die von Jahr zu Jahr sich steigernden Anmaßungen des römischen Stuhles wurden vonseiten der Höfe, insbesondere auch vonseiten des preußischen, mit größter Devotion anerkannt und ermuntert. Dieselbe Aufmunterung ward ebenso auch der protestantischen Orthodoxie und Hierarchie zutheil. Neben der „Kirchlichkeit" aber wurde „Pflege der materiellen Interessen" die Losung. Nach beiden Richtungen hin, d. h. in der Bemühung für die Wiederherbeiführung pfäffischer Finsterniß und in der Hinlenkung der Gemüther auf materiellen Erwerb und Genuß, äfften die deutschen Regierungen ihr gepriesenes Vorbild nach, Napoleon den Dritten, den ruchlosen Verbrecher vom December 1851. Die Folgen kamen. Die Ideale wurden zum Spottlachen und mit breitspuriger Unverschämtheit stellte sich der Geldsack an ihren Platz. Zügellos rast'e die wilde Jagd nach dem „Glück" einher, d. h. nach dem Geld, denn ein anderes Glück, als welches mit Geld zu erkaufen wäre, wollten die Leute bald nicht mehr kennen. Alles Geschäft wurde mehr oder weniger zum Glücksspiel. Von der Börse gingen die Orakel dieser entgötterten Zeit aus, welche des Ehrgefühls und Rechtsbewußtseins ganz verlustig gehen zu wollen schien. Der Eisenbahnbau, an und für sich eine der glorreichsten Errungenschaften des Jahrhunderts, wandelte sich in eine Schwindelei von riesenhafter Schädlichkeit. Die Kapitalwirthschaft gestaltete sich in der Form des Aktienwesens zum organisirten Diebstahl: Gauner raubten mit dem Gesetze in der Hand am hellen Tage die Gimpel aus. Der übersteigerte und überstürzte, fieberhaft hastende und raffende Industrialismus entzog dem Landbau die Arbeitskräfte, züchtete in den wassersüchtig anschwellenden Städten ein massenhaftes Proletariat und richtete in gedankenloser Selbstsucht den Boden her, welcher die Wahnsaat des Kommunismus aufnehmen, keimen und in Halme schießen machen konnte. Die auch in Deutschland zur Geltung gekommenen Lehren der englischen Manchesterei haben keineswegs ein goldenes, sondern nur ein papiernes Zeitalter heraufgeführt und der überschwänglich gepriesenen „Gewerbefreiheit" verdanken wir es, daß das vordem auch in der Fremde so hochangesehene deutsche Handwerk so vielfach zum Pfuschwerk geworden ist. Die moralischen Verheerungen, welche der Materialismus angerichtet hat, sind furchtbar. Betrug und Fälschung brüsten sich schamlos im Sonnenlicht. Die sittliche Laxheit hat auch die Rechtspflege angefressen und zu den Empfindeleien modischer Juristen steht die zunehmende Massenhaftigkeit und Brutalität der Verbrechen in einem schreienden Gegensatz. Die traurigsten Wirkungen der materialistischen Anschauung und Doktrin machen sich in der Frauenwelt bemerkbar. Putzwuth und Vergnügungssucht haben die Preisgebung von Frauen und Mädchen auch in solchen Kreisen, wo früher kein Gedanke an eine solche Schmach hätte aufkommen können, zu einer häufigen Gepflogenheit gemacht und die massenhafte Zunahme des Kindermordes bestätigt die alte Wahrheit, daß von der Ausschweifung bis zum Verbrechen nicht weit ist. Es läßt sich auch nicht bestreiten, die vielgerühmten Leistungen der modernen Volkserziehung verringern sich bei näherem Zusehen beträchtlich. Was die Massen etwa auf der einen Seite an Wissen oder Halbwissen gewonnen, das haben sie auf der andern an gesundem Menschenverstand und Mutterwitz, an Pflichtbewußtsein, Arbeitslust, Zuverlässigkeit und Genügsamkeit eingebüßt. Nachdenklich muß jene eigenthümliche, i. J. 1877 statistisch erhärtete Thatsache stimmen, daß von den 22 Kantonen der Schweiz gerade die zwei, welche die schlechtesten Schulen hatten, Obwalden und Wallis, die wenigsten Verbrecher aufwiesen. Ein sittliches Kuriosum aber, ein Unikum, wie es in Deutschland, in Europa, auf Erden nicht zum zweitenmal vorkommen dürfte, ist die Gemeinde Königsfeld im Schwarzwald, von welcher 1876 amtlich bezeugt wurde, daß in derselben im Laufe von 50 Jahren keine polizeiliche Bestrafung, geschweige ein schwerer Straffall, keine Vergantung, keine uneheliche Geburt, keine Ehklage, kein Proceß und kein Bettler vorgekommen.

In der Wissenschaft hat die materialistische Weltanschauung glücklich bis zum Bewußtsein der Unfehlbarkeit sich hinaufgeforscht. Keinem wird es einfallen, die großen Anstrengungen und Leistungen der naturwissenschaftlichen Specialforschung auf den Gebieten der Physik und Chemie, der Geologie und Geognosie, der Mineralogie, Botanik, Zoologie und Ethnologie, der Physiologie und Pathologie nicht mit dankbarster Anerkennung zu betrachten, keinem auch, die großen Findungen, welche in Anwendung der mathematischen und physikalischen Ergebnisse auf die Mechanik und Technik in allen ihren Zweigen gemacht worden, bemäkeln zu wollen; allein ebenso wird niemand leugnen können, daß die materialistische Forschung immer und immer wieder an das bekannte mephistophelische Wort:

„Wer will was Lebendigs erkennen und beschreiben,
Sucht erst den Geist herauszutreiben,
Dann hat er die Theile in seiner Hand,
Fehlt, leider! nur das geistige Band"

gemahne. Und doch macht sich das Bedürfniß des „geistigen Bandes" so gebieterisch geltend, daß man mit dem atomistischen „Stoff" allein nicht wirthschaften kann und darum unter dem Namen „Kraft" wieder eine Art von Seele in die Materie hineinzuschmuggeln sich gezwungen sah, obzwar man das „Ammenmärchen" von einer „sogenannten Seele" oder von einem „sogeheißenen Geist" endlich „aus der Wissenschaft hinausgeworfen" zu haben laut sich berühmte. Im Sichberühmen waren überhaupt die Herren vom unfehlbaren Mikroskop und von der alleinseligmachenden Retorte sehr stark. Wenn man vollends die feurige Jüngerschaft Darwins die Abstammungs- und Zuchtwahltheorie des Meisters predigen hörte, so konnten naive Leute zu dem Glauben kommen, endlich wäre das Götterbild von Sais entschleiert, endlich ständen wir unmittelbar vor der Lösung der großen Räthselfrage nach des Menschenlebens Sinn und Frommen und hätten nach der Antwort auf das Warum aller Warum nur noch die Hand auszustrecken. Wissende jedoch sahen den materialistischen Ochsen rathlos vor demselben Berge stehen, über welchen der idealistische Adler so oft und immer vergeblich hinwegzufliegen versucht hatte.

Gewiß ist es traurig zu sagen, aber es muß gesagt werden, daß der Kulturstolz unserer Zeit Grund genug hätte, sich zu demüthigen. Wenn wir die kulturgeschichtliche Summe einer hundertjährigen Entwickelung ziehen, so gewinnen wir das demüthigende Resultat, daß wir durch die Aufklärung, durch die Klassik und Romantik, durch Kant, Fichte, Schelling, Hegel, Feuerbach und Strauß, durch den Idealismus und den Materialismus hindurch glücklich wieder beim „rasirten Pavian" Voltaire's, beim „homme-machine" La Mettrie's, beim „Systême de la nature" Holbachs und seiner Tafelrunde angelangt sind. Die Zukunft mag entscheiden, ob dieses Ziel der langen Wegmühe werth war. Der Gegenwart aber steht das Recht zu, die ernste Forderung zu erheben, daß der materialistische Taumel, welchem ja im praktischen Leben schon die unausbleibliche Ernüchterung gefolgt ist, auch in der Wissenschaft sich ernüchtere. Denn dieser Taumel hat ungeheuren Schaden angerichtet. Die mit so lächerlicher Selbstgefälligkeit und Selbstüberhebung, so zu sagen mit Trompeten und Pauken vorgetragene und ausgeschrieene materialistisch-mechanische Unglaubenslehre hat das gegenüberstehende Extrem, den supranaturalistisch-orthodoxen Aberglauben, so recht herausgefordert und die beiden Popanze ringen jetzt wüthend miteinander, um in ihrer feindlichen Umklammerung nebenbei die Vernunft zu erdrücken, welche verlangt, die materialistisch erforschte und begriffene Welt sei idealistisch zu beseelen und zu erleuchten. Die Folgen sind schon da. Dem hochmüthigen wissenschaftlichen Schwindel mit dem Materiellen hat sich ein riesiger populärer Schwindel mit dem Immateriellen gegenübergestellt. Die Ritter vom Stoff verstanden es prächtig, die Massen in das geschickt und led ausgespannte pfäffische Fanggarn zu treiben. Natürlich! Die Menschen wollen und müssen Götter haben; nimmt man sie ihnen, so machen sie sich Götzen, Fetische. Verschüttet man ihnen die Brunnen des Idealglaubens, so beginnen die Wunderquellen von Lourdes und Marpingen zu sprudeln. Eine verschwindend kleine Minderzahl von Menschen, von starkgeistigen und kaltherzigen Menschen, mag allenfalls dazu angethan sein, in der Mechanisirung des Daseins, wie der wissenschaftliche Materialismus sie will, Beruhigung und Befriedigung zu finden. Aber die ungeheure Mehrzahl wird überall und allzeit davon nichts wissen wollen. Die Saturnalien des „Spiritismus", welche gleichzeitig mit denen des Materialismus aufgekommen sind, zeigen handgreiflich deutlich, daß der Mensch vom Brot der Wissenschaft allein schlechterdings nicht leben kann. Er bedarf auch des Weins der Phantasie, er will und muß Illusionen, Ideale, Götter haben, und es ist wohl kein Wagniß, keine Ueberhebung, zu glauben und zu hoffen, daß es dem deutschen Geiste gegeben und gegönnt sein werde, die heilsame und nothwendige Vermittelung und Ausgleichung zwischen Idealismus und Materialismus zu finden, auf welcher zweifelsohne das fernerweite Gedeihen der Kulturarbeit unseres Volkes beruht.

———

Bismarck.

6.

Das neue Reich.

ls am 30. September von 1862 der neuernannte preußische Ministerpräsident Otto von Bismarck-Schönhausen in der Budgetkommission des Abgeordnetenhauses das Wort fliegen ließ: „Nicht durch Reden und Majoritätsbeschlüsse werden die großen Fragen der Zeit entschieden — das ist der Irrthum in den Jahren 1848 und 1849 gewesen — sondern durch Eisen und Blut!" da entstand darob ein großer Lärm in Deutschland und in Europa und schlugen die Unwissenheit und die Heuchelei schwesterlich die Hände über den Köpfen zusammen. Als ob jemals „große Fragen", so lang es solche unter den Menschen gab, anders als durch Eisen und Blut entschieden worden wären! Man faselte scheinheilig von der „Inaugurirung einer Politik der Gewalt". Als ob jemals in der Staatskunst etwas Tüchtiges hätte gethan, etwas Rechtes hätte durchgesetzt werden können ohne Gewaltanwendung!

Das auf den Wegen „ruhiger Bildung" wandelnde göthe'sche Vorschrittsideal ist recht schön, aber in der Politik, welche nicht allein mit Ideen, sondern auch mit Thatsachen zu thun hat, wird es stets ein Schein und Schemen bleiben. Denn

> „Leicht bei einander wohnen die Gedanken,
> Doch hart im Raume stoßen sich die Sachen.
> Wo eine Platz nimmt, muß die andre weichen,
> Wer nicht vertrieben sein will, muß vertreiben,
> Da herrscht 'der Streit und nur die Stärke siegt."

Dieser Ausspruch des großen Idealisten Schiller könnte der Politik des großen Realisten Bismarck als Devise vorgesetzt werden. Die sittliche Idee der deutschen Einheit hätte noch wer weiß wie lange eine sittliche Idee sein und bleiben können, so sich nicht die Stärke, die Macht, die Gewalt in ihren Dienst gestellt. Kein gerechter Urtheiler wird bestreiten wollen, daß diese Idee das Leitmotiv der deutschen Demokraten wie der deutschen „Reichsprofessoren" von 1848 gewesen; aber wie kläglich waren die Versuche der machtlosen Republikaner wie der machtlosen Monarchisten, die Einheit Deutschlands zu schaffen, gescheitert! Auch in den Centralisten wie in den Föderalisten, welche nach dem großen Bankbruch von 1849 die Arbeit am deutschen Einheitswerke wieder aufnahmen, lebte die „sittliche Idee". Aber was brachten sie zuwege? Worte, Worte, Worte. Endlich ist es nur billig, anzuerkennen, daß die sittliche Idee auch den deutschen Fürstentag vom August 1863 durchwehte, und doch wie jammersälig-resultatlos war diese feierliche Posse verlaufen! Warum? Weil die Macht und Stärke, den Gedanken zur That zu machen, die Idee zu verwirklichen, bei Preußen war, nur bei Preußen. Und hat dieses die Idee verwirklicht, ganz und voll verwirklicht? Ganz und voll, nein. Wo hat es überhaupt, außerhalb etwa des Bereiches der Kunst, jemals ein verwirklichtes Ideal gegeben? Aber Preußen hat alles gethan, was es nach Maßgabe seiner Kräfte thun zu können glaubte, und sein Thun war — nur die Dummheit, der Neid und die Bosheit können das verneinen — ein großes. Es hat das deutsche Reich wieder aufgerichtet und damit den Sehnsuchtstraum vieler Generationen unseres Volkes erfüllt, es hat um die deutschen Stämme her den neuen Reichstahmen gelegt, innerhalb dessen der Einheitsproceß sich vollziehen kann. Alles Gewäkel und Genörgel von links und rechts und aus der Mitte kann gegen diese große Thatsache nicht aufkommen.

Klar erkannt zu haben, daß die Zeit, allwo Preußen die deutsche Frage lösen müßte, gekommen wäre, und diese Erkenntniß in wohlvorbedachte und wohlvorbereitete, kühn anpackende, standhaft festhaltende und thatkräftig durchgreifende Handlung umgesetzt zu haben, das ist das deutschnationale und weltgeschichtliche Verdienst des Königs Wilhelm von Preußen, seines Ministers und seiner Feldherrn.

Das Drama der Neuschaffung Deutschlands mittels bismardischer Politik verlief in drei Akten, drei Kriegsakten: Schleswig-Holstein'scher Krieg von 1864, Preußisch-Oesterreichischer Krieg von 1866, Deutsch-Französischer Krieg von 1870—71. Ein regelrechtes Schicksalsdrama der Weltgeschichte! Mit logisch zwingender Nothwendigkeit folgte Aufzug auf Aufzug, Auftritt auf Auftritt. Die Eroberung und Einverleibung der Elbherzogthümer durch Preußen signalisirte zur Freude aller denkenden Deutschen den Anfang vom Ende der deutschen Viel- und Kleinstaaterei. Höchst bemerkenswerth war es auch, daß in demselben Jahre, in welchem Preußen mit Entschlossenheit an die Erfüllung seines deutschen Berufes ging, der wahre und wirkliche „Erbfeind" unseres Landes, der jesuitisch dressirte Papalismus, seinen mittels der Fluchlitanei des „Syllabus" formulirten und zunächst an Deutschland adressirten Fehdebrief gegen die gesammte neuzeitliche Civilisation erließ. Auf den allerdings schmerzlichen Krieg von 1866 paßte Hölderlins Ausspruch:

„Mit ihrem heil'gen Wetterschlage,
Mit Unerbittlichkeit vollbringt
Die Noth an einem großen Tage,
Was kaum Jahrtausenden gelingt" —

denn der unselige österreichisch-preußische Dualismus mußte beseitigt werden, so aus Deutschland etwas werden sollte, und nur „Eisen und Blut" waren im stande, dieser Nothwendigkeit zu genügen, an dem

Moltke.

Tage von Sadowa. Das jedoch wird kein Friedensschlußprotokoll und kein Gränzpfahl uns Deutschen jemals einzureden vermögen, daß die 9 oder 10 Millionen Deutschöstreicher aufgehört hätten oder aufhören könnten, Bein von unserm Bein und Fleisch von unserm Fleische zu sein.

Der Krieg von 1870—71, dieses größte Ereigniß des Jahrhunderts, war in seinen Grundmotiven und Endzielen ein Kampf des Romanismus gegen das Germanenthum. Am 18. Juli von 1870 ließen die Jesuiten das „vatikanische" Koncil die Vergötzung des Papstes dekretiren und am Tage darauf erging die französische Kriegserklärung an Deutschland. Das römische Unfehlbarkeitsdogma und das pariser Boulevardsgeschrei: „Nach Berlin! Nach Berlin!" sie hatten einen und denselben Sinn. Die jesuitische Rechnung war schlau, aber die Probe schlug fehl. Man hoffte in den Tuilerien wie im Vatikan, die brutale Herausforderung an ein uneiniges Deutschland gerichtet zu haben; aber Nord und Süd, Ost und West,

Liberal und Konservativ, Reich und Arm, Fürst, Edelmann, Bürger und Bauer, Katholisch und Protestantisch erhob sich als ein „Volk in Waffen" und —

> „Es braust' ein Ruf wie Donnerhall,
> Wie Schwertgeklirr und Wogenprall:
> Zum Rhein, zum Rhein, zum deutschen Rhein!"

Wir wissen, Dummheit, Unwissenheit, Lüge, Neid und Bosheit sind große Gewalten auf Erden. Aber die vereinigte Macht dieser fünf Großmächte reicht doch nicht aus, den Ruhmesglanz der Riesenarbeit zu trüben, welche Deutschland binnen sieben Monaten gethan hat. Mit dauerenderen Flammenzügen, als sie der Blitz in Felsen schreibt, wird die Geschichte den Verlauf dieser Arbeit in das Buch der Ewigkeit schreiben und dort wird, wann die Leidenschaften, die Verhetzungen und Gehässigkeiten der Gegenwart längst verschollen sein werden, zu lesen sein, daß die Großartigkeit des deutschen Heldenspiels von 1870—71 wesentlich beruhte 1) auf der Reinheit und Gerechtigkeit unserer Sache; 2) auf der in der Geschichte unseres Landes bis dahin beispiellosen Einheit aller Volksschichten, Stände und Berufsklassen in dem nationalen Gedanken — (denn daß eine kaum sichtbare Minderheit, „vaterlandsloses Gesindel", zusammengesetzt aus schwarzen und rothen Pfaffen, Fanatikern des ultramontanen und des kommunistischen Afterglaubens, in ohnmächtiger Niedertracht an diesem Gedanken gern Verrath geübt hätte, hatte nichts zu bedeuten); 3) auf dem Alleinstehen deutscher Nation, so daß sie ohne alle und jede Beihilfe von außen, ganz und gar aus eigener Kraft ihre staunenswerthen Erfolge und ihren gerechten Siegespreis Elsaß-Lothringen gewann, vordem uns gestohlenes, jetzt mit „Eisen und Blut", zurückgekauftes Eigenthum.

In schlichter Heldengröße haben die Deutschen ihre Siegesfahnen von Weißenburg, Wörth und Spicheren über Mars la Tour, Biouville, Gravelotte, Beaumont, Sedan, Noisseville, St. Quentin, Beaune la Rolande, Orleans, Le Mans, Champigny, Héricourt und Belfort auf den Concordeplatz von Paris getragen. Binnen 180 Tagen haben sie 17 Schlachten geschlagen und 156 Treffen geliefert, 385,000 französische Soldaten, worunter 11,650 Offiziere, gefangen genommen, 26 feste Plätze erobert, 120 Adler und Fahnen und 6700 Geschütze erbeutet. So etwas war buchstäblich noch nie dagewesen. Es fehlte diesem unerhörten Epos der Wirklichkeit auch nicht an vielen ergreifend schönen, reinmenschlichen Episoden und reich war es an kulturgeschichtlichen Charakterzügen. Als solche muthen uns an, wenn ein deutscher Husarenlieutnant auf der Walstatt von Sedan einen Schlachtbericht im Sanskrit verfaßt oder wenn ein deutscher Bombardir an ein Blockhaus der Blockirungslinie von Metz die ciceronische Frage schreibt: „Quousque tandem, Bazanius, abutere patientia nostra?" oder wenn, nach der Kapitulation von Paris, ein soldatischer „Liederkranz" die Wölbung der Königsgruftkirche zu St. Denis von den Klängen von Uhlands „Das ist der Tag des Herrn!" widerhallen macht. Aber ein Charakterzug von welthistorischer Bedeutung war die germanische Antwort vom 1. September 1870 auf die romanische Anfrage vom 18. Juli: derselbe gute deutsche Schwertschlag, welcher den erlogenen, erschlichenen, erstrebten Thron des Pseudo-Bonaparte bei Sedan zermalmte, hat den Italienern die Thore von Rom aufgethan.

Das Bewußtsein des Rechtes, der Gedanke der Einheit, das Gefühl der Pflicht, die greifbar-deutliche Empfindung der Nationalkraft, sie waren es, welche dem deutschen Heere seine Unwiderstehlichkeit gegeben haben. Dieses Heer stellt dem bewundernden Auge sich dar als die hoch und stolz aufgegangene Männersaat, welche unsere Kulturhelden, unsere großen Denker und Dichter, gesät, gepflegt, gejätet und gezeitigt haben. Alles Beste und Höchste, was der deutsche Genius je gebildet und getrachtet, gewollt und gestrebt, jeder deutsche Soldat, vom leitenden Strategen bis zum letzten Fuhrknecht herab, trug es bewußt oder unbewußt in der Brust. Großes leistete darum die strategische Wissenschaft der Feldherrn, Größeres die taktische Tüchtigkeit der Offiziere, Größtes die Mannszucht, Hingebung, Ausdauer und Todesverachtung der Truppen. Ehre, dreimal Ehre den Ersinnern und Ausführern des Feldzugsplanes: ihre Namen werden

Kaiser Wilhelm.

die Jahrhunderte hinabglänzen; aber mit noch tieferer Ehrfurcht, mit noch innigerer Dankbarkeit laßt uns der namenlosen Helden eingedenk bleiben, die in Frankreichs Boden schlafen, der Helden, deren Namen kein Lied, kein Heldenbuch nennt und die nur fortleben in der Erinnerung ihrer vielleicht in Noth und Kümmerniß gestürzten Eltern, Wittwen und Waisen. Denn mit schweren Opfern aller Art hat unser

Voll seinem Sieg erkauft und unter ungeheuren Wehen wurde das neue deutsche Reich geboren, obzwar es die logisch-nothwendige Schlußfolgerung aus der Prämisse dieses Kriegs gewesen ist.

Hochheilige Nemesis, „Tochter der Gerechtigkeit", spät kommst du, aber du kommst!. Vier Jahr-

Kronprinz Friedrich Wilhelm.

hunderte entlang hatte Frankreich — ob Königreich, ob Republik, ob Kaiserthum, gleichviel — gegen Deutschland Raubkriege geführt, hatte uns Städte und Provinzen entrissen, hatte unsere Gaue ausgeraubt und verwüstet, hatte das alte Reich deutscher Nation erst unterwühlt und dann vernichtet, war wiederholt auf die Zerstörung des deutschen Namens ausgegangen, und nun mit einmal kam zum Staunen der Welt die Vergeltung im Schlachtendonnerschritt daher. Dabei hat sie sich auch diesmal, wie so oft im Verlaufe der Völkergeschicke, als die unvergleichliche Meisterin der Ironie erwiesen.

Denn im Palast eines der grausamsten und hochmüthigsten Feinde Deutschlands, in demselben Schlosse von Versailles, welches dieser vierzehnte Ludwig gleichsam als ein Prunkdenkmal der Demüthigung des alten deutschen Reiches errichtet hatte, ist der Bundesfeldherr der Deutschen, der König Wilhelm von Preußen, der Besieger Frankreichs, am 18. Januar von 1871 als Kaiser des neuen deutschen Reiches verkündigt und ausgerufen worden.

Zwei Monate später, am 21. März, hat der deutsche Kaiser den ersten Reichstag in Berlin mit einer Thronrede eröffnet, welche klar und würdig die Stellung des neuen deutschen Reiches inmitten Europa's bezeichnete: — „Der Geist, welcher im deutschen Volke lebt und seine Bildung und Gesittung durchdringt, nicht minder die Verfassung des Reiches und seine Heereseinrichtung bewahren Deutschland inmitten seiner Erfolge vor jedem Mißbrauche seiner durch die Einigung gewonnenen Kraft. Die Achtung, welche Deutschland für seine eigene Selbstständigkeit in Anspruch nimmt, zollt es bereitwillig der Unabhängigkeit aller anderen Staaten und Völker, der schwachen wie der starken. Das neue Deutschland, wie es aus der Feuerprobe dieses Krieges hervorgegangen ist, wird ein zuverlässiger Bürge des europäischen Friedens sein, weil es stark und selbstbewußt genug ist, um sich die Ordnung seiner eigenen Angelegenheiten als sein ausschließliches, aber auch ausreichendes und zufriedenstellendes Erbtheil zu bewahren. Möge die Wiederherstellung des deutschen Reiches für die Nation auch nach innen das Wahrzeichen deutscher Größe sein! Möge dem deutschen Reichskriege, den wir so ruhmreich geführt, ein nicht minder glorreicher Reichsfriede folgen und möge die Aufgabe des deutschen Volkes fortan darin beschlossen sein, sich in dem Wettkampfe um die Güter des Friedens als Sieger zu bewähren!"

Von den Thaten der Deutschen im „großen" Jahre und ihren Ergebnissen hat daheim manches gute Wort gesprochen und manches schöne Lied gesungen. Aber die wahrhafteste Kennzeichnung und das höchste Lob dieser Thaten und Ergebnisse sind aus der Fremde zu uns herübergeklungen, von jenseits der Alpen, aus dem Mund eines der tüchtigsten Söhne Italia's. Denn zur selben Zeit, wo der „Statthalter Christi" für das neue deutsche Reich nur Flüche und Verwünschungen hatte, ließ sich Giuseppe Civinini zu Florenz also vernehmen: — „Wenn Preußens Waffen den großen Gedanken der deutschen Einheit materiell verwirklichten, so war dieser Thatarbeit eine Ideenarbeit vorausgegangen, welche mit Leibnitz begonnen hatte und bis zu unseren Tagen fortgeführt wurde. Dichter und Philosophen, Kritiker und Geschichtschreiber haben dabei mitgewirkt, so daß man sagen darf, die Wiedergeburt Deutschlands sei so recht das Werk des Gedankens und der Wissenschaft. Auf jedem Felde menschlichen Wissens, in jeder Form dichterischen Schaffens hat das geistige Deutschland das neue politische Deutschland vorbereitet. Wissenschaft und Literatur, Philosophie und Geschichte haben dem deutschen Volke das tiefe Gefühl der eigenen Nationalität gegeben, haben es gelehrt, sich als für eine große geschichtliche Mission bestimmt anzusehen, haben ihm die Erfüllung dieser Mission als eine Pflicht auferlegt. Ja, das ist so recht das Hauptmerkmal der deutschen Bewegung, daß sie zuerst ein Werk des Geistes gewesen und erst dann, wann dieses zur Reife gediehen war, ein Werk der materiellen Kraft wurde. Wie der Blitz dem Donner ging die Idee der That voran, und bevor die Deutschen das materiell mächtigste Volk Europa's wurden, waren sie das ideell gebildetste: die politische Führerschaft ist Wirkung und Folge der geistigen. Wer immer des Glaubens lebt, daß der Geist etwas bedeute in dieser Welt, setzt wenig Vertrauen auf die Dauerhaftigkeit von Werken, welche nur die Frucht politischer und militärischer Machenschaften sind, ohne genügende geistige und sittliche Vorbereitung. Aber wo ein Volk bereits eine wahrhaft nationale, von allen geschaffene, allen gemeinsame Philosophie, Wissenschaft, Historik, Poesie und Musik hat, wo seit länger als einem Jahrhundert eine fortwährend gewachsene Entwickelung schon die Einheit im Bereiche des Denkens und Wissens gegründet hat, da mögen Sadowa und Sedan kommen: sie finden einen urbaren Boden, der gesunde Früchte hervorbringen wird. Das neue deutsche Reich ist also nicht, wie gedankenlos gesagt worden, ein Kind der Gewalt; es ist die langsam gezeitigte Frucht des Gedankens, es ist die politische Ausprägung der geistigen Bildung, es ist der Triumph einer langen Kulturarbeit, erlangt — wie die Siege auf der Walstatt der Thatsachen immer erlangt werden — durch die Verwendung der Kraft im Dienste der Idee."

Diese „Kraft" hat sich seither zum Heil Europa's schon bewährt. Denn sie stellte sich ja in den Dienst der „Idee des Friedens".

Als unmittelbar nach den erstaunenden Thaten unseres „großen" Jahres das neue deutsche Reich in siegprangender Waffenmächtigkeit aufgerichtet stand, da haben alle seine Feinde ringsum, von Unkenntniß oder Neid, von Bosheit oder Furcht getrieben, die Verleumdungslosung ausgegeben, unser Reichsadler werde als ein riesiger Raubvogel sich ausweisen, begierig, seinen Schnabel auf Eroberungen zu wetzen und beutelustige Krallen in die Nachbarländer zu schlagen. Alle die deutschfeindlichen großen Köter knurrten, alle die kleinen Kläffer winselten so. Und heute? Nun heute ist zwar das Kötergeknurr und das Kläffergewinsel noch nicht ganz verstummt, weil gegen Dummheit, Gemeinheit und Bosheit nicht nur „Götter", sondern auch Thatsachen vergebens kämpfen — aber alle verständigen, wissenden und ehrlichen Menschen besinnen und anerkennen, das deutsche Kaiserthum sei der Hort und Schirm des Friedens und der Ordnung in Europa und halte in seiner starken Hand die Wage eines wirklichen Gleichgewichts der Mächte.

Mit weniger Befriedigung kann zur Zeit, wo dieses Buch seinen fünften Gang in die Welt antritt, der Patriot auf die inneren Verhältnisse unseres Landes hinblicken. Freilich, nur Thoren konnten erwarten, daß alle Blüthen, welche im „großen" Jahr aufgebrochen, sofort zur vollen Früchtereife gedeihen würden. Auf die Hochfluth von 1870—71 mußte naturnothwendig eine Ebbe folgen, welche manche Illusion todt auf dem Strande zurückließ. In einem beispiellosen Aufschwung von Geist, Thatkraft und Glück war das Reich grundfestet und aufgerichtet worden. Der innere Ausbau erforderte Zeit, Selbstbescheidung, vielseitige und geduldig ausharrende Arbeit, welche auch des Probirens und Experimentirens nicht sich entschlagen durfte. Daß da nicht alle Versuche gelingen, nicht alle Anläufe zum Ziele gelangen konnten, mochte und mag nur Leute befremden, welche von einer derartigen Riesenarbeit gar keine Vorstellung haben.

Zu einer Zeit, wo die intellektuelle Thätigkeit nur gewerthet wird nach dem Nutzen, welchen sie den materiellen Interessen zubringt, mußten die wirthschaftlichen Probleme in den Vordergrund treten und über dem Gewühle des heftig entbrannten Meinungskriegs um „Freihandel" oder „Schutzzoll" erhob sich gespenstig-drohend die „sociale Frage", d. i. die uralte und ewigjunge Frage nach der Möglichkeit eines Ausgleichs der Ansprüche von Arbeit und Besitz. Wenn nun die deutsche Reichsregierung eine Beantwortung, wenigstens eine stückweise Beantwortung dieser Frage unternahm, so zeugt das immerhin von Humanität und Wagemuth zugleich. Aber befriedigend und ganz wird die „sociale Frage" auf deutschem Boden so wenig beantwortet werden als irgendwo und irgendwann. Denn die Menschen sind eben keine abstrakten Ziffern eines doktrinären Rechenexempels, sondern Wesen von Fleisch und Blut, zusammengesetzt aus Widersprüchen, aus Kräften und Schwächen, guten Instinkten und bösen Leidenschaften, Tugenden und Lastern, ins Unendliche von einander verschiedene Persönlichkeiten, schlechterdings nicht unter die Schablone zu bringen, ausgenommen etwa die dauerlose Zwangsschablone einer folgerichtigen und unbarmherzigen Pöbeltyrannei, auf welche die dem Namen nach socialistische, der Sache nach kommunistische Wahnlehre abzielt und hinarbeitet.

Man hat mit gutem Grund gesagt, Parteien seien die Lungen, womit ein freies Staatswesen athme. Nur ist dabei zu bedenken, daß die Lungen gesund sein müssen, um gedeihlich athmen zu können. Zeugt unser Parteiwesen, das politische wie das kirchliche, durchweg von Gesundheit? Leider nein! Es ist in diesem ganzen Treiben viel Krankhaftes, viel Bornirtheit, Engherzigkeit, Kleingeisterei, Eitelkeit und Großmannssucht. Es kommt darin, rechts und links, wieder das alte deutsche Nationallaster zum Vorschein: die querköpfige, selbstgefällige Rechthaberei, jene verbohrte, vernagelte, verbissene „Politik des Einzelnen", welche als ein widerwärtiger und, ach, als ein häufig herrschender Mißton unsere ganze Geschichte begleitet hat. Dieser Mißton hat sich ja auch wieder zudringlich lautgemacht in Sachen unserer vom Bismarck, dem nicht nur „eisernen", sondern auch genialischen Reichskanzler, mit gewohntem Blick, Schick und Glück aufgehobenen Kolonialpolitik. Und doch sollte man glauben, selbst in den härtesten Parteischädel müßte der Gedanke Eingang finden, daß eine Großmachtstellung ohne Flotte undenkbar und daß der Besitz einer Flotte ohne Kolonieen unhaltbar. Noch mehr — denn selbst das Schmerzlichste muß gesagt werden — der Parteifanatismus hat auch in Deutschland zu mordwahnwitziger Zerstörungswuth sich erhitzt, wie vor allem der scheusälige Frevel zeigte, wovon die Germania-Weihe auf dem Niederwald bedroht war.

Eins aber kann und muß uns als tröstlich erscheinen: — die Gewißheit, daß es wieder eine deutsche Politik gibt und eine undeutsche nicht mehr geben soll und darf. Der Parteigeist ist stark, ja leider, aber stärker doch ist das Vaterlandsgefühl. Volksfeindliche karlsbader Teufeleien im Innern sind zur Zeit ebenso unmöglich, wie Rheinbundsgelüste nach außen. Jeder Versuch, an Deutschland Verrath zu begehen, käm' er von oben oder unten, würde sofort auf den Kopf geschlagen. Unsere Freunde wissen und unsere Feinde fürchten, daß jede dem Reiche drohende Gefahr trotz alledem und alledieſem alle Deutschen vom Nord und Süd, vom Ost und West einig finden würde, Mann für Mann und Schulter an Schulter, rüstig, bereit und entschlossen, alles hinzugeben für das Vaterland.

In solchem Glauben beschließe ich dieses Buch — das ich, soweit mein Können dem Wollen entsprach, geschrieben habe meinem Volke wie zur Ehre so zur Lehre — mit dem gewiß im Sinne aller Deutschen von Kopf und Herz gesprochenen Wunschwort:

Rastlos in seiner Arbeit, kühn in seinem Denken, gerecht in seinem
Thun, fest in seiner Sitte, sicher in seinem Recht, stark in
seiner Wehr, so wandle die deutsche Nation zuversichtlich ihre Zukunftsbahn! Maßvoll im Glück,
standhaft im Mißgeschick, erring' unser
Volk die Vollendung seiner Einheit
und bewahre den Frieden, die
Freiheit, die Frohheit!
Heil dir, Germania!

www.ingramcontent.com/pod-product-compliance
Lightning Source LLC
Chambersburg PA
CBHW020542300426
44111CB00008B/766